죽기 전에 한 번은 유대인에게 물어라

JEWISH WISDOM

Copyright © 1994 by Joseph Telushkin
All rights reserved.
Korean Translation Copyright © 2013 BooksNUT

First published in USA by WILLIAM MORROW
Korean translation rights arranged with Arthur Pine Associates., Inc.
through Eric Yang Agency.

이 책의 한국어판 저작권은
에릭양에이전시를 통해 저작권자와 독점 계약한 북스넛에 있습니다.
저작권법으로 한국에서 보호받는 저작물이므로
무단 전재와 복제를 금합니다.

서평 이외의 목적으로 이 책의 내용이나 개념을 인용할 경우,
반드시 출판사와 저자의 서면동의를 얻어야 합니다.
서면동의 없는 인용은 저작권법에 저촉됩니다.

Jewish Wisdom

죽기 전에 한 번은 유대인에게 물어라

랍비 조셉 텔루슈킨 지음 | 김무겸 옮김

북스넛

옮긴이 김무겸

영국 선더랜드 대학원에서 영문학을 전공했으며, 현재 전문번역가로 활동하고 있다. 옮긴 책으로는 『죽기 전에 한 번은 유대인을 만나라』 『창조적 루틴』 『구매의 심리학』 『우울증을 없애는 행복의 기술 50가지』 『희망:기적을 만든 한 정신과 의사 이야기』 등이 있다.

죽기 전에 한 번은
유대인에게 물어라

1판 1쇄 발행 ┃ 2013년 12월 10일
1판 3쇄 발행 ┃ 2021년 10월 20일

지은이 ┃ 랍비 조셉 텔루슈킨
옮긴이 ┃ 김무겸
발행인 ┃ 이현숙
발행처 ┃ 북스넛
등 록 ┃ 제410-2016-000065호
주 소 ┃ 경기도 고양시 일산동구 호수로 662 삼성라끄빌 442호
전 화 ┃ 02-325-2505
팩 스 ┃ 02-325-2506
이메일 ┃ booksnut2505@naver.com

ISBN 978-89-91186-82-8 03900

| 서문 |

유대 사회는
무엇을 금지하고 무엇을 권장했는가

 십 대 이후로 나는 책을 읽다가 인상적인 문구를 발견하면 커다란 기호로 표시를 해오고 있다. 이러한 문구는 주로 감동적이거나 분노케 하는 것, 또는 내게 새로운 사실을 깨닫게 해주는 것이거나 예전엔 인식하지 못했지만 고려해볼 만한 가치가 있는 관점이라 판단되는 것 등이다. 또한 책 앞장에다 인상적인 문단이 있는 페이지의 번호를 쓰고 그 옆에 내용에 대한 아주 간단한 요약을 해온 지도 여러 해가 지났다. 나의 개인 서재에 있는 3천 5백 권의 유대 서적에 표시해둔 이러한 문단들이 이 책에 실린 인용문의 많은 부분을 차지한다.
 《죽기 전에 한 번은 유대인에게 물어라》의 집필은 내게 특별한 만족감을 선사한 작업이었다. 난 항상 여러 책들의 훌륭한 문장들에 끌렸고, 오랫동안 유대와 관련한 가장 통찰력 있고 영감을 주는 말들을 모아 한 권의 책으로 엮는 것을 꿈꿔왔기 때문이다. 뛰어난 인용문이 나를 매료시키는 이유는 이러한 인용문은 본질적인 진실을 담은 문구로서, 인생의 가장 난해하고 복잡한 문제를 관통하고 있기 때문이다.

2천 년 전, 어느 이교도 남자가 당시 유명한 랍비였던 힐렐을 찾아와 그에게 유대교의 핵심이 무엇인지 물었다. 이 현자는 유대교의 사상과 규율에 대해 장황하게 설명하면서 유대교의 심오한 체계를 핵심만 간략하게 요약하는 것은 불경한 일이라며 훈계를 했을 수도 있었을 것이다. 실제로 동시대의 랍비인 샴마이는 이러한 질문을 던진 그 이교도에게 화를 내며 강목으로 쫓아냈다. 하지만 힐렐의 대응은 그와 달랐다.

"당신이 싫어하는 일을 이웃에게도 행하지 말라는 것이 유대 율법의 전부일세. 나머지는 여기에 대한 설명일 뿐이네. 이제 돌아가서 공부를 하시게."

그때 이후로 그의 말은 유대교의 핵심을 규정한 본보기로 남아 있다. 적기에 던지는 적절한 말은 여러 세대를 거쳐 사람들에게 영감을 불러일으킨다는 사실을 힐렐은 알고 있었던 것이다.

19세기 시오니즘Zionism의 창시자 테오도르 헤르츨Theodor Herzl은 그의 소설 《오래된 신천지Altneuland》의 끝부분에서 "당신이 그것을 할 의지가 있다면 그것은 더 이상 꿈이 아니다."■라고 선언한다. 그는 이 말로써 유대인의 삶이 그 이후 여러 세대를 거쳐 혁신적인 방식으로 나아가는 데 기여했다. 앞으로도 거론하겠지만, 헤르츨의 이 말은 초기 시오니즘 개척자들에게 활력을 주는 슬로건으로 재빨리 자리 잡았고, 결국 이들로 하여금 경작되지 않은 습지에 정착해 그 땅을 비옥한 땅으로 바꾸도록 만들었다. 그의 말은 또한 시오니즘 행동가들의 마음을 움직여 이들로 하여금 히브리어를 실제로 사용할 수 있는 언어로 복원하는 일을 추진하고(이제껏 사어가 부활된 적은

■ 당신이 … 꿈이 아니다 히브리어로는 'Im tirzu, ein zoh aggadah'이다.

없었다.), 유대인들이 팔레스타인에서 조국을 재건할 수 있는 권리 및 그곳에서의 지위를 인정받기 위해 비유대교 리더들을 변화시키도록 만들기도 했다. 히브리어로 다섯 단어인 이 간단한 말로 헤르츨은 실제로 유대민족의 꿈을 현실로 바꾸어놓았다.

나는 이 책을 집필하는 동안, 인생에서 정말 중요하고 또 우리가 중요하게 생각해야만 하는 말을 비롯하여 유대민족이 자신들의 삶과 역사에서 결정적인 쟁점이나 사건에 대처한 자세와 철학을 충실히 담기 위해 노력했다. 이 책은 내가 유대교와 유대인의 역사에서 가장 중요한 개념과 사건, 인물 등에 대해 개괄하려고 애썼던 《죽기 전에 한 번은 유대인을 만나라》의 동반자 같은 책이다.

이 책이 유대교 및 유대인 관련 인용문을 엮은 여타의 책들과 구별되는 점은 다수의 인용문 뒤에 해설을 덧붙였다는 것이다. 여기서 나는 각각의 인용문이 어떻게 유대교와 유대인의 생각, 유대의 역사에 영향을 끼쳤는지, 또 그것이 오늘날의 유대인들을 어떻게 변화시켰는지 보여주고자 했다. 또한 각 장의 주제를 다루면서 필요에 따라 똑같은 인용문을 반복해서 싣기도 했다.

이 책에 실린 모든 인용문은 큰 맥락으로 보면 현재의 나를 형성하는 데 지대한 영향을 끼친 말들이라고 할 수 있다. 3천 년이 넘는 유대 사상과 역사의 산물인 이러한 문장들이 내게 그랬듯이, 당신에게도 영감과 에너지를 불어넣기를 간절히 바란다.

| 차 례 |

서문 · 5

1부   어떻게 살아야 하는가

1. 유대교의 핵심은 무엇인가 · 17
2. 언제 무엇을 어떻게 베풀 것인가 · 25
3. 힘없는 이를 어떻게 도와야 하나 · 42
4. 선량함이란 무엇인가 · 50
5. 정직과 부정직의 결과는 어떻게 다른가 · 64
6. 고용주와 고용인 관계는 어떠해야 하나 · 69
7. 선의의 거짓말은 어디까지 허용되는가 · 73
8. 꼭 참아야 할 말은 무엇인가 · 79
9. 논쟁의 기술은 무엇인가 · 84
10. 언제 침묵해야 하는가 · 88
11. 목숨이 먼저인가, 법이 먼저인가 · 93
12. 생명은 왜 중요한가 · 103
13. 언제 책임을 져야 하는가 · 106
14. 어떤 리더가 좋은 리더인가 · 113
15. 여자와 남자는 차별되어야 하는가 · 118
16. 결혼하면 행복한가 · 134

17. 신성한 사랑은 무엇인가 · 145
18. 허용되는 성과 금지되는 성은 무엇인가 · 148
19. 왜 자식을 낳아야 하는가 · 161
20. 부모와 자녀는 어떤 의무를 지니는가 · 165
21. 낙태 문제를 어떻게 볼 것인가 · 182
22. 이혼은 꼭 필요한가 · 190
23. 이웃을 어떻게 사랑해야 하는가 · 197
24. 참다운 우정이란 무엇인가 · 201
25. 친절은 무엇을 위한 베풂인가 · 206
26. 감사하는 습관은 어디에서 오는가 · 211
27. 왜 원수에게도 자비를 베풀어야 하나 · 215
28. 증오는 인간을 어떻게 파괴하는가 · 221
29. 인생에서 꼭 기억해야 할 지혜는 무엇인가 · 224

2부 행복은 어디에서 오는가

30. 인간의 본성은 진정 악한가 · 233
31. 인간은 왜 항상 행복하지 않은가 · 243
32. 괴로움은 어떻게 이기는가 · 250
33. 진정한 겸손이란 무엇인가 · 254
34. 극단적인 금욕주의는 어떤 폐단을 부르는가 · 258

35. 모든 유대인이 유대주의를 따르는가 · 269
36. 인간에게 남겨진 마지막 자유는 무엇인가 · 273
37. 왜 노인을 공경해야 하는가 · 279
38. 죽음을 어떻게 받아들여야 하는가 · 286
39. 자살이 허용되는 경우가 있는가 · 304
40. 사후 세계는 존재하는가 · 309
41. 진정한 부자는 어떤 사람인가 · 312

3부 종교는 필요한가

42. 신을 의심한다는 것은 무엇을 의미하는가 · 317
43. 종교는 인간의 도덕성에 어떤 영향을 끼치는가 · 326
44. 우상숭배는 왜 위험한가 · 330
45. 유대의 선민주의는 어떤 오해를 받고 있는가 · 335
46. 신은 홀로코스트를 방관했는가 · 341
47. 무엇이 신의 이름을 모독하는가 · 357
48. 순교는 어떤 가치를 지니는가 · 362
49. 유대의 계율에는 어떤 특징이 있는가 · 372
50. 어떤 자세로 공부해야 하는가 · 379
51. 모든 죄는 용서받을 수 있는가 · 390
52. 기도에도 법칙이 있는가 · 403
53. 랍비의 삶에는 어떤 고행이 따르는가 · 421

54. 개종은 무엇을 의미하는가 · 424

55. 유대교에는 어떤 축제일이 있는가 · 434

4부 왜 더불어 살아야 하는가

56. 정부는 왜 필요한가 · 445

57. 정의로운 재판의 원칙은 무엇인가 · 450

58. 살인자는 사형 받아 마땅한가 · 460

59. 전쟁은 불가피한가 · 469

60. 공상적 이상주의의 맹점은 무엇인가 · 477

61. 가난은 인간을 어떻게 속박하는가 · 479

62. 어떤 의사가 지혜로운 의사인가 · 486

63. 자연은 누구의 것인가 · 491

64. 인간과 동물의 관계는 어떻게 변해왔는가 · 497

5부 유대인의 사명은 무엇인가

65. 반유대주의는 왜 존재해왔는가 · 509

66. 반유대주의의 비난은 정당한가 · 535

67. 친유대주의는 어떤 말을 남겼는가 · 552

68. 유대인은 비유대인과 결혼할 수 있는가 · 560
69. 현대 유대인의 사명은 무엇인가 · 565

6부 유대인은 역경을 어떻게 극복했는가

70. 유대인은 홀로코스트를 어떻게 회상하는가 · 573
71. 나치는 홀로코스트를 어떻게 회상하는가 · 575
72. 나치의 무분별한 증오는 무엇을 남겼나 · 581
73. 미국은 홀로코스트에 어떻게 반응하는가 · 588
74. 유대인은 왜 더 강력하게 반격하지 못했는가 · 592
75. 그들은 무엇을 위해 저항했는가 · 596
76. 유대인의 분노는 어디로 흐르는가 · 601
77. 그들은 왜 독일의 보상을 반대했는가 · 604
78. 아이히만 재판의 쟁점은 무엇이었나 · 610
79. 레이건의 비트부르크 방문은 무엇을 야기했나 · 612
80. 홀로코스트 부정에는 어떤 맹점이 있는가 · 614
81. 기독교인의 침묵은 무엇을 의미하는가 · 618
82. 홀로코스트 희생자를 어떻게 기릴 것인가 · 623

7부 유대의 정신은 무엇인가

83. 왜 이스라엘이어야 하는가 · 629
84. 헤르츨은 왜 시온주의를 창시했는가 · 635
85. 벨푸어 선언은 어떻게 이루어졌나 · 643
86. 팔레스타인은 누구의 땅인가 · 648
87. 벤 구리온의 개척 정신이 시사하는 바는 무엇인가 · 653
88. 골다 메이어는 왜 나세르를 혐오했는가 · 659
89. 베긴의 정책은 환영받았는가 · 663
90. 시온주의자들은 무엇을 위해 싸웠는가 · 669
91. 반시온주의는 반유대주의인가 · 675

8부 유대인은 무엇을 위해 사는가

92. 유대주의의 목적은 무엇인가 · 685

인용 문헌 · 690

〈일러두기〉

1. 이 책의 모든 성경 인용문의 번역은 우리말 성경의 번역을 차용했다.

- 1부 -

어떻게 살아야 하는가

: 이토록 복잡한 세상에서 어떻게 현명한 사람이 될 수 있을까 :

힘을 가졌을 때 힘이 없는 자들을 헤아려라

― 바빌로니아 탈무드

1. 유대교의 핵심은 무엇인가

신의 첫 질문들

천상의 법정에서 심판을 받을 때 먼저 다음의 질문에 답해야 한다.

- 자신의 일을 정직하게 행했는가?
- 시간을 정해놓고 규칙적으로 토라(법)를 공부했는가?
- 아이를 갖기 위해 노력했는가?
- 세상이 구원되기를 갈망했는가? (바빌로니아 탈무드, 샤밧 31a)

천상의 법정에서 받게 되는 최초의 질문이 '신을 믿었는가?' 또는 '모든 의식을 빠짐없이 지켰는가?'가 아니라 '자신의 일을 정직하게 행했는가?' 라는 점을 주목할 필요가 있다. 유대의 여러 문헌은 윤리가 가장 중요한 덕목임을 강조하고 있지만, 대부분의 유대인은 종교적이라는 것을 오로지 의식을 지키는 것과 연관지어 생각한다. 각종 유대 공동체에서 "그 사람은 종교적입니까?"라는 질문을 던지면, 이에 대한 대답은 항상 그 사람이 의식적인 계율을 준수하는지 그렇지 않은지에 바탕을 둔다. 예를 들면, "그는 코셔*를 먹고 안식일을 잘 지키기에 종교적입니다." 또는 "그녀는 코셔 이외의 음식도 먹고 안식일을 잘 지키지 않기에 종교적이지 않습니다."와 같은 식이다.

이러한 대답을 들으면 유대교는 윤리적인 태도를, 권장은 하되 본질적인 것은 아닌 가외의 덕목으로 여긴다고 결론짓기 쉽다. 하지만 이 질문을 보면 유대교의 핵심은 윤리에 있다는 점을 분명히 알 수 있다. 하나님이 가장 먼저 관심을 가진 것은 다름 아닌 인간의 도덕성이었기 때문이다.

두 번째 질문을 통해 유대교는 토라 공부를 매우 중요하게 생각한다는 것을 알 수 있다. 토라를 공부함으로써 어떻게 완벽하게 도덕적이 될 수 있고 유대의 일원이 될 수 있는지 배울 수 있다고 가르치는 것이다.

세 번째 질문은 아이를 가져야 한다는 것을 강조한다(아이를 갖지 못하는 부부는 입양을 할 수 있다.). 랍비 어빙 그린버그Irving Greenberg는 "완전한 가족을 이루는 것은 다음 세대에 꿈과 세상을 완벽하게 만드는 과업을 물려준다는 신과의 약속을 이행하는 것"이라고 말한다.

네 번째 질문은 바로 이러한 완벽한 세상을 꿈꾸고 그 꿈을 위해 노력해야 한다는 점을 강조한다. 처음 세 질문은 개개인이 지켜야 하는 유대의 독특한 '미시적인 쟁점'을 다루었다. 하지만 네 번째 질문에서 유대교는 유대인 역시 인류 및 이 세상의 일부라는 점을 상기시키며 유대인에게 세상의

■ **코셔** 율법에 맞는 정결한 음식

구원(또는 완벽함)에 일조해야 하는 의무를 부과한다. 아버지의 윤리(2:21)에서 랍비 타르폰은 "세상을 완벽하게 만드는 일을 마무리짓는 것은 네 의무가 아니다. 그렇다고 네가 할 수 있는 일을 그만두어서도 안 된다."라고 가르친다.

유대인 아기가 태어나면 그 아기를 위해 기도하는 사람은 아기가 장차 처음 세 질문에 긍정적인 답변을 하게 되길 바라는 다음과 같은 내용의 기도를 올린다.

> 이 아이의 부모가 이 아이를 장차 토라에 대한 사랑이 넘쳐나고 선행을 실천할 수 있는 성인으로 양육할 수 있도록 하옵고, 이 아이를 결혼식장으로 인도할 수 있도록 하옵소서.

이 기도문은 시나고그에서 암송된다. 남아의 경우엔 할례 의식이 거행될 때 이 기도문이 암송되기도 한다.

하나님이 가장 중요하게 여기는 것이 무엇인지에 관한 성서와 탈무드의 관점

성서와 탈무드에 등장하는 유대의 위대한 인물들 역시 도덕적인 행위가 하나님이 인류에게 요구하는 중심 덕목이라는 관점을 표현했다.

"오 사람아, 무엇이 좋은지 이미 그분께서 네게 말씀하셨다. 여호와께서 네게 원하시는 것은 공의에 맞게 행동하고 긍휼을 사랑하며 겸손히 네 하나님과 함께 행하는 것이다(미가 6:8, 기원전 8세기). 여호와께서 이렇게 말씀하셨다. 지혜로운 사람은 자기 지혜를 자랑하지 못하게 하고 힘 있는 사람은 자기 힘을 자랑하지 못하게 하며 부자는 자기 부를 자랑하지 못하게 하라. 자랑하는 사람은 오직 이것을 자랑하게 하라. 곧 그가 나를 깨달아 내가 이 땅에 인애와 정의와 의로움을 행하는 여호와인 것을 아는 것을 자랑하게 하라. 이것들을 내가 기뻐한다. 여호와의 말이다(예레미야 9:23-24, 기원전 6세기)."
미가와 마찬가지로 예레미야도 하나님을 기쁘게 할 수 있는 세 가지 덕목으로 인애와 정의, 의로움을 들었다.

당시 힐렐과 쌍벽을 이룬 유명한 랍비 샴마이에게 어느 이교도가 찾아와 말했다. "날 유대교도로 개종시켜보시오. 단, 내가 외발로 서 있을 동안 내게 토라의 모든 것에 대해 가르쳐야 합니다." 샴마이는 손에 각목을 들고 그를 쫓아버렸다. 그 이교도는 다시 힐렐을 찾아왔고, 힐렐은 다음과 같은 말로 그를 개종시켰다. "당신이 싫어하는 일을 이웃에게도 행하지 말라는 것이 유대 율법의 전부일세. 나머지는 거기에 대한 설명일 뿐이네. 이제 돌아가서 공부를 하시게(바빌로니아 탈무드, 샤밧 31a)." 탈무드 시대의 가장 위대한 인물인 힐렐이 유대교의 이런 도덕적 원칙을 토대로 이교도를 개종시키려 했다는 사실은 이러한 덕목이 유대교의 핵심이라는 사실을 확실히 증명해 준다. 힐렐이 그 말을 했을 때, "자신이 싫어하는 일을 이웃에게도 행하지 말라는 것이 토라의 전부"가 되었다. 토라에 대한 힐렐의 이러한 해석이 이교도로 하여금 유대교의 가르침을 계속해서 공부하고 실천할 수 있도록 만들었다는 사실은 주지할 만한 일이다.

헬렐보다 1세기 이후의 위대한 학자이자 스승인 랍비 아키바는 유대교 윤리에서 가장 중요한 이 덕목을 되풀이해 강조했다.

"너는 네 이웃을 네 자신처럼 사랑하라(레위기 19:18). — 이것이 토라의 기본적인 원칙이다(팔레스타인 탈무드, 네다림Nedarim 9:4, 2세기)." 미가와 예레미야, 힐렐과 아키바가 신이 가장 중요하게 여기는 덕목의 실천에 집중한 반면, 랍비 요카난 벤 자카이는 양질의 삶을 가장 확실하게 보장해주는 인간의 인격적인 특징을 찾는 데 집중했다.

랍비 요카난 벤 자카이가 자신의 특출한 제자 다섯 명에게 말했다. "밖에 나가서 우리가 어떻게 하면 가장 좋을 것인지 알아오도록 하라."

랍비 엘리에제르가 말했다. "선량한 눈을 갖는 것이 가장 좋습니다."

랍비 조슈아가 말했다. "좋은 벗을 갖는 것이 가장 좋습니다."

랍비 요시가 말했다. "좋은 이웃을 갖는 것이 가장 좋습니다."

랍비 시메온이 말했다. "자신의 행동에 대한 결과를 예측하는 것이 가장 좋습니다."

랍비 엘라자르가 말했다. "따뜻한 가슴을 갖는 것이 가장 좋습니다."

이들의 말을 들은 요카난 벤 자카이가 말했다. "엘라자르의 말이 가장 마음에 드는구나. 그의 말은 나머지 사람들의 말을 모두 포함하기 때문이다(아버지의 윤리 2:9, 1세기)."

고대 히브리 민족의 전통은 토라에는 613개의 율법이 있다고 가르친다(실제 토라는 율법의 수를 언급하지 않는다). 유명한 탈무드 문구는 어떤 율법이 가장 중요한 것인지에 대한 해독을 시도한다. 613개의 계율은 모세에게 전해졌는데, 그중 365개는 부정적인 계율이고 248개는 긍정적인 계율이다. 시편의 저자로 인정받는 데이비드가 모세를 찾아왔을 때, 모세는 613개의 계율을 다음과 같은 11개의 윤리적 원칙으로 요약했다.

"여호와여, 주의 장막에 살 사람이 누구입니까? 주의 거룩한 산에 살 사람이 누구입니까?"

- 올바르게 행동하고

- 의를 행하며
- 마음으로 진실을 말하고
- 혀로 헐뜯는 말을 하지 않으며
- 이웃에게 해를 입히지 않고
- 동료에게 누명을 씌우지 않으며
- 타락한 사람을 경멸하고
- 여호와를 경외하는 사람을 존경하며
- 손해를 입어도 맹세를 지키며
- 돈을 빌려주면서 이자를 많이 받지 말고
- 뇌물을 받지 말고 죄 없는 사람을 억울하게 하지 말라[시편 15:1-5].

세 번째 윤리적 원칙인 '마음으로 진실을 말함'이란 무슨 의미일까? 그것은 자신만이 알고 있는 사실을 말했을 때 설령 그것이 실질적인 측면에서 손해라는 걸 알면서도 진실을 따른다는 의미다. 탈무드에 나오는 랍비 샤프라의 일화를 예로 들어보자. 어느 날 랍비 샤프라가 '들으라, 이스라엘'로 시작하는 쉬마 기도문을 암송하고 있는데, 한 남자가 그의 방으로 들어와 샤프라가 팔려고 내놓은 물건을 구입하겠다며 가격을 제시했다. 랍비 샤프라는 기도를 하는 데 방해받지 않기 위해 아무런 대꾸도 하지 않았다. 그런데 그 남자는 샤프라의 침묵을 거절의 의미로 받아들여 몇 차례나 가격을 올려 말했다. 랍비 샤프라는 기도를 끝내고 그 남자에게 자신이 침묵한 이유에 대해 설명한 뒤, 처음 제시받은 가격을 수락했다. 당시 마음속으로 그 가격이면 물건을 팔겠다고 생각했기 때문이었다.

이사야가 찾아왔을 때 모세는 613개의 계율을 6개의 윤리적 원칙으로 요약했다.

- 올바로 살아가고
- 정직하게 말하고
- 강제로 빼앗은 이익을 거절하고
- 뇌물은 손을 흔들어 뿌리치고
- 살인 음모는 귀담아듣지 말고
- 나쁜 일은 눈을 감고 보지 말라(이사야 33:15).

탈무드는 다음으로 앞서 언급했던 613개의 계율을 3개의 원칙으로 요약한 미가 6장 8절을 인용한다. 그런 다음, 613개의 계율을 두 개의 원칙으로 요약한 이사야의 다른 절로 다시 돌아간다.

- 공의를 지키고
- 정의를 행하라(이사야 56:1).

하박국이 찾아왔을 때 모세는 613개의 계율을 하나의 원칙으로 요약했다. "의인은 그의 믿음으로 살 것이다(바빌로니아 탈무드, 마코트Makkot 23b-24a)."
종교적이라고 말하지만 일상생활에서 자신의 믿음에 따라 살지 못하는 사람들은 많다. 그래서 모세는 개개인의 종교에 대한 진정성을 가늠해보는 간단한 질문을 던진다.

"하나님이 명하시는 행동을 실천에 옮기는가?"

유대 국가는 세 가지로 특징지어진다. 즉, 유대인은 자비롭고, 겸손하며(또는 삼가며), 자애로운 친절을 베푼다(바빌로니아 탈무드, 예바못Yevamot 79a)는 것이다. 물론 상당수의 유대인이 이러한 특성을 갖추지 못했다(난 겸손하지도 삼가지도 않는 사람들을 꽤 많이 알고 있다.). 랍비들은 개개의 유대인이 어떤 가치와 행동을 추구해야 하는지 그 의무를 제시하고 있는 것이다. 이러한 특성들 또한 도덕적이긴 마찬가지다.

그 밖의 유대주의 핵심 사상

유대인에게 세상은 세 가지 행위, 즉 토라 공부와 하나님 숭배, 자애로운 친절 베풀기로 지탱된다(아버지의 윤리 1:2). 부모를 공경하고 자애로운 친절을 베풀며 이웃과 평화롭게 지내면 이 세상과 앞으로 도래할 세상에서 보상을 받는다는 것이다. 하지만 토라 공부는 이 모든 행위를 합한 것만큼 중요하다(미슈나 페아 1:1). 만일 아침과 저녁에 각각 한 차례씩 율법의 두 단락을 익히고 나머지 시간 동안 자신의 일에 전념한다면 전적으로 토라에 따라 사는 것과 마찬가지로 여겨진다(탄후마 베샬라크 #20).

토라 공부에서 가장 중요한 덕목은 꾸준함이다. 단지 두 단락만 공부할 수 있는 짧은 시간일지라도 하루 중 따로 시간을 내어 매일 꾸준히 토라를 공부한다면 삶은 분명히 바뀔 것이라고 유대인들은 생각한다. 토라 공부의 중요성을 강조하는 이러한 진술들이 있는 반면, 일부 랍비들은 자선을 베푸는 일을 가장 중요한 덕목으로 여겼다.

아울러 우상숭배를 부정하는 사람이라면 누구라도 유대교도라 할 수 있다(바빌로니아 탈무드, 메길라 13a). 토라의 중심 메시지는 하나의 보편적이고 도덕적인 신에 대한 믿음이다. 그러므로 여러 신을 믿고 보편적인 도덕성을 부정하는 우상숭배는 유대의 본질에서 벗어난다고 결론지을 수 있다.

2. 언제 무엇을 어떻게 베풀 것인가

체다카가 자선과 다른 이유

너희 형제들 가운데 가난한 사람이 있다면 그 가난한 형제를 향해 마음이 인색해지거나 주먹을 움켜쥐는 일이 없도록 하라. 오히려 손을 벌려 그가 필요한 모든 것을 대가 없이 빌려주어라(신명기 15:7-8).

자선에는 여덟 가지 등급이 있는데, 그중 가장 높은 등급은 가난한 유대인에게 선물을 하거나 돈을 빌려주는 것, 또는 그 사람과 동업을 하는 것, 또는 그 사람에게 일자리를 주어 그 사람을 돕는 것이다. 다시 말해 그 사람으로 하여금 다른 사람의 도움 없이 살아갈 수 있도록 해주는 것이다. 유대 율법에 따르면 가장 바람직한 자선의 형태는 최소한 짧은 기간 안에 자선의 수혜자가 더 이상 자선을 받을 필요가 없도록 해주는 데 있다. 마이모니데스는 도움이 필요한 사람을 계속해서 도우면 그 사람을 망친다고 여겨 가난한 사람에게 돈을 빌려주고 일거리를 줄 것을 강조했다.

네 형제가 가난해져서 네 가운데서 먹고살기가 어렵다면 너는 그를 먹여 살려야 한다. 나그네가 네 환대를 받으며 함께 기거하듯이 너는 그와 함께 살아야 한다. 너는 그에게 돈을 빌려주더라도 이자를 받지 말며 식량을 꾸어주더라도 이득을 취하지 마라 (레위기 25:35-37).

'먹고살기가 어렵다면' 이란 말을 설명하며 탈무드 시대의 어느 랍비는 가난한 사람이 극도의 빈곤으로 빠져들게 방치해선 안 된다고 가르친다. 이것은 무거운 짐을 짊어지고 가는 당나귀의 비유로 설명할 수 있다. 당나귀가 서 있을 수만 있다면 계속해서 끌고 갈 수 있지만, 당나귀가 주저앉아 버리면 다섯 명의 사내로도 당나귀를 다시 일으켜 세울 수 없다.

"너는 그에게 돈을 빌려주더라도 이자를 받지 말며 식량을 빌려주더라도 이득을 취하지 마라."는 성경적 계율은 실제로 모든 대부에 대한 이자를 금지한다. 하지만 고대 유대민족의 삶이 농경사회에서 농사와 소규모 장사가 결합된 사회로 변해감에 따라 랍비들은 채권자가 일정한 이자를 받는 것을 인정했다.

하지만 이것은 빌린 돈으로 더 큰 이윤을 낼 수 있는 장사에만 국한된 것이었다. 채권자에게도 채무자의 이윤을 공유할 자격이 있다는 생각에서 비롯된 발상이었기 때문이다. 한편, 유대인은 가난한 사람의 기본적인 생존을 위해 빌려준 돈에 대한 이자는 받지 말아야 한다. 유대 역사 전반에 걸쳐 유대 공동체는 가난한 사람 또는 연금의 혜택을 받지 않으려는 사람에게는 이자를 받지 않고 돈을 빌려주는 '무이자 대출 사회(히브리어로 '게마크 Gemakh'로 알려짐)'를 구축해왔다.

모든 사람의 필요가 돈을 빌려주거나 일자리를 제공하는 것으로 충족되는 것은 아니기에 유대 전통은 자선에 대한 두 가지 명확한 메시지를 전한다. 헤어날 수 없는 빈곤 상황에 처한 사람을 위해서는 그 사람이 연금 혜택을 받기 전에 가능한 한 모든 대안을 강구해주고, 그나마 다양한 방법으로 빈곤에서 벗어날 수 있지만 그러지 못하는 사람에게는 관대함을 베푼다는 것이다.

가난한 사람에게 전하는 유대의 메시지

거리에서 짐승의 가죽을 벗기며 노임을 받는 사람이 이렇게 말해선 안 된다. "저를 좀 도와주십시오. 전 이런 일에 어울리지 않는 사람입니다. 이 일은 저의 품위를 떨어뜨립니다!(바빌로니아 탈무드, 바바 바스라 110a)"

가난한 사람에 대한 랍비의 몇몇 글들은 난해한 변증법을 창조한다. 한편으로는 대안이 없을 경우 도움을 받아야 한다고 권고하는 반면, 다른 한편으론 가능한 한 도움을 받지 않고 버티는 것을 칭찬하기 때문이다.

노인이나 병자 또는 엄청난 고통에 시달리는 자 등 도움을 받지 않고는 생존할 수 없는 사람이 끝까지 도움을 받지 않으려 한다면 그는 자신을 살해하는 범죄를 저지르게 될지도 모른다고 유대 율법은 경고한다. 하지만 도움이 필요함에도 불구하고 공동체에 해를 끼치지 않기 위해 도움받길 거부하고 계속해서 궁핍하게 사는 사람은 다른 사람들에게 득이 되는 삶을 사는 것이다.(슐크한 아루크, 유대 법전). 19세기 빌나에서 어느 부유한 사내가 자신이 가진 모든 것을 잃었다. 그는 자신이 가난하다는 사실이 너무나 부끄러워 어느 누구에게도 자신의 처지를 말하지 않다가 결국 영양실조로 죽었다. 랍비 살란터는 그를 돕지 못한 데 죄책감을 느끼는 마을 주민들을 이렇게 위로했다. "그는 굶주림으로 죽은 것이 아니라 지나친 자존심 때문에 죽은 것입니다. 자신의 처지를 인정하고 다른 사람에게 도움을 구했다면 그는 결코 죽지 않았을 것입니다(슈무엘 히멜스타인, 《지혜의 말, 기지의 말A Touch of Wisdom, a Touch of Wit》)." 랍비들은 도움을 받는 사람들로 하여금 자신을 단순히 가난뱅이로만 여기지 않도록 다음과 같은 율법을 탄생시켰다.
남의 자선으로 생존하는 빈곤자라 하더라도 자선을 베풀어야 한다(바빌로니아 탈무드, 기틴 7b).

가난하지 않은 사람들에게 전하는 유대의 메시지

유대 율법은 부유한 사람이 가난한 사람에게 직접 유대의 가르침을 인용하며 자신이 자선을 베풀지 않는 것을 정당화하거나 그들을 비하하는 것을 결코 용납하지 않는다.
부자가 가난뱅이에게 "가만히 있지 말고 나가서 일을 하는 게 어떤가? 저 팔뚝을 보게! 저 다리를 보게! 저 배를 보게! 저 근육을 보게!"라고 말한다면, 하나님은 그 부자에게 "네가 가진 것을 그에게 조금도 주지 않는 것만으로도 충분하지 않은가?"라고 말씀하실 것이다(레비티쿠스 라바 34:7). 부자들에 대한 유대의 가르침은 가난한 자들에 대한 가르침과는 완전히 다르다.
유대에서 자선은 모든 계율을 합한 것만큼 중요하다(바빌로니아 탈무드, 바바 바스라 9a). 드러내지 않고 자선을 베푸는 사람은 모세보다 더 위대하다(바빌로니아 탈무드, 바바 바스라 9b). 마이모니데스에 따르면 익명의 자선은 두 번째로 선망되는 자선의 형태다. 익명의 자선은 기부자와 수혜자가 서로 모르는 가운데 이루어지는 자선이다. 제삼자나 기부 단체를 통해 이루어지는 자선이 여기에 해당한다. 축복받은 기억력의 소유자인 나의 할아버지 니센 텔루슈킨은 곤궁에 처하게 된 어느 유대 학자를 돕기 위해 모금을 한 적이 있었다. 할아버지는 다른 랍비들에게 기부해줄 것을 부탁하면서 그 유대 학자가 누구인지는 조금도 언급하지 않았다. 그러던 어느 날 신시내티에 사는 엘리에제르 실버라는 한 랍비가 할아버지에게 백지수표와 함께 다음과 같은 내용의 편지를 보내왔다.

"수령인의 상황과 신분을 자세히 알고 있는 사람은 당신이기에 당신만이 이 공란을 채울 적절한 액수를 알 것입니다."

사람들은 마이모니데스가 8등급의 자선 중 어떤 종류의 자선을 가장 낮은 단계로 두었는지 궁금해하는데, 그것은 바로 '내키지 않는 마음으로 베푸는 자선' 이다(미슈네 토라, '가난한 사람을 돕는 것에 관한 율법', 10:14). 물론 이러한 자선도 자선을 전혀 베풀지 않는 것보다는 낫겠지만, 자선은 즐거운 마음으로 베푸는 것이 가장 이상적이다. 유대인 연합 자선 단체인 UJAUnited Jewish Appeal는 이 문제와 관련해 다음과 같은 슬로건을 내걸었다. "마음이 내킬 때까지 남을 도와라!"

레오버라 불리는 하시디즘■ 학파의 어느 유대 교사는 이렇게 가르쳤다. "도움을 구하러 온 사람에게 '하나님이 당신을 도울 것이오.' 라고 말한다면, 당신은 하나님의 뜻을 따르지 않는 것이다. 하나님은 곤궁에 처한 사람을 돕게 하려고 그를 당신에게 보낸 것이지, 그에게 곤궁의 책임을 다시 전가하라고 보낸 것은 아니기 때문이다(라이오넬 블루와 조나단 매고네트, 이승과 저승으로의 푸른 안내The Blue Guide to the Here and Hereafter)."

■ **하시디즘** 18세기 폴란드에서 일어난 신비적 경향이 강한 유대교의 한 파.

니콜스버그의 랍비 슈멜케가 말했다. "가난한 사람이 당신에게 도움을 청할 때 그의 단점을 들어 돕지 않는 핑계로 삼지 말라. 그러면 하나님도 당신의 수많은 허물을 낱낱이 찾아내실 것이다."

아서 쿠르츠웨일은 "이 인용문은 돈을 구걸하는 알코올중독자에도 적용된다. 알코올중독자에게 돈을 줘봐야 그 돈으로 술을 마실 것이 분명하다는 이유로 그에게 자선을 베풀지 않는 것은 어느 누구에게도 도움이 되지 않는다."고 말했다.

걸인의 문제에 관해서라면 솔직히 나는 어떤 것이 윤리적으로 합당한 것인지 잘 모른다고 고백할 수밖에 없다. 이 문제에 관해 언급한 대부분의 자선 단체나 자원봉사자들은 걸인에게 자선을 베푸는 것은 궁극적으로 걸인과 자선 단체(걸인에게 지속적인 도움을 줄 수 있는 유일한 곳이다.) 모두에게 나쁜 결과를 초래한다고 주장한다.

내가 살고 있는 뉴욕에서는 하루에 스무 번 이상 구걸하는 걸인을 만나게 된다. 이렇듯 너무 많은 걸인들에 대한 나의 반응은 일관되지 않다. 언제 누구에게 적선을 하는지에 대한 분명한 기준없이 주머니를 열기도 하고 그냥 이들을 스쳐지나치기도 하는 것이다. 경험으로 미루어 "아무것도 먹지 못했습니다. 배가 너무 고파요."라고 말하는 걸인은 그냥 지나치기 힘들었다는 것만 알고 있을 뿐이다.

자선을 베풀지 않으려고 눈을 감는다면, 그것은 우상숭배를 하는 것과 마찬가지다.(바빌로니아 탈무드, 케투봇 68a) 현대의 탈무드 학자인 랍비 아딘 스타인살츠는 일견 억지스러워 보이는 이러한 비유(인색함을 우상숭배에 비유한 것)를 이렇게 설명한다. "자신의 부가 하나님으로부터 비롯되었다는 것을 아는 사람은 가난한 사람에게 자선을 베푼다. 하지만 가난한 사람에게 자선을 베풀지 않는 사람은 그가 가진 모든 것이 자신의 힘과 지혜의 결과라고 믿기 때문일 것이다. 케투봇의 의미는 모든 것이 자신의 능력에 기인한다고 믿는 태도가 바로 우상숭배라는 것이다."

하페츠 하임으로 알려진 현대의 유명한 랍비 이스라엘 메이어 하-코헨 카간Israel Meir Ha-Kohen Kagan은 탈무드의 이러한 금언을 성경의 구절과 연결한다. "'너희를 위해 은이나 금으로 신상을 만들지 말라.'는 곧 금과 은으로 신을 만들지 말라는 뜻이다."

랍비의 관점에서 보면 심미적으로는 뛰어났지만 우상을 숭배한 로마 사회의 저주받을 특징 중 하나가 가난한 사람에 대한 잔인한 무관심이었다. 한 현자가 다음과 같이 진술했다.

"랍비 조슈아 벤 레비가 로마에 갔을 때, 그는 천으로 감싼 대리석 기둥을 보았다. 이는 대리석 기둥을 더위에 갈라지지 않게 하고, 추위에 얼지 않게 하기 위함이었다. 그런데 그는 한편에서는 갈대 멍석만 깔고 덮은 가난한 사람도 보았다(페시크타 드라브 카하나Pesikta d' Rav Kahana 9:1). 우리는 가난한 유대인과 마찬가지로 가난한 비유대인도 돕는다(바빌로니아 탈무드, 기틴 61a)."

한결같은 자선

기도를 하기 전에 자선을 베풀라(슐크한 아루크, 오라크 차임 92:10). 대부분의 전통적인 시나고그에서는 평일 오전 예배 동안 자선을 위한 작은 모금함을 돌리는데(안식일과 대부분의 휴일에는 돈을 다루는 것이 금지되어 있다.), 이때 사람들은 비록 작은 액수라도 헌금을 한다.

유대사회에서는 가치 있는 사람에게 천 개의 금화를 주는 사람은 천 가지 다른 상황에서 하나씩의 금화를 주는 사람만큼은 관대하지 않다고 여겨진다. 이는 산발적이고 충동적인 베풂보다 습관적인 베풂이 더 관대한 행위라는 의미다. 많은 유대인들이 자신의 아이들에게 안식일 전날인 매주 금요일 오후에 자선 모금함에 돈을 넣는 관습을 지키게 하는 이유가 바로 여기에 있다.

중세 학자인 마하샤는 탈무드에 대한 그의 해설에서 음식을 먹지 않음으로써 절약할 수 있는 돈을 금식에 들어가기 전에 자선의 목적으로 기부하는 것이 관례라고 설명한다(바빌로니아 탈무드, 산헤드린■ 35a). 하지만 안타깝게도 요즘 대부분의 유대인은 이러한 전통에 대해 알지 못한다. 이것은 반드시 부활되어야 할 미풍이다.

어느 정도로 자선을 베풀어야 할까?

수입의 최소 10%를 기부하는 것이 이상적이다. 이보다 더 높은 기준을 정해 놓은 유대 율법도 있긴 하지만 말이다.

유대사회에서는 자신이 오히려 자선의 대상이 되지 않으려면 기부를 하더라도 수입의 절반 이상은 하지 말아야 한다(바빌로니아 탈무드, 케투봇 50a)는 가르침이 있다. 이 율법은 빈곤에 대한 서약으로 요약될 수 있는 초기 기독교의 이상으로서의 빈곤주의에 부응할 수 있었는지도 모른다. 하지만 이와는 대조적으로 랍비들은 빈곤을 일종의 저주로 보았다. 이 세상에는 가난만큼 견디기 힘든 것이 없다. 가난에 찌들어 산다는 것은 세상의 다른 모든

■ **산헤드린** 신약시대까지 예루살렘에 있었던 유대인들의 최고 의회 겸 법원.

문제로 고통받으며 사는 것과 그 무게가 비슷하기 때문이다. 랍비들은 말했다. "만일 세상의 모든 아픔과 고통을 모아 저울의 한쪽 편에 올려놓고, 빈곤의 고통을 저울의 다른 쪽 편에 올려놓는다면, 저울은 빈곤의 고통을 올려놓은 쪽으로 기울 것"이라고 말이다 (엑서더스 라바 31:14).

이러한 이유로 유대 율법은 적절한 금액을 남을 돕는 데 사용한다면 부의 축적을 잘못된 것으로 보지 않는다. 자선의 최소 및 최대 기부 금액을 구체화한다는 것은 두 가지 측면에서 심리학적인 지혜로 작용한다. 다시 말해, 이것으로 다소 인색한 사람들(난 수입의 2%나 3%를 기부하는 사람들이 대개 자신을 관대하다고 여긴다는 점을 경험으로 알게 되었다.)은 더 많은 기부를 하게 되고, 민감한 사람들은 죄의식을 갖지 않고 자신의 부를 향유할 수 있게 된다.

하지만 많은 걸인들이 거짓이지 않을까?

대부분의 걸인들이 사람을 속인다고 주장하며, 그렇기 때문에 이들에게 자선을 베풀지 않는다고 말하는 사람들(아마 경우에 따라 우리 자신들의 모습일 수도 있으리라.)을 흔히 볼 수 있다. 유대사회는 이러한 문제를 어떻게 다룰까?

랍비 하니나는 어느 가난한 사람에게 안식일 전마다 그르지 않고 4주짐 zuzim(꽤 많은 금액)을 보냈다. 어느 날 그는 자신의 아내를 시켜 돈을 전달하게 했는데, 아내는 집에 돌아와 그 사람은 돈이 필요 없는 사람이라고 말하는 것이었다. 이 말에 하니나는 "무엇을 보고 왔기에 그러시오?"라고 물었다. 아내는 다음과 같이 대답했다. "그의 아내가 그에게 '은색 식탁보와 금색 식탁보 중 어떤 식탁보를 덮을까요?'라고 묻더군요."

하니나는 랍비 엘라자르의 말을 인용하며 아내에게 이렇게 말했다. "내가 그를 돕는 이유는 랍비 엘라자르의 다음의 말로 대신할 수 있다오. '우리는 가난한 사람들 중에서 기만을 일삼는 사람들에게도 감사해야 한다. 이들이 없다면 도움을 청하는 모든 사람들에게 도움을 주지는 않는 우리는 날마다 죄를 범할 것이기 때문이다(바빌로니아 탈무드, 케투봇 68a).'" 이러한 관점은 어느 하시디즘 현자의 말로도 강조된다.

> 산츠 왕조의 랍비 차임은 이렇게 말했다. "자선의 장점은 너무나도 큰 것이어서 난 100명의 걸인들 중 한 명만이 실제로 도움이 필요한 걸인이라 할지라도 이들 모두에게 기꺼운 마음으로 자선을 베푼다. 하지만 일부 사람들은 100명의 걸인들 중 한 명이 진짜 걸인이 아닐 수도 있다는 점을 구실로 자선을 하지 않아도 되는 것처럼 행동한다."

랍비 차임의 다소 과장된 말에도 불구하고, 랍비들은 그런 태도는 다른 가난한 이들에게 돌아가야 할 자선의 혜택을 앗아간다는 점에서 엄연한 도둑질이며 기만적인 행위로서 경멸한다. 인간의 힘으로는 이러한 협잡꾼을 소탕하는 것이 불가능하기에 랍비들은 하늘에 의지해 이들의 거짓을 진실로 바꾸려 한다.

랍비들은 이렇게 가르쳤다. 보지 못하는 눈이 있거나 부풀어 오른 배가 있거나 오그라든 다리가 있는 것처럼 가장하는 사람은 사는 동안 실제로 그렇게 될 것이다. 실제로 도움이 필요치 않은데도 도움을 받는 사람은 사는 동안 실제로 그러한 상황에 처하게 될 것이다(바빌로니아 탈무드, 케투봇 68a). 또 걸인에게 많은 것을 줄 필요는 없지만 적어도 약간의 것은 주어야 한다고도 가르쳤다(바바 바스라 9a). 마이모니데스는 걸인에게 아무것도 주지 못한다면, 적어도 그를 따뜻하게는 해주어야 한다고 가르쳤다. 대도시에 넘쳐나는 걸인들을 목격하고도 차갑게 돌아서는 우리의 모습을 생각해볼 때 이것은 중요한 가르침임에 틀림없다.

랍비들은 가난한 사람이 "제게 옷을 좀 주십시오."라고 말한다면 그가 자신의 상황에 대해 거짓말을 하고 있는지 알아보라고 말한다. 하지만 가난한 사람이 "제게 먹을 것을 좀 주세요."라고 말한다면 그 즉시 그에게 도움을 줄 것을 권고한다. 그렇지 않고 그가 자신의 처지에 대해 거짓말을 하고 있는 건 아닌지 알아보려 한다면, 그러는 동안 그는 굶어 죽을 수도 있다(바빌로니아 탈무드, 바바 바스라 9a)는 것이다.

어느 걸인이 코브노 시市에 와서 주민들에게 구걸해 큰돈을 모았는데, 얼마 지나지 않아 그가 협잡꾼이란 사실이 밝혀졌다. 사실 그는 부유한 사람이었다. 이에 시 당국은 걸인들이 돈을 구걸하기 위해 코브노 시에 오는 것을 금지하는 법령을 제정하려 했다. 이 소식을 전해 들은 코브노 시의 랍비 이츠차크는 시 당국자들을 찾아와 이렇게 물었다. "정말로 도움이 필요한 가난한 사람과 가난을 가장한 부자 협잡꾼 중 실제로 우리를 속인 사람은 누구였습니까? 우리를 속인 사람은 가난한 사람을 가장한 부자였습니다. 법령을 제정하려면 가난한 사람이 아니라 부유한 사람이 구걸하는 걸 금지하는 법령을 제정해야 할 것입니다(시나이로부터의 윤리Ethics from Sinai)."

가난한 사람이 가난한 것은 하나님의 뜻이 아닐까?

탈무드 시대의 랍비들은 가난한 사람들의 고통이 신의 뜻이라는 주장을 자주 접해야 했다. 실제로 이것은 어느 유명한 로마 관리가 탈무드 시대의 위대한 현자에게 제기한 주장이기도 했다.

랍비 메이어는 이렇게 말하곤 했다. "유대주의를 비판하는 사람은 당신의 입장에 반하는 다음과 같은 질문을 던질 수 있다. '하나님이 가난한 사람들을 사랑한다면 왜 그들을 돕지 않겠는가?' 그러면 이렇게 답하라. '이들을 도움으로써 우리는 사후 형벌을 면할 수도 있지요.'"

실제로 유대를 다스렸던 로마 통치자 터누스루퍼스가 랍비 아키바에게 같은 질문을 한 적이 있다. "하나님이 가난한 사람들을 사랑한다면 그들을 돕지 않을 이유가 어디 있겠는가?" 그러자 랍비 아키바가 대답했다. "이들을 도움으로써 우리가 사후 형벌을 면할 수도 있지요."

터누스루퍼스가 말했다. "반대로 그로 인해 사후 그대가 형벌을 받을 수도 있을 것이네. 우화를 통해 이를 증명해보겠네. 어느 나라의 왕이 자신의 종에게 화가 나 그를 감옥에 가두고 그에게 먹을 것과 마실 것을 주지 말 것을 명했네. 그런데 어떤 사람이 그에게 음식과 물을 주었고, 이 사실을 왕이 알게 되었다면 왕은 그 사람에게 화가 나지 않겠는가?"

랍비 아키바는 이 질문에 이렇게 대답했다. "저도 우화를 통해 답하도록 하겠습니다. 어느 왕이 자신의 아들에게 화가 나 그를 감옥에 가두고 그에게 먹을 것과 마실 것을 주지 말라고 명했습니다. 그런데 어떤 사람이 감옥에 갇힌 왕의 아들에게 음식과 물을 주었고, 이 사실을 왕이 알게 되었다면 왕은 그 사람에게 상을 주지 않았을까요?"(바빌로니아 탈무드, 바바 바스라 10a)

아키바는 가난이 하나님의 형벌이라는 터누스루퍼스의 주장을 수용하긴 했지만, 곧바로 가난한 사람도 하나님의 자녀이며 그에 합당한 대우를 받을 자격이 있음을 주장한다. 그의 말 중 가장 주목할 만한 것은 하나님은 가난한 사람을 돕는 것을 기뻐하신다는 점이다. 여기에 덧붙여 가난한 사람도 하나님의 자녀이기에 음식과 물, 금전 등을 제공받을 자격이 있을 뿐 아니라 굴욕을 당하지 않을 권리도 있다.

가난한 사람들의 존엄성

유대사회는 여러 가지 방법으로 가난한 사람들의 자존감을 존중할 수 있음을 가르친다.

1. 어느 정도의 빈곤은 피할 수 없다는 사실을 이해함으로써 가난한 사람들의 자존감을 존중할 수 있다.
"너희 하나님 여호와께서 너희에게 주시는 그 땅의 어느 한 성읍에서 너희 형제들 가운데 가난한 사람이 있다면 그 가난한 형제를 향해 마음이 인색해지거나 주먹을 움켜쥐는 일이 없도록 하라. 오히려 손을 벌려 그가 필요한 모든 것을 대가 없이 빌려주어라(신명기 15:7-8)."

2. 부유한 사람들은 자선을 베풀어 하나님의 뜻을 따를 필요가 있다는 사실을 이해함으로써 가난한 사람들을 존중할 수 있다.
랍비 조슈아가 말했다. 가난한 사람이 자선을 수락함으로써 부유한 사람에게 베푸는 덕행은 부유한 사람이 자선으로써 가난한 사람에게 베푸는 덕행보다 더 큰 것이다(레비티쿠스 라바 34:11). 랍비 조슈아의 가르침은 유대민족 고유의 걸인 이미지를 창조하는 데 일조했다. 익살스럽고 해학적인 유대민족의 여러 이야기에서 걸인은 자신의 처지를 부끄러워하고 순종적인 특성을 보이는 것이 아니라 당당하고 주장이 강한 인물로 그려진다. 이들은 자신들이 자선을 베푸는 사람들에게 계율을 지킬 수 있는 기회를 부여함으로써 그들에게 큰 호의를 베푸는 것이고, 그러기에 당연히 그들에게서 금전적인 도움을 받을 자격이 있다고 느낀다. 이러한 이야기 하나를 소개해 보겠다.

어느 걸인이 습관처럼 매주 어떤 한 남자를 찾아가 일정액의 돈을 기부 받았다. 그날도 걸인은 여느 때처럼 돈을 받기 위해 남자를 찾아갔는데, 남자는 걸인에게 줄 것이 아무것도 없다고 말하는 것이었다. "최근 돈을 너무 써버렸어요. 아내가 몹시 아파 칼브배드에 있는 요양소에 보내야 했죠. 거긴 꽤 추운 곳이라 아내에게 새 옷과 모피 코트를 사주느라 돈을 다 써버렸어요." 이 말을 듣고 걸인이 흥분하며 소리쳤다. "뭐라고! 내 돈으로?"

3. 부는 언제나 돌고 돈다는 사실을 이해함으로써 가난한 사람들의 자존감을 존중할 수 있다.

랍비 히야가 자신의 아내에게 말했다. "가난한 사람이 집에 오거든 서둘러 그에게 음식을 주시오. 우리 아이들도 똑같은 대접을 받을 수 있도록 말이오." 아내가 소리쳤다. "무슨 말을 하는 거죠? 그럼 우리 아이들도 거지가 될 수 있단 말인가요?" 아내의 말에 히야는 차분하게 응대했다. "이 세상은 마치 수레바퀴처럼 돌고 도는 거라오 《바빌로니아 탈무드, 샤밧 151b》."

랍비들은 인생은 돌아가는 수레바퀴와 같으며, 자신이나 자신의 자녀들 또는 자신의 손자, 손녀들도 다른 사람의 도움을 받아야 할 처지가 될 수 있다는 사실을 염두에 두라고 가르친다. 따라서 "가난한 사람에게 자선을 베풀어 나의 부를 줄일 이유가 있는가?"라고 생각해서는 안 되며, 부는 자신의 것이 아니라 하나님이 맡겨놓은 것으로서 하나님이 바라시는 대로 사용해야 한다는 사실을 깨달으라는 것이다 《유대 율법의 요약판 Abridged Code of Jewish Law》).

정직한 사람 루벤이 쉬몬에게 약간의 돈을 빌려달라고 부탁했다. 쉬몬은 주저하지 않고 그에게 돈을 주며 이렇게 말했다. "이 돈은 내가 자네에게 주는 선물일세. 그러니 이 돈을 갚을 필요가 없다네."

루벤은 이 말에 수치심과 당혹감을 느끼고 다시는 쉬몬에게 돈을 빌리지 않았다. 좋은 의도였다는 건 의심할 바 없지만 쉬몬의 행동은 루벤에게 자신이 더 이상 상대와 동등하지 않은 낮은 계급의 사람이라는 느낌을 갖게 함으로써 결과적으로 루벤을 비참하게 만들었다는 것이 유대식 사고방식이다. 과도한 자선을 베푸는 한 남자를 어느 랍비는 이렇게 비판했다. "그는 자선을 베푸는 걸 지나치게 좋아하는데, 그 이유는 자신이 진정으로 선한 사람이라고 느끼고 싶어서죠." 즉, 만족감이라는 자신의 욕심을 채우기 위해 지나치게 자선을 베푸는 행위를 경계하라는 의미다.

섬세한 자선

20세기의 걸출한 정통파 현자인 랍비 아하론 코틀러Aharon Kotler는 행동에 세심한 주의를 기울일 필요가 있음을 알고 있었다. 어느 날 그가 시나고그에 들어갈 때와 나올 때 모두 같은 걸인에게 적선하는 광경이 목격되었다. 어째서 두 번씩이나 적선을 하는지 질문을 받자 코틀러는 "누군가가 자신이 걸인을 그냥 지나치는 걸 보고는 그 걸인은 도움을 받을 가치가 없는 사람이라는 결론을 내리게 될까 봐 염려스러웠기 때문"이라고 대답했다.

자선을 베푸는 실질적인 이유

악인의 보물은 아무 유익이 없지만 의는 죽음에서 사람을 구해낸다(잠언 10:2). 대부분의 유대 문헌은 이 말을 자선은 그것을 행하는 사람을 이른 죽음으로부터 구한다는 의미로 이해하지만, 글자 그대로 도움을 받는 사람을 죽음으로부터 구한다고 해석해도 전혀 무리가 없다.

랍비들은 만일 어떤 사람이 "저는 제 아이를 살리기 위해 자선을 합니다." 또는 "저는 천국으로 가기 위해 자선을 합니다."라고 말한다면, 그는 자기중심적인 동기에도 불구하고 전적으로 의로운 사람이라고 말한다(바빌로니아 탈무드, 페사힘 8a-b).

자선보다 더 위대한 자애로운 친절

랍비들은 자애로운 친절이 세 가지 면에서 자선보다 더 위대하다고 가르친다. 자선은 금전적으로만 행해지지만, 자애로운 친절은 금전적으로 베풀 수도 몸소 행할 수도 있다. 자선은 가난한 사람에게만 베풀 수 있지만, 자애로운 친절은 가난한 사람과 부자 모두에게 베풀 수 있다. 자선은 살아 있는 사람에게만 베풀 수 있지만, 자애로운 친절은 살아 있는 사람과 죽은 사람 모두에게 베풀 수 있다(바빌로니아 탈무드, 수코트 49b). 탈무드 랍비들은 하나님을 자애로운 친절의 원형으로 여긴다. 토라는 사람들에게 하나님의 길을 걸을 것을 명한다(신명기 13:5). 하나님이 벌거벗은 사람에게 옷을 입히셨기 때문에 — "여호와 하나님께서 아담과 그 아내를 위해 가죽옷을 만들어 입히셨습니다(창세기 3:21)." — 우리 또한 벌거벗은 사람에게 의복을 주어야 한다. 하나님이 병자를 방문하셨기에—"여호와께서 마므레의 큰 나무들 근처에서 아브라함에게 나타나셨다(창세기 18:1)."—우리 또한 병자를 방문해야 한다. 하나님이 죽은 자를 안장시켜주셨기에—"하나님은 모세를 모압 땅 벧브올 반대편 골짜기에 묻었다(신명기 34:6)."—우리 또한 죽은 자를 안장해야 한다. 하나님이 슬퍼하는 자를 위로하셨기에—"아브라함이 죽은 후에 하나님께서 그의 아들 이삭에게 복을 주셨다(창세기 25:11)."—우리 또한 슬퍼하는 자를 위로해야 한다.

랍비들은 죽은 자를 묻어주는 것을 진정한 '자애로운 친절'로 여겼다. 왜냐하면, 그것은 필연적으로 수혜자가 선행에 보답할 것이라는 기대 없이 행해지기 때문이다. 하페츠 하임은 '자애로운 친절'을 "보상 없이 누군가를 위해 행하는 선행"이라 규정짓기도 했다.

우리는 물질적인 것보다 영적인 것에 대해 더 많은 고민을 해야 한다. 하지만 다른 사람의 물질적인 면을 고려하는 것은 영적인 고민에 해당한다. 러시아의 종교 실존주의자 니콜라이 베다예프Nikolai Berdyaev는 이러한 생각을 보다 시적으로 표현했다.

"나 자신의 빵을 추구하는 것은 물질적인 갈구지만, 내 이웃을 위한 빵을 추구하는 것은 영적인 갈구다."

3. 힘없는 이를 어떻게 도와야 하나

가난한 자와 약한 자

이방인을 학대하거나 억압하지 말라. 너희도 이집트 땅에서 이방인이었다. 과부나 고아를 이용하지 말라(출애굽기 22:20-21).

토라는 사람들이 사회적 약자와 사회에서 가장 소외된 자들을 이용하는 일이 드물지 않다는 점과 동정심에만 호소하는 것은 사람들의 지각 있는 행동을 이끌어내는 데 역부족이라고 지적한다. 그래서 토라는 과부와 고아를 함부로 대하는 자들에게 경고한다.

"어떤 식으로든 너희가 그렇게 하면 그들이 내게 울부짖을 것이고 내가 반드시 그들의 울음소리를 들을 것이다. 내가 진노가 끓어올라 너희를 칼로 죽일 것이다. 그러면 너희 아내는 과부가 되고 너희 자식은 고아가 될 것이다(출애굽기 22:23-24)."

토라는 이방인들의 존재로 인해 하나님이 사랑의 하나님으로 정의될 수 있다고 주장한다.

"그분은 고아와 과부의 사정을 변호하시고 이방인들에게 먹을 것과 입을 것을 주시며 사랑하시는 분이다(신명기 10:18)."

유대계 독일인 철학자 헤르만 코헨Hermann Cohen은 이방인을 보호한다는 성경 계율이 진정한 종교를 가늠할 수 있는 초기 척도가 될 수 있다고 믿었다. "이방인은 설령 그가 당신의 가족이나 부족, 종교 집단, 공동체, 민족 등의 일원이 아닐지라도 단지 인간이라는 이유만으로 보호되어야 했다. 따라서 우리는 이방인을 통해 인간애를 발견했다."

유대사회는 과부와 고아의 영혼은 깊은 상실감과 우울로 상처받기 쉬우므로 이들에게 특히 조심성 있게 행동할 것을 권한다. 그들이 설령 부유하거나 왕의 과부나 고아라 하더라도 그들에게 세심한 주의를 기울이라고 말한다.

"어떠한 과부나 고아라도 함부로 대해선 안 된다."

그럼 그들을 어떻게 대할까?

그들에게 항상 부드럽게 말하라. 그들에게 변함없는 예의를 갖추어라. 힘든 일로 그들을 신체적으로 괴롭히지 말고, 가혹한 말로 그들의 감정에 상처를 입히지 말라. 자기 자신의 것보다 그들의 재산이나 돈에 더 세심한 주의를 기울여야 한다. 그들을 괴롭히거나 노하게 하거나 학대하거나 그들에게 상처를 주거나 금전적인 손실을 끼치는 자들은 누구라도 죄를 범하는 것이라고 토라는 경고하고 있다(모세 마이모니데스, 미슈네 토라, '행동에 관한 율법' 6:10).

마이모니데스가 분명히 말하고 있듯이 도움이 필요한 사람과 가난한 사람은 항상 동의어가 아니다. 감정적으로나 심리적으로 약해진 사람도 도움을 받을 필요가 있기 때문이다. 따라서 심지어 왕의 과부나 고아도 상처받기 쉽고 감정적인 보살핌이 필요할 수 있다.

유월절의 기도문에는 "배고픈 자들 모두 여기에 와서 음식을 먹을 수 있도록 하고, 도움이 필요한 자들 모두 여기에 와서 동참할 수 있도록 하소서(유월절 밤에 암송되는 전통적인 기도문)"라는 대목이 있다. 이스라엘의 노벨상 수상자 사무엘 요세프 아그논Shmuel Yosef Agnon은 '유월절에 모인 사람들'이란 이야기를 썼는데, 이 이야기는 배고픈 자와 도움이 필요한 자를 구별하는 것에 초점을 맞추었다.

동유럽의 어느 작은 마을에 샤마스라는 사람(시나고그 소사)이 살았는데, 그는 너무 가난해 유월절 축제 음식을 구입할 돈이 없었다. 그는 굶주린 배를 움켜쥐고 홀로 마을을 배회했다. 같은 마을에 최근 남편을 잃은 어느 부유한 과부가 살았다. 그녀는 처음으로 남편 없이 홀로 유월절을 보내야 했다. 여느 때와 마찬가지로 그녀는 멋지고 풍성하게 유월절 식탁을 마련했지만 그녀 또한 혼자였기에 외로움과 슬픔에 젖어 있었다. 그런데 이 과부와 가난한 샤마스가 만나게 되었고, 둘은 함께 유월절을 경축했다. 유월절 저녁이 끝나갈 무렵 둘 사이에는 강한 유대감이 형성되었고, 조만간에 샤마스는 더 이상 굶주림으로 부유한 과부는 더 이상 외로움으로 고통받지 않아도 되리라는 희망이 둘 사이에 싹텄다.

신체 및 기타 장애를 가진 사람

보지 못하는 사람이 보지 못한다고 해서 그를 넘어뜨리는 장애물을 쳐놓지 마라. 너는 네 하나님을 두려워하라(레위기 19:14). 앞을 보지 못하는 사람에게 악의에 찬 속임수를 쓰지 말아야 한다는 이 구절을 랍비들은 보다 넓게 해석해 어떤 일에 미숙한 사람을 꼬드겨 이득을 취하는 행위가 금기 사항이라고 가르친다. 따라서 상대의 무지를 악용해 그에게 부적절한 충고를 하는 사람은 누구라도 이러한 성경적 계율을 어기는 것으로 간주한다. 다음은 레위기의 이 구절에 대한 랍비의 해석이다.

조언을 구하는 사람에게 그를 잘못된 길로 인도하는 말을 하지 말라. 아침에 활동하는 자객이 그를 습격할 수도 있으니 그에게 '아침 일찍 떠나시오.'라고 말하지 말라. 그가 일사병으로 기절할 수도 있으니 그에게 '정오에 떠나시오.'라고도 말하지 말라. 그를 함정에 빠뜨려 그의 밭을 빼앗을 목적으로 그에게 '밭을 팔아 당나귀를 사시오.'라고도 말해선 안 된다(레위기 19:14에 대한 시프라Sifra). 조언을 하려면 마지막 구절에서 분명히 말하고 있듯이 조언을 구하는 사람의 일에 당신이 개인적인 관심을 가지고 있는지 먼저 분명히 밝혀야 한다.

병에 걸린 사람

랍비 아키바의 제자 한 사람이 위중한 병에 걸렸지만, 아키바 외에는 아무도 그에게 병문안을 가지 않았다. 아키바가 마루를 쓸고 닦으며 제자를 지극 정성으로 보살피자 제자의 병이 나았다. 제자가 그에게 말했다. "스승님이 저를 살리셨습니다!" 아키바는 밖으로 나와 이렇게 가르쳤다. "아픈 사람을 병문안 가지 않는 사람은 환자에게 피를 흘리게 만드는 것이다." 바빌로니아 탈무드(산헤드린 98a)는 랍비 조슈아가 예언자 엘리야에게 물음을 던진 사건을 묘사하고 있다.

조슈아가 물었다. "제가 어디에서 메시아를 찾을 수 있겠습니까?"

엘리야가 대답했다. "성문 앞에서 메시아를 볼 수 있을 것이네."
"어떻게 그를 알아볼 수 있습니까?"
"나병 환자들과 함께 앉아 있을 것이네."
"나병 환자라고요?" 조슈아가 놀라서 되물으며 말을 이었다. "거기서 그분은 무얼 하고 있습니까?"
엘리야가 대답했다. "그들의 붕대를 갈아주고 계실 것이네. 한 사람 한 사람씩 차례대로 붕대를 갈아주고 계실 것이네."
붕대를 갈아주는 일이 메시아가 할 일처럼 보이지 않을 수도 있다. 하지만 하나님의 눈에는 그 일이 진실로 위대해 보인다(랍비 로버트 커슈너의 에이즈에 관한 설교). 랍비 커슈너는 1985년 유대교 속죄일에 샌프란시스코 회중 사람들에게 에이즈 환자를 도와야 한다는 취지의 설교를 했다. 고대의 많은 사람들이 나병환자를 대하는 태도와 현재의 많은 사람들이 에이즈 환자를 대하는 태도가 크게 다르지 않다고 여겨 나병환자들과 함께 하는 메시아에 관한 랍비 조슈아의 가르침을 인용한 것이다. 커슈너는 이렇게 설교했다.
"당시 나병 환자는 병으로 고통받았을 뿐 아니라 경멸의 대상이 되기도 했습니다. 이들은 나병으로 끔찍한 죽음을 맞이해야 할 뿐만 아니라 그렇게 되는 것이 마땅하다는 비난까지 받아야 했습니다."
메시아가 나병 환자들과 함께 살기를 선택했다는 사실을 알림으로써 조슈아는 대중적인 편견을 깨려 했을 뿐만 아니라, 나병 환자들이 가까이 오면 양손으로 거세게 밀쳐내야 한다고 믿는 여러 동료들의 편견도 타파했다고 커슈너는 역설했다.

정치적인 도피처를 찾는 사람

만약 어떤 종이 네게 와서 숨으면 그를 주인에게 넘겨주지 마라. 그가 네성 가운데 가장 좋은 곳을 택해 너희 가운데서 함께 살게 하고 너희는 그를 학대하지 마라(신명기 23:15-16).

지금껏 미국 최고재판소가 행한 가장 부도덕하고 불명예스러운 일은 아마 1857년의 드레드 스콧 판결일 것이다. 이 판결에서 판사는 "노예제도가 금지된 일리노이 주로 온 흑인 노예 드레드 스콧Dred Scott은 다시 남부의 노예 상태로 돌아가야 한다."는 판결을 내렸다. 노예를 포함한 모든 사람이 절대적인 권리를 부여받았다는 3천 년 전의 성경 가르침과는 대조적으로 재판장 로저 태니는 "흑인에게는 자유의 권리가 없으며 백인은 이 사실을 지켜야 한다."고 말했다.

미국 최고재판소가 이러한 성경적 계율을 따르지 않은 것은 결국 대참사로 이어졌다. 오늘날의 역사가들은 드레드 스콧 판결과 이로 인한 격변을 남북전쟁의 주요 원인으로 여기고 있다. 미국 최고재판소 판사인 펠릭스 프랑크푸르터는 이후의 판사들이 마치 교수형을 당한 아들을 둔 부모가 밧줄과 교수대를 언급하지 않는 것처럼 이 판결에 대해 언급하는 것을 본 적이 없다고 말했다.

보편적으로 성경적 계율은 혁신적인 것이 아니라 진화적이다. 토라가 노예제도가 성행하는 곳에서 노예제도를 금하지 않은 것도 이러한 성경적인 특성 때문일 가능성이 높다. 그럼에도 불구하고 성경은 노예제도에 대한 불편한 심기를 드러낸다. 노예도 인간이고, 노예 또한 신의 형상에 따라 창조되었기에 노예 신분을 단순한 재산으로 격하시키는 것은 있을 수 없는 일이기 때문이다. 성경은 인간이 추구해야 할 상태를 자유라 여기기 때문에 만일 노예가 위험을 무릅쓰고 도주했다면 성경은 절대적으로 노예의 편이다. 이러한 성경 구절은 현대 민주주의에도 반영되어 민주주의 국가들은 독재주의 또는 전체주의 정권에서 자유를 찾아 망명한 사람들을 받아들이는 데 인색하지 않다. 가장 부도덕한 행위는 '도주한 노예를 그의 주인'에게 돌려보내는 일일 것이다.

의식 이전의 문제

옛 제자가 안식일을 함께 보내자며 랍비 살란터를 초대했다. 식사 율법을 지키는 데 스승이 얼마나 엄격했는지 알고 있던 제자는 자신이 모든 유대 율법을 지키는 데 얼마나 주의를 기울이는지 스승에게 상세하게 묘사했다. 그는 자신의 집에서 금요일 저녁 식사의 막간에 사람들이 토라와 탈무드에 대해 토의하고 즈미로트(zmirot, 안식일에 부르는 유대 성가)를 부른다고 덧붙였다.

살란터는 식사시간을 평소보다 짧게 한다면 초대에 응하겠다고 제자에게 말했다. 제자는 스승의 말에 놀랐지만 그러기로 약속했다. 식사가 끝났을 때 제자는 살란터에게 일반적인 방식의 식사를 못마땅하게 여기는 이유를 물었다.

살란터는 "그 이유를 보여주지."라고 대답하며 과부인 하녀를 불러 평소보다 일을 서두르게 만들어 미안하다고 사과했다.

"전혀 미안해하실 필요가 없습니다."

하녀는 미소를 띠며 말을 이었다.

"오히려 제가 감사드려야 할 일이죠. 금요일 저녁 식사는 대개 밤늦게 끝나는데 그러면 일주일 내내 힘이 들어요. 오늘밤은 모자란 잠을 잘 수 있어 너무 좋아요."

하녀가 자리를 떠난 후 살란터가 제자에게 말했다.

"자네가 따르는 안식일 저녁 관습에 다른 불만은 조금도 없다네. 하지만 피곤에 찌든 하녀의 희생을 강요하면서까지 자네 방식을 고집할 필요는 없는 것으로 느껴지네."

살란터의 식사에 얽힌 또 다른 일화가 있다. 살란터가 어떤 집에 안식일 저녁 식사 초대를 받았을 때, 그는 식전 기도를 올리기 전 손을 씻는 의식에 아주 적은 양의 물만 사용해 사람들을 놀라게 했다. 쭉 내민 양손에 물을 마구 쏟아붓던 사람들이 그에게 그토록 적은 양의 물만 사용하는 이유가 무엇인지 물었다.

"하녀가 우물에서 물을 길어올려 집까지 들고 온다는 걸 알게 되었죠. 물이 담긴 양동이는 아주 무겁습니다. 전 그녀의 어깨를 힘들게 하면서까지 의식을 행하고 싶진 않습니다."

4. 선량함이란 무엇인가

모든 성경 구절이 유대인의 삶에 똑같은 영향을 주지는 않았다. 즉, 유대인이 자주 인용하는 성경 구절은 따로 있다. 성경에서 가장 유명한 "이웃을 네 자신처럼 사랑하라."란 구절은 이 책에서 한 장(23장)을 할애해야 할 정도로 많은 유대 사상을 자극했다.

여기에서 소개하는 대표적인 아홉 가지 성경 구절 및 계율들은 수천 년에 걸쳐 선한 사람good person은 어떻게 행동해야 하는지에 대한 유대인의 사고 방식에 지대한 영향을 끼쳤다.

1. 네 이웃의 목숨을 위태롭게 하지 마라(레위기 19:16).

어떤 사람이 누군가를 죽이기 위해 그를 쫓고 있다면 심지어 쫓는 사람의 생명을 빼앗는 일이 벌어지더라도 쫓기는 사람을 구하는 것이 옳다는 걸 어떻게 알 수 있을까? "네 이웃이 피를 흘리는 걸 옆에서 지켜보고만 있지 말라."는 하나님의 말씀으로 알 수 있다(바빌로니아 탈무드, 산헤드린 73a). 따라서 만일 다른 방법으로 쫓는 사람을 막을 길이 없고 쫓는 사람을 죽일 수 있는 힘만 있다면, 쫓기는 사람을 위해 그렇게 해야 한다는 것이다.

어떤 사람이 물에 빠져 허우적대거나 짐승의 공격을 받고 있거나 또는 강도들에게 습격을 당하고 있다면 그 사람을 구하는 것이 옳다는 걸 어떻게 알 수 있을까? "네 이웃이 피 흘리는 걸 옆에서 지켜보고만 있지 말라."는 하나님의 말씀으로 알 수 있다(바빌로니아 탈무드, 산헤드린 73a).

1964년 3월, 뉴욕의 어느 거리에서 키티 제노비스라는 28살의 한 여성이 35분간에 걸쳐 살해된 사건이 발생했다. 38명의 목격자들이 창문을 통해 살해 장면을 지켜보았지만, 이들 중 어느 누구도 경찰에 신고하지 않았다. "하나님 맙소사! 저 사람이 절 찔렀어요. 절 좀 도와주세요! 제발 절 좀 도와주세요!" 상처 입은 여성의 간절한 절규에도 사람들은 무관심으로 일관했다.

후에 목격자들은 다음과 같은 변명을 늘어놓았다.

"살해 사건에 연루되기 싫었습니다." "너무 피곤해서 다시 잠자리에 들었어요." "솔직히 말씀드리면 너무 무서워 아무것도 할 수 없었어요."

유대 율법이 생명의 위협을 받더라도 사건에 개입해야 한다고 가르치는 것은 아니지만, 적어도 경찰이나 도움을 줄 수 있는 다른 사람을 부르거나, 필요하면 위험에 처한 사람의 생명을 구할 수 있는 사람을 호출하는 정도의 조치는 취해야 마땅할 것이다.

한편, 생명의 위협을 크게 느끼지 않는다면 사건에 개입해야 한다. 예를 들면, 누군가가 물에 빠져 익사하기 직전인데 당신이 수영을 전혀 못한다면 물에 뛰어들기 곤란하겠지만, 당신이 수영을 잘하고 크게 위험하지 않은 상황이라면 물속으로 뛰어들어야 한다.

이러한 의무는 성경적 도덕성의 기본 원리지만 미국 헌법에서는 무시된다. 하버드 법대 교수인 매리 글랜돈Mary Glendon은 "법대 1학년생들은 가상의 사건을 통해 법의 기본 원리를 배우게 된다."고 말한다.

"금방 물 밖으로 나와 수영장 주위를 거닐고 있는 올림픽 선수가 수영장 끝의 얕은 물에서 익사하기 직전인 사랑스러운 유아 한 명을 보았다. 쉽게 아이를 구할 수 있는 상황이었지만 수영 선수는 아이를 구하는 대신 의자에 앉아 아이가 죽어가는 것을 가만히 지켜보았다."

이 사건을 소개하는 목적은 수영 선수는 아무런 범법행위도 하지 않았다는 걸 장래 법조인들에게 증명해 보이기 위함이라고 글랜돈은 기술한다. 실제로 위험에 빠진 사람을 구해야 할 의무가 있다는 법 조항은 찾아볼 수 없다. 이 사건은 법 원리를 보다 쉽게 이해시키기 위해 탄생시킨 그야말로 교실 수업만을 위한 가상적인 사건에 불과한 것은 아니라고 글랜돈은 지적한다.

"미국 법정의 오래된 전통은 물에 빠진 사람에게 밧줄을 던지지 않거나, 머지않아 확실히 해를 입게 될 대상에게 경고하지 않는 사람, 또는 사고 현장에서 피를 흘리며 죽어가는 사람에게 응급조치를 취하지 않는 사람 등을 위법자로 간주하지 않는다."

하지만 유대 율법의 관점에서 보면 이러한 방관자들은 엄연히 사악한 죄인이다. 역사적으로 "이웃이 피를 흘리는 걸 옆에서 지켜보고만 있지 말라."는 율법을 가장 악명 높게 침해한 사건은 유대인 대학살이 이루어질 때 연합군에 의해 저질러졌다. 1944년 한 해에 걸쳐 유대인 단체는 미국 및 영국 공군에게 유대인을 아우슈비츠로 수송하는 철도에 폭격을 가할 것을 촉구했다. 당시 연합군이 유럽의 하늘을 점령한 상황이었기에 비행기가 격추될 위험성은 희박했다. 실제로 1944년 한 해 동안 연합군은 유명한 학살 캠프에서 불과 45마일밖에 떨어져 있지 않은 일곱 개의 합성 기름 공장을 여러 차례 폭격하기도 했는데, 그중에는 철도를 지나쳐 비행한 적도 많았다. 그럼에도 불구하고 연합군은 철도를 폭격해달라는 요구를 거부했다. 연합군 전투기가 마침내 아우슈비츠를 두 차례 폭격했을 때에도 이들은 유대인과 다른 재소자들이 강제노동을 하고 있는 고무 공장만으로 폭격을 제한했다.

생명이 위험한 사람들을 적극적으로 돕게 하기 위해 탈무드는 다음과 같이 공표한다.

> '쫓기는 사람'을 구하기 위해 '쫓는 사람'을 추격하다가 어떤 물건을 파손했다면, 그것이 '쫓는 사람'의 것이든 '쫓기는 사람'의 것이든, 아니면 또 다른 사람의 것이든 그 물건을 변상할 필요가 없다. 이것은 엄격한 율법에 의거한다. 이러한 율법이 없다면 아무도 '쫓는 사람'으로부터 이웃을 구하려 하지 않을 것이다.

이러한 율법을 만든 유일한 목적은 위험에 처한 사람을 지켜보고 있는 사람에게 동기를 부여해 그 상황에 개입할 수 있도록 하기 위해서다. 이 율법의 혁신적인 특징은 "만일 '쫓기는 사람'이 다른 사람 소유의 기물을 파손했다면 그에게 변상의 책임이 있다."는 사실로 더욱 강조된다. 따라서 '쫓는 사람'이 기물을 파손해도 그 역시 변상에 대한 책임이 있다고 해석할 수 있다. 하지만 자신의 생명을 구할 수 있다면 무엇이라도 할 '쫓기는 사람'과는 달리 '지켜보는 사람'은 다른 사람의 생명을 구하는 데 대가를 치를 의무가 없어야 한다.

유대사회에서 이교도나 밀고자가 어떤 사람에게 해를 끼치려는 음모를 인지한 사람은 그 사실을 해를 입게 될 사람에게 알려야 할 의무가 있다. 만일 해를 끼치려는 사람을 설득해 그런 사악한 행동을 막을 수 있는데도 그러지 않았다면 "이웃이 피를 흘리는 걸 옆에서 지켜보고만 있지 말라."는 율법을 어기는 것이다(슐크한 마루크, 호쉔 미쉬파트 426:1).

구약의 에스더서는 왕의 문 앞에 앉아 있던 모르드개가 문지방을 지키던 왕의 내시 빅단과 데레스 두 사람이 아하수에로 왕에게 원한을 품고 살해할 음모를 꾸미는 걸 들었고, 이 사실을 왕의 사촌 에스더 왕비에게 말해 에스더가 이를 왕에게 보고함으로써 왕이 무사할 수 있었다고 전한다(에스더 2:21-23). 후에 이것은 하만이 모르드개와 그의 동족을 학살할 음모를 실행하는 걸 왕이 막아준 큰 이유가 되었다.

영국 랍비인 아르예 카멜은 "네 이웃이 피를 흘리는 걸 옆에서 지켜보고만 있지 말라."는 계율을 지키는 것이 어떻게 "이웃을 네 자신처럼 사랑하라."는 율법을 지키는 것으로 이어지는지 설득력 있게 설명해주는 '한밤의 구조'라는 짧은 이야기를 전한다.

자정이 막 지날 무렵이었다. 나는 강 건너편에 있는 호텔로 가기 위해 황량한 도시를 걸어가고 있었다. 밤은 어둡고 안개가 자욱했으며 택시를 잡을 수 없었다. 다리가 점점 가까워지고 있을 즈음 다리 난간에 기대고 있는 초라한 모습의 한 남자가 보였다. 나는 '풀이 죽은 모습이네.'라고 생각했다. 그 순간 남자는 순식간에 사라졌고, '첨벙'하는 소리를 들었다. 맙소사! 나는 그가 일을 저질렀다고 생각했다. 자살!
나는 다리 아래의 둑으로 뛰어내려가 강물로 들어가서 물살에 밀려가고 있는 그를 붙잡고 둑까지 끌고 왔다. 그는 꽤나 젊은 사내였고 다행히 숨을 쉬고 있었다. 몇몇 사람들이 우리를 지켜보고 있었고, 나는 그들을 향해 구급차를 불러달라고 소리쳤다. 그들은 지나가는 택시를 잡아주었고, 우리는 이 젊은이를 반쯤은 들고 반쯤은 끌며 택시에 태웠다.

나는 택시를 타고 운전사에게 가까운 병원 응급실로 가달라고 부탁했다. 나는 젊은이가 의료진의 손에 맡겨질 때까지 기다렸다가 그들에게 상황 설명을 하고 난 후에야 호텔로 돌아올 수 있었다.

나는 좋은 옷을 버렸고 내일 아침이면 심한 감기에 걸리게 되리란 걸 감지했다. 서서히 한기를 느끼고 있었기 때문이다. 하지만 어쨌든 나는 한 생명을 구했다. 따뜻한 물에 목욕을 하고 침대에 누웠지만 여전히 청년이 걱정되어 잠을 이룰 수 없었다. 그토록 젊은 나이에 그는 왜 자살을 하려 했을까?

다음 날 아침 나는 알이 굵은 포도 한 송이를 사서 병원으로 출발했다. 청년이 자살을 시도한 이유를 꼭 알아내고 싶었다. 아마 내가 그를 도울 수도 있을 것이다.

내가 왜 그에게 이토록 관심을 가질까? 이 거대한 도시에서는 하룻밤에 적어도 대여섯 명은 자살을 시도할 테고 이들의 절망적인 심경은 내게 큰 관심거리가 아닌데도 말이다. 그런데 점점 이들에게 관심이 생기기 시작했다. 줄수록 마음이 가는 법이다. 난 그에게 꽤 많은 것을 주었다. 내 목숨을 걸었고, 덤으로 심한 감기까지 얻었다. 난 그에게 내 자신의 일부를 투자했다. 이제 그에 대한 염려와 사랑이 내 안에서 일기 시작했다. 그렇다. 이것이 세상의 이치다. 주면 우리는 사랑하게 된다(아르에 카멜, 《중요한 계획》).

당신이 누군가의 행동에 대해 증언을 할 입장이라면 침묵하지 말아야 한다는 걸 어떻게 알 수 있을까? "네 이웃이 피를 흘리는 걸 옆에서 지켜보고만 있지 말라."는 하나님의 말씀으로 알 수 있다(레위기 19:16에 대한 시프라). 유대의 관점에서 보면 법정이 당신을 증인으로 소환하는지의 문제와 상관없이 당신이 정의를 실현할 수 있는 무언가를 알고 있는지가 중요하다. 유대 율법은 당신이 정의를 실현시킬 수 있는 무언가를 알고 있는데도 그것을 말하지 않는다면, 당신이 심각한 죄를 범하고 있는 것으로 간주한다.

2. 여호와께서 보시기에 옳고 좋은 것을 하라(신명기 6:18).
랍비 주다는 자신의 이름으로 다음과 같은 가르침을 폈다. 형제들이나 동료들이 소유한 대지에 지은 집의 소유권을 취득한 사람은 뻔뻔하지만 쫓아낼 순 없다. 하지만 네헤르데아 랍비들의 생각은 이와 달랐다. "여호와께서 보시기에 옳고 좋은 것을 하라."고 말씀하신 까닭에 그 사람은 그 집을 팔고 이사를 가야 한다(바빌로니아 탈무드, 바바 메지아 108a).
유대 율법에 따르면 가용할 수 있는 대지 위의 집을 소유한 사람은 그 대지를 소유할 수 있는 우선권이 있다. 위의 사례에서는 집을 구매한 사람이 대지의 가용성을 알아보지 않고 집을 구매했다. 유대인의 종교 생활의 중심지인 바빌로니아 도시 네헤르데아의 랍비들은 성경에 의거해 구매자에게 집을 팔게 했다.
이러한 논리는 대부분의 사람들이 자본주의적 윤리에 대해 이해하는 것과는 차이가 있다. 하지만 토라는 유대인들에게 이윤을 쫓지 말고 옳고 선한 것을 따르라고 요구한다. 테레사 수녀는 다음과 같은 말로 이러한 생각을 피력했다.
"하나님은 제가 성공하길 원하신 것이 아니라 제가 믿음을 갖길 원하셨습니다."
바로 신명기 구절과 같은 태도다.

3. 그러므로 너는 선한 사람들이 가는 길로 가고 의로운 사람이 가는 길만 가라(잠언 2:20).

몇몇 일꾼들이 부주의로 하나냐의 아들 라바 소유의 와인 통을 부쉈다. 라바는 이들이 변상을 하지 못하자 그들의 외투를 빼앗았다. 그러자 그들은 랍비를 찾아가 불평했다.

랍비가 명했다. "그들에게 외투를 돌려주도록 해라."

라바가 물었다. "그것이 율법입니까?"

랍비가 대답했다. "그렇다. 하나님께서 '선한 사람들이 가는 길로 가라.'고 말씀하셨기 때문이다."

라바가 짐꾼들에게 외투를 돌려주자 이번에는 짐꾼들이 랍비에게 이렇게 불평했다. "저희는 가난합니다. 하루 종일 일했고 배가 고프지만 가진 것이 아무것도 없습니다."

"이들에게 임금을 주어라." 랍비가 라바에게 명했다.

라바가 물었다. "그것이 율법입니까?"

랍비가 답했다. "그렇다. 하나님께서 '의로운 사람이 가는 길로만 가라.'고 말씀하셨기 때문이다(바빌로니아 탈무드, 바바 메지아 83a)."

유대 율법에 의하면 부주의한 일꾼들은 파손에 대한 책임이 있고, 라바는 이들의 외투를 압수하고 임금을 지불하지 않을 권리가 있다. 하지만 랍비는 일꾼들이 와인 통을 파손한 것은 미리 계획한 것이 아니라 사고였던 만큼 법을 글자 그대로 적용하는 것은 정의에 벗어난다고 판단했다. 랍비는 라바에게 보다 고차원적인 기준, 즉 법을 글자 그대로 해석하는 것을 초월하는 기준을 따르도록 했다.

탈무드의 이 일화는 비교적 풍요로운 삶을 사는 사람들이 여유롭지 못한 사람들에게 가하는 엄격한 법 적용을 자제하도록 권고한다.

4. 그 길(토라의 길)은 즐거운 길이고 그 모든 길에는 평화가 있다(잠언 3:17).
토라는 오직 평화를 추구한다. 왜냐하면 성경에는 "그 길은 즐거운 길이고 그 모든 길에는 평화가 있다."고 기록되어 있기 때문이다(바빌로니아 탈무드). 이 잠언은 토라 율법의 엄격한 적용이 불의로 이어지는 상황에서 올바른 지침을 제공한다. 잠언의 영향으로 탈무드 랍비들은 다케이 샬롬darkei shalom(평화의 길)의 원칙, 즉 보다 평화롭고 공정한 관계를 위해 율법을 변경할 수 있다는 원칙을 창안했다.

성경의 율법에 의하면 소유권은 그 대상을 물리적으로 손에 넣기 전까지는 인정되지 않는데, 일반적으로 이 율법의 정당성에는 문제가 없다. 하지만 탈무드는 가난한 사람이 땅으로 떨어뜨린 올리브 열매를 주워 모을 생각으로 공유지에 있는 올리브 나무에 올라가 올리브 열매를 땅에 떨어지게 했는데, 지나가던 사람이 땅에 떨어진 올리브 열매를 주운 경우에는 어떻게 하는 것이 옳은지를 묻는다. 이 경우 성경적인 율법은 올리브 열매를 손에 넣기 전까지는 소유권이 없으므로 지나가다 올리브 열매를 주운 사람에게 소유권을 인정한다.

하지만 랍비들은 미프네이 다케이 샬롬, 즉 평화의 길을 선택해야 하기 때문에 올리브를 땅에 떨어지게 한 사람에게 소유권이 있다고 규정한다. 성경적인 율법을 글자 그대로 해석하면 올리브 열매를 주운 사람에게 소유권이 있음에도 불구하고 랍비들은 이러한 사람을 도둑으로 간주하는 것이다(미슈나 기틴 5:8).

이러한 원칙을 오늘날의 시대에 적용한다면 다른 사람이 창안했거나 계약을 코앞에 둔 사업을 중간에 가로채는 일을 금하는 것이 된다.

탈무드는 미프네이 디케이 샬롬의 보편적인 본보기를 다음과 같이 기술한다.

"우리는 평화의 길을 가려는 목적으로 가난한 유대인과 마찬가지로 가난한 비유대교도도 지지하고, 몸이 아픈 유대인과 마찬가지로 몸이 아픈 비유대교도에게도 병문안을 가며, 고인이 된 유대인과 마찬가지로 고인이 된 비유대교도도 안장한다."

5. 이스라엘의 모든 이들에게 말하라. "나 너희 하나님 여호와가 거룩하니 너희도 거룩해야 한다(레위기 19:2)."

이 성경 구절에 대해 탈무드는 "허락된 것만을 행함으로써 자신을 신성하게 하라."고 말한다. 단순히 토라가 금지하는 행동을 삼가는 것만으로는 거룩해질 수 없다. 토라가 금하는 음식을 먹지 않고도 '폭식'을 할 수 있다. 같은 맥락으로 유대 율법을 거스르지 않는 범위에서 술을 마시고 사업을 하며 성관계를 가질 수도 있지만 여전히 '신성함'과는 거리가 멀 것이다. 그래서 랍비들은 위의 충고를 덧붙였다. 어떤 행동을 하든 스스로에게 그 행동이 "너희도 거룩해야 한다."는 성경적 율법을 충족시키는지 자문해보아야 하는 것이다. 세속적인 것에는 늘 '신성함'이 결여되어 있다.

6. 정의, 정의를 따르라(신명기 16:20).

그들은 '신성한 예후디'로 알려진 하시디즘 랍비 레베 야아코브 이즈하크 Rebbe Ya'akov Yitzhak에게 물었다. "왜 '정의, 정의를 따르라.'라고 기록되어 있습니까? '정의'란 단어가 반복된 이유가 무엇입니까?"

그가 대답했다. "우리는 불의가 아니라 정의로 정의를 따라야 하기 때문이다." 이 말은 정의로운 목적을 달성할 수단으로 정의롭지 못한 것을 사용하면 그 목적도 정의롭지 못한 것이 된다는 의미다(《10단계: 하시디즘 격언Ten Rungs: Hasidic Sayings》).

탈무드는 "정의, 정의를 따르라."를 두 개의 '정의'가 서로 만날 경우의 지침으로 해석하기도 한다. 이러한 경우 정의는 쌍방이 타협함으로써 실현된다고 설명한다. 두 배가 강의 좁은 곳에서 서로 마주보고 있는 상황에서 동시에 지나가려 한다면 당연히 두 배는 부딪혀서 가라앉게 되지만, 둘 중 하나가 길을 내준다면 두 배 모두 좁은 곳을 무사히 통과할 수 있다(바빌로니아 탈무드, 산헤드린 32b). 탈무드는 또한 성경의 이 구절을 비교적 손해를 덜 보는 쪽이 양보하는 것이 바람직하다고 해석하는데, 이것은 개인적인 분쟁이나 가족 간의 불화를 해결하는 데 참으로 좋은 지침이 될 수 있을 것이다.

베이트 호론을 향해 올라가는 가파른 길목에서 낙타 두 마리가 만났다. 만일 두 마리가 동시에 올라가려 한다면 두 마리 모두 아래로 떨어질 것이고, 한 마리씩 차례로 올라가면 두 마리 모두 무사히 올라갈 수 있다. 이들은 어떻게 해야 할까? 만일 한 마리는 짐을 싣고 있고, 다른 한 마리는 짐을 싣고 있지 않다면 짐이 없는 낙타가 짐을 실은 낙타에게 먼저 길을 양보해야 한다(바빌로니아 탈무드, 산헤드린 32b). 다소 모호한 탈무드의 이 이야기는 1952년 이스라엘에서 광범위하게 논의되었다. 그해 가을 이스라엘 정부는 여성을 군대에 징집할 수 있다는 문제를 두고 이스라엘의 종교계와 비종교계 사이에 논쟁이 발생했다. 종교계는 여성을 군대에 징집할 수 있는 권한이 정부에게 없다고 강력하게 주장했다. 데이비드 벤-구리온David Ben-Gurion 수상은 유대교 정통파의 리더인 하존 이쉬Hazon Ish를 만나러 브나이 브라크로 갔다. 수상은 이 현자에게 어떻게 종교인과 비종교인이 조화롭게 공존할 수 있는지 물었다. 이에 하존 이쉬는 탈무드 철학을 바탕으로 다음과 같이 대답했다.

"탈무드는 이렇게 말하고 있습니다. 강의 좁은 곳에서 짐을 실은 배와 짐을 싣지 않은 배가 마주치게 되어 동시에 그곳을 지나가면 서로 부딪혀 가라앉게 될 상황에서 먼저 길을 양보해야 하는 배는 빈 배라고 말입니다. 수천 년 동안 하나님과 토라에 대한 숭배와 헌신이라는 짐을 실은 종교적인 유대인의 배가 이 시대라는 좁은 통로에서 짐을 싣지 않은 비종교인의 배를 만났는데, 둘 사이엔 아무런 조화도 타협의 조짐도 보이지 않아 충돌이 불가피한 상황입니다. 어떤 배가 먼저 양보해야 할까요? 과연 짐을 실은 배가 빈 배에게 먼저 양보해야 할까요?"

물론, 벤-구리온 수상은 비종교계를 빈 배라고 규정지은 하존 이쉬의 견해에 강하게 반발했지만, 내전을 막아야겠다는 일념으로 종교적인 여성을 징병에서 제외시키는 데 동의했다.

7. 이웃의 아내를 탐하지 말라. 네 이웃의 집이나 그의 밭이나 그의 남종이나 그의 여종이나 그의 소나 그의 나귀나 네 이웃의 모든 소유를 탐하지 말라(신명기 5:18; 십계명 중 10번째 계명).

당신이 현재 소유하고 있는 것보다 더 많은 것을 원하는 것은 잘못이 아니다. 다만 이웃을 희생시키며 더 많은 것을 바라는 것은 분명히 잘못이다. 토라의 율법이 행동이 아닌 생각을 통제하는 경우는 극히 드물다. 하지만 탐한다는 생각은 너무 강렬해 필연적으로 부도덕한 행동으로 이어지기에 토라는 예외적으로 그 생각을 통제하는 율법을 탄생시켰다. 성경은 다른 누구보다도 더 많은 것을 소유한 두 왕에 대한 이야기를 하고 있다. 그중 한 명인 다윗 왕은 우리아의 아내인 밧세바를 탐했다(사무엘하 11장). 그 결과 그는 곧 십계명 중 다른 두 가지 계명을 어기게 된다. 즉, 그는 밧세바를 간음했고(십계명 중 7번째 계명), 얼마 후 그녀가 임신하게 되자 간음한 사실을 은폐하기 위해 밧세바의 남편을 살해했던 것이다(십계명 중 6번째 계명).

그로부터 1세기가 더 지난 후, 아합 왕은 나봇이라는 남자의 포도원을 탐냈다(열왕기상 21장). 나봇이 아합에게 포도원을 팔지 않으려 하자 아합은 심한 우울증에 빠졌다. 이에 그의 아내 이세벨은 아합이 포도원을 차지할 수 있도록 나봇을 모함하기에 이른다. 즉, 그녀는 거짓 증인을 내세워 나봇이 반역죄를 범했다고 증언하도록 했던 것이다. 그래서 사람들은 나봇을 성 밖으로 끌고 나가 돌을 던져 죽였고, 나봇이 죽자 아합은 포도원을 차지할 수 있었다. 결국, 탐욕은 십계명 중 다른 세 가지 계명을 어기는 것으로 이어졌다. 즉, 먼저 '거짓 증언'을 금하는 아홉 번째 계명을, 이어서 '살인'을 금하는 여섯 번째 계명을, 그리고 마지막으로 '도둑질'을 금하는 여덟 번째 계명을 어긴 것이다. 탐욕스런 충동을 억제하지 못하면 절대로 좋은 사람이 될 수는 없다. 다른 사람이 소유한 것을 탐하지 말아야 한다는 가르침을 우리가 지속적으로 떠올려야 하는 이유가 여기에 있다.

8. 네가 새 집을 지을 때는 네 지붕 주변에 난간을 만들어 네 집에서 사람이 떨어져 피 흘리는 일이 없게 하라(신명기 22:8).

유대 율법에 따르면 만일 당신의 집 지붕이 편평하다면 그 둘레에 튼튼한 난간을 설치해 사람들이 떨어지지 않고 난간에 기댈 수 있도록 해야 한다(슐크 아루크, 호센 미쉬파트 427:1,5). 이와 마찬가지로 만일 당신이 당신 소유의 땅에 우물이나 구덩이를 판다면 사람들이 거기로 빠지지 않게 그 둘레에 난간을 만들거나 그 위를 덮개로 덮어야 한다.

탈무드 랍비들은 이 성경 계율을 자신의 집이나 대지에 다른 사람에게 치명적인 상처를 입힐 수 있는 것이 있다면 이를 제거해야 한다는 율법으로 해석한다.

집에 사나운 개를 길러선 안 되고 튼튼하지 못한 사다리를 두어선 안 된다는 것을 어떻게 알 수 있을까? "네 집에서 사람이 떨어져 피 흘리는 일이 없게 하라."라는 성경 구절에서 알 수 있다(바빌로니아 탈무드, 케투봇 41b). 이 율법이 분명히 말해주고 있듯이 우리는 자신의 행동이나 방관으로 발생할 수 있는 재난을 미리 파악해 그에 대한 적절한 조치를 취해야만 한다.

공공장소에 항아리를 놓아두었을 경우, 어떤 사람이 지나가다 모르고 그 항아리를 발로 넘어뜨려 항아리를 깨뜨렸다 해도 그 사람에게는 파손의 책임이 없다. 왜냐하면 공공장소를 걸을 때 주의 깊게 앞을 살펴야 할 의무가 없기 때문이다. 만일 항아리에 발이 걸린 사람이 넘어져 다쳤다면 오히려 항아리 주인이 부상에 대한 책임을 져야 하는 것이 유대 율법이다(모세 마이모니데스, 미슈네 토라, '손상에 관한 율법' 13:5).

5. 정직과 부정직의 결과는 어떻게 다른가

사업가의 정직함

동료의 재산을 네 자신의 재산처럼 소중하게 여겨라(아버지의 윤리 2:17). 상인은 일주일에 자ruler를 두 번, 일주일에 분동을 한 번, 저울질을 하고 난 후에는 저울 접시를 항상 닦아야 한다(미슈나 바바 바스라 5:10). 다시 말하면, 물건을 파는 사람은 남을 속이지 않도록 항상 세심한 주의를 기울여야 한다는 말이다.

상인은 하나의 통에 다른 등급의 상품을 섞어 담아서는 안 된다. 좀 더 익숙한 말로 표현하면, 한 통에 든 딸기의 품질이 똑같지 않을 경우 가장 품질이 좋은 **빨간** 딸기를 맨 위에 올려놓아서는 안 된다는 의미다. 마찬가지로 와인을 물로 희석한 상인은 고객에게 그 사실을 정확히 털어놓지 않은 채 그 와인을 팔아서는 안 되며, 다른 소매상에게 설령 그 사실을 알리더라도 그 와인을 팔아서는 안 된다. 희석한 와인을 구입한 소매상인이 고객에게 그 사실을 속이고 와인을 팔 수도 있기 때문이다.

가장 나쁜 형태의 도둑질

한 사람의 것을 훔치는 것보다 여러 사람의 것을 훔치는 행동이 더 나쁘다. 한 사람에게서 훔치면 훔친 물건을 돌려주고 도둑맞은 사람에게 사죄할 수 있지만, 여러 사람에게서 훔치면 도둑맞은 사람을 기억조차 못해 훔친 물건을 돌려줄 수도 없기 때문이다(토세프타, 바바 카마 10:14). 유대사회에서 여러 사람의 것을 사취하는 행위는 원상태로 돌이킬 수 없는 것으로서 살인이나 비방처럼 용서받지 못하는 죄에 속한다. 여러 사람의 것을 사취한 자가 회개하길 바란다면 기억할 수 있는 한 도둑맞은 모든 사람에게 훔친 물건을 돌려주고, 나머지 죗값은 이에 상응하는 공공의 필요를 위해 헌신해야 한다는 것이 유대의 기본 율법이다.

아울러 신의 이름을 더럽힌다는 이유로 유대인이 아닌 사람의 물건을 훔치는 것은 유대인의 물건을 훔치는 것보다 더 나쁘다.

따라서 다른 유대인의 물건을 훔치는 유대인은 도둑질하지 말라는 성경 계율만을 어길 뿐이지만, 유대인이 아닌 사람의 물건을 훔치는 유대인은 유대주의와 유대인의 명예를 더럽히기에 더 큰 죄를 범하는 것이다. 15살의 유대 소녀 안네 프랑크는 자신의 일기에 이러한 생각을 담았다.

"기독교인 한 사람이 하는 일은 그 사람의 책임으로 그치지만, 유대인 한 사람이 하는 일은 모든 유대인에게 돌아온다."

정의가 도둑에게 요구하는 것

남의 나무를 훔쳐 도구를 만들거나 양털을 훔쳐 옷을 만들었다면, 그것을 훔칠 당시의 가치 그대로 되갚아야 한다. 남의 임신한 암소를 훔쳤는데 그 암소가 송아지를 낳았다거나, 남의 양을 훔쳐 양털을 깎았다면 출산을 하려던 암소의 가치 그대로, 양털이 있던 양의 가치 그대로 되갚아야 한다. 이것이 유대의 일반적인 법이다. 모든 도둑은 물건을 훔칠 당시의 물건 가치 그대로 되갚아야 한다.

미슈나는 이렇게 덧붙이고 있다. 도둑이 다른 사람의 과일을 훔쳤는데 그 후에 과일이 썩게 되었거나 와인을 훔쳤는데 그 후에 와인이 상하게 되었다면, 도둑은 그것들을 훔칠 당시의 가치만큼 되갚아야 한다(미슈나 바바 카마 9:2). 훔칠 당시의 물건 가치대로 되갚는 것은 당연히 도둑에게 불리한 조건이다.

또한 도둑이 다른 두 사람에게 "제가 두 분 중 한 분의 물건을 훔쳤습니다. 그런데 어느 분의 것인지 모르겠습니다." 또는 "제가 두 분 아버님들 중 한 분의 물건을 훔쳤습니다(두 아버지가 고인이 된 경우). 그런데 어느 분의 것인지 모르겠습니다."라고 말하고 하늘이 내려다보는 가운데 자신의 죄과를 치르려 한다면 그 도둑은 훔친 것에 상당하는 가치의 것을 두 사람 모두에게 지불해야 한다. 하지만 법률적 의무는 오직 훔친 액수만을 변상하는 것이다. 그러면 도둑맞은 두 사람은 그 액수를 정확히 반으로 나눠 가져야 할 것이다. 그러나 유대의 관례상 도둑이 그가 끼친 손해를 완전히 되돌리려 한다면 법적인 의무를 충족시키는 것만으로는 부족하다. 정확히 그가 훔친 것만을 내놓고 두 사람이 이를 똑같이 나누어 가진다면 실제로 도둑맞은 사람은 도둑맞은 것의 반이 부족하기 때문이다. 따라서 도둑은 두 사람 모두에게 훔친 액수를 지불해야 한다는 결론이 나온다.

사업 윤리

이교도에게 무기를 팔아선 안 된다. 뿐만 아니라 이들의 창을 갈아주거나, 이들에게 칼이나 수갑 쇠사슬, 곰, 호랑이 등 사람들을 해칠 수 있는 어떤 것도 판매가 금지된다. 반면, 이들에게 방패를 파는 것은 허용된다. 방패는 주로 방어를 하는 데 쓰이기 때문이다(마이모니데스, 미슈네 토라). 랍비 데이비드 블라이크는 이 가르침을 권총 판매를 중지하라고 호소한 이삭 골드스타인(1981년 레이건 대통령 암살을 시도했던 존 힝클리에게 권총을 판매한 인물)에게 보낸 공개 서한에 인용했다(캐롤린 오펜하임, 《미국 유대인의 소리》). 유대 율법에 의하면 다른 사람이 저지른 악행이 자신의 무책임한 행동으로 비롯되었다면 자신에게도 도덕적 책임이 있다.

의무보다 권리에 더 역점을 두는 미국 헌법과는 달리 유대 율법은 둘 모두를 중요하게 여긴다.

사람은 물건을 사고팔면서 간교를 부릴 수 있는 것처럼 말만으로도 간교를 부릴 수 있다. 따라서 물건을 살 마음이 없다면 가게 주인에게 "이 물건 값은 얼마입니까?"라고 묻지 말아야 하는 것이 유대의 법이다.

물건을 구입할 생각에 가격을 알아보거나 가격을 비교해보는 것은 문제될 것이 없다. 하지만 판매자에게 기대감을 주거나 시간을 뺏으려고, 그저 호기심이 발동해서, 또는 다른 곳에서 똑같은 물건을 구입했는데 좋은 가격에 구입했는지 알아보기 위해 물건 가격을 물어보지는 말아야 한다.

완벽하게 정직하다는 것

하나님은 입이 어떤 말을 할 때 심장이 이와 다른 말을 하는 사람을 매우 싫어한다(바빌로니아 탈무드, 페사힘 113b). 랍비 메이어는 이렇게 말하곤 했다. "만일 친구가 자신과 함께 식사를 하지 않을 것이라는 걸 잘 알고 있다면 그에게 함께 식사하자고 권하지 말아야 한다. 또한 친구가 선물을 받지 않으리란 걸 잘 알고 있다면 그에게 어떤 선물도 주지 말아야 한다."

이러한 경우의 부정직을 유대인들은 '마음을 도둑질하는 것'이라고 부른다. 즉, 상대의 비위를 맞추기 위해 마음은 그렇지 않으면서 상대에게 더 많은 것을 베풀려는 것처럼 거짓으로 연기하는 것은 상대의 마음을 훔치는 것과 같다는 뜻이다.

6. 고용주와 고용인 관계는 어떠해야 하나

고용인에 대한 고용주의 의무

가난하고 궁핍한 일꾼은 그가 너의 형제든 네 땅에 사는 이방인이든 압제하지 마라. 그에게 그날 해가 지기 전에 일당을 주어라(신명기 24:14-15). 왜 일꾼은 집을 짓기 위해 사다리에 올라가고, 열매를 따려고 나무에 매달리며, 죽음까지 무릅쓰고 위험한 일을 하겠는가? 일당 때문이 아니겠는가?(바빌로니아 탈무드, 바바 메지아 112a).

이 가르침은 현대어로 일용직 일꾼이나 이와 비슷한 일을 하는 사람에게 적용된다. 일꾼은 하루 벌어 하루를 사는 사람들로서 그들에게 일당 지불을 미루는 것은 심각한 죄를 범하는 행위다. 주급이나 월급의 경우 유대 율법은 사전에 쌍방이 특정 임금 지급일을 정해 놓은 경우가 아니라면 주말이나 월말 자정을 넘기지 않고 임금을 지불할 것을 의무화하고 있다.

하지만 안타깝게도 이 율법을 따르지 않는 사람들이 많다. 레온 트로츠키는 자서전에 자신의 아버지에게 '좋은 점'이 있다면 그건 성경과 율법을 무시해도 무방한 무신론자라는 점이라고 술회하고 있다. 그는 자신의 아버지가 가난한 여자 농부에게 일당 지급을 미뤄 결국 그녀로 하여금 임금을 받기 위해 7마일의 거리를 두 번씩이나 걸어서 찾아오게 만든 일을 기억한다.

트로츠키의 아버지보다 더 선량한 사람들 중에서도 이러한 죄를 저지르는 사람이 드물지 않다. 내 어머니의 친구 분이 어머니에게 자신의 가난했던 어린 시절 이야기를 들려주었다. 그 시절 그녀의 어머니는 드레스를 수선하고 바느질하는 일을 했고 그녀는 수선한 옷을 배달했다. 고객들 중 다수가 부유했고 일부는 자신이 신앙심이 깊다는 걸 넌지시 비추기도 했지만 어머니의 친구 분은 어머니에게 이렇게 말했다는 것이다. "지금은 돈이 없으니 내일이나 모레쯤 다시 오라는 말을 정말 많이 들었어. 네가 깜짝 놀랄 정도로 말이야."

이들 중 자신들이 직접 돈을 갖다주겠다고 말한 사람은 아무도 없었다. 이들은 제때에 돈을 지불하지 않았을뿐더러 당연히 자신들이 돈을 지불해야 할 책임이 있음에도 돈을 받으러 다시 오라고 당당하게 말함으로써 어린 소녀를 하찮게 취급했다. 성경은 이렇게 가르치고 있다. "네게 있거든 이웃에게 이르기를, 갔다가 다시 오라 내일 주겠노라 하지 말라 (잠언 3:28)."

탈무드 시대의 유대민족은 다음의 우화를 통해 궁핍한 사람에게 임금을 즉시 지불하지 않는 악에 대해 강조했다.

> 그것이 악인 이유는 그는 궁핍하기에 당장 일당에 의존해야 하기 때문이다. 그건 마치 시장에서 옥수수 한 포대를 사서 자신의 당나귀에 싣고 집까지 와서 그 포대를 당나귀가 닿지 않는 높은 곳에 묶어두는 사

람의 경우와 같다. 사람들은 그에게 말했다. "지독한 사람이군. 당나귀가 옥수를 싣고 그 먼 길을 왔는데도 당나귀에게 옥수수를 먹이지 않다니." 이 이야기는 고용된 일꾼에게 똑같이 적용할 수 있다. 즉, 일당을 받을 희망으로 하루 종일 땀을 흘리며 힘들게 일한 일꾼이 결국 빈손으로 집에 돌아가는 경우와 다르지 않은 것이다.

임금의 바람직한 지불 방식과 더불어 유대 율법은 고용인에게 공정하게 처신할 것도 요구한다. 설령 그것이 배우자와의 의견 대립으로 이어지더라도 말이다.

랍비 이쉬의 아내가 여종과 다투고 있었는데, 이를 지켜본 랍비 이쉬가 아내의 편을 들지 않았다. 아내가 그에게 "어째서 당신은 여종 앞에서 내가 잘못됐다고 말하는 거죠?"라고 묻자 그는 이렇게 대답했다. "욥이 이렇게 말하지 않았소? '내 남종이나 여종이 나에 대해 원망이 있을 때 내가 그들의 말을 무시해버렸다면 하나님께서 일어나실 때 내가 어떻게 하겠는가? 내게 찾아와 물으실 때 내가 어떻게 대답하겠는가?(욥기 31:13-14)' 라고 말이오(창세기 라바 48:3)." 바꾸어 말하면, 자신보다 지위가 낮은 사람에게 거만하고 불공평하게 대하는 사람은 누구보다도 우월하신 분이신 하나님으로부터 이와 똑같은 대우를 받을 수도 있다는 것이다.

고용주에 대한 고용인의 의무

유대 율법에서는 밤에 밭을 갈게 한 소를 낮에 빌려주어서도 안 되고, 밤에 일을 한 사람이 낮에 돈을 받고 일을 해서도 안 된다. 고용된 일꾼은 금식이나 기타 종교적인 금욕으로 자신을 허약하게 만들어서는 안 되는데, 이는 고용인을 위해 할 수 있는 일의 양이 줄어들기 때문이다.

랍비 요카난이 어느 학교에 갔는데 그 학교 선생님이 몹시 피곤해 보여 사람들에게 그 이유를 물었더니 그가 금식을 하고 있다고 대답해주었다. 이 말을 듣고 요카난은 선생님에게 다가가 이렇게 말했다. "당신이 이런 식으로 행동하는 것은 금지되어 있습니다(팔레스타인 탈무드, 데마이 7:4)."

정상적인 임금을 받는 일꾼이 정직하게 자신의 임무를 다하기 위해서는 그 임금에 상응하는 작업량을 소화해야 한다. 따라서 숙취나 수면부족 상태에서 일터로 오는 것은 고용주의 것을 훔치는 일종의 절도 행위라고 랍비들은 경고한다.

하지만 고용주에게 자신이 가외로 해야 할 일을 알리고, 고용주가 이에 동의한다면 부정직의 문제는 제기되지 않는다.

원칙적으로 유대 율법은 언제라도(심지어 하루 일의 한 중간에조차도) 일을 그만둘 수 있는 고용인의 권리를 인정하지만 실질적으로는 이러한 권리에 제한을 두고 있다. 그렇다면 이러한 원칙(일꾼은 언제라도 일을 그만둘 수 있다는 원칙)은 언제 적용될 수 있을까? 그에 따른 손실을 만회할 수 있을 때만 적용될 수 있다. 하지만 손실을 만회할 수 없는 경우에는 일용직 일꾼도 계약자도 일을 중도에 그만두지 말아야 한다. 사고나 가까운 가족의 죽음과 같은 일이 닥친 경우가 아니라면 말이다.

유대사회에서는 일꾼이 일을 그만두었을 때 고용주가 그 일을 대신할 사람에게 더 많은 임금을 주어야 할 경우 고용주는 추가된 액수를 일을 그만둔 일꾼의 임금에서 공제할 수 있다. 하지만 고용주가 똑같은 임금으로 새 일꾼을 고용할 수 있다면 일을 그만둔 일꾼은 불이익을 당하지 않아도 된다.

7. 선의의 거짓말은 어디까지 허용되는가

"잘 모르겠습니다." 란 말을 곧바로 할 수 있도록 너희의 혀를 훈련시켜라. 거짓말을 하고 싶은 유혹에서 벗어날 수 있다(바빌로니아 탈무드, 베라크호트 4a). 아이에게 무언가를 주겠다고 약속했다면 반드시 아이에게 그것을 주어야 한다. 그렇지 않으면 아이는 거짓말을 배우게 될 것이다(바빌로니아 탈무드, 슈카 46b). 선의의 거짓말이 허용되는 경우는 오직 평화를 위해서뿐이다. 평화는 위대하다. 평화를 위해서라면 하나님께서도 진실을 수정하신다(바빌로니아 탈무드, 예바못 65b).

탈무드의 이러한 가르침은 창세기의 한 사건에 기반을 두고 있다. 세 명의 천사가 각각 98세와 90세인 아브라함과 사라를 방문해 아브라함에게 1년 안에 그의 아내 사라가 아이를 낳을 것이라고 말한다. 그 근처에서 이 이야기를 듣고 있던 사라는 속으로 웃으며 말한다. "내가 이렇게 늙어서 기력이 없고 내 주인도 늙었는데 내게 과연 그런 기쁜 일이 있겠는가?" 다음 구절에서 여호와가 아브라함에게 말한다. "사라는 왜 웃으며 '내가 이렇게 늙었는데 정말 아이를 낳을 수 있겠는가?' 라고 하느냐?" 하나님은 사라가 '내 주인도 늙었는데' 라고 말한 대목을 생략했다. 아브라함이 아내인 사라에게 화낼 것을 염려하셨기 때문이다.

이 사건으로 탈무드 랍비들은 인간의 감정이 위태로운 상황이라면 완전한 진실을 말하지 않는 것이 허용된다고 결론지었다. 심지어 그것이 사실과는 다른 인상을 줄지라도 말이다. 다음에 소개할 탈무드의 유명한 논쟁은 이러한 원칙을 더 확실히 말해준다.

> 랍비들이 물었다. "신부 앞에서 어떻게 춤추고 어떤 말을 해야 할까?"
> 샴마이 학파가 말했다. "신부의 모습에 대해 느끼는 대로 신부에게 말해야 합니다."
> 힐렐 학파가 말했다. "신부라면 누구를 막론하고 그녀에게 아름답고 우아하다고 말해주어야 합니다."
> 샴마이 학파가 힐렐 학파에게 말했다. "신부가 절름발이고 장님이라 해도 그녀의 모습에 대해 아름답고 우아하다고 말해야 한단 말이오? 토라가 '거짓을 멀리하라.' 라고 가르치고 있는데도 말이오?"
> 이에 힐렐 학파는 이렇게 대답했다. "당신들의 말대로라면 어떤 사람이 시장에서 별로 좋지 않은 물건을 구입했을 때 그 물건에 대해 나쁜 평을 해야 하겠지만, 당연히 그렇게 해서는 안 되는 것이오."
> 그래서 랍비들은 항상 사람들을 즐겁게 하려는 의도로 말하고 행동해야 한다고 가르친다.

유대의 사고방식상 남이 구입한 물건이 너무 허접해 보일 때 그것에 대한 의견을 말한다면 그 구매가 이루어지기 전과 이루어진 후의 상황을 확실히 구별해야 한다. 만일 구매 전이라면 랍비들은 물건을 사려는 사람에게 진실을 말해야 한다고 조언한다. 진실한 말이 그가 보다 나은 물건을 구입하는 데 도움이 될 수 있기 때문이다. 반면, 구매 후라면 그의 기분을 좋게 만드는 것이 더 바람직하다고 유대 율법은 가르치고 있다.

같은 맥락으로 만일 부적절한 복장을 입고 파티에 가려는 사람이 그 복장에 대한 당신의 의견을 묻는다면 당신은 그 사람에게 솔직한 의견을 말해주어야 한다. 그가 난처한 입장에 처할 수 있는 상황을 미연에 방지해줄 수 있기 때문이다. 하지만 파티에서 부적절한 복장을 입은 사람을 만난다면 그 사람에게 당신의 솔직한 의견을 말해선 안 된다. 이 경우의 진실은 그를 매우 불편하게 만들 뿐 아무런 도움도 주지 못하기 때문이다.

사교적인 상황에서 유대교는 진실에 대해 상당히 실용적인 태도를 취한다. 유대인들은, 더 나아질 것도 없는데 상대의 감정만 상하게 하는 진실은 드러내지 말아야 한다고 가르치고 있다.

랍비들에 따르면, '선의의 거짓말'을 가장 훌륭하게 한 사람은 모세의 형 아론이었다. 랍비들의 문헌을 보면 아론은 분쟁을 평화롭게 중재하는 데 흠뻑 빠져 있었다. 그는 사람들이 서로 화해할 수 있다면 어떤 말이라도 하는 사람이었다.

두 남자가 서로 다투고 있었을 때, 아론은 그중 한 남자의 곁으로 가서 말했다.

"이보게, 자네 친구가 어떻게 하고 있는지 보게! 친구는 자신의 가슴을 치고 자신의 옷을 찢으며 회한의 말을 내뱉고 있다네. '아, 너무 슬프도다! 이제 어떻게 고개를 들고 내 친구를 대할 수 있단 말인가? 친구 앞에 서기가 부끄럽구나. 친구에게 잘못한 건 나였어.' 라고 말일세."

아론은 남자의 화가 가라앉을 때까지 그의 곁에 앉아 있었다. 그런 다음, 아론은 다른 남자의 곁으로 가서 앉아 똑같은 말을 했다.

"이보게, 자네 친구가 어떻게 하고 있는지 보게! 친구는 자신의 가슴을 치고 자신의 옷을 찢으며 회한의 말을 내뱉고 있다네. '아, 너무 슬프도다! 이제 어떻게 고개를 들고 내 친구를 대할 수 있단 말인가? 친구 앞에 서기가 부끄럽구나. 친구의 기분을 상하게 한 건 나였어.'라고 말일세."

아론은 그 남자의 화가 가라앉을 때까지 그의 곁에도 앉아 있었다. 후에 두 남자가 만나게 되었을 때 둘은 서로 화해의 포옹을 했다.

하나님께 진실 말하기

하나님의 옥새는 진실이다(바빌로니아 탈무드, 샤밧 55a). 십계명 중 하나님이 용서할 수 없는 죄라고 선언한 계명은 "너는 네 하나님 여호와의 이름을 함부로 들먹이지 마라."라는 세 번째 계명이다. 랍비 아브라함 트워스키Abraham Twersky는 이 계명을 어기는 것은 "하나님의 옥새를 위조하는 죄를 범하는 것"이라고 말했다.

그레이트 어셈블리Great Assembly(기원전 3세기에 유대인의 삶을 주도한 단체)에서 봉사한 사람들은 왜 그런 이름으로 불렸을까? 이들은 하나님에 대한 찬양을 고대의 완벽함으로 되돌려놓았다. 이들이 그렇게 한 건 모세가 "너희 하나님 여호와는…… 위대한great 하나님이시며 강력mighty하고 두려운(위엄 있는)awesome 하나님이시다"(신명기 10:17).라고 말했기 때문이다.

그런데, 예레미야가 와서 물었다. "이방인들이 여호와의 신전을 파괴하고 있소. 하나님의 '두려운(위엄 있는)' 행위는 어디에 있단 말이오?" 그리고 예레미야는 하나님을 묘사하는 말 중에서 '두려운'이란 말을 생략했다. 다니엘이 와서 말했다. "이방인들이 그분의 아들을 노예로 만들고 있소. 하나님의 '강력한mighty' 행위는 어디에 있단 말이오?" 그리고 다니엘은 하나님에 대해 말할 때 '강력한'이란 단어를 생략했다.

하지만 그레이트 어셈블리의 사람들이 왔을 때 그들은 이렇게 말했다. "그렇지 않소! 분명 하나님의 두려운 힘이 존재하오. 하나님에 대한 두려움이 없다면 어떻게 그토록 심하게 미움받는 나라가 여러 나라들 사이에서 생존할 수 있었겠소?"

그런데 어떻게 예레미야와 다니엘은 모세가 하나님에 대해 묘사한 것을 과감히 생략할 수 있었을까? 랍비 엘라자르는 이렇게 말했다. "거룩하고 성스러운 하나님이 진실을 강조하신다는 것을 이들이 알고 있었기에 이들은 하나님에 대해 잘못된 묘사를 하지 않으려 했다. 예레미야의 일생에서 하나님은 '두려운 하나님'의 면모를 드러내지 않으셨고, 다니엘의 일생에서는 '강력한 하나님'의 면모를 드러내지 않으셨기에 이들은 그러한 단어를 사용해 하나님을 묘사함으로써 자신들을 기만할 수 없었다."

여기에 대해 몇몇 사람은 예레미야와 다니엘의 생략은 의도적인 것이 아니라 우발적인 것이라고 주장했다. 그럴 수도 있겠지만 그럴 가능성은 상당히 희박하다. 모세의 하나님에 대한 묘사는 너무나 유명한 것이어서 이들이 우발적으로 그렇게 했을 가능성은 거의 없기 때문이다. 미국 대통령이 '생명과 행복의 추구'라는 헌법적인 권리에 대해 대중 연설을 했다고 가정해보자. 우리는 그가 '자유'라는 헌법적인 권리를 의도적으로 생략했다고 보지 않을까?

프란시네 클라그스브룬은 18세기 랍비 이야기를 통해 하나님이 진실을 사랑하신다는 점을 강조했다.

하시디즘 랍비인 리잔스크 엘리멜레크Lyzhansk Elimelekh가 말했다.

내가 죽어서 정의의 심판대에 올랐을 때, 그들이 내게 충분히 공정했었느냐고 묻는다면 난 그렇지 않았다고 대답할 것이다. 충분히 자선을 베풀었느냐고 묻는다면 난 마찬가지로 그렇지 않았다고 대답할 것이다. 충분히 공부를 했느냐고 묻는다면 역시나 그렇지 않았다고 대답할 것이다. 충분히 기도를 했느냐고 묻는다면 그때도 난 똑같은 대답을 할 수밖에 없을 것이다. 그러면 최고 재판관은 웃으며 말할 것이다. "엘리멜레크, 넌 진실을 말해주었다. 이것 하나만으로도 넌 다음 세상으로 들어갈 자격이 있다."

그렇다면 죽어가고 있는 사람에게도 진실을 말해야 할까? 권위 있는 대부분의 랍비들에 따르면 심각한 병에 걸린 사람에게 그 병을 알려야 한다고 말한다. 단 그 사람의 희망을 꺾지 않도록 단정적인 말은 삼가야 한다.

죽음에 임박한 사람에게 유대인들은 비듀이viduii(죄를 고백하는 기도)를 올리라고 말한다. 그들은 죽음에 임박한 사람에게 이렇게 말한다. "많은 이들이 죄를 고백하고 죽지 않게 되었고, 많은 이들이 죄를 고백하지 않고는 죽게 되었다."

현대 율법학자인 랍비 데이비드 블라이크David Bleich는 이러한 관례를 '현대 의사가 따라야 할 본보기'로 보았다. "심각해질 수도 있는 질병으로부터 고통받고 있는 환자를 치료하는 의사는 그 환자에게 자신은 모든 환자에게 똑같은 조언을 한다는 확신을 심어주어야 한다. 의사는 최악의 상황이든 아니든 정기적으로 그렇게 해야 한다. 그러면 환자는 거짓 위안을 받지도 않고, 갑작스런 악화의 원인을 찾으려고도 하지 않을 것이다."

8. 꼭 참아야 할 말은 무엇인가

너는 네 백성들 가운데로 험담하며 돌아다니지 말라(레위기 19:16).
당신의 말을 듣는 상대가 절대적으로 정보가 필요한 경우(상대가 당신이 언급하려는 사람과 결혼을 고려한다거나 그 사람을 고용하려 하거나 그 사람과 동업을 하려는 경우)가 아니라면, 설령 진실이라 해도 다른 사람에 대한 부정적인 말은 삼가야 한다. 유대교에서는 이러한 말을 라숀 하라(lashon hara, 글자 그대로 번역하면 '사악한 혀'가 된다.)라 일컫는다. 유대 율법은 모치 쉠 라(motzi shem ra, 다른 사람의 이름을 더럽히는 짓), 즉 다른 사람을 중상하는 것 역시 금하고 있다.

유대인 사이에서는 일반적으로 라숀 하라란 용어가 다른 사람에 대한 모든 부정적인 말을 일컫는 데 사용된다. 《샤일록 작전Operation Shylock》에서 필립 로스는 사악한 혀가 범하는 악을 묘사하고 있는데, 이는 라숀 하라에 대한 묘사 중 가장 포괄적인 것이다.

라숀 하라 멈출 수 없는 은밀한 캠페인. 결코 잠재울 수 없는 루머. 씻을 수 없는 더럽힘. 인격을 격추시키는 중상적인 발언. 사업적인 기만과 사악한 탈선에 대한 보잘 것 없는 보고. 도덕적인 타락과 악행, 잘못된 성격, 얄팍함, 야비함, 비겁함, 탐욕, 추잡함, 거짓, 이기심, 배신 등을 대변하는 난폭한 논박. 경멸적인 정보. 명예를 훼손하는 진술. 위트에 대한 모독. 비난적인 얘기. 게으른 냉소. 심술궂은 수다. 악의 찬 험담. 짜증을 일으키는 경구. 멋진 거짓말.

이렇듯 화려한 차원을 보여주는 라숀 하라는 두려움과 비탄, 질병, 영적인 소외, 재정적 손실 등을 야기할 뿐 아니라 생명까지 단축시킨다. 그것은 한 인간을 거의 60년이 걸려서야 만회할 수 있는 비틀거리는 위치에 머물게 한다.

이스라엘 수상 이츠하크 라빈Yitzhak Robin은 1967년의 6일 전쟁(2차 중동전) 직후 라숀 하라가 어떻게 자신과 국무 장관 에슈콜의 명예를 더럽히고 사기를 저하시켰는지 자신의 회고록에서 묘사했다.

"그들은 그를 조롱했고 그의 이미지를 깎아내렸으며 그의 약점을 들추었고 그릇된 비난을 했으며 국가가 가장 힘들 때 국무장관은 없었다고 주장했습니다. 에슈콜은 기운이 다 빠져버렸죠. 시기적인 부담과 이러한 중상모략이 합세해 그의 지위를 의문으로 몰고 갔습니다. 몇몇 장관과 상급 관리들이 보는 앞에서 그의 권위는 실추되었습니다. 날개가 잘리고 권위가 바닥으로 떨어진 그는 자신의 의지를 관철할 힘을 잃어갔죠."

험담을 일삼는 자는 시리아에서 로마에 있는 사람을 죽인다(팔레스타인 탈무드, 페아 1:1). 사정거리에 있는 사람만을 해칠 수 있는 무기와는 달리, 언어적인

'공격'은 멀리서도 상대에게 치명적인 상처를 입힐 수 있다.

이 격언은 미국의 자동차 왕 헨리 포드가 유대인에게 비유대교도를 속이고 이들의 종교를 파괴하려는 음모를 꾸민다는 누명을 씌운 연작물 《세계의 유대인International Jew》의 출판을 후원한 일을 떠올리게 한다. 우리가 아는 한 포드의 반유대적인 공격으로 죽게 된 미국 유대인은 없다. 하지만 독일에서 아돌프 히틀러는 이 책들을 번역해 대량으로 찍어냈다. 결국 포드가 미국에서 출판을 도운 불경한 책은 수천 마일 떨어진 유럽의 나치들이 유럽 유대인을 대량 학살하는 데 일조했다.

만일 당신이 "그 교수는 실력이 형편없다"고 말하거나 "그는 학자가 아니다"라고 말한다면 당신은 험담을 일삼는 사람일 뿐이지만, 그 교수는 당신에 의해 살해를 당한 것이다.

험담으로 비롯된 상처는 치유될 수 없는 경우가 많다. 몇몇 유대 문헌은 악의적인 험담을 살인에 비유하고 있다. 여기에 관한 하시디즘의 유명한 이야기 하나를 소개한다.

마을을 돌아다니며 자신의 랍비를 험담하던 남자가 있었다. 그러던 어느 날 그는 자신의 험담이 얼마나 나쁜 것인가를 깨닫고 랍비를 찾아가 용서를 구했다. 랍비는 그에게 집에 돌아가 깃털 베개를 잘라서 그 속에 있는 깃털을 바람에 날려 보낸다면 용서해주겠노라고 말했다. 남자는 랍비의 말대로 집으로 돌아가 베개 속의 깃털을 바람에 날려 보낸 뒤 다시 랍비를 찾아와 물었다.

"이제 절 용서하신 겁니까?"

랍비가 대답했다. "한 가지가 더 있다. 이제 돌아가서 그 깃털들을 모두 모아오도록 해라."

"하지만 그건 불가능한 일이 아닙니까?" 남자가 말했다.

이에 랍비는 이렇게 대답했다. "그렇다. 넌 나에 대해 험담한 것을 진심으로 뉘우치고 있지만 날려 보낸 깃털을 다시 모을 수 없는 것처럼 이미 밖으로 내뱉은 험담을 없던 일로 하는 것도 불가능하다."

친구에 대해 너무 많은 말을 하지 말라. 너의 말이 비록 그의 좋은 점으로 시작했더라도 종국에는 그의 나쁜 점에 대해 이야기하게 될 수도 있기 때문이다.(바빌로니아 탈무드, 바바 바스라 164b)

이 금언에 대한 손시노의 해석처럼 "상대의 선행과 장점을 꼽다 보면 필연적으로 상대의 악행과 단점에 관심을 돌리게 된다." 또 다른 유대 율법은 당신의 친구를 싫어하는 사람들 앞에서 그 친구를 칭찬하는 것을 피하라고 권고한다. 당신은 그들의 마음을 바꿀 수 없을뿐더러 그들은 당신의 친구에 대해 자신들이 싫어하는 점을 함께 있는 모든 사람들에게 말하기 시작할 것이기 때문이다. 바꾸어 말하면, 험담을 유발하는 말을 삼가야 한다는 뜻이다.

내가 하지 않은 말은 취소할 수 있지만, 내가 이미 내뱉은 말은 취소할 수 없다.(《진주 같은 지혜Pearls of Wisdom》). 표준적인 유대 텍스트를 집필한 현자 하페츠 하임Haffetz Hayyim은 다른 사람에 대한 험담을 늘어놓는 한 남자에게 이렇게 말한 적이 있다. "옆방에는 전보를 치려는 사람들이 있습니다. 전보를 치기 전 이들은 단어 하나하나를 얼마나 신중하게 선택하는지 생각해보십시오. 우리는 말할 때도 이토록 신중해야 합니다."

하페츠 하임의 말은 19세말 하시디즘의 한 이야기를 떠올리게 한다. 한 랍비가 그의 제자들에게 말한다.

"하나님의 세상에서 창조된 것이라면 그 어떤 것이라도 우리에게 교훈을 주지 않는 것은 없다."

스승이 과장법을 사용하고 있다고 생각한 제자가 큰 소리로 물었다. "우리는 기차를 통해 어떤 교훈을 얻을 수 있습니까?
랍비가 대답했다. "1분이라도 늦으면 모든 것을 잃어버린다는 걸 배울 수 있겠지."
"그럼, 전신기에선 무엇을 배울 수 있습니까?"
"단어마다 돈을 지불해야 한다는 걸 배울 수 있지."
"전화기에선 어떤 교훈을 얻을 수 있습니까?"
"여기서 말하는 것을 멀리서도 들을 수 있다는 교훈을 얻을 수 있다."

9. 논쟁의 기술은 무엇인가

어떻게 윤리적으로 논쟁할 수 있을까?

3년 동안 샴마이 학파와 힐렐 학파는 서로 논쟁을 벌였다. 샴마이 학파는 "율법은 우리의 관점을 반영한다."고 주장했고, 힐렐 학파도 "율법은 우리의 마음을 나타낸다."고 주장했다. 그러던 어느 날 하늘에서 들려오는 목소리가 선언했다. "두 학파 모두의 가르침이 살아 숨쉬시는 하나님의 말씀이지만, 율법은 힐렐 학파의 관점과 부합하느니라."

하지만 두 학파의 가르침 모두 살아 숨 쉬는 하나님의 말씀이라 했는데, 어째서 힐렐 학파만이 자신들의 관점을 반영하는 율법을 만들 수 있었을까? 그들은 이해심이 많고 겸손하며 자신들의 판단을 공부할 뿐만 아니라 샴마이 학파의 판단도 공부하기 때문이었다. 심지어 그들은 자신들의 가르침을 언급하기 전에 샴마이 학파의 가르침부터 먼저 언급하곤 했다.

샴마이 학파와의 논쟁 동안 힐렐 학파가 보여준 뛰어난 윤리적 태도는 올바른 결론에 도달하는 방법이 무엇인지를 알려주었다. 첫째, 그들은 '이해심이 많고 겸손했기' 때문에 그들의 자아는 상대가 말하는 진리를 인정하는 데 어려움을 느끼지 않았다. 둘째, 그들은 자신들이 이미 동의한 관점뿐 아니라 상대의 입장도 공부하는 데 역점을 두었다. 즉, 그들은 하나의 쟁점에 대해 철저하게 분석하고 검증한 후에야만 결론을 도출했다.

탈무드는 샴마이 학파가 오직 한 측면만을 공부했다고 암시한다. 따라서 잘못된 판단을 했을 때 그 판단과 대립되는 관점을 고려하지 않기 때문에 자신들의 잘못된 판단을 수정하지 못할 가능성이 크다.

그래서 힐렐의 논쟁 방식이 샴마이의 논쟁 방식에 비해 보다 '이해심이 많고 겸손할' 뿐만 아니라 보다 정확하고 타당한 결론에 도달할 수 있게 해주는 것이다.

힐렐 학파인 1세기 인물 랍비 조슈아 벤 하나니아Joshua ben Hananiah의 두드러진 특징 역시 그 출처를 막론하고 진리에 대해 열려 있었다. 조슈아는 평생 논쟁에서 밀린 적이 세 번밖에 없었다고 한다. 한 번은 그의 불완전한 예의를 비난한 어느 여성과의 논쟁에서였고, 나머지는 한 소년 및 한 소녀와의 논쟁에서였다. 그는 소녀와의 논쟁에선 어떤 일이 있었는지 질문을 받았다.

> 어느 날 난 길을 걷다가 사유지를 지나가야 하는 지름길에 이르러 그 길을 따라 걸어갔다. 그런데 소녀 하나가 나를 향해 소리치는 것이었다. "나리, 이 길은 사유지가 아닌가요? 그러니 허락을 받지 않고 마음대로 길을 이용해선 안 됩니다." 내가 대답했다. "아니란다. 이건 분명 잘 닦여 있는 길인걸."

그러자 소녀가 내게 말했다. "나리 같은 도둑들이 그렇게 길을 잘 닦아놓은 겁니다."

소녀가 지적한 것처럼 부정직한 행위가 보편적으로 행해진다고 해서 모두를 그렇게 간주해도 되는 것은 아니다. 그리고 그는 소년과는 어떤 일이 있었는지 질문을 받았다.

이번에도 역시 난 길을 걸어가고 있었다. 길을 걷고 있는데 십자로 부근에 앉아 있는 소년이 눈에 띄었다. 난 그 아이에게 물었다.
"어느 길로 가면 도시로 갈 수 있지?"
소년이 대답했다. "이 길은 짧지만 시간이 오래 걸리고 저 길은 길지만 시간이 짧게 걸립니다."
난 소년이 "짧지만 시간이 오래 걸린다."고 말한 길을 선택했다. 하지만 도시 가까이 도달했을 때 정원과 과수원을 만나 더 이상 길을 갈 수 없었다. 그래서 다시 소년이 있던 십자로로 돌아가야만 했다. 소년을 보았을 때 난 그 아이에게 물었다. "애야, 내게 이 길이 짧다고 말하지 않았느냐?"
소년이 대답했다. "제가 '시간이 오래 걸린다.'고도 말하지 않았습니까?"
이 말을 듣고 나는 그의 이마에 키스를 하면서 큰 소리로 말했다.
"오, 행복한 이스라엘이여! 노인과 아이 모두가 지혜롭도다."

랍비 조슈아는 소년으로부터 상대가 간결하게 말할 때는 그 말을 세심하게 분석해야 한다는 교훈을 얻었다고 덧붙였다.

소년의 이야기는 현대의 예루살렘 학자이자 저술가인 랍비 핀카스 펠리가 들려준 전형적인 이스라엘식 대화를 떠올리게 한다.

한 남자가 막 언덕을 오르려 할 때 근처에 있는 노인을 보고 물었다.
"언덕까지 올라가는 데 얼마나 걸립니까?"
노인은 아무 말도 하지 않았다.
남자는 이번에는 더 큰 소리로 노인에게 똑같은 질문을 던졌다.
노인은 이번에도 아무런 대꾸를 하지 않았다. 남자는 노인이 귀머거리가 아니면 너무 노쇠한 것이라고 추측하고는 언덕을 오르기 시작했다. 그가 열 발짝 정도 걸어갔을 때 갑자기 노인이 소리쳤다.
"대략 20분 정도 걸릴 거요."
남자가 노인이 있는 쪽을 돌아보며 말했다.
"제가 물었을 땐 왜 대답을 하지 않으셨습니까?"
노인이 대답했다.
"당신의 걸음걸이 속도를 보기 전까진 언덕까지 올라가는 데 얼마나 걸릴지 어떻게 알 수 있겠소?"

10. 언제 침묵해야 하는가

형제를 마음으로도 미워하지 마라. 네 이웃을 꾸짖어서 네가 이웃으로 인한 죄의 책임을 떠맡지 않도록 조심하라(레위기 19:17).

토라의 613개 율법 해설서인 세페 하-히누크Sefer ha-Hinnukh는 이 율법을 지키는 일이 평화로운 사회 건설의 선행 조건이라고 설명한다. "왜냐하면, 한 남자가 다른 사람에게 죄를 지었는데 피해를 입은 사람이 비밀리에 그 남자를 계도했다면 그 남자는 피해를 입은 사람에게 사과를 하고 피해를 입은 사람은 그 사과를 받아들여야 둘 사이의 평화가 생겨나기 때문이다. 하지만 만일 피해를 입은 사람이 그 남자를 계도하지 않으면 결국 마음속으로 그를 미워하게 되어 당장 또는 훗날 그에게 해를 입힐 것이다."

율법의 마지막 구절인 "네가 이웃으로 인한 죄의 책임을 떠맡지 않도록 조심하라."는 두 가지 방식으로 해석할 수 있다.

첫째, 다른 사람이 악행을 저지르려는 것을 본다면 네가 그 죄를 공유하지 않도록 수동적인 자세를 취하지 말라. 즉, 그 사람을 계도해 그의 행동에 대한 책임을 네가 지지 않도록 하라는 것이다.

둘째, 네가 그 사람을 계도할 수 있지만 그러는 동안 죄를 범하지 말라. 즉, 그 사람을 계도하는 동안 그를 인격적으로 비하해서는 안 된다는 것이다. 한 사람을 사람들 앞에서 인격적으로 비하하는 짓은 특히 더 심각한 죄에 해당된다. 마이모니데스가 다음과 같이 충고하는 것처럼 말이다.

"다른 사람을 타이르는 사람은, 상대의 잘못이 개인적인 것이든 신에 대한 죄든 상대를 사적으로 타일러야 하고 상대에게 부드럽고 온화하게 말해야 하며 다른 이유가 아닌 상대를 위해서만 그렇게 한다는 걸 언급해야 한다. 또 다른 사람을 타이르는 사람은 상대가 자신에게 반감을 가지고 '이제 더 이상 듣고 싶지 않습니다.' 라고 말할 때까지 상대를 타일러서는 안 된다(모세 마이모니데스, 미슈네 토라)."

유대 율법상 자신의 가족이 죄를 범하는 것을 막을 수 있음에도 그렇게 하지 않는 사람은 가족의 죄에 대한 책임이 있다. 넓게 해석하면 자기가 살고 있는 도시의 시민이 죄를 범하는 것을 막을 수 있음에도 그렇게 하지 않는 사람은 그 도시의 죄에 대한 책임이 있다. 온 세상이 죄를 범하는 것을 막을 수 있음에도 그렇게 하지 않는 사람은 온 세상의 죄에 대한 책임이 있다(바빌로니아 탈무드, 샤밧 54b).

랍비 타폰은 이렇게 말했다. "이 시대에 질책을 받아들일 수 있는 사람이 있는지 의아스럽다." 랍비 엘라자르는 이렇게 말했다. "이 시대에 [질책을 당하는 사람을 인격적으로 비하하지 않고] 제대로 질책할 줄 아는 사람이 있는지 의아스럽다(바빌로니아 탈무드, 아라크힌 16b)."

빚도 청산하는 침묵

상대가 조심해야 할 것을 그에게 말해주어야 하는 것처럼 상대가 조심할 필요가 없는 것이라면 그에게 말하지 않아야 한다. (바빌로니아 탈무드, 예바못 65b).

비쉬니츠의 랍비 이스라엘은 자신의 제자와 함께 매일 저녁 30분 동안 산책을 했다. 하루는 산책을 하다 어느 부유한 은행장 집 앞에 멈추었다. 그는 '계몽 운동'을 추종하는 사람이었다. 다시 말해, 결코 랍비를 따르는 사람이 아니었던 것이다. 이스라엘은 그 집 현관문을 두드렸고, 하인이 문을 열자 집 안으로 들어갔다. 어리둥절해진 제자는 스승에게 아무런 질문도 못하고 그저 스승의 뒤를 따라 집으로 들어갔다.

은행장은 이 특별한 손님에게 예를 갖춰 맞이했다. 랍비는 주인이 안내하는 의자에 앉아 아무런 말도 하지 않고 꽤 오랜 시간을 보냈다. 랍비에게 방문 이유를 직접 묻는 것은 예의에 어긋난다는 걸 알고 있던 은행장은 제자에게 속삭이며 랍비가 자신의 집에 왜 방문한 건지 물었다. 하지만 제자는 그저 어깨를 들썩일 뿐이었다. 꽤 오랜 시간이 흐른 뒤 랍비는 자리에서 일어나 은행장에게 작별 인사를 했다. 은행장은 현관까지 랍비를 따라 나왔고 결국 호기심이 고조되어 랍비에게 물었다.

"랍비님, 왜 저를 찾아오시는 영광을 베푸셨는지 설명해주시겠습니까?"

랍비가 대답했다.

"계율을 실천하기 위해 은행장님의 집을 방문했는데, 계율을 실천할 수 있어서 하나님께 감사드립니다."

이 말에 더욱 혼란스러워진 은행장이 물었다.

"어떤 계율을 말씀하시는 건지요?"

"저희 현자들은 '상대가 귀담아들을 말은 해야 하는 것처럼 상대가 귀담아듣지 않을 말은 삼가야 한다.'고 가르치셨죠. 만일 제가 그냥 저희 집에만 있다면 상대가 듣지 않을 말을 삼가는 계율을 어떻게 제대로 실천할 수 있겠습니까? 계율을 제대로 실천하기 위해선 저의 말을 귀담아듣지 않을 사람의 집을 직접 방문해 거기서 그 사람에게 말하는 것을 삼가야만 하는 것이죠. 전 정확히 그것을 실천한 것이랍니다."

은행장이 말했다.

"랍비님, 제게 그 말이 무엇인지 알려주시는 친절을 베풀 수도 있지 않을까요? 누가 알겠습니까. 제가 그 말을 귀담아들을지도 말이죠."

랍비가 말했다.

"죄송합니다만 은행장님은 틀림없이 제 말을 귀담아듣지 않으실 겁니다."

랍비가 그 말을 털어놓길 거부할수록 은행장의 호기심은 점점 더 커져만 갔다. 그래서 은행장은 계속해서 자신이 무슨 말을 들으려 하지 않는다는 것인지 말해달라고 끈덕지게 요구했다. 그러자 랍비가 마침내 그 말을 끄집어내기 시작했다.

"좋습니다. 어떤 무일푼 과부가 자신의 집을 저당잡고 꽤 많은 금액의 돈을 은행장님의 은행에서 빌렸습니다. 그리고 며칠 내에 은행은 그녀의 집을 공매할 예정이고요. 그러면 그녀는 길바닥으로 쫓겨날 것입니다. 전 은행장님께 그녀의 빚을 없던 걸로 해주십사 부탁드리고 싶었지만 '상대가 귀담아듣지 않을 말은 삼가야 한다.'는 계율을 지키기 위해 아무 말도 하지 않았던 겁니다."

"하지만 제가 어떻게 할 수 있으리라 기대하셨습니까?" 은행장은 어쩔 수 없는 일이라는 뜻으로 말을 이었다. "그 빚이 저에 대한 개인적인 빚이 아니라 은행에 갚아야 할 빚이란 건 잘 아시리라 믿습니다. 전 그저 은행장일 뿐이지 은행을 소유한 사람은 아닙니다. 빚은 몇 백에 달하고, 만일……."

랍비가 그의 말을 가로챘다.

"제가 정확히 말하지 않았습니까. 은행장님은 제 말을 듣고 싶어 하시지 않을 거라고 말입니다."

랍비는 이 말로 대화를 끝내고 집으로 돌아갔다.

은행장은 다시 집으로 들어갔지만, 랍비의 말이 머릿속에서 떠나지 않아 아무 일도 할 수 없었다. 결국 은행장은 자신의 돈으로 과부의 빚을 갚았다. 결국 랍비는 침묵으로 목적을 달성한 셈이었다.

11. 목숨이 먼저인가, 법이 먼저인가

너희는 내 규례와 내 법규를 지키라. 그리하면 살 것이다. 너희는 그것으로 결코 죽지 않을 것이다(바빌로니아 탈무드, 요마 85b).

이는 레위기 18장 5절의 "너희는 내 규례와 내 법규를 지키라. 그리하면 살 것이다."에 토대를 두고 있다. 랍비들은 이를 통해 토라의 계율은 생명을 연장시키는 데 있으며 결코 죽음을 초래하는 데 있지 않다고 결론지었다. 따라서 계율을 지키는 일이 생명을 위태롭게 한다면 계율을 뒤로 미룰 수 있다고 해석했다.

하지만 계율이 생명에 우선하는 세 가지 경우가 있다. 살인을 저지르거나, 우상을 숭배하거나, 근친상간이나 간음이 어떤 사람에게 생존할 수 있는 유일한 길이라 하더라도 그 사람은 죽음을 맞이할 준비를 해야 한다.

우상숭배와 불륜의 경우 구체적인 상황에 따른 탈무드의 입장은 항상 분명하지만은 않다. 예를 들면, 남편 이외의 남자와 성관계를 가져서는 안

되는 기혼녀라고 할지라도 생명에 위협을 느낀다면 강간범에게 저항을 하지 않아도 된다는 것이다. 하지만 살인의 경우 계율은 예외를 두지 않는다. 즉, 설령 자신이나 자신에게 소중한 사람의 생명을 구하는 길이더라도 남의 생명을 희생시켜선 안 된다는 것이다.

한 남자가 라바를 찾아와서 말했다. "저희 마을의 통치자가 저에게 어느 무고한 사람을 살해하라고 명했습니다. 만일 제가 이를 거부한다면 통치자가 저를 죽게 할 것입니다. 제가 어떻게 해야 할까요?

라바가 말했다. "차라리 죽임을 당하지 죽이지는 말라. 너의 피가 그 무고한 사람의 피보다 더 붉다고 생각하느냐? 그의 피가 더 붉을지도 모를 일이다(바빌로니아 탈무드, 페사침 25b)."

여기서 라바가 남자에게 일러주지 않은 것은 그에게 통치자를 죽일 자격이 있다는 말이었다. 남자의 목숨을 위협한 사람은 살해 대상인 무고한 사람이 아니라 마을의 통치자였기 때문이다. 탈무드는 말하고 있다. "어떤 사람이 너를 죽이려거든 네가 먼저 그 사람을 죽여라"(바빌로니아 탈무드, 산헤드린 72a). 반면, 통치자가 살해하고자 했던 무고한 사람을 죽이는 것은 살인으로 간주된다.

그럼 무고한 사람을 간접적으로 죽임으로써 생명을 구할 수 있는 경우에 대해 유대 율법은 어떻게 규정하고 있을까? 탈무드는 거의 2천 년 전에 이 질문에 대해 논의한 바 있다.

> 한 무리의 사람들이 길을 따라 걸어가고 있었는데, 이교도들이 그들을 막아서며 말했다. "너희 중 한 사람을 내놓아라. 그러면 그 사람만 죽이고 다른 사람들은 살려주겠다. 그렇게 하지 않으면 너희 모두 죽을 것이다."

차라리 모두 죽는 길을 택하지 이스라엘의 어떤 영혼이라도 포기해선 안 된다. 하지만 쉐바 벤 비그리의 경우처럼 이교도 무리가 한 사람의 이름을 구체적으로 지명한다면 그 사람을 포기하고 나머지 사람을 구할 수 있다.

랍비 시메온 벤 라키쉬가 말했다. "쉐바 벤 비그리처럼 사형선고를 받은 사람만 넘겨줄 수 있다." 하지만 랍비 요하난은 이렇게 말했다. "쉐바 벤 비그리처럼 사형선고를 받은 사람이 아니더라도 [구체적인 이름이 지명되었다면 이름이 지명된 그 사람을] 넘겨줄 수 있다."

세바 벤 비그리는 다윗 왕을 상대로 반역적인 폭동을 주동한 죄로 사형선고를 받았다. 그는 소도시로 도망갔지만 다윗 왕의 군대가 이내 그 도시를 포위했다. 다윗 왕의 군대가 습격하면 많은 무고한 사람들이 죽게 될 것이라는 걸 예상한 마을의 어느 걸출한 여성이 세바를 살해해 그의 머리를 성벽 밖으로 던졌다(사무엘 하, 20:21-22).

시메온 벤 라키쉬에 따르면 세바와 같이 이미 사형선고를 받았거나 사형을 당할 만한 중죄를 범한 사람인 경우 그 사람을 넘겨주어 죽음에 이르게 하는 것은 허용된다. 하지만 그 밖의 경우, 심지어 자신이나 다른 무고한 사람의 생명이 위태로울 때조차도 유대 율법은 이를 살인 행위로 간주한다.

반면, 랍비 요하난은 시메온과 다른 견해를 갖고 있다. 그의 견해에 따르면, 상대가 지명한 사람을 넘겨주어 죽음에 처하게 하는 것은 살인이 아닌데, 이는 그렇게 하지 않으면 모든 사람이 죽음에 처하게 되기에 어차피 그 사람을 죽음으로부터 구할 수 없는 건 마찬가지기 때문이라는 것이다. 중세의 가장 비중 있는 유대 율법 제정자인 마이모니데스가 시메온 벤 라키쉬의 견해에 따라 지목받은 사람이 사형을 당할 중죄를 범하지 않았다면 "그 사람을 넘겨주는 대신 모든 사람이 죽음을 맞이해야 한다."고 주장했음에도 불구하고 유대 율법은 이 쟁점에 대해 절대적인 답변을 내놓은 적이 없었다.

불행히도 나치는 유대 율법의 이러한 쟁점을 재점화했다. 아우슈비츠의 대학살에서 생존한 랍비 즈비 히쉬 마이젤즈는 나치가 1천 4백 명의 십 대 소년들을 하나의 거대한 감방에 가둔 날 아우슈비츠에서 어떤 질문을 받았는데, 그는 이 일화를 랍비에게 던져진 질문과 답변으로 구성된 문답집인 자신의 저서에 실었다. 소년들이 다음 날 저녁에 학살당할 것이라는 소문은 재빨리 퍼졌다.

그날 하루 동안 이들 가족들과 친구들은 사랑하는 사람을 죽음으로부터 구해내려고 카포스(유대인 간수)와의 거래를 시도했다. 이 중 간수를 매수할 수 있는 능력이 있는 한 아버지가 이러한 '거래'와 관련해 심각한 도덕적인 딜레마에 빠졌다.

> 오버랜드의 어느 순박한 유대인이 내게 다가와 말했다. "랍비님, 제 자신보다도 더 소중한 저의 외동아들이 화형을 당할 예정인 소년들 사이에 있습니다. 전 충분히 간수들을 매수해 그 아이를 구해낼 수 있지만, 그렇게 되면 틀림없이 간수들은 제 아들의 자리를 메우기 위해 다른 무고한 아이를 희생시킬 것입니다. 그래서 랍비님께 토라에 따르면 제가 어떻게 해야 하는 것이 맞는지 여쭙는 것입니다. 제 아들을 구하는 것이 허용되는 일인가요? 랍비님이 어떤 말을 하시든 랍비님의 말을 따르겠습니다."
>
> 질문을 받자 내 몸이 떨려오기 시작했고, 난 결국 이렇게 대답했다.

"친애하는 동포여. 내가 어떻게 그런 물음에 확고한 답을 줄 수 있겠소? 성전이 건재했을 때에도 삶과 죽음을 논하는 문제는 산헤드린(유대최고법원)에 맡겨야 했는데, 하물며 지금과 같이 유대 율법에 관한 아무런 서적도 없고 의논할 다른 랍비도 없으며 매일같이 일어나는 심각한 문제와 끔찍한 비극 탓에 마음의 평정도 찾지 못하는 이곳 아우슈비츠에서야 오죽하겠소."

[다음으로 마이젤즈 자신의 내면적 논쟁을 묘사한다.] 카포스의 시스템이 먼저 한 소년을 풀어준 다음 그 빈자리를 다른 소년으로 대치한다면 빠져나갈 구멍이 있을 것도 같은데. 그렇게 되면 풀려나는 소년의 빈자리를 다른 소년이 메우는 것이 불분명했다고 이유를 댈 수 있지 않을까. 결국 카포스들도 유대인이고 유대 율법은 한 생명을 희생시키는 대가로 다른 생명을 구하는 것을 강력하게 금하고 있지 않은가. 그러니 마지막 순간에 이들에게서 유대교적 양심이 되살아나 이 중요한 율법을 어기지 않을 수도 있지 않을까…….

하지만 안타깝게도 난 대치할 사람을 먼저 선정한 다음 예정된 사람을 풀어주는 카포스의 방식에는 예외가 없다는 사실을 누구보다 잘 알고 있다. 이들은 그렇게 해야만 일정한 인원수를 유지해 자신을 지킬 수 있기 때문이다. 따라서 상황은 내게 조금의 변명거리도 남기지 않는다.

남자는 계속 날 따라오며 고집을 부렸다. "랍비님, 저를 위해서 당신이 결정을 내려주셔야 합니다." 난 다시 그에게 호소했다. "친애하는 동포여, 난 그 어떤 답변도 줄 수 없는 형편이라오. 더군다나 이런 심각한 문제에 대해선……."

내가 이 쟁점에 대해 어떤 결정도 하지 않을 것이란 걸 깨달은 그는 마침내 감정이 북받쳐 말했다. "랍비님, 전 토라가 명하는 것을 실천했습니다. 랍비님께 결정을 내려줄 것을 부탁드렸고, 주위에 더 이상 자문을 구할 랍비도 없습니다. 랍비님이 가서 제 아들을 구해야 한다고 제게 말씀해주시지 못한다면 그건 율법에 의거해 그렇게 해도 될 만한 이유를 찾지 못하셨단 뜻일 겁니다. 아들을 구하는 것이 허용된다면 랍비님은 서슴지 않고 그렇게 하라고 제게 말씀해주셨을 테니까 말이죠. 따라서 유대 율법에 의거하면 아들을 구하지 않는 것이 합당하기에 아들을 포기하도록 하겠습니다. 랍비님은 제게 충분한 답변을 주셨습니다. 하나뿐인 저의 자식은 토라의 가르침을 실현하기 위해 화형에 처하게 될 것이고, 전 이러한 결정을 받아들일 것입니다……(랍비 즈비 히쉬 마이젤즈, 《메카드쉐 하-셈》)."

유대 율법은 한 사람의 죽음이 다른 사람의 수동적인 방치 탓일 수 있는 또 다른 사례에 대해서도 논쟁하지만 여기에서도 랍비들의 견해는 나뉜다.

두 남자가 함께 사막을 건너고 있는데, 한 남자에게만 한 통의 물이 있었다. 만일 두 남자가 물을 나누어 마시면 둘 모두 죽게 되고, 한 사람만 물통의 물을 모두 마시면 도시에 도달해 생존할 수 있게 된다. 물통을 가진 사람은 어떻게 해야 할까?
랍비 벤 페투라는 이런 가르침을 주었다. "한 사람이 물을 독점함으로써 자신의 동료가 죽어가는 것을 지켜보는 것보다 두 사람이 물을 나누어 마시고 둘 모두 죽는 편이 더 바람직하다." 반면 랍비 아키바는 여기에 대해 다른 가르침을 폈다. "'네 형제가 너와 함께 살 수 있을 것이다.'라는 토라의 구절은 그가 너와 함께 살 수 있을 경우에만 물을 나눠 마시라는 의미다. 만일 그렇지 않을 경우에는 너의 생명이 그의 생명보다 우선시되어야 한다."

아키바의 걸출함으로 인해 권위 있는 대부분의 유대 문헌은 그의 말을 바탕으로 이러한 상황을 해석했지만, 탈무드는 랍비 벤 페투라의 견해와 랍비 아키바의 견해 중 어떤 것을 선호한다고 표명하지는 않았다. 랍비 아키바에 대한 강연에서 엘리 위젤은 위의 논의를 인용하고는 다음과 같이 결론지었다. "랍비 아키바는 생존자에게 매우 혹독했습니다."
이러한 위젤의 간결한 언급은 내가 예전에는 결코 이해하지 못했던 것, 즉 대학살에서 생존한 많은 사람들이 뿌리칠 수 없는 죄의식에 시달리는 이유를 깨닫게 해주었다. 논리적으로는 강제수용소에서 살아남은 사람은 죄의식으로 고통받아선 안 될 사람들이다. 사실상 죄의식을 느껴야 할 사람들은 나치들을 비롯해 대학살을 묵인한 유럽인과 망명자들을 받아들이길 거부한 미국과 영국 및 기타 국가의 리더들이다. 그렇다면 생존자들이 죄의식을 느끼는 이유는 무엇일까? 강제수용소에서 살아남은 사람들은 이따금씩 랍비 아키바의 주장을 따라야 할 때가 있었기 때문이라고 위젤은 설명한다. 즉, 이들은 자신의 생존을 위해 죽어가는 사람에게 자신에게도 턱없이 부족한 배급품을 나누어주지 않기도 했던 것이다. 당연히 1세기 유대인인 예수는 또 다른 옵션을 제시했다. 즉, 물을 가진 사람이 순교자와 같은 태도로 자신의 동료에게 물을 주어야 한다는 것이다. 그는 요한복음 15장 13절에서 "사람이 자기 친구를 위해 목숨을 내놓는 것보다 더 큰 사랑은 없다."고 설파했다. 그런데 유대 율법은 순교를 영웅적인 행위로 인정했지만 그것을 의무화하지는 않았다. 왜냐하면 B가 너무나 목이 말라 있을 때 A가 B에게 자신의 물을 주어야 한다면 B 역시 같은 처지에 있는

A에게 그렇게 해야 하므로 결국 구조대원은 물통을 사이에 두고 사막에서 쓰러진 두 시체만을 발견하게 될 것이기 때문이다.

생명을 구하는 일은 안식일을 대신한다(바빌로니아 탈무드, 샤밧 132a).
안식일은 십계명에서 율법으로 언급된 유일한 의식인데, 그것은 매우 신성한 것이어서 한때 많은 유대인들은 안식일을 지키기 위해서라면 죽음도 불사해야 하는 것으로 받아들였다. 기원전 167년 즈음 시리아의 안티오쿠스 왕에 반기를 든 신앙심 깊은 유대인 무리들이 안식일에 그의 군대로부터 습격을 당했다. 하지만 이들은 안식일을 지켜야 한다는 이유로 반격을 하지 않아 모두 살해당했다. "남자와 여자, 아이들까지 수천 명에 달하는 모든 사람들이 살해되었다."
그 일이 있은 직후, 유대 애국자 집단인 마카오베서의 창시자 마타디아스는 다음과 같이 선언했다.
"우리 모두가 우리 형제들처럼 행한다면, 즉 우리의 생명과 율법과 문화를 지키기 위해 이방인과 대적해 싸우는 것을 거부한다면 이들은 순식간에 우리를 이 세상에서 흔적도 없이 사라지게 만들 것이다."
곧이어 이렇게 결론을 맺는다.
"만일 안식일에 어느 누구라도 우리와 대적해 싸우려 한다면 우리는 그날 우리 형제들처럼 모두 살해당하는 길을 택하지 않고 이들과 맞서 싸울 것이다."
그때 이후로 모든 유대 문헌들은 생명을 지키는 일이 안식일을 지키는 일보다 먼저라고 규정했다. 실제로 마이모니데스는 안식일을 지킬 수 없는 이러한 상황에서는 모두가 안식일을 지키거나 아무도 안식일을 지키지 않는 것보다 한 명의 유대 학자가 안식일 의식을 거행하는 것이 더 바람직한데, 이는 토라 율법의 목적이 "세상에 자비와 자애로운 친절, 평화를 깃들게 하는 것임을 알리기 위함"이라고 말했다.

마이모니데스의 가르침에 따라 하트졸라(Hatzolah, '구제'란 뜻)라고 불리는 광범위한 학식을 갖춘 정통파 유대인들로 구성된 단체가 사람들에게 응급조치 및 병원 수송 서비스를 제공하기 위해 뉴욕 시에서 조직되었다. 하트졸라는 주말과 유대 휴일을 포함해 연중무휴로 운영되고 있다.

생명이 위태로울 때 유대 율법을 어기는 것과 관련한 물음은 종종 얌 키퍼(Yom Kippur, 유대교의 속죄일을 일컫는데, 이날엔 일을 쉬고 단식을 한다.)에 초점을 맞추기도 한다. 위대한 학자인 하임 솔로베이치크Hayyim Soloveichik는 병세가 심각한 사람에게 속죄일의 식사를 허용하는 데 관대한 것으로 유명하다. 여기에 대해 도전적인 질문을 받았을 때 하임은 다음과 같이 응대했다. "전 병자들이 속죄일에 음식을 섭취하는 것을 허용하는 데 전혀 관대하지 않습니다. 다만 생명의 위태로움이 관련된 일에 매우 엄격할 뿐입니다."

심지어 유대 율법은 비교적 생명이 위태로울 가능성이 적은 경우에도 유대교의 가장 신성한 의식들을 어기는 것을 허용한다. 유대 율법의 이러한 측면은 1848년 빌나에서 콜레라 전염병이 발생했던 유명한 사건으로 설명할 수 있다. 지역의 의사들은 빌나의 선도적인 랍비 이스라엘 살란터에게 24시간 동안 단식하는 것은 면역성을 떨어뜨려 생명을 위협하는 질병에 보다 쉽게 전염될 수 있으므로 이미 병에 걸린 사람들뿐 아니라 모든 사람들이 속죄일에 식사를 해야 한다고 충고했다.

이에 랍비 살란터는 유대인들 모두가 속죄일에 음식을 섭취하라고 공개적으로 선언했다. 하지만 속죄일에 대한 경외심으로 많은 유대인들이 그의 권고를 무시했고, 이 소식을 전해 들은 살란터는 빌나의 그레이트 사나고그에서의 아침 예배가 끝나자 그곳 설교단에 올라가 와인과 케이크를 꺼

내놓고 감사 기도를 올린 후 집회에 참석한 모든 신도들 앞에서 케이크를 먹고 와인을 마셨다. 빌나에서 가장 신앙심이 깊은 인물이 속죄일에 음식을 섭취하는 것을 목격한 사람들은 속죄일의 의식을 지키지 않는 것에 융통성을 가질 수 있었다. 살란터의 이러한 행동을 비판한 랍비들이 없진 않았지만, 그는 죽기 전까지 자신이 여러 생명을 구하는 데 도움을 주었다는 사실을 영광으로 생각했다.

생명의 위태로움에 대한 정치적인 암시

"만일 환자에게 음식을 주어야 할 사람이 랍비를 찾아가 생명을 구할 목적으로 안식일과 속죄일을 지키지 않는 것이 허용되는 것인지 묻는다면 이러한 지체는 살인의 한 형태에 해당된다. 질문을 하느라 시간을 허비하는 사이에 환자가 죽을 수도 있기 때문이다. 생명이 위태로운 상황에서는 오직 생명을 구하기 위해 서둘러야 한다(랍비 오바디아 요세프, 전前 이스라엘 랍비 단체의 회장)." 랍비 요세프의 이러한 말은 랍비 회답서에 기록되어 있는데, 이것은 결과적으로 아랍인들과의 평화를 위해서라면 이스라엘 민족은 1967년의 6일 전쟁에서 정복한 영토를 아랍인들에게 할양할 수 있다는 걸 표명한 것이었다. 일반적으로 유대 율법은 이스라엘 영토를 조금이라도 포기해선 안 된다고 가르치고 있다. 하지만 랍비 요세프는 한 생명을 구하는 것이 토라의 모든 계율보다, 심지어는 메시아를 찾아 구원을 받는 것보다도 우선시되기 때문에 필연적으로 사람들이 죽게 될 전쟁을 피할 수 있는 유일한 길이라면 영토를 할양하는 것이 더 바람직하다고 설명한다.

12. 생명은 왜 중요한가

한 생명을 구하는 일은 온 세상을 구하는 것과 같다(미슈나 산헤드린 4:5).
탈무드는 하나님이 원래 오직 한 명의 인간, 즉 아담만을 창조했다는 사실로 모든 인간 생명에 무한한 가치가 있다는 사실을 입증할 수 있다고 설명한다. 만일 아담이 살해당했다면 인류 전체가 멸망했을 것이기 때문이다. 따라서 아담으로 대표되는 한 인간을 구하는 것은 온 세상을 구하는 것과 동일하다.
유대의 관점에서 인간 개개인이 최고의 중요성을 가진다는 사실은 여러 측면을 암시한다. 우선 그것은 무고한 사람을 살해하는 사람은 가장 극단적인 범죄를 저질렀다는 의미를 내포한다. 즉, 열 명을 살해한 사람과 비교한다면 한 명을 살해한 사람이 죄의 규모는 작을지 몰라도 죄의 심각성은 마찬가지라는 것이다.
한 생명을 구하는 사람은 온 세상을 구하는 것과 마찬가지라는 가르침은 사회적 · 정치적 · 경제적 측면에서도 암시하는 바가 크다. "탈무드의 이 구절을 조명해보면 인간 개개인이 무한한 가치를 가진 존재로 대우받는 세상을 만들기 위해 우리가 무엇을 할 수 있는지 알아내야만 한다."라고 한 랍비 어윈 쿨라는 말했다. 그렇다면 사람들이 하루에 1달러어치의 음식이 없어 죽어가는 세상에서 모든 인간에게 무한한 가치가 있다고 말하는 것은 무슨 의미가 있을까?

미슈나는 이에 대해 창조에 관한 사례를 들어 도덕적, 신학적 교훈을 제시한다.

> 본디 오직 한 사람만이 인간 사이의 평화를 위해 창조되었다. 따라서 자신의 동료에게 다음과 같은 말은 하지 말아야 한다. "내 아버지가 너의 아버지보다 더 위대하다……."
> 또한 성스럽고 칭송해야 하는 하나님의 위대함을 선포하라. 만일 인간이 똑같은 형틀로 몇 개의 동전을 찍어낸다면 그것들은 모두 거의 똑같은 모양일 테지만, 왕의 왕의 왕인 성스럽고 칭송해야 하는 하나님은 최초 인간의 형틀로 나머지 인류를 창조하셨음에도 불구하고 서로 똑같은 인류는 단 한 명도 존재하지 않기 때문이다. 따라서 개개인 모두는 다음과 같이 말할 의무가 있다.
> "나를 위해 세상이 창조되었다!"

탈무드는 큰 무리 안에 있는 사람은 참석한 각각의 사람에 대한 지적 차별성을 인지해야 한다고 충고한다. 개개인의 얼굴이 서로 다른 것과 마찬가지로 개개인의 마음 또한 서로 다르다 (바빌로니아 탈무드, 베라크호트 58a).

개인의 존엄성

모든 사람에겐 두 개의 주머니가 있어 각자의 필요에 따라 그중 하나를 선택해 손을 넣는다. 오른쪽 주머니에는 "나를 위해 이 세상이 창조되었다."라는 말이 들어 있고, 왼쪽 주머니에는 "난 먼지와 재일 뿐이다."라는 말이 들어 있다(하시디즘 격언). 만일 내가 그처럼 되고자 노력한다면 누가 나처럼 될 것인가?(유대 격언) 하시디즘 학교의 교사였던 주샤는 다음과 같이 말하곤 했다.

> 내가 죽어서 천상의 법정 앞에 섰을 때 그들이 내게 "주샤야, 넌 어째서 아브라함과 같이 훌륭하지 못하였느냐?"라고 묻는다 해도, 난 조금도 주저하지 않고 "전 아브라함의 지적 능력을 갖고 태어나지 않았기 때문입니다."라고 자신 있게 대답할 것이다. 또 이들이 "주샤야, 넌 어째서 모세와 같이 훌륭하지 못하였느냐?"라고 묻는다 해도, 난 조금의 망설임도 없이 "전 모세와 같은 리더십 능력을 타고나지 않았습니다."라고 대답할 것이다. 하지만 그들이 "주샤야, 넌 어째서 주샤답지 못하였느냐?"라고 묻는다면 난 아무런 대답도 하지 못할 것이다.

하시디즘 학교의 교사인 코츠크 메나켐 멘델은 한 개인의 특별함은 그 사람의 모든 만남을 통해서 빛나기에 우리는 결코 자신의 본질을 바꾸어서는 안 된다고 말했다.

13. 언제 책임을 져야 하는가

모든 유대인은 서로에 대한 책임이 있다(바빌로니아 탈무드, 쉐브우오트 39a).

널리 알려진 이 격언은 유대사회에서의 광범위한 자선 활동을 설명해준다. 유대인은 아주 어려서부터 서로에 대한 책임감을 갖도록 교육받는다. '책임감'에 해당하는 히브리어 '아-레이빈ah-reivin'은 후원자나 대부모, 채무 보증인으로서 서로에 대해 책임을 지는 '보증인'이라는 뜻이다.

유다는 성경에서의 보증인 모델이다. 이집트에서 자신의 형제들에게 신분이 알려지지 않은 요셉이 형제들에게 만일 자신의 남겨진 형제인 벤야민과 함께 다시 돌아온다면 음식을 팔겠다고 말했을 때 이들의 아버지 이스라엘은 그것을 반대했다. 형제들은 처음에 아버지 야곱의 반대에 동의했다. 하지만 가나안에서의 기근이 점점 더 심해지자 형제들은 아버지를 설득해 벤야민을 데려가야만 한다고 결론 내렸다. 이러한 상황에서 마침내 유다가 야곱에게 말했다. "이 아이를 저희와 함께 보내십시오. 그러면 저희가 당장 가겠습니다. 그래야 저희도, 아버지도, 저희 자식들도 죽지 않고 살 것입니다. 제가 벤야민을 책임지겠습니다. 제게 책임을 물으십시오. 만약 제가 그를 아버지께 데려와 아버지 앞에 세우지 못한다면 제가 평생토록 아버지 앞에서 그 벌을 다 받겠습니다(창세기 43:8-9)."

후에 유다는 자신이 단지 상투적인 말을 하지 않았다는 걸 증명해 보였다. 벤야민의 자루에 숨겨져 있던 요셉의 은잔이 발견되었을 때 요셉은 다른 형제들은 돌려보내주겠지만 벤야민은 자신의 노예로 삼겠다고 선언했다. 이에 유다가 요셉에게 다가가 간청했다. "주의 종이 제 아버지께 이 아이를 책임지겠다고 하면서 '제가 만약 그를 아버지께 데려오지 못하면 제가 평생토록 아버지 앞에서 그 비난을 다 받겠습니다'라고 말했습니다. 그러니 제발 이 아이 대신 이 종이 내 주의 종으로 여기 남게 하시고 이 아이는 자기 형들과 함께 고향으로 돌아가게 해주십시오."

동생 벤야민 대신 자신이 기꺼이 종으로 남으려는 유다의 모습을 보고 요셉은 형제들이 자신을 이집트에 팔아버린 죄를 완전히 용서해주었다. 한 랍비는 그의 이기적이지 않은 행동을 기리기 위해 그 후로 모든 유대인들은 유다라는 이름을 사용하자고 제안했다(유대인은 히브리어로 예후디인데, 이는 유다의 히브리어 예후다에서 유래한 것이다.).

이 격언을 유대인은 다른 유대인의 신체적인 안전과 안녕에 책임을 느껴야 함을 뜻하는 것 외에도 다른 유대인의 행동에도 책임을 져야 하는 것으로 해석하기도 한다. 따라서 유대교 정통파들은 비정통파 유대인들을 정통파 유대인으로 변모시키는 데 힘써야 한다는 걸 강조하기 위해 이 격언을 인용하기도 한다. 또한 이 격언은 정치적으로 활발한 유대인들이 다른 유대인들의 정치적, 사회적 행위를 바로잡는 데 힘쓰는 동기를 부여하기도 한다.

유대사회에서 자기가 살고 있는 도시의 시민이 죄를 범하는 것을 막을 수 있음에도 그렇게 하지 않는 사람은 그 도시의 죄에 대한 책임이 있다. 나아가 온 세상이 죄를 범하는 것을 막을 수 있음에도 그렇게 하지 않는 사람은 온 세상의 죄에 대한 책임이 있다. 중세 랍비들의 관점에 따르면 개인의 행동은 잠재적으로 전체 세상의 운명에 영향을 준다. 랍비들은 이렇게 가르쳤다.

> 사람은 자신의 내면에 선행과 악행의 가능성이 똑같은 크기로 공존하는 자신을 하나의 저울로서 바라보아야 한다. 계율을 실천하는 자는 선행의 접시가 무거워져 복될 것이다. 악행을 저지르는 자는 죄악의 접시가 무거워져 비탄에 빠질 것이다. 랍비 엘라자르 벤 시메온은 이렇게 말했다. "세상은 다수를 토대로 심판받고, 개인은 그 자신의 지배적인 행위를 토대로 심판받는다. 따라서 계율을 실천하는 자는 자신과 세상에 유리한 접시에 무게를 더하기에 복될 것이지만, 계율을 어기는 자는 자신과 세상에 불리한 접시에 무게를 더하기에 비탄에 빠질 것이다."

이 글은 최초 인류의 작은 의심이 우리를 죄인으로 만든 것을 설명해주기도 한다.

유대사회는 다른 유대인이 직면한 문제를 피해갈 수 있다고 여기는 유대인을 암묵적으로 비판한다. 에스더 왕비가 모르드개에게 자신은 모든 유대인들을 멸하려는 아하수에로 왕을 설득할 수 없다고 말하자 모르드개는 그녀에게 이렇게 경고한다. "네가 유다 사람들 가운데 혼자 왕의 집에 있으니 이 일을 피할 수 있다고 생각하지 마라. 네가 만약 이번에 침묵한다면 다른 어디에서든 유다 사람들은 안녕과 구원을 얻을 것이다. 그러나 너와 네 아버지의 집안은 멸망할 것이다." 이에 에스더는 중재에 나서고 유대인을 구한다.

랍비들은 이렇게 가르친다. "유대민족이 곤경에 처했을 때 방관하는 사람이 있다면 모든 사람과 동행하는 두 천사가 내려와 그 사람의 머리에 자신들의 손을 얹고 이렇게 말할 것이다. '어떤 이유에서든지 자신의 공동체로부터 등을 돌리는 사람은 그 공동체가 구원되는 것을 목격하지 못할 것이다……. 하지만 공동체의 역경과 고난을 공유하는 사람은 그 공동체가 구원되는 은혜를 입을 것이다.'"

모세는 공동체의 고통을 공유하는 전형적인 인물이다. 그는 파라오의 궁전에 살았던 탓에 히브리 노예들의 고통을 쉽게 간과할 수도 있었다. 하지만 모세는 자기 민족이 있는 곳에 나갔다가 그들이 중노동하는 것을 지켜보았다. 모세는 어떤 이집트 사람이 자기 동족인 히브리 사람을 학대하는 것을 보다가 이리저리 살펴 아무도 없는 것을 보고는 그 이집트 사람을 죽여 모래 속에 묻었다. 이 사건은 모세의 동족인 히브리 사람들이 노예 상태에서 벗어나 자유의 몸이 될 수 있도록 하나님이 모세를 히브리 사람들의 지도자로 임명한 세 가지 이유 중 하나다.

유대 공동체는 죄인을 배제하는 엘리트주의를 따른 적이 없었다. 그래서 13세기 로덴버그의 랍비 메이어는 지금도 시나고그에서 암송되는 다음과 같은 속죄일 기도문을 만들었다.

"하나님의 승인과 회중의 승인으로 천상의 법정과 지상의 법정에서 저희는 [극악한] 죄를 지은 사람들과 함께 기도하는 것은 합당하다고 선포합니다."

내가 '극악한'이란 형용사를 추가했는데, 그 이유는 정도의 차이는 있겠지만 죄를 짓지 않는 사람은 아무도 없으므로 이 단어가 없으면 이 기도문은 논리적인 타당성을 잃기 때문이다. 우리는 메이어가 구체적으로 공공의 규칙을 어겼기 때문에 파문당한 유대인도 의식에 참여시키기 위해 이 기도문을 만들었다는 걸 알고 있다.

어떤 사람들이 배에 앉아 있었는데, 이들 중 한 사람이 자신의 자리 밑에 송곳으로 구멍을 내기 시작했다.
나머지 사람들이 그에게 항의했다. "대체 무슨 짓을 하고 있는 거요?" 그가 사람들에게 말했다. "제가 하고 있는 일이 대체 당신들과 무슨 상관이 있단 말이오? 내가 구멍을 뚫고 있는 곳은 내 자리이지 않소?" 사람들은 흥분하며 반박했다. "하지만 배에 물이 차오르면 우리 모두가 익사할 것이오."

모든 인간의 운명은 이와 같다. 즉, 한 사람이 죄를 저지르면 모두가 고통받는 것이다(레위기 라바 4:6). 유대인은 소수민족이기에 종종 문제를 가장 많이 일으키거나 가장 사악한 유대인이 전반적인 유대인들의 특질을 대변하는 것으로 오해받기도 한다. 이러한 이유로 반공산주의자 중 반유대주의자들은 변함없이 칼 마르크스가 유대인이라는 사실에 주목한다. 실제로 그는 여섯 살에 기독교로 개종했고 그 자신이 격렬한 반유대주의자였음에도 불구하고 말이다. 마르크스주의를 토대로 건국된 소련 역시 반유대주의를 표명했다.
유대 기도서에 일인칭 단수로 암송되는 기도문은 거의 찾아볼 수 없다. 즉, 유대 기도문의 주체는 항상 복수로 되어 있다. 유대의 문화 맥락으로 볼 때 일인칭 단수로 기도하면 그 기도는 다른 사람 또는 다른 사람의 이익에 반하는 길로 인도되기 십상이다. 예를 들어, 지원한 일자리를 얻을 수 있게 해달라고 기도하는 것은 결과적으로 다른 지원자들은 떨어지게 해달라고 기도하는 것과 마찬가지이기 때문이다. 복수로 기도할 때 모두에게 이로운 기도가 될 가능성이 높은 것이다.

랍비들은 공동체의 이익을 희생시키며 자신의 이익을 얻는 이기적인 사람들은 결국 자신의 탐욕으로 고통받게 된다고 가르친다.

랍비들은 이렇게 가르쳤다.

자신의 땅에 있는 돌들을 치우기 위해 그 돌들을 공유지에 던져선 안 된다. 어떤 남자가 자신의 땅에 있는 돌들을 공유지로 던지는 걸 보고 신앙심이 깊은 남자가 그에게 말했다. "당신은 바보로군요. 왜 당신의 것이 아닌 땅에 있는 돌들을 당신의 땅으로 던집니까?" 돌을 던지고 있던 남자는 그를 비웃었다. 얼마간의 시간이 흐른 후 남자는 그 땅을 팔아야 했고, 남자가 공유지를 걸어가다 예전에 자신이 던졌던 돌들 중 하나에 걸려 넘어졌다. 그러자 남자가 말했다. "그 남자의 말이 옳았구나! 왜 당신의 것이 아닌 땅에 있는 돌들을 당신의 땅으로 던집니까?"

개인과 공동체의 상관성

카린의 하시디즘 교사 숄로모는 이렇게 가르쳤다.

"어느 날 한 남자가 나무 꼭대기에 열린 사과를 따기 위해 맨 위에 올라간 사람이 그 사과를 딸 수 있도록 인간 탑을 만들자고 사람들에게 제안해 탑을 만들었는데, 탑의 맨 아래에 있는 사람이 '내가 여기 이렇게 있어봐야 무슨 소용이 있을까? 결국 어떤 상황에서도 그 사과가 내 손에 들어오지는 않을 텐데 말이지!' 라고 말하고는 옆으로 빠져나와버렸다면 그는 어리석기 짝이 없는 행동으로 다른 사람의 생명을 위험에 빠트린 것이다. 우리는 가장 높은 곳에 있는 사람이든 가장 낮은 곳에 있는 사람이든 똑같이 필요한 존재다. 한 사람이 자신의 임무를 수행하지 못하면 전체는 바라는 목표에 도달할 수 없다."

내가 나 자신을 위하지 않는다면 누가 날 위할 것인가? 하지만 내가 나 자신만을 위한다면 나는 도대체 무엇인가?(힐렐, 아버지의 윤리 1:14)

억압받는 유대인을 이스라엘로 데려오기 위한 '유대인 연합 탄원 캠페인 UJA'에 대한 유대인들의 열렬한 지지는 유대인들이 세계 곳곳의 동포들에 대해 얼마나 강한 동족적 유대감을 느끼는지 잘 설명해준다. 지난 45년간 10억 달러 이상의 기금을 모금한 '유대인 연합 탄원 캠페인'으로는 오퍼레이이션 매직 카페트(예맨의 유대인을 구제하기 위한 캠페인), 오퍼레이션 모세와 오퍼레이션 솔로몬(둘 모두 에티오피아의 유대인을 구제하기 위한 캠페인), 오퍼레이션 엑소더스(러시아의 유대인을 구제하기 위한 캠페인) 등이 있다.

14. 어떤 리더가 좋은 리더인가

힘을 가졌을 때 힘이 없는 자들을 헤아려라(바빌로니아 탈무드).

유대 율법은 진실로 상대방을 이끌고 싶다면 완벽하게 그의 처지가 되어 보아야 한다고 충고한다. 모세가 양치기로 일할 때 그는 덩치가 큰 양들을 저지한 후 어린 양들을 먼저 풀어놓아 부드러운 풀을 뜯어먹을 수 있도록 했다. 그런 다음 늙은 양들을 풀어 중간 정도로 부드러운 풀을 뜯어 먹을 수 있도록 했다. 그리고 마지막으로 튼튼한 양들을 풀어 가장 억센 풀을 뜯어 먹도록 했다. 하나님이 말씀하셨다. "튼튼함의 정도에 따라 양치기하는 법을 아는 모세로 하여금 나의 사람들을 인도하게 할지어다."

노아는 방주에서 나와 온 세상이 완전히 멸망한 것을 보았다. 그는 멸망한 세상을 보며 한탄의 눈물을 흘리며 말했다. "세상의 주인이시여! 인간의 죄와 어리석음 때문에 당신이 만드신 세상을 멸하실 것이라면 왜 이 세상을 창조하셨습니까? 인간을 창조하지 마시든지 세상을 멸하지 마시든지 둘 중 하나를 선택하셨어야 했습니다…….”

그러자 축복되고 성스러운 하나님이 노아에게 대답하셨다. "어리석은 양치기여! 난 홍수가 나기 전 너와 함께 오랫동안 머무르며 네가 세상을 위해 자비를 베풀어달라고 부탁할 수 있도록 마침내 네게 말했느니라! 하지만 네가 방주에서 안전할 수 있다는 말을 듣자 세상의 악은 네 마음에 닿지 않았느니라. 넌 방주를 만들었고 네 자신을 구했다. 그런데 세상이 멸망한 지금 내게 질문을 하고 호소를 하기 위해 네 입을 여는구나."

하나님이 두 도시에 만연한 죄 때문에 소돔과 고모라를 멸망시키겠다고 아브라함에게 말하자 지도자 아브라함은 하나님과 논쟁을 벌였다. 심지어 그는 하나님의 명령을 바꾸기 위해 하나님과 협상까지 시도했다. 더 나아가 그는 하나님의 도덕적인 완전성에 의문을 제기하기까지 했다. "온 세상을 심판하시는 분인 주께서 공정하게 판단하셔야 하지 않겠습니까?"

반면, 노아는 대홍수가 도래할 것이라는 하나님의 선언을 들었음에도 불구하고 하나님과 논쟁을 벌이지도, 동포들에게 이를 경고하지도 않았다. 유대 전통은 아브라함을 훌륭한 리더의 본보기로 삼는다. 반면, 도덕적인 확고함이 부족한 노아는 닮지 말아야 할 리더의 전형으로 여긴다.

리더십에서 성격의 위험성

랍비 유다 벤 타바이는 이렇게 말했다.
"누군가 내가 높은 지위에 오르기 전에 '그 자리를 차지하십시오.' 라고 말했다면 난 사나운 개가 그를 쫓아내도록 만들었을 것이다. 높은 지위에 오른 지금 누군가 내게 '이제 그 자리에서 그만 내려오십시오.' 라고 말한다면 난 그 사람의 머리에 펄펄 끓는 물을 부어버릴 것이다. 왜냐하면, 높은 지위에 오르는 것도 힘들지만, 그 지위를 포기하는 것은 훨씬 더 힘들기 때문이다."

사울 왕의 사례를 통해서도 이를 알 수 있다. 사울이 "왕좌에 오르십시오."라는 말을 들었을 때, 그는 숨어버렸다. 성경에 기록되어 있는 것처럼 말이다. "그래서 그들은 여호와께 다시 물었습니다. '그 사람이 여기에 왔습니까?' 그러자 여호와께서 대답하셨습니다. '그렇다. 그는 짐짝 사이에 숨어 있다.'" 반면, 사울이 "왕좌에서 내려오십시오."라는 말을 들었을 때, 그는 자신의 뒤를 잇게 될 다윗을 살해하기 위해 그를 추적했다.

왕자와 닭

자신이 닭이라는 망상에 빠진 왕자가 있었다. 왕자는 벌거벗은 몸으로 탁자 밑에 쪼그려 앉아 옥수수 알맹이 외에는 그 어떤 음식도 먹지 않았다. 왕은 수많은 의사와 전문가를 불러들였지만 그 누구도 왕자의 망상을 고치지 못했다.

그러던 어느 날 한 현자가 왕을 찾아와 말했다.

"제가 왕자를 고칠 수 있을 것 같습니다."

왕은 현자에게 기회를 주었다.

현자는 옷을 모두 벗고 탁자 밑으로 기어들어가 옥수수 알맹이를 먹기 시작했다. 왕자는 의심쩍은 눈초리로 현자를 쳐다보며 말했다.

"너는 누구고, 여기서 뭘 하고 있는 거냐?"

현자가 대답했다.

"너는 누구고, 여기서 뭘 하고 있는 거냐?"

"난 닭이다." 왕자가 호전적으로 대답했다.

"그래? 나 역시 닭인데." 현자가 조용히 대답했다.

탁자 밑에 쪼그리고 앉아 함께 지낸 두 사람은 마침내 서로에게 익숙해졌다. 왕자가 자신의 존재에 익숙해졌다고 느낀 현자는 옷을 가져오라는 신호를 보냈다. 현자는 가져온 옷을 입은 후, 왕자에게 말했다.

"닭이라고 해서 옷을 입을 수 없다고 생각하지 마. 원한다면 닭도 옷을 입을 수 있어. 옷을 입고도 예전과 다름없이 훌륭한 닭이 될 수 있지."

왕자는 여기에 대해 얼마 동안 생각하더니 마침내 자신도 옷을 입는 데 동의했다. 얼마 후, 현자는 탁자 밑에 음식을 가져오라는 신호를 보냈다. 음식을 본 왕자는 놀라 말했다.

"지금 뭘 하고 있는 거냐?"

현자는 왕자를 안심시켰다.

"화내지 마. 원한다면 닭도 인간들이 먹는 음식을 먹을 수 있어. 그러고도 여전히 훌륭한 닭이 될 수 있지."

왕자는 얼마 동안 이 말에 대해 골똘히 생각하다 자신에게도 음식을 달라는 신호를 보냈다.

그러자 현자가 왕자에게 말했다.

"닭은 항상 탁자 밑에 쪼그리고 앉아 있어야만 한다고 생각해? 닭도 일어나서 걸어다닐 수 있어. 그러고도 여전히 훌륭한 닭이 될 수 있지."

왕자는 다시 한 번 현자의 말을 골똘히 생각한 뒤 그를 따라 탁자 밖으로 나와 걷기 시작했다. 사람처럼 입고 먹고 걷기 시작하자 그는 서서히 정신이 돌아왔고 마침내 사람처럼 살게 되었다.

이 이야기를 자신의 저서 《신도시로 가는 문: 근대 유대 이야기의 보고Gates

to the New City: A Treasury of Modern Jewish Tales》에 실은 하워드 슈왈츠Howard Schwartz는 이 이야기에 대한 랍비 나크만의 해설도 함께 기술했다.

"진정한 교사는 학생의 수준까지 내려가 학생과 눈높이를 맞춰야 한다. 학생의 가능성을 최대한 발현시키길 바란다면 말이다."

하워드 슈왈츠 자신은 현대 독자들의 관점에서 이야기를 조명한다.

"R. D. 랭의 이론을 비롯한 정신과 분야의 여러 이론은 환자를 치유의 길로 인도하기 위해선 현재 환자가 경험하고 있는 광기를 정신과의도 공유해야 한다고 주장한다. 현자는 이러한 정신과의의 전형이다."

당신이 만일 다른 사람을 변화시키거나 다른 사람의 감정을 변화시키려 한다면 동정과 조언으로는 부족하다. 동정과 조언 모두 상대로 하여금 그의 잘못된 점을 인정하도록 강요하기 때문이다. 가장 우선되어야 할 요건은 상대와의 공감이다. 상대가 당신이 자신의 상황과 진실을 파악하고 이해하고 있다는 것을 감지할 때에만 상대는 변화에 개방적인 태도를 취할 수 있게 된다.

15. 여자와 남자는 차별되어야 하는가

하나님께서 아브라함에게 말씀하셨다. "사라가 네게 뭐라고 하든 그녀의 말을 들어라(창세기 21:12)."

거의 언급되지 않을지 몰라도 여성에 관한 성경의 계율과 이야기 사이에는 근본적으로 일치하지 않는 면이 있다. 성경의 계율은 남성에게 호의적이다(예를 들어, 이혼에 대한 결정권은 남자에게 있고, 대부분의 경우 남자만이 유산을 상속받을 수 있다). 하지만 성경의 이야기는 여성을 가정에서 비교적 동등한 역할을 수행하는 인격체로 묘사한다.

위의 성경 구절에서 아브라함이 아내의 뜻을 매우 탐탁지 않게 여김에도 불구하고 하나님은 아브라함에게 아내의 뜻을 따르라고 지시한다. 한 세대 후에 창세기 27장은 레베카가 자신의 두 아들 에서와 야곱에 대해 남편 이삭보다 더 깊은 통찰력을 갖고 있음을 보여준다.

출애굽기의 첫 두 장은 영웅적이고 고귀한 여성들을 차례로 묘사한다. 먼저, 산파인 십브라와 부아는 태어나는 모든 남자 아이를 죽이라는 파라오의 명령을 거역한, 우리가 알고 있는 유일한 이집트인이다. 그 뒤, 모세의 아버지가 아니라 어머니는 태어난 모세를 숨기는 데 주된 역할을 맡는다. 또한 모세의 형 아론이 아니라 모세의 누나 미리엄이 모세가 나일강에서 떠내려갈 때 그를 지켜본다(아론의 편을 들자면 당시 그는 세 살에 불과했다). 끝으로, 온정적인 파라오의 딸이 강물에서 모세를 구해 자신의 아버지 왕궁에서 그를 양육함으로써 유대인이 이집트의 착취를 벗어나 자유를 쟁취하는 전기를 마련해준다. 이로부터 수십 년 후, 모세의 아내 지포라가 모세의 생명을 구하는데, 이는 토라에서 가장 해석하기 어려운 구절 중 하나다(출애굽기 4:24-26).

사무엘상 1장에는 아이가 없는 하나가 하나님께 아이를 가질 수 있게 해달라는 대목이 나오는데, 탈무드는 이를 모든 유대인들이 따라야 할 기도 방식의 본보기로 삼고 있다. 결국 하나의 기도는 응답받았고, 그녀에게서 태어난 아이가 예언자 사무엘이다.

수백 년 후, 하만이 페르시아의 모든 유대인을 학살할 음모를 꾸밀 때, 유대인 왕비 에스더는 사촌 모르드개의 도움을 받아 유대민족을 위기에서 구한다.

이러한 사례들에도 불구하고, 이후 여성에 대한 가르침, 특히 탈무드의 가르침은 인색하고 여성에 대해 그리 호의적이지 않다(이와는 뚜렷이 대조를 이루는 몇몇 예외가 있긴 하지만 말이다.). 이 책에서 앞으로 곧 등장하겠지만 2세기의 영향력이 있는 랍비 엘리에제르 벤 히르카누스Eliezer ben Hyrcanus의 글들을 비롯해 탈무드의 몇몇 글들은 여성에 대해 특이나 더 비우호적인 면을 보인다. 하지만 최고의 텍스트조차도 그 글이 쓰인 당시의 시대 상황을 반영하기 마련이라는 점을 이해한다면 이러한 글들이 뜻밖의 놀라움으로 다가오진 않을 것이다.

유대에서의 여성

여성이 진가를 발휘하는 일에는 어떤 것이 있을까? 아들을 공부시키기 위해 시나고그에 보내고, 베이트 하-미드라시에서 남편이 공부할 수 있도록 도우며, 집에 돌아오는 남편을 기다리는 일에서 여성은 자신의 진가를 발휘한다. [남성은 종종 토라를 공부하기 위해 장기간 집을 떠나 있다.](바빌로니아 탈무드, 베라크호트 17a)

유명한 정통파 유대학자인 랍비 베르코비츠는 이러한 일들이 물론 가치 있긴 하지만 이 글의 전반적인 의도는 여성의 활동을 중요한 일(토라 공부)을 하는 사람을 보조하는 것으로 제한하려는 것이라고 지적한다(《시대와 토라에 따른 유대 여성Jewish Women in Time and Torah》). 여성에 대한 유대의 이러한 언급이 여성의 지위를 떨어뜨리려는 의도가 있다는 데 동의하지 않는 사람은 다음의 글에 대해 대부분의 남성들이 어떤 감정을 느끼게 될지 고려해보기 바란다.

> 남성의 장점이 진가를 발휘하는 일에는 어떤 것이 있을까? 아들을 공부시키기 위해 시나고그에 보내고, 베이트 하-미드라시에서 아내가 공부할 수 있도록 도우며, 집에 돌아오는 아내를 기다리는 일에서 남성은 자신의 진가를 발휘한다.

가장 고상한 여성은 남편이 공부할 수 있도록 후원해주는 여성이라는 개념은 랍비 아키바와 그의 아내의 이야기로도 강조된다.

랍비 아키바는 벤 칼바 사부아의 양치기였다. 사부아의 딸은 아키바가 온화하고 기품 있는 사람이라고 생각하며 그에게 이렇게 말했다. "제가 당신과 약혼한다면 당신은 멀리 배움을 얻을 수 있는 곳으로 가서 학문에 매진

하시겠어요?"

"네, 그렇게 하죠." 아키바가 대답했다.

그녀는 비밀리에 그와 약혼한 뒤 그를 떠나보냈다. 그녀의 아버지가 이 소식을 들었을 때, 그는 그녀를 집에서 쫓아내며 자기 재산에 대한 상속을 그녀가 조금도 누리지 못할 것이라고 단언했다.

아키바는 멀리 학당에서 12년을 머물렀다. 그리고 집에 돌아왔을 때, 그는 1만 2천 명의 제자를 데리고 왔다. 그는 한 노인이 자신의 아내에게 말하는 것을 들었다. "넌 도대체 얼마나 더 과부 인생을 살 것이냐?"

"그 사람이 만일 제 말을 듣는다면," 그녀는 계속 대답했다. "그 사람은 학원에서 12년을 더 머무를 것입니다."

이 말을 들은 아키바가 생각했다. "아내 말대로 그렇게 할 것이다."

아키바는 다시 먼 길을 떠났고 학당에서 12년을 더 보냈다. 마침내 집으로 돌아왔을 때, 이번에 그는 2만 4천 명의 제자를 데리고 왔다.

아키바의 아내는 이 소식을 듣고 그를 만나기 위해 집을 나섰다. 이웃 사람들이 그녀에게 말했다. "격식 있는 옷을 빌려 입도록 하세요."

그녀가 대답했다. "의인은 자기 가축의 영혼을 알아보는 법입니다."

그녀가 그를 보았을 때, 그녀는 바닥에 엎드려 그의 발에 입을 맞추었다. 사정을 모르는 그의 제자들이 그녀를 밀쳐내려 하자 그는 이렇게 말했다. "그녀를 놔두어라. 나의 것과 너희들의 것은 그녀의 것이다."

한편 그녀의 아버지는 어느 학식이 높은 사람이 자기 마을을 찾았다는 소식을 듣고 말했다. "그에게 찾아갈 것이다. 그가 나의 서약을 없었던 것으로 해줄 수도 있을 것이다."

그는 아키바를 찾아갔고, 아키바는 그에게 말했다. "그가 학식이 높은 사람인 줄 아셨더라면 따님에게 그런 단언을 하셨겠습니까?"

그러자 그녀의 아버지가 말했다. "그가 하나의 할라카Halakha(유대의 종교적 율법)만이라도 알았더라면 그런 단언을 하지 않았을 겁니다."

그러자 아키바가 말했다. "제가 바로 그 사람입니다."

벤 칼바 사부아는 엎드려 아키바의 발에 입을 맞추었고, 자기 재산의 절반을 주었다(바빌로니아 탈무드, 케투봇 62b-63a).

이 이야기에서 몇 가지 점이 눈에 띈다. 탈무드는 아키바의 아내를 아내로서 최고로 평가하고 있음에도 그녀의 이름을 한 번도 거론하지 않고 있다. 즉, 그녀는 벤 칼바 사부아의 딸이나 랍비 아키바의 아내로 지칭되었던 것이다(탈무드의 다른 곳에서 우리는 그녀의 이름이 레이헬이라는 걸 알 수 있긴 하다.).

또한 "의인은 자기 가축의 영혼을 알아보는 법입니다."라는 대목에서 레이헬이 자신을 가축으로 비유한 것은 훌륭한 자아상을 반영한다고 보기 어렵다. "격식 있는 옷을 빌려 입도록 하세요."라는 이웃의 제안은 그녀의 곤궁한 삶을 알려주는 대목인데, 그녀의 곤궁한 삶이 자아상에도 부정적인 영향을 끼쳤을 가능성이 높다.

그리고 벤 칼바 사부아는 자신의 딸이 아니라 랍비 아키바에게 재산의 절반을 주겠다는 서약을 했다. 요즘 같으면 그녀가 합법적인 상속자일뿐더러 정황으로 미루어 그녀의 희생이 더 빛을 발하는 것이기에 그녀가 상속을 받아야 마땅하다는 주장이 제기될 것이다.

탈무드에서는 랍비 아키바와 레이헬이 서로 많이 사랑했다는 여러 근거들을 찾을 수 있는데, 이 중 가장 눈에 띠는 것이 팔레스타인 탈무드에 나오는 일화(소타 9:16)다. 즉, 아키바는 자신이 가난했던 시절에 레이헬에게 예루살렘이 새겨진 황금 관(황금 예루살렘'으로 알려진 보석의 일종)을 선물하겠다고 약속했고, 후에 그 약속을 지킨다는 것이다. 또, "누가 부자인가? …… 미모의 아내가 있는 사람이다."라는 아키바의 말이 바빌로니아 탈무드의 샤밧

25b에 등장하는데, 이 말 또한 의심의 여지없이 자신의 아내 레이헬을 가리킨 것이다.

그럼에도 불구하고 아키바가 샴마이 학파에 반대해 "남자는 자신의 아내보다 더 아름다운 여성을 찾았다면 아내와 이혼할 수도 있다(미슈나 기틴 9:10)."고 가르치는 것을 레이헬이 들었다면 그녀의 반응은 어떠했을까?

한 남자가 랍비 엘리에제르에게 물었다. "제 아버지와 어머니가 동시에 저에게 물을 가져오라고 시킨다면 누구에게 먼저 물을 가져다주어야 합니까? "어머니의 부탁은 뒤로하고, 아버지에게 먼저 경의를 표해야 합니다." 그는 계속 대답했다. "이는 당신과 당신 어머니 모두 그를 받들어야 하기 때문입니다(바빌로니아 탈무드, 키두쉰 31a)." 하지만 부모가 이혼했을 경우 유대사회는 더 이상 아버지를 어머니보다 우선순위에 두지 않는다. 그럴 때 자녀는 아버지와 어머니께 똑같은 정도로 경의를 표해야 한다.

여성은 기질적으로 사려 깊지 못하다(바빌로니아 탈무드, 키두쉰 80b)는 탈무드의 격언은, 여성이 사려 깊지 못하기 때문에 쉽게 유혹에 빠질 수 있다고 표현하기 위해 기록하고 있다. 따라서 유대 율법은 남자 혼자서 두 여자와 함께 있는 것을 금하는데, 이는 남자는 쉽게 두 여자를 유혹해 셋이 함께 잠자리를 가질 수 있다는 이유 때문이었다. 반면, 여자 혼자 두 남자와 함께 있는 것은 허용되는데, 이는 남자는 다른 남자의 존재에 신경을 쓰기 때문에 셋이 관계를 가지려 하지 않는다는 이유 때문이다.

하지만 성적인 유혹에 여성의 의지가 박약하다는 탈무드의 주장은 인간 본성에 대한 냉철한 검증을 거쳐야만 한다. 실제로는 여자가 두 남자와 관계를 맺고 싶어 하는 성적 환상에 비해 남자가 두 여자와 관계를 맺고 싶어 하는 성적 환상이 훨씬 더 강렬하기 때문이다.

탈무드는 세상은 남성과 여성 없이는 존재할 수 없다. 하지만 아들을 둔 남자는 행복하고 딸을 둔 남자는 불행하다(바빌로니아 탈무드, 바바 바스라 16b)."덧붙이고 있다. 부모의 인생에서 아이의 탄생은 의미심장하고 행복한 순간임에 틀림없다. 그런데, '잘못된' 성의 아이가 태어난 것을 저주로 여겨야 한다는 말을 듣는 것을 상상해보라. 부모에게 그 얼마나 상처를 주는 말이며, 또 태어나는 아이에겐 얼마나 잔인한 말인가! 장구한 유대 역사에서 얼마나 많은 어린 소녀들이 자신의 성에 낙담하고 실망한 부모 밑에서 자라는 불행을 겪었을까?

20세 초 유대계 독일인 사회 운동가 베타 파펜하임Bertha Pappenheim은 자신의 자전적 회고록에서 탈무드의 이러한 언급이 심지어 20세기에조차도 딸을 낳은 일부 유대인들에게 영향을 미쳤다고 이야기한다. "유대 노인들은 아들이 태어났을 경우에만 축하를 했다. 딸이 태어났을 경우 누군가 아이의 성별을 물으면 이들은 '별것 없네. 딸일세.' 라든지 '고작 딸이야.' 라는 식으로 대답하곤 했다(나오미 셰퍼드, 《루비보다 못한 것의 가격A Price Below Rubies》)."

이러한 정서에도 불구하고 고대 유대사회에선 신생아, 특히 장애아나 딸의 공개를 보편적인 규범으로 여겼다는 사실을 강조할 필요가 있다. 고대 사회에서 유대 율법만이 가족의 유아 살해를 살인으로 간주하고 이를 엄중하게 다스렸기 때문이다.

다른 문화에서도 딸의 탄생에 대한 이와 같은 부정적인 반응이 존속되었다. 도쿄에서 태어난 노르웨이 여배우 리브 울만Liv Ullman은 자신의 자서전 《변화Changing》의 서문에서 자신이 태어나자마자 일본 간호사는 "어쩌죠, 딸이네요. 남편 분께 직접 말씀하시겠어요?"라고 자신의 어머니에게 몸을 굽혀 사과하는 태도로 속삭였다고 전하고 있다.

영국 학자이자 랍비인 코헨은 이 탈무드 구절에 대한 다음과 같은 설명을 내놓았다. "아들을 선호한 이유는 유명한 학자가 되지 못한 아버지의 꿈을 아들이 대신 이루어줄 수 있고, 부모가 늙으면 아들이 부모를 보살펴주기 때문이었다(코헨, 《모든 사람의 탈무드Everyman's Talmud》)." 만일 그의 설명이 타당하다면 많은 여성들이 전문직에 종사하고 학자의 길을 걷는 요즘 같은 시대에는 그러한 성적 편견이 사라져야 마땅할 것이다.

랍비 엘리에제르의 불온한 가르침

탈무드의 주요 율법 학자인 랍비 엘리에제르에 대해 다음과 같은 말이 전해진다. "랍비 엘리에제르가 사망했을 때, 토라 두루마리를 은폐했다. 이는 여성에 대한 심한 경멸이 드러나 있었기 때문이다."
딸에게 토라를 가르치는 아버지는 딸에게 그녀의 추잡함을 가르치는 것이다(미슈나 소타 3:4). 여성에게 성경을 가르치는 것이 여성에게 자신이 추잡하다는 인식을 심어주는 것과 어떻게 비유될 수 있는지 이해하기 위해서는 먼저 여성을 매우 낮게 평가하는 남성의 태도부터 살펴볼 필요가 있다. 랍비 엘리에제르는 '여성은 자신의 교활함을 이용해 토라의 말씀을 악용하고, 붙잡히지 않고 간음하는 방법을 찾는다'고 믿었다. 이러한 그의 말은 1831년 노예 반란에 대응해 흑인에게 읽고 쓰는 방법을 가르쳐선 안 된다는 법률을 제정한 미국 버지니아 주의 입법자들을 떠올리게 한다.
어느 부인이 랍비 엘리에제르에게 의아스러운 성경의 한 구절에 대해 설명해줄 것을 부탁했다. 엘리에제르는 그녀에게 "물레 가락에서의 지혜 이외에는 토라에 여성을 위한 지혜는 없습니다."라고 대답했다. 엘리에제르의 아들이 그에게 말했다. "그 부인이 토라에 대해 던진 질문 하나에도 아버님이 대답하시길 거부하시어 저는 부인이 제게 매년 주셨던 십일조 3백 코르를 받지 못하게 되었습니다." 그러자 엘리에제르가 아들에게 대답했다. "여자를 신임하느니 차라리 토라의 말씀을 불태우는 것이 낫다."

거의 2천 명에 달하는 랍비들의 말이 탈무드에 인용되어 있기에 랍비 엘리에제르의 말을 단지 하나의 견해로 여겨 무시할 수도 있을 것이다. 하지만 그는 단지 한 명의 학자에 불과했던 것이 아니라 걸출한 탈무드 학자들 범주에 들었다. 탈무드의 가장 유명한 구절 중 하나에서 엘리에제르는 혼자서 수십 명의 랍비와 완강하게 논쟁을 벌이고 있다. 이때 천상의 목소리가 다른 랍비들을 질책했다. "왜 너희는 할라카가 항상 동의하는 엘리에제르와 논쟁을 벌이느냐?(바빌로니아 탈무드, 바바 메지아 59a)" 따라서 여성에 대한 그의 적대적인 진술, 특히 여성이 토라를 공부하는 것은 불온한 것이라는 말은 중세 및 심지어는 현대 랍비들 글에서도 자주 인용된다.

나의 어머니 헬렌 텔루슈킨은 이 구절과 비슷한 구절에 대해 다음과 같이 언급했다.

"현자라는 사람들이 어떻게 그런 말을 할 수 있지? 그들은 어머니도 없단 말이냐? 여성에게 토라를 가르치는 것은 여성에게 추잡함을 가르치는 것과 마찬가지라는 그런 터무니없는 생각이 자신을 길러준 어머니에 대한 생각이라니 믿기지 않는구나."

엘리에제르의 하녀가 죽었을 때, 그의 제자들이 위로하기 위해 그를 찾았다. 엘리에제르는 제자들을 보자마자 위층으로 도망갔다. 제자들이 그를 쫓아 위층까지 올라가자 엘리에제르는 욕실로 들어갔고, 제자들은 이번에도 그를 쫓아갔다. 그러자 엘리에제르는 식당으로 갔고 제자들은 또 한 번 그를 따라갔다. 마침내 엘리에제르가 제자들에게 말했다. "난 미지근한 물이면 너희들을 데게 하기에 충분한 줄 알았건만 너희들은 펄펄 끓는 물로도 데지 않는구나. 하인이나 하녀가 죽었을 때 애도의 행렬도, 어떠한 위로도 없어야 한다고 내가 너희들에게 가르치지 않았더냐? 그렇다면 너희는 하인이나 하녀를 잃어버린 사람들에게 무슨 말을 해야 하겠느냐? 자신의 소나 당나귀가 죽어 손실을 본 사람에게 "하나님이 당신의 손실을 보상해주실 겁니다."라고 말하듯 자신의 하인이나 하녀가 죽어 손실을 본 사람에게도 "하나님이 당신의 손실을 보상해주실 겁니다."라고 말해야 하느니라(바빌로니아 탈무드, 베라크호트 16b).

랍비 엘리에제르가 하나님의 형상으로 창조된 인간의 죽음을 짐승의 죽음에 비유한 점은 가히 충격적이다. 자신을 시중드는 데 인생의 대부분을 바친 여성에 대한 엘리에제르의 이러한 망발은 우리를 매우 불쾌하고 우울하게 만들기에 충분하다.

탈무드에 대한 엘리에제르의 지대한 영향력에도 불구하고 그의 동료들은 그를 저속하고 완고한 사람으로 간주해 엘리에제르가 죽을 때까지 그를 파문하려 했던 매우 이례적인 결정을 내리기도 했다.

중세 유대인의 삶에 지대한 영향을 끼친 위대한 종교적 두 스승 라쉬와 마이모니데스의 여성관

유대의 위대한 스승으로 알려진 라쉬는 자신의 견해를 이야기를 인용해 피력했다.

랍비 유다는 남자는 매일 다음 세 가지 감사 기도를 드려야 한다고 말하곤 했다.

"저를 이교도가 되지 않게 해주신 하나님께 감사드립니다." "저를 여자로 태어나지 않게 해주신 하나님께 감사드립니다." "저를 잔인한 사람이 되지 않게 해주신 하나님께 감사드립니다."

어느 날 랍비 아하 벤 야곱은 우연히 아들의 기도를 듣고 아들에게 말했다. "이것도 추가하렴!"

아들이 말했다. "어떤 기도를 추가할까요?"

"저를 노예로 태어나지 않게 해주신 하나님께 감사드립니다."

아들이 야곱에게 되물었다. "여자도 노예에 포함되지 않습니까?"

야곱이 대답했다. "노예가 더 비천하니라(바빌로니아 탈무드, 메나호트 43b-44a)."

성경과 탈무드에 관한 11세기 라쉬의 견해는 현재까지 집필된 유대인 주석들 중 하나로 남아 있다. 이 텍스트가 특히 우리를 놀라게 하는 이유는 라쉬 자신에겐 아들이 없고 딸만 셋 있었다는 점과 이들 모두가 유대 학문에 정통했다는 점 때문이다. 아내와 노예의 비유가 라쉬의 오류가 아니라는 것은 라쉬의 허영적인 글인 '바빌로니아 탈무드의 키두쉰 23b'를 통해 알 수 있다.

"아내는 노예와 같기 때문에 [마치 주인이 노예의 노동과 소유물에 대한 모든 권한이 있듯이] 남편은 아내의 노동과 소유물에 대한 모든 권한이 있다."

당연히 유대 율법은 여성의 지위와 권리를 노예의 지위와 권리보다는 높이 평가하고 있다. 그럼에도 불구하고 이들 간의 반복적인 비유는 여성에 대한 존중을 크게 떨어뜨리는 데 기여할 뿐이다.

유대 사상에 대한 영향력이 라쉬에 결코 뒤지지 않는 마이모니데스 역시 전반적으로 여성을 낮게 평가했다. 그래서 그는 여성에겐 토라를 가르치지 말아야한 다는 랍비 엘리에제르의 가르침을 다음과 같이 공들여 마무리했다.

"우리의 현자들은 여성 대부분이 배움에 집중할 수 있는 자질이 없기에, 그래서 여성은 이러한 지적인 빈곤함으로 토라의 말씀을 비상식적인 말로 바꾸어놓기에 딸에게는 토라를 가르치지 말 것을 명했다(모세 마이모니데스, 미슈네 토라, '토라 공부에 관한 율법' 1:13)."

한편 마이모니데스는 부부관계에 대해서는 다음과 같이 기술했다.

"따라서 우리의 현자들은 남편은 아내를 자신보다 더 존중해야 하고 자신처럼 사랑해야 하며, 돈이 있다면 자신의 부에 따라 아내에 대한 관대함을 증진시켜야 하고 아내에게 두려운 존재가 되지 말아야 한다고 명한다. 따라서 우리는 아내에게도 남편을 진정으로 존중하고 남편을 두려워해야 하며, 남편의 지시를 무조건 따라야만 한다고 명한다. 또한 아내는 남편의 바람에 따라 행동해야 하고 남편이 싫어하는 것은 멀리해야 하는 동시에 자신의 눈에는 남편이 왕자나 왕으로 보일 수 있도록 해야 한다고 명한다(미슈네 토라, '결혼에 관한 율법' 15:19-20)."

마이모니데스의 열성적인 제자였던 랍비 베르코비츠는 이러한 가르침에 대한 마이모니데스의 혼란스러움을 지적했다. "왜 마이모니데스가 두 계율 간의 모순점을 보지 못했는지 이해하기 어렵다. 어떻게 아내를 사랑하고 존중하는 남편이 단지 남편이라는 이유만으로 아내가 자신을 두려워하고 왕자처럼 존경해주길 원할 수 있을까? …… 두 계율은 상호 배타적이다. 즉, 남편이 아내를 자신처럼 사랑하고 자신보다 더 존중하든가, 그렇지 않으면 아내가 남편을 주인처럼 여기고 그에 따라 행동하든가, 둘 중 하나만을 선택해야 하는 것이다(《시대와 토라에 따른 유대 여성Jewish Women in Time and Torah》)."

여성에 대한 마이모니데스의 글을 공부하는 사람은 당시 그가 여성의 지위가 상당히 낮은 이슬람 사회에서 살았다는 점(현재도 그렇긴 마찬가지다.)을 기억해야 한다. 이슬람의 가장 성스러운 두 도시가 있고 이슬람 율법에 따라 통치되는 현재 사우디아라비아에서는 여성이 운전하는 것과 남성 보호자의 동의 없이 결혼하거나 여행하는 것을 금하고 있다.

마이모니데스는 또 이렇게 덧붙이고 있다. "여성이 너무 자주 집 밖으로 나가는 것은 꼴사나운 일이다. 남편은 이러한 일을 막아야 하고, 꼭 필요한 경우 [예를 들면, 친정집을 방문하거나 상가나 결혼식에 참석할 경우] 한 달에 한두 번 정도만 아내의 외출을 허락해야 한다. 여성의 미는 자신의 집에서 자리를 지키는 일로 발현된다. 이는 하나님이 이렇게 말씀하셨기 때문이다. '왕의 딸이 그 안에서 모든 영광을 누리니 그 옷은 금으로 수놓은 것입니다'(시편 45:14, 미슈네 토라, '결혼에 관한 율법' 13:11)."

여성에 대한 마이모니데스의 견해는 통일성이 결여되어 있다. 유대 율법은 여성이 먼저 이혼을 결정하는 것을 허용하지 않기 때문에 마이모니데스의 다음의 가르침은 특히 더 눈에 띈다.

"남편과 성관계를 맺는 것을 거부하는 아내는 일종의 반역 행위를 범하고 있는 것이다. 이러한 반역 행위에 대한 이유를 물었는데, 아내가 '남편에게 거부감을 느끼기에 그와 기꺼운 마음으로 성관계를 할 수 없습니다.' 라고 대답했다면 남편은 어쩔 수 없이 아내와 이혼을 해야 한다. 아내는 자신이 혐오하는 사람과 어쩔 수 없이 살 수밖에 없는 죄수는 아니기 때문이다(미슈네 토라, '결혼에 관한 율법' 14:8)."

여성에 대한 긍정적인 견해

지금까지 본 여러 글들은 여성의 지능과 특징에 대한 좋지 않은 평가들이었고, 유대사회에서의 여성의 지위에 부정적인 영향을 끼쳤다.

하지만 이러한 글들이 얼마나 영향력이 있든지 간에 그것들은 전체를 대변하지는 못한다. 유대 전통은 여성에 대한 보다 긍정적인 이해를 반영하는 다른 말들과 율법들로 가득하기 때문이다.

네 부모를 공경하라(십계명 중 다섯 번째 계율, 출애굽기 20:12). 너희는 어머니와 아버지를 존경하고 내 안식일을 지켜야 한다(레위기 19:3). 내 아들아, 네 아버지의 교훈을 잘 듣고 네 어머니의 가르침(원전에는 토라라고 되어 있음)을 버리지 마라(잠언 1:8).

이 세 성경 구절 모두 자녀 양육에서 아버지와 어머니는 동등한 권리를 가진다는 걸 시사한다. 사실 잠언의 구절은 자녀를 가르친다는 면에서 아버지보다 어머니에 훨씬 더 비중을 두고 있다. 유대 율법은 또한 자녀의 종교적 정체성은 아버지가 아닌 어머니의 종교를 따른다고 가르치기도 한다.

여성은 부드러운 기질을 갖고 있다(바빌로니아 탈무드, 니다 45b). 성스럽고 거룩하신 하나님은 남자보다 여자에게 더 많은 통찰력을 주셨다(바빌로니아 탈무드, 니다 45b). 한때 신앙심이 깊은 남자와 여자가 결혼했는데, 이들은 아이를 갖지 못하고 있었다. 둘은 말했다. "우리는 성스럽고 거룩하신 하나님께 쓸모없는 존재가 되어버렸군요." 그리고 둘은 일어나 각자의 길을 갔다(이혼했다). 그 후, 남자는 사악한 여자를 만나 결혼했고, 그 사악한 여자는 남자를 사악하게 만들어놓았다. 여자 역시 사악한 남자를 만나 결혼했지만, 여자는 사악한 남자를 올바른 사람으로 변화시켰다. 이 이야기는 모든 것이 여성에게 달렸다는 점을 증명해준다(창세기 라바 17:7).

여성이 보다 더 강력한 도덕적 영향력을 행사한다는 관점은 또 다른 미드라시*에도 나타난다.

성스럽고 거룩하신 하나님이 모세에게 말했다. "가서 이스라엘의 딸들에게 토라를 받길 희망하는지 물어보아라." 왜 이 질문을 여성에게 먼저 물어야 할까? 왜냐하면, 남자는 여성의 뜻을 따르기 때문이다(피르케이 드랍비 엘리에제르).

헨리에타 졸드와 카디쉬

전통을 중시하는 유대인 사이에서는 아들만이 죽은 직계 가족을 위해 카디쉬 기도를 암송할 수 있다는 사고가 보편적이다. 이러한 풍습은 여자아이들의 중요성을 떨어뜨리는 유감스러운 결과를 초래했다. 동유럽에서는 첫째 아들이 태어나면 '카디쉬르'로 여기는데, 이는 첫째 아들이 태어나기 전에 부부는 자신들이 죽으면 제사를 지내줄 사람이 없을 것이라고 느끼기 때문이다.

1916년 하다사 여성 단체의 창시자 헨리에타 졸드Henrietta Szold의 어머니가 사망했을 때, 졸드의 남자 친구 하임 페레츠가 졸드의 어머니를 위해 카디쉬를 낭송하겠다고 졸드에게 제안했다. 그의 이런 제안에 졸드는 그에게 깊은 감사의 편지를 보냈다. "내가 너의 제안에 얼마나 감동했는지 적절히 표현할 수 있는 말을 찾기란 불가능해. …… 네가 그런 제안을 해줘서 너무 고마워. 난 너의 아름다운 마음을 절대 잊지 않을 거야." 하지만 이어서

---

* 미드라시 성서의 구절들을 개개인의 상황에 적용시켜 해석하려는, 유대교의 성서주석 방법, 또는 그 내용을 담은 책.

그녀는 친구의 제안에 동의할 수 없는 이유를 설명한다.

"난 네게 내 어머니를 위해 카디쉬를 낭송해달라고 부탁할 수 없어. 카디쉬가 내게 의미하는 바는 살아 있는 사람이 고인이 속한 유대인 공동체에서의 고인의 인간관계를 기리기 위해 그의 바람과 의향을 공개적으로 명시함으로써 그 전통이 자손 대대로 계승될 수 있도록 하는 기도야.…… 넌 네 가족과 네 자손을 위해 그렇게 하면 돼. 내 가족과 내 자손을 위해선 내가 카디쉬를 낭송해야만 하는 거고.

난 우리의 율법과 풍습이 이런 임무에서 여자를 제외시킬 의도가 전혀 없다고 믿어. 여자는 자신이 하지 못하는 임무를 의무적으로 수행하지 않아도 되었을 뿐이야. 하지만 토라는 여자들이 이러한 임무를 수행할 수 있다면 남자들이 그것을 수행하는 것보다 가치가 없거나 유효하지 않다고 말한 적은 결코 없었어. 카디쉬 낭송 역시 마찬가지고 말이야.

부모님은 딸 여덟만을 두셨지만 우리는 아들이 아니라는 데 아쉬움을 토로하시는 부모님을 한 번도 본 적이 없어. 아버지가 돌아가셨을 때 어머니는 카디쉬를 암송하는 당신 딸들의 자리를 다른 사람이 대신하도록 허락하지 않으셨어. 그래서 너의 제안을 거절하기로 마음먹었을 때 난 어머니의 뜻에 따라 행동하고 있다는 확신을 가졌던 거지. 하지만 너의 따뜻한 제안은 내 가슴속에 영원히 남아 있을 거야. 난 너무도 잘 알고 있어. 이러한 나의 결정이 나만의 생각이나 우리 가족의 가풍보다는 보편적으로 인정되는 유대 전통에 훨씬 더 부합한다는 것을 말이야《헨리에타 졸드: 그녀의 생애와 서한Henrietta Szold: Life and Letters》.

16. 결혼하면 행복한가

남자가 혼자 사는 것

여호와 하나님께서 말씀하셨다. "사람이 혼자 있는 것이 좋지 않으니 내가 그에게 알맞은 사람을 만들어주겠다(창세기 2:18)."

17세기 존 밀턴은 《테트라코돈》에서 '외로움'은 '하나님이 좋지 않은 것으로 보신 최초의 것'이라고 기술했다.

19세기 성경 주석가인 야콥 즈비 메크렌버그 Jacob Zvi Meklenburg는 "'남자가 혼자 있는 것은 좋지 않다.'란 말은 남자는 자신의 애정을 쏟아부을 수 있는 누군가가 곁에 없으면 자신의 내면에 내재한 선을 결코 실현할 수 없다는 뜻이다."라고 기술했다(하-케타브 베-하카바라).

독신 남성에 대해 연구한 《벌거벗은 유목민 Naked Nomad》에서 조지 길더 George Gilder는 이 성경 구절을 왜 글자 그대로 이해해야 하는지 반복적으로 강조하고 있다.

"남자가 홀로 있는 것은 진실로 좋지 않고, 당연히 건전하지 않다."

길더가 인용한 통계 중에는 다음과 같은 것들이 있었다.

"중년 독신남의 사망률은 결혼한 남성 사망률의 두 배가 넘고, 독신남은 유부남에 비해 추락사로 죽을 확률이 여섯 배나 높으며, 정신병에 걸릴 확률은 스물두 배가 높고, 불면증에 시달릴 확률은 세 배에 달하며 자살할 확률은 훨씬 더 높다."

남자가 혼자 있으면 사회적인 측면에서도 마이너스다. 14세가 넘는 독신남의 비율은 전체 인구의 13%에 지나지 않지만, 전체 주요 범죄 및 폭력 범죄의 90%가 이들이 저지르는 것이다.

그러므로 남자가 자기 아버지와 어머니를 떠나 그 아내와 결합해 한 몸을 이루게 되는 것입니다.(창세기 2:24)

이는 남자가 주로 애정을 쏟아야 할 대상이 자신의 부모에서 결혼 후에는 자신의 아내로 바뀌어야 한다는 점을 함축하고 있다.

고대 유대의 전통은 결혼을 앞둔 두 남녀의 인생 경험에 대한 전체적인 융합을 시사한다. 고대 이스라엘에는 사내아이가 태어나면 삼목을 심고, 여자아이가 태어나면 소나무를 심는 관습이 있었다. 이들이 자라 결혼식을 올릴 때, 웨딩 캐노피는 이 두 나무의 가지를 이용해 만든다.

아이가 태어나기 40일 전에 천상의 목소리가 알린다. "이 사람의 딸은 누구누구와 운명지어졌다(바빌로니아 탈무드, 소타 2a)." 일부 유대인은 탈무드의 이러한 가르침을 글자 그대로 이해한다. 예를 들어, 정통파 유대인들은 가끔 배우자를 하늘이 맺어준 운명적인 상대라고 생각한다.

하지만 최근 들어 급증하고 있는 이혼율로 모든 사람의 '운명적인' 배우자가 존재한다는 데 의심을 품는 사람들이 많아졌다. 그럼에도 불구하고

늦은 나이까지 결혼을 하지 않은 사람에게 탈무드의 이러한 가르침은 큰 위안이 될 것이다.

또 다른 랍비의 글은 많은 사람들이 결혼 생활을 가끔 지옥처럼 느낀다는 걸 보여준다.

로마의 어느 부인이 랍비 요시 벤 할라프타에게 물었다. "하나님이 세상을 창조하시는 데 며칠이 걸렸나요?"

할라프타가 대답했다. "6일이 걸렸습니다. '나 여호와가 6일 동안 하늘과 땅을 만들었다(출애굽기 31:17).'고 말씀하셨기 때문입니다."

"그 후에 하나님은 무엇을 하셨나요?"

"하나님은 짝을 맺어주려 하셨습니다. 누구누구의 딸을 누구누구와 맺어주려 하셨던 거죠."

"하지만 그건 저도 할 수 있는 일인데요." 부인이 말을 이었다. "전 여러 하인과 하녀를 소유하고 있어 이들을 쉽게 짝지어줄 수가 있죠."

할라프타가 대답했다. "짝을 맺어주는 일이 부인의 눈엔 사소한 일로 보일 수 있습니다. 하지만 하나님에겐 이 일이 홍해를 가르는 것만큼 어려운 일입니다."

할라프타가 떠난 뒤 부인은 천 명의 하인과 천 명의 하녀를 나란히 일렬로 세웠다. 그런 다음 부인은 명령했다. "누구누구는 누구누구와 결혼하고, 누구누구는 누구누구와 결혼할 것이다." 바로 그날 밤 결혼식이 올려졌다.

다음 날 아침 신혼부부들이 부인 앞에 나타났는데, 한 사람은 머리에 금이 갔고, 다른 사람은 눈을 잃었으며, 또 다른 사람은 다리가 부러져 있었다. 한 하인은 "난 저 여자를 원치 않습니다!"라고 말하고, 한 하녀는 "전 이 남자를 견뎌낼 수가 없어요!"라고 말했다.

부인은 할라프타를 불러 말했다. "토라가 옳았어요. 당신이 제게 해주신 말씀이 정확히 맞더군요."

할라프타가 대답했다. "정확히 제가 말씀드린 그대로입니다. 짝을 맺어주는 일이 부인의 눈엔 사소한 일로 보일지 몰라도 하나님에겐 홍해를 가르는 것만큼이나 어려운 일이죠."

로마 부인의 경험에서 엿볼 수 있는 부정적인 측면을 이유로 랍비들은 당사자의 의사를 무시한 채 짝을 맺어주는 일에 반기를 든다. 설령 그렇게 하는 사람이 그들의 부모라 하더라도 말이다.

아버지는 미성년자인 딸을 시집보내선 안 된다. 아버지는 딸이 성장해 "전 누구누구와 결혼하고 싶어요."라고 말할 때까지 기다려야 한다(바빌로니아 탈무드, 키두쉰 41a). 이 가르침을 접한 유대인들 다수가 탈무드가 뒷받침한다는 이러한 정서에 적잖이 놀랐다. 이들은 오랫동안 동유럽의 신앙심 깊은 유대인들은 당사자인 자녀의 의사와는 무관하게(결혼 전 아주 짧게 배우자가 될 사람의 얼굴을 볼 뿐이다.) 자녀를 정략결혼을 시키는 것을 원칙으로 한다고 배웠기 때문이다. 그렇다. 이러한 관습은 보편적이긴 했지만 명백히 탈무드의 뜻에 위배되는 것이기도 했다. 사실 이 상황은 결혼하지 않은 남자와 여자가 적당하게 섞여 있는 사회를 필요로 한다. 그래야 젊은 남녀는 서로에게 충분히 노출될 수 있는 기회를 갖고 자신의 부모에게 "난 누구누구와 결혼하고 싶어요."라는 의사를 밝힐 수 있기 때문이다.

자주 인용되지 않는 글들이지만 탈무드는 부적절한 결혼을 주선하는 사람들을 분명한 어조로 비난하고 있다.

토라는 딸을 노인에게 시집보내거나 아들의 나이와 비슷한 여자를 아내로 맞이하는 사람에게 경종을 울린다. "하나님은 이러한 사람을 용서하지 않을 것이다(바빌로니아 탈무드, 산헤드린 76a, 신명기 29:19를 토대로 함)."

탈무드는 또한 예비 신랑이 유의할 점도 제시한다. 남자는 먼저 여자를 보기 전에는 그 여자와 결혼해서는 안 된다는 것이다. 후에 여자에게서 마음에 들지 않은 점을 발견할 수 있고, 반대로 여자가 그에 대해 반감을 가질 수도 있기 때문이다(바빌로니아 탈무드, 키두쉰 41a).

일부다처제

랍비 유다의 아들은 공부를 위해 그의 아내와 12년을 떨어져 지냈다. 이윽고 그가 집에 돌아왔을 때, 아내는 불임의 몸이 되어 있었다. 이 소식을 듣고 랍비 유다가 말했다. "이 일을 어떻게 해야 할까? 만약 내 아들이 그 애와 이혼을 한다면 사람들은 그 불쌍한 여인이 남편이 돌아오기만 기다리며 허송세월했다며 우리를 비난할 것이다. 아들이 두 번째 아내를 맞아들이면 사람들은 두 번째 부인이 그의 아내고, 그 애는 노리갯감에 불과했다고 말할 것이다!" 그래서 랍비 유다는 며느리를 위해 기도했고, 그녀는 아이를 가질 수 있게 되었다(바빌로니아 탈무드, 케투봇 62b).

성경은 일부다처제를 허용하고 있고 위대한 인물 중 몇몇은 두 명 이상의 아내를 가졌음에도 불구하고 사실상 모든 일부다처제 결혼은 불행을 초래했다. 일부다처라 하면 가장 눈에 띄는 인물은 야곱인데, 그에겐 네 아내가 있었다. 그래서 창세기는 우리에게 "야곱은 레아보다 라헬을 더 사랑했습니다(창세기 29:30)."라고 말하고 있다. 말할 나위 없이 이러한 상황은 레아를 비참하게 만들었고, 몇 년 후 이에 격분한 그녀의 아들들은 라헬의 장남이

자 자신들의 이복형제인 요셉을 노예로 팔아넘기기에 이르렀다. 신명기 21장 15절 역시 배우자가 두 명 이상인 결혼은 여러 불행을 초래하는 경우가 많다는 걸 지적한다. "만약 한 남자에게 아내가 둘이 있으면 하나는 사랑받고 또 하나는 미움을 받는다……."

이러한 가르침은 랍비들에게도 전수되었다. 탈무드는 계속해서 일부다처제를 허용했지만(유대 율법은 1000년경에 공식적으로 일부다처제를 금지했다.), 탈무드가 인용한 거의 2천 명에 달하는 랍비들 중 어느 누구도 두 명 이상의 아내를 둔 이가 없었다. 학식이 높은 현자인 랍비 아이작은 지나치게 나이가 어린 여자를 두 번째 아내로 맞이하는 사람의 문제점을 꼬집었다.

"한 남자가 한 명은 젊고, 한 명은 늙은 두 아내를 두었는데, 젊은 아내는 남자의 흰머리를 뽑았고 늙은 아내는 남자의 검은 머리를 뽑았다. 결국 이 가련한 남자에겐 머리카락이 하나도 남지 않았다(바빌로니아 탈무드, 바바 카마 60b)."

부도덕한 결혼

여자의 돈이 탐나 결혼하는 사람은 행실이 나쁜 자녀를 둘 것이다(바빌로니아 탈무드, 키두쉰 70a).

이 말은 결국 자신과 똑같은 자녀를 두게 된다는 뜻으로도 해석할 수 있다.

꽤 많은 유대인들이 부모로부터 "돈을 보고 결혼해서는 안 되지만, 가난한 사람과 똑같이 부유한 사람과도 사랑에 빠지기 쉽다."는 금언을 들으며 자랐다고 말한다. 이러한 사고에 대한 유대 문헌들의 경멸적인 논조는 13세기의 유대 율법과 이야기들에서도 찾아볼 수 있다.

"부모가 젊은 남자에게 그가 원하는 여성이 아니라 돈을 가진 다른 여성과 결혼할 것을 종용한다면 부모의 뜻을 따를 필요가 없다. 이는 부모가 제대로 처신하고 있지 않기 때문이다(세퍼 하시디즘, 953절)."

금전에 바탕한 결혼은 흔히 자신이 상대로부터 사랑받고 있다는 잘못된 생각으로 결혼하는 부유한 사람만 불행으로 몰고 가는 것이 아니라, 돈을 보고 결혼하는 부도덕한 사람도 불행으로 몰고 간다. 최근 작고한 랍비 울페 켈만이 "금전적인 이득을 보려고 결혼하는 사람은 결국 그 대가를 치르게 된다."고 말했던 것처럼 말이다.

첫사랑

남편이 살아 있는 동안 첫 아내가 사망하면, 그건 마치 그가 살아 있는 동안 사원이 파괴되는 것과 같다.…… 남편이 살아 있는 동안 아내가 사망하면 세상은 그에게 암흑과 같기 때문이다(바빌로니아 탈무드, 산헤드린 22a).

탈무드 시대의 랍비들은 사원이 파괴되는 것을 마치 오늘날의 유대인이 대학살에 희생당하는 것처럼 극도의 절망으로 느꼈다. 따라서 랍비들은 아내가 죽었을 때의 고통 역시 이루 말할 수 없는 절망이라 여겼다.

첫 아내가 사망한 후 다른 여성과 결혼한 남자는 첫 아내의 품행을 기억한다(바빌로니아 탈무드, 베라크호트 32b). 사람의 심리를 예리하게 관찰한 이 구절에는 유머 요소가 거의 없지만, 미국의 가장 위트 있는 대통령인 아브라함 링컨이 한 말을 떠올리게 한다.

"설교 중 목사는 이 세상에 모습을 드러낸 사람 중 유일하게 완벽한 사람은 예수뿐이었으며 성경이나 다른 책 어디에서도 이제껏 세상에 완벽한 여성이 살았다는 말을 찾아볼 수 없다고 주장했다. 이 말이 끝나자마자 교회 뒤편에서 삶에 찌든 듯 보이는 어느 여인이 일어나 말했다. '전 완벽한 한 여성을 알고 있습니다. 그녀를 알게 된 지가 6년 정도 되었네요.' '그 여인이 누구죠?' 목사가 물었다. 목사의 물음에 고뇌에 찬 표정의 여인이 대답했다. '제 남편의 전처입니다.' (칼 샌드버그, 《아브라함 링컨: 전쟁의 해Abraham Lincoln: The War Years》)"

남편과 아내를 위한 지침

남자는 항상 자신이 아내를 존중하고 있다는 걸 아내에게 보여줄 수 있도록 극도로 신중해야 한다 (바빌로니아 탈무드, 바바 메지아 59a).

여성은 모욕을 당할 때 남자보다 더 쉽게 우는 경향이 있기 때문에 남자는 가시 돋친 말로 아내에게 상처를 입히지 않도록 극도로 주의해야 한다는 뜻이다. 부부 싸움을 할 때 배우자에게 더 큰 상처를 입힐 수 있는 말을 찾으려 궁리하는 사람들이 얼마나 많은가!

탈무드는 아내에 대한 존중을 제대로 보여줄 수 있는 한 가지 방법은 중요한 모든 결정에 대해 아내와 상의하는 것이라고 지적한다. "아내의 키가 작다면 몸을 굽혀 아내의 귀에 대고 아내의 의견을 물어야 한다." 이러한 행동은 아내에 대한 존경을 표현하는 자연스런 방법이다. 다시 말해, 아내보다 몸집이 크다는 이유만으로 아내보다 우월하다는 생각은 버려야 한다는 것이다.

남자는 아내를 자신과 같이 사랑해야 하고, 자신보다 아내를 더 존중해야 한다 (바빌로니아 탈무드, 예바못 62b). "남자는 자신의 아내를 자신처럼 사랑해야 한다."는 가르침은 "이웃을 네 자신과 같이 사랑하라."는 성경 계율에서 따온 말이다. 그렇다면, 왜 랍비들은 이웃을 아내라는 대상으로 보다 구체화시켰을까? 여기에 대해 탈무드 학자인 루벤 키멜만Reuven Kimelman 교수는 결혼 후의 사랑은 다른 관계에서의 사랑처럼 섬세하게 표현되는 경우가 비교적 덜하기 때문이라고 설명한다. 사교 모임에서 우리는 가끔 자신의 아내에 대한 말을 늘어놓는 사람을 만나게 된다. 그가 계속 함께 일할 마음이 있는 동업자에 대해서라면 하지 않았을 그런 말을 아내에 대해서라면 거침없이 내뱉는 사람 말이다. 그런데 그에게 "아내에 대해 왜 그런 말씀을 하시죠?"라고 물으면, 그는 "아, 제가 아내를 사랑한다는 걸 아내는 알고 있으니까요."라고 대답한다.

키멜만은 당신이 "네 이웃을(이 경우엔 '아내를') 사랑하기를 네 자신과 같이 사랑하라."는 계율을 실천했는지는 당신의 느낌이 아니라 당신 아내의 느낌으로 판단되어야 한다고 지적한다.

이러한 계율을 제대로 실천한 사람은 현대의 성자로 알려진 이스라엘의 랍비 아레 레빈이다. 그의 아내인 하나가 고통을 호소했을 때 그는 아내와 함께 병원에 가서 나훔 박사에게 이렇게 말했다고 한다. "제 아내의 발이 저희를 아프게 합니다"(심차 라즈, 《우리 시대의 차디크(정의롭고 고결한 사람)》).

물론, 아내 역시 "남편 사랑하기를 자신과 같이" 해야 할 것이다. 실제로 랍비 아레의 아내인 하나 레빈은 어느 날 뜻밖의 고백으로 남편을 놀라게 했다.

"아레, 할 말이 있어요. 전 지금 이웃의 한 여자를 질투하고 있어요." 랍비 아레는 아내의 말에 당황했다. 그의 착한 아내는 질투란 걸 모르는 여자였기 때문이다. 그런 아내가 무슨 이유로 이웃 여자에게 부러움을 느껴야만 했을까? 또 그 이웃 여자는 도대체 누구일까?

랍비 아레는 여기에 대해 곧 알게 되었다.

어느 명망 있는 부자가 예루살렘에 살았는데, 어느 날 자신의 모든 부를 잃게 되었다. 채권자들이 그가 가진 모든 것을 빼앗아 결국 그는 랍비 아레가 살고 있는 예루살렘의 미슈크노트 구역으로 올 수밖에 없었다. 이곳 집들은 밖에만 화장실이 있을 정도로 가난한 구역이었다. 가족을 부양하기 위해 예전에 부유했던 이 남자는 얼마 되지 않는 일당을 받고 건물 외부 수리공으로서 비계에 올라가 건물의 하자를 수리해야만 했다. 그런데도 매일 밤 그의 아내는 예쁜 옷을 입고 화려한 장신구를 한 채 외출하는 것이었다.

이웃 사람들은 그런 그녀를 보고 놀랐고 그녀에 대해 험담을 하기 시작했다. …… 그로부터 얼마 후 하나는 우연히 그녀와 이야기를 나누게 되었고, 그녀의 행동 뒤에 숨은 이유를 분명히 알게 되었다. 그녀가 말했다. "남편이 일터에서 집으로 돌아오면 그의 마음은 무기력해졌답니다. 남편은 마치 죽은 사람과 같았죠. 예전엔 부자였던 남편은 지금은 가난한 노동자로 험한 일을 해야만 하니 오죽하겠나 싶은 생각이 들었어요! 그의 영혼이 깊게 상처를 입었다는 걸 깨닫고 전 제 자신을 화려하게 꾸미며 매일 밤 남편이 일터에서 집으로 돌아오는 길목인 아그리빠스 거리에서 그를 기다리기로 결심한 겁니다. 전 제 자신을 매력적으로 치장한 채 얼굴에 미소를 띠고 남편을 반겼어요. 남편의 꺾인 사기를 북돋우기 위해서 말이에요."

하나가 말했다. "그래서 전 그 이름 모를 여인에게 질투심을 느꼈답니다. 전 당신께 그 정도로는 헌신적이지 못했기 때문이죠(심차 라즈, 《우리 시대의 차디크 A Tzaddik in Our Time》)."

랍비 시메온 벤 감리엘이 말했다. 남편이 아내에게 어떤 일도 하지 못하게 함으로써 아내의 무기력함이 정신을 병들게 만들었다면 그는 아내와 이혼해 케투바(결혼 서약서)에서 약속한 위자료를 지불해야 한다(미슈나Mishna 케투봇Ketubot 5:5). 남편은 아내를 한낱 노리개로 여겨 아내가 어떤 분야에 전문성이나 책임감을 가지지 못하도록 해선 안 된다는 것이다. 이 구절은 왈터 리프만 Walter Lippmann이 《도덕의 서문A Preface to Morals》에서 쓴 글을 떠올리게 한다.

"서로 사랑하는 것 이외엔 아무것도 할 것이 없는 연인을 조금도 부러워할 필요가 없다. 사랑 외엔 아무것도 할 것이 없는 연인 사이엔 사랑조차 순식간에 사라지기 때문이다."

결혼의 불만

절대로 지옥에 가지 않을 사람 중에는 악처와 함께 사는 사람도 포함된다 (바비로니아 탈무드, 에루빈Eruvin 41b).

바꾸어 말하면, 힘든 결혼 생활을 한 사람은 지옥에서 겪게 될 모든 고통을 감내한 것이나 다름없기에 그가 죽을 무렵 죄 사함을 받아 지옥에 가지 않는다는 것이다. 이러한 상황은 나쁜 남편과 결혼한 아내에게 적용할 수 있겠지만, 탈무드는 대부분의 경우 그 가르침의 대상이 남자라는 것이 특징이다.

결혼에 관한 현대 유대인들의 유머에 이런 것이 있다.

"우리는 각방을 쓰고, 저녁도 따로 먹고, 휴가도 따로 보낸다. 우리는 결혼 생활을 유지하기 위해 할 수 있는 모든 노력을 다하고 있다."

17. 신성한 사랑은 무엇인가

현숙한 여인을 누가 찾을 수 있느냐? 그녀는 루비보다 더 값지다(잠언 31:10). 전통적인 유대인들 사이에서 이 구절은 매주 금요일 안식일 저녁 식사 전에 남편이 아내에게 낭송하는 '사랑의 시' 서두를 장식한다. '사랑의 시'는 이합체시■로서, 각 행의 맨 처음 알파벳은 히브리 알파벳의 순서에 따라 이어진다. 랍비들이 말하는 현숙한 여인의 특징적인 미덕에는 다음과 같은 것들이 있다. "현숙한 여인은 가난한 자에게 자선을 베풀고, 그녀의 손은 도움이 필요한 자에게 뻗쳐 있으며, 그녀의 입은 지혜로 가득하고, 그녀의 혀끝에는 부드러운 가르침이 있다."

우리의 사랑이 강렬했을 때, 우리는 검의 날에서도 함께 누워 있을 수 있

■ **이합체시** 각 행의 처음(과 끝) 글자를 맞추면 어구(語句)가 되는 시.

었지만, 우리의 사랑이 더 이상 강렬하지 않은 지금에는 60큐빗▪ 넓이의 침대도 충분히 넓지 않다(바빌로니아 탈무드, 산헤드린Sanhedrin 7a). 사랑은 죽음같이 강하다(아가 8:6). 많은 물도 이 사랑을 끄지 못하겠고 홍수라도 삼키지 못하나니(아가 8:7).

성경에서 신성하지 않은 글들은 없지만, '아가'의 글들은 그중에서도 더 신성하다. 성경에 어떤 책을 포함시켜야 할지 결정할 때, 일부 랍비들은 '아가'를 성경에 포함시켜선 안 된다고 강력하게 주장했다. 이들의 관점에서 남녀 간의 사랑에 대한 생생한 묘사를 담은 '아가'는 신성함과는 거리가 멀었던 것이다. 하지만 그로부터 50년에서 100년 정도 후에 랍비 아키바는 '아가'의 신성함은 의심의 여지가 없는 것이기에 '아가'의 권위에 대한 이러한 반박은 타당하지 않다고 주장했다.

이러한 그의 주장에도 불구하고 《유대문물의 백과사전Encyclopedia Judaica》에서 '아가'에 관한 글은 '아가'의 평범하지 않은 특징을 분명히 제시하고 있다. "성경에서 '아가'는 독특하다. 성경의 다른 책에서는 남녀 간의 사랑에 대한 그토록 지속적인 찬가를 찾아볼 수 없기 때문이다. '아가'는 완벽하게 하나의 주제를 다루었다. '아가'에는 도덕적인 언급도, 예언적인 설교도, 하나님에 대한 언급도 없으며, 신학적인 문제도 논의되지 않는 것이다. '에스더' 역시 하나님에 대해 언급하지 않지만 민족주의 정신은 에스더의 각 페이지마다 분명하게 서려 있다. 하지만 '아가'에는 이러한 정신조차 결핍되어 있다."

탈무드의 랍비들은 '아가'는 본질적으로 비유적이라고 주장했다. 남녀 간의 사랑을 모델로 삼아 하나님과 유대민족 사이의 사랑을 표현하려 했다

▪ **큐빗** 팔꿈치에서 가운뎃손가락 끝까지의 길이. 1큐빗은 약 46~56cm.

는 것이다. 또한 이러한 모델을 사용한 것 자체로 유대주의는 남녀 간의 사랑을 높이 평가했다는 걸 알 수 있다는 것이다. 그런데 이러한 평가가 고대사회에 모두 통용되는 것은 아니었다. 예를 들어, 그리스-로마 사회에서 여성은 통상적으로 출산을 위한 도구로 여겨졌던 반면, 남성 간의 성적인 애정은 보다 깊이 있는 형태의 사랑으로 이해되었다. 예를 들면, 결혼한 적이 한 번도 없는 플라톤은 자신의 저서 《심포지엄Symposium》에서 젊은 남자를 유혹하는 행동이 전적으로 허용된다는 입장을 분명히 했다. 반면, 에드워드 기본Edward Gibbon은 《로마제국의 흥망성쇠History of the Decline and Fall of the Roman Empire》에서 클로디우스만이 처음 열다섯 명의 로마 황제들 중에서 유일하게 "사랑에 대한 취향이 완전히 합당했다(동성애자가 아니었다는 말)."고 말하고 있다(데니스 프레이저, 《유대주의, 동성애, 그리고 문명》).

18. 허용되는 성과 금지되는 성은 무엇인가

남성의 성적 욕구

남성의 성적 충동은 외부적으로 드러난다[사람들 앞에서 성기가 발기하면 눈에 띄어 난처해진다.]. 하지만 여성의 성적 충동은 외부적으로 드러나지 않기에 아무도 그 충동을 알아차릴 수 없다(바빌로니아 탈무드, 케투봇Ketubot 64a).

성적 충동의 힘을 인지한 랍비들은 이른 결혼을 장려했다. 남자는 18세가 적당하고 여자는 그보다 더 일찍, 즉 12세 이후라면 언제라도 좋다는 것이었다.

랍비들은 20세가 넘었는데도 결혼하지 않은 남자는 매일매일 죄를 짓는다고 보았다. 죄를 짓는다고? 그것이 정말이라고? 그럼 차라리 이렇게 말하면 어떨까? 그는 매일매일 죄스러운 생각을 한다고 말이다. 꽤 현실성 있게 랍비들은 남성들의 성적인 생각이 끊이지 않는다고 보았다. 남성의 강한 성적 충동에 대해 랍비 아이작은 이렇게 말했다. "심지어 비탄에 빠져 있을 때조차도 남자의 성적 충동은 그를 굴복시키기 쉽다." 훨씬 더 후세대인 18세기에 어느 남자가 하시디즘의 창시자인 바알 셈 토브Baal Shem Tov에게 종교계의 진정한 리더와 가짜 리더를 어떻게 구별할 수 있는지 물었다. 남자의 질문에 토브는 이렇게 대답했다. "그 사람에게 외설적인 생각을 하지 않는 법을 알고 있는지 물어보십시오. 만일 그 방법을 알고 있다고 답한다면 그 사람은 엉터리입니다."

이와 비슷한 맥락으로 유대사회는 덕망을 결코 잠재된 리비도(성적 충동)와 연관짓지 않는다. "위대한 남자일수록 그의 사악한 충동은 더욱 강렬하다." 여기에서 사악한 충동은 성적 충동을 말한다. 다음은 위대한 랍비들이 자신의 성적인 열정과 고투하는 모습을 그린 몇몇 이야기들 중 하나다.

> 몇몇 여자 포로들이 속죄한 뒤 밤에 네하르데아로 인도되었다. 거기서 그들은 신앙심 깊은 랍비 암람의 집에 있는 다락방으로 사다리를 밟고 올라갔다. 그 뒤, 사다리는 다른 곳으로 옮겨졌다. 이들 중 한 여자가 다락방에서 걸음을 걸었는데, 그녀의 아름다운 자태가 채광창을 통해 실루엣으로 비쳤다. 이것을 본 암람은 열 명의 남자도 들기 힘든 사다리를 혼자 들어 다락방 밑에 걸쳤다. 그러고는 사다리를 타고 올라가기 시작했다. 반쯤 올라갔을 때 그는 억지로 자신을 멈춰 세우고는 크게 소리쳤다. "암람의 집에 불이 났어요." 이 소리를 듣고 암람의 제자들이 달려왔고, 이들은 사다리 중간쯤에 있는 자신들의 스승을 보았다. 제자들이 암람에게 말했다. "저희는 스승님이 어떤 행동을 하려 했는지 보았습니다. 당신은 저희가 당신을 부끄럽게 여기도록 만드셨습니다." 그러자 암람이 대답했다. "다음 세상에서 암람을 부끄럽게

생각하는 것보다 이 세상에서 암람을 부끄럽게 생각하는 것이 낫다(바빌로니아 탈무드, 키두쉰 81a)."

사악한 충동이 자신을 굴복시키는 것을 느끼는 남자는 아무도 없는 곳으로 가서 검정 옷을 입고 검정 망토로 자신을 가린 다음, 자신의 심장이 원하는 것을 해야 한다. 하지만 공개적으로는 하나님의 이름을 더럽히지 말아야 한다(바빌로니아 탈무드, 키두쉰 40a).
랍비 코헨은 검정 옷은 "애도의 상징으로 입는 옷이기에 이러한 사람을 진정시키는 목적을 수행할 수 있다."고 말한다.

어떤 남자가 한 여자에게 눈을 맞춰 그의 심장은 타오르는 욕망으로 생명이 위태로운 지경에까지 이르렀다. 그를 검진한 후 의사들이 말했다. "이 사람을 치료할 수 있는 유일한 길은 그 여인이 그의 욕망에 순종하는 것입니다." 현자들이 대답했다. "여인을 그의 욕망에 따르게 하느니 차라리 그를 죽게 내버려두어야 하오."
의사들이 말했다. "그렇다면 그의 눈앞에서 그 여인을 나체로 서 있게 하는 건 어떻습니까?"
"여인을 나체로 서 있게 하느니 차라리 그를 죽게 내버려두시오."
"그렇다면 최소한 담 뒤에서 그 여인으로 하여금 그에게 말은 하게 해 주어야 합니다."
"여인으로 하여금 담 뒤에서 그에게 말하게 하느니 차라리 그를 죽게 내버려두시오(바빌로니아 탈무드, 산헤드린 75a)."

탈무드에서 가장 오해하기 쉬운 대목 중 하나인 이 이야기는 적잖은 사람들로 하여금 현자들은 성적 욕망에 사로잡힌 미혼남을 그 욕망의 대상인 미혼녀와 대화할 수 있도록 하는 것보다 그를 죽게 내버려두는 편이 낫다고 여길 정도로 금욕주의적이라는 결론을 내리게 한다.

하지만 이 이야기는 부적절한 성적 욕망과는 거의 관련이 없다. 이 이야기는 감정적인 강요와 관련이 있다. 만일 한 사람의 의향이 다른 사람에 의해 방해받아야 한다면, 즉 자신의 죽음을 빌미로 자신이 원하는 것을 상대가 들어주도록 강요한다면, 그에 따른 사회적인 부작용은 얼마나 크겠는가? 결국 남자가 여자에게 빠진 건 그 남자 혼자만의 문제다. 따라서 그는 여자에게 어떤 것도 요구할 자격이 없다. 하이암 맥코비가 통찰력 있게 지적한 것처럼 "이 이야기가 실제로 우리들에게 말하고자 하는 바는 어떤 여성도 제정신이 아닌 남성을 위해 자신의 지위나 품위를 희생시킬 필요가 없다."는 것이다.

여성의 성적 필요

만일 남자가 자신의 아내와 성관계를 갖지 않기로 결심했다면 아내는 이러한 남자의 결심을 2주까지는 따라야 한다고 샴마이 학파는 말한다. 하지만 그의 결심이 2주 이상 지속되면 법정은 남자를 그의 아내와 이혼시킬 수 있다. 반면, 힐렐 학파가 남자의 이러한 결심을 허용하는 기간은 단 1주일이다(미슈나 케투봇 5:6). 유대사회는 성적인 욕구를 표현하는 것에 남자보다 여자가 더 자유롭지 못하다고 여기기 때문에, 남편의 직업을 토대로 부부가 성관계를 갖는 최소 주기를 정해놓았다.

자유로운 남자는 하루에 한 번, 일꾼은 일주일에 두 번, 당나귀 몰이꾼은 일주일에 한 번, 낙타 몰이꾼은 한 달에 한 번, 선원은 여섯 달에 한 번은 최소한 아내와 성관계를 맺어야 한다(미슈나 케투봇 5:6)는 것이다. 15세기 랍비 오바디아는 "원래 자신의 집 근처에서 장사를 하던 남자가 자신의 집에서 멀리까지 가야 하는 장사로 바꾸려 한다면 그의 아내는 부부간의 성관계가 줄어든다는 이유로 이를 막을 수 있다."고 말했다.

따라서 남자는 자신의 의지대로 일꾼에서 낙타 몰이꾼으로 직업을 바꿀 수 없다. 왜냐하면 "아내는 10부셸이 있지만 남편과 함께 지내지 못하는 것보다 차라리 1부셸만 있고 남편과의 즐거움을 갖는 것을 바라기 때문"이라는 것이다. 또 다른 구절에선 다음과 같이 표현했다. "여자는 먹을 것은 많지만 성적 절제를 해야 하는 것보다 먹을 것은 없어도 성적인 즐거움을 갖는 걸 더 좋아한다."

여성의 성적 본능에 대한 탈무드의 이해와 수용은 '유대계 미국인 공주 JAP:Jewish-American Princess'의 유머가 시사하는 유대 여성에 대한 고정관념과 대조를 이룬다. JAP 유머는 유대 여성을 성적으로 냉정하고 물질에 지나치게 집착하는 것으로 묘사하는 반면, 탈무드에 따르면 유대 여성은 재산보다는 남편을 곁에 두는 것을 더 좋아한다.

랍비들은 남자 아이를 확실하게 출산하는 법에 대한 조언도 들려주고 있는데, 이러한 남아 출산법은 유대인의 남성 우월주의와 여성의 성욕에 대한 개방성을 특별하고 예기치 못한 방식으로 드러내고 있다.

"성관계 도중에 아내가 먼저 오르가즘을 느낄 수 있도록 자제력을 발휘하는 남자는 아내로 하여금 사내아이를 낳을 수 있게 한다(바빌로니아 탈무드, 니다 Niddah 31b)."

성욕에 대한 유대주의와 성서의 대조적인 입장

바람직한 성관계에 대해

생육하고 번성하여 땅에 충만하라(창세기 1:28).

유대사회에서 의도적으로 종족의 증식에 애쓰지 않는 자는 피를 흘리는 자와 같고, 하나님의 이미지를 축소시키는 자다. 왜냐하면 아이를 갖는 것은 하나님의 모습으로 창조된 인간의 수를 늘리는 것이고, 아이를 갖지 않는 것은 하나님의 모습으로 창조된 인간의 수를 줄이는 것이기 때문이다(바빌로니아 탈무드, 예바못 63b).

하지만 바울은 다음과 같이 기록한다. "남자가 여자를 성적으로 가까이하지 않는 것은 좋습니다. 그러나 세상에는 음행에 빠질 유혹이 있기 때문에 남자마다 자기 아내를 두고 여자마다 자기 남편을 두십시오. …… 지금 내가 하는 이 말은 권면이지 명령은 아닙니다. 나의 바람은 모든 사람이 나와 같았으면 좋겠다는 것입니다. …… 결혼하지 않은 사람들과 과부들에게는 나처럼 그냥 혼자 지내는 것이 좋겠다고 말하고 싶습니다. 그러나 만일 절제할 수 없다면 결혼하십시오. 정욕으로 불타는 것보다 결혼하는 것이 낫습니다."

바울의 독신주의 찬양과는 대조적으로 입다의 딸이 그녀 아버지의 어처구니없는 맹세 탓에 두 달 내에 자신이 번제물로 희생된다는 말을 들었을 때 성경은 다음과 같이 기록하고 있다. "그녀는 자기 친구들과 함께 산 위에서 자기가 처녀로 죽는 것을 슬퍼했습니다."

간음에 대해

예수는 다음의 가르침을 전했다. "'간음하지 말라'는 옛 사람들의 말을 너희가 들었다. 그러나 나는 너희에게 말한다. 여자를 음란한 눈으로 바라보는 사람은 누구든지 이미 마음으로 간음죄를 지은 것이다(마태복음 5:27-28)." 예수의 이 말은 심지어 비성경 학자들 사이에서도 유명해졌다. 1976년 미국 대통령 선거운동 기간 동안, 민주당 후보였던 지미 카터는 〈플레이보이〉지誌와의 인터뷰에서 자신은 마음속으로 여자를 갈망한 적이 자주 있었다고 고백하면서, 그렇기에 자신은 간통죄를 범한 것이라고 고백했다. 이에 대해 유대주의는 생각이 아니라 실제 행동만을 문제삼는다. 십계명 중 '간음하지 말라.'로 실제 간음만을 금지하는 이유도 여기에 있다.

성관계와 계율

유대교 미드라시는 다윗이 자신의 아버지에 대해 다음과 같은 생각을 했다고 상상했다.

"나의 아버지 이새는 진실로 날 낳을 의도였을까? 아버지는 자신의 쾌락만을 쫓을 뿐이었다. 아버지와 어머니가 자신들의 욕정을 충족시켰을 때, 아버지는 자신의 얼굴을 한쪽 편으로 돌렸고, 어머니는 자신의 얼굴을 다른 쪽 편으로 돌렸다. 그 후 모든 정액을 적절한 자리로 인도하신 것은 하나님 당신이었습니다(레위기 라바Rabbah 14:5)." 랍비 마이클 골드는 이렇게 말했다. "마음속에 신성함만을 품은 채 성행위를 시작하는 것은 거의 불가능하기 때문에 랍비들은 다른 미츠봇mitzvot(계율) 전에는 축복의 기도를 올렸지만, 성행위 전에는 그러지 않았다."

혼전 성관계에 대해

실질적으로 이상적인 성관계를 옹호할 수도, 또 그 대안으로 아예 성관계를 갖지 않는 것을 옹호할 수도 없는 세상에 살고 있는 우리가 지녀야 하는 것은 성의 가치를 가늠하는 융통성 있는 저울이다. 이 저울의 맨 위에는 서로에 대한 완전한 이해와 사랑을 바탕으로 한 연인 관계가 위치하고, 저울의 맨 아래에는 철저하게 금지해야 하는 성관계인 성폭행이 위치한다. 저울의 중간쯤에는 깊은 친밀감을 공유하진 않지만 서로의 동의 하에 서로에 대한 예의도 지키며 생물학적인 욕구도 충족시키는, 찬미할 것도 비난할 것도 없는 그런 연인 관계가 위치한다. 유대인은 이러한 저울을 사용해 자신에게 일어나는 일련의 변화에 따라 자신의 성적 행위를 평가할 수 있다고 보았다.(아서 그린Arthur Green, 《유대인 성의 현대적 접근A Contemporary Approach to Jewish Sexuality》).

랍비 그린의 이와 같은 관점은 비정통파 유대인 사이의 가장 보편적인 혼전 성관계에 대한 생각을 담아낸다. 이에 반해, 정통파 유대인들은 혼전 성관계를 반대하는 것을 넘어 결혼하지 않은 연인들의 친밀한 신체적 접촉을 모두 반대하며, 이를 실제로 실천에 옮긴다.

정통파 유대인들의 이러한 관례는 여성의 생리 기간 직후의 성관계를 금하는 성경의 엄격한 계율과 연관되어 있다. 생리 직후 여성은 미크베mikveh(목욕 의식을 거행하는 목욕통)에 자신의 몸을 담가야 하며, 그렇게 한 여성만이 성관계를 가질 수 있다. 이론적으로는 미혼 여성일지라도 미크베에 몸을 담그면 성행위를 할 수 있다. 하지만 정교에선 혼전 성관계를 막기 위해 미혼 여성이 미크베에 몸을 담그는 것 자체를 허용하지 않는다.

성경은 간음과 근친상간은 금하고 있지만 결혼하지 않은 두 남녀 간의 성관계는 한 번도 금한 적이 없다. 반면, 중립적인 입장을 취하는 랍비 엘리에제르는 다음과 같은 가르침을 폈다. "결혼할 의사가 없으면서도 미혼 여성과 성관계를 가지는 미혼 남성은 상대 여성에게 '조나zonah(창녀)'의 신분을 부여하는 꼴이다." 따라서 이러한 미혼 남성은 종교적으로 경건한 미혼 여성과 결혼하는 것을 금해야 한다는 것이다.

유대주의에 의하면 인간의 성행위는 두 사람의 관계가 서로에게 헌신적이고, 그러한 헌신이 하나님과 사회가 인정하는 서약으로 결합될 때 그 가치를 인정받는다. 인간이 할 수 있는 가장 깊은 신체적 친밀감의 표현인 성적 결합은 두 사람이 완전한 하나가 되는 순간까지 아껴두어야 한다.

금지되는 성행위

간음

간음하지 말라(십계명 중 일곱 번째 계명; 출애굽기 20:14).

성경은 간음 행위를 배우자와 하나님을 동시에 배신하는 행위로 간주한다. 그래서 보디발의 아내가 이집트에서 보디발의 노예로 일하는 요셉을 유혹하려 했을 때, 요셉은 그녀에게 이렇게 말했던 것이다. "내가 어찌 이 큰 악을 행하여 하나님께 죄를 지으리이까."

성경의 계율은 이중적인 잣대를 거부하기도 수용하기도 한다. 즉, 한편으론 결혼의 유무를 떠나 남자가 기혼녀와 동침을 하면 둘 모두 간음죄로 처벌받았지만, 다른 한편에선 성경의 계율이 일부다처를 인정한다는 이유로 기혼남이 금지된 여성, 즉 기혼녀와 동침했을 때만 간음죄로 처벌받았던 것이다. 다시 말해, 기혼남이 미혼녀와 동침을 했을 경우에는 그가 원하든 원하지 않든 그녀를 아내로 맞이할 수 있기 때문에 간음죄로 간주되지 않았다. 따라서 여성의 결혼 유무가 간음죄를 판단하는 데 결정적인 요소로 작용한다. 남편이 아닌 다른 남자와 동침하는 기혼녀는 무조건 간음죄를 짓는 것이지만, 미혼녀는 그렇지 않은 것이다.

성경은 간음을 사형에 처할 큰 죄로 간주하는 한편("어떤 남자가 이웃의 아내와 간음했다면 간음한 남녀 모두는 죽어야 한다."), 토라와 탈무드는 죄를 판결하는 데 꽤 많은 법률적 조건(예를 들어, 간음죄가 성립되려면 사전에 간음의 주체인 두 사람에게 미리 경고를 한 두 명의 목격자가 있어야 한다.)을 내세워 결과적으로 계율을 죽은 글로 전락시키는 경향이 있다.

하지만 유대사회에서 간음죄가 분명히 밝혀지면 두 사람은 사형은 아니지만 엄벌에 처해지게 된다.

1. 간음을 행한 여자는 설령 그녀의 남편이 결혼 생활을 유지하길 원하더라도 남편과의 결혼 생활을 유지할 수도 없고 그녀의 연인과도 결혼할 수 없다.

2. 간음의 결과로 태어난 아이는 맘제르mamzer(남자 사생아)나 맘제림mamzerim(여자 사생아)으로 분류되어 다른 맘제르나 맘제림 이외의 유대인과는 결혼할 수 없다. (반면, 두 명의 미혼자 사이에서 태어난 아이는 맘제르나 맘제림으로 간주되지 않는다.)

두 법률의 가혹함으로 인해 정에 약한 여러 랍비들은 간음죄가 분명함에도 불구하고 이를 눈감아주곤 했다. 16세기 유대 율법인 슐크한 아루크 Shulkhan Arukh는 남편이 바다로 나간 후 1년이 지나(1년 이후부터는 그렇게 인정하지 않았지만) 아내가 출산을 해도 단순히 임신 기간이 길었던 것으로 인정했다. 랍비 마이클 골드는 다음과 같이 전했다. "랍비들은 두 사람의 결혼을 깨고 새로 태어난 아이에게 '사생아'라는 짐을 지우지 않기 위해 생물학적인 사실은 무시하려 했다."

성폭행

한 남자가 약혼하지 않은 여자를 만나 강간하다가 들켰다면 그는 그 여자의 아버지에게 은 50세겔을 지불해야 한다. 그는 그 여자와 결혼해야 하는데 그것은 그가 그녀를 범했기 때문이다. 그는 자기가 사는 동안 그 여자와 절대 이혼할 수 없다(신명기 22:28-29).

고대사회에서 성폭행 희생자는 절대로 남편감을 구하지 못할 가능성이 높기에 결혼을 희망하는 여성에게 처녀성은 중요한 필수 요건이었다. 하지만 탈무드는 성폭행한 남자는 성폭행을 당한 여성이 동의하는 경우에만 그녀와 결혼해야 한다는 점을 분명히 하고 있다. 성폭행을 당한 여성이 법적으로 약혼을 했거나 결혼을 한 경우엔 성폭행을 한 남자는 사형선고를 받는다.

외설

라브의 아들인 랍비 한난이 말했다. "모든 사람이 왜 신부가 신방에 드는지를 알고 있다. 그런데 어떤 사람이 여기에 대해 외설적인 발언을 했다면 심지어 하나님 앞에서 70년 동안의 행복이 선언되고 봉인되었다 하더라도 그 선언은 외설적인 발언을 한 사람에겐 악으로 바뀔 것이다(바빌로니아 탈무드, 케투봇 8b)."

비슷한 맥락으로 마이애미에 사는 나의 친구인 랍비 잭 리머Jack Riemer는 할례에 참석한 사람들이 종종 내뱉는 외설적인 농담에 상당한 반감을 드러낸다. "유대 남자아이가 신약을 맺는 성스러운 의식이 상스러운 농담거리로 전락하는 걸 지켜보면서 우리는 외설이 어떻게 신성을 모독하는지 확실히 목격하게 된다. 만일 신약을 맺는 것이 농담의 대상으로 바뀌면, 그 순간 결국은 신약 자체가 농담으로 취급되기 때문이다."

동성애

여자와 성관계를 하듯이 남자와 성관계를 하지 마라. 그것은 가증스러운 짓이다(레위기 18:22).

어떤 남자가 여자와 성관계를 맺듯이 남자와 성관계를 맺었다면 그들 모두 가증스러운 일을 저지른 것이다. 유대 율법상 그들은 죽어야 하며 죽음의 책임이 그들에게 있다. "너희는 너희가 살았던 이집트 땅의 사람들이 행하는 것처럼 하지 말며 내가 너희를 데리고 들어갈 가나안 땅의 사람들이 행하는 것처럼 행하지도 말라(레위기 18:3)." …… 그렇다면 그들은 어떤 일을 행했단 말인가? 이들은 남자가 남자와, 여자가 여자와 결혼했다.

최근 들어 동성애에 대한 유대주의의 직선적인 반감이 강한 반대에 부딪히게 되었다. 1972년의 개혁운동으로 '미국 히브리교회 연합Union of American Hebrew congregations'은 동성애자 시나고그를 받아들였다. 그로부터 18년 후, '미국 랍비 중앙회'는 공언한 동성애자는 랍비로 봉직할 수 있다고 규정했다. 이러한 쟁점의 양면을 다룬 글들이 수백 편에 이르지만, 다음의 인용문은 서로 다른 두 입장을 훌륭하게 요약해놓았다.

"나의 견해로는 동성애에 대한 유대주의의 비난은 제한적이고 불완전하며 이질적인 것에 대해 두려워하는, 그리고 무엇보다도 종족 생존을 염려하는 극히 인간적인 발상에서 비롯된 것이다. 간단히 말하면 난 우리 선조들이 여러 가지 쟁점들에 대해 그릇된 판단을 내렸는데, 동성애도 그중 하나라 생각한다(랍비 자넷 마더Janet Marder)."

동성애자는 친자녀가 있는 일반적인 가족을 꾸밀 수 없기에 '종족 생존을 위협한다'는 명제는 마더에겐 토라와 탈무드의 편협함을 꼬집는 구실이 되었지만, 데니스 프레이저에겐 동성애자에게 성직을 부여해선 안 된다는 근거가 되었다.

설령 일부 사람들이 유전적으로 동성애자임이 입증될지라도, 결혼 생활 및 가족생활을 강조하는 유대주의 원칙은 여전히 고수되어야만 한다. 그렇다면 랍비가 되고 싶은 사람에겐 동성애자로 태어나는 것이 불공평하지 않을까? 그렇다. 불공평하다. 하지만 사회적인 측면에서 보면 우리의 삶은 개개인에게 불공평한 것으로 가득하다. 말더듬이의 경우 그가 아무리 똑똑하고 위트 넘치며 통찰력이 있더라도 라디오 프로그램이나 토크쇼 진행자가 될 수 없다. 말더듬으로 인해 그 일을 제대로 수행할 수 없기 때문이다. 마찬가지로 공언한 동성애자의 경우에도 유대인의 적절한 역할 모델이 될 수 없기에 그가 아무리 유대주의에 대한 지식이 풍부하고 관대한 성품을 지녔더라도 랍비가 될 수 없는 것이다(데니스 프레이저Dennis Prager, 《유대주의, 동성애, 그리고 문명Judaism, Homosexuality, and Civilization》).

19. 왜 자식을 낳아야 하는가

자녀를 두어야 하는 의무

하나님께서 그들에게 복을 주시며 그들에게 말씀하시기를 "자식을 많이 낳고 번성해 땅에 가득하고 땅을 정복하라."
이것은 토라의 613개 계율 중 첫 번째 계율이다. 탈무드는 이 계율을 남자에게만 적용되는 의무로서 이해했다(바빌로니아 탈무드, 예바못 (65b)). 드빈스크Dvinsk의 랍비 메이어 심카Meir Simkha가 그 이유를 다음과 같이 설명하고 있다.
"토라는 여자에게는 자식을 많이 낳고 번성해 땅에 가득하고 땅을 정복하라는 종교적인 의무를 부과하지 않았다. 임신과 출산 과정이 여자의 생명을 위태롭게 만들 수도 있기에 여자에게는 아이를 갖게 할 의무를 부과할 수 없었다. 하지만 하나님은 종족 보존을 위해 여자의 본성을 남자보다 아이를 갖고 싶어 하는 열망이 더 강하도록 만드셨다(드빈스크의 랍비 메이어 심카, 창세기

9:1에 대한 메세크 호크마Meshech Hokhmah의 주석)."

고대사회에선 출산의 고통과 위험이 더 컸으므로 이러한 엄청난 고통과 생명의 위험까지 초래하는 일을 의무화한다는 것은 부도덕하기에 랍비들은 여성에게는 출산의 의무를 지우지 말아야 한다고 판단했다. 거의 모든 여성이 출산의 가장 고통스러운 순간 다시는 남편과 성관계를 갖지 않으리라 맹세한다고 랍비들은 생각했다. 그 결과 엄마들은 자신의 맹세를 번복하는 속죄의 기도를 올리기 위해 사원을 찾는다고 했다.

아이러니하게도 토라의 첫 번째 계율은 현대 유대인들 사이에서 가장 잘 지켜지지 않는 계율 중 하나다. 이들의 출산율은 미국 평균 출산율보다도 낮기 때문이다. 하지만 정통파 유대인들의 출산율은 이보다 훨씬 높으며, 엄격한 정통파 부부들은 여섯 명 이상의 자녀를 두는 일이 보통이다.

> 만족스럽지 못한 자녀를 출산할 수도 있다는 두려움으로 출산을 포기하지 마십시오. …… 폐하는 폐하의 의무만을 다하십시오. 그러면 거룩하신 하나님은 자신이 바라시는 일을 하실 것입니다(바빌로니아 탈무드, 베라크홋Berakhot 10:a).

이는 예언자 이사야와 히스키야 왕이 나누었다고 추정되는 대화의 결론이다. 유다의 훌륭한 왕들 중 한 명인 히스키야 왕은 므나쎄를 낳았고, 므나쎄는 아몬을 낳았는데, 이들 둘은 유다의 가장 악명 높은 통치자였다. 탈무드에 나오는 두 사람의 대화에 따르면 히스야는 자녀를 두지 않았을 때 이사야에게 자신은 자녀를 낳을 생각이 없는데, 이는 자신에게서 사악한 자녀가 태어나는 환영을 보았기 때문이라고 설명했다. 이에 이사야가 이 구절로 대답했던 것이다.

히틀러의 어머니가 히틀러를 낳지 않았을 경우와 같은 명백한 예외를 떠올릴 수 있긴 하지만, 이 구절이 함축하는 바는 부모가 될 사람은 이 세상에 아이가 태어나지 않게 할 핑계를 찾아선 안 된다는 것이다.

자녀를 얼마나 두어야 하나?

유대 율법상 자녀들을 두지 않았다면 "자식을 많이 낳고 번성해 땅에 가득하고 땅을 정복하라."는 계율을 지키는 데 망설임이 없어야 한다. 샴마이 학파는 이러한 계율을 지키기 위해 최소 두 명의 아들은 두어야 한다고 규정했다. 힐렐 학파는 성경에 "하나님께서 그들을 남자와 여자로 만드셨습니다."라고 기록되어 있기에 최소한 아들 하나와 딸 하나는 두어야 한다고 규정했다(미슈나 예바못 6:6). 유대 율법은 힐렐 학파의 규정을 따른다. 즉, 가능하다면 한 쌍의 부부는 자신들을 대치할 수 있게 최소한 아들과 딸을 각각 한 명씩은 두어야 한다는 것이다.

랍비들은 수년간의 기근이 계속될 경우 부부는 성관계를 갖지 않아도 된다(바빌로니아 탈무드, 타아닛 11a)고 가르친다. 탈무드는 생활에 곤궁을 겪는 부부라면 아직 자녀가 없더라도 자녀를 두지 않아도 된다고 규정하고 있다. 따라서 이러한 규정을 현세대에 적용한다면 재정적인 문제로 큰 어려움을 겪고 있는("수년간의 기근"에 비교될 수 있다.) 이미 자녀를 둔 부부들은 더 이상 아이를 갖지 않아도 된다고 볼 수 있다.

입양

성경에 따르면 고아를 자신의 집으로 데려와 키우는 사람은 그 아이를 자신이 낳은 아이처럼 여길 수 있다(바빌로니아 탈무드, 산헤드린 19b). 탈무드의 이러한 결론은 성경에 나오는 사울의 딸 미갈의 이야기에 뿌리를 두고 있다. 성경의 한 구절(사무엘하 6:23)에선 미갈에게 자식이 없다고 말하고 있지만, 다른 구절(사무엘하 21:8)에선 미갈에게 다섯 아들이 있다고 말한다. 탈무드는 이 다섯 아들이 사실은 미갈의 여형제인 메랍의 아들이었는데 메랍이 일찍 세상을 뜨자 미갈이 이들을 맡아 키웠고 이들의 어머니로 인정받았다는 것에 주목한다. 양부모에 대한 예우는 탈무드의 가장 위대한 학자 중 한 명과 연관된 다음 구절에서도 반영된다.

"아바예의 아버지는 그의 어머니가 그를 임신했을 때 사망했고, 그의 어머니는 아바예를 낳고 사망했다. 하지만 아바예에겐 어머니가 없지 않았다. 아바예는 '저희 어머님이 제게 말씀하셨습니다.' 라고 말하곤 했기 때문이다. 그녀는 그의 양어머니였다(바빌로니아 탈무드, 키두쉰 31b)."

20. 부모와 자녀는 어떤 의무를 지니는가

네 부모를 공경하라(출애굽기 20:12; 10계명 중 다섯째 계명).

부모를 향한 자녀의 감정은 종종 혼란스러운 여러 감정이 뒤섞여 있을 때가 많은데, 이러한 복합적인 감정은 유대의 상식상 성경이 이웃과 이방인, 하나님에 대한 사랑은 규정했지만(레위기 19:18, 레위기 19:34, 신명기 6:5), 부모에 대한 사랑은 규정하지 않았다는 독특한 사실로 설명될 수 있을지도 모르겠다. 이처럼 근본적이고 절대적인 관계에서 사랑이라는 변하기 쉬운 감정을 의무화한다는 것은 어울리지 않는다. 그래서 성경은 부모와 자식 간의 관계가 소원해질 때조차도 효력을 유지할 수 있는 공경과 존중이라는 규범을 요구한다.

너희는 어머니와 아버지를 존경해야 한다(레위기 19:3). 랍비들은 이렇게 가르쳤다. "'존경revere'은 무엇이고, '공경honor'은 또 무엇인가? '존경'이란 자식이 아버지의 자리에 서지도 앉지도 말고 아버지의 말을 거역하지도 말며 [논쟁에서 상대의 편을 듦으로써] 아버지의 판단을 거스르지도 말아야 한다는 뜻이다. '공경' 이란 자식이 [아버지(또는 부모)가 늙어 도움이 필요할 때] 아버지에게 먹을 것과 마실 것, 입을 것과 덮을 것을 드리고, 외출을 시켜드려야 한다는 뜻이다(바빌로니아 탈무드, 키두쉰 31b)."

그러므로 유대사회에서 만일 아버지가 모르고 토라의 율법을 어겼다면 자식은 "아버님은 지금 토라의 율법을 어기고 계십니다."라고 말하지 말아야 한다. 그 대신 "아버님, 그렇게 하시는 것이 토라의 말씀과도 부합합니까?"라고 말해야 한다. 하지만 두 표현 모두 똑같이 무례하지 않은가? 그렇다면 자식은 이렇게 말해야 할 것이다. "아버님, 토라에는 이렇게 나와 있습니다." 그리고 [아버지에게 결정권을 준다.](바빌로니아 탈무드, 산헤드린 81a).

부모는 자신의 자녀에게 사랑을 준다. 하지만 그 사랑은 다시 부모에게 돌아오지 않고 그 자녀의 자녀에게로 간다(바빌로니아 탈무드, 소타 49a). 최근에 작고한 랍비 허버트 타르Hebert Tarr는 자신의 소설 《코헨 목사의 개종The Conversion of Chaplain Cohen》에서 어렸을 때 고아가 되어 온정 깊은 숙부와 숙모의 보살핌을 받고 자란 데이비드에 대한 이야기를 한다. 다음은 그가 미군으로 입대하기 위해 집을 떠날 때 숙부와 숙모가 그를 기차역까지 배웅하러 나온 대목이다.

데이비드는 부드러운 학생의 손으로 이들의 거친 행상인 손을 꼭 잡으며 말했다. "제가 두 분께 어떻게 보답할 수 있을까요!"

아서 삼촌이 부드럽게 대꾸했다. "'부모는 자신의 자녀에게 사랑을 준다. 하지만 그 사랑은 다시 부모에게 돌아오지 않고 그 자녀의 자녀에게로 간다.' 는 옛말이 있단다."

"그렇지 않아요!" 데이비드가 이의를 제기하며 말을 이었다. "전 항상 두 분께……."

숙모가 데이비드의 말을 막았다. "데이비드, 아서 삼촌은 부모의 사랑은 돌려받는 것이 아니라는 말을 하려 했던 거란다. 부모의 사랑은 대대로 전해질 뿐이지(허비트 타르, 《코헨 목사의 개종The Conversion of Chaplain Cohen》)."

현대 정통파 유대주의의 한 학자는 부모를 향한 자녀의 사랑이 자녀를 향한 부모의 사랑과 어떻게 다른가를 깊이 있게 조명하고 있다.

> 아버지를 여읜 사람은 매우 슬프다. 그는 아버지를 회상하며 회환의 시련을 맞게 된다. 하지만 아버지가 그에게 막대한 유산을 남겼다는 뜻밖의 소식을 접한다면 아들의 기분은 어떨까? 아버지를 잃은 큰 슬픔에 빠져 있음에도 불구하고 그의 마음속엔 막대한 유산을 받게 된다는 기쁨도 공존하게 된다. 실제로 물질적인 기쁨으로 슬픔이 줄어들기도 한다. 그런데 반대로 아들이 죽어 아버지에게 상상도 못할 막대한 유산을 남긴다면? 이 경우 아버지는 유산에 조금도 관심을 보이지 않는다. 아버지는 오로지 아들의 죽음만을 애통해하며 이렇게 말할 것이다. "나의 소중한 아들을 잃어버린 지금 유산 따위가 무슨 소용이란 말인가! 이 세상에서 가장 가난한 사람이 되더라도 그 애만 다시 살릴 수 있다면!"
>
> 압살롬이 살해되었을 때 다윗왕은 통렬한 고통의 울부짖음으로 반응했다. 그는 "내 아들아! 내 아들아!"를 일곱 번이나 반복하며 울부짖었다. 압살롬이 다윗왕 자신을 살해하려 했다는 걸 알았음에도 여전히 울부짖었다. "내 아들아! 내 아들아!" 상상해보라! 압살롬은 몹시 격분해 아버지를 살해하기 위해 밖으로 나왔다. 하지만 여전히 다윗왕은 아들을 잃은 슬픔에 울부짖었다. "내 아들아! 내 아들아! 이제 너를 영

영 보지 못하는구나." 아버지와 아들 중 누가 누구에게 더 감정적일 까?(모데차이 메나쳄 라이치, 《지혜의 왕관The Crown of Wisdom》 2권)

자녀와 부모의 의견이 다를 경우

토라는 이렇게 가르친다. "너희는 어머니와 아버지를 존경하고 내 안식일을 지켜야 한다. 나는 너희 하나님 여호와다(레위기 19:3)." 탈무드는 이 구절에 대해 다음과 같은 주석을 단다. "만일 아버지가 아들이 따라서는 안 되는 '주운 물건은 돌려주지 마라.' 또는 '안식일을 지킬 필요가 없다.'와 같은 말을 아들에게 했다면 우리는 어디에서 배움을 얻어야 할까? '너희는 어머니와 아버지를 존경하고 내 안식일을 지켜야 한다.'는 계율의 의무는 너희 아버지와 너희 어머니에게도 똑같이 지워진다. 따라서 너희와 너희 아버지 모두 여호와를 따라야 한다(바빌로니아 탈무드, 바바 메트지아Bava Metzia 32a)."
다시 말해, 부모가 자식의 양심을 통제할 수는 없다는 것이다. 19세기의 저명한 유대 율법인 키트주르 슐크한 아루크Kitzur Shulkhan Arukh가 다음과 같이 규정한 것처럼 말이다.

"한 아이가 자신은 화해하길 바라는 사람과 이야기도 하지 말고, 그를 용서하지도 말라는 말을 자기 아버지로부터 듣는다면 아이는 아버지의 말을 따라선 안 된다(키트주르 슐크한 아루크 143:11)."
그 사람이 특별히 사악한 범죄자일 경우에만 아버지의 명령이 정당화될 수 있으며, 그렇지 않을 경우 다른 사람에 대한 증오는 잘못된 것이라고 그는 말했다. 따라서 아들에게 다른 사람을 증오하는 태도를 취하라고 명령하는 것은 결과적으로 아들에게 토라의 말씀을 거역하라고 명령하는 것과 같다는 이야기다.

유대인 교육자인 스티븐 브라운Steven Brown은 아루크의 이 말에 대해 "핵가족 구조에서 가족 간의 알력이 늘고 종종 이러한 알력이 가정을 붕괴시키는 요즘 같은 세상에 그야말로 소중한 충고"라고 지적한다(《하나님 파트너로서의 부모Parents As Partners with God》).

부모가 늙어갈 때나 부모의 정신이 온전치 않을 때

아버지가 아들에게 자신의 것을 내놓으면 두 사람 모두 웃는다. 하지만 아들이 아버지에게 자신의 것을 내놓으면 두 사람 모두 안타까워한다(유대 격언). 유대 율법에서는 아들이 아버지에게 불손한 말을 하는 것을 금한다. 이는 어떤 경우를 두고 하는 말일까? 예를 들어, 늙고 쇠약해진 아버지가 아침 일찍 식사를 하기를 원하는데 아들이 다음과 같은 식으로 대꾸하면 이는 말로써 아버지에게 불손함을 범하는 것이다. "아직 해도 뜨지 않았는데 벌써 식사를 하시겠단 말입니까?" 또는 아버지가 아들에게 "아들아, 네가 사준 이 외투의 가격이 얼마냐?"라고 물었는데, 아들이 다음과 같은 식으로 대꾸하면 이는 말로써 아버지에게 불손함을 범하는 것이다. "그게 아버지와 무슨 상관이 있단 말입니까? 전 어차피 값을 치러 그 외투를 구입했는데요. 그러니 가격이 얼마인지 물어보실 필요가 없죠!" 혹은 아들이 혼자 속으로 다음과 같이 생각하는 것도 유대 율법에서는 말로써 아버지에게 불손함을 범한 것으로 간주한다. '이 노인네가 언제 죽을까? 더 이상 노인네에게 돈이 들어가지 않을 때가 언제일까?'(《지혜의 목소리 Voices of Wisdom》)

다음에 소개하는 세 편의 글은 부모 봉양에 관한 유대인의 정신을 가장 잘 보여준다.

아버지에게 살찐 닭을 대접하고도 지옥에 가는 사람이 있는가 하면 아버지에게 물레방아를 돌리는 일을 시키고도 에덴동산으로 가는 사람이 있다.

아버지에게 살찐 닭을 대접하고 지옥에 가는 것이 어떻게 가능할까? 아버지에게 살찐 닭을 대접하곤 했던 한 남자가 있었다. 한번은 그의 아버지가 이렇게 말했다. "아들아, 어디서 이 닭을 구했느냐?" 그러자 아들이 대답했다. "노인네야, 개가 먹을 때 입을 다무는 것처럼 입을 다무시고 그저 먹기나 하시지." 이러한 사람은 아버지에게 살찐 닭을 대접하고도 지옥으로 떨어질 것이다.

그럼 아버지에게 물레방아를 돌리는 일을 시키고도 에덴동산으로 가는 것은 어떻게 가능할까?

물레방앗간에서 일하던 한 남자가 있었다. 어느 날 왕이 그 나라의 물레방앗간 주인들을 불러 모아 자신의 물레방앗간에서 일하게 하라는 명령을 내렸다. 이에 남자는 자신의 아버지에게 말했다. "아버님은 여기 계시면서 저를 대신해 물레방앗간 일을 맡아주십시오. 제가 왕을 위해 일하러 가겠습니다. 왕의 일꾼들이 모욕이라도 당하게 된다면 전 그 모욕을 아버님이 아니라 제가 감당하길 원합니다. 행여 일꾼들이 매질이라도 당하게 된다면 전 아버님이 아닌 제가 그 매질을 감당하길 원합니다." 이러한 사람은 아버지를 물레방앗간에서 일하게 하고도 에덴동산으로 갈 것이다 (팔레스타인 탈무드, 키두쉰 1:7).

어느 날 한 남자가 브리스크의 랍비 하임을 찾아와 물었다. 아버지가 아프다는 소식을 들어 병문안을 가야만 할 것 같은데, 유대 율법에 자식은 부모를 공경하는 데 돈은 쓸 필요가 없다고 했으니 기차표 값이 드는 병문안을 갈 필요가 있겠느냐는 것이었다. 랍비 하임은 그에게 간단명료하게 대답했다. "맞는 말씀입니다. 당신은 돈을 쓸 필요가 없습니다. 아버지가 계시는 곳까지 걸어가십시오!"(제럴드 블리드스타인Gerald Blidstein, 《당신의 아버지와 어머니를 공경하라Honor Thy Father and Mother》)

아버지나 어머니가 정신적인 장애를 겪고 있다면 하나님이 이를 긍휼히 여기셔서 아버지나 어머니를 하늘로 데리고 가시기 전까지 자식은 부모의 비정상적인 언행을 맞춰주려고 노력해야 한다. 하지만 부모의 극단적인 정신 이상으로 인해 견디기 힘든 상황에 처했다고 판단되면 자식은 부모를 제대로 돌볼 수 있는 곳으로 떠나보낼 수 있다(모세스 마이모니데스, 미슈네 토라, '반역과 관련된 율법' 6:10).

어느 날 네티나의 아들 다마가 비단으로 된 금옷을 입은 로마의 위대한 사람들과 함께 앉아 있었는데, 그의 어머니가 그에게 다가와 비단옷을 찢고 그의 머리를 손바닥으로 찰싹 때리고는 그의 얼굴에 침을 뱉었다. 하지만 그는 어머니를 부끄럽게 만들지 않았다(바빌로니아 탈무드, 키두쉰 31a). 랍비들은 비유대교도인 다마에 대해 많은 이야기를 했는데, 그중 대부분이 그의 모범적인 부모 공경과 관련된 일화였다. 랍비들은 의로운 사람의 행동을 거울삼아 다섯 번째 계명을 지키는 올바른 방법을 배우고자 했는데, 이들의 이러한 열의는 대단한 것이었다.

노인이 예전과는 달리 더 이상 생산적인 활동을 할 수 없어 목적의식 없이 그저 가만히 앉아있기만 할 때 일반적인 사람들이 이들을 얕잡아 보는 것은 당연한 일이다. "네 부모를 공경하라."라는 계율은 특히 이러한 상황을 고려해 주어진 것이었다(프랑신 클라그스브룬, 《지혜의 목소리Voices of Wisdom》). 황새들 사이에선 더 이상 날 수 없는 늙은 새는 둥지에 머물러 있다. 한편, 이들의 자식인 젊은 새는 바다와 육지 위를 날아다니며 부모 새에게 필요한 식량을 가져다준다. 한낱 황새도 부모를 섬기는데 인간이 자신의 부모를 섬기지 못한다면 그 사람은 부끄러움으로 자신의 얼굴을 숨겨야 마땅하지 않을까?(《필로Philo》) 연로한 부모를 모시는 데 대한 어려움은 다음의 예기치 않은 고찰 뒤에 가려 있었을 수도 있겠다.

랍비 시몬 바 요하이는 "613개의 모든 계율 중 가장 지키기 어려운 것이 '네 부모를 공경하라.'이다."라고 말했다.

부모가 자신을 이 세상에 있게 해준 것보다 부모가 자신에게 도덕적 가르침을 준다는 사실에 부모를 공경해야 할 더 큰 이유가 있다. 부모가 자식을 낳은 건 부모 자신들의 기쁨이 그 동기였기 때문이다.

자식들에 대한 부모의 의무

"아버지는 [첫 번째로 출산한 아이인 경우] 아들을 대속케 하고 아들에게 토라를 가르치고 신부를 찾아주며 장사나 다른 일을 가르치기 위해 아들이 할례를 받도록 해야 할 의무가 있다(바빌로니아 탈무드, 키두쉰 29a)."라고 랍비 주다는 말한다. 또한 탈무드는 "아들에게 장사나 다른 일을 가르치지 않는 아버지는 아들에게 도둑질을 가르치는 것과 같다(바빌로니아 탈무드, 키두쉰 29a)."고 전하며 제대로 교육받지 못한 아이는 정직하게 돈을 벌 수 있는 수단이 없기에 불법적인 행위를 하게 된다고 설명한다.

어떤 사람은 자식에게 수영하는 법도 가르쳐야 한다고 말한다. …… 그 이유가 무엇일까? 자식의 생명이 거기에 달렸을 수도 있기 때문이다(바빌로니아 탈무드, 키두쉰 30b). 물 위로 여행을 많이 했던 고대사회에서 수영은 권장되는 생존 기술이었다. 이 의무를 현대사회에 적용하면 '아버지는 자식에게 아날로그적인 기술(예를 들면, 교통법규 지키기, 안전 운전, 응급처치 등등)을 가르쳐야 한다.' 정도가 될 것이다.

유대사회에서 어른들은 아이들(더 넓게는 후세 사람들)이 필요한 것을 제공하려고 노력해야 한다. 심지어 그것이 자신이 죽고 난 후에 빛을 보게 되더라도 말이다.

하드리안 황제가 갈릴리의 티베리아스 부근 길을 걸어가다 어느 노인이 무화과를 심기 위해 흙을 파고 있는 것을 보았다.

하드리안 황제가 말했다. "노인장, 당신이 젊었을 때 무화과를 심었다면 황혼에 접어든 지금 그렇게 일할 필요가 없지 않았겠소?"

그 노인이 대답했다. "전 젊었을 때도 무화과를 심었지요. 그리고 하나님을 기쁘게 해드리는 일도 하나님과 함께 했고 말입니다."

하드리안 황제가 물었다. "당신의 나이가 얼마요?"

"100세입니다." 노인이 대답했다.

"100세인데 무화과를 심으려고 땅을 파고 있단 말이오?" 하드리안 황제가 말을 이었다. "당신이 그 나무의 열매를 먹을 수 있다고 생각하시오?"

"제가 그럴 가치가 있는 사람이라면 먹을 수 있겠지요." 노인이 말을 이었다. "하지만 그렇지 않더라도 상관없습니다. 저의 아버님이 저를 위해 일하신 것처럼 전 제 아이들을 위해 일하는 것이니까요(레위기 라바 25:5)."

상식적인 가정교육

"아버지는 자신이 자녀들로부터 받아 마땅한 공경을 받지 않으려 할 수도 있다."는 법칙은 아버지의 위상과 관련이 있다. 하지만 아들은 아버지가 구타당하거나 저주받도록 내버려두어선 안 된다(람비 아하이, 쉐일톳She' iltot 60).

라브의 아내는 계속 라브를 괴롭혔다. 라브가 아내에게 렌즈콩 요리를 부탁하면 그녀는 라브에게 완두콩 요리를 해주었고, 완두콩 요리를 부탁하면 렌즈콩 요리를 해주었다. 라브의 아들 히야가 성장했을 때, 히야는 어머니에게 라브의 말을 전했지만, 실제로는 라브가 한 말을 거꾸로 전했다 (즉, 아버지가 렌즈콩을 원하면 아버지는 완두콩을 원한다고 전했던 것이다.).

어느 날, 라브가 아들 히야에게 말했다. "네 어머니가 나아졌구나."
히야가 말했다. "그건 제가 아버님의 말씀을 바꾸어 전했기 때문입니다."
그러자 라브가 말했다. "사람들이 '네 자손이 네게 지혜를 가르친다.'고 한 말이 바로 이 경우를 두고 하는 말이었구나. 그렇더라도 이제 더 이상 그렇게 하지 말거라. 우리 인간보다 더 권위가 있는 성경이 '그들은 자기 혀에 거짓말하는 것을 가르치고 죄를 짓느라 피곤하다(예레미야 9:4).'라고 기록하고 있기 때문이다(바빌로니아 탈무드, 예바못 63a).

라브의 관점으로 보면 자식을 진실 되게 가르쳐야 한다는 부모의 의무가 자식의 거짓말로 얻을 수 있는 부모의 어떤 편리함보다도 우선된다. 그럼 2천 년 전의 이 이야기는 현재에 어떻게 적용될 수 있을까? 원하지 않는 전화를 아이가 받았는데 아이에게 엄마는 집에 없다고 말하도록 시킨다든가 영화표를 싼 가격에 구입하기 위해 열두 살(성인 이용료가 적용되는 나이)인 아이에게 열한 살이라고 말하도록 시키는 등 아이를 거짓말하도록 길들여선 안 될 것이다. 본보기가 되는 부모도 아이들에게 거짓말하지 말아야 할 것이고 말이다.

아이에게 약속한 것을 지키지 않으면 안 된다. 아이가 거짓말을 배우기 때문이다(바빌로니아 탈무드, 수카Sukkah 46b). 유대 율법은 여기에 덧붙여 부모는 아이를 위협하거나 아이에게 공포심을 조장하는 언행을 일삼는 것을 삼가야 한다고 가르친다. 가장은 가정에서 지나친 공포심을 조장하지 말아야 한다(바빌로니아 탈무드, 기틴Gittin 6b). 가장의 성미가 불같으면 많은 사람들이 고통받는다. 정결한 음식이 갑자기 떨어져 하인들이 랍비 하나나 벤 감리엘에게 정결하지 않은 음식을 차리게 된 이유는 그가 화를 폭발하는 것에 대한 두려움 탓이었다고 탈무드는 기록하고 있다(바빌로니아 탈무드, 기틴 7a). 탈무드는 또한 화를 잘 내는 성미를 가진 가장은 가족이 그의 격노를 피해 급하게 달아나다 치명적인 사고를 당하는 경우처럼 심지어 가족을 죽음으로까지 내몰 수 있다고도 경고한다(바빌로니아 탈무드, 기틴 6b).

한편, 대부분의 경우 성미가 고약한 가장으로 인해 가장 큰 고통을 당하는 이는 다름 아닌 아이들이다.

브나이 브라크에 사는 한 소년이 안식일에 병 하나를 깨트렸다. 소년의 아버지는 소년에게 뺨을 때리겠다고 위협을 했고 소년은 그것이 두려워 구덩이에 빠져 자살했다. 사람들이 랍비 아키바를 찾아와 여기에 대해 묻자 랍비 아키바는 이렇게 말했다. "슬픔을 애도하는 어떤 의식도 행하지 말아야 합니다." (유대 율법은 자살도 살인의 한 형태로 간주하므로 이 경우 모든 종교 의식을 금한다.)

이 사건 및 이와 유사한 사건들을 접한 랍비들은 다음과 같이 말했다. "부모는 아이에게 뺨을 때리겠다는 사소한 위협조차 하지 말아야 한다. 아이가 잘못을 한 그 즉시 벌을 주거나 그렇지 않으면 아무 말도 하지 않는 것이 더 바람직하다(바빌로니아 탈무드, 세마크홋Semakhot이라는 탈무드 소책자 2:5-6)."

성경에서 가장 거부감을 느끼는 구절을 말하라고 한다면 나는 잠언 13장

24절이 전하는 다음의 충고라고 말할 것이다. "회초리를 아끼는 것은 아들을 사랑하지 않는 것이다." 이러한 가르침을 물려받아 집회서* 30장 1절은 다음과 같이 전하고 있다. "아들을 사랑하는 자는 아들에게 자주 체벌을 가한다. 그러면 아이는 그의 기쁨으로 자랄 수 있기 때문이다."

그러나 현대에 이르기까지 이러한 구절들을 근거로 부모와 선생들이 아이들을 잔혹하게 다루는 일이 비일비재했다. 위대한 히브리 시인인 하임 나만 비아리크Hayim Nahman Bialik는 이러한 구절들을 신봉한 선생님들로 인해 힘들었던 초등학교 시절의 쓰라린 기억을 회상했다. "교사들은 각자의 방식으로 아이들에게 상처를 주는 방법만을 알고 있을 뿐이었다. 교사들은 회초리나 주먹, 팔꿈치, 밀방망이 등 아이들에게 고통을 줄 수 있는 것이라면 가리지 않고 그것으로 아이들을 체벌했다. 어느 보조교사 한 명은 자신의 질문에 대한 나의 대답이 틀릴 때마다 나에게 다가와 내 얼굴 앞에서 손가락을 굽힌 손바닥을 보이고는, 나의 목을 잡곤 했다. 그가 마치 표범이나 사자 또는 다른 맹수처럼 먹이에 굶주린 눈빛으로 나를 쏘아보면 죽을 것 같은 두려움이 엄습하곤 했다. 그는 자신의 더러운 손톱으로 내 눈알을 도려낼 것 같은 공포심을 조장했고, 이러한 공포심은 나의 정신을 마비시켜 전날 배운 어떤 것도 기억해낼 수 없게 만들었다." 이러한 끔찍한 행위는 당연히 유대사상의 일관된 모습을 반영하지 않는다. 탈무드가 제시하는 조언은 이보다 훨씬 더 부드럽기 때문이다. "아이를 때려야 한다면 신

■ **집회서** 외경 중에서 가장 방대하며 초대 교회 사람들이 애독한 문서이다. 그리스어 역에서 《벤 시락의 지혜》라고 하였지만, 《집회서》라는 성서는, 라틴어의 에클레시아스티쿠스Ecclesiasticus의 번역으로 '교회적인 책' 또는 '교회서'라고도 번역한다. BC 180년경 헤브라이어로 시락의 아들(벤 시라) 예수에 의하여 쓰였고, BC 130년경 이집트로 가지고 간 동명의 인물(원저자의 손자)에 의하여 그리스어語로 번역되었다. 알렉산드리아의 유대인들은 이를 구약성서(그리스어역)의 일부로서 인정했다.

발끝으로만 때리도록 하라(바빌로니아 탈무드, 샤밧Shabbat 10b)."

부모는 절대로 자식들 중 한 아이에게만 각별한 대우를 하지 말아야 한다. 왜냐하면, 야곱이 다른 자식들에게 준 비단보다 동전 두 닢의 가치가 더 나가는 비단을 요셉에게 주었기 때문에 요셉의 형제들은 요셉을 시기하게 되었고, 이것은 또 다른 화를 초래해 결국 우리의 선조들이 이집트에서 종살이를 하게 되었기 때문이다(바빌로니아 탈무드, 샤밧Shabbat 10b). 열두 아들 중 야곱이 가장 좋아한 열한 번째 아들인 요셉에게만 갖가지 색깔의 비단옷을 선물한 사건에 대한 탈무드의 글이다. 안타깝게도 야곱은 자신의 편애를 감추려는 노력을 하지 않았다. 여기에 덧붙여 아버지께 형제들의 잘못을 늘 어놓는 요셉의 나쁜 버릇과 형제들이 자신에게 와 땅에 엎드려 절을 하게 된다는 형제들에게 들려준 자신의 꿈 이야기는 형제들로 하여금 요셉을 증오하도록 만들기에 충분했을 것이다. 결국 형제들은 요셉을 이집트에 노예로 팔았고, 그 후 야곱에게는 그가 맹수들의 공격을 받아 죽었다고 전했다(창세기 37: 33). 요셉에 대한 특별한 사랑을 표현하기 위해 야곱이 요셉에게 준 바로 그 옷 때문에 형제들이 요셉을 증오했다는 사실이 얼마나 아이러니한가!

부모가 자식들 개개인에 대해 서로 다른 감정을 가지는 경우에 대해 랍비들은 이러한 감정 때문에 부모가 아이들을 차별대우하는 건 합당하지 않다고 가르친다. 이는 랍비 사무엘이 랍비 유다로 하여금 부모가 착한 아이에게 더 큰 혜택을 주기 위해 '나쁜 자식'의 상속권을 박탈하는 일을 힘닿는 한 막도록 가르친 여러 이유 중 하나인 "나쁜 자식이 어떤 일을 저지를지는 아무도 모르기 때문"이기도 하다(바빌로니아 탈무드, 바바 바스라 133b와 케투봇 53a).

자식들을 돌보는 것을 거부하는 부모들이 랍비 히스다 앞에 왔을 때, 랍비 히스다는 말했다. "사람들이 보는 앞에서 절구통을 뒤집어 태만한 아버지를 그 위에 세우고 이렇게 말하도록 하라. '갈가마귀조차 새끼들을 돌보는데 저는 제 아이들을 조금도 돌보지 않았습니다.'(바빌로니아 탈무드, 케투봇 49b)" 네 아들이 다섯 살 때엔 너의 스승이고, 열 살 때엔 너의 하인이며, 열다섯 살 때엔 너의 분신이고, 그 이후엔 그를 어떻게 양육했는지에 따라 너의 친구가 될 수도, 적이 될 수도 있다.(하스다이 이븐 크레스카스Hasdai ibn Crescas).

20세기의 한 유대인 저술가도 이와 비슷한 충고를 했다.

"노년의 안전을 보장받을 수 있는 가장 좋은 방법은 아이들을 존경하는 것이다(숄렘 아쉬Sholem Asch)."

부모의 영향력

밖에서 아이가 하는 말은 그의 아버지나 어머니가 하는 말이다(바빌로니아 탈무드, 수카 56b). 랍비 요카난의 이야기를 인용해 랍비 후나는 아들을 키우기 위해 매춘부들이 사는 거리에 향수 가게를 연 어느 남자의 이야기를 들려준다. 매춘부들은 이 남자의 향수 가게에서 지속적으로 향수를 구입했고, 이 남자 역시 지속적으로 매춘부들을 애용했다. 그런데 다른 소년들과 마찬가지로 이 남자의 아들 역시 본능의 이끌림을 이기지 못하고 잘못된 길로 빠져들었다. 그러던 어느 날 마침내 아버지가 창녀촌을 찾아와 매춘부와 함께 있는 아들을 붙잡고는 아들에게 호통쳤다. "이 망할 자식아, 넌 나한테 죽는 줄 알아라!" 마침 거기에 있던 아버지의 친구가 말했다. "자네가 아들을 망쳐놓고는 이제 와서 아들에게 고함을 친단 말인가! 자네는 다른 직업들을 놔두고 아들이 향수 판매상이 되도록 가르쳤고, 다른 곳을 놔두고 하필이면 창녀촌에다 향수 가게를 열었단 말일세!(출애굽기 라바 43:7)"

자식의 의무

어느 탈무드 랍비는 성장해서 부모에게 슬픔을 안겨주는 자식에 대해 다음과 같은 깊은 생각을 피력했다. "그것은 고기를 썰기 위해 구입한 칼로 고기를 썰다 칼이 미끄러져 자신의 손가락을 벤 남자와 같습니다. 그는 이렇게 말할 것입니다. '난 고기를 썰려고 칼을 구입했는데 결국 내 손가락을 베려고 칼을 구입했단 말인가?' 이것은 공경받기 위해 자녀를 낳은 남자가 결국 자녀에게서 저주를 받는 것과 비슷한 경우일 것입니다(미드라시 사무엘 7:1)."

성인이 된 자식과 그 부모에 대한 현대 이야기

부모님이 살아 계실 때 열다섯 소년이었던 유대인 남자는 부모님이 돌아가실 때까지 열다섯 소년으로 남아 있다(필립 로스Philip Roth, 《포트노이의 불평Portnoy's Complaint》).

로스의 이 말은 나로 하여금 아들의 방에 허락도 받지 않고 마구 들어가는 유대인 엄마에 대한 다음의 유머를 떠올리게 한다.

"버니, 학교 갈 시간이란다. 어서 일어나렴."

버니는 담요를 당겨 머리 위로 뒤집어쓰며 말했다. "학교에 가기 싫어요."

"학교에는 꼭 가야 한단다." 어머니가 말했다.

"학교에 가기 싫다니까요. 선생님들도 저를 싫어하고 아이들도 모두 저를 놀린단 말이에요."

어머니는 버니가 뒤집어쓰고 있는 담요를 당기며 말했다. "버니, 선택의 여지가 없단다. 넌 무조건 학교에 가야 해."

"좋아요." 버니가 말을 이었다. "그럼 내가 학교에 가야 하는 이유를 한 가지만이라도 말씀해보세요."

"넌 52살이고 교장이기 때문이란다."

탈무드에서의 가장 아름다운 축복

랍비 나만과 랍비 이삭이 이별할 시간이 되었을 때 나만이 이삭에게 자신을 축복해달라고 부탁했다. 이에 이삭은 이렇게 대답했다. "이야기 하나를 들려주겠네. 이 이야기는 누구를 비유한 것이겠는가? 홀로 사막을 여행하고 있는 한 남자에 대한 이야기라네. 그는 배고프고 지치고 목이 말랐는데, 갑자기 달콤한 열매와 상쾌한 그늘, 그리고 그 밑으로는 개울이 흘러가고 있는 나무를 보게 되었다네. 남자는 나무의 열매를 먹고 물을 마시고는 나무 그늘에 앉아 쉬었다네. 이윽고 그가 다시 여행을 떠날 때가 되자 그는 나무를 쳐다보며 이렇게 말했다네. '나무여, 오, 나무여. 무슨 말로 너를 축복할 수 있단 말인가? 너의 열매를 달콤하게 해달라는 축복의 기도를 올리려니 그것들은 이미 달콤하구나. 네가 만든 그늘이 상쾌하게 해달라는 축복의 기도를 올리려니 그것도 이미 상쾌하구나. 네 옆으로 개울이 흐르게 해달라는 축복의 기도를 올리려니 이미 네 옆으로 개울이 흐르고 있구나. 그래서 난 네게 이렇게 축복의 기도를 올리련다. 네게서 비롯된 어린 가지들이 너와 똑같이 되게 해주소서.'"

이삭이 나만에게 계속 말했다. "자네의 경우도 마찬가질세. 내가 자네를 위해 어떤 축복의 기도를 올릴 수 있겠는가? 토라를 열심히 공부하게 해달라고 축복의 기도를 올리려니 자네는 이미 그렇게 하고 있고, 부를 위한 축복의 기도를 올리려니 자네는 이미 부유하네. 또 아이들을 갖게 해달라는 축복의 기도를 올리려니 자네는 이미 아이들을 갖고 있다네. 그래서 난 자네에게 이런 축복의 기도를 올리려 하네. 친구의 자손들이 친구와 똑같이 되게 해주소서(바빌로니아 탈무드, 타아닛 5a-6a)."

21. 낙태 문제를 어떻게 볼 것인가

사람들이 싸우다가 아이 밴 여자를 다치게 해서 낙태를 했으나 그 여자는 다치지 않았다면 가해자는 그 여자의 남편이 정한 대로 벌을 받아야 한다. 그리고 또한 재판관들이 결정한 값을 지불해야 한다. 그런데 여자가 다치게 되면 목숨에는 목숨으로, 눈에는 눈으로, 이에는 이로, 손에는 손으로, 발에는 발로, 화상에는 화상으로, 상처에는 상처로, 채찍질에는 채찍질로 갚아주어라(출애굽기 21:22-25).

태아가 어떠한 가치가 있는지는 몰라도 어쨌든 토라는 태아에게 인간 생명의 지위는 부여하지 않았다. 만일 그랬다면 태아를 죽게 한 죄는 벌금형이 아니라 여자를 죽게 한 죄와 똑같은 사형이 되어야 할 것이다. 따라서 유대 율법에서 낙태로 받게 되는 벌이 어떤 것이라 하더라도 결코 사형은 아니다. 이 구절은 토라에서 태아의 법적인 지위를 언급하는 유일한 구절이다. 한편, 탈무드에서는 태아에게도 법적인 지위가 있으며 처벌되지 않고는 태아를 죽일 수 없다는 것을 분명히 하고 있다.

"만일 임산부의 산통이 심각해 임산부의 생명까지 위태로울 지경이라면, 임산부의 자궁 내에서 태아를 자르고 사지를 각각 제거할 수 있다. 왜냐하면 임산부의 생명이 태아의 생명에 우선하기 때문이다. 하지만 태아 몸뚱이의 중요한 부분이 이미 세상의 빛을 보았다면 태아에 손상을 주지 말아야 한다. 이는 한 사람의 생명을 다른 사람의 생명을 위해 빼앗으면 안 되기 때문이다(미슈나 오할롯Ohalot 7:6)."

임산부의 생명이 태아의 생명에 우선하기 때문에 임산부의 생명이 위험할 경우 태아를 해체할 수 있다는 미슈나의 결정은 만일 임산부의 생명이 위험하지 않다면 태아를 해칠 수 없다는 걸 암시한다. 그래서 몇몇 관찰력 있는 유대인들은 임산부 생명이 위태로운 경우에만 낙태가 허용된다는 것을 주장하기 위해 이 미슈나의 구절을 인용한다. 한편 보다 관대한 관점을 가지고 있는 다른 사람들은 임산부의 생명을 위협하는 것에 정신적인 고통도 포함시켜야 한다고 주장한다. 임산부에게 정신적인 고통을 주지 않을 목적으로 낙태가 허용될 수 있다는 보다 관대한 관점은 다분히 현대적인 것으로 들린다. 다음은 이 관점을 최초로 제안한 사람이 탈무드의 또 다른 사례에 대해 언급한 요지이다.

"사형선고를 받고 곧 사형에 처해질 여자가 임신을 했다는 사실이 드러났을 경우 그녀가 출산할 때까지 사형 집행을 연기해선 안 된다. 오히려 임신 사실이 밝혀진 즉시 그녀를 사형에 처해야 한다(미슈나 아라크힌Arkhin 1:4)."

오랜 세월 가르치는 일을 하는 동안 나는 이 구절이 거의 모든 사람들의 기분을 상하게 한다는 걸 알게 되었다. 낙태를 지지하는 사람이나 낙태를 반대하는 사람이나 똑같이 이 구절에 대해 강한 불만을 표명한다. 유대 최고법원은 죄수에게 사형선고를 내릴 수 있는 유일한 법정이다. 따라서 최고법원에서 사형선고를 받았다면 죄수는 더 이상 항소할 수 있는 길이 없다. (미국에서는 연방 대법원에서만 사형선고를 내릴 수 있는 것과 마찬가지인 것이다.) 사형 집행은 사형선고가 내려진 바로 다음 날 이루어지는데, 랍비들은 그 이유를 사형 집행을 미루는 것은 죄수에 대한 또 다른 형태의 '고문'이기 때문이라 믿는다. 신학적인 규정일 수 있는 이 규정(지금까지 이러한 사례가 있었다는 증거는 없다.)이 분명히 하고 있듯이, 랍비들은 태아의 생명을 임산부의 생명뿐만 아니라 임산부의 극심한 정신적 고통에도 귀속된 것으로 보았다.

하지만 내가 이 구절을 전할 때마다 사람들은 여전히 "왜 임산부를 사형시켜야만 합니까?"라고 묻는다. 실제로 유대사회 주변의 이집트와 그리스, 로마 등의 사회는 모두 이러한 경우 임산부의 사형 집행을 출산 후로 연기한다. 그럼 왜 유대인들은 그렇게 하지 않았을까?

약 70년 전 유대학자인 빅토르 압토위처Viktor Aptowitzer는 '유대 형법에서의 태아의 지위'라는 당시로선 혁신적이라 할 수 있는 연구에서 이 문제에 대해 면밀히 조사했다. 압토위처는 "임산부를 사형 집행하지 않기로 한 그리스와 로마 법학자들의 결정은 도덕성이 아니라 실용성에 근거를 둔 계산이었다."고 주장했다. 이들의 관점으로 보면 임산부는 폐기해야 하는 쓸모없는 기계 부품이지만, 태아는 언젠가 사회를 위해 유용하게 쓰일 것이기에 필요한 기계 부품으로서 보관해야 한다는 것이었다.

반면, 유대 율법의 관점은 도덕성에 근거를 둔 것이라고 압토위처는 말했다. 사형선고를 받은 임산부 역시 동정을 받을 자격이 있는 인간이기에 산모의 육체적인 생명을 구하기 위해 태아가 희생되는 것과 마찬가지로 불필요한 정신적 고통으로부터 어머니의 영혼을 구제하기 위해서도 태아가 희생될 수 있다는 것이었다.

그렇다면 압토위처와 정확히 반대되는 주장을 제기할 순 없을까? 이집트와 그리스, 로마의 정의가 더 도덕적이고, 이들이 탈무드 랍비들보다 생명의 가치를 더 존중했다고 말이다. 이에 대해 압토위처는 그렇지 않다고 단호하게 대답했다. 왜냐하면 이 세 나라 율법 모두가 다른 경우에 대해서도 유대 율법과 달랐기 때문이다. 이들 모두는 신체적인 장애나 기타 '기형'을 가지고 태어난 아이들을 살해하는 유아 살해를 허용했던 것이다(부모 자신들이 원하는 성별이 아닌 경우에도 유아를 살해했을 수도 있으리라.).

고대사회에서는 오직 유대 율법만이 유아 살해를 살인으로 간주했다. 일단 아기가 태어나면 그 아기는 인간으로서의 모든 권리를 가졌다. 유아 살해를 반대하는 유대 율법은 고대사회에서는 급진적인 것이었다(로마의 역사가인 타키투스Tacitus는 이러한 유대 율법을 조롱했다.). 중국에서 여자 유아를 살해했다는 소식을 접한다면 요즘 세상에선 이 또한 급진적인 것으로 여기는 것과 마찬가지일 것이다.

유대 율법이 태아를 독립적인 인간으로서가 아니라 임산부의 신체 일부로 간주했다는 또 다른 증거가 있다. 임산부가 유대교로 개종하면 배 속의 태아는 자동적으로 유대교 신자가 된다. 즉, 태아가 태어나면 그 아이는 유대교로 개종할 필요가 없다. 하지만 아이를 낳은 후에 산모가 유대교로 개종하면 설령 아이를 낳은 지 하루밖에 지나지 않았더라도 그 아이는 따로 개종을 해야 한다.

한편 "태아는 임신 후 40일이 지나기 전까지는 물에 불과하다(바빌로니아 탈무드, 예바못 69b)."는 가르침에 따라 유대 율법은 설령 그 이유가 빈약하더라도 임신 6주 이전에 태아를 낙태하는 것을 금하지 않는다.

"여자는 대지와는 다르다. 따라서 그녀 배 속에 그녀가 원하지 않은 씨앗이 뿌려졌다면 그녀는 그 씨앗을 싹틔울 필요가 없다. 실제로 그녀는 불법적으로 뿌려진 씨앗을 뿌리째 뽑을 수 있다(랍비 데이비드 펠드만David Feldman이 강간당한 여성은 낙태할 권리가 있다는 랍비 예후다 페릴만Yehuda Perilman의 지침을 요약한 것)."

최근 들어 다수의 유명한 정통파 랍비들은 강간을 당한 경우라도 여자에게 임신한 아이를 낙태할 권리가 없다고 규정했다. 이러한 주장의 가장 근본적인 의도는 임산부가 신체적으로 생명이 위태로울 경우에도 낙태를 금지하려는 것이었다.

낙태에 대한 현대 유대인의 관점: 보수주의자, 정통파, 개혁주의자

만일 결함을 갖고 태어날 가능성이 있는 태아의 엄마가 아이의 인생이 평범하지 않으리란 생각에 아이를 불쌍히 여겨 낙태하려 한다면 랍비는 이를 허락하지 않는다. 태아는 미지의 생명체이자 미래의 생명체이고 '하나님의 비밀'의 일부이기 때문이다. 하지만 결함을 갖고 태어날 가능성이 있는 태아의 엄마가 그 아이로 인해 심각한 고통을 받을 것 같아 낙태를 원한다면 랍비는 이를 허락한다. 기지의 생명체이자 현재 살아 있는 생명체인 엄마가 동정을 구하고 있기 때문이다(랍비 데이비드 펠드만Rabbi David Feldman, 《유대 율법에서의 산아제한》). 펠드만의 이 글은 보수주의 유대인 사이에선 가장 전통적인 관점을, 정통파 유대인 사이에선 가장 진보적인 목소리를 반영한다. 그의 관점은 일반적으로는 낙태를 제한하는 반면, 다운증후군이나 테이색스병■과 연관된 경우엔 낙태에 대해 개방적이어야 한다는 것이다.

오늘날 대부분의 정통파 대변인들은 낙태 허용에 훨씬 더 제한적인 경향

■ **테이색스병** 가족성 흑내장성黑內障性 백치. 특히 유대계·동유럽계 소아에 있으며, 점차 시력을 잃음.

이 있다. 정통파 유대인 의사이자 유대 의료 윤리의 대표적인 권위자인 프레드 로스너가 최근 정통파 회답서의 경향을 다음과 같이 요약한 것처럼 말이다.

근친상간이나 강간이 관련된 경우 "낙태를 허용하는 것은 소수의 관점이다. 게다가, 탈무드 시대 유대 회답서의 아주 작은 부분만이 결함을 갖고 태어날 가능성이 있는 태아가 엄마의 건강을 위협한다고 보고 이를 낙태 허용의 이유로 삼았다(프레드 로스너, 《낙태에 대한 유대인의 입장The Jewish Attitud Toward Abortion》)."

정통파 유대주의 학자인 랍비 데이비드 블라이크David Bleich는 유대 신비주의의 최고 텍스트인 조하르Zohar에서 다음의 구절을 인용하는 것으로 자신의 연구인 '유대 율법에서의 낙태Abortion in Halakhic Literature'의 서막을 열었다.

"이 세상에서 하나님의 존재를 몰아내고, 하나님이 우주에서 자신의 존재를 고정시키는 것을 불가능하게 만들며, 기도에 대한 응답을 받지 못하게 하는 세 가지가 있다. …… 그 세 번째는 자궁에서 태아의 목숨을 빼앗는 사람이다. 왜냐하면 그는 하나님의 현명하신 작품을 파괴하기 때문이다. 이러한 혐오스러운 행위로 인해 거룩하신 하나님은 슬퍼한다(출애굽기 36장에 대한 조하르)."

이에 대한 개혁주의자 입장은 (남편과의 상의를 거쳐) 임산부 자신이 낙태에 관한 결정을 해야 하고, 랍비에게 조언은 구할 필요가 없다는 것이다. 몇 년 전 '미국 히브리 교회 연합Union of American Hebrew congregations'을 대표해 랍비 발포르 브릭너Barfour Brickner가 회중 소小위원회에서 다음과 같이 표명한 것처럼 말이다.

"제대로 먹을 것과 입을 것을 공급하고, 또 제대로 교육시킬 수 있다고 느끼는, 즉 진정한 부모로서 자신들을 헌신할 수 있다고 느끼는 수의 아이들만 낳을 권리를 아이 부모에게 주는 것이 가장 이상적이라고 보는 확실한 근거는 생명의 존엄이다(브릭너의 발언은 메나켐 켈너의 《현대 유대 윤리Contemporary Jewish Ethics》)."
그럼에도 불구하고 나는 브릭너가 자신들이 원치 않는 성별의 태아를 낙태하기 위해 초음파나 양수천자 검사를 받는 부모의 권리는 존중하지 않았다고 여긴다. 몇 년 전 내가 근본주의자 목사인 제리 팔웰Reverend Jerry Falwell을 인터뷰했을 때, 그는 여러 사람에게 문제를 야기하는 '조건 낙태'의 쟁점을 꼬집었다. "전 아이를 낳으려는 여성이 자신의 자궁에 있는 '태아'에 대해 얘기하는 것을 한 번도 들어본 적이 없습니다. 이들은 항상 태아를 '아기'라고 부르죠. '태아'라는 단어는 낙태를 지지하는 사람들이 무분별하게 사용하는 단어입니다. 이들은 '태아'라는 단어로 자신들이 저지르는 악을 은폐하려 하는 것입니다(그가 한 말을 기록해두지 않아 그의 말을 그대로 옮기지는 못했다.)."
"이유 없는 낙태가 금지되어야 한다는 건 분명한 사실이다. 그것은 생명의 가능성을 파괴하고 좌절시키는 것이기 때문이다. 하지만 설령 사형 집행을 당할 임산부의 경우처럼 임산부의 품위를 지키기 위한 사소한 이유라 할지라도 낙태를 해야 할 이유가 있다면 우리에겐 이러한 낙태를 허용할 수 있는 선례와 권위가 있다(랍비 벤 지온 우지엘, 《Responsa Mishp'tei Uziel》 3권)."
1960년대 좌익으로부터의 전향을 묘사한 짧은 회고문에서 랍비 젤만은 자유주의자들이 한결같이 낙태 권리를 지지하는 것에 반감을 드러냈다.

낙태를 반대하는 다수의 사람들은 자신들의 종교적 신념으로 그러한 입장을 취한다. 하지만 나는 낙태를 지지하는 사람들에 대해서는 그렇게 말할 수 없다. 낙태를 반대하는 사람은 옳고 그름에 대해 이야기하지만 낙태를 지지하는 사람들은 권리와 법에 대해 이야기한다. 전자의 언어가 하나님에 대한 나의 느낌과 훨씬 더 맞닿아 있다. 즉, 낙태를 반대하는 것이 하나님이 이 세상에서 어떻게 종교를 실재하는 것으로 만드시길 원하시는지에 대한 나의 견해를 반영하는 것이다. 낙태를 지지하려는 노력에는 남성과 여성이 난잡한 성행위의 결과를 인정하지 않으려는 저항의 냄새가 난다.

종교적인 이유로 낙태를 반대하는 것은 종교 단체가 미국 전체에 자신들의 종교적인 관점을 대변해주는 것이라며 낙태 지지 운동가들이 자신을 향해 비난한 것에 대해 젤만은 다음과 같이 썼다. "나는 성경을 근거로 시민의 권리를 행사한 것에 대해 전혀 사과한 적이 없다. 내가 왜 탈무드를 근거로 낙태를 반대하는 것에 대해 사과해야 한단 말인가……. 만일 낙태에 관한 나의 관점이 정책에 반영되었을 때 그것이 어떻게 해석될 것인지에 대해 나는 여전히 확신하지 못하고 있다. 하지만 태아를 죽이는 것은 도덕적으로 중립을 지킬 수 없는 행위라는 것에는 확신을 갖고 있다……⟨데이비드 달린David Dalin, 《미국 유대인과 분리주의자의 신념American Jews and the Separationist Faith》 ⟩."

22. 이혼은 꼭 필요한가

유대 문헌은 전반적으로 낭만적인 감수성이 배제되어 있음에도 불구하고, 이혼을 주제로 한 구절들은 놀랍도록 많은 낭만적인 생각과 일화를 낳았다.

랍비 엘라자르는 말했다. 만일 남자가 그의 첫 아내와 이혼한다면 제단조차도 눈물을 흘릴 것이다(바빌로니아 탈무드, 기틴 90b). 부부가 이혼을 했을 경우 탈무드는 일반적으로 남편에게 잘못이 있다고 본다. 왜냐하면 10세기까지 유대 율법은 여자가 이혼을 원하지 않더라도 남자가 이혼을 결정하는 것을 허용했기 때문이다. 다시 말해, 당시까지는 절대로 여자가 먼저 이혼을 결정할 수 없었던 것이다. 이러한 율법은 토라에 기초를 두고 있다. 토라는 총 네 구절에서 이혼을 주제로 다루고 있는데, 그중 일반적으로 오늘날에 적용될 수 있는 구절은 단 한 구절뿐이다.

만약 한 남자가 어떤 여자와 결혼했는데 그가 여자에게서 부끄러움이 되는 일을 알게 돼 마음으로 싫어지면 그는 이혼 증서를 써서 그 여자에게 주고 자기 집에서 내보내야 한다(신명기 24:1). 이 구절이 현대인의 감성을 만족시키긴 어렵겠지만, 남자에게 합법적인 이혼 증서를 작성케 하고 이를 시행하게 하는 의무를 지우는 것은 이혼을 다시 한 번 신중하게 생각하게 하고 삼가게 하는 효과가 있다는 데 주목할 필요가 있다. 이 율법을 남자가 오로지 구두만으로 아내에게 이혼을 선언할 수 있었던 유대사회를 둘러싼 다른 사회의 율법과 비교한다면 말이다. 이러한 관습은 아랍권의 이슬람 국가들에선 금세기까지도 합법적인 것이었다(이슬람교에선 남자가 "난 당신과 이혼하겠다."는 말을 연속으로 세 번 하면 이혼이 성립된다).

예수 탄생 직전에 랍비들은 결혼 시 남자가 이혼을 원할 경우 아내에게 넉넉한 위자료를 줄 것을 보증한다는 내용이 담긴 케투바ketuba(결혼 서약서)를 신랑이 신부에게 주어야 한다고 규정했다. 그들은 왜 이러한 규정을 만들었을까? 그것은 그렇게 하면 남자가 여자와 쉽게 이혼할 수 없다고 여겼기 때문이다(바빌로니아 탈무드. 케투봇 39a). 탈무드에서는 남자가 아내와 이혼하는 데 이유가 필요한지에 대해 논쟁을 벌인다. 논쟁에 참여한 다양한 사람들이 취하는 입장은 우리를 다소 놀라게 한다. 가장 보수적이기로 유명한 랍비 샴마이와 그의 제자들은 이혼을 할 수 있는 경우를 크게 제한한 반면, 법적인 문제에 인간적인 접근을 하기로 정평이 난 랍비 힐렐과 그의 제자들 및 랍비 아키바는 남자는 어떤 이유로도 아내와 이혼할 수 있다고 규정했다.

샴마이 학파는 말한다. "아내가 부정을 저지르는 것을 보지 못했다면 남자는 아내와 이혼하지 말아야 한다……."

힐렐 학파는 말한다. "설령 아내가 단순히 식사를 망쳤다고 해도 남자는 아내와 이혼할 수 있다……."

랍비 아키바는 말한다. "남자가 아내보다 더 아름다운 여성을 찾았을 때조차도 남자는 아내와 이혼할 수 있다……(미슈나 기틴 9:10)."

일부 유대 옹호자들은 힐렐 학파와 랍비 아키바의 주장에서 성차별주의의 증거를 찾을 수 없다고 주장하지만, 남자와 여자의 입장이 바뀐다고 해도 과연 이들은 그렇게 생각할 수 있을지 의심스럽다. 남자 독자라면 다음 구절을 다시 읽고 어떤 느낌이 드는지 상상해보기 바란다.

> 샴마이 학파는 말한다. "남편이 부정을 저지르는 것을 보지 못했다면 여자는 남편과 이혼하지 말아야 한다……."
> 힐렐 학파는 말한다. "설령 남편이 단순히 식사를 망쳤다고 해도 여자는 남편과 이혼할 수 있다……."
> 랍비 아키바는 말한다. "여자가 남편보다 더 매력적인 남성을 찾았을 때조차도 여자는 남편과 이혼할 수 있다……."

랍비들은 이혼 율법에 대하여 선천적인 불평등을 인식했기 때문에 결국 여성을 보호하는 새로운 법을 탄생시켰다. 일부다처를 반대하는 율법을 제정한 10세기의 랍비인 랍비 게르숌Gershom은 아내가 원하지 않는 이혼을 하는 것은 불법이라는 율법을 제정했고, 그 뒤로 이 율법은 계속 그 효력을 발휘했다. 12세기에 이르러 마이모니데스는 합당한 이혼 사유가 있는 아내의 이혼 요구를 받아주지 않는 남자는 그가 아내의 요구를 수락할 때까지 무자비한 매질을 당하게 된다고 규정했다(미슈네 토라, '이혼에 관한 율법Laws of Divorce' 2:20). 이 율법의 합법적인 선례는 다음의 탈무드 율법이었다. "만일 남자가 이혼하길 거부한다면 그는 '이혼하겠습니다.' 라고 말할 때까지 폭행을 당할 것이다(바빌로니아 탈무드, 케투봇 50a)." 마이모니데스가 매질이란 단어를 사용한 것은 의도적이었음을 인정한 사실은 그가 학대받는 여성들을 얼마나 돕고 싶어 했는지를 여실히 보여주는 것이리라.

오늘날의 유대 율법은 만일 남편과 아내 둘 모두가 이혼하길 원한다면 다른 이유는 필요치 않다고 규정하고 있다. 한편, 오늘날에도 가끔 남자가 여자에게 겟(유대 이혼)을 해주는 것을 거부하거나 겟을 해주는 댓가로 거액을 요구하는 경우가 있다. 물론 반대의 경우, 즉 겟을 해주길 거부하는 여자가 남편에게 비슷한 종류의 요구를 하는 일도 드물게는 일어난다. 겟이 없으면 여자는 남자와 여전히 혼인 상태로 남아 있게 되어(이런 여성을 히브리어로 '아구나agunah'라 하는데 이는 '속박된 여성'이라는 뜻이다.) 다른 남자와 결혼할 수 없다. 1950년대 케투바에 하나의 조항을 추가함으로써 이러한 쟁점을 다룬 보수주의 운동은 공식적인 이혼의 경우 남자가 겟을 제안하고 여자가 이를 수락하는 것을 의무화하는 결과를 낳았다. 정통파 유대주의 학자들은 보수주의자의 케투바를 거부했다. 조항의 문구가 자신들이 이해하는 유대 율법의 요건에 부합하지 않는다는 것이 그 이유였다. 하지만 현재 몇몇 저명한 정통파 랍비들은 이와 똑같은 결과를 야기하길 바라는 또 다른 조항을 구상하고 있다.

이혼에 관한 두 이야기

다음 이야기는 이샤야 58장 7절 "네 혈육을 못 본 체하지 않는 것이 아니냐?"에 따른 '이혼한 아내에 대한 의무'에 관한 내용이다.

랍비 요시의 아내는 그를 많이 조롱하고 못살게 굴었다. 어느 날 랍비 엘라자르가 요시를 찾아와서 말했다. "스승님, 사모님과 이혼하십시오. 스승님은 존경받아 마땅한 분이지만 사모님은 스승님께 그런 존경심을 보이지 않습니다."

요시가 대답했다. "내겐 케투바에 명시된 금액의 위자료를 감당할 능력이 없구나."

엘라자르가 말했다. "제가 스승님께 그 돈을 드리겠습니다. 그러니 사모님과 이혼하십시오."

그래서 엘라자르는 요시에게 돈을 주었고 요시는 자신의 아내와 이혼했다. 그 후, 그녀는 도시의 야경꾼을 만나 그와 재혼을 했다. 얼마간의 시간이 흐른 뒤 야경꾼은 돈을 몽땅 잃어버리고 맹인이 되었다. 그래서 그의 아내는 그를 끌고 다니며 구걸을 했다. 어느 날 도시 전체를 돌았는데도 아무도 이들에게 적선을 하지 않자 그가 그녀에게 물었다. "도시에 우리가 갈 만한 다른 동네가 없소?"

그녀가 대답했다. "한 군데가 더 있는데 제 첫 남편이 거기에 살고 있어요. 거기에 가면 제가 너무 난처해질 것 같아 가기가 싫네요." 그러자 그는 그녀가 자신을 요시의 동네로 데려다줄 때까지 그녀를 때렸다.

바로 그때, 요시가 이들 옆을 지나고 있었다. 요시는 남자가 자신의 전처를 학대하는 것을 보고 이들에게 집과 평생 먹을 식량을 주었다.

그럼에도 불구하고 전처는 다음과 같이 말했다고 한다. "전남편의 도움을 받아 마음의 고통을 받는 것보다 육체적인 고통을 받는 편이 차라리 더 낫구나(팔레스타인 탈무드, 케투봇 11:3)."

옛날 시돈에 사는 한 여인이 남편과 10년을 함께 살았는데, 둘 사이에 아이가 없었다. 당시 율법에 따라 부부는 랍비 시몬 바 요하이Shimon bar Yohai

를 찾아가 이혼을 요청했다.

랍비 요하이가 부부에게 말했다. "당신들이 결혼할 때 성대한 잔치를 열었듯이 그와 똑같은 잔치로 당신들의 이별을 시작하도록 하십시오."

부부는 그의 조언을 따라 성대한 잔치를 준비했다. 함께 만찬을 갖는 동안 아내는 평소보다 더 많은 술을 남편에게 주었다. 술에 취해 기분이 고양된 남편이 아내에게 말했다. "사랑하는 여보, 위자료 외에 우리 집에서 당신이 가장 좋아하는 것을 갖고 당신 아버님 집으로 가도록 하시오."

그녀는 어떻게 했을까? 그가 술에 취해 잠든 사이 그녀는 하인을 시켜 그가 누워 있는 침대를 자신의 아버지 집으로 옮기도록 했다. 결과적으로 그는 장인 집에서 자신의 침대에 누워 자고 있었다.

한밤중에 술이 깬 그는 주위를 둘러보곤 놀라서 말했다. "여보, 내가 지금 어디에 있는 거요?"

"여긴 저희 아버님의 집이에요." 그녀가 대답했다.

"그런데 내가 무슨 일로 당신 아버님 집에 있는 거요?"

그녀가 말했다. "어제 당신이 하신 말씀이 기억나지 않으세요? 제가 아버님 집으로 돌아갈 때 당신 집에서 제가 가장 좋아하는 것을 가져가라고 말씀하셨잖아요? 전 이 세상에서 당신보다 더 좋은 게 없답니다."

이들 부부는 다시 랍비 요하이를 찾아갔다. 그는 이들을 위해 기도했고, 마침내 여자가 아이를 갖게 되었다 (아가 라바 Song of Songs Rabbah 1:4).

탈무드 시대의 유대 율법은 부부가 결혼한 지 10년이 지났는데도 아이가 생기지 않으면 그 부부는 이혼을 해야 한다고 규정한다. 하지만 둘 중 누구에게도 불임의 책임은 묻지 않는다. 대신 둘 모두 새로운 배우자와는 아이를 가질 희망이 있다고 보고 재혼을 권장한다. 하지만 랍비 시몬을 포함한 일부 랍비들은 이러한 상황에서의 이혼을 비극으로 본다. 따라서 이 일화는 이러한 율법에 반기를 드는 문학을 도구로 한 일종의 낭만적인 저항이었고, 결국 이러한 율법을 개정하는 기틀을 마련해주었다. 그 결과 이제 더 이상 아이를 갖지 못한다고 해서 이혼을 강요당하지는 않는다. 최근 유대 역사에서 몇몇 위대한 랍비들도 아이가 없는 결혼 생활을 했다.

23. 이웃을 어떻게 사랑해야 하는가

네 이웃을 네 자신처럼 사랑하라(레위기 19:18).

이상하게도 대부분의 기독교인들과 많은 유대인들이 위의 가르침을 예수가 처음으로 주창한 것으로 믿는다(마태복음 22:39). 이들은 예수가 이 구절을 단순히 토라에서 인용한 것이란 사실을 알지 못하는 것이다.

이 구절은 단순히 토라의 613개 계율 중 하나에 불과하지만 탈무드의 위대한 스승들은 이 계율이 특별한 지위를 갖는다는 걸 오래전부터 인식하고 있었다. 탈무드 시대를 통틀어 가장 위대한 학자이자 스승인 랍비 아키바는 다음과 같이 가르쳤다.

"이웃을 네 자신처럼 사랑하라."

하시디즘의 창시자인 이스라엘 바알 토브Israel Baal Shem Tov는 "어떻게 자신을 사랑하는 것처럼 끔찍이 다른 사람을 사랑할 수 있단 말인가?"라는 이유 있는 반문에 대해 '네 자신처럼'이란 말에 특별한 강조를 둠으로써 이 계율을 실천하는 실질적인 지침을 제시한다.

> 우리는 자신이 알고 있는 자신의 잘못된 점들에도 불구하고 우리 자신을 사랑하는 것처럼, 우리의 이웃에게서 보이는 그들의 잘못된 점들에도 불구하고 우리는 그들을 사랑해야 한다.

이 실질적인 지침은 랍비들이 사람들에게 일견 불가능해 보이는 이 계율을 어떻게 실천할 수 있는지를 설명하는 데 기준이 되어준다. 다음 구절을 살펴보자.

친구의 명예를 네 명예처럼 소중히 여기도록 하라《아버지의 윤리 2:15》. 자신의 명예에 대해 신경 쓰는 것처럼 다른 사람의 명예에 대해 신경 쓰는 것이 가능한 일일까? 그럼 이렇게 얘기하면 어떨까? 자신의 자존심이 다칠까 봐 경계하는 것처럼 친구의 자존심이 손상되는 것에 대해서도 세심한 주의를 기울여야 한다고 말이다. 자신의 평판에 오점이 없길 바라는 것처럼 친구나 이웃의 평판에도 오점이 없길 진심으로 바라야 한다《랍비 나단이 말하는 아버지 The Fathers According to Rabbi Nathan》 15:1》. 몇몇 사람들은 어려움을 겪고 있는 친구에게만 공감하고 동정심을 느끼는 '궂은 날씨 친구'다. 탈무드는 사람들에게 보다 높은 기준을 세울 것을 당부한다. 즉, 다른 사람의 성공에 진정으로 기뻐할 줄 알아야 한다는 것이다.

함께할 때 사람들이 기쁨을 느끼게 하는 사람에겐 하나님도 기쁨을 느낀다. 반면, 함께할 때 사람들이 기쁨을 느끼지 못하는 사람에겐 하나님도 기쁨을 느끼지 못한다《아버지의 윤리 3:13》.

나는 언젠가 나의 친구 데니스 프레이저에게 어린 두 딸이 사랑스런 모습으로 서로 사이좋게 노는 걸 보면 얼마나 흐뭇한지 모른다고 얘기한 적이 있다.

그러자 그가 말했다. "그것이 딸들이 '아빠, 사랑해요.'라고 말하고 서로 사이좋게 놀지 않는 것보다 자네에게 더 큰 기쁨을 주는가?"

"물론이지." 내가 그에게 대답했다.

"하나님도 이와 똑같을 거라 생각하네." 데니스가 말을 이었다. "사람들이 하나님을 사랑한다고 말하고 서로 사이좋게 지내지 않는 것보다 사람들이 하나님을 사랑한다는 말을 하지 않더라도 서로 사이좋게 지낼 때 하나님은 더 큰 기쁨을 느끼실 거야."

비슷한 맥락으로 하시디즘 교사인 베르디체프*의 레비 이츠차크는 다음과 같은 가르침을 폈다. "어떤 사람이 하나님을 얼마나 사랑하는지는 그가 동료 인간들을 얼마나 사랑하는지에 의해 결정된다." 이 가르침은 일반적으로 널리 적용될 만한 지침이다. 신은 우리에게 이웃을 사랑하라고 말씀하시지만, 대다수의 사람들은 자신이 이웃에게 베푼 사랑이 거의 돌아오지 않는다고 여겨질 때 쉽사리 사랑과는 다른 감정을 표출하지 않는가!

이웃이 악의를 품을 때

"네 이웃을 네 자신처럼 사랑하라."가 토라의 613개 계명 중 가장 유명한 것이지만, 이 말이 포함된 구절은 다음과 같이 두 개의 다른 계율로 시작한다. "너는 네 형제에게 복수하거나 원한의 마음을 품지 마라. 다만 너는 네 이웃을 네 자신처럼 사랑하라(레위기 19:18)." 랍비들은 "너는 네 형제에게 복수하거나 원한의 마음을 품지 마라."라는 가르침을 일상생활에서 어떻게 실천할 수 있는지를 다음과 같이 설명하고 있다.

"복수는 무엇이고, 원한의 마음을 품는 것은 무엇일까? 만일 A가 B에게 낫을 빌려달라고 부탁하자 B가 이를 거절했고, 다음 날 B가 A에게 도끼를 빌려달라고 부탁하자 A가 B에게 이를 거절하며 그 이유를 B가 낫을 빌려주지 않았기 때문이라고 한다면 이것이 바로 복수이고 토라는 이를 금하고 있다. 그럼 원한의 마음을 품는 것은 어떤 것일까? A가 B에게 도끼를 빌려달라고 부탁하자 B가 이를 거절했는데, 다음 날 B가 A에게 외투를 빌려달라고 하자 A가 B에게 외투를 빌려주며 난 도끼를 빌려주지 않은 당신과는 다른 사람이라고 말했다면 이것이 바로 원한의 마음을 품는 것이다(바빌로니아 탈무드, 요마 23a)."

일반적으로 이러한 행동 기준은 B에게 '나 같으면 당신처럼 이기적으로 행동하지 않겠다'고 지적함으로써 자신을 정당화하려는 충동을 억누르고자 하는 특별한 자제력과 맞닿아 있다. 그런데 가정생활에서 가족 구성원 모두가 서로를 보며 자신에게 잘못한 사소한 일까지 떠올린다면 그 가정은 순식간에 붕괴될 것이다.

■ **베르디체프** 우크라이나 지토미르주州에 있는 도시.

24. 참다운 우정이란 무엇인가

성경은 위대한 우정에 대한 두 가지 사례를 묘사하는데, 하나는 두 여성 간의 우정이고, 다른 하나는 두 남성 간의 우정이다.

룻이 나오미에게 대답했다. "자꾸 저한테 어머니를 떠나거나 어머니에게서 돌아서라고 하지 마십시오. 어머니가 가시는 곳이면 저도 갈 것이고 어머니가 머무는 곳이면 저도 머물 것입니다. 어머니의 민족이 제 민족이며 어머니의 하나님이 제 하나님이십니다. 어머니가 죽는 곳에서 저도 죽을 것이고 저도 거기에 묻힐 것입니다. 죽음 외에 그 어떤 것도 어머니와 저를 갈라놓을 수 없습니다. 그렇지 않으면 여호와께서 제게 심한 벌을 내리고 더 내리셔도 좋습니다(룻기 1:16-17)."

다윗이 사울과 이야기를 마치자 사울의 아들 요나단은 다윗에게 마음이 끌려 다윗을 자기 목숨처럼 사랑하게 되었다. 그날부터 사울은 다윗을 아버지 집으로 돌려보내지 않고 자기 곁에 두었다. 요나단은 다윗을 자기 목숨처럼 깊이 사랑했기 때문에 둘은 의형제를 맺었다. 요나단은 자기가 입고 있던 겉옷을 벗어 다윗에게 주고 군복과 칼과 활과 허리띠까지 주었다(사무엘상 18:1-4).

정황을 보면 룻과 나오미, 다윗과 요나단의 우정은 가히 순수하고 놀랍다. 나오미는 룻의 시어머니다. 즉, 나오미와 룻은 항상 깊은 사랑이 오갈 수만은 없는 고부 관계인 것이다. 그럼에도 둘의 우정은 룻의 남편이 죽은 후에 더욱 깊어져갔다. 게다가 룻은 고대 이스라엘과는 적대적인 나라인 모압 출신이었다. 따라서 이러한 사실은 둘의 관계를 더욱 소원하게 만들 충분한 이유가 될 수도 있었다. 하지만 나오미에 대한 룻의 헌신적인 우정은 그녀를 유대인이 되게 만들었다. "어머니의 민족이 제 민족이며 어머니의 하나님이 제 하나님이십니다."

다윗과 요나단의 우정은 이보다 훨씬 더 강도 높은 긴장감에도 불구하고 아름답게 꽃피우고 있다. 사울 왕의 아들인 요나단은 공식적인 왕위 계승자였던 반면, 사울 군대의 지휘관인 다윗은 차기 왕의 후보로서 인기가 있던 인물이었다. 그럼에도 불구하고 요나단은 다윗에게 조금의 질투심도 느끼지 않았고 오히려 그에게 다음과 같이 말했던 것이다. "두려워하지 말게. 내 아버지 사울은 자네에게 손도 대지 못할 걸세. 자네는 이스라엘을 다스릴 왕이 될 걸세. 나는 자네 다음이지. 내 아버지 사울 왕도 다 알고 있는 일이네(사무엘상 23:17)." 결국 요나단은 아버지 사울 왕의 노여움과 다윗을 살해하려는 사울 왕으로부터 다윗을 지키기 위해 자신의 생명까지 무릅썼던 것이다.

친구에게서 가치를 두는 점

어느 위대한 토라 학자가 랍비 쿡에게 물었다. "당신이 레브 아르예 레빈을 그토록 좋아하는 이유가 무엇입니까?"
랍비 쿡이 대답했다. "그를 좋아하는 이유는 한 가지가 아니라 세 가지입니다. 그는 20년 동안 우리 집을 자주 방문해주었는데, 그러면서도 제게 한 번도 아첨을 한 적이 없었고, 내가 자신이 이해할 수 없는 무언가를 하고 있는 걸 보면 그는 그것에 대해 질문을 하거나 언급을 했죠. 그는 또한 지속적으로 저를 비방하고 모함하는 저의 극단적인 반대 세력들이 한 말을 단 한 번도 제게 옮긴 적이 없었습니다. 그리고 그가 내게 부탁하는 것들은 모두 그 자신을 위한 것이 아니라 다른 사람들에게 혜택을 주기 위한 것이었습니다 (심차 라즈, 《우리 시대의 의인A Tzaddik in Our Time》)."

친구의 필요성

철학자 마틴 부버Martin Buber는 다음과 같이 말했다.
"만일 내 인생의 초반기에 누군가가 내게 사람들과 책들 중 한 가지만을 선택해 그것과 지내야 하는데 어떤 것을 택할 것인지를 물었다면 난 책이라고 대답했을 것이다. 하지만 인생의 후반기에 이르러 내 생각은 바뀌었고, 내가 예전에 가졌던 느낌을 가지는 사람들에게 다음의 '확실한 테스트'로 반박할 것이다.
당신이 홀로, 그러니까 이 지구에서 완전히 홀로 남겨지게 되었는데 사람들과 책들 중 한 가지만을 선택할 수 있는 상황을 상상해보라. 난 사람들이 고독을 칭송하는 것을 종종 듣게 되는데 그것은 단지 자신과는 아주 멀리 떨어진 곳이라 하더라도 지구 어디엔가 사람이 살고 있다는 가정 하에서 하는 말이다. 난 내 어머니의 자궁에서 나와 이 세상의 빛을 보았을 때 책이란 것을 전혀 몰랐고, 내가 죽음을 맞이할 때는 책이 아니라 또 다른 사람(아내)의 곁에서 죽어갈 것이다. 난 실제로 이따금씩 문을 닫고 홀로 독서에 빠져든다. 하지만 그것은 내가 다시 문을 열고 다른 사람이 날 쳐다보는 것을 볼 수 있다는 확신을 가지고 있기 때문이다(마틴 부버, 《만남들Meetings》)." 부버는 자신이 지적이고 영적인 조우보다 사람과의 만남을 더 가치 있게 평가하게 된 계기로 다음 이야기를 들려준다.

"아침에 홀로 영적인 공부를 했던 어느 날 오후, 다소 의기소침해 보이는 어느 이름 모를 청년이 나를 찾아왔다. 물론 나는 그 청년을 친근하게 맞이했고 우리는 함께 서로의 말을 경청하며 솔직한 대화를 나누었다. 당시 그가 내게 묻지 않았던 질문들을 추측해내지는 못했지만 말이다. 그 후 머지않아 난 그의 친구를 통해 그 질문들이 어떤 종류의 것이었는지 알게 되었다(그 청년은 더 이상 이 세상 사람이 아니었다.). 난 그가 우연이 아닌 운명의 힘에 이끌려 날 찾아온 것이란 걸 알았다. 그는 대화를 하기 위해서가 아니라 운명적인 결정을 내리기 위해 날 찾아왔던 것이다. 그는 하필이면 날 찾아왔고, 하필이면 그 시간에 찾아왔다. 절망에 빠져서 다른 사람을 찾아갈 때 우리는 무엇을 기대할까? 당연히 영혼의 하나 됨을 기대한다. 그것은 우리에게 어떤 의미를 말해주기 때문이다. 그때 이후로 난 나의 존재를 빼앗기지 않는 하루하루를 소유하게 되었다(《만남들Meetings》)." 이러한 경험을 한 후 부바는 자신을 만나고 싶어 하는 대부분의 사람들을 만나게 되었다.

누군가 넘어지면 다른 한 사람이 그 한 사람을 일으켜줄 수 있다. 그러나 혼자여서 넘어져도 일으켜줄 사람이 없으면 얼마나 불쌍한가!(전도서 4:10).

친구가 없으면 죽은 것이나 다를 바 없다(바빌로니아 탈무드, 타아닛 23a). 탈무드의 이 구절은 초니Choni라는 학자와 관련된 고대 이스라엘의 유명한 격언이다. 초니는 70년이란 긴 세월 동안 잠을 잤는데 잠에서 깨어나보니 주위에 친구나 동료가 한 명도 남아 있지 않다는 걸 깨달았다. 초니는 자신을 이러한 불행에서 벗어나게 해달라고 하나님께 기도했고, 결국 하나님은 그의 기도를 들어주셨다.

25. 친절은 무엇을 위한 베풂인가

내가 젊었을 땐 영리한 사람을 존경했지만, 나이가 든 지금은 친절한 사람을 존경한다(랍비 아브라함 조슈아 헤셸Abraham Joshua Heschel). 내가 바라는 것은 인애이지 제사가 아니다(호세아서 6:6; 하나님의 이름으로 말함).

유대인에겐 동정심이 멘슈mensch(훌륭한 사람)가 되는 핵심 요소이고, 탈무드 랍비들이 유대인 공동체에서 불친절한 사람을 가려내는 데 사용하는 인간의 기본 요건이다.

유대인은 인정 넘치는 부모의 인정 넘치는 자녀들이다. 동료에게 동정심을 보이지 않는 사람은 확실히 우리의 조상인 아브라함의 자손이 아니다(바빌로니아 탈무드, 베차Betzah 32a). 유대주의 관점에서 보면 동정심이 없는 사람은 곧 신앙심이 없는 사람이다. 성경의 하나님을 믿는 사람이 하나님의 형상으로 창조된 동료 인간들에게 동정심을 보이지 않는 것은 있을 수 없는 일이라 보는 것이다.

"우리 모두가 한 아버지를 모시지 않았느냐? 한 하나님이 우리를 창조하지 않으셨느냐? 왜 우리가 형제끼리 신뢰를 저버려 우리 조상들이 받은 계약을 욕되게 하는 것이냐?(말라기서 2:10)"
지옥과 천국을 방문한 어떤 사람을 그린 유대교의 고대 민간 설화가 있다.

> 그는 먼저 지옥을 방문했다. 그곳의 모든 사람들이 화려한 식탁보가 덮여 있고 아름다운 은식기와 풍성한 음식이 놓인 기다란 식탁에 앉아 있는 것을 보고 놀랐다. 하지만 식사를 하는 사람은 아무도 없었고 모두가 소리 내어 울고 있었다. 그가 이들을 자세히 보았더니 팔꿈치를 굽힐 수 있는 사람이 아무도 없었던 것이다. 그래서 이들은 음식을 집을 수는 있었지만 그것을 자신들의 입으로 가져갈 수는 없었던 것이다.
> 그 후, 그는 천국을 방문했다. 천국의 장면은 앞서 방문한 지옥의 장면과 똑같았다. 즉, 그곳의 모든 사람들도 화려한 식탁보가 덮여 있고 아름다운 은식기와 풍성한 음식이 놓인 기다란 식탁에 앉아 있었던 것이다. 그리고 이들 역시 팔꿈치를 굽힐 수 없었다. 하지만 여기에선 아무도 소리 내어 울지 않았는데, 그 이유는 모든 사람이 자기 옆에 앉은 사람에게 음식을 먹여주고 있었기 때문이다.

어느 날 '신앙심이 깊은 아바 타나'가 안식일*이 시작되는 날 땅거미가 내릴 무렵 양식을 담은 포대 하나를 어깨에 메고 자신의 도시로 걸어가고 있었는데 사거리에서 부스럼으로 괴로워하며 맥없이 누워 있는 한 남자와

■ 안식일 금요일 해질녘부터 토요일 해질녘까지이다. 유대인들은 이날에 모든 일손을 쉬고 그들의 민족신民族神 야훼께 예배했다. 이 기원은 구약성서의 창세기 제1장의 천지창조의 과정 가운데 6일 동안에 우주 창조를 끝마치고 제7일에는 쉰 데서 비롯되었다.

마주쳤다.

남자가 아바 타나에게 말했다. "선생님, 저를 위해 자비를 베풀어주십시오. 저를 도시에 데려가주십시오."

이에 아바 타나가 혼잣말을 했다. "포대를 가져가지 않는다면 어떻게 우리 가족을 부양할 수 있겠는가? 하지만 부스럼으로 고통받고 있는 이 남자를 이대로 내버려둔다면 내 삶을 잃어버릴 것이다!"

그는 선의가 악의를 제압하도록 했다. 즉, 포대를 그곳에 놓아두고 그 남자를 도시에 데리고 갔던 것이다. 그런 다음 그는 포대가 있는 곳으로 돌아가 마지막 햇살이 비추는 순간 다시 도시로 들어왔다. 모두가 안식일이 막 시작될 무렵 포대를 메고 나타나는 신앙심이 매우 깊은 이 남자를 보고 놀라며 소리쳤다(안식일 저녁 동안엔 음식을 운반하는 일이 금지된다.). "저 사람이 정녕 신앙심이 깊은 아바 타나란 말인가!"

그는 마음속으로 불안함을 느끼며 혼잣말을 했다. "내가 신성한 안식일을 더럽힐 수도 있지 않을까?"

그 순간 거룩하신 하나님이 계속해서 햇빛을 비춤으로써 안식일의 시작을 늦추셨던 것이다(전도서 라바Ecclesiastes Rabbah 9:7).

평범해 보였던 사람들의 거룩한 선행

호자의 랍비 베로카는 페르시아의 도시인 베 레펫Be Lefet에 있는 시장에 자주 들렀는데, 거기서 그는 엘리자를 자주 만날 수 있었다. 어느 날 랍비 베로카가 그에게 물었다. "이 시장에 있는 사람들 중 앞으로 도래할 세상에 갈 수 있는 사람이 있습니까?"

엘리자가 대답했다. "없습니다."

그때 검정색 신발을 신은 한 남자가 이들 곁을 지나가고 있었다. 그는 자신의 의복 가장자리에 전통 술장식(치칫tzitzit)을 하지 않고 있었다.

엘리자가 단언조로 말했다. "저 남자가 도래할 세상에 예정된 사람입니다."

랍비 베로카가 그 남자에게 쫓아가서 그의 직업이 무엇인지를 물었다.

남자가 대답했다. "오늘은 그만 가시고 내일 다시 저를 찾아오십시오."

다음 날 랍비 베로카는 그에게 다시 물었다. "당신 직업이 무엇입니까?"

남자가 대답했다. "저는 간수인데, 남자와 여자를 떼어놓습니다. 제 침대를 남자와 여자 사이에 놓아두죠. 그렇게 함으로써 이들로 하여금 금지된 행위를 하지 못하도록 합니다. 이교도 간수들이 한 유대인 소녀에게 시선을 던졌을 때 전 목숨을 걸고 소녀를 구했습니다."

"어느 날 이교도들이 약혼한 한 여죄수에게 시선을 던졌죠. 전 적포도주 소량을 그녀의 스커드 아랫부분에 뿌리고는 이교들에게 그녀는 지금 생리 중이라고 말했습니다(이교도들은 생리 중인 여자와 관계를 가지는 것을 불쾌하게 여겼다.)."

랍비 베로카가 남자에게 물었다. "어떤 이유로 의복에 술장식을 하지 않았고 검정색 신발을 신었습니까?"

남자가 대답했다. "이교도들 사이에서 마음대로 다녀도 이들이 내가 유대인이라는 걸 눈치 채지 못하게 하기 위해서죠. 그렇게 해야만 이들이 유대인에 대해 귀에 거슬리는 말을 할 때 랍비들에게 이를 알려줌으로써 랍비들로 하여금 이들의 말을 덮어달라고 하나님께 기도하게 할 수 있답니다."

랍비 베로카가 남자에게 또 질문했다. "제가 당신의 직업을 물었을 때 왜 오늘은 가고 내일 오라고 하신 거죠?"

남자가 대답했다. "그때 막 이교도들이 신성을 모독하는 발언을 했었죠.

그래서 먼저 랍비들을 찾아가서 이를 알려 랍비들이 하나님께 기도드릴 수 있도록 하려 했던 겁니다."

얼마 후, 다른 두 사람이 걸어가는 것을 보고 엘리자가 말했다. "저 두 사람 역시 앞으로 도래할 세상에 예정된 사람입니다."

랍비 베로카가 이들에게 물었다. "당신들 직업이 무엇입니까?"

이들이 대답했다. "우리는 코미디언입니다. 우울해 보이는 사람들이 눈에 띄면 우리가 그들의 기분을 북돋우죠. 또한 두 사람이 싸우는 걸 보면 우리는 둘 사이가 평화로워질 수 있도록 최선을 다하기도 합니다(바빌로니아 탈무드, 타아닛 22a)."

안네 프랑크는 나치의 강제수용소에서 죽기 1년 전인 15살에 세상에 이런 말을 남겨놓았다.

"베풀어야 한다. …… 우리는 항상 무언가를 베풀 수 있다. 설령 그것이 상냥함뿐이더라도. …… 이제껏 베풀어서 가난해진 사람은 아무도 없었다(《안네의 일기The Diary of a Young Girl》)."

26. 감사하는 습관은 어디에서 오는가

랍비 요카난 벤 자카이Yochanan ben Zakkai는 항상 그가 먼저 사람들에게 다가가 인사를 건넸다고 전해진다. 심지어 시장에서 만난 이교들에게조차도 말이다.

인간은 자신이 느끼는 감정을 확실히 통제할 수 있는 것은 아니다. 하지만 그 감정을 표출하는 방식은 통제할 수 있다. 유대 율법에서는 기분이 좋지 않다고 그 불똥이 다른 사람에게 튀게 해서는 안 된다고 말한다. 모든 사람에겐 그렇게 할 권리가 없다고 보기 때문이다. 즉, 자신의 마음 상태가 침울하다고 해서 상대에게 무뚝뚝하거나 차갑게, 또는 거만하게 대해서는 안 되는 것이다.

감사하는 마음과 감사하지 않는 마음

훌륭한 손님은 어떤 말을 할까? "나 때문에 주인이 얼마나 힘들었을까? 그는 나를 위해 이토록 많은 고기와 와인, 케이크를 마련해주었다. 그는 나를 위해 이러한 모든 정성과 노고를 아끼지 않았다!" 반면, 나쁜 손님은 어떤 말을 할까? "주인이 나를 위해 수고한 것이 도대체 뭐란 말인가? 난 단지 빵 한 조각만을 먹었을 뿐이다. 난 고기 한 점만을 먹었고 와인 한 잔만을 마셨을 뿐이다! 그가 수고를 했다면 그건 날 위해서가 아니라 자신의 아내와 아이들을 위해 한 것이다(바빌로니아 탈무드, 베라크홋 58a)."

얼마나 많은 손님들이 식사 대접을 받은 집을 나서는 순간 주인의 성격에 대해 분석하는가! 이러한 행위는 유대주의의 중요한 이상인 하-카랏 하-토브ha-karat ha-tov(아무리 사소한 것일지라도 자신에게 베풀어진 모든 선행을 기억하고 그것에 감사해야 한다는 계율)에 위배된다. 감사할 줄 모르는 마음은, 설령 그것이 보편적인 특성일지라도 탈무드의 가치 체계에서는 특별히 더 지탄의 대상이 된다.

어느 날 랍비 벤 조마가 성전산Temple Mount* 계단에 빽빽한 군중이 있는 것을 바라보며 말했다. "제게 편리함을 주기 위해 이 모든 사람들을 창조하신 분께 축복이 있을지어다." 이렇게 말한 이유는 평소에 그는 다음과 같이 말했기 때문이다. "아담은 빵을 먹기 위해 어떤 일을 했는가! 그는 쟁기로 밭을 갈고 씨를 뿌렸으며, 추수를 해 이를 짚단으로 묶었고, 탈곡을 해 키질을 하고 이삭을 패어 밀을 빻았으며, 반죽을 해서 빵을 구웠다. 그런 후에야 그는 마침내 빵을 먹을 수 있었다. 반면, 나는 늘 아침에 일어나면 다른 사람들이 날 위해 이 모든 일을 해놓은 것을 본다. 아담은 옷을 입기

■ **성전산** 아브라함이 아들 이삭을 번제물로 바치려 했던 산으로, 유대교 · 기독교 · 이슬람교의 성지이다.

위해 얼마나 많은 일을 했는가! 그는 양털을 깎아 이를 세척하고 빗으로 빗고 물레를 돌려 그것을 직조했다. 이 모든 일을 손수 하고 난 다음에야 비로소 그는 입을 옷을 얻을 수 있었다. 반면, 나는 아침에 일어나면 다른 사람들이 날 위해 이 모든 일을 해놓은 것을 본다. 모든 종류의 기술자들이 우리 집에 들르기 때문에 내가 아침에 일어나면 이 모든 것들이 준비되어 있는 것을 본다. 모든 종류의 기술자들이 우리 집에 들러 내가 아침에 일어나면 먹고 입을 수 있도록 이 모든 것을 준비해놓는 것이다(바빌로니아 탈무드, 베라크홋 58a).

자신의 동료로부터 하나의 장이나 율법 하나, 한 구절 또는 표현 하나, 심지어 한 글자만이라도 배우는 사람은 그에게 존경하는 마음을 가져야 한다(아버지의 윤리 6:3). 랍은 어렸을 때 자신을 가르쳤던 스승이 돌아가셨다는 소식을 듣고 애도의 표시로 자신의 의복을 찢었다고 팔레스타인 탈무드(바바 메지아Bava Mezia 2:11)는 기록하고 있다.

토론토의 〈아이들러Idler〉 지誌 편집자인 샌포드 핀스커Sanford Pinsker는 노벨문학상 수상 작가 아이작 싱어Isaac Bashevis Singer가 자신에게 들려준 '감사하지 않는 마음'에 대한 유머러스한 일화를 다음과 같이 기록하고 있다.

어느 날 브룩클린에 있는 어느 유대인 단체가 싱어에게 자신들의 단체에서 이야기를 낭독해달라고 간곡하게 부탁했다. 이들은 초청료를 지불할 돈이 없을 정도로 가난했기 때문이다. 하지만 이 단체의 대표자는 싱어가 화려한 대학을 방문해 그의 억양이 놀림감이 되는 경우와는 달리 최소한 이디시Yiddish 말을 이해하는 동포들이 모여 있기에 자신의 단체는 찾아주어야 한다고 주장했다.

"어쩌겠습니까? 그분들은 노인이셨습니다. 그래서 전 그곳에 갔죠. 브룩클린으로 가는 택시비가 35달러 나오더군요. 마침내 제가 그곳에 도착했을 때 몇 분이나 있었겠습니까? 아마 모두 합쳐 열두 명 정도 되었을 거예요. 전 그분들에게 새로운 이야기를 읽어주었습니다. 제가 낭독을 끝내자마자 한 분이 일어나서 다음과 같이 말하더군요. '좋은 이야기가 아니군요. 시온주의자들에겐 어울리지 않는 이야기죠. 전 당신 얘기에 침을 뱉고 싶군요.' 그분은 이렇게 말하곤 화가 난 표정으로 바닥에 침을 뱉더니 다시 자리에 앉았습니다.

그 순간 또 다른 분이 일어나서 말하는 거였어요. '좋은 이야기가 아니군요. 정통파 유대주의와는 어울리지 않는 이야기군요. 한마디로 불경한 이야기죠. 나 또한 당신 얘기에 침을 뱉겠습니다.' 그분 역시 처음 노인과 마찬가지로 화를 내며 바닥에 침을 뱉곤 자리에 앉았습니다.

그 얘기가 사회주의자를 위한 얘기가 아니라는 분도 계셨고, 흥미로운 이야기가 아니라는 분도 계셨으며, 심지어 제대로 된 이디시 이야기가 아니라는 분도 계셨습니다. 이유는 모두 달랐지만 그 이야기가 절대로 좋은 이야기가 아니라는 것엔 모두가 동의했습니다. 실제로 한 분은 바닥에 침을 두 번씩이나 뱉었습니다. 한번은 그 이야기가 시온주의에 어울리지 않아서, 또 한 번은 정통파 유대주의 이야기가 아니기 때문이라는 거였죠. 그래서 전 열두 분의 노인으로부터 열세 번의 침 세례를 받았습니다(윌리엄 버클리 주니어William Buckley, 《반유대주의를 찾아In Search of Anti-Semitism》)."

27. 왜 원수에게도 자비를 베풀어야 하나

네가 만약 너를 미워하는 사람의 나귀가 짐이 너무 무거워 주저앉아 있는 것을 보면 거기 그냥 놔두지 말고 반드시 도와 일으켜주어라(출애굽기 23:5).
토라는 인간 본성 중 하나인 매정한 성향을 극복해야 한다고 가르친다. 어떤 사람을 싫어한다고 해서 그 사람이나 그 사람 가족의 가축이 고통받는 것을 모른 척해선 안 된다는 것이다.
여기에 덧붙여 3세기에 쓰인 철학적 이야기와 이 이야기의 변형인 1991년에 쓰인 이야기는 이 계율을 지키는 것이 자신이 싫어하는 사람과의 인간관계를 어떻게 바꾸어놓는지 잘 보여준다.
서로 미워하는 두 당나귀 몰이꾼이 각자의 당나귀를 몰고 길을 가고 있는데, 그중 한 명의 당나귀가 짐에 눌려 바닥에 쓰러져 일어나지 못하게 되었다. 이 모습을 본 다른 당나귀 몰이꾼은 그냥 지나쳐 가던 길을 계속 갔다. 하지만 얼마 가지 않아 그는 걸음을 멈추었다. "네가 만약 너를 미워하는 사람의 나귀가 짐이 너무 무거워 주저앉아 있는 것을 보면 거기 그냥 놔두지 말고 반드시 도와 일으켜주어라."라는 토라의 가르침이 떠올랐던 것이다. 그는 다시 돌아가 자신이 싫어하는 몰이꾼이 짐을 내리고 다시 싣는 것을 도왔다. 그가 다른 몰이꾼에게 말했다. "여기를 좀 풀어주시고 저기는 좀 당겨주시오. 그리고 여기에다 짐을 내려놓으시오." 그러는 동안 두 사람 사이에 평화의 기운이 감돌기 시작했고, 쓰러진 당나귀의 주인은 속으로 생각했다. '이 사람이 날 싫어한다고 생각했는데, 내게 이런 호의를 베풀어주는군.' 결국 두 사람은 함께 먹고 마시며 이내 친구가 되었다. 무엇이 이 둘 사이에 평화를 불러오고 급기야 친구 사이로까지 발전하게 해주었을까? 이들 중 한 명이 토라의 가르침을 실천했기 때문이다.

다음에 소개하는 일화는 이와 같은 토라의 가르침을 다시 한 번 상기시킨다.

인적이 드문 시골길을 차를 몰고 가고 있었는데, 해리라는 늙은이가 자신의 차를 고치고 있는 모습이 내 눈에 띄었다. 그의 자동차 타이어가 펑크가 난 것이 틀림없어 보였다. 그는 손에 잭을 들고 그것을 차 측면에 끼워 넣으려고 애쓰고 있었지만 뜻대로 되지 않는 듯했다······. 난 한 번도 해리를 좋아한 적이 없었다. 아니, 그를 참아낼 수 없을 정도였다. 난 그가 마치 전염병 환자이기라도 한 것처럼 그를 피했다. 수년 동안 단 한 번도 그와 얘기를 나눈 적이 없을 정도였으니까 말이다. 예전에 그는 내게 상당히 성가신 존재였다. 난 못 본 체 그를 지나치기로 마음먹었다. 그가 이러한 문제를 일으킨 장본인이지 나와는 아무런 상관없는 일이었으니 말이다.

바로 그 순간, 지난주에 우리가 배웠던 구절이 기억났다. "네가 만약 너를 미워하는 사람의 나귀가 짐이 너무 무거워 주저앉아 있는 것을 보면 거기 그냥 놔두지 말고 반드시 도와 일으켜주어라." 난 그를 그냥 지나칠 수 없었다. "그에게 말을 걸 필요는 없어." 난 계속 혼잣말을 했다. "타이어만 교체해주고 곧바로 차를 몰고 떠나면 돼."

결국 나는 내 차를 그가 있는 곳에서 약간 위쪽에 주차하고 그에게로 걸어갔다. 그러고는 그에게 아무 말도 건네지 않고 그의 손에 있던 잭을 받아 들고 그것을 적당하게 조절하기 시작했다. 하지만 혼자서 타이어를 교체하는 것은 무리였다. 일을 빨리 끝내기 위해서는 그에게 말을 걸어야만 했다. 결국 우리는 함께 타이어를 교체했다. 엄밀히 말하면 내가 핵심적인 일을 맡았고 그는 내게 약간의 보조만 해주었지만 말이다.

타이어 교체가 마무리되었을 때 그는 매우 고마워했다. 그는 자신의 아이스박스에서 시원한 음료 하나와 일회용 컵 두 개를 꺼냈고 우리는 그 음료를 함께 나누어 마셨다. 그는 내게 진심으로 고마워하는 듯했다. 나는 생각했다. '아마 그는 내가 생각한 만큼 그렇게 나쁜 사람은 아닐 거야.'

"자네에게 어떻게 고마움을 표해야 할지 모르겠네." 그는 거듭 이 말을 되풀이했다.

"괜찮아요, 해리 씨." 나는 말을 이었다. "이쯤이야 언제든지 도와드릴 수 있죠."

그러고는 내 차를 향해 걸어갔다. 차를 타기 전 몸을 돌려 그에게 소리쳤다. "안녕히 계세요. 건강하시고요."

'토라의 말씀은 정말 놀라운 것이군.' 난 계속해서 생각했다. '미워하는 사람에게 도움을 주라는 말씀을 실천하니 거짓말같이 미운 마음이 없어지다니, 놀라운 일이야!(아르예 카멜Aryeh Carmell, 《중요한 계획: 유대주의: 그 프로그램과 의미와 목적》)'

성서에서 예수는 다음과 같이 가르친다. "그러나 나는 너희에게 말한다. 너희 원수를 사랑하고 너희를 핍박하는 사람을 위해 기도하라. 그리하면 너희가 하늘에 계신 너희 아버지의 아들들이 될 것이다. 하나님께서는 악한 사람에게나 선한 사람에게나 똑같이 햇빛을 비춰주시고 의로운 사람에게나 불의한 사람에게나 똑같이 비를 내려주신다. 너희를 사랑해주는 사람만 사랑한다면 무슨 상관이 있겠느냐? 세리라도 그 정도는 하지 않느냐? 형제에게만 인사한다면 남보다 나을 것이 무엇이겠느냐? 이방인도 그 정도는 하지 않느냐? 그러므로 하늘에 계신 너희 아버지가 온전하신 것같이 너희도 온전해야 한다(마태복음 5:44, 48)."

마태복음 5장 43절에서 "'네 이웃을 사랑하고 네 원수를 미워하라'는 말도 너희가 들었다(레위기 19:18)."고 말하는 것처럼, 유대주의는 원수를 미워하라고 가르친다는 주장도 사실이 아니지만 원수를 사랑하라고도 가르치지 않는다. 다시 말하면, 예수의 가르침과 달리 유대인은 나치를 사랑해야 한다고 가르치진 않는다는 말이다.

사악한 원수에게도 자비를 베풀어야 할까?

"너희 원수를 사랑하고 너희를 핍박하는 사람을 위해 기도하라."는 예수의 가르침은 선악에 대한 기독교 및 서구 사회의 관념에 지대한 영향을 끼쳤다. 1981년 세상은 알리 아그카Ali Agca의 요한 바오로 2세Joannes Paulus II

암살 미수로 충격에 휩싸였다. 하지만 이 사건이 일어난 지 불과 4일 후에 교황은 이 저격자를 용서한다고 공표했다. 이전에 다른 사람도 살해한 적이 있는 아그카 자신은 용서를 구하지 않았음에도 불구하고 말이다. 유대교는 이러한 태도에 반기를 든다.

"매정해야 할 때 자비를 베푸는 사람은 결국 자비를 베풀어야 할 때 매정해진다(미드라시 사무엘Midrash Samuel)."

매정함과 자비에 대한 논의는 사무엘상에 대한 어느 주석에서 찾아볼 수 있다. 사무엘상 15장에서 하나님은 사울 왕에게 포로로 잡혀온 아말렉의 왕 아각을 살해할 것을 명한다. 아각이 살인을 일삼았기 때문이다. 하지만 사울은 같은 왕으로서 아각을 존중하는 마음과 자비심이 뒤섞여 그를 처형하지 않는다.

이에 대한 징벌로 하나님은 예언자 사무엘에게 사울 대신 다윗을 왕으로 만들라고 지시한다. 사울은 자신의 왕권이 박탈당한 것을 깨닫고는 격노한다. 살인자 아각을 죽이는 데에는 지나치게 자비로웠던 사울 왕은 다윗에게 잠자리를 제공해주었다는 이유로 85명이나 되는 놉의 무고한 제사장들을 살해한다(사무엘상 22장).

성경의 이 이야기는 잘못된 자비가 잔인함으로 이어진 여러 사례 중 하나에 속한다. 1917년 알렉산더 케렌스키Alexander Kerensky는 전제 군주를 타도하는 데 핵심적인 역할을 했으며 러시아 역사상 처음으로 민주주의 정부를 수립했다. 하지만 케렌스키는 레닌과 볼셰비키가 민주주의를 경멸한다는 사실이 널리 알려졌음에도 이들이 자유롭게 활동할 수 있도록 내버려두었다.

결국 11월에 레닌은 카렌스키의 자비를 그의 정부를 전복시키는 것으로 되갚았고, 카렌스키는 뉴욕으로 망명해 그곳에서 생을 마쳤다. 결국 그의 선한 의도에도 불구하고, 러시아 국민들은 공산주의 체재에서 70년 이상 사는 것으로 카렌스키가 베푼 잘못된 자비의 대가를 대신 치러야 했다.

28. 증오는 인간을 어떻게 파괴하는가

왜 첫 번째 대사원이 기원전 586년에 파괴되었을까? 이는 당시 유대민족이 저지른 세 가지 죄악, 즉 우상숭배, 성적인 부도덕, 살인 때문이다. …… 그럼 두 번째 대사원은 왜 서기 70년에 파괴되었을까? 당시 유대인들은 토라를 공부하고 계율을 지켰으며 자선도 베풀었는데 말이다. 이는 당시에 근거 없는 증오가 만연했기 때문이다. 이것은 우리에게 근거 없는 증오는 우상숭배, 성적인 부도덕, 살인 등의 세 가지 죄악을 합한 것에 버금간다는 점을 가르쳐준다(바빌로니아 탈무드, 요마Yoma 9b).

탈무드는 신의 노여움보다도 근거 없는 증오가 유대인을 더 많이 격추시켰다고 가르친다. 유대인 공동체 내에서 만연한 부적절한 경쟁과 증오는 로마 민족과 대치하고 있는 유대민족의 군사력도 약화시켰다. 로마군이 예루살렘을 포위하려던 바로 그 순간에도 서로 싸우고 있던 유대민족의 여러 당파들은 결국 도시의 식량들을 불태워버렸다. 굶주린 백성들은 로마군에 맞서 대항할 수 없었기에 로마군은 손쉽게 예루살렘 성벽을 부수고 대사원을 불태워버렸던 것이다.

사랑은 나쁜 점을 보지 못하게 하고, 증오는 좋은 점을 보지 못하게 한다(모세 이븐 에즈라Moshe ibn Ezra, 쉬라트 이스라엘Shirat Yisrael). 증오는 진실을 왜곡한다(유대 격언). 유대인의 관점에 따르면 증오에 휩싸인 사람은 사물을 제대로 보지 못한다. 증오에 빠진 사람들에게 이들이 증오하는 사람의 선행에 대해 이야기하면, 이들은 왜 그 선행이 사악한 것인지, 또는 나쁜 동기에서 비롯된 것인지를 설명하는 갖가지 이유들을 제시한다. 18세기 프랑스 계몽운동의 핵심 인물인 볼테르는 고문을 주제로 열정적인 글을 썼다. 그는 이교도로 의심이 되는 사람에 대한 교회의 고문과 같은 폭력적인 강압에 항거하는 운동에 인생의 많은 부분을 바쳤다. 그렇다면 유대 율법은 항상 고문을 금지했다는 사실을 알게 되었을 때 볼테르는 유대 율법에 경의를 표했을 것이라 생각할 수 있다(실제로 유대 국가는 고대사회에서 고문을 금지한 유일한 나라였다). 하지만 안타깝게도 그는 극단적인 반유대주의자였기 때문에(예를 들면, 그는 유대민족에게 '이 세상에서 가장 혐오스러운 민족'이라는 꼬리표를 달았고 유대인들은 의례적으로 비유대교도들을 살해했다고 주장했다.) 유대주의가 고문을 금지했다는 사실에 경의가 아닌 증오로 반응했다. "매우 이상한 일은 어떠한 유대 문헌에도 고문에 대한 언급이 없다는 것이다. 그토록 신사적이고 그토록 정직하며 그토록 인정 넘치는 나라가 진실을 밝혀내는 수단을 몰랐다는 것은 참으로 혐오스러운 일이다. 나의 견해로 그 이유는 이들에게 고문에 대한 필요성이 없다는 것이다. 왜냐하면 하나님이 항상 사랑하는 그의 백성인 이들에게 진실을 알려주시기 때문이다. 그러니 고문은 이들에게 무용지물이다. 이 성스러운 민족의 관습에 존재하지 않는 유일한 것이 있다면 바로 고문일 것이다"(레온 폴리아코브의 《반유대주의 역사: 볼테르에서 바그너에 이르기까지The History of Anti-Semitism: From Voltaire to Wagner》)."

증오의 파괴적인 결과

하나의 사악한 눈과 사악한 성향, 그리고 사람들에 대한 증오는 세상에서 한 사람을 제거한다(아버지의 윤리 2:11). 여기서 '사악한 눈'은 이웃의 성공을 시기하는 사람을 일컫는다. '사람들에 대한 증오'와 관련한 중세시대의 어느 유대 이야기는 그것의 자멸적인 본질을 잘 드러내주고 있다.

> 천사가 한 남자에게 나타나 30일 후에 다시 찾아올 테니 그때 소원 하나를 말해주면 그 소원을 들어주겠다고 했다. 하지만 천사는 하나의 조건을 달았다. "당신의 소원이 어떤 것이든 들어주겠지만, 당신의 이웃 사람은 정확히 그 소원의 두 배를 누리게 될 것입니다." 남자는 이웃 사람을 증오했다. 그래서 이웃 사람이 자신보다 두 배의 몫을 누리게 된다는 생각은 그에게 좌절감과 분노를 불러일으켰다.
> 30일 후 천사가 돌아와서 그에게 소원이 무엇이냐고 물었을 때, 남자는 이렇게 대답했다. "저의 한쪽 눈을 없애버리는 것이 제 소원입니다."

29. 인생에서 꼭 기억해야 할 지혜는 무엇인가

건강한 식습관

두 명의 남자가 식당에 들어갔다. 한 명은 잡곡 빵과 야채만 먹었고 다른 한 명은 순밀 빵에다 기름진 고기와 소스, 오래된 와인까지 먹고 마신 뒤 몸 상태가 좋지 않은 걸 느끼며 식당을 나왔다. 갖가지 비싼 음식과 와인을 섭취한 남자는 복통을 느꼈고, 간단한 식사를 한 남자는 복통을 느끼지 않았다. 당나귀와 낙타가 복통으로 경련을 일으키는 걸 본 적이 있는가? 사람이나 짐승이나 채식으로 소식을 하는 것이 건강에 더 이롭다(전도서 라바 1:18).

선물

친구에게 선물을 준다면 친구가 그 선물을 누가 주었는지 모르게 해선 안 된다(바빌로니아 탈무드, 샤밧 10b). 랍비들에겐 사람은 항상 자신을 사랑해주는 사람이 누구인지를 알아야만 한다는 확고한 믿음이 있었다. 그래서 《아버지의 윤리》에서는 하나님이 최초의 인간을 만드셨을 때 "그가 하나님의 형상으로 창조되었음을 알려준 것은 특별한 사랑의 실천이었다."고 기록하고 있다(아버지의 윤리 3:18).

귀중품 보관

자신이 가진 모든 돈을 한 장소에만 보관해선 안 된다(창세기 라바Genisis Rabbah 76:2). 랍비들은 야곱과 관련된 한 사건에서 "네가 가진 모든 계란을 한 바구니에 담지 마라."라는 철학을 도출했다. 자신의 형 에서를 중심으로 한 군대에게 위협을 받았을 때 야곱은 자신의 가족과 종들을 두 진영으로 나누었다. "그는 '만약 에서 형이 와서 한 무리를 공격하면 남은 진영은 달아나도록 해야겠다.' 라고 생각한 것이다(창세기 32:8)."

이웃

사악하고 심술궂은 이웃과 친하게 지내지 말고 이들을 멀리하라(아버지의 윤리 1:7). 일반적으로 좋은 이웃보다 나쁜 이웃이 더 큰 영향력을 발휘한다. 이러한 이유로 십 대 아이가 친구로 인해 마약을 끊었다는 애기보다 친구 때문에 마약을 하게 되었다는 이야기를 더 많이 접하게 되는 것이다. 당신은 친구나 주위 사람에게 나쁜 영향을 받는 사람이 아니라는 생각에 안주하지 말라. 랍비들은 딱 잘라 경고한다. 나쁜 사람들을 멀리하라고.

부동산

"당신의 분수에 맞는 음식을 먹어라. 하지만 의복에는 분수에 못 미치게, 집에는 분수에 넘치게 투자하라(창세기 라바 20:12)."라는 성서의 구절은 투자에 관하여 매우 훌륭한 조언이 된다. 의복과 음식은 쉽게 소멸되는 것인 데 반해, 부동산은 오랫동안 보유할 수 있기 때문이다.

자기 계발

탈무드는 "먼저 네 자신부터 계발하고 다른 사람을 계발할 생각을 하라(바빌로니아 탈무드, 바바 메지아 107b)."라는 말로써 자기 정당화가 아니라 정당함을 가르친다. 탈무드는 또한 우리에게 다음과 같은 주의를 준다. "다른 사람이 있는 데서 서둘러 자신의 결점을 지적하지 말라(바빌로니아 탈무드, 바바 메지아 59b)."
오늘의 당신보다 내일의 당신이 더 나이지지 않는다면 당신에게 내일이 무슨 필요가 있을까?(브라트슬라브Bratslav의 랍비 나만Nahman).

말

말은 적게 하고 행동을 많이 하라(아버지의 윤리 1:15). 지나칠 정도로 다짐을 많이 하는 사람은 그 다짐을 행동에 옮기지 못하는 경우가 많다고 유대인은 말한다. 그런 사람일수록 행동보다 말이 앞서는 사람이라는 것이 그들의 논지다.

마이모니데스는 탈무드의 이러한 가르침에 대해 다음과 같은 의견을 덧붙인다. "올바르지 못한 사람은 말을 많이 하고 행동은 조금도 하지 않는다." 그는 이러한 예로 헷 사람인 에브론의 사례를 인용한다. "에브론은 아브라함의 아내인 사라가 죽은 후 아브라함에게 그녀를 장사 지낼 멋진 땅을 돈을 받지 않고 선물로 줄 것처럼 말하지만 결국 아브라함은 그 비싼 땅값을 한 푼도 깎지 않고 그대로 치르게 된다(창세기 23:10-16)."

공부

"시간이 날 때 공부하겠다."고 말하지 말라. 아마 시간이 나지 않을 테니까 말이다(아버지의 윤리 2:4). 당신은 해야 할 일을 좀 덜 바쁠 때 하겠다고 미루고는 결국 그 일을 끝까지 하지 못한 경험을 얼마나 자주 했는가? 유대인에게 토라 공부는 매우 중요했으므로 언제든 당장 시간 내서 해야 하는 것이었다.

한 남자가 랍비 이스라엘 살란터에게 다음과 같이 말했다. "전 공부를 하는 데 하루에 15분밖에 시간을 낼 수가 없습니다. 그 시간을 토라를 공부하는 데 써야 할까요? 아니면 탈무드나 무사르mussar(경건파 교도) 텍스트를 공부하는 데 써야 할까요?"

이에 살란터는 다음과 같이 조언했다. "무사르 텍스트를 공부하십시오. 그러면 당신이 공부를 하는 데 하루에 15분밖에 시간을 낼 수 없다는 것이 당신 인생에서 무언가가 크게 잘못되어가고 있다는 뜻이란 걸 금방 깨닫게 될 것입니다."

걱정

랍비 예히엘은 두 가지, 즉 바로잡을 수 있는 것과 바로잡을 수 없는 것에 대해서는 절대로 걱정하지 말라는 스승의 가르침을 지켰다. 바로잡을 수 있는 것은 거기에 대해 걱정하지 말고 그 즉시 바로잡아야 하고, 바로잡을 수 없는 것은 걱정을 한다고 해서 바로잡을 수 있는 것이 아니기 때문이다

(랍비 슈무엘 아비도르 하-코헨, 《하늘로, 땅으로Touching Heaven, Touching Earth》).

경제

노벨 경제학상 수상자 밀턴 프라이드먼은 전前 이스라엘 수상 메나헴 베긴 Menachem Begin의 경제 고문으로 일할 때 의회에서 경제에 대해 연설한 적이 있었다. 그의 연설이 끝난 후 슐로모 로린크즈Shlomo Lorincz라는 의원이 그에게 말했다. "탈무드에서 힐렐은 유대주의를 한 문장으로 요약한 바 있습니다. 자신을 찾아온 사람에게 '당신이 싫어하는 일을 이웃에게도 행하지 말라는 것이 유대 율법의 전부일세. 나머지는 여기에 대한 설명일 뿐이

네.'라고 말했던 거죠. 그럼 당신은 경제를 한 문장으로 요약해주시겠습니까?"

"그러죠." 프라이드먼이 대답했다. "이 세상에 무료 식사란 것은 없다는 것입니다."

부러움과 시기심

항상 이웃의 감정을 세심하게 살펴야 한다. 시장에 가서 장사가 잘되어서 가져간 물건을 모두 팔고 주머니에 돈을 가득 넣어 돌아올 때마다 네 이웃에게 장사를 망쳐 큰 손해를 보았다고 말하라. 그러면 나도 행복하고 이웃도 행복해하기 때문이다. 하지만 반대로 네가 가져간 물건을 모두 도둑맞았는데, 이웃에게 하나님이 시장이란 걸 만드신 이래 이토록 장사가 잘된 적은 없었다며 거짓으로 자랑을 늘어놓는다면 어떨까? 내가 말하려는 바가 무엇인지 눈치 챘을 것이다. 그러면 너도 비참하고 이웃도 비참해진다

(숄렘 알레이헴Sholem Aleichem, 프랑시네 클라그스브룬, 《지혜의 목소리Voices of Wisdom》).

선

내가 적에게서 악을 보는 것보다 내 적이 내게서 선을 보는 것이 더 낫다(유대 격언).

현명한 삶

나에겐 오로지 하나의 인생만이 있고, 그 인생은 짧고도 짧다. 그렇다면 내가 가장 원하지 않는 것에 인생을 허비할 필요가 있을까?(저스티스 루이스 브랜다즈Justice Louis Brandeis)

대중 연설

20분 후에도 군중을 사로잡지 못한다면 더 이상 군중을 지루하게 만들지 마라(랍비 조셉 룩스타인Joseph Lookstein).

간결함

모든 것을 가능한 한 간결하게 만들어야 한다. 하지만 그보다 더 이상 간결하게 만들어선 안 된다(앨버트 아인슈타인).

- 2부 -

행복은
어디에서 오는가

: 삶의 의미에 대한 추구 :

영혼을 겸손하게 다듬어라. 결국 너희 몸은 벌레에게 먹힐 것이기 때문이다

— 아버지의 윤리 4:4

30. 인간의 본성은 진정 악한가

악한 성향

다시는 사람으로 인해 땅을 저주하지 않겠다. 이는 사람이 생각하는 것이 어려서부터 악하기 때문이다(창세기 8:21).

구약의 인간 본성에 대한 이러한 해석은 흔히 신약의 원죄라는 개념의 전조로 오해되는 경향이 있다. 신약의 원죄 개념에 따르면 인간은 죄의 상태에서 태어나고, 이것은 어떠한 행동으로도 바뀌지 않는다. 하지만 창세기의 위의 구절이 진정으로 의미하는 바는 인간에게 악과 이기심이 선과 이타심보다 더 자연스럽다는 것이다. 즉, 아이들은 이기적으로 태어나는 만큼 이타적이 될 수 있도록 교육받아야 한다는 것이다. 나의 친구가 다음과 같이 지적했던 것처럼 말이다. "엄마가 세 살 된 아이에게 '얘야, 이제 그만 좀 이타적으로 행동하렴. 네 장난감을 다른 아이들에게 다 줄 셈이냐?'

라고 말하는 것을 마지막으로 들은 적이 언제지?"

계몽운동 이후 서구사회 전반에 걸쳐 악은 인간으로부터 비롯된다는 성경적인 믿음이 설득력을 잃어가는 경향이 있었다. 인간은 선하게 태어났지만 사회가 인간을 타락시킨다는 계몽주의 관점이 힘을 얻고 있었기 때문이다. 이러한 이유로 사회적인 기구나 제도를 바꾸려는 단체는 수도 없이 많은데 사람을 변화시키려는 단체는 찾아보기 힘든 것이다.

하지만 사회는 인간을 타락시키는 만큼 인간을 교화하기도 한다. 지능이 떨어지거나 비만이거나 키가 작거나 얼굴이 못생긴 아이를 둔 부모에게 물어보라. 어른들과 다른 아이들 중 누가 자기 아이를 더 많이 놀리는지. 분명 다른 아이들이라고 대답할 것이다. 따라서 악은 인간에게 내재해 있는 것이 분명해 보인다. 내가 이러한 주장을 펼치자 누군가가 내 주장에 반박한 적이 있는데, 그때 나는 그에게 이렇게 대답했다. "만일 인간이 본성적으로 선하다면 인간이 자유롭게 생각할 수 있을 때 그 생각은 선한 것이어야만 합니다. 하지만 이 세상에 과연 몇 명이 자기 전에 스쳐지나가는 모든 공상들을 세상 사람들이 알게 되더라도 개의치 않을 수 있겠습니까? 전 대다수의 사람들이 잠자리에서 세계에 만연한 기아를 어떻게 감소시킬 수 있는지에 대해 궁리한다고는 생각하지 않습니다."

옛날에 어떤 남자가 처음으로 죄를 지었다. 그 후 그 남자는 똑같은 죄를 한 번 더 짓게 되었다. 하지만 그때 그 죄는 그 남자에게 더 이상 죄가 아니었디 (바빌로니아 탈무드, 요마 86b). 대다수의 사람들이 처음으로 불법직이거나 비양심적인 행동을 할 때는 상당히 불편해하지만 두 번째는 그보다 덜 불편해하며, 세 번째는 랍비 노손 쉐르만 Nosson Scherman 이 지적했듯 "또 다른 일상적인 행동처럼" 생각한다. 게다가 자신처럼 행동하지 않는 사람을 순진하다고 여기기까지 한다.

유대 사람들은 어느 누구도 하루라도 피해갈 수 없는 죄로 세 가지를 꼽는다. 그것은 바로 음탕한 생각, 자신의 기도에 하나님이 즉시 응답해주리라는 잘못된 기대, 그리고 험담이다. 늘 험담하지는 않는다고? 물론 다른 사람을 험담하지 않고 24시간을 보내는 것은 충분히 가능하다. 하지만 여기서 이야기하는 험담은 험담의 씨앗까지 포함하는 것이다(바빌로니아 탈무드, 바바 바스라 164b-165a). 피할 수 없는 이 세 가지 행위는 일반적으로 가벼운 죄이긴 하지만 여전히 죄로 간주된다. 따라서 우리는 음탕한 생각을 억제하도록 노력해야 한다. 이러한 생각에 사로잡히면 간통을 금하는 일곱 번째 계명과 이웃 여자를 탐하지 말라는 열 번째 계명을 어기는 것과 같은 더 심각한 죄를 지을 수 있기 때문이다(출애굽기 20:14). 한편 탈무드가 모든 사람이 음탕한 생각을 한다는 사실을 재차 확인시켜 준 것은 여전히 이러한 죄를 저지른 사람의 죄의식을 덜어준다.

음탕한 생각을 하는 것과 마찬가지로 하나님이 자신의 기도를 즉시 들어주리라 기대하는 것도 인간의 본성처럼 보인다. 장사에 어려움을 겪고 있는 상인에 대한 오래된 유대 유머가 있다. 상인은 하나님에게 이렇게 기도한다. "하나님, 당신은 생판 모르는 사람들도 도와주셨습니다. 그러니 저도 어서 도와주십시오."

험담에 대해 이야기하자면, 유감스러운 일이지만 많은 사람들(아마 대부분의 사람들일 수도 있다.)이 다른 사람에 대한 험담이나 최소한 불쾌한 얘기를 하지 않고 하루를 보내지 못한다. 만일 당신이 탈무드의 이 금언이 자신에겐 해당되지 않는다고 확신한다면 정말로 다른 사람에 대한 험담을 조금도 하지 않는지 앞으로 24시간 동안 자신을 지켜보라.

랍비들은 확실히 다른 사람에 대한 험담을 하지 않는 성자와 같은 사람들이 일부 있다는 걸 인지하고 있기에 '험담의 씨앗'의 죄에 초점을 맞춘다.

이러한 험담의 씨앗의 죄에는 직선적으로 험담을 늘어놓진 않지만 다른 사람에 대한 부정적인 속내를 넌지시 내비치거나(예를 들면, 어떤 사람의 이름이 거론되었을 때 어깨를 들썩인다든지 인상을 쓰는 행동) 다른 사람에 대한 험담을 하도록 부추기는 것(예를 들면, 특정 인물을 싫어하는 사람들이 모인 데서 그 사람의 이름을 거론하는 일)까지 포함된다.

위대한 사람일수록 사악한 성향이 더 강하다(바빌로니아 탈무드, 수카Sukkah 52a). 랍비들은 악한 성향을 거의 찾아볼 수 없는 성자들도 있다는 것을 인식하지만 특별한 재능을 가진 사람들이 그렇지 못한 사람들보다 자신의 능력을 악용할 기회가 더 많기에 그에 대한 유혹도 더 크다고 본다. 탈무드는 어느 위대한 유대 학자에 대한 일화를 기록한 후에 이러한 결론에 도달했다.

어느 날 아바예는 어떤 남자가 한 여자에게 "일어나서 저와 함께 걸어갈까요?"라고 말하는 것을 들었다.

이 말을 듣고 아바예는 생각했다. '이들을 따라가서 이들이 서로에게 죄를 짓지 않도록 해야겠다.' 그는 목초지를 가로질러 이들의 뒤를 계속 따랐다. 그런데 마침내 남자가 여자에게 다음과 같이 말하면서 이별을 고하는 것이었다. "함께해서 정말 즐거웠습니다. 이제 갈 길이 너무 멀어 헤어져야 할 것 같군요." 남자의 말을 듣고 아바예는 생각했다. '나라면 욕망을 억제할 수 없었을 텐데.'

아바예는 깊은 자괴감을 느끼며 가로등에 기대 서 있었다. 이때 한 노인이 그녀에게로 다가와 가르침을 들려주었다. "위대한 사람일수록 사악한 성향이 더 강한 법이라오."

열 명이 대들보를 훔치기 위해 함께 모였는데, 이들은 서로에게 조금도 부끄러워하지 않았다(바빌로니아 탈무드, 키두쉰Kiddushin 80b). 군중의 일원이 되면 도덕적인 자제심이 떨어진다는 것은 익히 알려진 사실이다. 탈무드의 이 금언을 읽으면 폭동 시 사람들이 가게에서 훔친 물건을 운반하는 걸 서로 도와주는 사진과 영상이 떠오른다. 도둑이 훔칠 물건을 찾지 못할 때, 그는 자신이 물건을 훔치지 않는 것을 '진정한 미덕'이라 여긴다(바빌로니아 탈무드, 산헤드린 22a).

질투심

사람은 자신의 아들과 제자 외엔 모든 사람을 시기한다. 아들에 대해선 솔로몬의 사례를 통해 엿볼 수 있고, 제자에 대해선 엘리사가 엘리야에게 "선생님에게 있는 영이 두 배나 제게 있게 해주십시오(열왕기하 2:9)."라고 말한 데서 엿볼 수 있다(바빌로니아 탈무드, 산헤드린 105b).

랍비들은 다윗의 아들 솔로몬이 이미 왕위를 차지했을 때 다윗의 신하들이 다윗에게 전한 축하 메시지에 놀랐다. "하나님께서 왕의 이름보다 솔로몬의 이름을 더 유명하게 하시고 왕의 보좌보다 솔로몬의 보좌를 더 크게 하시기를 원합니다!(열왕기상 1:47)" 엘리사가 자신의 스승 엘리야에게 그의 영 두 배를 달라고 한 것에 스승이 분개하지 않으리라 확신한 것처럼 다윗의 신하들도 자신들의 축복의 메시지에 다윗이 분개하지 않으리라 확신했던 것이다.

엘리사의 간청에 엘리야는 이렇게 대답했다. "네가 어려운 부탁을 하는구나. 그러나 내가 너를 떠나 들려 올라가는 것을 네가 보면 그렇게 될 것이다. 그러나 보지 못하면 그렇게 되지 않을 것이다(열왕기상 2:10)." 그로부터 얼마 후 갑자기 불 전차와 불 말이 나타나더니 그들 둘을 갈라놓았고 엘리야가 회오리바람에 들려 하늘로 올라가는 광경을 엘리사는 목격했다.

명예욕

르우벤이 거룩하신 하나님이 자신에 대해 "르우벤이 이 말을 듣고 그들의 손에서 요셉을 구해낼 생각으로 말했습니다. '그를 죽이지는 말자.'(창세기 37:21)"라고 기록하게 하실 줄 알았다면 그는 요셉을 어깨로 부축해 아버지에게 데리고 갔을 것이다. 이와 마찬가지로 만일 보아스가 거룩하신 하나님이 자신에 대해 "룻에게 볶은 곡식을 주었고 룻은 마음껏 먹고 얼마를 남겼습니다(룻기 2:14)."라고 기록하게 하실 줄 알았다면 그는 룻에게 자신의 살찐 송아지를 대접했을 것이다(레위기 라바 34:8).

명성은 일반적으로 사람들에게 두 가지 긍정적인 효과 중 하나를 준다. 즉, 악행을 단념시키거나 선행을 부추기는 것이다. 자선 단체는 일반적으로 기부자의 이름과 기부한 내용을 사람들에게 알리면 더 많은 모금을 할 수 있다는 사실을 알고 있다.

성경은 우리에게 르우벤은 후에 요셉을 구해 아버지에게 데려다줄 생각으로 형제들에게 자신들의 동생인 요셉을 살해하지는 말고 광야의 구덩이에 던져 넣고 그에게 손을 대지 말자고 당부했다고 전한다. 하지만 르우벤은 요셉을 구하려고 서두르지 않았고 그가 구덩이로 돌아갔을 땐 이미 형제들이 요셉을 이집트의 노예로 팔아버린 후였다. 만일 르우벤이 동생을 구하지 못한 사실이 전세계적으로 가장 널리 읽히는 성경에 기록되리란 걸 알았더라면 그는 틀림없이 형제들에게 훨씬 더 강력하게 자신의 주장을 펼쳤을 것이며, 동생 요셉을 확실히 구하기 위해 구덩이 옆을 지키고 있었을 가능성이 많다. 인간은 모두 자신이 영웅으로 기억되길 바라는 욕망이 있기 때문이다.

보아스는 볶은 곡식을 대접하는 등 가난한 과부인 룻에게 친절한 태도로

대했다. 그런데 만일 그가 자신의 친절이 모든 자손들에게 알려진다는 걸 알았더라면 더 큰 친절을 베풀었을지 누가 알겠는가?

마찬가지로 명성은 우리에게 나쁜 행동을 단념시키기도 한다. 언젠가 나의 친구가 내게 자신의 어머니가 그에게 해준 선견지명적인 충고 하나를 들려주었다. "네가 혹시 잘못된 것일 수도 있지만 분명한 확신이 서지 않는 일을 하고 싶다면 네가 그 일을 한 것이 기사화되어 다음 날 아침 뉴욕 타임스 헤드라인을 장식할 것이라고 상상해보렴. 그렇게 되더라도 괜찮다 싶으면 그 일을 하거라."

이웃의 고통에 대한 반응

랍비 제이라의 제자들이 그에게 물었다. "스승님은 어떤 미덕 때문에 이토록 멋진 노년 생활을 보내십니까?" 랍비 제이라는 몇 가지 덕목을 열거했지만 그중 가장 중요한 미덕을 꼽으며 다음과 같이 말했다. "난 단 한 번도 이웃의 부끄러움에 기뻐하지 않았지(바빌로니아 탈무드, 타아닛 20b)." 랍비 제이라가 이웃의 부끄러움에 기뻐하지 않는 태도를 특별하고 흔치 않은 미덕으로 여겼다는 점은 다른 사람의 불행으로부터 즐거움과 위안을 찾는 것이 사람들의 일반적인 경향이라는 사실을 암시한다. 심지어 평판이 좋은 사람들조차도 말이다. 1992년 여름 〈뉴욕 타임스〉 베스트셀러 코너에 눈에 띄는 세 권의 책이 있었는데 세 권 모두가 똑같은 주제, 즉 찰스 황태자와 다이애나비의 파국으로 치닫는 결혼 생활을 다루었다. 이 책을 구입한 사람들 대다수가 '부유하고 유명한' 사람의 깊은 고통에 대해 읽으며 일종의 불건전한 만족감을 느꼈으리라. 사람들은 이웃의 콧대가 꺾이는 것을 보면서 비뚤어진 즐거움을 느낀다.

악한 성향

하나님이 아우슈비츠와 그 화장터를 만들지 않았다. 인간이 만든 것이다. 유대인 대학살은 하나님을 믿기 힘들게 만들었지만 인간을 믿기는 불가능하게 만들었다(데니스 프레이저와 조셉 텔루슈킨, 《사람들이 유대주의에 대해 물어보는 9가지 질문The Nine Questions People Ask About Judaism》).

영국의 정신과 의사인 로널드 랭은 "아마도 지난 50년 동안 정상적인 사람들이 자신들의 정상적인 동료들을 1억 명 정도는 죽였을 것이다."라고 말한 바 있다. 인간 본성의 양면성을 가장 간명하게 표현한 사람은 아마도 괴테일 것이다. 괴테는 말했다. "자연스럽지 않은 것 역시 자연스러운 것이다." "인간은 대체적으로 가련한 운명을 타고난다."고 프로이트는 말했다. 그가 이러한 비관적인 관점을 가지는 데 지대한 영향을 끼친 요인 중 하나는 다양하고 혹독한 유대인에 대한 증오이다. "난 반유대주의라는 주제에 대해 나의 감정을 쏟아붓고 싶은 강렬한 욕구를 느끼는데, 이러한 비이성적인 반유대주의로 인해 인간은 대체적으로 가련한 운명을 타고났다는 전적으로 비과학적인 믿음을 갖게 된다."

나쁜 의향에서 비롯된 좋은 결과

"하나님께서 자신이 만드신 모든 것을 보시니 참 좋았습니다(창세기 1:31)."라는 창세기 구절에서 "참 좋았습니다."란 말은 히브리어로 '예체르 하-라 yetzer ha-ra'인데, 이것은 '사악한 의향' 이란 뜻을 담고 있다. "하지만 사악한 의향에서 비롯된 것이 참 좋은 것이라고요?" 하고 누군가 랍비 나만에게 물었다.

랍비 나만은 대답했다. "사악한 의향이 없었다면 사람들은 집을 짓거나 아내를 구하지 않았을 것이고, 아이를 갖거나 사업도 하지 않았을 것입니다(창세기 라바 9:7)."

순수하고 아름다운 것들이라고 해서 반드시 순수하고 아름다운 동기에서 창조되는 것은 아니다. 랍비들은 선한 동기뿐만 아니라 악한 동기에서도 하나님을 숭배해야 한다고 가르친다. 예를 들면, 일반적으로 유명해지려는 욕구는 고귀한 동기에서가 아니라 그렇지 못한 동기에서 비롯되는 경우가 더 많은데 만일 어떤 사람이 유명해지고 싶은 생각에 사로잡혀 있다면 그 사람으로 하여금 좋은 일을 함으로써 유명해질 수 있도록 하라는 것이다. 예컨대 병원을 짓는 데 자금을 대는 사람의 이름을 그 병원의 이름으로 사용함으로써 그 사람의 유명해지고 싶은 욕구를 충족시키면서 좋은 일도 성취할 수 있다.

우리는 세 가지를 통해 한 인간의 본성을 파악할 수 있다. 즉, 그 사람의 컵과 지갑, 분노를 통해 그를 파악할 수 있다(바빌로니아 탈무드, 에루빈 65b). 탈무드의 이 말을 바꾸어 말하면, 술을 마시면 어떻게 행동하고, 자선은 얼마나 많이 베푸는지, 또 화나는 일이 생겼을 때 얼마나 자신을 잘 통제하는지 살펴보면 그 사람의 본성을 파악할 수 있다는 것이다.

도덕적인 세계에서 너희는 절대 의도적으로 너희 자신을 시험에 들게 해서는 안 된다(바빌로니아 탈무드, 산헤드린 107a). 탈무드는 이 진술을, 하나님이 이스라엘 민족의 조상 아브라함에게 그의 아들을 번제물로 바치게 함으로써 아브라함을 시험에 들게 하신 것처럼 다윗왕 자신도 시험에 들게 하시도록 간청하는 전설을 통해 설명하고 있다. 다윗왕의 도전에 하나님은 이렇게 답한다. "내가 너를 시험에 들게 하겠다. 네게 특별한 특권도 부여하겠노라. 네 조상에게는 미리 언질을 주지 않았기 때문이다. 하지만 네게는 간음의 형태로 너를 시험할 것이라고 알려주노라." 그 직후 탈무드는 다윗이 유부녀 바체바와 동침하고 그의 남편을 살해하는 음모를 꾸미는, 그의 인생에서 가장 큰 죄악을 범한 것을 언급한다. 그리고 다윗이 후에 이렇게 말했을 거라고 상상한다. "이러한 재갈이 내 입에 물려질 줄 알았더라면 난 그러한 말을 하지 않았을 텐데."

물론 의도적으로 자신을 시험하지 말라는 교훈은 회복기에 있는 각양각색의 중독자들(알코올중독자, 흡연자, 상습 도박자, 바람둥이 등등)에게 널리 알려진 사실이다. 인간은 자신의 취약한 면모를 인식하고 가능한 한 거기에서 멀리 떨어지려고 노력해야 할 것이다.

사람들은 자신의 갈망의 절반도 충족시키지 못하고 이 세상을 떠난다. 이들은 백을 가지면 2백을 원하고, 2백을 가지면 4백을 원하기 때문이다(전도서 라바 3:12). 만족할 줄 모르는 인간의 욕망을 더욱 극대화해 말한다면 인간은 단지 자신이 가진 것보다 더 많은 것을 원할 뿐만 아니라 다른 사람이 가진 것보다도 더 많은 것을 원한다고 할 수 있지 않을까?

31. 인간은 왜 항상 행복하지 않은가

2년 반 동안 샴마이 학파와 힐렐 학파가 논쟁을 벌였다. 샴마이 학파는 인간이 창조되지 않았다면 더 나았을 거라고 주장했고, 힐렐 학파는 인간 창조된 것이 더 나은 것이라고 주장했다. 결국 이를 투표에 부쳤고 다음과 같은 결정이 내려졌다. "인간이 창조되지 않았다면 더 나았을 것이다. 하지만 인간은 이미 창조되었기에 이들로 하여금 각자의 행실을 살피도록 해야 할 것이다(바빌로니아 탈무드, 에루빈 13b)."

이것은 인간에 대해 상상할 수 있는 가장 건전한 평가일지도 모른다. 그런데 이후의 유대 학자들은 죄인들이 자신들이 원하지도 않은 삶을 사는 데 자신들에게 율법이 부과되고, 또 그 율법을 어겼다고 해서 처벌을 받는 것은 불공정하다고 주장하는 데 탈무드를 인용할 수도 있다는 우려를 했다. 이러한 우려로 '두브노Dubno의 설교자'란 별칭으로 잘 알려진 18세기 두브노의 랍비 야코브 크란즈Yaakov Kranz는 이런 이야기를 내놓았다.

오랜 세월 동안 금실 좋게 살아온 한 부부가 있었다. 그런데 남편은 못생긴 데다 태어날 때부터 귀머거리였고, 아내는 잔소리가 심한 성격에 어릴 적 시력을 잃었다. 장님인 아내는 남편이 얼마나 못생겼는지를 몰랐고, 귀머거리인 남편은 아내의 날카로운 혀에도 전혀 문제를 느끼지 못했다.

그러던 어느 날 이들 부부는 한 의사가 기적적인 의술을 펼친다는 소문을 듣고 자신들의 장애도 치료될 수 있는지 물어보기 위해 그를 찾아가기로 결심했다. 이들은 의사가 요구하는 어떤 액수의 돈이라도 지불하기로 사전에 동의했다.

이들의 치료는 성공적으로 이루어졌다. 아내는 더 이상 장님이 아니었고, 남편은 더 이상 귀머거리가 아니었다. 그런데, 안타깝게도 이러한 기적의 치료는 부부의 금실에 종말을 가져왔다. 이제 남편은 끊이지 않는 아내의 잔소리를 들어야 했기에 더 이상 그녀를 참아낼 수 없었고, 처음으로 못생긴 남편의 얼굴을 똑똑히 보게 된 아내 역시 남편을 쳐다보는 걸 견디지 못하게 되었던 것이다. 이러한 이유로 의사가 이들 부부에게 청구서를 내밀자 부부는 지불을 거부했다. 부부는 행복한 결혼 생활에 파탄을 일으킨 책임을 물으며 오히려 의사에게 보상금을 요구했다. 치료비를 지불하도록 이들 두 환자를 설득하기가 어렵겠다고 판단한 의사는 한숨을 내쉬며 이렇게 말했다. "제가 진실로 당신들을 불행하게 만들었다면 전 당신들의 행복을 되찾아주기 위해 최선을 다해야 할 것입니다. 원하신다면 당신을 다시 귀머거리로 만들어드릴 수 있고, 부인은 어렵지 않게 다시 앞을 볼 수 없는 장님으로 만들어드릴 수 있습니다. 그렇게 되면 두 분은 저를 만나기 전과 같이 행복하고 평화로운 결혼 생활을 할 수 있지 않겠습니까?"

하지만 남편과 아내 모두 의사의 제의를 강력하게 거부했다.

이에 의사가 말했다. "자, 이전 상태로 돌아갈 생각이 없으시다면 저의 의

술이 두 분을 더 행복하게 만들었다는 것이 분명해 보입니다. 그렇다면 제게 의료비를 지불하시는 것이 합당할 것입니다."

'두브노의 설교자'는 다음과 같이 결론 내린다. "자신의 행동에 책임지지 않으려는 사람은 이 일화를 교훈으로 삼도록 하자. 주어진 삶은 스스로 포기하지 말아야 할 정도로 소중한 것이기에 생의 특권에 대한 대가를 지불해야만 한다. 그럼 이러한 대가는 어떤 형태를 취해야 할까? 바로 하나님 앞에서 자신의 행동에 대한 책임을 지는 것으로 생의 대가를 지불해야 하는 것이다"(베노 헤이네만Benno Heinemann, 《두브노의 설교자와 그의 교훈적인이야기The Maggid of Dubno and His Parables》)."

비유대교도가 랍비 조슈아에게 물었다. "하나님은 미래를 보신다고 하지 않으셨습니까?"

"그렇습니다." 랍비 조슈아가 대답했다.

비유대교도가 말했다. "하지만 당신들의 토라에는 '여호와께서 땅에 사람을 만든 것을 후회하시며 마음으로 아파하셨습니다(창세기 6:6).'라고 기록되어 있습니다. 하나님께서 인간을 창조하신 걸 후회하실 줄 아셨다면 하느님은 왜 인간을 창조하셨습니까?"

조슈아가 그에게 반문했다. "당신이 이 세상의 빛을 보게 만든 아이가 있습니까?"

"그렇습니다." 남자가 대답했다.

"아이가 태어났을 때 당신은 어떻게 했습니까?"

남자가 대답했다. "전 매우 기뻐했고 주위 사람들도 기뻐하도록 만들었습니다."

조슈아가 물었다. "당신은 그 아이가 언젠가는 죽게 되리란 걸 모르셨습니까?"

남자가 대답했다. "기뻐할 때 기뻐하고, 슬퍼할 때가 되면 슬퍼하는 것 아닙니까?"

조슈아가 말했다. "거룩하고 축복받아 마땅하신 하나님도 그와 마찬가지셨습니다(창세기 라바 27:4)."

부_富의 한계

그가 자기 어머니의 모태에서 벌거벗은 모습대로 나왔듯이, 돌아갈 때도 그가 열심히 일해서 얻은 것은 아무것도 가져가지 못할 것이다(전도서 5:15). 랍비들은 이에 덧붙여 인간의 삶을 '사방에 울타리가 쳐진 포도밭을 발견한 여우'에 비유한다.

울타리 앞에는 작은 구멍이 있었는데, 여우는 그 구멍을 통해 포도밭으로 들어가려 했다. 하지만 구멍이 너무 좁은 탓에 여우는 구멍으로 들어갈 수 없었다. 여우는 어떻게 했을까? 여우는 3일 동안을 굶어 바짝 야윈 후에야 구멍을 통해 포도밭으로 들어갈 수 있었다. 포도밭으로 들어가 포도를 마음껏 먹은 여우는 다시 살이 쪘다. 그래서 여우가 포도밭을 떠나 밖으로 나오려 했을 때 여우는 또다시 구멍으로 들어갈 수 없었다. 그래서 여우는 다시 한 번 3일 동안 굶은 후에야 포도밭을 나올 수 있었다.

밖으로 나온 여우는 포도밭을 보며 말했다. "포도밭이여, 포도밭이여, 네 열매는 얼마나 달콤했는가! 네 안에 있는 모든 것이 아름답고 칭송

받아 마땅하구나. 그런데, 넌 내게 어떤 이득을 주었는가! 네게로 들어간 그대로 너를 떠나야만 하니 말이다."

세상은 포도밭과 마찬가지다!(전도서 라바 5:14)

전도서의 같은 구절에 대해 랍비 메이어는 이와는 약간 다른 느낌의 언급을 한다. "아이가 태어날 땐 마치 '이 세상은 나의 것이야. 난 세상을 손에 넣을 거야.' 라고 말하듯이 손을 꼭 움켜쥐고 있고, 사람이 이 세상을 떠날 땐 마치 '난 이 세상에서 아무것도 가져가지 않아.' 라고 말하듯이 손을 펴고 있다(전도서 라바 5:14)."

행복의 한계

18세기 하시디즘 교사인 알렉산드로프의 하노크는 세상을 예식장에 비유하며 다음과 같은 이야기를 들려주었다.

한 남자가 바르샤바에 있는 어느 여관을 찾았다. 그는 저녁에 옆집에서 흘러나오는 음악 소리를 들으며 음악에 맞춰 춤을 췄.

'저 집에선 결혼을 축하하고 있구나.' 그는 생각했다. 그런데 그는 다음 날 저녁에도 똑같은 음악 소리를 들었고, 그 다음 날 저녁에도 마찬가지였다. 남자가 여관 주인에게 물었다. "어떻게 한 집안에서 그렇게 많은 결혼식을 할 수 있죠?"

여관 주인이 대답했다. "옆집은 예식장입니다. 오늘도 그곳에서 어떤 집안의 결혼이 있죠. 내일은 다른 집안의 결혼식이 있고요."

랍비 하노크가 말했다. "그것은 이 세상과 같다. 이 세상에서 사람들은 언제나 즐거워하고 있지만, 오늘 즐거워하는 사람과 내일 즐거워하는 사람은 같은 사람이 아니다. 이 세상 어느 누구도 항상 행복할 순 없다(프랑시네 클라그스브룬, 《지혜의 목소리Voices of Wisdom》).

인간의 운명

다음에 소개되는 글귀들은 종종 당혹스러운 운명에 맞닥뜨리는 우리에게 필요한 유대의 지혜를 담고 있다.

악인의 번영과 의인의 고통을 설명하는 것은 우리의 능력 밖에 있다(아버지의 윤리 4:15). 어떤 사람은 살 수 없지만 살고 싶어 하고, 어떤 사람은 살 수 있지만 살고 싶어 하지 않는다(유대 격언). 사람들은 벌에게 말한다. "난 너의 꿀도 원하지 않고, 너의 침도 원하지 않아(민수기 라바 20:10)." 한 사람을 평가하기 위해선 그 사람의 과거를 보지 말고 그 사람의 현재를 보라(유대 격언). 파괴의 천사가 자신의 일을 수행해도 좋다는 허락을 받았다. 하지만 그는 의인과 악인을 구별할 수 없었다(메크힐타Mekhilta, 《라우터바흐Lauterbach》, 1권). 당신이 좋은 사람이기 때문에 세상이 당신을 그에 맞게 대해주어야 한다고 기대하는 것은, 당신이 채식주의자이기 때문에 들소가 당신을 공격하지 않길 기대하는 것과 같다(랍비 하롤드 쿠슈너, 《당신이 이제껏 원했던 것이 충분하지 않을 때When All You've Ever Wanted Isn't Enough》).

선인의 고된 삶

하시디즘 교사인 코브린의 모세가 어느 날 하늘을 올려다보며 외쳤다. "천

사여, 작은 천사여! 당신이 하늘에만 머물러 있는 것은 결코 좋은 일이 아닙니다. 당신은 먹고 마실 필요가 없고 아이를 낳을 필요도 없으며 돈을 벌 필요도 없습니다. 그러니 지상으로 내려와서 먹고 마시고, 아이를 기르고, 돈을 버는 것에 대해 걱정해보세요. 그래도 계속 천사로 남아 있을 수 있는지를 우리가 볼 수 있게 말이죠. 그렇게 할 수 있다면 당신은 스스로를 뽐내도 좋을 것입니다. 하지만 지금은 아니에요.(마틴 부버, 《하시디즘 이야기Tales of the Hasidism》)

끊임없이 변화하는 인간의 역경

유대인의 고대 민간 설화에 따르면 솔로몬 왕은 한 보석 세공인에게 그의 기분과는 상관없이 항상 그에게 의미를 부여할 수 있는 구절을 새긴 반지를 제작해줄 것을 의뢰했다. 보석 세공인이 마침내 완성해 가져온 반지에는 다음과 같은 말이 새겨져 있었다. '이 순간 역시 지나갈 것이다.'

32. 괴로움은 어떻게 이기는가

어느 날 랍비 요카난이 몸져누웠을 때 랍비 하나나가 병문안차 그를 찾아가 이렇게 물었다. "당신에게 찾아오는 괴로움을 반기십니까?" 랍비 요카난이 그의 말에 대답했다. "괴로움도 반기지 않고 괴로움 뒤에 찾아오는 보상도 반기지 않습니다(바비롤니아 탈무드, 베라크호트 5b)."

랍비 히야 바 아바Hiyya bar Abba는 말했다. 누군가가 내게 "하나님의 이름을 거룩하게 하기 위해 당신의 생명을 바치시오."라고 말해야만 하는 상황이라면, 난 그렇게 할 마음의 준비가 되어 있다. 하지만 단숨에 죽어야 한다는 조건이 충족될 경우에만 그렇게 할 것이다. 나는 하드리아누스 왕조의 고문을 이겨낼 수 없기 때문이다(아가 라바 2:7). 유대인의 저항을 잠재우기 위해 하드리아누스 군사들은 유대인들에게 불에 달군 쇠공을 죽을 때까지 겨드랑이에 끼워두는 고문을 가했다.

히야 바 아바가 단언하듯 랍비들은 극도의 고통을 주는 고문은 죽음의 공포보다도 훨씬 더 심한 공포를 야기해 가장 의로운 사람조차도 굴복시킨다고 믿었다. 그래서 이들은 네부카드네자르 조상彫像에 경배하느니 차라리 화형을 당하겠다고 말한 하나니아와 미샤엘, 아자리아에 대해 다음과 같이 말했다. "만일 이들이 하나니아와 미샤엘, 아자리아에게 태형을 가할 것이라고 했더라면, 그들은 네부카드네자르의 조상에 경배했을 것이다(바빌로니아 탈무드, 케투보트 35b)." 여기서 기억해야 할 점은 고대 사회에서 법률로서 죄수를 고문하는 것을 허용하지 않은 유일한 민족이 유대민족이라는 사실이다.

고난과 알 수 없는 하나님의 뜻

어느 남자는 항상 이렇게 말하곤 했다. "하나님이 하시는 일은 모두 좋은 것이다." 어느 날 랍비 아키바가 여행을 하다 한 마을에 들러 여관을 찾았지만 어디서도 그를 받아주지 않았다. 그러자 그는 "하나님이 하시는 일은 모두 좋은 것이다."라고 말하고 들판으로 가서 밤을 보냈다. 그는 닭과 당나귀, 양과 함께 있었다. 바람이 불어 촛불을 껐고, 고양이가 와서 닭을 잡아먹었으며 사자가 달려들어 당나귀를 삼켰다. 그는 다시 말했다. "하나님이 하시는 일은 모두 좋은 것이다." 같은 날 밤 병사들이 마을을 습격해 주민들을 끌고 갔다. 랍비 아키바가 마지막 남은 그의 동료인 양에게 말했다. "하나님이 하시는 일은 모두 좋은 것이라고 내가 말하지 않았더냐(바빌로니아 탈무드, 베라크호트 60b-61a)."

탈무드에 "신이 힘든 일을 겪고 있을 때 한 말에 대해선 책임지지 않아도 된다(바빌로니아 탈무드, 바바 바스라 16b)."는 말이 있다. 만일 어떤 사람이 극단적인 고통을 겪고 있는 순간에 하나님을 저주했다면, 유대 율법은 그 사람이 신성 모독에 대한 죄를 범했다고 간주하지 않는다. 마찬가지로 어떤 사람이 극심한 고통에 빠져 있을 때 자신의 가족을 저주하거나 가족에게 터무니없는 비난을 퍼붓는다면 가족은 그를 나무라는 대신 위로하라는 것이 유대의 율법이다.

모욕으로 인한 고통

모욕을 당하고도 모욕을 하지 않으며 저주를 받고도 저주를 하지 않는 사람들에 대해 성경은 "이들을 솟아오르는 태양처럼 힘차게 하소서(사사기 5:31)."라고 말한다(바빌로니아 탈무드, 샤밧 88b).

초대 '팔레스타인 최고 랍비'인 랍비 아브라함 아이작 쿡Abraham Isaac Kook 과 그의 친구이자 동료인 랍비 아르예 레빈Aryeh Levin는 20세기 유대인의 삶에 가장 큰 영향력을 끼친 두 인물이다. 쿡은 특정 초정통파 반시온주의자 집단에서 격렬한 증오의 대상으로 대두되었는데, 이는 그가 대부분이 비종교인인 초기 시온주의자들을 열성적으로 지지했기 때문이다.

어느 날 아침 시나고그에서 예배를 드리고 있는데 어떤 극렬한 반시온주의자가 랍비 레빈에게 다가와 그야말로 머리가 터지도록 그에게 저주를 퍼부어댔다. 그곳에 있던 다른 사람들이 침묵을 지키며 앉아 있었을 때 랍비 레빈은 조용히 그곳을 떠나 다시는 시나고그로 돌아오지 않았.

후에 그곳에 있었던 한 사람이 그에게 물었다. "당신이 왜 그 사람에게 심하게 모욕적인 말로 벌을 받았는지 아십니까? 그 사람이 그렇게 한 근본적인 이유가 무엇일까요?"

"제가 하나님께 죄를 지었기 때문이 아닐까요?"

"아니오, 그렇지 않습니다." 역시 극렬한 반시온주의자인 그가 말을 이었다. "그것은 당신이 그 랍비와 아주 가깝게 지내기 때문입니다."

랍비 레빈이 말했다. "제가 침묵을 지킨 것이 옳았는지 말씀해주시겠습니까?"

남자가 대답했다. "물론입니다. 당신이 갖고 계시는 훌륭한 자질이죠. 저희 현자들이 다음과 같이 말씀하신 걸 아실 겁니다. '모욕을 당하고도 모욕을 하지 않으며 저주를 받고도 저주를 하지 않는 사람들에 대해 성경은 이들을 솟아오르는 해같이 힘차게 하소서.' 라고 말했습니다."

랍비 아르예 레빈이 말을 받았다. "그런데 당신이 아셔야 할 것은, 제가 그러한 점을 그 랍비에게서 배웠다는 것입니다(심차 라즈, 《우리 시대의 차디크》)."

실제로 랍비 쿡은 자신의 명예를 실추시킨 사람의 가족임에도 불구하고 그가 형편이 너무 좋지 않으니 무료로 치료해줄 것을 부탁하는 편지를 평소 자신을 존경하는 의사에게 보내기도 했다.

33. 진정한 겸손이란 무엇인가

영혼을 겸손하게 다듬어라. 결국 너희 몸은 벌레에게 먹힐 것이기 때문이다(아버지의 윤리 4:4). 인간은 순백으로 내리는 모든 눈이 진창으로 변하듯 자신의 육체적인 아름다움도 결국엔 한 줌의 썩은 물질로 변한다는 것을 알아야 한다(세퍼 하시디즘Sefer Hasidim, 《신앙심이 깊은 사람의 책Book of the Pious》). 겸손함은 아랫사람에 대한 태도로 검증될 수 있다(오르홋 차디킴Orhot Tzaddikim). 인간은 박해자 중 한 명이 되기보다 박해를 받는 사람 중 한 명이 되려고 노력해야 한다(바빌로니아 탈무드, 바바 카마 93a).

유대의 이러한 가르침은 차선책이 없을 때에만 적용된다. 가장 이상적인 것은 다른 사람이 자신을 박해하지 못할 정도로 충분히 강한 자가 되되 자신은 박해자가 되지 않는 것이다. 랍비 어빙 그린버그Irving Greenberg는 유대인이 나치 대학살을 통해 배워야 할 중요한 교훈 하나를 지적했다. "유대인은 다시는 그토록 나약해져서는 안 된다. 그러한 나약함은 우리를 억압하도록 다른 민족을 유혹하기 때문이다."

그릇된 겸손

60년 넘게 랍비로 살아가신 나의 할아버지는 어느 날 사회적으로 지위가 높은 어느 부자에 대한 이야기를 들려주셨다. 그는 사회적인 지위가 있었기에 시나고그의 앞자리인 귀빈석에 앉을 자격이 있었다. 그럼에도 그는 뒷자리에 앉길 고집했고, 거기서 그는 시나고그로 들어오는 모든 사람들을 주의 깊게 관찰했다. 자신이 '겸손하게도' 뒷자리를 선택했다는 것을 사람들이 알아차리는지 확인하기 위해서였다. 이러한 그의 모습을 지켜보고 있던 나의 할아버지가 마침내 그에게 말했다. "뒷자리에 앉으셔서 시종일관 '난 앞자리에 앉을 사람인데.'라고 생각하시는 것보다 앞자리에 앉으셔서 '뒷자리에 앉았어야 했는데.'라고 생각하시는 것이 더 낫습니다."

지나친 겸손

랍비 이스라엘 살란터Israel Salanter의 한 제자가 그에게 물었다. "선생님, 저는 지금 직업을 구하지 못해 아주 심각한 재정난에 허덕이고 있습니다."
랍비 이스라엘이 그에게 물었다. "왜 랍비가 되지 않느냐?"
"선생님, 전 사람들에게 잘못된 가르침을 줄까 두렵습니다."
랍비 이스라엘이 제자에게 다시 물었다. "그럼 랍비가 되는 사람은 어떤 사람이냐?"

제자가 대답했다. "사람들에게 잘못된 가르침을 주는 것을 두려워하지 않는 사람입니다(슈무엘 히멜스타인Shmuel Himelstein, 《하나의 지혜, 하나의 위트A Touch of Wisdom, a Touch of Wit》).

다른 사람에 대한 랍비들의 생각

다음은 야브네Yavneh 랍비들 사이에서 가장 인기 있는 이야기다.

> 나도 하나님의 창조물이고 나의 동료(여기서는 배우지 못한 사람을 가리킨다.)도 하나님의 창조물이다. 나는 마을에서 일하고 그는 들판에서 일한다. 나는 내 일을 하기 위해 아침 일찍 일어나고 그는 그의 일을 하기 위해 아침 일찍 일어난다. 그는 나의 일을 할 생각이 없고 나는 그의 일을 할 생각이 없다. 그런데 만일 당신이 '나는 토라 공부를 더 많이 하고 그는 토라 공부를 거의 하지 않는다' 고 말한다면 우리가 배운 다음의 말을 당신께 들려주고 싶다. "많이 공부하는 사람도 있고, 적게 공부하는 사람도 있다. 중요한 것은 하늘로 향하는 마음이다(바빌로니아 탈무드, 베라크홋 17a)."

"중요한 것은 배움의 양이 아니라 배움의 정신이다(엘-암 탈무드The El-Am Talmud)."라는 유대인의 생각이 잘 반영된 이야기다.

유대에서는 왕의 행렬과 신부 행렬이 마주치면 신부 행렬이 길을 내주는 것이 관례다. 그럼에도 불구하고 1세기의 아그리파 왕은 어느 신부 행렬에게 길을 내주도록 했다. 이에 현자들은 그를 칭송했다. 이들이 왕에게 "어떤 이유로 그렇게 하셨습니까?"라고 묻자 왕은 이렇게 대답했다. "난 매일 왕관을 쓰지만 그 여인은 짧은 시간 동안만 왕관을 쓸 것이기 때문이오(바빌로니아 탈무드, 11:6)."

금기된 오만

아담은 안식일 저녁에 만물 중 제일 마지막에 창조되었다. 그 이유가 무엇일까? …… 어떤 사람이 지나치게 오만하면 그에게 "모기가 당신보다 먼저 창조되었소."라고 말할 수 있게 하기 위해서(바빌로니아 탈무드, 산헤드린 38a).

유대 전통은 항상 토라 공부를 특별히 강조해왔기에 유대 학자들에겐 자만심을 가질 위험성이 항상 도사리고 있었다. 탈무드의 여러 일화들은 이러한 경향을 강력하게 비판하고, 학자들은 지식보다 더 중요한 것이 많다는 사실을 늘 인식하고 있어야 한다고 강조한다.

20세기 작가인 존 리치John Rich는 지적인 성과를 다른 성과보다 더 높이 평가하는 속물근성의 위험성에 대해 다음과 같은 재치 있는 말로 지적했다. "모든 사람들이 하나님에 대해서만 공부한다면 하수구를 고칠 사람이 없을 것이다. 그렇게 되면 많은 사람들이 콜레라로 죽게 된다." 또한 탈무드는 학자가 빠지기 쉬운 오만함에 대한 해독제로서 다음의 조언을 들려준다. "너희가 토라에 대해 공부를 많이 했다고 해서 그것을 큰 자랑거리로 삼지 말라. 너희는 단지 그 목적으로 창조되었기 때문이다(아버지의 윤리 2:8)."

34. 극단적인 금욕주의는 어떤 폐단을 부르는가

미래 세상에는 눈으로 보긴 했지만 먹지는 않은 좋은 것들 모두에 대해서도 계산을 해야 한다 (팔레스타인 탈무드, 키두신 4:12).

일부 랍비들은 금욕주의를 실천하지만 탈무드 랍비들 및 대부분의 유대 학자들은 '하나님은 인간으로 하여금 이 세상을 즐기게 하기 위해 인간을 세상에 보내셨다'고 믿었다. 이러한 믿음은 신빙성이 있다고 여겨지는데, 그 이유는 카슈루트kashrut 율법으로 인해 특정 음식은 금지되지만 금지되지 않는 모든 음식들은 골고루 즐겨야 하기 때문이다. 실제로 이 탈무드 구절은 다음의 구절로 연장된다. "랍비 엘라자르는 이러한 상황을 특별히 신경 써 최소한 1년에 한 번씩은 모든 종류의 음식을 먹을 수 있도록 따로 돈을 모았다." 물론 유대 전통은 먹는 즐거움 외에 다른 종류의 즐거움도 인정했다. 가령, 랍비 시메온 벤 감리엘Simeon ben Gamliel이 매우 아름다운 여성을 보고 다음과 같이 감탄한 대목을 보면 알 수 있다. "오, 주여. 당신의 작품은 실로 대답하십니다(시편 104:24; 바빌로니아 탈무드, 아보다 자라Avoda Zara 20a)."

19세기 독일의 정통파의 위대한 리더인 삼손 라파엘 히르슈Samson Raphael Hirsch는 어느 날 갑자기 스위스로 갈 것이라며 그의 제자들을 놀라게 했다. 그는 제자들에게 설명했다. "전지전능하신 분과 가까운 곳에 서면 이제껏 궁금했던 많은 것들을 해결할 수 있을 테지. …… 하지만 하나님께서 '삼손아, 넌 나의 알프스를 보았느냐?'라고 분명히 물어보실 텐데, 그땐 어떻게 대답해야 하지?"(마틴 고돈Martin Gordon, 《유대 사상에 대한 저널Journal of Jewish Thought》)

"토라가 네게 금지한 것이 충분하지 않아 너는 네 자신에게 더 많은 것을 금지하려 하느냐? (와인을 마시는 것과 같은 토라가 허용한 것을 자신에게 금지시킨 사람에 대한 탈무드의 응답)(팔레스타인 탈무드, 네다림Nedarim 9:1)."

전도서 7장 16절의 "지나치게 의롭게 살려고 하지 말라."는 글귀에 마이모니데스는 다음과 같은 주석을 달았다. "누구라도 허용되는 것을 자신에게 금지시키기 위해 맹세나 서약을 해선 안 된다('성격 개발 및 윤리적 행동에 대한 계율Laws of Character Development and Ethical Conduct' 3:1)."

유대인들에겐 오랫동안 절주가 존중되는 가치로 인정받아왔음에도 불구하고 심지어 술에 취하는 것도 절대적인 금기 사항인 적은 없었다. 퓨림절에는 '저주받을 하만'과 '축복받을 모르드개'의 차이점을 구별할 수 없을 정도로 만취되어도 좋다(바빌로니아 탈무드, 메길라Megillah 7b). 랍비들에게 이러한 상태는 상상할 수 있는 가장 심한 만취 상태이다. 오늘날과 비교하면 아마 '저주받을 히틀러'와 '축복받을 안네 프랑크'의 차이점을 인식하지 못하는 상태일 것이다.

얄타가 그녀의 남편인 랍비 나만에게 말했다. "하나님께서 우리에게 금하신 모든 것에 동등한 가치를 지니는 것들은 허용되었습니다. 우리

가 피를 먹는 것은 금지되지만 적혈구가 풍부한 간을 먹는 것은 허용
되죠. 또 돼지고기를 먹는 것은 금지되지만 돼지고기와 맛이 비슷한
생선인 쉬부타shibuta를 먹는 것은 허용됩니다. 결혼한 여성은 금지되
지만, 아직 전남편이 살아 있는 결혼할 이혼녀는 허용됩니다. 전 지
금 우유와 고기를 함께 먹고 싶습니다. 그렇다면 어떤 걸 먹으면 될
까요?"

아내의 말을 들은 랍비 나만이 푸주한에게 지시했다. "내 아내에게 우
유 맛이 나는 고기인 소의 젖통을 구워드리시게나(바빌로니아 탈무드, 훌린Hullin
109b)."

금욕주의의 위험성

부유한 하시드가 랍비 도브 바에르Dov Baer를 찾아와서 자신을 축복해달라
고 부탁했다. 이에 랍비 도브는 그를 대화로 끌어들이기 시작했다. "당신
과 같이 엄청난 부를 소유한 사람들은 어떻게 가정을 꾸리는지 궁금합니
다. 예를 들면, 매일 어떤 음식을 먹습니까?"

"아, 저희는 아주 간단한 음식을 먹습니다." 하시드가 답했다. "저의 경우
엔 마른 빵과 소금 외엔 아무것도 먹지 않죠."

도브는 격앙되어서 말했다. "마른 빵과 소금은 당신 같은 부자들에겐 충분
치 않은 음식입니다! 당신은 고기와 와인, 신선한 빵을 드셔야 합니다." 도
브가 계속해서 하시드를 몰아붙이자 마침내 하시드는 '앞으로는 더 맛있
고 값비싼 음식을 먹겠다'고 도브에게 약속했다. 하시드가 떠난 뒤 도브의
놀란 제자들이 그에게 물었다. "그 사람이 소금을 친 마른 빵을 먹든 고기

와 와인을 먹든 그것이 스승님과 무슨 상관입니까?"

"상관이 아주 많지." 도브가 대답했다. "만일 그가 고기와 와인 같은 값비싼 음식으로 배불리 먹는다면 그는 가난한 사람들은 최소한 소금을 친 마른 빵은 먹어야 한다고 생각할 것이다. 하지만 그 자신이 마른 빵과 소금 외엔 아무것도 먹지 않는다면 그는 가난한 사람은 돌을 먹는 것만으로도 만족할 수 있다고 생각할 것이야(루이스 뉴만Louis Newman, 《하시디즘 선집The Hasidic Anthology》)."

"빵이 없는 곳엔 토라도 없다(아버지의 윤리 3:17)."라는 말에는 배고픔으로 인해 육체가 비명을 지르는 사람은 공부에 집중할 마음을 갖지 못한다는 뜻이 담겨 있다. 신기하게도 나는 이 구절과 거의 흡사한 힌두교 스승인 비베카난다Vivekananda의 글을 접할 수 있었다. 그는 이렇게 기술했다. "첫 번째가 빵이고, 그 다음이 종교다. 어떠한 교리도 배고픔으로 인한 식욕을 만족시켜줄 수 없다."

두 번째 대사원이 파괴되었을 때 이스라엘의 많은 사람들은 금욕주의자가 되었다. 고기를 먹거나 와인을 마시는 것을 금했던 것이다. 랍비 조슈아가 이들에게 다가가서 말했다. "나의 자녀들이여, 왜 고기를 먹지 않고 와인을 마시지 않느냐?"

이들이 대답했다. "이제 더 이상 제단이 존재하지 않는데 제물로 바쳤던 고기를 저희가 먹어야 하겠습니까? 이제 더 이상 제단이 존재하지 않는데 제단 위에 헌주로 바쳤던 와인을 저희가 마셔야 하겠습니까?"

조슈아가 이들에게 말했다. "그렇다면 우리는 빵을 먹는 것도 금해야 할 것이다. 이제 음식을 바치는 일도 끝났기 때문이다."

이들이 말했다. "저희는 과일로 살아갈 수 있을 것입니다."

"하지만 우리는 과일 또한 먹을 수 없다. 처음으로 수확한 과일을 바치는 일도 이제 끝났기 때문이다."

"그렇다면 저희는 대사원의 제단에 바치지 않은 종류의 과일을 먹을 것입니다."

"하지만 우리는 물도 마시지 말아야 한다. 제단에 물을 따르는 일도 이제 끝났기 때문이다."

그러자 이들은 침묵했다.

그때 조슈아가 이들에게 말했다. "나의 자녀들이여, 이리로 와서 나의 조언을 들어보라. 사원이 파괴되었기에 조금도 슬퍼하지 않는 것은 불가능하다. 하지만 우리는 대다수의 사람들이 견디지 못할 결정을 사회에 부과하는 것이 금지되어 있기에 지나치게 슬퍼하는 것 또한 불가능하다(바빌로니아 탈무드, 바바 바스라 60b)."

이 이야기 속의 금욕주의는 물질적인 쾌락을 거부하는 철학에서 비롯된 것이 아니라 로마를 상대로 한 저항이 실패로 돌아가 두 번째 사원의 파괴를 경험한 사람들의 번민으로 인해 생겨난 것이다. 막대한 인명 손실을 초래한 대반란의 참혹한 결과는 엄청난 비극을 낳았다. 이러한 비극이 1세기 유대인에게 초래한 충격은 나치 대학살이 오늘날의 유대인에게 초래한 충격과 비견될 만하다. 랍비 조슈아가 금욕주의자들의 깊은 고통을 공감하지 않은 것은 아니지만, 그는 이들의 태도는 단지 유대민족의 멸망만을 초래할 뿐이기에 결코 지지해서는 안 된다는 점을 파악하고 있었다. 한 나라가 계속되는 슬픔 속에서 세대를 거쳐 살아남을 수는 없다. 최소한 국민 대부분이 보다 즐거운 삶의 방식에 젖어들고자 노력해야 하는 것이다.

하지만 이러한 금욕주의자들의 마음가짐은 여전히 일부 사람들의 심금을 울리고 있다. 일례로 몇 년 전 랍비 컨퍼런스에서 한 랍비가 "유대인은 매주 안식일 점심때마다 곰팡내 나는 빵과 묽은 수프와 같은 아우슈비츠에서 배급된 형편없는 음식으로 식사함으로써 나치 대학살의 비극을 상기해야 한다"고 주장했다. 나는 이러한 제안을 듣고 랍비 조슈아의 "지나치게 슬퍼하는 것 또한 불가능하다."란 말을 떠올리며 '그러한 의식은 대학살에 대한 인식을 높이기보다 안식일의 격을 떨어뜨릴 뿐'이라고 주장했다. 조슈아의 "조금도 슬퍼하지 않는 것은 불가능하다."란 말을 충족시킬 목적으로 현자들은 모든 유대인들을 대상으로 세 가지 상징적인 '결핍 행위'를 탈무드에 규정해놓았다. 하지만 유감스럽게도 오늘날 이러한 행위를 실천하는 유대인은 거의 찾아볼 수 없다.

집에 회반죽을 바를 때 작은 부분은 회반죽을 바르지 않은 상태로 놓아두고, 풀코스 연회를 준비할 때 접시 몇 개는 빼놓으며, 여자가 장신구를 할 때 한 두 개의 장신구는 생략해야 한다(바빌로니아 탈무드, 바바 바스라 60b). 결과적으로 랍비들은 금욕주의 대신에 되돌릴 수 없는 세상에 살고 있음을 상기시켜주는 상징적인 행위를 제안한 것이다.

유대주의에서의 금욕적인 경향

나는 위의 진술이 유대 전통의 전반적인 분위기를 반영한다고 믿는다. 하지만 유대주의에는 세상적인 즐거움을 거부할 것을 가르친 랍비들이 있었을 뿐 아니라 특정 운동까지 존재했던 것도 사실이다.

> 시대의 리더이자 부자였던 랍비 주다가 죽음을 맞이하게 되었을 때, 그는 양팔을 들어 올리며 하나님께 선언했다. "전 심지어 저의 작은 손가락으로도 세상적인 즐거움은 조금도 즐기지 않았다는 것을 당신

은 잘 아실 것입니다(바빌로니아 탈무드, 케투봇 104a)."

진정으로 토라의 지식을 습득하기 위해 너희는 토라를 열심히 공부하면서 일정한 양을 지켜가며 소금을 친 빵과 물을 섭취하고, 땅바닥에서 잠을 자며, 부족한 삶을 견뎌내야만 한다(아버지의 윤리 6:4). 탈무드의 가장 유명한 랍비 중 한 명인 시몬은 이스라엘에서의 로마 통치를 강력하게 반대하는 사람으로 알려져 사형선고를 받았다. 이에 랍비 시몬과 그의 아들은 '지하'로 숨었고, 그러는 동안 이들은 금욕주의자가 되었다. 시몬과 그의 아들은 자신들의 '랍비 연수원House of Study'에 숨었고 그의 아내는 매일 이들에게 빵한 덩어리와 물 한 병을 날랐다. 그러던 어느 날 박해가 점점 더 심해지자 이들은 아내가 고문을 당해 자신들의 신분을 밝힐 수도 있다는 사실에 두려움을 느끼고 동굴로 숨어버렸다. 거기서 이들에게 기적적인 일이 일어났다. 거기엔 이들을 위해 다 자란 캐럽나무■와 솟아오르는 샘물이 있었다. 이들은 옷을 벗고 모래에 파묻혀 하루 종일 토라를 공부했다. 이들은 기도를 드릴 때만 옷을 입었고, 기도를 다 드리고 나면 옷이 닳지 않도록 다시 옷을 벗었다. 이들은 이런 식으로 동굴에서 12년을 보냈다.

어느 날 예언자 엘리야가 찾아와 동굴 입구에서 이렇게 외쳤다. "로마 황제는 죽었고 그의 명령도 취소되었다는 것을 누가 랍비 시몬 바 요하이에게 알려줄 것인가?"

이들 부자는 이 말을 듣고 동굴을 떠났다. 동굴 밖을 나온 부자는 농부들이 쟁기질을 하고 씨를 뿌리는 것을 보고 화가 나서 말했다. "저 사람들은 영원한 생명으로 인도하는 토라 공부를 무시하고 잘 먹고 잘살기 위해 세

■ **캐럽나무** 초콜릿 맛이 나는 암갈색 열매가 달린 유럽산 나무.

상적인 일을 하는 데 바빠 정신이 없구나." 부자는 눈에 보이는 모든 것에 그 즉시 불을 질렀다. 그러던 어느 순간, 이들에게 천상의 목소리가 들려왔다. "너희는 나의 세상을 파괴하기 위해 동굴 밖으로 나왔느냐? 다시 동굴로 들어가도록 해라!" 부자는 다시 동굴로 들어가 거기서 1년을 더 지냈고, 다시 동굴 밖을 나왔을 때엔 잘 먹고 잘살기 위한 사람들의 욕망에 보다 관대한 입장을 취할 수 있었다(바빌로니아 탈무드, 샤밧 33b).

토라 공부만이 성스러움으로 가는 유일한 길이라 믿었던 금욕주의자 랍비 시몬과 그에 못지않은 학식을 갖추었지만 일상적인 모든 행위에서 성스러움의 가능성을 본 랍비 힐렐을 비교해보자.

어느 날 힐렐은 수업을 끝내고 제자들을 남겨둔 채 '랍비 연수원'을 막 나오려 했다

제자들이 그에게 물었다. "선생님, 어디에 가시는 겁니까?"

그가 대답했다. "종교적인 의무를 이행하기 위해 가는 것이다."

"어떤 종교적인 의무를 말씀하시는 겁니까?" 제자들이 궁금해 물었다.

"목욕을 하기 위해 목욕탕에 가려고 한다."

제자들은 그의 말에 깜짝 놀라며 물었다. "그것이 정녕 종교적인 의무란 말입니까?"

그가 대답했다. "그렇다! 극장과 광장에 세워진 왕의 조상을 깨끗이 닦는 사람이 돈을 받고, 심지어 고결한 일을 하는 것으로 여겨지는데 하나님의 형상으로 창조된 나는 훨씬 더 많이 나의 몸을 돌봐야 하지 않겠느냐?(레위기 라바 34:3)"

대부분의 유대 문헌이 금욕주의를 자제할 것을 가르치지만 유대교에서 가장 뛰어난 랍비들 중 몇몇은 극단적인 금욕을 설파했다. 따라서 나는 이러한 가르침이 유대교적인 규범에서가 아니라 개인적인 성향에서 비롯된 것

이라 확신한다. '빌나의 가온(천재)'으로 잘 알려진 18세기 랍비 엘리야는 가장 유명한 유대 금욕주의자였다. 오늘날까지도 유대교도 사이에선 그의 이름이 '천재'와 동의어로 사용되고 있다(예를 들면 이런 식이다. "그가 열심히 공부한다면 제2의 '빌나의 가온'이 될지 누가 알겠는가?"). '빌나의 가온'은 자신의 바르미츠바■를 할 무렵 거의 모든 유대주의의 주요 문헌들을 외웠음에도 불구하고 그 후로도 계속해 하루에 열여섯 시간에서 열여덟 시간 토라 및 탈무드 공부를 했다. 그리고 그와 그의 가족은 물질적으로 매우 궁핍한 삶을 살았다. '빌나의 가온'에 대한 한 자전적 에세이에는 "그는 종종 집 안의 모든 가구를 팔아 가난한 사람을 돕거나 자신의 마지막 남은 음식을 적선하곤 했다."라고 기록되어 있다(루이스 긴즈베르그, 《빌나의 가온인 랍비 엘리자The Gaon, Rabbi Elijah Vilna》).

시편 23장 30절에 대한 '빌나의 가온'의 주석은 이러한 금욕주의가 그의 가족에게 어떤 의미였는지를 시사한다.

"진정한 영웅은 설령 자신의 집에 빵과 옷이 없어 가족들이 "제발 우리가 살 수 있게 살림거리를 좀 가져다주세요."라고 외칠지라도 가족을 전혀 신경 쓰지 않고 가족의 목소리에 귀 기울이지 않으며 꾸준히 토라의 계명을 실천하고 낮이나 밤이나 토라에 대해 사색하는 고귀한 마음의 소유자다. 그는 주 여호와와 토라에 대한 사랑 외에는 그 어떠한 사랑도 거부한다(랍비 엘리자, '빌나의 가온')."

이보다 금욕주의적이지 않은 유대인은 음식과 옷을 간절하게 요구하는 가족의 부탁을 외면하는 사람을 '진정한 영웅'으로 여기신 않을 것이다.

13세기 '독일의 성자들'이란 뜻의 하시데이 아슈케나즈Hasidei Ashkenaz 단체는 가장 극단적이고도 어떤 면에선 전례 없는 금욕주의를 실천했다. 루이

■ 바르미츠바 유대교에서 13세가 된 소년의 성인식.

스 제이콥스Louis Jacobs는 이들의 금욕주의는 유대 전통에서라기보다 기독교 수도원의 금욕주의 및 당시 독일의 금욕주의적인 사회 분위기에서 유례된 것이라는 설득력 있는 주장을 했다(《유대주의는 무엇을 말하는가?What Does Judaism Say About?》). 하시데이 아슈케나즈는 속죄하기 위해 장기간 단식하고 자신을 채찍질하며 겨울에 나체로 눈밭을 구르는 등의 극단적인 금욕 생활을 실천했다. 또한 이들 중 일부는 여름에 야외에서 나체에 꿀을 바르고 일부러 벌에 쏘이기도 했다. 이러한 극단적인 행동은 금욕적인 성향이 있는 사람들에게 지속적인 영향을 주었다. 반면, 18세기 중엽에 시작된 하시디즘 운동은 하나님을 섬기는 즐거움을 강조했기에 유대인들이 이러한 고행에 몸담지 않도록 힘썼다. 하시디즘의 유명한 일화 중에는 오로지 물만 마시고, 눈밭을 뒹굴며, 못이 달린 신발을 신고, 정기적으로 자신의 몸에 채찍질하는 것을 자랑스럽게 여기는 한 젊은이가 리즈힌Rizhyn의 랍비 이스라엘을 찾아온 이야기가 있다.

랍비 이스라엘은 이 젊은이를 창문으로 데리고 가 마당에 있는 말을 가리켰다. "저기 보이는 말 또한 신발에 못이 달렸고, 눈밭을 구르며, 물만 마시고, 정기적으로 채찍질을 당한다네. 그런데도 저 말은 여전히 말일 뿐이지!"

세상적인 즐거움에 대한 성경의 마지막 조언

너는 가서 기쁨으로 네 음식을 먹고 즐거운 마음으로 네 포도주를 마셔라. 하나님이 네 일을 기쁘게 받으셨으니 말이다. 너는 항상 흰옷을 입고 머리에는 기름을 발라라. 허무한 생애 동안, 하나님께서 해 아래에서 네게 주신 허무한 일생 동안 네 사랑하는 아내와 즐겁게 살아라. 이것이 이생에서의 네 몫이요 네가 해 아래에서 열심히 일한 것에 대한 몫이다. 무엇이든지 네 손으로 할 만한 일을 찾으면 온 힘을 다해라. 네가 가게 될 무덤 속에는 일도, 계획도, 지식도, 지혜도 없기 때문이다(전도서 9:7-10).

35. 모든 유대인이 유대주의를 따르는가

"나와 유대인은 어떤 공통점이 있을까? 내 자신은 유대인과의 공통점이 거의 없으니 숨을 쉴 수 있다는 데 만족하며 구석에서 조용하게 서 있어야 한다(프란츠 카프카Franz Kafka).

'아버지께 보내는 편지'에서 카프카는 자신의 가족에게 유대인의 정서를 심어주려는 아버지의 보잘것없는 노력이 실패로 돌아간 과정을 묘사했다.

> 당신은 진정 빈민촌 같은 마을 공동체로부터 유대주의의 몇몇 자취를 물려받으셨습니다. 그것은 많지 않았고, 도시에서, 또 군복무 동안 조금 더 줄어들었습니다. 하지만 여전히 당신의 젊은 시절에 대한 인상과 기억은 일종의 유대인적인 삶을 충족시켜줄 꼭 그 정도였죠. …… 하지만 그것은 아이에게 물려주기엔 너무 적은 것이었습니다. 당신이 그것을 물려주는 동안 그 모든 것이 연기처럼 조금씩 날아가버렸습니다.

언스트 사이몬Ernst Simon은 "함께 기도할 수 있는 사람과는 함께 이야기할 수 없고, 함께 이야기할 수 있는 사람과는 함께 기도할 수 없다"고 말했다. 마틴 부버의 초창기 동지였던 사이몬이 신실한 유대주의자로 변모했을 때, 종교적 동지들은 정치적·지적인 면에 흥미를 느끼지 않으며, 일반 친구들은 종교적인 이야기를 지루해한다는 것을 깨달았다. 심지어 유대인은 자신들의 땅과 언어를 되찾아야 한다고 믿는 시온주의의 일각에서도 과거와의 단절을 표명했다.

유드카는 낮지만 긴장된 어조로 말했다. "전 유대 역사를 거부한다는 걸 표명하고 싶습니다. …… 전 유대 역사를 아이들에게 가르치는 걸 무조건 금할 것입니다. 아이들에게 우리 조상의 수치를 가르쳐야 할 이유가 있을까요? 난 아이들에게 그냥 이렇게 말할 것입니다. '소년들이여, 우리가 우리의 땅에서 추방된 그 순간부터 우리 민족은 역사를 잃어버렸습니다. 역사 수업은 이것으로 끝났으니 이제 밖으로 나가 노세요.' (하임 하자즈Haim Hazaz, 하-데라샤Ha-Derashah, 《설교The Sermon》)"

하자즈는 시온주의자들의 특정한 하나의 사고방식, 즉 '흩어진 유대인에 대한 부정'을 뜻하는 '슈릴랏 하-골라shlilat ha-golah'를 대변했는데, 이는 결과적으로 자신들의 조상을 부정한다는 의미가 된다. 이러한 접근 방식을 통해 "이제 밖으로 나가 노세요."란 말을 듣게 될 바로 그 소년들이 갖게 될 능력의 한계는 이스라엘 민족의 독립 전쟁을 다룬 비중 있는 한 소설의 등장인물이 하는 말에서 강조된다.

> 한 번도 본 적이 없는 나의 할아버지는 학자였다고 한다. 그는 다른 일은 하지 않고 토라와 기타 서적들만을 공부했다. 그의 인생은 충만했고 그의 인간관계는 뿌리 깊은 것이었다. 좋다! 나의 아버지는 고향을

떠나 여기로 와서 이곳에서 다시 뿌리를 내렸다. 이제 나와 내 친구들은 세가틸레스segatiles, 즉 도로가에서 자라난 식물이다. 우리는 더 이상 토라의 학자도 아니고, 새로운 지혜를 가진 현자도 아니다. …… 조상은 없고 오직 아버지만 있는 사내다. 따라서 아버지가 상상할 수 있는 이전의 어떠한 것들도 우리에겐 암흑이다(S. 이자르S. Yizhar, 《지크라그의 나날들 The Days of Ziklag》).

사이몬과 하자즈, 이자르가 유대 과거 및 현재와의 소원함에 대해 이야기하는 한편, 현재 미국 남부에서 유대인의 삶을 연구하고 있는 한 역사가는 자신의 할머니가 비유대교도 이웃들 사이에서 느낀 고립감에 대해 표현한 것을 회고한다.

"일요일은 고독한 날이다. 아파트에 머물러 있으며 난 마을 사람들이 교회로 가는 것을 지켜보곤 한다. 그럴 때면 난 이 작은 공동체에서 이방인임을 느끼게 된다. 난 가슴속에서 내 민족을 갈망하며 유토피아를 그린다. 이러한 마을에서 유대인들이 안식일에 사원으로 향하는 광경을 그려보는 것이다(제니 나캄손Jennie Nachamson)."

자기소외와 경멸

유대민족은 단지 세 명만의 진정한 천재를 낳았다. 그 세 명은 바로 예수와 스피노자, 그리고 나 자신이다(커트루드 스타인Gertrude Stein).

스타인의 다소 자기중심적인 관점에 따르면 유대민족이 낳은 진정한 천재는 세상 사람들이 전혀 유대인으로 생각하지 않는 사람들인 것 같다.

"왜 당신은 당신의 특별한 유대인적인 슬픔을 갖고 저를 찾아오셨나요? 저는 당신에게 푸타마요Putamayo의 가련한 인디언 희생자들에게 느끼는 정도의 안타까움만을 갖습니다. 저는 제 마음속에 빈민촌을 위한 특별한 장소를 마련할 수 없어요. 저는 구름과 새들, 그리고 인간의 눈물이 있는 곳이라면 이 세상 어디에서라도 편안함을 느끼죠(로자 룩셈부르크Rosa Luxembourg)."

폴란드의 건실한 유대 가정에서 태어난 룩셈부르크는 유대인의 고통에만 무관심했던 것이 아니라 가족의 고통에도 무관심했다. 심지어 그녀는 어머니의 죽음에도 무심하게 굴었다. 이를 지켜본 그녀의 아버지는 비통해하며 그녀에게 다음과 같은 편지를 썼다. "너무 높이 날아오른 독수리는 자신의 아래에 있는 세상을 볼 수 있는 시력을 잃어버린다. …… 이제 나의 편지로 너에게 더 이상 부담을 주고 싶지 않구나."

이스라엘의 학자 나오미 셰퍼드Naomi Shepherd에 따르면, 룩셈부르크가 유대인의 슬픔에는 무관심하면서도 "이 세상 어디에서라도 편안함을 느끼죠."라고 말하는 것은 상당히 불합리한데, 이것은 가족의 특별한 슬픔은 추스르지 않으면서 "온 세상을 행복하게 만들겠다."고 말한 그녀의 주장이 불합리한 것과 닮아 있다.

36. 인간에게 남겨진 마지막 자유는 무엇인가

사람은 항상 자신의 행동에 책임을 져야 한다. 깨어 있든지 자고 있든지를 막론하고(바빌로니아 탈무드, 바바 카마 3b).

유대 율법에 따르면, 무심코 타인의 기물을 파손했더라도(예를 들면, 몽유병으로 인해) 이를 변상해야 할 의무가 있다. 이것이 부당하다고 여겨진다면 입장을 바꿔 손해를 보고도 보상을 받지 못하는 사람을 생각해보자. 인간은 항상 자신이 유발한 손실에 책임을 져야 한다는 탈무드의 주장은 심지어 의도적으로 손실을 끼쳤음에도 불구하고 책임을 지지 않을 때도 있는 현재 미국 사회의 관행과 극명한 대조를 이룬다. 찰스 사익스Charles Sykes는 그의 저서 《희생자들의 국가A Nation of Victims》에서 이 새로운 형태의 '문명화된 사고'의 다양한 사례들을 소개하고 있다.

• 1987년 펜실베이니아에서 FBI 요원 한 명이 2천 달러를 횡령해 애틀랜

틱 시ﬁ에서 도박을 하다 그 돈을 모두 잃었다. 그 즉시 그는 파면당했지만, 다른 사람의 돈으로 도박을 하려는 그의 강력한 욕구는 일종의 '장애'로 간주되어야 한다는 법원의 판결로 다시 복직되었다. 그를 파면시키는 것은 장애인을 보호해야 한다는 연방법에 위배되는 것이었기 때문이다.

- 1978년 샌프란시스코에서 댄 화이트 감독관이 조지 모스콘 시장과 하베이 밀크 감독관을 살해하는 사건이 일어났다. 화이트의 재판에서 그의 변호사는 얼토당토않은 주장으로 그를 변호했다. 정크 푸드 중독이 화이트의 판단력을 흐리게 해 살인까지 저지르게 만들었다는 것이다. 배심원들은 화이트를 동정해 징역 6년형을 선고했다.
- 1980년대 뉴욕 시 지하철에서 한 남자가 달려오는 열차로 뛰어들어 자살을 시도한 사건이 있었다. 다행히 죽진 않았지만 심하게 다쳐 불구가 된 그는 열차가 제 시간에 서지 않았다는 이유로 뉴욕 시를 상대로 소송을 제기해 65만 달러의 보상금을 받았다.

FBI 요원과 댄 화이트 측의 주장은 외부적인 요인이 이들이 저지른 사악한 행동의 원인이기에 이들은 처벌받지 않아야 한다는 것이었다. 하지만 만일 이들이 선행을 실천했다면 그 선행은 자신들의 훌륭함에서 비롯된 것이라 느끼지 않을까? 인간 성취의 상당 부분이 유전자나 환경에 의해 제한된다는 것이 상식인 한편, 유대 전통은 도덕성은 항상 선택의 여지가 있는 인간 존재의 한 영역이라는 점을 확고하게 믿고 있다.

탈무드에서 잉태를 담당하는 천사는 '라일라lailah'라 불리는데, 잉태가 이루어지면 라일라는 그 정액을 들고 하나님 앞에 가서 이렇게 여쭙는다. "대우주의 주인이시여, 이 정액은 어떤 운명입니까? 이것은 강한 사람으로 변합니까? 그렇지 않으면 약한 사람으로 변합니까? 현명한 사람으로 성장합니까? 그렇지 않으면 어리석은 사람으로 성장합니까? 부자가 됩니까? 아니면 가난한 사람이 됩니까?" 라일라는 정액이 악인이 될 것인지, 아니면 의인이 될 것인지는 하나님께 여쭈어보지 않는다(바빌로니아 탈무드, 니다 Niddah 16b). 자유의지는 중세 시대의 가장 주요한 철학자인 모세 마이모니데스Moses Maimonides의 중심 사상이기도 했다. 실제로 마이모니데스는 "만일 인간에게 자유의지가 결여된다면 전지전능하신 하나님은 공정하지 못하신 분이 된다."고 주장했다.

"만일 하나님이 한 인간을 의인이거나 악인이거나 둘 중 하나로 미리 정하셨다면, 또는 만일 한 인간이 운명적으로 불가항력인 특정한 인생 행로를 밟아야만 하는 어떤 유전적인 힘을 물려받는다면. …… 하나님께서 예언자를 통해 어떻게 우리들에게 '이것은 행하고, 저것은 행하지 말며, 너의 운명을 개척하고, 사악한 충동에 이끌리지 말라.' 와 같은 계율을 명할 수 있었겠는가? 한 인간의 운명이 그가 존재하기 시작할 때부터 이미 정해져 있다면 토라의 모든 것이 도대체 무슨 소용이 있단 말인가? 하나님은 어떠한 정의를 근거로 사악한 이를 벌하고 의로운 이에게 상을 내릴 수 있단 말인가? 온 세상을 심판하시는 분인 주께서 공정하게 판단하셔야 하지 않겠는가?(모세 마이모니데스, 미슈네 토라Mishneh Torah)"

"…… 만일 한 인간이 운명적으로 불가항력인 특정한 인생 행로를 밟아야만 하는 어떤 유전적인 힘을 물려받는다면 …… "이라는 마이모니데스의 말은 저스티스 루이스 브랜다이스Justice Louis Brandeis의 명언을 떠올리게 한다. "불가항력이라 여겨지는 것이 의지로 이겨낼 수 있는데도 그렇게 하지 못한 것을 일컫는 경우가 흔히 있다."

마이모니데스는 같은 장의 다른 부분에서 도덕이라는 영역에서 자유의지는 절대적인 것이라고 주장한다.

"모든 인간은 우리의 스승인 모세처럼 의롭게 될 수도 있고, 이스라엘에 우상숭배를 다시 도입한 여로보암 왕(열왕기상 12:26-3)처럼 사악해질 수도 있다. …… 또한, 우리는 자비롭거나 잔인해질 수도 있고, 관대하거나 인색해질 수도 있으며, 그 외의 다른 모든 자질도 이와 마찬가지로 우리의 자유의지에 따라 정해질 수 있다.(미슈네 토라, '회개에 관한 율법' 5:2)."

현시대의 유대인 신학자인 루이스 제이콥스Louis Jacobs는 "마이모니데스는 자유의지를 전적으로 옹호했기에 결과적으로 사람에게 미치는 환경적인 영향을 지나치게 과소평가했다"고 믿었다. 이러한 믿음은 인간에겐 자유의지가 매우 희박하다는 뜻이 아니라 마이모니데스가 암시하는 것보다는 더 제한적일 가능성이 높다는 걸 의미한다고 그는 주장한다. "도둑들에게 양육된 아이는 성장 환경과 교육으로 인해 다른 아이들에 비해 도둑질을 하고 싶은 충동을 훨씬 쉽게 느낀다. 이러한 아이는 남의 물건을 훔치는 것을 잘못된 일이라고 생각하지 않으며 그 아이의 자유의지는 도둑질이란 영역에서는 작동하지 않는다. 하지만 그 아이 역시 도둑질을 하면서 폭력을 쓰는 것은 잘못된 것임을 인식할 수 있는데, 이 경우 아이의 선택의 영역은 폭력에 국한되기 때문이다(《유대 신념의 원칙Principles of the Jewish Faith》)."

얼마 전까지만 해도 악행을 저지르는 사람들에 대한 유대인의 비난은 서구사회의 전반적인 사고방식과 부합했다. 그렇다면 최근에 일어나는 서구 사회의 변화를 어떻게 설명할 수 있을까? 사익스는 이러한 변화는 "치유될 수 있다는 사고방식의 승리에 기인한다."고 말한다. 이러한 사고방식에선 비도덕적인 행동을 한 사람의 책임을 면할 수 있게 해주는 심리학적인 설명이 이용된다. 그래서 돈을 횡령한 심리는 신체적인 장애와 마찬가지로 심리적인 '장애'가 되어 죄로 간주되지 않기에 처벌의 대상도 아니라는 것이다.

이러한 사고방식의 대표적인 인물 중 한 명이 미국의 유명한 형사사건 변호사인 클래런스 대로우Clarence Darrow라는 것은 그리 놀라운 사실이 아니다. 대로우는 사형선고를 반대하는 주장을 하면서 자유의지는 존재하지 않는다는 입장을 취했다. "우리 모두는 두 가지 요소, 즉 유전자와 환경이라는 단 두 가지 요소의 산물입니다. 우리는 우리 자신에겐 책임이 없는 유전자와 우리 삶에 최대한 영향을 끼칠 수 있는 한계까지 우리를 인도하는 환경에 따라 정확히 행동하죠. 우리는 모두 똑같은 요소에 영향을 받아 행동하는 것입니다."

여기에 대해 제임스 디즈 교수는 이렇게 기술했다. "대로우가 지지한 관점은 현대 미국인 및 미국 법대생의 사고에 깊이 배어 있다. 따라서 이들의 사고를 바꾼다는 건 결코 쉬운 일이 아니다. 난 한때 세미나에서 '살인범은 근본적으로 병자'라는 믿음을 가지고 있는 영리한 대학생의 사고방식과 윤리관을 바꿔보려 시도한 적이 있었지만, 결국 실패로 돌아갔다《미국인의 자유 및 사회과학American Freedom and the Social Sciences》."

유대주의는 이러한 관점과는 대조적으로, 인간의 본성은 그 핵심에 양의성이 있다고 주장한다. 따라서 모든 살인범들을 '정신적인 병자'로 분류하는 것은 생명을 무릅쓰고 나치로부터 유대인들을 구하려 했던 모든 사람들을 '영웅이 되고자 하는 욕망에 사로잡힌 불균형한 정신의 소유자'들로 몰아가는 것만큼이나 비합리적인 사고라는 것이다. 유대주의의 관점에 따르면 살인의 의사는 병에서 비롯될 가능성보다 이러한 악행을 저지르려는 자유로운 결정에서 비롯될 가능성이 높다.

다음에 소개할 두 명의 탁월한 정신과 의사는 나치 수용소에 수감된 적이 있었는데, 현대의 여러 심리학적·범죄학적 문헌들의 초도덕적인 전제와 극명한 대조를 이루는 이들의 견해는 우리들에게 특별한 깨우침을 준다.

> 자기 자신의 나쁜 행실에 대한 책임을 다른 사람이나 외부 조건에 전가하는 것은 아이들만의 특권일지 모른다. 만일 성인이 자신의 행동에 대해 책임을 지지 않는다면 그것은 성격 파탄으로 가는 또 다른 지름길이다.(부루노 베텔하임Bruno Bettelheim).

베텔하임 박사는 1938년에 부헨발트 및 다카우 강제수용소에 1년간 수감되었다. 후에 그는 극한 상황에서의 인간 행동에 대해 기술한 《지적인 마음The Informed Heart》에서 자신의 경험과 그 경험에서 얻은 깨달음을 피력했다. 그는 강제수용소에서 혹독한 시련을 겪은 그곳 수감자들이 자신의 악행을 외부의 압제 탓으로 돌리며 자신을 정당화하기 시작하는 순간부터 이들의 성격 파탄이 시작된다고 결론지었다.

빅토르 프랭클Viktor Frankl의 견해도 베텔하임의 견해와 일맥상통하는데, 그는 자신의 저서 《죽음의 수용소에서Man's Search for Meaning》에서 인간은 항상 어느 정도의 자유는 가지고 있다는 결론을 내렸다.

"강제수용소에서 살았던 우리는 몇몇 사람들을 기억하고 있다. 그들은 막사로 들어와 다른 사람들을 위로하며 자신들의 마지막 남은 빵을 주고 갔다. 이들의 수는 얼마 되지 않을지 모르지만, 이들은 인간에게서 모든 것을 빼앗아갈 수 있지만 단 히나만은 절대로 빼앗을 수 없다는 사실을 충분히 입증했다. 그건 바로 어떤 상황에서도 자신의 의사를 결정할 수 있고 자신만의 길을 선택할 수 있게 해주는 마지막 남은 인간의 자유이다."

37. 왜 노인을 공경해야 하는가

너는 노인들 앞에서 공손하고 그들을 존중하며 네 하나님을 경외하라. 나는 여호와다(레위기 19:32).

이 문장은 노인에게 자리를 양보할 것을 권장하기 위해 이스라엘의 모든 버스 안에 붙어 있다. 실제로 나는 이스라엘의 버스 기사들이 승객들에게 노인에게 자리를 양보해줄 것을 부탁하는 광경까지 본 적이 있다.

노인 공경에 대한 토라의 가르침은 유대인들에게만 국한된 것으로 여겨지기도 하지만 탈무드는 이러한 율법을 비유대교도에게도 적용해야 한다고 규정한다.

"너는 노인들 앞에서 공손하고 ……"에서의 노인은 모든 노인을 가리킨다. 랍비 요카난은 비유대교도 노인들 앞에서도 다음과 같이 말하며 일어서서 경의를 표하곤 했다. "어르신들은 얼마나 많은 경험을 하셨겠습니까!"(바빌로니아 탈무드, 키두쉰 33a) 여기서 토라는 "네 하나님을 경외하라."라는 문구로 결론짓는다. 성경에서 이 문구는 사회적인 약자를 배려할 것을 명하는 계율 뒤에 어김없이 등장한다. 예컨대 토라의 몇몇 구절에서는 다음과 같이 기록되어 있다. "보지 못하는 사람이 보지 못한다고 그를 넘어뜨리는 장애물을 그 앞에 놓지 마라. 다만 너는 네 하나님을 경외하라(레위기 19:14).", "너는 그들을(종들을) 엄하게 부리지 말고 네 하나님 여호와를 경외하라(레위기 25:43)."

탈무드는 또한 비록 자신의 잘못은 아니지만 자신이 배운 것을 잊어버린 노인에게 존경을 표해야 한다고 가르친다. "왜냐하면, 우리는 모세가 산산조각 낸 십계명을 기록한 예전 증거판 조각들이 새로운 증거판과 함께 궤(언약궤)에 보관되어 있음을 알고 있기 때문이다(바빌로니아 탈무드, 베라크홋 8b)." 이 구절은 날카로운 시적 은유를 사용한 탈무드에서 비교적 흔치 않은 사례다. 랍비 아비 에르만Avi Ehrman은 이 구절에 대해 이렇게 설명한다. "자신의 지적 능력을 상실한 학자, 즉 지적으로 '부서진 사람'을 부서진 증거판에 비유했다. 따라서 노인과 부서진 증거판의 예전 가치를 생각하면 둘 모두에게 마땅히 존경을 표해야 한다(엘-암 탈무드El-Am Talmud, 베라크홋)."

노인의 지혜

너희 아버지에게 물어보라. 그가 말해줄 것이다. 너희 장로들에게 여쭤보라. 그들이 설명해줄 것이다(신명기 32:7).

전통사회에서 연장자들은 과거와의 연결 고리이자 오랜 지혜의 전달자로서 존경을 받았다. 하지만 여러 분야의 지식들이 10년마다 두 배로 늘어나는 오늘날의 세속적이고 과학적인 사회에선 노인의 지혜를 '구시대적이거나 멀리해야 할 것'으로 여기는 경향이 있다. 오늘날의 영웅은 일반적으로 배우와 가수, 운동선수 등인데, 이들도 나이가 들어 신체적으로 퇴보하면 부정적인 평가를 받게 되는 경우가 흔히 있다. 나이보다 젊어 보이기 위한 현대인들의 필사적인 노력으로도 노년에 대한 이러한 편견은 결과적으로 자멸적인 것이다. 아직 노년기에 있지 않는 사람들도 언젠가는 나이가 들 것이기에 우리 모두의 자아상이기도 한 노인을 공경하는 것은 곧 우리 자신도 위하는 길일 것이다. 젊은이들이 노인을 존중하지 않는 이유는 아마 노년기를 죽음처럼 생각하는 경향이 있기 때문인지도 모른다. 모든 인간이 언젠가는 죽는다는 사실을 인지하면서도 실제로 죽음을 맞기 전까지는 자신이 죽으리라는 생각을 하지 않는 것처럼 말이다.

유대계 독일 배우 프리츠 코르트너Fritz Kortner는 "당신처럼 나이 많은 사람들의 문제들을 이해할 수 없다"고 말한 젊은이들에게 이렇게 대답했다. "난 자네들의 지금 모습처럼 젊었을 때가 있었던 반면, 자네들은 나처럼 늙은 적이 한 번도 없었기 때문이지(로어Lore, 모리스 코완Maurice Cowan, 《유대인의 위트The Wit of the Jews》)."

노년기로 가는 길

유대 전통은 건강하게 장수하는 것을 '하나님이 허락하신 축복'으로 본다. 성경과 탈무드는 하나님에게서 이러한 축복을 받기 위해 우리가 지켜야 할 구체적인 행동들을 열거한다. 그리고 토라는 613개의 계율 중 세 가지 계율을 충족시키는 보상으로서 "장수의 축복을 누릴 수 있다"고 말한다. 이 세 가지 계율은 "네 부모를 공경하라(출애굽기 20:12)."와 "새끼를 가져가

되 반드시 그 어미를 놓아주어라(신명기 22:7).", 그리고 "완전하고 정확한 추를 두며 완전하고 정확한 되를 두어라(신명기 25:15)."이다. 반면, 탈무드는 장수를 위한 요건으로 이보다 훨씬 더 까다로운 도덕적·의례적 목록을 제시한다.

랍비 지에라의 제자들이 스승에게 물었다. "스승님은 어떤 미덕으로 이토록 훌륭한 노년기를 맞이하시게 되었습니까?"
그가 제자들에게 말했다. "평생 나의 집에서 성급한 언행을 보이지 않았고, 나보다 훌륭한 사람 앞에서 절대 걸어 다니지 않았으며, 부정한 뒷골목을 걸으면서 토라에 대해 생각한 적도 없었고, 토라에 대해 명상하지 않거나 부적을 부치지 않고는 절대 네 발짝 이상을 걸어간 적이 없었으며, 랍비 연수원에서 낮잠을 포함해 결코 잠을 잔 적이 없었고, 내 이웃의 부끄러움에 기뻐한 적이 단 한 번도 없었으며, 내 동료가 화를 내거나 난처해할 수도 있는 그의 별명을 부르는 일을 단 한 번도 하지 않았다(바빌로니아 탈무드, 타아닛 20b).

유대 전통은 훌륭한 노년기를 보내는 것을 하나의 축복이자 이상적인 일로 여긴다. 그래서 일부 유대인들은 '120세까지 장수하시기 바랍니다.'라는 뜻의 히브리어 '아드 메아 유에스림 샤나ad meah u'esrim shana'의 두문자어인 '아무슈amush'를 넣어 편지에 "친애하는 데이비드씨, 아무슈"라는 식의 글귀를 넣기 시작했다. "모세가 죽을 때 120세였습니다. 그때 그의 눈은 흐리지 않았고 그의 기력도 쇠하지 않았습니다(신명기 34:7)."라는 성경의 기록으로 인해 120세가 이상적인 수명이 되었다. 마찬가지로 탈무드 또한 "힐렐과 요카난 벤 자카이, 아키바 등을 포함한 몇몇 위대한 현자들은 지적으로나 육체적으로 건강한 상태로 120까지 장수했다."고 전한다. 유대인들은 종종 생일을 맞이한 사람에게 "100세 하고도 20세를 더 사십시오."라는 축복의 말을 건네기도 한다. 생일을 맞이한 친구에게 다음과 같은 축복의 말을 건네는 유대 유머가 있다. "100세 하고도 21세를 더 사십시오." 그에게 21세로 바꾼 이유를 묻자 그는 이렇게 대답했다고 한다. "난 네가 갑자기 죽는 걸 원치 않기 때문이야. 그건 하나님의 뜻도 아니지."

반면, 《아버지의 윤리》는 장수가 대부분의 사람들에게 축복인지에 대해 의문을 제기한다. 《아버지의 윤리》는 사람의 일생의 각 단계를 열거하면서 이렇게 기술하고 있다. "100세에 이른 사람은 죽은 것이나 다름없고, 이미 이 세상을 떠난 사람이다(아버지의 윤리 5:21)."

노년기의 고통

노년기와 관련해 가장 자주 떠올리게 되는 성경 구절인 시편 71장 9절은 거의 모든 노인들을 괴롭히며 두려움을 조장한다.

"내가 늙어도 내치지 마시고 내 기운이 다 떨어져도 나를 버리지 마소서(시편 71:9)." 이 구절은 '하이 홀리 데이High Holy Day'의 기도문에도 들어 있는데, 난 이 구절이 암송될 때마다 회중 여기저기서 흐느끼는 소리가 들려오는 걸 오랫동안 경험했다. 이러한 흐느낌은 사람이 늙고 쇠약해지면 외면될 수 있다는 두려움이 얼마나 보편적이고 실질적인 것인가를 여실히 말해주는 것이리라. 성경의 다른 구절은 노년기에 거의 변함없이 따라오는 각종 신체적 쇠퇴를 지적한다.

바르질라이가 다윗 왕에게 말했다. "저는 지금 80세나 됐습니다. 제가 무엇이 옳고 그른지 판단할 수 있겠습니까? 왕의 종이 먹고 마시는 것의 맛을 알 수 있겠습니까? 제가 이제 남녀가 노래하는 소리를 알아들을 수 있겠습니까? 제가 어떻게 왕께 또 다른 짐이 되겠습니까?(사무엘하 19:35)."

비교적 나이가 많은 노인들 다수가 미각과 청각이 쇠퇴하는 것 외의 다른 신체적 결함으로도 고통받는다. 다윗 왕은 말년에 그의 하인들이 그의 몸에 담요를 덮어주어도 따뜻하지 않았다고 성경은 기록하고 있다. 또한 "이삭이 늙어 눈이 침침해져서 잘 보이지 않게 됐을 때······ (창세기 27:1)."라는 문구도 성찾아볼 수 있다.

오늘날에도 신체적인 기력의 쇠퇴를 한탄하는 노인들이 많긴 하지만 현재 노인들의 상황은 고대사회와는 비교할 수 없을 정도로 양호하다. 먹고 마시는 것을 변함없이 즐기며 삶을 향유하는 80대 노인들을 어렵지 않게 볼 수 있으니 말이다. 그러나 오늘날에는 의학의 진보로 예전 같으면 이미 운명을 달리했을 극도로 쇠약한 노인들이 여러 해 동안 존재감을 상실한 채 고통의 나날을 보내기도 한다.

노인에게 기대할 수 있는 것은 무엇일까?

유대인 모두가 토라를 공부할 의무가 있다. 가난하든지 부자이든지, 건강하든지 허약하든지, 젊고 정력적이든지 늙고 쇠약하든지 상관없이. ······ 그럼 인생의 어느 시기까지 토라를 공부해야 할까? 죽음을 맞이하는 날까지 토라를 공부해야 한다(모세 마이모니데스, 미슈네 토라, '토라 공부에 관한 율법Laws of Torah Study'

1:8,10).

유대인은 노년기가 되어도 신체적인 능력이 허락하는 한 젊은 유대인과 마찬가지로 모든 미츠봇(계율)을 따라야 한다. 계율을 실행하는 데 은퇴 연령은 존재하지 않는다. 그래서 매일 아침예배에 참석하는 사람들 중 퇴직 노인들의 비율이 지나치게 높은 현상을 많이 볼 수 있는 것이다. 랍비 데일 프리드만Dayle Friedman은 이러한 지속적인 의무를 부담스러운 짐으로 볼 것이 아니라 다른 여러 책임으로부터 해방된 사람들의 삶에 존엄성을 부여하는 축복으로 보아야 한다고 지적한다.

"노년기의 사람에게 다른 유대인들과 마찬가지로 미츠봇을 지켜야 의무가 있다고 말하는 것은 당신에게 기대하는 것이 있고, 당신의 행동은 여전히 중요하다고 그에게 말하는 것과 같다."

38. 죽음을 어떻게 받아들여야 하는가

만일 하나님이 모든 사람의 사망일을 숨기지 않으셨다면 아무도 집을 짓지 않고 포도밭에 포도를 심지 않았을 것이다. 죽는 날을 안다면 우리는 '내일이 죽는 날인데 지금 다른 사람을 위해 일할 이유가 있겠는가?' 라고 생각할 것이다. 그래서 하나님은 인간의 죽는 날을 숨기셨다. 우리 인간으로 하여금 집을 짓고 포도밭에 포도를 심게 하기 위해서. 만일 당신이 장수하는 축복을 누린다면 당신의 노동으로 얻어진 열매를 즐겁게 맛볼 것이고, 그렇지 않다면 다른 사람이 그 혜택을 누릴 것이다.(전도서에 대한 얄쿳 쉬모니 Yalkut Shimoni). 유대인들에게 한 사람이 태어난 생일은 기념하는 날이 아니다. 하지만 유대인은 한 사람이 죽은 기일忌日은 기념한다.(멘델레 모크헤르 세포림Mendele Mokher Seforim).

현대 유대인 대다수가 생일을 기념하지만 그것은 비교적 최근에 행해진 일이다. 즉, 유대인이 생일을 기념하는 것은 다른 민족의 영향을 받은 결과일 가능성이 높다. 성경에서 기록하고 있는 생일은 비유대교도인 파라오의 생일밖에 없기 때문이다(창세기 40:20).

반면, 이디시어로 야르제잇yahrzeit이라 칭하는 기일은 매우 특별한 날이다. 이날 시나고그에선 카디쉬 기도문이 암송되고 가까운 친척들은 24시간 동안 촛불을 밝힌다. 기일을 강조하는 이유는 아마 사람은 죽고 나서야 그 사람이 가치 있는 삶을 살았는지, 그렇지 않았는지를 알 수 있다고 여기기 때문일 것이다. 우리는 태어나는 아기에 대해선 아무것도 모르기 때문이다.

전도서 7장 1절의 "죽는 날이 태어나는 날보다 낫다."란 구절에 대해 랍비 레비는 이렇게 설명했다. "이것은 바다를 항해하는 두 배, 즉 항구를 떠나는 배와 항구로 돌아오는 배에 비유될 수 있다. 항구를 떠나는 배를 보면 모든 사람이 경축하지만 항구로 돌아오는 배를 보며 기뻐하는 사람은 불과 몇 명에 지나지 않는다."

"남편이나 아내가 죽으면 현재를 잃게 되고, 부모가 죽으면 과거를 잃게 되며, 자식이 죽으면 미래를 잃게 된다(노르만 린제르, 《상실과 슬픔의 이해Understanding Bereavement and Grief》)."는 린제르의 말은 타인의 죽음으로 인해 느끼는 애도의 무게를 잘 표현하고 있다.

피할 수 없고 되돌릴 수 없는 죽음

나는 그 아이에게로 갈 테지만 그 아이는 내게 돌아오지 못한다(사무엘하 12:23). 유대주의는 애도에 대해 독특한 통찰력과 율법을 제시한다. 하지만 죽음은 피할 수 없고 되돌릴 수 없는 것이란 점에선 유대주의와 다른 사회의 생각은 서로 닮아 있다. 서로 다른 문화가 보여주는 이러한 유사점을 비교해보는 것은 매우 흥미로운 일일 것이다.

소크라테스는 자신에게 질문한 사람들에게 이렇게 말했다. "'30명의 폭군들'이 우리에게 죽음의 판결을 내렸는데, 이들은 바로 자연입니다(미셸 드 몽테뉴Michel de Montaigne)."

언젠가 영화계의 거물인 사무엘 골드윈Samuel Goldwyn이 도로시 파커Dorothy Parker를 비평했다. "당신의 이야기는 너무 슬픕니다. 대중들이 원하는 것은 해피엔딩이죠."

그녀가 대답했다. "이 세상이 창조된 이래 그야말로 수많은 사람들이 살았지만, 그 누구의 삶도 완전한 해피엔딩은 아니었죠."

삶이 고통으로만 점철될 때

유대 율법은 안락사를 인정하지 않지만, 생존이 항상 축복일 순 없다는 것은 인지하고 있다. 탈무드에는 죽음이 하나의 축복이 될 정도로 삶의 질이 심각하게 떨어진 위대한 학자들에 대한 통렬한 구절들이 있다. 랍비 주다 더 프린스의 고통은 육체적인 것이었지만 랍비 요카난과 초니Choni의 고통은 정신적인 것이었다. 가장 가까운 사람들이 죽었기에 벗이 없는 세상에서 계속 살고 싶은 마음이 없었기 때문이다.

랍비 주다의 임종이 다가온 날 랍비들은 사람들에게 단식할 것을 선언하고 하나님이 자비를 베푸셔서 그를 다시 살려달라는 기도를 올렸다. ……
랍비 주다의 하녀는 그의 집 지붕으로 올라가 이렇게 기도했다. "하늘의 천사들은 랍비 주다가 자신들에게로 오길 열망하고, 지상의 인간들은 그가 자신들과 함께 계속 머물러 있길 열망합니다. 인간들이 천사들보다 더 큰 힘을 발휘하는 것이 하나님의 뜻이 되게 해주소서." 하지만 랍비 주다가 얼마나 고통받고 있는지를 그녀가 목격했을 때, 그녀는 두 번째 기도를 올렸다. "천사들이 인간들보다 더 큰 힘을 발휘하는 것이 하나님의 뜻이 되게 하소서." 랍비들이 계속해서 소리 내어 기도를 올리자 그녀는 물병을 가져와 지붕 위에서 아래로 물을 쏟아부었다. 물이 바닥에 떨어지며 큰 소리를 내는 것을 들은 랍비들은 그 순간 기도를 중단했고, 이때 랍비 주다의 영혼은 하늘로 올라갔다(바빌로니아 탈무드, 케투봇 104a). 탈무드의 여러 문헌은 하녀의 이러한 행동을 두고 '지시된 것'이라고 분명히 밝히고 있다.

또 다른 이야기를 보자. 랍비 요카난의 가장 가까운 벗이자 학우인 레쉬 라키쉬가 죽자 요카난은 깊은 슬픔에 빠졌다. 이에 랍비들이 말했다. "누가 가서 그의 슬픔을 달래줄 수 있을까요? 랍비 엘리아자르 벤 페다트Eleazar ben Pedat를 보냅시다. 그는 매우 세심한 사람이니까요."

그래서 랍비 엘리아자르는 랍비 요카난을 찾아가 그를 마주보고 앉았다. 랍비 요카난이 자신의 의견을 말할 때마다 랍비 엘리아자르는 이렇게 말했다. "당신의 의견을 뒷받침해주는 유대 문헌이 있습니다."

이윽고 랍비 요카난이 말했다. "당신은 라키쉬와는 다르군요. 내가 의견을 내놓을 때마다 라키쉬는 스물네 가지 반대 의견을 내놓았죠. 그러면 전 라키쉬의 스물네 가지 의견에 대해 다시 스물네 가지 답변을 내놓지 않으면 직성이 풀리지 않았고 말입니다. 이런 식으로 우리는 율법에 대한 이해를 넓혀갈 수 있었습니다. 반면, 당신은 그저 '당신의 의견을 뒷받침해주는 유대 문헌이 있습니다.'라고만 말합니다. 저의 얘기가 타당하다는 걸 제 자신이 모르고 있다고 생각하십니까?"

그는 울면서 자신의 의복을 계속 찢으며 말했다. "어디에 있나? 라키쉬!"

그는 살아야 할 이유를 잃어버렸다. 랍비들은 그를 위해 기도했지만, 그는 결국 죽고 말았다.(바빌로니아 탈무드, 바바 메지아 84a). 뜻밖에도 탈무드는 레쉬 라키쉬가 죽을 무렵 그와 요카난이 개인적인 일로 크게 싸워 서로 얘기하지 않는 상태였다고 기록하고 있다. 싸움의 여파가 레쉬 라키쉬를 크게 병들게 할 만큼 둘 사이의 싸움은 예사롭지 않았다는 것이다. 이어 레쉬 라키쉬의 아내가 랍비 요카난에게 자신의 남편을 용서해줄 것을 간청했지만 랍비 요카난은 이를 거부했고, 그 일이 있은 거의 직후에 레쉬 라키쉬가 죽었다고 탈무드는 전한다. 따라서 요카난이 심적으로 몰락한 데는 절친한 벗이자 공부 동료를 잃어버린 탓도 있겠지만 그에 못지않게 뒤늦은 죄의식도 크게 작용한 것으로 보인다.

전설적인 특징을 지닌 세 번째 이야기는 캐럽나무를 심고 있는 한 남자를 보게 된 '초니'라는 이름의 랍비에 대한 이야기다.

랍비 초니가 그 남자에게 물었다. "이 캐럽나무가 열매를 맺으려면 몇 년이나 걸립니까?"

남자가 대답했다. "70년이 걸립니다."

초니가 물었다. "당신은 앞으로 70년을 더 살 수 있다고 생각하십니까?"

남자가 대답했다. "전 다 자란 캐럽나무가 지천인 세상에 태어났습니다. 저희 조상들이 저를 위해 그 나무들을 심어주었기 때문에 가능한 일이었죠. 그래서 저도 제 자손들을 위해 이 나무들을 심는 것입니다."

이 말을 들은 직후 초니는 앉아서 빵을 먹었다. 그리고 이내 졸음이 몰려왔고 점점 깊은 잠에 빠졌다. 얼마 후 몇몇 바위들이 자고 있는 그를 덮쳤고, 그는 시야에서 사라져버렸다. 그는 70년 동안 잠을 잤다. 마침내 그가 잠에서 깨어났을 때 그는 70년 전 캐럽나무를 심던 남자와 똑같이 생긴 듯한 한 남자가 바로 그 캐럽나무에서 열매를 따고 있는 것을 보았다.

초니가 그 남자에게 물었다. "당신이 그 나무를 심은 사람이 아닙니까?"
남자가 대답했다. "아닙니다. 나무를 심은 분은 저희 할아버지입니다."
초니가 말했다. "제가 70년 동안 잠을 잔 것 같습니다."

그 후 초니는 자신의 집으로 가서 거기 있는 사람에게 물었다. "초니의 아들이 아직 살아있습니까?"

거기 있던 사람들이 그에게 말했다. "그의 아들은 이미 죽었고, 손자는 아직 살아 있습니다."

초니가 이들에게 말했다. "제가 바로 초니입니다."

이들은 그의 말을 믿지 않았다. 그는 그곳을 떠나 랍비 연수원으로 갔다. 거기서 그는 한 랍비가 다음과 같이 말하는 걸 들었다. "초니의 가르침들은 그가 살아 있을 때와 똑같이 우리에게도 명확하게 들리는군." 그가 이렇게 말한 것은, 과거에 초니가 랍비 연수원에 들를 때마다 랍비들이 공부하면서 생긴 모든 의문점을 해결해주었기 때문이다.

초니가 거기 있던 랍비들에게 말했다. "제가 초니입니다."

그들은 초니의 말을 믿지 않았다. 마침내 초니는 번민에 빠져 하늘의 자비를 구하는 기도를 올리고는 죽었다 (바빌로니아 탈무드, 타아닛 23a).

이 짤막한 이야기에 대해 아트스크롤ArtScroll의 번역과 주석은 다음과 같이 설명한다. "초니는 동료들의 존경을 받지 않고는 토라를 가르치는 자신의 평생 임무를 더 이상 수행할 수 없었다. 다시 말해, 새로운 세대의 작업에 참여할 수 없었던 것이다. 그는 자신에게 더 이상 해야 할 일이 남아 있지 않다면 평균 수명 이상의 삶을 살고 싶지 않다고 판단했다." 이를 요약하면, 장수는 그 삶이 충만할 때만 가치가 있다는 것이다.

인생의 마지막 단계에 들어설 때

유대사회에서 한 사람이 죽음에 가까이 갔을 때, 그의 곁을 떠나는 것은 금지된다. 그가 홀로 죽음을 맞이하게 해선 안 된다는 것이다.

랍비 이스라엘 살란터Israel Salanter는 말년에 깊은 병마에 시달렸다. 이에 유대인 공동체는 그를 위해 시중 한 사람을 고용해 그와 함께 지내도록 했다. 시중은 천성은 착했지만 단순했다. 깊은 밤중에 랍비 살란터는 자신의 죽음이 임박했음을 느끼고 마지막 순간 시중에게 이렇게 말했다. "방에 시체와 함께 홀로 남겨진다고 해서 두려워하거나 불안해하지 말거라."

장례식

장례식 중에 시신을 보지 않고 그 곁에 머물러 있지 않는 사람은 가난한 자들을 함부로 대함으로써 파문당해 마땅한 사람과 같다. 그는 최소한 4 큐빗(즉, 네 걸음) 거리에서 시신과 함께 있어야 한다(슐크한 아루크, 요레 데아 361:3).

한때 이스라엘에서는 장례식 비용이 너무 많이 들어 고인의 죽음 자체보다 장례식 비용으로 힘들어했던 가족들이 많았다. 심지어 시신을 버리고 도망가는 가족들까지 있었으니 말이다. 이러한 사체 유기는 당대의 뛰어난 리더이자 재력가인 랍비 감리엘이 자신은 값싼 린넨 수의를 입혀 묻어 달라는 유언을 남긴 후에 자취를 감추었다. 고인이 입는 값비싼 수의가 장례식 비용 중 가장 큰 부분을 차지했는데, 이는 유대 장례식엔 관을 사용하지 않았기 때문이다. 그래서 모든 조문객들이 랍비 감리엘이 입은 값싼 수의를 볼 수 있었고, 그때부터 모든 사람들이 랍비 감리엘을 본보기로 삼

앗다. 그 결과 지금은 심지어 1 주즈zuz* 밖에 하지 않는 거친 천으로 된 수의를 입혀 고인을 무덤으로 안장하는 것이 일반화되었다.

랍비 감리엘이 없애길 원했던 값비싼 장례식 문제는 여전히 혈기왕성한 뉴욕 시 전시장 에드 코크Ed Koch의 경험이 시사하듯 오늘날에도 여전히 문제가 되고 있다. 코크는 그의 자서전에서 암으로 세상을 떠난 어머니의 죽음과 그 즉시 그와 아버지를 곤혹스럽게 만든 장의사에 대해 기술했다.

> 우리는 관을 골라야 했다. 우선 장의사에게 정통파의 전통에 맞는 관을 찾고 있다고 말했고, 그는 2천 5백 달러짜리 관이 있는 방으로 우리를 안내했다. …… 그는 우리가 간단한 관을 원한다는 것을 알고 있었지만, 여전히 우리에게 강매를 하기로 작정한 듯 보였다. 그는 우리를 몇몇 방으로 데리고 갔는데, 다른 방으로 옮겨갈 때마다 이전 방보다 가격이 조금씩 낮은 관들이 진열되어 있었다. 그는 한 방도 건너뛰지 않았다. 아마 방을 옮겨갈 때마다 우리의 결심이 흔들려 비싼 관을 사지 않는 것을 부끄럽게 생각할 것이라고 여기는 듯했다. 끝으로 그는 우리를 지하로 안내했다. 거기서 그는 마침내 우리가 말했던 소나무 관을 보여주었다. 정통파 장례식이 요구하는 관은 못이나 장식이 없는 간단한 나무 관인 데다 어머니 또한 값비싼 관을 원치 않으실 거라 판단했다. 그런데 그는 그 방에서조차 두 개의 소나무 관 중 좀 더 비싼 것을 팔려 했다. …… 우리는 결국 그의 강권에 못이겨 좀 더 비싼 소나무 관을 사겠다고 말했고, 이 불쾌한 경험으로 기분은 엉망이 되었다. 우리는 더 이상 그의 말을 거부할 수 없었던 것이다. 난 이 일을 결

---

* **주즈** 고대 유대민족의 은화.

코 잊지 않았다. 그는 우리로 하여금 인색한 사람이라는 기분이 들도록 만들었고, 우리는 결국 그에게 무릎을 꿇었다(에드워드 코크, 《시민으로서의 코크: 자서전Citizen Koch: An Autobiography》).

"할라카halakha(유대의 종교적 율법)는 소리 없는 무관심으로 수의를 입은 고인을 바라보는 것을 싫어한다. 할라카는 절망의 통곡을 듣고 싶어 하고, 인간의 잔인함과 완고함을 씻어버릴 수 있는 뜨거운 눈물을 보고 싶어 한다(랍비 조셉 솔로베이트치크, 레베카 트베르스키Rebecca Twersky의 추도 연설)." 서구 사회는 재클린 케네디가 1963년 남편의 장례식장에서 보여준 조용한 기품으로 대변되는 '윗입술을 뻣뻣하게 유지하기'를 칭찬하는 반면, 유대 율법은 고인의 가족과 친구들이 자신들이 느끼는 깊은 고통을 숨김없이 표현하길 권장한다. 추도 연설의 목적은 조문객들로 하여금 그들이 고통받는 커다란 상실을 인식할 수 있도록 하는 것이다. 랍비 솔로베이트치크가 같은 추도 연설에서 다음과 같이 말한 것처럼. "헤스페드hesped(추도 연설)는 무엇보다 우선적으로 조문객들로 하여금 눈물을 흘릴 수 있도록 만들어야 한다."

몇 년 전 나는 내가 많이 사랑했던 어느 비유대교도의 장례식에서 추도 연설을 해달라는 요청을 받았다. 나의 추도 연설은 전통적인 유대 방식을 따랐다. 내가 그의 관대함과 다른 사람에 대한 사랑을 보여주는 구체적인 일화를 상기시키자 사람들은 울기 시작했다. 추도 연설이 끝난 후 나를 따라온 한 장로교 목사가 사뭇 다른 분위기로 내게 충고를 해주었을 때 난 적잖이 놀랐다. 그는 단호한 어조로 내게 이렇게 말하는 것이었다. "오늘은 슬픈 날이 아니라 행복한 날입니다. 롤프는 이제 훨씬 더 나은 세상에 있기 때문이죠. 그래서 우리는 울지 말고 기뻐해야 하는 것입니다."

애도자를 위로하기

"깊은 실의에 빠진 고인의 가족이 누워 있는 고인 앞을 떠나지 못하는 동안에는 그 사람을 위로해선 안 된다(아버지의 윤리 4:18)."라고 유대 율법은 전한다.

> 욥의 자식들이 죽자 그의 가장 가까운 친구 세 명이 조문을 왔다. 그들은 그와 함께 바닥에 눌러앉아 7일 밤낮을 같이 지냈다. 그가 당한 엄청난 고난을 보고 그에게 아무 말도 할 수 없었던 것이다(욥기 2:13).

욥 친구들의 이와 같은 행동은 유대인들이 장례식장에서 어떻게 처신해야 하는지에 대한 하나의 본보기가 되었다. 그래도 일부 랍비들은 여전히 상주가 위로받을 준비가 되어 있지 않을 때조차도 상주에게 위로하는 말을 건네야 한다고 분명히 주장하고 있다.

랍비 요카난의 아들이 죽자 요카난의 제자들이 그를 위로하러 왔다. 랍비 엘리에제르가 들어가 그의 앞에 앉아서 말했다. "스승님, 제가 스승님께 말을 할 수 있도록 허락해주시겠습니까?"

"말을 하도록 하라." 그가 대답했다.

랍비 엘리에제르가 말했다. "아담에게도 죽은 아들이 한 명 있었습니다. 하지만 아담은 자신이 위로받을 수 있도록 했습니다. '아담이 다시 그의 아내와 동침하니 하와가 아들을 낳아 셋이라 이름 지었다(창세기 4:25).' 라는 기록을 보면 알 수 있습니다. 스승님도 자신이 위로받을 수 있도록 허락하시기 바랍니다."

그러자 랍비 요카난이 그에게 말했다. "내가 내 아들의 죽음에 대해 슬퍼하고, 네가 나에게 아담의 슬픔을 상기시켜주는 것만으로 족하지 않느냐?"

이후 똑같은 과정이 반복되었다. 랍비 조슈아가 방으로 들어가 욥이 그랬던 것처럼 위로받는 것을 허락하기를 그에게 당부했고, 랍비 요카난은 다시 이어서 대답했다. "내가 내 아들의 죽음에 대해 슬퍼하고, 네가 나에게 욥의 슬픔을 상기시켜주는 것만으로 족하지 않느냐?" 랍비 요시는 아론이 두 아들의 죽음에 대해 위로받으려 했던 것을 그에게 상기시켜주었고, 랍비 시메온은 다윗이 아들을 잃었을 때 어떻게 위로받았는지에 대해 언급했다.

랍비 엘라자르 벤 아라크Elazar ben Arakh가 들어왔다. 랍비 요카난은 그를 보자마자 하인들에게 말했다. "내 옷을 가지고 따라오도록 해라. 그는 훌륭한 제자이기에 내가 그에게 저항할 수 없기 때문이다."

마침내 랍비 엘라자르가 방으로 들어와 요카난 앞에 앉아 그에게 말했다. "전 스승님께 이야기 하나를 들려주고자 합니다. 어떤 대목이 스승님의 상황과 비교될 수 있을까요? 왕이 한 남자에게 세심하게 간수해야 하는 어떤 물건을 맡겼습니다. 이에 그 남자는 매일같이 울며 한탄했습니다. '내 자신이 가련하구나! 언제 이 물건으로부터 해방되어 다시 평화를 찾을 수 있을까?' 스승님도 이와 마찬가지입니다. 스승님에겐 아들이 있었고, 그는 토라와 '예언자Prophets', '신성한 글Holy Writings'을 공부했습니다. 그는 또한 미슈나와 할라카, 아가다도 공부했습니다. 그러고는 죄를 짓지 않고 깨끗이 이 세상을 떠났죠. 스승님은 맡으신 것을 돌려주신 것입니다. 그래서 위안을 받으시는 것이 합당합니다."

랍비 요카난이 엘라자르에게 말했다. "나의 제자 엘라자르야, 네가 적절한 방식으로 날 위로하는구나. 다른 사람들도 이 같은 방식으로 위로해야 할 것이다《랍비 나단이 말하는 아버지The Fathers According to Rabbi Nathan》."

한 세대 이후, 랍비 메이어의 아내이자 탈무드에 등장하는 여성 중 가장 학식이 많은 여성인 베루리아는 이 이야기에서 랍비 엘라자르가 했던 말과 상당히 흡사한 방식으로 남편에게 세상에서 가장 비극적인 소식을 전한다.

랍비 메이어가 안식일 저녁에 랍비 연수원에서 제자들을 가르치고 있는 동안 그의 두 아들이 죽었다. 랍비 메이어의 아내는 어떻게 했을까? 그녀는 침상에 누워 있는 두 아들을 그대로 두고 그 위에 이불을 덮었다. 안식일이 끝났을 때 랍비 메이어가 집으로 돌아와 아이들을 찾았다. "아이들은 어디에 있소?"

"아이들은 랍비 연수원에 갔습니다." 베루리아가 대답했다.

"연수원에서 아이들을 찾아보았지만 보이지 않던데요."

베루리아는 남편에게 하브달라havdalah(안식일 및 다른 성스러운 날에 암송하는 기도문)를 위한 와인 한 잔을 주고는 축복의 기도를 올렸다. 랍비 메이어가 다시 물었다. "아이들은 어디에 있소?"

"다른 곳에 갔나 보네요. 곧 돌아오겠죠."

베루리아는 남편을 위해 음식을 가져왔고, 그가 음식을 먹고 나자 이렇게 말했다. "당신에게 여쭤볼 게 있습니다."

그가 말했다. "물어보시오."

"얼마 전에 한 남자가 찾아와 자신을 위해 맡아달라며 제게 물건 하나를 두고 갔습니다. 이제 그가 맡긴 물건을 찾으러 온다고 하는군요. 제가 그 물건을 그에게 돌려주어야 합니까?"

"물건은 맡은 사람은 당연히 그것을 원래 주인에게 돌려주어야 하는 것 아니겠소?" 랍비 메이어가 말했다.

베루리아가 말했다. "전 당신의 동의 없이는 그 물건을 그에게 돌려주지 않을 작정이었습니다."

그런 다음 그녀는 그의 손을 잡고 아이들의 방으로 올라가 그를 침상이 있는 곳으로 데리고 간 다음 이불을 잡아당겼다. 이에 랍비 메이어는 두 아들이 죽어 있는 것을 보고 눈물을 터뜨렸다.

그러자 베루리아가 그에게 말했다. "당신이 맡은 물건은 주인에게 돌려주어야 한다고 말씀하시지 않았나요?"

이에 그가 대답했다. "내가 내 어머니의 모태에서 벌거벗고 나왔으니 떠날 때도 벌거벗고 갈 것입니다. 여호와께서 주신 것을 여호와께서 가져가시니 여호와의 이름이 찬양받으시기를 바랍니다(욥기 1:21)."

이 이야기는 사람의 마음을 크게 움직이긴 하지만 나는 이 이야기에서의 일들이 묘사한 그대로 정확히 일어났는지에 대해 오랫동안 의구심을 가져왔다. 먼저 베루리아가 남편과 줄곧 대화를 주고받는 동안 그토록 평온한 태도를 유지했다고는 상상하기 힘들기 때문이다. 남편에게 말을 건네는 순간 두 아들을 잃은 슬픔에 북받쳐 어떤 식으로든지 그 감정을 드러내는 것이 보다 현실적이지 않을까? 여기에 덧붙여 두 아들의 갑작스러운 죽음 또한 읽는 이를 매우 당혹스럽게 한다. 랍비 메이어가 랍비 연수원에서 두 아들을 찾았다는 정황으로 미루어보면 분명 이들은 몇 시간 전만 해도 건강한 상태였을 것이기 때문이다. 이야기대로 실제 두 아들이 갑작스럽게 죽었다면 베루리아의 계산적이고 차분한 행동은 한층 더 놀라운 것이다.

그럼에도 이 두 이야기 모두 똑같은 교훈을 강조한다. 즉, 부모는 자식들 영혼의 보호자에 불과하며 자식의 영혼은 순수한 상태로 하나님께 돌아간다는 것이다.

"1년 후 고인의 가족을 만나 그 사람에게 위로의 말을 건네는 사람은 무엇에 비유될 수 있을까? 부러진 다리가 치유된 환자를 만나 '다시 절 찾아오시면 당신의 다리를 다시 부러뜨리고 또다시 고쳐드리겠습니다. 그러면 저의 치료가 훌륭하다는 걸 확신하실 수 있을 테니까요.'라고 말하는 의사에 비유할 수 있다(랍비 메이어, 바비로니아 탈무드, 모에드 카탄 21b)." 랍비 메이어가 여기서 '1년 후에' 고인의 가족에게 조의를 표하는 사람에 대해 언급한 이유는 유대 전통이 1년을 애도의 최대 기한으로 잡았기 때문이다. 애도의 기한이 지난 후에 고인의 가족에게 조의를 표하는 것은 위안을 주기보다는 잔인한 행동이란 뜻이다. 이는 고인의 가족이 정상적인 삶을 영위하는 데 오히려 방해가 되기 때문이라고 본다.

하지만 랍비 메이어의 이러한 말에도 불구하고 애도의 기한이 1년 이상 지속되는 경우도 많다. 특히 고인이 사고로 갑작스런 죽음을 맞이했거나 어린 나이에 세상을 떠났다면 더욱 그러할 것이다. 가장 아끼던 아들인 요셉이 맹수의 밥이 되었다는 거짓 소식을 믿게 된 야곱을 떠올려보자. 성경은 우리에게 이렇게 전한다. "그의 아들딸들이 다 와서 그를 위로하려고 했지만 그는 위로받기를 거절하며 말했습니다. '아니다. 내가 슬피 울며 내 아들을 만나러 음부로 내려가 죽을 때까지 내 아들의 슬픔을 애도할 것이다.'(창세기 37:35)." ■

애도 기간이 오래 이어지는 일은 보통 자식을 잃은 부모와 연관된 경우가 많지만, 장사를 하러 가서 익사로 죽은 동생 데이비드를 애도하며 쓴 모세 마이모니데스의 편지는 유대 문헌에서 가장 절박한 슬픔이 묻어나는 글 중 하나로 전해지고 있다. 당시 자식이 없던 마이모니데스는 동생을 아들

■ **창세기 37:35** 원서에서 인용한 성경 구절은 "No, I will go down mourning my son till my death."로 "till my death(죽을 때까지)"란 문구가 있지만, 이 책의 번역에 인용한 '우리말 성경' 뿐만 아니라 기타 한글판 성경에도 "죽을 때까지"란 문구가 들어있지 않다. 예를 들어, 우리말 성경에는 "아니다. 내가 슬피 울며 내 아들을 만나러 음부로 내려갈 것이다."라고만 되어 있다.

처럼 여겼다고 한다. 편지의 마지막 부분에서 분명히 알 수 있듯이 그는 자신의 슬픔을 결코 위로받을 길이 없는 야곱의 슬픔과 동일시했다.

내게 어떤 고통보다도 더 깊은 상처를 남긴 내 평생의 가장 큰 불행은 인도양에서 익사한 성자 같은 내 동생의 죽음이다. 이 끔찍한 소식을 접하자마자 난 병으로 드러누웠고 부스럼과 고열, 우울증 등에 시달리며 1년 동안 병상에서 일어나지 못했다. 난 거의 자포자기의 상태였다. 그 후 8년이 지난 지금까지도 나는 여전히 비탄에 빠져 있고 어떠한 위로도 받아들일 수 없는 상태다. 내가 어떻게 내 자신을 위로할 수 있단 말인가? 그 아이는 내 무릎 위에서 자란 사랑스런 나의 동생이자 나의 학생이었다. 그 아이가 시장에서 장사를 해 돈을 벌어주었기에 내가 집에서 걱정 없이 앉아 있을 수 있었다. …… 내 삶의 기쁨은 그 아이를 바라보는 것이었다. 이제 나의 모든 기쁨이 사라졌다. 낯선 이 국에서의 그 아이의 죽음은 나의 마음을 갈가리 찢어놓았다. 그 아이가 쓴 글씨와 편지를 볼 때마다 내 가슴은 미어지고 나의 비탄이 다시 깨어난다. 한마디로 "난 죽을 때까지 내 동생의 슬픔을 애도할 것이다." (모세 마이모니데스가 아코Acco의 자페트 벤 엘리야후Japhet ben Eliyahu에게 보낸 서한 중에서).

비탄

"망자의 죽음을 지나치게 슬퍼하진 말아야 한다. 누구라도 과도하게 슬퍼하는 사람은 실제로는 망자가 아닌 다른 이유로 슬퍼하는 것이다.(토라는 시기별로 슬픔의 한도를 정해놓았다.) 3일 동안 울고, 7일 동안 애도하며, 30일 동안 빨래

나 이발을 삼간다. 누구라도 토라 율법이 정한대로 슬퍼하지 않는 사람은 무정한 사람으로 간주된다……(슐크한 아루크, 요레 데아, 394:1,4)."

"이트가달 베-이트카다쉬 슈메이 라바Yitgadal ve-Yikadadash Shmei Rabbah, 즉 하나님의 뜻에 따라 하나님이 창조하신 이 세상을 통해 하나님의 위대한 이름이 찬미되고 신성시되길 바라옵나이다(고인을 위해 암송되는 카디쉬 기도문의 첫 문구)."

슈마Sh'ma와 함께 카디쉬는 아마 사람들에게 가장 잘 알려진 유대 기도문일 것이다. 그럼에도 불구하고 많은 유대인들이 그 뜻은 알지 못한다(아마도 히브리어가 아니라 아랍어로 되어 있기 때문일 것이다.). 사람들은 카디쉬에는 고인이 전혀 언급되지 않았다는 것을 발견하면 놀라곤 한다. 카디쉬는 하나님의 권위가 온 세상에서 인정되길 희망하는 하나님을 찬미하는 기도문이다. 그럼 카디쉬가 고인을 기리는 기도문으로 선택된 이유는 무엇일까? 아마 고인에게 가장 큰 서약은 그의 자손들이 시나고그에 나가고 하나님의 법칙 아래 세계를 완벽하게 만드는 데 힘쓸 것이라는 서약 때문일 것이다.

고인을 찬미하고 기리는 것

모세에서 모세에 이르기까지 모세와 같은 사람은 아무도 없었다(모세 마이모니데스의 묘에 새겨진 비문). 이제 누가 나를 위로해줄까? 이제 난 누구에게 내 영혼을 쏟아낼 수 있을까? 이제 난 어디에 의지해야 하나? 지금까지 줄곧 나의 사랑스런 동반자가 내 문제에 귀 기울여주었다. 나의 문제들은 한두 가지가 아니었지만 그는 그 모든 문제에 대해 나를 위로해주었고, 그러면 그 문제는 어떤 식으로든 순식간에 자취를 감추었다. 하지만 이제 난 비탄 속에 허우적거리며 홀로 남겨졌다(남편의 죽음을 슬퍼하는 17세기 유대 여성).

20세기가 낳은 가장 위대한 유대 시인 하임 나만 비아리크Hayim Nahman Bialik는 자신의 추도문을 직접 만들었다. 추도문은 죽음으로 인한 상실의 크기를 강조한다.

내가 죽은 뒤
내 장례식에서 이렇게 말해주십시오.
이제는 더 이상 존재하지 않는 한 남자가 있었습니다.
그는 예정보다 일찍 죽었고
그의 인생 노래는 절반에서 멈춰버렸습니다.
오, 그에게는 한 편의 시가 더 있었습니다.
그리고 그 시는 영원히 사라졌죠(하임 나만 비아리크, 〈내가 죽은 뒤After My Death〉).

내 아버지의 추모일에
난 아버지의 친구들을 찾아갔다.
아버지와 함께 일렬로 나란히 묻혀 있는 이들 모두는
인생의 졸업반.

난 이미 이들의 이름을 대부분 기억한다.
마치 어린 자식을 학교에서 데리고 오는 부모가
그 아이 친구들 이름을 모두 기억하는 것처럼.

아버지는 여전히 나를 사랑하시고, 나 역시
항상 아버지를 사랑하기에 난 울지 않는다.
하지만 이곳의 정의를 실현하기 위해

난 근처에 있는 무덤의 도움을 얻어

내 눈에 눈물을 반짝거린다.

그 무덤엔 한 아이가 누워 있다.

"나의 작은 요시Yossi, 그 아이가 죽었을 때

그 아이는 네 살이었다(예후다 아미차이, 〈내 아버지의 추모일My Father's Memorial Day〉)."

두 남자가 포노베츠Ponovezh의 랍비 모세 이츠차크Moshe Yitzchak를 찾아갔다. 그들은 함께 공동묘지의 부지를 구입했는데, 둘 모두가 더 나은 부지를 원했던 것이다. 이들이 얼마 동안 옥신각신 논쟁을 벌이고 난 뒤에 랍비 모세 이츠차크가 둘에게 자신의 의견을 내놓았다. "누구라도 먼저 죽는 사람이 더 나은 부지를 차지하시오."

둘은 더 이상 이 문제로 논쟁을 벌이지 않았다(슈무엘 히멜스타인, 《지혜의 말, 기지의 말A Touch of Wisdom, a Touch of Wit》).

39. 자살이 허용되는 경우가 있는가

자살하는 사람은 자신의 직무를 버린 파수꾼이다(바야 이븐 파쿠다Bahya ibn Pakuda, 《마음의 의무들Duties of the Heart》).

유대 율법은 자살하는 사람은 공동묘지 변두리에 묻어야 하고 그를 위한 통상적인 애도 의식은 거행하지 않는다고 규정한다. 랍비들은 이러한 규정은 자살을 예방하기 위한 목적이 가장 크다는 점을 분명히 하고 있다. 실제로 유대 율법은 스스로 초래한 죽음을 자살로 규정하는 경우가 드물다(일반적으로 이러한 죽음을 사고나 순간적인 정신착란에 의한 죽음으로 발표한다.). 이러한 죽음에 자살이란 오명을 씌우는 것은 자살한 사람이 아니라 단지 혈육을 빼앗긴 가족들만을 벌하는 결과를 초래한다는 걸 인식하고 있기 때문이다. 그래서 유대 율법은 랍비들로 하여금 의도한 자살임을 선언하지 않을 수 있는 어떠한 근거라도 찾을 것을 권장한다.

어떤 사람이 의도적인 자살을 한 사람으로 규정될까? 나무 꼭대기나 지붕 위에 올라가 떨어져 죽은 사람은 의도적으로 자살한 사람이 아니다. 의도적인 자살을 한 사람은 "난 나무 꼭대기(또는 지붕 위)에 올라가 떨어져 죽을 것이다."라고 말하고 난 뒤 실제로 그렇게 한 사람이 의도적인 자살을 한 사람이다. 이렇게 죽은 사람은 자살한 것으로 간주되어 그를 위해 어떠한 애도 의식도 거행하지 않아야 한다. 질식사했거나 나무에 목을 매었거나 칼에 찔려 죽은 사람을 의도한 자살자로 추정해선 안 된다. 따라서 이러한 사람을 위한 어떠한 애도 의식도 보류되어선 안 된다(바빌로니아 탈무드, 세마홋 Semahot). 자살 사건을 다룰 때 가장 중요한 원칙은 자살의 외부적인 동기(예를 들면, 공포나 좌절, 정신 이상, 또는 이와 유사한 외부적 동기)를 찾을 수 있는 데까지 찾아 그것을 자살의 원인으로 간주하는 것이다(랍비 예치엘 엡스타인Yechiel Epstein, 아루크 하-슐르칸, 요례 데아 3655).

자살자의 가족에게 연민을 느껴야 함에도 불구하고, 11세기 철학자 바야는 자살이 살해보다 더 나쁜 것임을 암시했다. 이러한 관점을 지지하는 다른 유대 학자들은 찾아볼 수 없지만, 일부 가톨릭 신학자들은 이와 비슷한 주장을 하고 있다. 성 아우구스티누스는 "존속 살인이 다른 사람을 살인하는 것보다 더 나쁘지만, 이보다 더 나쁜 것이 자살이다."라고 가르쳤는데, 20세기 가톨릭 저술가인 길버트 키스 체스터튼Gilbert Keith Chesterton은 이보다 더 극단적인 결론에 도달했다. "한 사람을 살해하는 사람은 한 사람을 살해하는 것으로 그치지만, 스스로를 살해하는 사람은 그에게 있어선 모든 사람을 죽이는 것과 같다. 그는 온 세상을 파멸시키기 때문이다(정교에 관하여On Orthodoxy)."

하지만 대다수의 사람들은 논리를 토대로 한 이 같은 주장, 즉 자살이 살인보다 더 사악하다는 주장을 반박한다. 자살의 경우 죽은 사람은 죽기를 원했지만, 살인의 경우는 그렇지 않다는 것이 더 자연스러운 논리이기 때문이다.

유대주의가 자살을 허용하는 경우

사울이 자기 무기를 든 사람에게 말했다. "네 칼을 뽑아 나를 찔러라. 그렇지 않으면 저 할례 받지 않은 사람들이 와서 나를 찌르고 모욕할까 두렵구나." 그러나 무기를 든 사람은 너무나 두려워 감히 그렇게 하지 못했다. 그러자 사울은 자기 칼을 빼들고 그 위에 엎드렸다(사무엘상, 31:4).

블레셋 군대가 사울의 군대를 패배시킨 것이 명백해진 후 사울이 스스로 목숨을 끊은 것은 성경에 나오는 가장 유명한 자살이다. 두문자어 라닥Radak으로 알려진 중세 성경 주석가인 데이비드 기미David Kimhi는 위의 구절에 대해 다음과 같이 말했다.

"사울은 자살의 죄를 짓지 않았다. 왜냐하면, 그는 결국 전쟁에서 죽을 것이란 사실을 알았기 때문이다. …… 따라서 할례를 받지 않은 사람들의 사냥감이 되는 것보다 스스로 목숨을 끊는 편이 더 낫다(사무엘상 31:4에 대한 라닥의 주석)." 실제로 바빌로니아를 상대로 한 유대인 반란의 실패와 이로 인한 예루살렘 사원의 파괴(기원전 586년)를 야기한 시드기야 왕이 설령 죽음 이외에 다른 차선책이 있었다 해도 스스로 자신이 목숨을 끊지 않은 것은 어리석은 일이었다고 랍비 주다가 결론 내린 것은 사울 왕의 사례 때문이었을 가능성이 높다.

"이것들 때문에 내가 우니 내 눈에서 눈물이 물같이 흐른다(예레미야애가 1:16)." 이 상황은 시드기야의 분별력 부족으로 말미암은 것이라고 랍비 주다는 말했다. "머지않아 자신의 눈이 뽑힐 것이라는 걸 알면서도 왜 시드기야는 생명이 끊어질 때까지 벽에 자신의 머리를 내던지는 분별력을 갖지 못했을까?(예레미아비가 라바 1:51)" 다른 유대 문헌 또한 반드시 죽어야 하는 건 아니지만 삶을 선택한다면 수치스럽게 살 수밖에 없는 상황에서의 자살은 정당하다고 주장한다. 로마를 상대로 한 최초의 유대인 반란이 실패로 돌아간 직후의 시기(대략 서기 70년)에 쓰인 탈무드 이야기 하나를 소개한다.

> 4백 명의 소년들과 소녀들이 부도덕한 목적(로마에서 성의 노리개가 이용될 목적)으로 끌려가게 되었다. 이들은 자신들이 왜 끌려가는지 알고 있었다. 이들이 물었다. "만일 우리가 바다에 빠져 죽는다면 우리는 '도래할 세상'에 들어갈 수 있을까요?" 이들 중 가장 연장자가 다음의 성경 구절을 인용했다. "여호와께서 말씀하셨다. 내가 바다 깊은 곳에서 그들을 데려올 것이니⋯⋯ (시편 68:23)." 그리고 그는 이 구절을 이렇게 해석했다. "내가 바다 깊은 곳에서 너희를 데려와 너희에게 영원한 생명을 줄 것이니⋯⋯" 소녀들은 이 말을 듣고 바다에 빠졌다. 그러자 소년들은 자신들에 대해 논리적으로 생각했다. '성행위 시 밑에 깔리는 것이 자연스러운 소녀들이 복종 대신 죽음을 택했다면 밑에 깔리는 것이 자연스럽지 못한 우리들은 더더욱 죽음을 택해야 할 것이다.' 이러한 생각에 다다른 소년들 역시 바다에 빠졌다. 이들에 대해 성경은 이렇게 말한다. "그러나 우리가 주를 위해 하루 종일 죽임을 당하니 마치 도살장에 끌려가는 양 같은 신세입니다(바빌로니아 탈무드, 기틴 57b)."

서기 73년 마사다에서 960명의 유대인이 스스로 자신들과 가족들의 목숨을 끊은 적이 있었는데, 이 사건은 유대 역사에서 가장 유명한 자살 사건이다. 한편, 이들의 자살 동기는 사울 왕의 자살 동기와 앞의 이야기 속 소년 소녀들의 자살 동기가 섞여 있다. 사울 왕과 마찬가지로 이들은 로마 군대가 마사다를 점령하면 자신들 중 다수가 살해될 것이라는 사실을 알았고, 소년 소녀들의 경우처럼 대학살에서 살아남는 사람들, 특히 여성과 아이들은 성의 노리개나 노예로 로마 시장에서 팔리게 될 것이라는 점도 알고 있었다.

1세기 역사학자인 플라비우스 조세푸스Flavius Josephus는 유대인들에게 복종 대신 자살할 것을 종용하는 마사다의 리더 엘라자르의 마지막 말을 다음과 같이 기록했다.

"우리는 로마인에 항거해 반란을 일으킨 최초의 민족이자 이들과 싸운 마지막 민족이 될 것입니다. 난 용감하게 죽어 자유의 몸이 될 수 있는 힘이 아직도 우리에게 있다는 사실은 하나님께서 우리에게 베푸신 호의라 생각하지 않을 수 없습니다. …… 학대 당하기 전에 우리의 아내로 하여금 죽음을 맞이할 수 있도록 합시다. 노예의 굴욕을 맛보기 전에 우리의 아이들로 하여금 죽음을 맞이할 수 있도록 합시다. 그리고 난 다음 우리 자신들로 하여금 서로가 서로에게 영광스러운 혜택을 줄 수 있도록 합시다(이갈 야딘, 《마사다Masada》)."

엘라자르는 이 연설을 마친 뒤 제비뽑기로 다른 사람들을 죽일 열 명의 남자들을 뽑아 이들로 하여금 나머지 사람들을 죽이도록 했다. 그런 다음 이들은 서로가 서로를 죽였고, 마지막 남은 한 사람은 자살했다.

조세푸스는 지하 동굴에 숨어 자살 사건의 대상이 되지 않은 두 여인이 엘라자르의 말을 전했다고 한다.

40. 사후 세계는 존재하는가

'도래할 세상'에는 먹고 마시는 일도 없을 것이며, 출산도 사업도, 시기나 질투, 경쟁도 존재하지 않을 것이다. 다만 의인들이 신성의 광휘로 향연을 즐기며 머리에 영관을 쓰고 앉아 있을 것이다.(바빌로니아 탈무드, 바라크홋 17a).

대부분의 신자들에게 믿음의 가장 중요한 쟁점은 하나님의 존재이지 사후 세계의 존재가 아니다. 일단 공정하고 전지전능한 하나님이 존재한다는 사실을 믿게 되면 사후 세계의 존재는 자연스럽게 확신할 수 있기 때문이다. 하나님이 이토록 많은 고통과 불의를 허락하신 것을 설명할 수 있는 유일한 길은 이를 배상해줄 수 있는 다른 차원의 존재가 있다는 사실이다. 뜻밖에도 토라에는 사후 세계에 관한 언급이 없다. 이것은 아마 토라의 다섯 권이 유대인들이 이집트에서의 노예 생활을 끝내고 자유의 몸이 된 직후에 쓰였기 때문일 것이다. 이집트인의 선례를 통해 이스라엘 백성은 사후 세계에 대한 망상이나 지나친 집착이 얼마나 위험한 것인지 깨닫게 되었다. 여러 파라오들의 주된 업적이 자신들의 사후 세계를 위해 거대한 무덤인 피라미드를 건설하게 만든 것이라는 점을 상기해보라. 이러한 목적을 위해 얼마나 많은 노예들이 오직 일만 하다 죽음을 맞이했는지 모른다. 이집트의 가장 성스러운 작품인 《사자의 서The Book of the Dead》는 사후 세계에 대한 이집트인들의 강박관념을 반영한다.

성경이 사후 세계에 대한 쟁점을 제기하지 않은 이유는 아마 그것이 종교의 중심이 되면 사람들의 주의를 이 세상에 대한 책임으로부터 멀어지게 한다는 걸 인식하고 있었기 때문일 것이다.

"이스라엘의 모든 사람이 '도래할 세상'에 들어갈 수 있는 운명을 타고났다(미슈나, 산헤드린 10:1)." 사후 세계의 존재에 대한 탈무드의 이 같은 명백한 단언에도 불구하고 종교적인 신념에 관한 미국의 거듭되는 통계 조사에 따르면 사후 세계를 믿는 유대인들이 기독교인들에 비해 훨씬 더 적은 비율을 차지한다. 비정통파 랍비들조차도 사후 세계에 의심을 품는 것이 보편적이다.

데니스 프레이저는 미국의 어느 저명한 보수주의 랍비가 주관한 장례식에 참석한 경험을 기술했다. 이 랍비는 묘지에서 이렇게 설명했다고 한다. "유대주의는 죽음 이후의 세상을 믿지 않습니다. 망자는 자신이 이룬 훌륭한 업적과 그가 이 세상에 남겨놓은 사람들의 기억 속에서 살아 숨 쉬는 것이죠." 프레이저는 이러한 진술이 6백만 명의 유대인들에게 위안을 주지 못하는 분별없는 생각인 이유는 다른 어떤 것보다도 거의 모든 유대인들의 사랑하는 사람들 또한 죽었기 때문이라고 논한다. "만일 이번 생이 전부이고 망자는 사랑하는 사람들의 기억을 통해서만 사는 것이라면 6백만 유대인 대부분이 마치 언젠가는 사라질 연기처럼 죽을 것이다(《궁극적인 쟁점Ultimate Issues》)." 특히 하나님을 믿는다고 주장하는 어떤 사람에게라도 대학

310

살은 사후 세계의 중요성을 특별히 부각시키는 것이라고 프레이저는 말한다. "만일 이번 생 이후에 아무것도 없다면 나치와 이들이 아우슈비츠의 용광로에 산 채로 던져버린 유대 아이들은 서로 같은 운명을 갖게 될 뿐이다. 만일 내가 이러한 것을 믿는다면 난 무신론자가 되거나 이처럼 잔인하고 부조리한 우주를 창조하신 하나님을 증오하게 될 것이다."

14세기 유대 신비교의 주해서인 조하르Zohar는 사후 세계에 대한 믿음이 우리에게 얼마나 큰 위안을 주는 것인가를 암시하는 이야기를 제시한다.

> 어느 왕에게 아들이 하나 있었는데, 왕은 아들이 궁전의 삶을 시작하기 전까지 교육을 받게 하기 위해 어느 마을로 아들을 보냈다. 아들이 이제 성숙해졌다는 소식을 들은 왕은 그의 어머니를 보내 아들을 다시 궁전으로 데리고 오도록 했다. 이제 왕은 아들과 함께 궁전에서 매일 행복하게 지낼 수 있게 되었다. …… 마을 사람들은 왕의 아들이 자신들의 곁을 떠나는 것을 슬퍼하며 울었다. 이를 지켜본 현자가 마을 사람들에게 이렇게 말했다. "당신들은 왜 우십니까? 그 사람은 왕의 아들이 아니었습니까? 그가 마땅히 머물러야 할 곳은 이 마을이 아니라 그의 아버지의 궁전일 것입니다(《조하르, 위대한 책Zohar, The Book of Splendor》)."

41. 진정한 부자는 어떤 사람인가

누가 부자인가? 자신이 가진 것에 만족하는 사람이다(아버지의 윤리 4:1).
어느 현자가 질문을 받았다. "당신은 현자와 부자 중 누가 더 훌륭하다고 생각하십니까?"
"현자가 더 훌륭하다고 생각합니다." 현자가 대답했다.
"하지만 당신의 말이 옳다면 왜 현자의 문 앞에서 부자를 보는 것이 부자의 문 앞에서 현자를 보는 것보다 훨씬 더 어렵습니까?"
현자가 대답했다. "현자는 부의 가치를 알고 있지만, 부자는 지혜의 가치를 모르기 때문입니다(솔로몬 이븐 가비롤Solomon Ibn Gabirol, 《지혜의 진주Pearls of Wisdom》)."
어떤 사람이 크게 부자가 되었다는 소식을 듣고 어느 현자가 물었다. "그 사람은 돈을 쓸 수 있는 날들도 함께 얻었습니까?(《지혜의 진주》)"
많은 남자들이 자신의 아내가 될 사람의 미래 남편을 가슴속에 품고 있다(《지혜의 진주》).

"수의에는 주머니가 없다."라는 옛 유대 속담은 오늘날 세속적인 부의 한계성을 표현하는 대표적인 문구로 회자되고 있다.

- 3부 -

종교는 필요한가

: 신앙에 대한 질문들 :

19세기의 문제점은 신은 죽었다는 것이었다.

하지만 20세기의 문제점은 인간이 죽었다는 것이다

— 에리히 프롬, 《온전한 사회The Sane Society》

42. 신을 의심한다는 것은 무엇을 의미하는가

믿음과 의심

만일 하나님이 내게 어떤 명확한 징표를 주신다면 얼마나 좋을까! 마치 스위스 은행의 내 이름으로 된 계좌에 거액의 돈을 맡기는 것처럼 말이다.[우디 앨런Woody Allen].

랍비 밀턴 스타인버그Milton Steinberg는 다음과 같은 말로 유신론자의 신념을 대변한다.

"설령 신학도 악에 대해 효과적으로 반박할 수 없는 완전한 미스테리의 상황일지라도, 하나님에 대한 믿음은 여전히 그 가치가 있다. 왜냐하면 최악의 경우에도 하나님을 믿지 않는 것보다 하나님을 믿음으로써 설명될 수 있는 것들이 더 많기 때문이다. 만일 하나님을 믿는 사람이 악과 싸워야 한다면 무신론자는 더 많은 악과 더 치열하게 싸워야 할 것이다. 현실은 무신론자를 탈진시켜버린다. 그는 오직 한 가지 생각뿐만이 아니라 곤충의 놀라운 본능을 통해 엿볼 수 있는 자연 법칙의 존재에서부터 천재의 뇌와 예언자의 가슴에 이르기까지 여러 가지 생각으로 머리가 터져나갈 것이다. 이것이 하나님을 믿는 지적인 이유다. 하나님을 믿는 데 어려움이 전혀 없지는 않다 하더라도, 그것은 우주의 수수께끼를 푸는 최상의 답으로 우뚝 솟아 있다(밀턴 스타인버그, 《믿음의 해부Anatomy of Faith》)."

"하나님을 알았더라면, 내가 하나님이 되었을 것이다."라는 중세 유대 속 담처럼 하나님이 우리에게 하나님 자신의 존재와 본성을 명확하게 제시하지 않는 데는 하나님 자신만의 이유가 있을지 모른다. 우리에게 분명해 보이는 한 가지 이유는 어떤 것이라도 인간의 영혼에는 독이라는 것과 관련된 인간의 확신이다. 어느 시대의 인류가 도그마에 빠진 파시즘 신봉자와 공산주의자, 심지어 독단적인 과학자 등을 감당해야 했던 현시대의 인류보다 여기에 대해 더 잘 알겠는가?

오늘날 많은 사람들이 신의 존재를 의심한다. 이들은 마치 신이 존재하지 않는 것처럼 생활한다. 이들은 불가지론자이면서 무신론자로서의 삶을 살 아간다. 당신은 이론상 불가지론자일 수 있지만, 실제로는 종교적 삶 또는 세속적인 삶 둘 중 하나의 삶만을 살 뿐이다.

하나님 존재의 증거

중세 유대인 및 특히 기독교인의 몇몇 작품에 보이는 특징은 철학은 하나님의 존재를 증명하려는 시도였다는 점이다. 중세 철학자들 중 누구라도 하나님의 존재를 증명하는 데 성공했다면 '믿음'이란 단어는 사람들과 하나님의 관계를 묘사하는 데 더 이상 사용되지 않았을 것이다. 우리가 '믿음'이란 단어를 사용하는 구체적인 이유는 하나님의 존재를 입증할 수 있는 절대적인 증거가 없기 때문이다. 중세 시대에 하나님의 존재를 입증하는 데 가장 널리 사용된 이야기 중 하나를 소개한다.

> 실수로 종이에 잉크를 엎지른 것이 펜으로 글을 쓴 것처럼 읽기 쉬운 문장을 형성하지 못할뿐더러 제대로 된 글씨조차 형성하지 못하리란 건 누구나 동의하는 사실이다. …… 그렇다면 이보다 훨씬 더 복잡하고 미묘하며 창조하기 어려운 것을 보고 그것은 위대한 설계자가 어떤 목적의식을 갖고 자신의 능력과 지혜를 발휘해 창조하지 않았는데도 저절로 생겨났다고 단정하는 것이 어떻게 가능할 수 있겠는가? (바야 이븐 파쿠다, 《마음의 의무들》)

하나님을 찾아

랍비 레비Levi가 말했다. 거룩하신 하나님이 마치 모든 면에 얼굴이 있는 조상의 형상처럼 이스라엘 시나이Sinai에 나타나셨다. 사방에서 천 명의 사람들이 그 조상을 바라보아도 각각의 사람들에겐 그 조상이 자신을 똑바로 바라보는 것처럼 보였다. 거룩하신 하나님이 이스라엘의 모든 백성들 각자에게 말씀하실 때도 이와 마찬가지다. 사람들은 "신성한 하나님이 나에게 말씀하셨다."고 말하는 것이다. 신성한 말씀은 각자의 특별한 능력을 고려해 모든 백성들 각자에게 들린다 (페시크타 드라브 카하나 12:25).

현대의 미국 랍비인 어윈 쿨라Irwin Kula가 "사람들에게 하나님에 대한 통찰력을 주기 위해 랍비 레비는 하나님을 우상에 비교했다."라고 말한 것처럼, 이 독특한 비유담은 분명 가장 영향력 있는 미드라시 텍스트 중 하나다. 불경스럽기까지 한 이러한 비유담을 사용함으로써 랍비 레비는 "사람들은 시나이에서 하나님을 그토록 개인적으로 경험했기에 그곳에 있던 사람들은 '하나님이 나에게, [오직 나에게만] 말씀하셨다!' 고 말할 수 있었다."고 가르친다. 서로 다른 저마다의 기질과 성격, 인생 경험으로 인해 각각의 사람이나 각각의 문제에 또는 한 사람 인생의 서로 다른 순간에 똑같이 느껴지는 단 하나의 하나님 이미지는 존재하지 않는다. 쿨라는 다음과 같이 결론짓는다. "경우에 따라 하나님은 아버지가 되시기도 하고, 왕이나 남편이 되시기도 하며, 친구나 어머니가 되시기도 하고, 랍비 레비에게는 수천 개의 얼굴을 가진 조상이 되시기도 한다."

하나님이 불은 붙어 있지만 타지는 않는 떨기나무 불꽃 속의 천사를 통해 모세에게 말하는 출애굽기 3장 2절의 에피소드를 접하고 어느 비유대교도인은 혼란스러워하며 다음과 같은 질문을 던졌다. "왜 하나님은 가시가 있는 흔해빠진 떨기나무를 통해 모세에게 말씀하시고자 했습니까?"

질문을 받은 랍비 조슈아 벤 코르차Joshua ben Korcha가 대답했다. "그것이 캐럽나무이거나 무화과나무였어도 당신은 똑같은 질문을 했을 겁니다. 그래도 당신의 질문에 답하지 않고 당신을 돌려보내는 것은 옳은 일이 아니기에 당신에게 그 이유를 말씀드리겠습니다. 하나님이 그렇게 하신 이유는 하나님이 계시지 않는 곳은 그 어디에도 없다는 걸 우리에게 가르쳐주기 위함이었습니다. 심지어 가시가 있는 흔해빠진 떨기나무에도 하나님은 존재하십니다."

하시디즘의 스승인 코츠커Kotzker가 그의 제자들과 나눈 다음의 대화에서도 이와 비슷한 개념을 엿볼 수 있다.

"하나님은 어디에 존재하느냐?" 스승인 코츠커가 그의 제자들 중 몇몇에게 물었다.

"모든 곳에 존재하십니다." 스승의 갑작스런 질문에 놀란 제자들이 대답했다.

"그렇지 않다. 하나님은 인간이 하나님을 들어올 수 있게 하는 곳에서만 존재하신다."

이것은 하나님이 인간에게 허용한 능력에 대한 탁월한 진술이다. 즉, 인간은 하나님을 자신의 삶에서 배제할 수도, 자신의 삶 속으로 들어오게 할 수도 있는 능력을 갖고 있다는 뜻이다.

하나님과의 논쟁

전 당신이 전지전능하시며 당신이 하시는 모든 일이 최선을 위한 것이라는 데 추호의 의심도 없습니다. 하지만 "네 하나님 여호와를 사랑하라."란 계율을 따르는 것은 저에겐 불가능한 일입니다. 하나님, 전 적어도 이곳에선 평생 그렇게 할 수 없습니다(아이작 싱어의 소설 《노예The Slave》 중 제이콥의 대사).

1648년 체멜니츠키 대학살로 아내와 아이들을 잃은 신앙심이 깊은 남자 제이콥은 토라의 613개 계율 중 가장 지키기 힘든 "하나님을 사랑하라."는 계율에 대해 반추한다(신명기 6:5). 싱어 소설의 시대적 배경과 같은 세기의 철학자이자 가톨릭 종교사상가인 블레즈 파스칼Blaise Pascal은 다음과 같은 글을 썼다. "하나님에 대한 지식은 하나님에 대한 사랑으로부터 아주 멀리 떨어져 있다."

"대우주의 주인이시여! 저는 평범한 유대인이 마루에서 자신의 성구상을 집어 들고 그것에 입맞춤하는 것을 보았습니다. 하지만 당신은 적들에 짓밟혀 바닥에 쓰러져 있는 당신의 성구상인 유대민족을 2천 년이 넘게 그대로 방치하셨습니다. 왜 그들을 집어 들지 않으십니까? 왜 당신은 한낱 평범한 유대인이 행동하는 대로 행동하시지 않으십니까? 왜?(베르디체프Berditchev의 하시디즘 교사 레비 이츠하크Levi Yitzhak)" "그들은 왜 내게 기도를 하는가? 그들에게 나를 몹시 비난하라고 말하라. 그들로 하여금 나와 대적해 주먹을 들도록 하고, 나에게 그들이 감뇌해야 했던 수치에 대한 보상을 요구하도록 하라(하임 나만 비아리크Hayim Nahman Bialik, '살육의 도시에서In the City of Slaughter')." 1903년 키시네프Kishinev에서의 유대인 대학살에 대한 신랄한 시적인 응답인 '살육의 도시에서'는 대학살을 눈감아준 러시아 정부 및 대학살을 감행한 무리뿐만 아니라, 이들에 대항해 싸우는 대신 하나님의 개입을 염원하며 기도한 유대인들을 향해서도 격노를 표현했다.

하나님에 대한 순종

자신에게 좋은 일이 일어났을 때 하나님을 축복하는 것과 마찬가지로 자신에게 악덕이나 재앙이 일어났다고 해도 우리에겐 하나님을 축복해야 할 의무가 있다(미슈나 베라크훗 9:5). 미슈나의 이 같은 가르침에 따라 유대인은 누가 죽었다는 소식을 접했을 때에도 "바루크 다얀 에멧Barukh dayan emet", 즉 "공정하신 재판관에게 축복이 깃들게 하소서."라고 말해야 한다. 탈무드 역시 미슈나의 가르침과 부합하는 조언을 들려준다. "항상 다음과 같이 말하는 데 익숙해져야 한다. '하나님이 어떤 일을 하시든지 그 일은 최선을 위한 것이다(바빌로니아 탈무드, 랍비 아키바가 어떻게 이러한 원칙을 실천했는지에 대한 일화).'"

유대 역사에 있어 하나님의 역할

나는 하나님의 증거를 이스라엘 민족의 존재에서 찾았다[에드먼드 플래그Edmund Fleg, 《나는 왜 유대인인가Why I Am a Jew》].

나는 유대민족의 생존에 대한 수수께끼는 하나님의 존재를 긍정하는 것으로 가장 잘 설명될 수 있다는 위의 구절에 동감한다. 유대인의 역사와 생존은 다른 나라들의 운명에 적용된 기준으론 설명할 수 없다. 세계 역사를 통틀어 오직 유대민족만이 자신들의 문화를 그대로 보존한 채 거의 4천 년을 생존했다. 또한 오직 유대민족만이 조국이 두 차례 완벽하게 파괴되었고, 2천 년 동안 세계 곳곳에 흩어져 살았으며, 어느 곳에 살든 자신들을 향한 증오를 견뎌냈고, 민족 전체를 말살하려는 역사상 가장 체계적인 음모에도 살아남았으며, 이들이 살았던 곳을 포함해 거의 모든 나라에서 추방당하는 경험을 했다. 그럼에도 유대민족은 살아남았다. 지금도 이들은 여전히 기원전 1000년에 조상들이 살았던 조국에서 기원전 1600년 전에 살았던 조상들에 대해 공부하고, 3천 여 년 전에 사용했던 언어를 사용하며, 조상들이 숭배했던 신을 숭배하면서 살고 있는 것이다. 숱한 역경에도 불구하고 유대민족이 지금까지 살아남은 것은 이들 역사에 줄곧 하나님이 개입했기 때문이 아닐까?

"다른 고대 국가들의 경우 전쟁에서 패배하면 자신들의 신도 패배한 것으로 인정했다. 하지만 유대인은 자신들의 패배에서 하나님의 승리를 보았다[아바 힐렐 실버Abba Hillel Silver, 《세계 위기와 유대인의 생존World Crisis and Jewish Survival》]."

고대사회에서는 한 나라가 전쟁에서 패배하면 일반적으로 그 나라 국민들은 정복자의 신이 승리했다고 믿으며 정복자의 종교로 개종했다. 유대교 이외의 근동 지방 종교들이 지금까지 살아남지 못한 이유도 아마 여기에 있을 것이다.

반면, 고대 유대인들은 하나님이 자신들의 죄를 벌하기 위해 적을 보내신 것(예를 들면, 예레미야는 기원전 586년 네브카드네자르Nebuchadnezzar가 유다를 멸망시킨 것을 이렇게 설명했다.)이라고 확신했기 때문에 결코 정복자의 신을 받아들일 생각을 하지 않았다. 오히려 자신들이 회개하면 하나님은 자신들을 이스라엘로 돌려보내 옛 영광을 다시 찾게 해주실 거란 확신을 가지며 계속해서 하나님께 순종했다. 지그문트 프로이트가 지적인 당혹감으로 《모세와 일신교Moses and Monotheism》에서 다음과 같은 글을 쓰게 된 것도 하나님에 대한 유대인들의 바로 이러한 순종이었다. "이스라엘 백성들이 자신들의 신에게 혹독한 대접을 받을수록 자신들의 신을 더 헌신적으로 신봉한 이유는 무엇일까? 이것은 우리가 편견을 버리고 생각해봐야 할 물음이다."

하나님에 대한 두려움

"하나님에 대한 당신의 두려움이 사람들에 대한 당신의 두려움만큼 강렬하도록 하소서(랍비 요카난 벤 자카이가 임종 시 제자들에게 들려준 조언)." 탈무드에서 가장 상식적인 인물일 수 있는 랍비 요카난이 가식 없이 한 이 말은 신성을 모독하려는 의도가 전혀 없어 보인다. 그는 단순히 우리가 거의 주목하지 않는 진실을 인식하고 있었던 것뿐이다. 대부분의 사람들은 하나님에게 느끼는 두려움보다 다른 사람들에게 느끼는 두려움이 훨씬 더 크다. 이들은 자신들이 유대 의례를 부도덕하게 행하거나 지키지 않을 때 다른 사람들이 이를 지켜보고 있지나 않은지에 대해 주의를 기울이지, 하나님이 이를 지켜보고 있는지에 대해선 좀처럼 두려움을 느끼지 않는다. 만일 다른 사람들을 두려워하는 만큼 하나님을 두려워한다면 사람들은 사악한 행동을 거의 하지 않을 것이라고 유대인들은 생각한다. 똑같은 상황에서 랍비 요카난은 하나님에게서 심판받는 것에 대한 두려움을 제자들에게 다음과 같이 이야기한다. "나는 변명으로도 뇌물로도 그분의 마음을 돌려놓을 수 없다."

43. 종교는 인간의 도덕성에 어떤 영향을 끼치는가

19세기의 문제점은 신은 죽었다는 것이었다. 하지만 20세기의 문제점은 인간이 죽었다는 것이다(에리히 프롬, 《온전한 사회The Sane Society》).

사람들이 종교에 반감을 드러내는 이유로 내세우는 것은 여러 가지 악(惡)이 종교라는 이름으로 행해진 데 있다. 하지만 역사상 살육을 가장 많이 자행한 두 집단인 나치와 소련 공산주의가 강력한 무신론자였다는 사실에 주목하는 사람은 좀처럼 찾아보기 힘들다. 히틀러는 자신의 평생 사명을 '유대인의 전제적인 하나님을 멸하는 것'이라고 선포했고, 소련 연방은 73년의 통치 기간 동안 하나님을 믿는 것을 범죄행위로 간주했다. 프롬의 '신의 죽음'에 대한 언급은 19세기 철학자인 프리드리히 니체Friedrich Wilhelm Nietzsche가 처음으로 주장한 개념을 인용한 것이다. 이와 비슷한 시기에 표도르 도스토예프스키는 《카라마조프의 형제들》에서 "신이 없다면 모든 것이 허용된다."고 썼다. 도스토예프스키의 이러한 말은 유대주의 관점에서는 논리적으로 타당한 귀결이다. 신이 없다면 누가 이러한 것은 금지되고 저러한 것은 허용된다고 말할 것인가? 지금까지 "하나님이 그렇게 말씀하셨기 때문이다." 이외에 "왜 히틀러는 잘못되었는가?"란 물음에 대한 철학적으로 강한 호소력을 발휘하는 궁극적인 해답은 없었다. 20세기의 가장 영향력 있는 철학자인 버트런드 러셀Bertrand Russell 역시 신을 제외한 주관적인 도덕론의 위험성을 분명히 표현했다. "나는 도덕적인 가치의 주관성을 옹호하는 주장을 어떻게 논박해야 할지 모르겠다. 난 단지 내가 싫어한다는 이유만으로 무자비한 잔혹성이 모두 그릇된 것이라 확신할 수 없는 나 자신을 발견할 뿐이다." 러셀은 98세까지 건강하게 장수했지만 자신은 그것을 싫어한다는 것보다 무자비한 잔혹성을 더 호소력 있게 반박하는 주장을 펼치지 못했다. 안타깝게도 이 문제에 대해서는 대부분의 사람들이 러셀과 같은 형편이다.

어느 철학자가 랍비 루벤에게 물었다. "세상에서 가장 증오해야 할 사람은 누구입니까?"

루벤이 대답했다. "창조주를 부정하는 사람입니다."

철학자가 반문했다. "왜 그렇습니까?"

"하나님은 네 아버지와 어머니를 공경하고, 살인을 하지 말며, 도둑질을 하지 말고, 네 이웃이 곤경에 처하도록 거짓 증언을 하지 말라.' 고 하셨습니다. 우리의 뿌리인 하나님을 부정하는 사람은 이러한 율법들도 부정하기 때문입니다 (토세프타 세부옷shevuot 3:6)."

인본주의적 윤리로서 자신만의 생명력을 지속할 수 있다는 확신 아래, 도덕적 원칙을 영성에 기초한 종교적인 문맥으로부터 분리시키려 했던 최근 수십 년 간의 세속적인 사상가들의 시도는 어느 작가가 '절화折花 문화cut-flower culture' 라고 칭한 결과를 초래했다. "절화는 본래의 아름다움과 향기를 지니고 있지만, 그것은 어디까지나 떨어져나간 뿌리로부터의 생명력을 유지하는 동안에만 그렇다. 그 생명력이 소진되면 절화는 시들어 죽는다. 우리 문명의 도덕적 기초를 형성하는 가치들인 자유와 형제애, 정의, 개인의 존엄 등도 이와 마찬가지다. 이러한 가치들은 그것을 꽃피우게 한 믿음이라는 생명력의 원천이 결여되면 결국 아무런 의미도 생명력도 지니지 못하게 된다. 하나님에 뿌리를 두지 않는 윤리는 마치 모래 위에 지은 집과 같아서 결국 충동이나 권력, 이기심 등의 거센 파도에 무너져버린다(윌 허버그Will Herberg, 《유대주의와 현대인Judaism and Modern Man》)." "서방 세계의 세속적인 우리는 니체의 도전에 당혹감을 느낀다. 정말로 신이 죽었다면 우리는 어떤 권위로 어떤 것은 금지되고 어떤 것은 허용된다고 말할 수 있을까? 순수이성 하나만으론 [자손을 낳지 않는다] 근친상간이 잘못된 것이라 단정할 수 없다. 마찬가지로 순수이성은 우리들에게 수욕獸慾이 잘못된 것이라 말해주지 못한다. 실제로 오늘날 수욕을 부정하는 유일한 주장은 동물들이 그것을 즐기는지 즐기지 않는지를 우리가 알 수 없기 때문에 '동물의 권리'를 침해하는 것일 뿐이다(어빙 크리스톨Irving Kristol)."

데이비드 블라이크David Bleich가 어릴 적 처음으로 들은 옛 유대 금언은 자신의 정조 할머니로부터 들은 것이다. "할머니는 이렇게 말씀하셨다. '마차를 타고 교회 문을 지나가는데 마부가 십자가를 긋지 않는다면 그 즉시 마차에서 내려라'(데이비드 블라이크J. David Bleich, 데이비드 달린David Dalin, 《미국 유대인과 분리주의자의 믿음》)." 블라이크는 이에 대해 이렇게 덧붙였다. "이 권고는 신학과는 전혀 관련이 없는 안전과 생존에 관한 문제다. 유대인은 자신들이 안전하려면 비유대교도일지라도 하나의 종교를 믿는다고 공언하는 것을 필요로 하고 안전만의 목적이라면 그것이 어떤 종교라도 상관없다는 것을 이해하고 있다. 강경한 무신론자인 볼테르 자신도 무신론은 지성인에 한해서만 안전한 것이라 믿었다. 그는 다음과 같이 말한 것으로 전해진다. '나는 나의 변호사와 재단사, 하인, 심지어 내 아내까지도 하나님을 믿었으면 한다. 이들이 하나님을 믿는다면 내가 이들에게서 도둑을 맞거나 사기를 당할 가능성이 더 적다고 나는 생각한다.'" 지그문트 프로이트도 지적인 경향이 있는 무신론자는 신을 믿지 않아도 도덕적으로 신뢰할 수 있다는 볼테르의 확신에 동조했다. 그는 1927년 비엔나에서 쓴 글에서 "지적으로 떨어지는 사람은 자신의 도덕성을 보장받기 위해 종교를 필요로 할 수 있지만, 문명사회는 많이 배운 사람에게 두려움을 느낄 필요가 거의 없다. …… 많이 배우지 못한 사람이 문명화된 행동을 하기 위해 필요한 종교적 동기를 대치하는 세속적인 의도는 사회적으로 무리 없이 진행되기 때문이다(《환상의 미래The Future of an Illusion》)."라고 밝혔다. 인간 본성에 대해 낙관적인 입장을 취한 것은 프로이트로서는 흔치 않은 일인데, 이러한 낙관론을 피력한 지 10년 이내에 '문명사회는 배우지 못한 사람에게 두려움을 느껴야 하는 것만큼 배운 사람에게도 두려움을 느껴야 한다'는 것을 자신이 직접 목격했다. 당시 오스트리아 및 독일의 동료 지성인들은 특별히 그 나라의 다른 집단보다 더 훌륭한 도덕적 통찰력이나 힘, 용기 등을 보여준 예가 없었다. 실제로 의사나 교수와 마찬가지로 이들 다수도 나치의 잔학 행위에 가담했다. 예를 들면, 제2차 세계대전 후 100만 명 이상의 소련 유대인들을 학살한 죄로 재판을 받은 스물네 명의 아인자츠그루펜Einsatzgruppen 리더 중에는 아홉 명의 변호사와 두 명의 경제학자 그리고 각각 한 명의 건축가, 교수, 은행가, 고등학교 교사, 치과 의사 등이 있었다(에바 플라이슈너Eva Fleischner, 《아우슈비츠: 새로운 시대의 시작Auschwitz: Beginning of a New Era》).

44. 우상숭배는 왜 위험한가

그러나 그들의 우상은 은과 금이요, 사람의 손으로 만든 것입니다. 그것들은 입이 있어도 말하지 못하고, 눈이 있어도 보지 못하며, 귀가 있어도 듣지 못하고, 코가 있어도 냄새 맡지 못하며, 손이 있어도 잡지 못하고, 발이 있어도 걷지 못하며, 그 목구멍으로 소리조차 내지 못합니다. 우상을 만드는 사람들은 우상처럼 될 것이요, 우상을 의지하는 사람들도 그렇게 될 것입니다(시편 115:4-8).

로마에 있는 유대 장로들이 다음과 같은 질문을 받았다. "당신들의 하나님이 이 세상에서 우상숭배가 행해지는 길 원치 않는다면 그분은 왜 우상들을 멸하지 않으셨습니까?"

유대 장로들이 대답했다. "만일 사람들이 이 세상에서 쓸모없는 것들을 숭배했다면 하나님은 그렇게 하셨을 겁니다. 하지만 사람들은 해와 달, 별, 기타 행성들을 숭배했습니다. 하나님이 이들의 어리석음 때문에 이 우주를 파괴해야 하겠습니까?"

그들이 유대 장로들에게 말했다. "그렇다면 그분으로 하여금 이 세상에서 불필요한 것들은 멸하시게 하고 이 세상에서 반드시 필요한 것들은 그대로 놔두시도록 하십시오."

유대 장로들이 대답했다. "만일 하나님이 그렇게 하신다면 그것은 단지 해와 달, 별, 행성 그리고 기타 이 세상에 반드시 필요한 우상들을 숭배하는 사람들의 믿음에 더욱 힘을 실어줄 뿐입니다. 왜냐하면, 이들은 자신들의 우상이 파괴되지 않았기 때문에 "그것들은 신적인 존재임에 틀림없다."고 말할 것이기 때문입니다(미슈나 아보다 자라 4:7)."

미슈나의 이 구절에 대해 설명하면서 탈무드는 하나님이 왜 우상숭배의 모든 대상을 멸하지 않으셨는지에 대한 또 다른 예를 제시한다.

"한 남자가 밀 한 되를 훔쳐 그것을 자기 땅에 심었다고 생각해보자. 정의는 그것들이 자라지 않게 만들어야 하겠지만, 세상은 자연의 이치를 따른다. 해와 별을 숭배하는 사람들에게 역시 세상은 자연의 이치를 따른다. 하지만 잘못된 행동을 하는 어리석은 자들은 결국엔 하나님 앞에서 자신의 행동에 대해 해명해야만 한다(바빌로니아 탈무드, 아보다 자라 54b)."

우상숭배의 강력한 흡인력

어느 날 랍비 아쉬는 대중 강의 도중에 우상 숭배를 한 므낫세 왕을 소재로 한 재미있는 이야기를 했다. 랍비 아쉬의 이야기에 따르면 어느 날 밤에 므낫세 왕이 그의 꿈에 나타나 유대 율법에 관한 난해한 질문을 던졌지만 그가 대답을 하지 못하자 므낫세 왕이 그에게 해답을 말해주었고, 이에 그가 므낫세 왕에게 다음과 같이 물었다.

"당신은 그토록 지혜로우신데 왜 우상을 숭배하셨습니까?"

그러자 므낫세 왕이 이렇게 대답했다. "당신이 만일 내 시대에 살았더라면 당신은 스커트를 걷어붙이고 나를 따라왔을 것이오(바빌로니아 탈무드, 산헤드린 102b)."

므낫세 왕보다 천 년이나 뒤에 살았던 인물인 아쉬의 관점으로는 당시 지적인 사람이 우상숭배에 현혹되었다는 사실은 납득하기 힘든 점이었다. 마치 오늘날 소위 지성인이라는 많은 사람들이 나치주의나 공산주의 또는 마녀를 신봉한 것을 믿기 어려워하는 것처럼 말이다. 하지만 이러한 움직임이 최고조에 달했을 때 그것들은 강력한 지지와 열정을 자극했다.

현대의 우상숭배

우상숭배를 조상이나 토템상의 숭배로 생각하는 많은 현대인들은 우상숭배가 더 이상 존재하지 않는다고 추측한다. 하지만 유대주의는 하나님과 윤리성보다 더 높은 가치를 두는 것이 있다면 그 자체가 우상숭배라고 본다. 즉, 조국의 이익을 위해 부정한 행동을 하는 사람 역시 우상숭배자라고 보는 것이다. 조국의 요구로 잘못된 행동을 하는 것을 하나님의 요구로 올바른 행동을 하는 것보다 더 구속력이 있는 것으로 여기는 사람들은 분명 하나님보다 조국이 더 높은 가치가 있다고 간주하는 것이 그들의 지론이다. 안타깝게도 현대인을 유혹하는 우상숭배는 조국, 예술, 문학, 심지어 교육 등 그 자체로 상당한 가치가 있는 것들에 많이 존재한다. 유대 율법에서는 이러한 것들에 최상의 가치를 둠으로써 이것들을 하나님으로 둔

갑시킨다면 우상숭배가 된다. 예를 들면, 파시즘 선전자인 에즈라 파운드Ezra Pound가 위대한 시인이라는 이유로 석방되길 열망하는 사람이 있다면 그 사람은 '문학적으로 위대한 인물은 선악을 초월하기에 그가 악행을 저질렀다 하더라도 처벌받지 않아야 마땅하다'고 생각하는 사람인 것이다. 물론 위대한 문학도 훌륭한 산물이나. 이러한 태도는 하나님의 정의보다 문학적인 재능에 더 높은 가치를 두는 것이기에 유대주의 관점에서는 명백한 우상숭배에 해당된다.

훌륭한 이데올로기라 할지라도 이를 지나치게 격상시켜 우상숭배의 형태를 띠게 한다면 결국 악덕을 야기할 수 있다. 1943년 1월 나치의 유대인 대학살 소식이 팔레스타인에 전해지자 시온주의 리더들은 팔레스타인의 유대인 공동체 개발을 목적으로 비축한 자금을 유럽 유대인들을 구하는 비용으로 대치할 것인지를 놓고 토론을 했다. 초정통주의 당인 아구닷 이스라엘 당의 당수인 랍비 메이어 레빈Meir Levin이 시온주의자 집행위원회 모임에서 이렇게 호소했다. "수십만 또는 수백만에 이를 유대인들이 대규모로 학살되고 있는 지금과 같은 시기에도 팔레스타인에서의 개발 계획을 추진하실 겁니까? 새로운 정착지 개발은 뒤로 미루고 그 자금을 동포를 구하는 데 쓰도록 합시다."

랍비 메이어 레빈의 말에 그루엔바움은 "시온주의는 그 어떤 것보다도 우선시되어야 하기에" 그 자금을 동포를 구하는 데 사용하지 않을 것이라고 대답했다.

후에 이스라엘 각료가 된 요세프 스프린자크Yosef Sprinzak는 그루엔바움의 말에 동의하지 않았다. "이 순간 우리에게 필요한 것은 무엇일까요? 그건 시온주의의 프로그램이 아니라 아주 단순한 것, 즉 '유대인의 따뜻한 마음'입니다. 그것이 지금 우리에게 절대적으로 필요한 것이죠."

그루엔바움은 이에 대해 이렇게 답했다. "그들은 내가 '유대인의 따뜻한 마음'을 갖고 있지 않은 반유대주의라고 말할 테죠. 아무래도 좋습니다. 저는 그래도 '유대 에이전시 이그제큐티브'가 유럽 유대인을 돕는 데 자금의 전액인 3십 만 파운드를 지출하는 것에 반대할 것이며 심지어 10만 파운드를 지출하는 것도 반대할 것입니다. 전 누구라도 여기에 동의하는 사람은 반시온주의적인 행동을 하는 것이라 생각합니다."

만일 그루엔바움이 그 자금으로 유럽의 유대인을 구할 수 있는 효과적인 방법이 없기 때문에 동포를 구하는 목적에 자금을 할당하는 것이 무의미하다고 말했다면 그의 주장은 도덕적인 차원에서 그릇된다고 볼 수 없었을 것이다. 하지만 그 자금으로 동포의 생명을 구할 수 있다는 확신을 가졌더라도 그는 분명 유럽의 동포를 구하는 데 자금을 지출하는 것에 반대했을 것으로 보인다. 따라서 그는 시온주의를 다른 어떤 것보다 더 중요하다고 봄으로써 우상숭배의 악덕을 행한 것이다.

유대주의의 핵심은 '거짓 신들의 부정'이다. 탈무드에 따르면 이러한 관점을 지닌 사람은 누구라도 자동적으로 유대인과 동족 관계가 되는 것이다. "우상숭배를 부정하는 사람은 누구라도 유대인으로 불린다(바빌로니아 탈무드, 메길라Megillah 13a)."

45. 유대의 선민주의는 어떤 오해를 받고 있는가

모든 나라 중 저희를 선택하시고 저희에게 토라를 주신 이 우주의 왕, 우리의 주 하나님 축복받으시옵소서. 축복받으시옵소서. 하나님, 우리에게 토라를 주신 분이시여(알리야aliyah를 받은 사람이 낭송하는 토라에 대한 축복의 기도).

성년 축하를 받는 유대 소년들 및 성년 축하를 받는 비정통파 유대 소녀들 모두가 알리야(유대교 회당에서 토라를 축복하기 위해 앞으로 나가는 것)를 받는다. 유대인의 선민주의를 확인시켜주는 이 축복의 기도는 유대인들 사이에서 널리 알려져 있다. 이는 비유대교도 사이에서도 잘 알려져 있다. 체임 포톡Chaim Potok이 1967년 자신의 베스트셀러 제목을 《선택받은 사람들The Chosen》이라 지은 것만으로도 그것이 유대인에 관한 소설이라는 것을 사람들은 단번에 알 수 있었다.

내가 이 세상의 모든 민족들 가운데 오직 너희만 안다. 그러므로 너희 모든 죄로 인해 내가 너희를 심판할 것이다(아모스 3:2). 이러한 선민사상 때문에 유대인은 자신들을 비유대교도보다 우월하게 여긴다고 반유대주의자들이 주장하는 경우가 많았다. 하지만 실제로 선민주의는 '민족(인종) 우월주의'와는 아무런 관련이 없다. 인종차별주의자인 나치는 "아리아인은 다른 모든 인종보다 우월하며, 그렇기에 자신들은 다른 열등 민족을 착취하고 살해할 자격이 있다"고 여긴 반면, 아모스 구절에 따르면 선민주의는 유대인에게 더 높은 도덕성을 요구하고 있다.

유대교도는 인종이 아니다. 누구나 개종을 하면 유대교도가 될 수 있기에 선민주의는 결코 인종차별주의로 전락하지 않았다. 성경의 룻기는 이교도인 룻이 유대교도로 개종해 유대교도로서 높이 평가받아 다윗 왕(메시아가 그에게서 비롯된다.)의 선조가 되는 영광을 누리는 과정을 잘 보여준다. 나치나 KKK■ 단원 또는 루이스 파라칸Louis Farrakhan■의 추종자들이 자신들의 위대한 지도자들은 다른 민족에서 비롯되었다고 주장하는 것을 상상할 수 있겠는가? 반면, 유대인이 말하는 '선민'은 '피'로 결정되는 것이 아니라 '믿음'으로 결정되는 것이다. "따라서 우리는 우리가 더 낫다는 것이 아니라 우리는 더 나아지려 한다는 점을 단언한다(모리스 조셉Morris Joseph, 《교의 및 삶으로서의 유대주의Judaism as Creed and Life》)."

> 우리는 운전을 하고, 럭비공을 던지고, 피아노를 치는 것을 그것들을 하는 방법을 일러주는 책을 읽고 배우는 것이 아니라 그것들을 잘하는 사람들을 보고 그대로 모방하면서 배운다. …… 유대민족은 '파일럿

■ **KKK** 큐 클럭스 클랜Ku Klux Klan의 약어로, 사회 변화와 흑인의 동등한 권리를 반대하며 폭력을 휘두르는 미국 남부 주들의 백인 비밀 단체.

■ **파라칸** '블랙 무슬림black muslim'의 민중 지도자. 그는 미국의 흑인 문제는 백인, 그중에서도 특히 유대인에게 책임이 있다고 가르쳤다.

프로젝트', 즉 시범적인 공동체로서 하나님에 의해 선택되었다. 하나님은 이들에게 어떻게 하나님 중심의 삶을 살아갈 수 있는지에 대한 뚜렷한 지침을 주셨다. 이들이 하나님의 가르침을 실천한다면 지구상의 다른 민족들은 하나님의 뜻대로 사는 것이 얼마나 만족스러운 삶인지 뚜렷이 보게 될 것이다(해럴드 쿠슈너Harold Kushner, 《삶The Life》).

나 여호와가 정의를 이루려고 너를 불렀다. 내가 네 손을 잡고 지켜줄 것이니 너는 백성의 언약이 되고 이방의 빛이 되며 눈먼 사람들을 눈뜨게 하고 갇힌 사람들을 감옥에서 나오게 하고 어둠 속에 앉은 사람들을 지하 감옥에서 풀어줄 것이다(이사야 42:6-7). 전도를 하는 적잖은 기독교인들이 사람들로 하여금 예수를 믿게 하는 것이 자신들의 유일한 책무라 생각하는 것 같다. 나는 이 이사야 구절을 '하나님의 부르심을 받은 유대인은 구체적인 세상일이나 가끔씩은 상당히 정치적인 일에까지도 적극 참여할 수 있어야 한다' 라는 뜻으로 해석한다.

유대 선민주의에 대한 역사적 증거

우리는 검증할 수 없는 독단적인 주장이 아닌 엄연한 역사적 사실로 인정받는 것에 대해 논의하고 있는 것이 분명하다. 공정하시고 거룩하신 유일한 하나님 개념은 세계가 이스라엘에 빚지고 있는 것이다. …… 분명 하나님은 이 위대한 목적을 위해 이스라엘 민족을 이용하셨다(루이스 제이콥스Louis Jacobs, 《유대 신학A Jewish Theology》).

유대인은 항상 자신들은 특별한 임무, 즉 하나님과 그분의 도덕적 율법을 세상에 알리는 임무를 실천하기 위해 선택받았다고 주장했다. 오늘날 성경에 등장하는 하나님을 인정하는 수십억 명의 사람들은 유대민족을 통해 하나님이 처음으로 알려지게 되었다는 점도 인정한다.

약 2천 년 전, 이 주제에 대한 어느 랍비의 견해는 유대인이 하나님의 선택을 받음으로써 자신들에게 부과된 임무를 어떻게 이해하고 있는지 보다 확실히 뒷받침해준다.

"너희가 네 증인들이다." 랍비 시몬 바 요하이는 말을 이었다. "오직 너희가 네 증인일 때만 난 너희의 하나님이다. 하지만 너희가 네 증인이 아니라면, 그때 난 [누군가가 감히 그렇게 말할 수 있다면] 너희의 하나님이 아니다(페시크타 드라브 카하나, 피스카piska 12:6)."

다시 말해, 만일 고대 유대인들이 인류에게 하나님을 알리는 자신들의 임무를 완수하지 못했다면 하나님은 알려지지 않은 채로 남겨졌다는 것이다. 그렇게 되면 그분의 존재는 문명사회에 어떠한 영향력도 발휘하지 못했을 것이며 이 세상에는 하나님이 존재하지 않는 것처럼 여겨졌을 것이다.

선민주의에 대한 유대인의 반대

현대적인 사고방식을 가진 유대인들은 자신들이 선택받은 민족이라는 사실을 더 이상 믿지 않는다(모르데차이 카플란Morechai Kaplan, 《안식일 기도서Sabbath Prayer Book》).

소규모였지만 미국 유대인의 삶에 영향을 끼친 '4번째 교파'인 유대 개혁주의Reconstructionism의 창시자 카플란은 1945년에 자신의 단체가 출판한 기도서에서 선민주의 개념을 없앴다. 하나님이 특정한 민족을 선택하셨다는 선민주의는 원시적인 발상이라는 점 이외에도 그가 선민주의의 폐기를 정당황한 또 다른 이유는 "선민주의가 국가 및 인종 우월주의 이론의 모델이 되었다는 비난에 대한 최선의 해결책이 선민주의의 폐기다《유대인 믿음의 조건The Condition of Jewish Belief》."라는 것이었다. 그의 주장을 이해할 수 없는 것은 아니지만, 선민주의를 폐기하는 그의 두 번째 이유는 잘못된 생각일뿐더러 매우 순진한 발상이라고 나는 생각한다. 유대주의를 비난하는 다수의 사람들이 선민주의와 인종차별주의를 연결짓는다는 점에서 그의 주장은 이해할 만하다. 예를 들어, 나치가 권력을 거머쥔 직후 당대 가장 걸출한 문학적 인물 조지 버나드 쇼George Bernard Shaw는 "나치의 인종우월주의는 단지 유대인의 선민주의를 모방한 것일 뿐"이라고 주장했다. 어느 자유 감리교도의 저서 《삶에서의 종교Religion in Life》에는 다음과 같은 관점이 등장한다. "히틀러가 선택받은 사람은 유대인이 아니라 아리아인이라고 공언하면서 유대인에게 앙갚음을 한 것은 그리 놀라운 일이 아니다."

하지만 유대인의 선민주의를 믿는 나로선 카플란의 이 순진한 발상에 동의할 수 없다. 설령 유대인이 선민주의에 대한 믿음을 버린다 해도 나치주의와 같은 인종차별주의의 모델로서 선민주의를 비난하는 사람들이 갑자기 유대인에게 우호적이 될 가능성은 희박해 보인다. 이런 터무니없는 등식을 도출하는 사람들은 선민주의가 아니라 그저 유대인을 공격할 의도로 갖는 태도로 보인다. 설령 유대인이 선민주의를 버린다 하더라도 이와 같은 주장을 펼치는 사람들은 또 다른 구실을 찾아 유대주의를 공격할 것이다.

최근 들어 여러 유대 개혁주의자들은 선민주의라는 쟁점에서 자신들 단체의 창시자와 뜻을 달리하고 있다. 이들 중 일부는 선민주의를 표명하는 기도를 다시 넣기도 했다. 카플란의 관점에 대한 이들의 거부는 선민주의를 버리기로 한 카플란의 결정만큼이나 충분히 이해가 되는 것이다. 이 세상에서 특별한 임무를 띠었다는 의식이 유대인에게 없었다면 유대인의 생존 가능성과 열정적인 헌신은 크게 약화되었을 것이기 때문이다.

46. 신은 홀로코스트를 방관했는가

유대인은 하나님과 함께하거나 하나님을 증오하는 유대인일 수는 있지만, 하나님 없는 유대인일 수는 없다(엘리 위젤Elie Wiesel).

유대인 대학살에 대한 글로 가장 유명한 작가인 비젤 역시 하나님을 대적한 이 시대의 가장 유명한 투사 중 한 명이었다. 그 역시 이러한 역할에서 오랜 유대 전통의 맥을 이었다. 그는 하나님에 대한 사랑을 표현하듯 하나님에 대한 격노와 실망감도 표출한 신자였다. 이러한 독특한 전통은 성경의 인물들로 거슬러 올라간다. 예언자 하박국은 이렇게 탄식했다. "오, 여호와여, 제가 언제까지 부르짖어야 합니까? 주께서 듣지 않으시는데(하박국 1:2)." 시편의 작자(다윗 왕이라고 함)도 하나님께 호소했다. "왜 그렇게 주의 얼굴을 숨기시며 우리의 처참함과 억압당하는 것을 잊고 계십니까? 우리 영혼이 흙먼지에 처박혔고 뱃가죽이 땅에 붙었습니다(시편 44:24-5)." 욥은 자신이 관찰한 바를 이렇게 기술했다. "사람들이 성 밖에서 신음하고 상처받은 영혼들이 부르짖으나 하나님께서는 그것들을 부당한 것으로 여기지 않으시는구나(욥기 24:12)." 그로부터 수백 년 후 로마가 예루살렘을 파괴했을 때 탈무드는 하나님의 방치에 대한 랍비 이스마엘 학파의 반응을 다음과 같이 기록했다. "벙어리 중에서 누가 당신과 비슷하겠습니까?(바빌로니아 탈무드, 기틴, 56b)"

이 모든 사례에서 작자의 분노는 하나님도 인간처럼 책임을 져야 하고, 책임을 지지 못할 때엔 하나님도 비난받을 수 있다는 믿음에서 비롯되었다. 이러한 입장은 하나님에게 도전한 아브라함으로 거슬러 올라간다. "의인을 악인과 같이 죽이고 의인을 악인처럼 대하시는 것은 주께는 있을 수 없는 일입니다. 온 세상을 심판하시는 분인 주께서 공정하게 판단하셔야 하지 않겠습니까?(창세기 18:25)" 이 모든 사례들은 그 작자인 '신자'들과 하나님 간의 친밀한 관계를 뚜렷하게 보여준다.

'신자'들로 하여금 분노와 상처를 표출할 수 있게 해준 바로 그 친밀성은 가끔 이들로 하여금 하나님에 대한 '안쓰러움'(하나님께 이러한 말을 쓸 수 있다면)을 표현하게 만들기도 한다. 랍비 아브라함 조슈아 헤셸Abraham Joshua Heschel은 자신의 신앙 친구인 슈라가이Shragai가 유대인 대학살 2년 후에 떠난 폴란드 여행에 대해 기술했다. 열차의 호화스러운 칸막이 방을 예약한 그는 열차에서 만난 어느 가난한 유대인을 자신의 칸막이 방으로 초대했다.

> 내 친구는 그 남자와 대화를 시도했지만 그는 입을 열지 않았다. 저녁이 되자 친구는 저녁 기도를 암송했지만 그 남자는 아무런 기도도 하지 않았다. 다음 날 아침 내 친구는 기도 숄과 성구상을 꺼내어 아침 기도를 드렸다. 몹시 측은하고 우울해 보이는 그는 이번에도 아무런 말도 하지 않았고 기도도 하지 않았다.

하루가 거의 저물어갈 즈음 마침내 둘은 대화를 시작했다. 남자가 말했다. "전 아우슈비츠에서 우리에게 일어났던 일 때문에 더 이상 기도하지 않을 겁니다. …… 제가 어떻게 기도할 수 있겠습니까? 제가 하루 종일 기도하지 않았던 것도 그 때문입니다."

바르샤바에서 파리까지 가는 긴 여정이 기다리고 있는 다음 날 아침이 되었다. 내 친구는 남자가 갑자기 자신의 꾸러미를 풀고 거기서 기도 숄과 성구상을 꺼낸 후 기도를 올리는 것을 보았다. 남자의 기도가 끝나자 친구는 그에게 물었다. "어떤 이유로 마음이 바뀌셨습니까?"

남자가 말했다. "갑자기 '하나님은 얼마나 외로우실까.'라는 생각이 들었습니다. 자신을 떠난 사람을 지켜보아야 하니 말입니다. 그래서 하나님이 측은하게 느껴지더군요(아브라함 조슈아 헤셸, 《진리를 향한 열정A Passion for Truth》)."

유대인 대학살 시기에 아우슈비츠에 있던 한 랍비에 대한 이야기가 있다. 랍비가 제자들에게 말했다. "하나님이 거짓말쟁이일 가능성이 있다." 신성 모독적인 스승의 말에 충격을 받은 제자들은 스승에게 그 이유를 설명해달라고 했고, 랍비는 이렇게 대답했다. "왜냐하면 하나님이 아우슈비츠를 내려다봤을 때 하나님은 '난 여기에 책임이 없느니라.'고 말씀하셨는데 그건 거짓말이었기 때문이다."

1979년 대학살 생존자인 야파 엘리아크Yaffa Eliach는 미국 카터 대통령의 유대인 대학살 진상 규명 위원회에 동참했다. 이때 그녀와 다른 단원들은 아우슈비츠를 방문했다. 그날 저녁은 두 사원의 파괴를 기리기 위해 유대인들이 금식하는 티샤 베아브Tisha Be'Av의 밤이었다. 그래서 단원들은 크라쿠프Cracow에 있는 고대 레마 시나고그의 예배에 참석했다. 그런데 많은 가족들 중 대학살에서 유일하게 살아남은 마일즈 레먼이라는 단원이 시나고그의 앞쪽에서 탁자를 쾅하고 치며 "하나님을 유대 법정인 딘 토라Din Torah로 소환해야 한다"고 큰 소리로 외치는 것이었다. 그런 다음 레먼은 계속해서 자신의 불만을 토로했다.

"하나님! 바로 옆이 아우슈비츠인데 어떻게 여기에 계실 수 있습니까?…… 유럽 전역에서 당신의 아들과 딸들이 불에 타 죽고 있을 때 당신은 어디에 계셨습니까? 내 훌륭하신 아버지와 어머니가 죽음의 행군을 하고 있을 때 당신은 도대체 무엇을 하고 계셨습니까? 내 누이들과 형제들은 언제 대학살의 희생양이 되었습니까?"

엘리아크는 그녀의 어머니가 살해당하는 걸 직접 목격한 사람이었다. 그 사실을 알았던 레먼은 이번에는 그녀에게 걸어가서 말했다. "당신은 하고 싶은 말이 없습니까?" 당시 엘리아크는 아무 말도 하지 않으려 했다. 후에 그녀는 자신의 일기장에 왜 그때 아무 말도 하지 않았는지에 대해 털어놓았다.

나는 하나님과 다툴 일이 없다. 오로지 인간들이 원망스러울 뿐이다! 나 역시 심판을 원한다. 하지만 그건 레마 시나고그에서가 아니다. 난 서구사회의 모든 대학과 도서관을 심판대에 올리고 싶다. 고대인들에 대한 악의에 찬 수백만의 글들을 보관하고 있는 죄를 심판하고 싶은 것이다. 과학과 진리라는 미명 아래 감추어진 실인직인 단검과 같은 글들을 보관하고 있는 죄를. 난 증오가 마치 영원한 빛처럼 타오르고 있는 무수한 교회의 설교단을 심판대에 올리고 싶다. 평소처럼 열차를 안내하기 위해 작고 붉은 깃발을 들고 서 있던 그 열차의 차장을 난 심판하고 싶다. 나는 너무나도 일상적인 태도로 수많은 사람들을 죽인 흰 가운을 입은 의사들을 심판대에 올리고 싶다. …… 또 인간을 그토록 가치 없는 존재로 만들어버린 문명사회를 심판대에 올리고 싶다. 그런데 하나님은 왜? 무슨 죄로? 우리 인간에게 선악을 선택할 수 있는 능력을 주신 죄로?(야파 엘리아크, 《대학살 이후 하시디즘 유대인 이야기Hasdic Tales After the Holocaust》)

대학살 동안의 하나님 역할에 대한 정통파 내의 논쟁

우미프네이 차타-에이누 갈리누 메-아르차이누U'mipnei chata-einu galeenu me-artzainu. 우리의 죄악으로 인해 우리는 우리의 땅에서 추방당했다(매월 초와 축제일에 암송되는 유대인의 기도).

전통적인 유대 신학은 유대인의 수난을 유대인의 죄에 대한 형벌로 이해하는 일이 흔했다. 대학살 이후 몇몇 정통파 사상가들은 하나님이 형벌로써 대학살을 감행했다고 주장했다. 하지만 '우리의 죄악'에 대해 이야기하는 이 기도문의 저자와는 달리 새로운 저자들은 '대학살을 유발한 죄는 자신들을 제외한 유대인들이 저지른 죄'라는 점을 강조했다.

나치와 관련해 이러한 관점을 표현한 최초의 랍비는 아마 많은 추종자를 거느린 슬로바키아의 하시디즘 교사인 랍비 하임 엘라자르 샤피라Hayyim Elazar Shapira일 것이다. 1933년 나치가 권력에 오른 후 얼마 지나지 않아 샤피라는 다음과 같이 기술했다.

"나치가 독일에서 유대인들의 사업을 보이콧했을 때 나는 당연히 이것이 금식을 시행토록 한 이유는 아니라고 생각했다. 왜냐하면 독일에 있는 거의 모든 유대인들이 안식일에 가게를 열어둠으로써 공개적으로 안식일을 모독하고 있었기 때문이다. 이제 이들은 [자신들의 가게 문을 완전히 닫아야 하는 것으로] 그에 합당한 대가를 치르고 있다."

1933년 4월 1일에 새로 통치를 맡게 된 나치는 모든 독일 유대인들의 사업을 보이콧했다. 비유대인들이 유대인 소유 가게에 들어가지 못하게 하기 위해 나치 병사들을 가게 앞에 세워둔 것이다. 독일인 대다수가 나치의 요구에 순응했는데, 독일 랍비인 레오 바에크Leo Baeck는 후에 이러한 보이콧이 시행된 날을 두고 '가장 비겁한 날'이라 칭했다. "비겁하지 않았다면 그 뒤의 모든 일들이 일어나지 않았을 것이기 때문이다."

당시 랍비 샤피라는 독일 유대인의 곤경에 공감하는 뜻으로 전 세계 유대인들의 금식일을 제정하는 선언서에 서명할 것을 요청받았다. 하지만 그는 대부분의 독일 유대인들이 종교적으로 신실하지 못하며 안식일에도 가게 문을 열어놓는다고 주장하면서 서명을 거부했다. 그는 그들이 계율을 지키기 시작하고, 그들이 수난을 겪고 있는 원인이 안식일을 지키지 않는 것에 대한 '하나님의 손가락'의 징벌이란 걸 인정한 후라야만 그들을 대신해 금식하는 것이 적절하다고 주장했다.

랍비 샤피라의 말은 보이콧은 하나님이 야기한 것임을 암시했다. 즉, 독일 유대인들은 안식일에도 가게 문을 열어놓음으로써 유대 율법을 어겼기에 하나님이 나치를 통해 토요일은 물론 주중에도 이들의 가게 문을 닫게 하는 합당한 벌을 주셨다는 것이다.

이러한 논법은 당연히 '보다 기혹한' 결말을 정당화하는 데에도 사용될 수 있다. 랍비 샤피라가 이러한 견해를 피력한 지 약 10년 후에 그의 제자들 대부분이 나치의 강제수용소로 끌려갔다. 위의 논법을 따른다면 이들이 독일 유대인의 수난에 공감하지 않고 금식을 거부했기 때문에 하나님이 이들에게 강제수용소에서 제대로 된 금식을 맛보이기로 결정한 것이라고 주장할 수도 있을 것이다. 물론 난 그렇다고 믿지 않는다. 이러한 생각은 상당히 위험한 발상이라 믿는다.

유대인 대학살 이후, 시온주의와 숙적인 사트마르 하시디즘Satmar Hasidsm의 랍비인 요엘 타이텔바움Yoel Teitelbaum은 나치는 유대인을 징벌하려는 하나님의 도구였다는 관점을 옹호하는 사람들 중 가장 유명세를 떨쳤다. 타이텔바움은 유대인 대학살은 메시아를 기다리는 대신 메시아의 구원이라는 하나님의 예정된 계획을 방해함으로써 하나님을 배반한 시온주의자들의 죄에 대한 하나님의 징벌이라고 주장했다. 당시 타이텔바움은 한층 더 강하게 시온주의자들을 비판했다. 즉, 시온주의자들은 유대 국가를 만들 목적으로 유럽 유대인의 수난을 의도적으로 꾀했다고 주장했다. 시온주의 리더들이 나치로부터 유럽 유대인들의 생명을 구하는 데 일익을 담당했다는 사실은 타이텔바움에겐 거의 감명을 주지 못했다. 오히려 그는 시온주의자들의 선행을 다음의 비유담으로 격하시키기까지 했다.

"옛날 자신이 아는 사람의 집을 불태워버리길 원했던 매우 사악하고 복수심에 불타는 남자가 있었다. 그래서 그는 자신의 비열한 짓을 대신해줄 전문가를 고용해 아무도 눈치 채지 못하게 일을 마무리하라고 그에게 지시했다. 희생자가 될 사람이 상당히 호의적인 사람이라는 걸 알고 그 전문가는 자신을 머물 곳이 필요한 나그네로 가장했다. 호의적인 집주인은 쉬어 갈 수 있겠냐는 전문가의 부탁을 기꺼이 받아들였다. 한밤중에 집 안의 모든 사람들이 곤히 잠들어 있다는 걸 확인한 그 악인은 조용히 밖으로 나가 집에 불을 지른 뒤 재빨리 자신의 침대로 돌아와 잠을 자는 척했다. 조금 뒤 화염이 번지자 집 안의 모든 사람들이 잠에서 깨어 자신들을 덮친 재앙의 불길을 보았다. 이들은 필사적으로 불길로부터 구할 수 있는 것들은 모두 가지고 나오려 했다. 하지만 공포와 갑작스런 충격으로 갈피를 잡지 못한 이들은 효과적으로 임무를 수행할 수 없었다. 집에 불을 지른 장본인인 사악한 불청객은 자신도 충격에 휩싸여 잠을 깬 시늉을 하며 즉시 집주인을 '도우러' 갔다. 자신의 계획이 성공적임을 확인하고 감정적으로 안정이 된 그는 화염으로부터 보다 효율적으로 몇 가지 생색낼 수 있는 물건들을 가지고 나올 수 있었다. 이튿날 아침 집주인은 친구들에게 자신의 쓰라린 경험을 이야기했다. 집주인은 친구들에게 자신의 불행에 대한 이야기와 더불어 환대의 의무를 이행하는 것이 얼마나 중요한 것인지에 대해서도 이야기했다. 즉, 집주인은 자신이 환대의 의무를 이행하지 않았다면 하나님이 보내주신 훌륭한 손님의 덕을 보지 못하고 불길이 집 안의 거의 모든 물건을 삼켜버렸을 거라고 친구에게 말했던 것이다. …… 시온주의자들의 경우도 이 비유담과 마찬가지다. 즉, 사악한 시온주의자들의 죄와 금지된 정치적 활동이 우리 민족의 모든 시련과 고난을 낳게 했지만, 이들은 후에 우리나라의 구세주인 양 설쳐댔다. 안타깝게도 이들의 기만은 성공을 거두었다."

자신들과 자신들의 선조들을 유대인 대학살에 대한 책임으로부터 면제시킨 랍비 타이텔바움과 같은 저자들은 수만 명에 달하는 자신들의 추종자들에게 다음과 같은 혐오스러운 메시지를 전달한다. "당신의 부모와 조부모, 형제자매들이 대학살에서 살해당한 것은 그러한 유대인들의 죄악 때문이다."

유대인 대학살이 시온주의에 대한 하나님의 징벌이라고 주장하는 이들에게 들려주고 싶은 역사적인 후문은 대학살을 피해 탈출한 몇 안 되는 유럽 유대인들 중에는 후에 팔레스타인으로 이주한 시온주의자들도 있었다는 점이다.

폴란드에서 물질주의, 악의적인 반국가주의, 번디주의Bundism(급진적인 반종교 사회주의) 등으로 표출된, 역사상 토라로부터 가장 이탈한 풍조에 대해 하나님의 계획은 마침내 이들에게서 모든 자유의지를 박탈하고 히틀러라는 악의 화신을 보내 이들이 완전히 타락하기 전에 이들 공동체의 존재에 종지부를 찍는 것이었다.(랍비 아비그도르 밀러, 《오 젊은이여, 기뻐하라Rejoice, O Youth》).

이러한 진술은 도덕적인 불합리성은 말할 것도 없고 논리적인 불합리성도 가지고 있다. 내가 다른 곳에서 기술한 것처럼 "가스실에서 어린아이를 질식시키는 것은 그 아이의 부모가 안식일을 지키지 않은 것에 대한 징벌치곤 너무 지나치고 불합리하다는 점을 제쳐두고라도 이러한 관점은 다른 이유로도 전혀 사리에 닿지 않는다. 1930–1940년대에 유럽의 비종교적인 유대인들이 얼마가 되었든지 간에 종교적으로 신실하지 않은 미국의 유대인 수가 이들의 수보다 훨씬 더 많았다. 하지만 미국의 비종교적인 유대인은 대학살의 희생양이 되지 않았을뿐더러 사회적으로 매우 성공적인 삶을 영위했다(《유대인의 교양 Jewish Literacy》)."

나치의 유대인 대학살에 대한 이러한 명예 훼손적인 발언을 한 사람들도 랍비 타이텔바움과 랍비 밀러와 같은 정통파 랍비들이었지만, 이들을 거세게 비난한 사람들 역시 정통파 랍비들이었다. 이러한 랍비들에겐 랍비 샤피라와 타이텔바움, 밀러가 말하는 격노한 하나님과 이들이 믿는 자애롭고 인자한 하나님 사이에 결코 이어질 수 없는 차이가 존재했던 것이다. "유럽 유대인들에게 비난의 손가락질을 하는 것은 전대미문의 범죄적 오만함과 잔혹한 무지를 드러내는 사례다. 누가 감히 유럽 유대인들의 일부분이 저지른 '죄'의 대가가 히틀러의 사디스트적인 백정들이 야기한 그 모든 재앙일 수 있다는 말을 입 밖에라도 낼 수 있겠는가?(랍비 노만 람Norman Lamm)"

대학살의 희생자들은 잔혹하게 고문당했고, 삶아져 비누로 만들어졌으며, 이들의 머리카락은 베개가 되었고, 이들의 뼈는 비료가 되었다. 이들의 이름 없는 무덤과 이들이 죽은 엄연한 사실이 대학살 전범들에 의해 부인된 지금 신학자들은 희생자들에게 마지막 남은 모욕을 주고 있다. 즉, 이들이 그렇게 된 것은 이들의 죄악 때문이라고 주장하는 것이다(랍비 어빙 그린버그Irving Greenberg).

대학살을 자신들이 이미 믿고 있는 입장을 정당화하는 데 사용하는 논객들의 유감스러운 경향을 개탄한 그린버그는 유대인 대학살 논객들에게 다음과 같은 일침을 가한다.

"불에 타고 있는 아이들을 보고 있는 상황에서 신뢰할 수 없는 그 어떤 말도 삼가야 한다. 그것이 신학적이든 그렇지 않든."

나치의 유대인 대학살 이후 유대인은 하나님에 대해 어떤 종류의 믿음을 가질 수 있었을까? 아우슈비츠를 경험하고도 여전히 하나님께 말할 수 있을까? 한 개인으로서 또는 한 국민으로서 여전히 하나님과 대화할 수 있는 관계를 형성할 수 있을까? 우리가 감히 아우슈비츠의 생존자들에게 "하나님을 찾으십시오. 그분은 자애로우시기 때문입니다. 그분의 자비는 영원히 지속되기 때문입니다."라고 권고할 수 있을까?(마틴 부버, 윌 허버그, 《네 명의 실존주의 신학자Four Existentialist Theologians》)

위기를 통해 우리는 철저하게 홀로라는 것을 배웠다. 우리는 하나님이나 동료 인간들로부터 어떠한 지지와 구원도 기대할 수 없었다. 따라서 이 세상은 영원히 고통과 괴로움, 소외 그리고 궁극적인 패배의 장소로 남을 것이다(리처드 루벤스타인Richard Rubenstein, 《아우슈비츠 이후After Auschwitz》).

히브리 성경의 주요한 가르침은 이 세상을 창조하신 하나님이 인류 역사에 개입하신다는 것이다. 그래서 고대 이집트 파라오가 고대 유대민족을 노예로 삼았을 때, 하나님의 역사로 이들이 자유의 몸이 되었다(하지만 하나님의 개입이 200년이란 긴 노예 생활 후에 이루어졌다.).

유대인 대학살 동안의 하나님의 방관은 출애굽기의 이야기와는 달리 루벤스타인으로 하여금 자신의 저서 《아우슈비츠 이후》에서 인류 역사를 움직이시는 하나님은 없다는 결론을 내리게 한다. 그의 저서는 이제껏 유대인이 집필한 책 중 가장 황폐하고 불온한 정서를 담고 있다. 유대인 대학살은 하나님의 방관을 대변하는 것이 아니라 유대민족의 죄악에 대한 하나님의 징벌을 대변하는 것이라는 엇갈리는 견해에 대해 루벤스타인은 강한 반발심을 드러낸다. "실제로 인류의 운명을 결정할 수 있는 하나님이 있다면, 그가 자신의 목적을 이루기 위해 집단 수용소를 이용했다는 것은 너무나도 역겨운 일이다. 나는 그러한 하나님께 최소한의 존경심도 보이지 않을 것이며 평생 그를 끊임없이 저주할 것이다《권력 투쟁Power Struggle》."

《아우슈비츠 이후》의 출판으로 루벤스타인은 1960년대의 '죽은 신death of God' 운동의 대명사가 되었다. 하지만 이러한 운동의 급진적인 신교도 사상가는 소위 하나님의 '죽음'을 하나님의 '무거운 손'으로부터 인류가 해방된 다행스러운 사건으로 보았지만, 인간성에 대해 암울한 평가를 내린 루벤스타인은 이를 절망의 근거로 보았다. 그는 유대인 대학살과 같은 일이 이미 한 차례 일어났기에 앞으로 이와 비슷하거나 정도가 더 심한 일이 유대인이나 다른 민족에게 일어날 가능성이 더 많다고 주장했던 것이다.

한편 두 명의 다른 유대인 사상가, 엘리에제르 베르코비츠Eliezer Berkovits와 에밀 파켄하임Emil Fackenheim은 루벤스타인의 고통에 동감하면서도 인류 역사를 중재하시는 '하나님은 없다.'라는 결론은, 의도하진 않았지만 히틀러의 승리를 대변하는 것으로 보았다.

"아우슈비츠에서의 경험 때문에 생겨난 유대인 버전의 '죽은 신' 철학의 도래는 아이러니한 동시에 비극적인 면을 갖고 있다. 그것의 출발점은 나치 시대 독일의 야만성으로 비롯된 믿음의 문제이다. 이러한 믿음의 문제의 해결점을 찾는 과정에서 나는 나치주의를 거부하지 않을 수도 있고 실제로 인간이 창조한 하나의 진실로서 나치주의에 '도덕적인' 타당성을 찾을 수도 있다는 입장에 도달한다. 만일 우주에 인간보다 더 높은 존재가 없다면 인간이 창조한 어떤 진리가 다른 진리보다 더 높은지 누가 판단할 것인가? 이것은 가장 슬픈 아이러니며, …… 우리에게 나치 입장의 진실로 위대한 승리들 중 하나를 제공한다. 이것이 바로 정의나 윤리 또는 인간의 고통에 관심을 기울이는 인격적인 하나님은 존재하지 않는다는 루벤스타인 주장의 명백한 핵심이다(엘리에제르 베르코비츠, 《홀로코스트 이후의 믿음Faith After the Halocaust》)."

"대담하게도 내가 614번째 계율이라 칭하는 계율이 생겨났다. 오늘날의 진정한 유대인은 히틀러에게 또 다른 사후의 승리를 가져다주는 것을 금해야 한다.

첫째, 우리는 유대민족이 멸망하지 않도록 유대인으로서 생존해야 할 의무가 있다.

둘째, 우리는 유대 학살의 희생자에 대한 기억이 사라지지 않도록 우리의 창자와 뼛속까지 이들을 기억해야 할 의무가 있다.

셋째, 우리는 유대주의가 자취를 감추지 않도록 하나님에 대한 우리의 만족도나 믿음이 어느 정도든지 하나님을 부정하거나 단념하는 것을 금해야 한다.

끝으로, 우리는 이 세상이 신은 죽었거나 무용지물이며 모든 것이 허용되는 의미 없는 장소가 되지 않도록 하나님의 왕국이 될 곳으로서 이 세상을 단념하는 것을 금해야 한다.

아우슈비츠에서의 히틀러의 승리에 응대하여 이러한 의무들 중 하나라도 포기하는 것은 그에게 또 다른 사후 승리를 가져다주는 것이다(에밀 파켄하임, 《역사로 복귀하는 유대인The Jewish Return into History》)."

물론 토라는 613개의 계율을 제정했다. 비록 파켄하임은 모든 유대인을 대상으로 이 '614번째 계율'을 공표했지만, 그의 주된 관심의 대상은 대학살로 인해 하나님에 대한 믿음을 잃어버려 더 이상 유대교에 헌신적이지 않은 유대인인 듯하다. 만일 유대인이 대학살로 말미암아 하나님에 대한 믿음을 잃고 유대인으로서의 삶을 포기한다면 유대인이 히틀러를 증오하는 만큼이나 그의 의도대로 살게 되는 것이라고 파켄하임은 주장한다. 히틀러가 원했던 것이 다름 아닌 유대주의와 유대인의 종말이기에, 여기에 순응하는 유대인은 히틀러에게 '사후 승리'를 안겨주는 꼴이 된다는 것이다.

파켄하임의 이러한 논리는 소련 유대인과 이디오피아 유대인 그리고 가장 중요한 이스라엘 유대인에게 대학살 이후 유대인이 나아갈 길에 대해 다른 어떤 논리보다도 설득력 있게 다가갔다. 히틀러의 유대인 대학살에 대한 전세계 유대인의 반응은 위기에 처한 유대인 공동체를 구하기 위해서라면 최선의 노력을 다하겠다는 것이었다.

파켄하임의 614번째 계율은 여전히 한 세대 또는 최대 두 세대까지는 그 효력을 발휘할 수 있다. 하지만 궁극적으로는 유대인이 유대인의 삶을 살 것인지 그렇지 않을 것인지는 히틀러에게 대항하려는 욕망이 아니라 유대주의 가치에 대한 판단에 기초하게 될 것이고, 또 그렇게 되어야만 한다.

이제 유대인 대학살은 50년 전의 일이 되었다. 그 기억이 서서히 퇴색함에 따라 미국 유대인들이 비유대교도와 결혼하는 비율이 급격하게 높아지면서 현재는 유대인 전체 결혼의 50%까지 차지하게 되었다. 이러한 비유대교도와의 결혼식 대부분에서 부부는 미래에 태어날 자신들의 자녀를 유대교도로 키우겠다는 서약을 하지 않는다. 따라서 이러한 결혼으로 태어난 자녀들이 후에 유대교도가 된다면 그건 유대주의에 대한 가치와 이들의 믿음 때문이지 히틀러에 패배하지 않으려는 욕망 때문은 아닐 것이다.

파켄하임의 614번째 계율에 대한 가장 설득력 있는 비평은 정통파 유대 철학자 마이클 와이스콕로드Michael Wyschogrod의 비평이다.

사악한 폭군 하나가 정신 이상으로 이 세상의 모든 우표 수집가들을 몰살시키겠다는 목표를 세웠다고 가정해보자. 그의 권력 아래 있는, 균형 잡힌 생각을 가진 모든 사람들의 의무는 폭군으로 하여금 이러한 목표를 포기하도록 최선을 다하는 것일 테다. 그럼 폭군이 사망하기 이전에, 그러니까 더 이상 우표 수집가들의 생명이 위태롭지 않게 되기 이전에 이미 그 폭군이 세상의 우표 수집가들 중 상당수를 살해했다는 상상을 해보자. 생존한 우표 수집가들이 그 폭군에게 사후의 승리를 가져다주지 않기 위해 계속해서 우표 수집가로서의 의무를 지켜야 할까? …… 만일 우표 수집이 세상에서 종적을 감춘 것이 강압에 의해 이루어진 것이 아니라 사람들의 자유의지에 의해 자연스럽게 이루어진 것이라면 그것이 과연 죽은 폭군에게 사후의 승리를 안겨주는 일일까? 만일 내가 신앙심이 없는 세속적인 유대인이라면 히틀러기 유대주의를 없애려 했다고 해서 왜 내게 유대주의를 보존할 책임이 지워지는지 그 이유를 모르겠다. 내게 부가된 의무는 히틀러를 멸망시키는 것이었지 유대주의의 철학을 따라야 하는 것은 아니었다. 다시 말해 일단 그 목적이 달성되었다면, 즉 히틀러가 죽었다면 개개인 모두의 자유의지는 회복되어야 하고 더 이상 신앙심이 없는 유대인에게 히틀러로 비롯된 짐을 지워선 안 된다(마이클 와이스콕로드, 《유대주의》).

와이스콕로드는 이에 덧붙여 "나치의 유대인 대학살은 유대인으로서의 나의 삶을 이전보다 훨씬 더 힘들게 만들어놓은 전적으로 파괴적인 사건이었다."라고 밝힌다. 단지 그는 아우슈비츠에서 강압적인 목소리를 이끌어내려는 파켄하임의 시도에 반론을 제기했을 뿐이다.

파켄하임의 614번째 계율 및 이에 대한 와이스콕로드의 비평을 되풀이해서 읽은 나는 옛 유대 유머 하나를 떠올릴 수 있었다. 논쟁을 벌이던 두 남자가 어느 랍비를 찾아왔다. 그중 한 남자가 랍비에게 자신의 주장을 말했더니 랍비는 "당신의 주장이 옳습니다."라고 말했다. 그런데 다른 사람이 자신의 생각을 말한 후에도 랍비는 똑같이 "당신의 주장이 옳습니다."라고 말했다. 이에 랍비의 아내가 랍비에게 말했다. "어떻게 한 사람에게도 그의 생각이 옳다고 말하고, 그의 주장을 반박하는 다른 사람에게도 그의 생각이 옳다고 말할 수 있습니까?" 그러자 랍비는 잠시 생각에 잠긴 후, 고개를 들어 아내를 바라보며 이렇게 말했다고 한다. "당신의 생각도 맞소."

랍비 어빙 그린버그는 베르코비츠 및 파켄하임과 비슷한 입장을 취하는 동시에 루벤스타인의 절망에도 동감했다. 그린버그에 따르면 유대인 대학살은 신자와 비신자 간의 경계선을 희미하게 만들었고, 이러한 상태는 아마 영원히 지속될지도 모른다는 것이다.

"아우슈비츠 이후, 믿음은 믿음이 정복되는 때도 있다는 의미가 되었다. …… 우리는 이제 불에 타는 아이들의 화염과 연기가 우리의 믿음을 오염시키는 시기를 간간이 경험해야 하는 '순간의 믿음'에 대해 이야기해야만 한다. 비록 믿음은 다시 소생된다 할지라도 말이다. …… 신자와 비신자의 차이는 믿음에 대한 분명한 입장 차이보다 믿음의 빈도수에 있다."

47. 무엇이 신의 이름을 모독하는가

너는 네 하나님 여호와의 이름을 함부로 이용하지 마라. 여호와는 그 이름을 헛되게 받고 함부로 이용하는 자들을 죄 없다 하지 않으실 것이다(출애굽기 20:7).

십계명에 익숙한 사람이라면 위의 구절이 다소 생소해 보일 것이다. 사실 위의 구절은 내가 히브리 성경 원전을 글자 그대로 번역한 것이기 때문이다. 세 번째 계명은 대체적으로 "너는 네 하나님 여호와의 이름을 함부로 들먹이지 마라."로 번역된다. 일반적으로 사람들은 이 구절이 뜻하는 바를 하나님의 이름, 즉 'God'을 'G-d'이라 쓰고 욕설이나 저주의 말에 하나님의 이름을 들먹임으로써 신성을 모독해선 안 된다는 가르침 정도로 배운다. 하지만 이러한 죄가 살인과 간음, 도둑질, 우상숭배 등을 금하는 십계명에 포함될 만큼 그렇게 심각한 죄인지에 대해서는 의문을 남긴다.

반면, 이 구절의 원전은 이기적이거나 사악한 동기를 정당화하기 위해 '하나님'을 이용하지 말아야 한다는 뜻을 담고 있다. 그러면 이러한 심각한 죄를 지은 역사적인 사례 두 가지를 들어보자.

중세시대 십자군은 종종 하나님의 이름으로 살인을 저질렀다. 1209년 십자군은 프랑스 도시 베이지에르를 점령했는데, 한 가톨릭 주교의 기록에 따르면 그곳엔 카타리라 불리는 이교 신자 220명이 살고 있었다. 이들을 색출할 수 없었던 십자군은 가톨릭 교황 인노켄티우스 3세의 사령관 아르나우드 아말릭Arnaud Amalric에게 물었다. "어떻게 할까요? 누가 이교도인지 전혀 구별이 안 됩니다." 사령관 아말릭이 대답했다. "모두 죽여라. 하나님이 판단하실 것이다." 그래서 하루만에 1만 5천 명의 사람들이 살해되었다. 간편하게도 가톨릭 교회는 살육 이전에 십자군 병사들에게 그들이 행하게 될 모든 죄는 용서받게 되리란 걸 보증했다(오토 프리드리히, 《세계 종말The End of the World》).

이와 비슷한 맥락으로 19세기의 미국 성직자들은 노예제도를 허용하는 공식적인 근거로서 히브리 성경의 하나님 말씀을 인용했다. 하지만 약 3천 년 전에 쓰인 토라가 노예제도를 허용한 건 사실이나 토라는 노예제도에 상당히 많은 제한을 두었기에 미국 남부에서 행해지는 노예제도와는 뚜렷이 구별된다. 노예제도에 제한을 둔 토라의 구절로는 "어떤 사람이 자기 남종이나 여종을 막대기로 때려죽이면 벌을 받아야 한다(출애굽기 21:20).", "남종이나 여종의 눈을 쳐서 실명하게 되면 그 눈에 대한 보상으로 종을 놓아주어야 한다. 또 남종이나 여종의 이를 부러뜨리면 이에 대한 보상으로 종을 놓아주어야 한다(출애굽기 21:26-27)." 등을 들 수 있다. 또한 성경에는 "만약 어떤 종이 네게 와서 숨으면 그를 주인에게 넘겨주지 마라(신명기 23:16)."와 같은 구절도 있는데, 실제로 미국 최고재판소는 1857년 악명 높은 드레드 스콧 공판을 통해 이 성경 계율을 무시했다. 게다가 미국 최초의 노예 조달

방식은 사람들을 납치해 노예로 삼는 것이었는데, 성경의 율법에 따르면 이것은 사형죄에 해당된다. "누구든 남을 유괴해 팔거나 계속 데리고 있는 사람은 반드시 죽여야 한다(출애굽기 21:16)." 결론적으로 말해, 2천 5백 년 전 유대 율법 아래에서의 노예는 1세기보다 조금 더 전의 미국 노예보다 훨씬 더 많은 권리를 누렸다고 할 수 있다. 이러한 이유로 19세기 미국에서는 노예제도와 관련해 성직자들이 노예제도를 정당화하기 위해 성경을 이용한 십계명 중 세 번째 계명을 어긴 죄보다 몇몇 더 끔찍한 죄들이 자행되었다.

이제 "너는 네 하나님 여호와의 이름을 함부로 이용하지 마라."라는 하나님의 세 번째 계명이 어떤 이유로 십계명에 포함되었다는 것이 분명해졌다. 비신자가 사악한 행동을 하면 자신의 이름만을 더럽히는 것이지만, 종교적인 사람이 하나님의 이름으로 사악한 행동을 하면 그는 자신의 이름뿐만 아니라 하나님의 이름도 더럽히는 것이다. 또한 이러한 사람은 하나님에 귀의할 수도 있는 사람들을 하나님으로부터 더욱 멀어지게 하는 결과를 초래하기도 한다. 그래서 하나님이 이러한 죄를 용서받지 못하는 죄로 규정한 것이다.

"너는 네 온 마음을 다하고 영혼을 다하고 힘을 다해서 네 하나님 여호와를 사랑하라(신명기 6:5)."는 말은 곧 하나님에게 사랑받을 수 있는 행동을 해야 한다는 의미다. 만일 성경과 미슈나를 공부하는 사람이 자신의 일에 정직하며, 사람들을 온화하게 대한다면 사람들은 그 사람에 대해 어떤 말을 하겠는가?

> 랍비 사무엘이 로마에 갔을 때, 로마의 왕비가 팔찌를 잃어버렸는데, 우연히 그가 왕비의 팔찌를 줍게 되었다. 나라 전체에 포고가 내려졌

다. 30일 내에 팔찌를 가져오는 사람은 이러이러한 포상을 받을 것이지만, 30일이 지났는데도 팔찌를 가지고 오지 않는 사람은 목을 잃게 되리란 내용이었다. 랍비 사무엘은 30일이 지난 후에야 왕비에게 팔찌를 가져왔다.

왕비가 그에게 말했다. "당신은 로마에 있지 않았소?"

사무엘이 대답했다. "아닙니다, 왕비님. 전 로마에 있었습니다."

왕비가 말했다. "그런데도 소문을 듣지 못했소?"

사무엘이 말했다. "아닙니다. 왕비님의 포고를 들었습니다."

왕비가 말했다. "그럼 그 내용을 말해보시오."

"30일 이내에 팔찌를 돌려주는 사람은 이러이러한 포상을 받을 것이지만, 30일이 지난 후에 팔찌를 가져오는 사람은 목을 잃게 되리라는 것이었습니다."

"그렇다면 왜 30일이 지나기 전에 그것을 가져오지 않았소?"

"전 제가 왕비님이 두려워 팔찌를 돌려주었다고 사람들이 말하는 걸 원치 않았기 때문입니다. 저는 자비로우신 하나님을 경외하기에 팔찌를 돌려준 것이라고 사람들이 말하는 걸 원합니다."

왕비가 그에게 말했다. "당신들의 하나님은 축복받은 하나님이오(팔레스타인 탈무드, 바바 메지아 2:5)."

유대인은 유대인이나 유대인이 아닌 사람 모두에게 거짓말을 해선 안 되며 어떠한 경우와 어떠한 사람이라도 다른 사람을 잘못 인도하지 말아야 한다. …… 유대인이 비유대인을 기만한다면 비유대인은 "하나님이 선택한 민족의 나라에는 도둑과 사기꾼들이 들끓는다."라고 말할 것이기 때문이다. 실제로 하나님은 유대인이 다른 민족들을 유대교로 개종시킬 수 있도록 유대민족을 여러 나라로 뿔뿔이 흩어놓으셨다. 그런데 우리가 다른 사람에게 기만적으로 행동을 한다면 누가 유대교로 개종하길 원하겠는가?(꾸시Coucy의 랍비 모세). 소수파는 그 집단에서 최악의 구성원들로 평가되는 운명이라는 걸 랍비 모세는 직관적으로 깨닫고 있었다. 존 F. 케네디의 암살범인 리 하비 오스왈드Lee Harvey Oswald가 백인 신교도 가족에서 태어났다는 사실에 주목하는 사람은 거의 없다. 하지만 만일 암살범의 이름이 리 하비 골드버그거나 흑인이었다면 이야기는 달라졌을 것이다. 실제로 상당수의 사람들이 암살범의 이름을 들으면 맨 먼저 그의 민족이나 인종을 떠올린다.

하나님의 이름으로 악행을 저지르는 유대인은 사람들을 하나님과 다른 유대인으로부터 멀어지게 만드는 반면, 기품 있고 선한 행동을 하는 유대인은 사람들로 하여금 유대인 및 유대주의에 호감을 갖게 한다고 랍비 모세는 암시한다. 나치 점령 기간 중 유대인의 생명을 구해준 의로운 이방인 중에는 이전에 유대인을 대하며 좋은 감정을 가졌던 사람들이 많았다고 한다.

48. 순교는 어떤 가치를 지니는가

알베르 카뮈는 "철학적으로 진실로 심각한 유일한 문제가 있는데, 그건 바로 자살이다."라고 말했다. 하지만 난 그와는 다르게 진실로 심각한 유일한 문제는 순교라고 제안한다. 죽을 만한 가치가 있는 것이 있을까?(아브라함 조슈아 헤셸, 《누가 인간일까?Who Is Man?》)

고대사회의 순교

내 아들아, 네 아버지 아브라함에게 가서 말해라. "당신은 이삭을 번제물로 바치기 위해 하나의 제단을 세웠지만, 난 일곱 개의 제단을 세웠다고 말이다"(하나Hannah, 그녀의 일곱 아들이 우상숭배를 거부해 시리아의 왕 안티오코스Antiochus에게 살해당했다.)

하나Hannah는 이 말을 그의 아들들 중 마지막으로 살해된 세 살밖에 되지 않은 아들에게 말했다. 그가 살해되자마자 하나는 지붕 위로 올라가 자신의 몸을 내던져 죽었다.

서기 135년 로마인에게 공개적으로 고문당해 죽은 랍비 아키바는 "들어라, 오, 이스라엘이여, 여호와는 우리의 하나님이시며, 하나님은 한 분이시다."라는 말을 하며 죽은 가장 유명한 유대인 순교자다. 아키바는 바-코크바가 로마를 상대로 반란을 일으키는 데 영감을 주었고, 로마인이 토라를 가르치는 걸 사형죄로 규정한 후에도 계속해서 사람들에게 토라를 가르쳤다.

랍비 아키바가 처형당하기 위해 끌려나왔을 때는 아침 슈마를 암송하는 시간이었다. 그래서 그는 아침 슈마를 암송했고, 이에 로마인들은 쇠빗으로 그의 피부를 벗겨냈다. 제자들이 아키바에게 말했다. "오, 스승님, 심지어 이러한 순간에도 당신은 계속해서 슈마를 암송하셔야 합니까?"

아키바가 말했다. "난 평생 '네 모든 영혼으로 하나님을 사랑하라.' 란 구절 때문에 번뇌했다. 난 이 구절을 설령 하나님이 네 영혼을 거두어 가신다고 해도 하나님을 사랑해야 된다는 의미로 받아들였고, 언제 이 구절을 실천에 옮길 기회가 내게 주어질까 자문하곤 했었다. 그런데 난 지금 그 기회를 얻었다. 그럼에도 내가 그것을 실천하지 않아야 하겠느냐?(바빌로니아 탈무드, 베라크홋 61b)"

탈무드는 같은 시기에 로마인에게 처형당한 또 다른 랍비에 대해 이야기한다.

랍비 하나나 벤 테라디온Hanina ben Teradion은 공개적으로 제자들을 모아놓고 토라를 공부하다가 로마인들에게 발각되었는데, 자신의 심장 옆에 토라 두루마리를 간직하고 있었다. 로마인들은 그 두루마리로 랍비 하나나의 몸을 휘감고 그의 주위에 나뭇가지 다발을 놓아두곤 거기다 불을 붙였다. 그런 다음 양털 타래에 물을 흠뻑 적셔 그것을 랍비 하나나의 심장 근처에 넣어두었다. 그가 빨리 숨을 거두지 않게 하기 위해서였다.

하나나의 제자들이 하나나에게 외쳤다. "스승님, 무엇이 보이십니까?"

하나나가 대답했다. "토라의 양피지가 불에 타고 있지만, 그 글자들은 하늘 높이 날아오르는 것이 보인다."

제자들이 말했다. "불길이 스승님을 관통할 수 있도록 스승님의 입을 여십시오."

하나나가 대답했다. "내게 영혼을 주신 하나님이 그것을 다시 거두어 가시도록 하라. 하지만 아무도 그분에게 상처를 주지 못한다(바빌로니아 탈무드, 아보다 자라 18a)."

이 일화에는 하나하나의 토라와 개개인의 유대인은 파괴될 수 있지만, 토라의 말씀은 영원하다는 가르침이 담겨 있다.

탈무드는 그의 화형을 집행한 로마 병사에 대해서도 기록하고 있다. 그는 랍비 하나나의 용기와 신앙심에 깊이 감명받아 그에게 말했다. "랍비님, 제가 불을 더욱 세차게 지피고 당신의 심장에서 양털 타래를 떼어내면, 제가 '도래할 세상'에 들어가는 걸 보장하시겠습니까?"

"그렇게 하겠소." 하나나가 대답했다.

"제게 맹세하십시오!" 병사가 하나나를 재촉했다.

하나나는 병사에게 맹세했고, 병사는 불길을 올리고 그의 심장 주위에서 양털 타래를 떼어내었다. 그러자 하나나의 영혼은 재빨리 하나나의 몸을 빠져나갔다. 이를 지켜본 하나나의 화형 집행을 담당한 그 병사 또한 자신의 몸을 불길로 내던졌다.

조금 뒤 천상의 목소리가 선언했다. "랍비 하나냐 벤 테라디온과 그의 화형 집행관은 '도래할 세상'에 들어올 수 있게 되었느니라."

랍비 주다가 이 소식을 전해 듣고 눈물을 흘리며 말했다. "한 사람은 몇 시간 만에 영원한 생명을 얻고, 다른 사람은 여러 해 후에 그렇게 될 것이다 (바빌로니아 탈무드, 아보다 자라Avodah Zarah 18a)."

중세 시대의 순교

1348년에서 1349년까지 유럽 전역을 떠돌던 흑사병은 유럽 인구 3분의 1을 앗아갔다. 당시 반유대주의자는 유대인이 우물을 오염시켰기 때문에 흑사병이 생겨난 것이라며 유대인을 비난했다. 당시 유럽 전역에 걸쳐 유대인은 기독교로의 개종과 죽음 중 하나를 선택하길 강요받았다. 이에 독일 마인쯔Mainz에서 6천 명의 유대인과 프랑스 스트라스부르Strasbourg에서 2천 명의 유대인이 살해된 것(이들은 유대인 공동묘지의 목조 뼈대에서 불에 타 죽었다.)을 포함해 수십만 명의 유대인들이 개종을 거부했다는 이유로 살해되었다. 어느 중세 기록자는 독일 노르트하우젠Nordhausen의 순교자들이 죽음을 맞이한 방식에 대해 다음과 같이 묘사했다.

> 이들은 마을 주민들에게 자신들이 순교를 준비할 수 있게 해달라고 요청했고, 이러한 요청이 받아들여졌다.
> 이들은 남자와 여자 모두 기도 숄과 수의를 걸치고 기뻐하며 정렬했다. 기독교인들은 공동묘지에 무덤을 팠고 그것을 목조 뼈대로 덮었다. …… 유대인들 중 특별히 신앙심이 깊은 사람들은 자신들이 노래

를 부르며 하나님이 있는 곳으로 들어갈 수 있게 춤곡을 연주해줄 연주가를 불러달라고 부탁했다. 이들은 남자와 여자 모두 서로 손에 손을 잡고 하나님 앞에서 전력을 다해 춤을 추며 뛰어올랐다. 이들의 스승인 랍비 제이콥이 앞장서 나아갔고, 그의 아들 랍비 메이어는 아무도 뒤처지지 않도록 맨 뒤에서 행렬을 따라갔다. 이들은 노래 부르고 춤추면서 무덤으로 들어갔는데, 이들 모두가 무덤으로 들어갔을 때, 메이어는 혹시 무덤 밖에 남아 있는 사람이 있는지 확인하기 위해 무덤 밖으로 뛰어올라 주위를 거닐며 살펴보았다. 주민들이 이러한 그의 모습을 보고 개종을 하면 목숨을 구해줄 수 있다며 자신들이 목숨을 구해주길 바라는지를 물었다. 이에 메이어는 대답했다. "이제 우리의 모든 문제가 끝나는 순간입니다. 당신들은 날 잠깐 동안만 볼 것입니다. 그 후 나는 더 이상 존재하지 않을 것입니다." 그는 무덤으로 다시 들어갔고, 마을 주민들은 목조 뼈대에 불을 질렀다. 이들은 모두 함께 죽었으며 아무런 비명 소리도 들리지 않았다(H. H. 벤—사손, 《시험과 성취Trial and Achievement》).

"잃어버린 동전 주머니를 찾고 있던 어느 가난한 사람이 도시를 지나가게 되었는데, 그는 그 도시에서 부와 명성을 얻게 되었다. 그가 잃어버린 동전 주머니를 다시 찾으러 갈 것이라고 생각하는가?"(발렌티네 포토키Valentine Potocki, 처형당하기 직전의 유언)"

폴란드 귀족인 포토키는 유대교로 개종한 죄로 사형선고를 받았다. 18세기 폴란드에선 유대교로의 개종은 사형죄에 해당되기 때문이었다. 위의 인용문은 기독교로 다시 개종하면 처형하지 않겠다는 말에 대한 그의 대답이다.

비슷한 예로 독일의 수스 오펜하이머Suss Oppenheimer라는 사람의 위르템베르그 백작의 재정 담당관으로 일했다. 백작의 갑작스런 죽음 이후 오펜하이머의 적들은 날조된 죄과로 그를 체포해 사형선고를 내렸다. 리저 목사는 오펜하이머에게 기독교로 개종한다면 목숨은 살려주겠다고 약속했다. 오펜하이머는 독실한 유대교 신자는 아니었지만 리저 목사의 제안을 받아들이지 않았다. "난 유대인이고 유대인으로 남을 것이오. 설령 내가 왕이 될 수 있다고 해도 난 기독교 신자가 되지 않을 것이오. 자유로운 사람에겐 종교를 바꾸는 것이 선택의 문제지만, 죄수에게 그것은 사악한 짓이기 때문이오." 결국 그는 죽음을 선택했고 죽어가면서 슈마를 암송했다.

유대인 대학살 동안의 순교

나의 죽음이 유대민족이 몰살당하는 것을 보면서도 아무렇지도 않은 세상의 무관심에 대해 강력한 외침이 되게 하라. 우리 시대에는 인간의 생명이 거의 가치가 없다. 살아 있을 때 소기의 목적을 달성하는 데 실패한 나는 나의 죽음이 이러한 극단적인 순간에도 폴란드에서 아직도 생존해 있는 유대인을 구해줄 수도 있는 사람들의 무관심을 흔들어 깨워주길 바란다(슈무엘 지겔보임Shmuel Zygelboim의 유서).

폴란드 유대인인 지겔보임은 영국으로 탈출했고, 거기서 그는 나치에 의

■ **바르샤바 게토의 봉기** 나치가 점령하고 있던 폴란드에서 유대인들이 일으킨 저항운동(1943). 바르샤바를 떠나 트레블링카 집단 학살 수용소로 이송되는 것에 대항해 1943년 4월 19일에 일어나 4주 뒤인 5월 16일 진압되었다.

해 학살되고 있는 조국의 유대인들을 지지해줄 것을 호소했다. '바르샤바 게토의 봉기Warsaw Ghetto revolt■'가 실패로 돌아가자 그는 곧 자살을 선택했다(1943년 4월 19일에 시작되었다.). 자신의 죽음이 세계를 무관심으로부터 흔들어 깨웠으면 하는 지겔보임의 간절한 바람에도 불구하고 세계는 여전히 무관심으로 일관했다.

유독 가혹한 나치의 강제노동수용소인 야노프스카 강제수용소Janowska Road Camp의 한 강제노동부대 카포Kapo■는 슈네바이스Schneeweiss라는 이름을 가진 폴란드 리비프주Lvov 출신의 유대인이었는데, 그는 반종교적이고 잔혹하기로 악명을 떨치는 인물이었다. 그런데 유대 속죄일 전날 오후에 하시디즘 랍비인 이스라엘 스피라Israel Spira가 슈네바이스에게 다가가 종교적인 유대인들이 속죄일에 일하는 죄를 최소화할 수 있도록 속죄일에는 이들을 '39가지 금기시되는 노동■'에서 제외시켜 달라는 부탁을 했다. 뜻밖에도 랍비 스피라의 요청은 슈네바이스의 마음을 움직였고, 그는 랍비 스피라에게 그렇게 될 수 있도록 최선을 다해 돕겠다고 약속했다.

다음 날 아침 슈네바이스는 유대교 하시디즘 학파 무리들을 '나치 무장친위대SS quarters' 건물로 데리고 가서 말했다. "자네들은 광택제나 왁스 없이 마루를 닦게. 그리고 랍비 자네는 마른 걸레로 유리창을 닦도록 하게. 그럼 '39가지 주요한 금기 노동' 중 어느 한 가지도 어기지 않을 수 있지."
이들 유대인들은 맡은 일을 시작했고, 일을 하면서 머릿속에 들어있는 속

■ **카포** 수감자의 우두머리. 수감자 중에서 난폭하고 악질적인 인물이 카포로 선발되었으며 나치가 기대했던 대로 일을 잘해내지 못하면 즉시 카포의 자리에서 쫓겨났다.
■ **39가지 금기시되는 노동** 39가지 안식일 금법으로 안식일에 하지 말아야 할 노동의 종류를 규정해놓았다. 여기에는 씨 뿌리지 말 것, 밭 갈지 말 것, 곡식 단을 묶지 말 것, 곡식을 거두지 말 것, 곡식을 타작하지 말 것 등등이 있다.

죄일 기도문을 암송했다. 이 일이 있은 지 약 30년이 지난 후, 랍비 스피라는 그다음에 일어났던 일을 다음과 같이 회고했다.

    12시 정각 즈음에 문이 활짝 열리더니 검정 제복을 입은 죽음의 사자, 나치 무장친위대원 두 명이 거세게 방으로 들어왔다. …… 이들 뒤로 음식을 가득 실은 푸드 카트가 따라 들어왔다. "점심시간이다! 빵과 수프와 고기를 먹을 시간이다!" 두 명의 무장친위대원 중 한 명이 소리쳤다. 방은 금방 요리한 음식 냄새로 가득 찼다. 그건 독일 점령 후 우리들이 한 번도 본 적이 없는 흰 빵과 따끈따끈한 야채수프, 푸짐한 고기 냄새였다.

    둘 중 키가 큰 무장친위대원이 고음의 목소리로 명령했다. "너희들은 즉시 음식을 먹어야 한다. 그렇지 않으면 그 자리에서 총에 맞아 죽을 것이다!" 우리들 중 아무도 움직이지 않았다. 나는 사다리 위에 그대로 서 있었고, 다른 유대인들은 마루에 그대로 있었다. 그 무장친위대원은 명령을 되풀이하고는 슈네바이스를 불러 말했다. "슈네바이스, 저 지저분한 개들이 음식을 먹지 않는다면 저들과 함께 너도 죽게 될 거야." 슈네바이스는 정신을 가다듬고 그 나치 친위대원의 눈을 똑바로 응시하며 아주 나지막한 어조로 말했다. "우리 유대인들은 오늘은 음식을 먹지 않습니다. 오늘은 우리들의 가장 성스러운 날인 속죄일이기 때문이죠."

    "이 유대 개가 내 말을 이해하지 못하는군." 키가 큰 친위대원이 계속 고함쳤다. "히틀러와 히틀러 제국의 이름으로 명령한다. 프레스(저속한 표현으로 짐승이 먹는 것처럼 게걸스럽게 먹어치우라는 뜻)!"

    슈네바이스는 고개를 들고 부드러운 표정을 지으며 똑같은 대답을 반복했다. "우리 유대인들은 전통적인 규율을 지킵니다. 오늘은 금식을 행하는 속죄일입니다."

친위대원은 가죽 케이스에서 권총을 뽑아 들고 슈네바이스의 관자놀이에 겨누었다. 슈네바이스는 여전히 평온을 유지하며 고개를 들고 차려 자세를 취하고 있었다. 순간 총알이 방을 가로질렀다. 슈네바이스는 쓰러졌고, 방금 잘 닦아놓은 마루에는 흥건히 고인 피가 점점 퍼져 갔다.

나와 내 동료들은 마치 얼어붙어 버린 것처럼 그 자리에 꼼짝 않고 서 있었다. 우리가 본 것을 믿을 수 없었다. 얼마 전까지만 해도 공공연하게 유대 전통을 어기던 슈네바이스가 공개적으로 하나님의 이름을 거룩하게 했고, 유대인의 명예를 위해 순교자의 죽음을 선택한 것이었다. 나는 유대인 동료들에게 이렇게 말했다. "이제야 저는 탈무드에 나오는 다음 구절을 이해할 수 있게 되었습니다. '이스라엘의 신실하지 못한 자조차도 석류가 석류 씨로 가득하듯 선행으로 충만하다[바빌로니아 탈무드, 에루빈 19a].'"

1943년, 바르샤바 게토에 빼곡히 채워 넣어진 50만 명 이상의 유대인들 중 대다수가 이미 학살되었을 때, 폴란드의 가톨릭 성직자단은 게토에서 아직도 생존해 있는 랍비들을 그곳에서 빼내주겠다는 의향을 표명했다. 그때까지도 바르샤바 게토에 생존해 있던 랍비는 랍비 메나헴 젬바Menahem Zemba와 랍비 심슨 스톡하머Shimshon Stockhamer, 랍비 데이비드 샤피로David Shapiro, 이렇게 단 세 명뿐이었다. 한참 동안 이들 중 어느 누구도 입을 열지 않았다. 그러다 마침내 랍비 샤피로가 침묵을 깼다.

"제가 제일 나이가 적으니 제가 말하는 것이 두 분을 속박하지 않을 것입니다. 어떤 방법으로도 우리가 이곳의 동료 유대인들에게 도움을 줄 수 없다는 걸 우리는 너무나도 잘 알고 있습니다. 하지만 이들을 떠나지 않고 단지 이들과 함께 있다는 것만으로도 이들에게 위안이 될 것입니다. 저는 그저 이 불행한 사람들을 떠날 용기가 없을 따름입니다."

결국 세 명의 랍비 모두 구출되기를 거부했고, 랍비 샤피로만이 전쟁에서 살아남았다.

랍비 샤피로의 첫 문장 "제가 제일 나이가 적으니……"는 고대 예루살렘의 유대인 최고 의결기관인 산헤드린에서 행해진 규례에 근거한 것이었다. 생사가 달린 문제에 대한 법안을 심의할 경우 최연소자가 먼저 의견을 내놓는데, 이는 연장자가 먼저 발언할 경우 연장자의 권위에 위압될 수도 있다는 염려 때문이었다.

49. 유대의 계율에는 어떤 특징이 있는가

지시를 받고 하는 사람이 지시를 받지 않았는데도 자발적으로 하는 사람보다 더 훌륭하다.(바빌로니아 탈무드, 키두쉰 31a).

대부분의 사람들은 자발적인 행동이 타의적인 행동보다 더 훌륭하다고 여긴다. 그래서 위의 탈무드 금언은 우리를 당혹스럽게 만들지도 모른다. 탈무드 랍비들이 의무감으로 행동하는 사람을 이토록 높이 평가한 이유는 이런 사람이 자발적으로 계율을 실천하는 사람보다 더 일관성 있게 계율을 지킨다는 생각 때문일 가능성이 높다. 자발적인 사람은 일이 싫증나면 그 일을 그만두지만 일에 의무감을 느끼는 사람은 그러지 않는다.

탈무드에서 랍비 하니나가 말한 것으로 전해지는 이 금언은 두 가지 형태의 다이어트에 대해 곰곰이 생각해보면 심리학적으로 상당히 설득력이 있다. 오늘날 많은 사람들이 다이어트를 하는 이유는 더 건강해지고 더 매력적이어지기 위해서다. 이것이 상당히 강력한 동기이기는 하지만 3개월 넘게 자신이 계획한 다이어트를 단 한번이라도 어기지 않고 완벽하게 지키는 것은 매우 어렵다.

그럼 카슈룻이라 알려진 유대교 식사 계율을 지키는 사람들의 경우를 살펴보자. 이들은 조개나 돼지고기를 먹지 않고 평생을 살아가는데, 이는 이러한 음식을 삼가는 것이 자신을 더 매력적이고 건강하게 만들기 때문이 아니라 단지 유대 율법이 이를 금하기 때문이다. 만일 정부가 초콜릿 제품에 돼지고기를 첨가하는 것을 법으로 규정한다면, 아마 나는 체중 10kg은 어렵지 않게 뺄 수 있을 것이다!

항상 토라와 계율에 전념해야 한다. 설령 그것이 토라와 계율의 순수한 목적을 위해서가 아니라 다른 속셈이 있기 때문이라고 해도 결국엔 본연의 목적으로 토라와 계율에 전념할 것이기 때문이다(바빌로니아 탈무드, 페사침Pesachim 50b). 현대 소설가 루이스 오친클로스Louis Auchincloss는 그의 저서 《저스틴 목사The Rector of Justin》에서 이와 비슷한 통찰력을 발휘했다. "오랫동안 선행을 실천하면, 실제로 선한 사람이 될 것이다."

계율 이행에 대한 조언

하나의 계율이 너의 길에 들어서면, 곧바로 그 계율을 따르라(메크힐타, Bo). 유대 율법은 가치 있는 일을 할 기회가 생긴다면 그 즉시 그 일을 하라고 가르친다. 가난한 사람에게나 그 외 가치 있는 일에 나눔을 실천하고 싶은 마음이 생긴다면 지체하지 말라고 말이다.

토라 주위에 울타리를 쳐라(아버지의 윤리 1:1). 랍비들은 토라가 금지하는 것만을 삼가는 것으로는 충분하지 않다고 믿었다. 우리는 또한 성경이나 탈무드 율법의 파계를 유도할 수 있는 것들도 멀리해야 한다. 그 예로 토라는 안식일에 불을 지피는 것을 금하기 때문에 유대 율법은 안식일에 성냥을 만지는 것을 금한다. 성냥을 만지는 것이 성냥불을 켜는 것으로 이어질 수도 있기 때문이다.

비슷한 맥락으로 더 높은 영적 상태에 도달하기 위해 머리를 깎지 않고 와인을 마시지 않으며 포도를 먹지 않기로 맹세한 나지리테Nazirite에게 탈무드는 다음과 같이 조언한다. "나지리테야, 포도밭 근처에 가지 않도록 길을 돌아서 가거라(바빌로니아 탈무드, 사밧 13a)." 이러한 원칙을 현시대에 적용한다면 알코올중독을 치유하려는 사람에게 술집에서 사람을 만나지 말라고 충고하는 것을 들 수 있을 것이다. 설령 그 사람이 술집에서 절대 술을 마시지 않겠다는 각오가 투철하다 하더라도 술집의 특성상 음주를 부추기기 때문이다.

> 가장 중요한 계율을 지키는 것처럼 사소한 계율도 적극적으로 지켜라. 그리고 사소한 죄를 짓는 것도 피하라. 하나의 계율은 또 다른 계율로 이어지고, 하나의 죄는 또 다른 죄로 이어지기 때문이다(아버지의 윤리 4:2).

"하나의 율법을 어기는 것으로 또 다른 율법을 실천하는 것은 금지된다(바빌로니아 탈무드, 수카 30a)."라는 탈무드의 가르침을 보자. 하나의 율법을 어기는 것으로 또 다른 율법을 실천하는 예로는 어떤 것이 있을까? 기령 돈을 훔친 사람이 그 돈의 일부로 자선을 베푸는 것을 들 수 있다. 만일 누군가에게 자선의 공을 돌려야 한다면 자선을 직접 베푼 도둑이 아니라 돈을 도둑맞은 사람에게 자선의 공이 돌아가야 한다. 결국 그 돈은 도둑맞은 사람의 돈이기 때문이다. 앞의 탈무드 구절은 장막절■(수콧Sukkot) 의례 중에 사용되는 종려나무 가지인 루라브Julav를 훔쳐 그 밑에서 하나님께 기도를 올리는 사람에 대한 법적 논의의 단서가 된다. 이러한 행동은 하나님을 축복하는 것이 아니라 실제로 하나님을 저주하는 행위라고 랍비들은 결론짓는다. 훔친 물건으로 기도를 올리는 일은 그리 흔치 않은 일인 데 반해, 사람들이 하나의 계율을 지키는 동시에 다른 계율을 어기는 일은 흔히 일어난다. 100여 년 전 랍비 이스라엘 살란터Israel Salanter는 다음과 같은 훈계를 했다. "새해 몇 주 전 동틀녘에 암송하는 셀리크홋을 기운이 넘치는 사람이 한밤중에 일어나 암송함으로써 온 가족을 깨우는 일이 종종 있다. 이러한 사람은 자신의 행동으로 인해 얻는 것보다 잃는 것이 더 많다는 사실을 전혀 모르고 있다." 다른 사람이 숙면을 취할 권리를 빼앗지 않도록 한밤중엔 기도를 삼가는 편이 낫다는 것이 살란터의 지론이다.

이 세상에서 계율의 실천이 보답받는지에 대한 탈무드의 상반된 두 견해

계율을 지키는 의무를 충실히 하는 자는 그곳으로 갈 때나 그곳에서 돌아올 때, 어떠한 해악으로도 고통받지 않을 것이다(바빌로니아 탈무드, 페사힘 8b).
하나님은 계율을 지키려고 노력하는 사람을 보호해주신다는 믿음은 다음과 같은 유대 관습을 낳았다. 어떤 사람이 힘든 여행을 떠날 때, 그 사람의 가족이나 친구는 그에게 돈을 주는데, 그 돈은 그가 목적지에 도착하면 자

■ 장막절 유월절 및 칠칠절과 함께 이스라엘의 3대 절기다. 절기를 축하하는 동안 장막집에서 살던 그들의 습관에서 유래했으며, 선조들이 40년 동안 장막집에서 살며 방랑하던 유목 생활을 기리는 날이다. 장막집의 재료는 종려나무 가지와 시트런 나뭇가지, 도금양 나뭇가지 그리고 버드나무 가지 등 네 종류다.

선을 베풀 용도로 쓰이게 된다. 이러한 관습을 지키는 유대인들은 그 돈을 '샬리아크 미츠바 겔트shaliakh mitzvah gelt', 즉 '자선을 행하기 위한 돈'이라 부른다. 이러한 관습은 그가 중요한 계율을 실천하러 가는 사람이기에 하나님이 그의 여정을 지켜주시리라는 믿음에 기인한다.

반면, 탈무드에서는 다음과 같은 상반된 견해도 존재한다.

"이 세상에서는 계율을 지킴으로써 돌아오는 보답은 없다(바빌로니아 탈무드, 키두쉰 39a)."

선행을 실천하는 사람이 고통 없는 삶을 사는 것은 모두의 바람이지만, 현실은 그렇지 못하다. 언젠가 나는 랍비 해럴드 쿠슈너Harold Kushner가 다음과 같은 질문을 던지는 것을 들은 적이 있다. "선한 사람이 외투를 걸치지 않고 눈보라가 휘몰아치는 밖으로 나갔는데 감기에 걸리지 않길 진정으로 원하십니까?" 실제로 이 세상에서 선행이 항상 보상받고 악행이 항상 징벌된다면 우리는 더 이상 선택의 자유를 누리지 못할 것이다.

"나는 돼지고기를 정말 싫어합니다."라고 말해선 안 된다. 그 대신 "나는 돼지고기를 정말 좋아하지만 하늘에 계시는 나의 하나님이 돼지고기를 먹는 것을 금하셨기 때문에 어쩔 수 없이 돼지고기를 먹지 못합니다."라고 말해야 한다(시프라, 레위기). 이 구절은 돼지에 대한 유대인의 일반적인 태도와는 구별되는 매우 독특한 언급이다. 유대인은 주로 돼지를 불쾌하고 더러운 동물로 묘사하기 때문이다. 돼지에 대한 유대인의 이러한 태도는 서구 사회가 일반적으로 이 동물을 낮게 평가하는 데도 영향을 주었다(신약의 마태복음 7장 6절에는 다음과 같은 표현이 등장한다. "너희 진주를 돼지에게 던지지 말라."). 지금까지 나는 서구사회 및 이슬람 사회에서 인간을 돼지에 비유해 말하는데도 불쾌해하지 않는 경우를 한 번도 들어보지 못했다. 하지만 이러한 모든 것들은 오히려 돼지들을 매우 행복하게 만들리라. 언젠가 내가 본 만화에는 돼지 여러 마리가 들판에서 기분 좋게 풀을 뜯어먹고 있고, 그중 한 마리가 다른 돼지에게 "세상 사람들 모두가 유대인이라면 좋을 텐데."라고 말하는 장면이 있었다.

랍비 아이작은 말했다. "대부분의 성경 율법이 알려지지 않은 이유는 무엇일까? 그것은 세상에서 가장 위대한 자를 죄인으로 만들기 때문이다." 여기서 "세상에서 가장 위대한 자"는 유대 전통에 따르면 당시 가장 현명한 사람이었던 솔로몬 왕을 가리킨다. 하지만 토라가 "많은 아내들을 두지 말라. 그래야 그의 마음이 돌아서지 않을 것이다(신명기 17:17)."라고 명했음에도 불구하고, 솔로몬은 "난 많은 아내를 거느릴 것이지만, 내 마음은 나쁜 길을 가지 않을 것이다."라고 자신을 정당화했다. 그러나 우리는 성경 구절을 통해 다음의 사실을 알 수 있다. "솔로몬이 나이 들자 왕비들이 그의 마음을 다른 신들에게로 돌려놓았고 솔로몬은 그 아버지 다윗의 마음과 달리 그의 마음을 하나님 여호와께 다 드리지 않았다(열왕기상 11:4)."

그래서 성경은 젊었을 때 예루살렘에 대사원을 건설한 바로 그 왕에 대해 "그는 시돈 사람의 여신 아스다롯과 암몬 사람의 가증스러운 신 밀곰을 따랐다(열왕기상 11:5).", "솔로몬은 예루살렘 동쪽 언덕에 모압의 가증스러운 신 그모스를 위해, 또 암몬 사람의 가증스런 신 몰록을 위해 산당을 지었다. 솔로몬은 이방에서 온 자기 왕비들을 위해서도 그렇게 했고 왕비들은 그 우상들을 위해 분향하고 제사를 지냈다(열왕기상 11: 7-8)."라고 기록하고 있다. 또한 토라는 이집트에서의 유대인의 노예 생활을 거울삼아 왕에게 명했다. "왕은 자신을 위해 많은 말을 소유하지 말고, 말을 더 얻으려고 이집트로 백성들을 다시 보내지 말라. 여호와께서 '너희는 그 길로 다시 가지 말라'고 하셨다(신명기 17:16)." 이에 솔로몬은 또다시 자신을 합리화했다. "난 많은 말을 소유할 것이나 이스라엘 백성들을 다시 이집트로 보내지는 않을 것이다." 하지만 우리는 그가 그 후에 이집트와 광범위한 말 교역을 했다는 걸 알고 있다. 물론 이러한 교역으로 이스라엘 백성들은 종종 이집트로 가야만 했다(열왕기상 10:29).

자주 인용되는 탈무드의 이러한 가르침은 사람들이 계율의 목적을 확신하는 탓에 오히려 계율을 무시하고 자신의 논리를 따르는 경향이 있다는 걸 강조한다. 즉, '글자 그대로의 계율'은 어겨도 그 '정신'만은 고수한다고 확신하는 경향이 있다는 것이다. 이러한 이유 때문에 전통적인 유대 율법이 안식일에 여행을 하는 것과 불을 지피는 것을 금지함에도 불구하고 휴식을 즐기고 활력을 불어넣는 것이 안식일의 목적이라 생각하기에 캠핑을 가고, 야외에서 바비큐 파티를 하는 것과 같은 여가 선용은 안식일의 목적에 부합한다고 주장하는 유대인들이 적지 않은 것이다. 하지만 유대 율법은 분명히 이러한 행위를 금지한다.

"유대인이 카슈룻kashrut(식사 계율)을 지키든지 지키지 않든지 성스럽고 거룩하신 하나님에게 무슨 상관이 있겠는가? 그렇다면 이 계율은 단지 사람들을 교육시킬 목적으로만 주어졌음이 분명하다(미드라시 탄후마, 슈미니Shmini 7)." 이 구절은 카슈룻과 같은 몇몇 의례적인 규율은 사람들에게 자제심을 가르칠 목적으로 만들어졌다는 걸 암시한다. 독실한 유대교 집안에서 자란 내 친구 데니스 프레이저는 여섯 살 때 처음으로 영어 읽기를 배운 문구가 '야채 쇼트닝■만pure vegetable shortening only100%(식사 계율에 어긋나는 동물성 지방을 섭취하지 않도록 하기 위해)'이었다고 회상한다. 그가 덧붙여 말했다. "여섯 살 난 아이가 가게에 있는 사탕과 초콜릿을 모두 먹을 순 없다는 것을 배운다는 것은 결코 나쁜 일이 아닐 거야."

■ **쇼트닝** 지방질 100%로서 제과·제빵 등의 식품 가공용 원료로 사용되는 반고체 상태의 가소성 유지 식품.

50. 어떤 자세로 공부해야 하는가

가장(선조)의 행실은 자녀(자손)의 길잡이다(미드라시 탄후마Tanhuma, 레크 레카Lekh Lekha 9의 "아브라함에게 일어나는 모든 일이 그의 자손들에게도 일어난다."를 토대로 한 유대 속담).

매주 일정 분량의 토라를 읽는 유대인은 배워야 할 점과 배우지 말아야 할 점을 선별해서 공부한다. 예를 들어보자. 창세기에 따르면, 야곱이 다른 아들들보다 요셉을 더 사랑했기 때문에 그에게 귀한 옷을 지어 입혔는데, 이것은 결국 요셉의 다른 형제들을 화나게 만들었다. 여기에 대해 랍비들은 부모와 자식 간의 관계를 다룬 장에서 이미 언급한 적이 있는 다음과 같은 결론을 내린다. "부모는 절대로 자식들 중 한 아이에게만 각별한 대우를 하지 말아야 한다. 왜냐하면 야곱이 다른 자식들에게 준 비단보다 동전 두 닢의 가치가 더 나가는 비단을 요셉에게 주었기 때문에 요셉의 형제들은 요셉을 시기하게 되었고, 이것은 또 다른 화를 초래해 결국 우리의 선조들이 이집트에서 종살이를 하게 되었기 때문이다(바빌로니아 탈무드, 샤밧 10b)."

유대인들은 가족의 중요한 사건이나 위기에 대처하는 데 지표로 삼기 위해 선조들의 삶을 비롯해 심지어 종들의 삶까지도 공부했다. 그 일례로 창세기는 아브라함이 늙은 종 엘리에제르에게 아들 이삭의 아내를 구해오라 했다고 기록한다. 가나안 여자는 선택하지 말라는 것 외에 아브라함은 엘리에제르에게 아들의 신붓감에 대한 구체적인 기준을 제시하지 않았다. 엘리에제르는 아내의 가장 중요한 자질을 친절함으로 정하고 하나님께 기도했다. "보소서 제가 이 우물 곁에 서 있습니다. 이제 이 성 사람들의 딸들이 물을 긷기 위해 나올 것입니다. 제가 어떤 소녀에게 '물동이를 내려 내가 물을 마실 수 있게 해달라'고 할 때 그녀가 '드십시오. 제가 이 낙타들도 물을 마실 수 있게 해드리겠습니다.'라고 하면 바로 그녀가 주께서 주의 종 이삭을 위해 정하신 사람으로 여기겠습니다. 그것으로 주께서 내 주인에게 자비를 베푸신 줄 알겠습니다(창세기 24:14)." 그로부터 얼마 지나지 않아 리브가는 엘리에제르의 기도와 똑같이 반응했고, 이내 이삭의 아내이자 유대주의의 두 번째 어머니가 되었다.

토라의 책장을 넘기고 또 넘겨라. 그 안에서 모든 것을 찾을 수 있기 때문이다(아버지의 윤리 5:22). 헤럴드 쿠슈너Harold Kushner가 남긴 다음 글은 토라를 공부하는 유대인의 자세를 반영하고 있다. "유대민족은 사람들이 러브레터를 읽는 식으로 성경을 읽는다. 러브레터를 읽을 때 사람들은 단순히 그 내용만을 읽지는 않는다. 거기에 담긴 마지막 남은 사소한 의미 하나하나까지 짜내려 누력하는 것이다. 예를 들면, 그가 마지막 문구를 '사랑하는 사람이'라고 쓰지 않고 '당신의 사람이'라고 쓴 이유까지 알고 싶어 하는 것이다(해럴드 쿠슈너, 《삶에게!To Life!》)."

유대민족의 생명과 같은 토라

한때 로마 정부는 유대인에게 토라 공부를 금지하는 법령을 공포했다. 그런데 파푸스 벤 주다Pappus ben Judah는 랍비 아키바가 공개적인 집회에서 토라를 가르치는 것을 발견했다. 파푸스가 아키바에게 말했다. "아키바, 당신은 로마 정부가 두렵지 않소?"

이에 아키바는 이렇게 대답했다. "우화로 대답을 대신하겠습니다. 어느 날 강가를 거닐고 있던 여우가 초조해하며 이리저리 왔다 갔다 헤엄치고 있는 물고기 떼를 보았습니다. 여우가 물고기들에게 물었습니다. '무엇으로부터 쫓기고 있는 거니?'

물고기들이 대답했습니다. '사람들이 우리를 잡으려고 던지는 그물로부터요.'

여우가 말했습니다. '육지에서 살면 안전할 텐데 여기로 올라오지 그러니? 나와 함께 평화롭게 살 수 있도록 말이야.'

물고기들이 대답했습니다. '사람들이 동물 중 가장 영리하다고 말하는 여우가 맞나요? 당신은 영리하기는커녕 오히려 어리석군요. 우리가 살아갈 수 있는 곳에서 한 가지 두려운 것이 있다면 우리가 확실히 죽게 될 곳에서는 두려워해야 할 것이 얼마나 많이 있겠어요?'

우리도 이와 마찬가지입니다. 우리가 앉아서 토라를 공부하는 것이 그러한 위험에 처하는 것이라면, 우리가 토라를 소홀히 한다면 상황은 얼마나 더 나빠지겠습니까! 토라도 이렇게 말하고 있습니다. '너희 하나님 여호와를 사랑하고 그분의 음성에 귀 기울이며 그분을 단단히 붙들라. 여호와는 너희 생명이시다. 그분께서 너희 조상 아브라함, 이삭, 야곱에게 주시겠다고 맹세하신 그 땅에서 너희가 살 것이다(신명기 30:20).'

그 후 곧바로 랍비는 체포되어 투옥되었고, 파푸스 역시 체포되어 아키바 옆에 투옥되었다. 아키바가 파푸스에게 물었다. "파푸스, 당신은 무슨 죄로 여기에 오게 되었습니까?"

파푸스가 대답했다. "랍비 아키바, 당신은 토라 때문에 체포되었기에 복된 사람이오! 가치 없는 이유 때문에 체포된 나는 가련할 뿐이라오(바빌로니아 탈무드, 베라크홋 61b)."

당시 유대인들 사이에서 토라 공부의 열기는 많이 식어들었지만, 몇몇 현자와 스승은 상황을 호전시키기 위해 영웅적인 노력을 게을리하지 않았다. 예를 들면, 서기 200년 조금 전, 이스라엘에서 토라를 경시하는 풍조가 만연하던 시기 동안 현인 랍비 히야는 유대주의의 가르침을 널리 퍼뜨리기 위해 자신을 바쳤다.

> 토라가 이스라엘에서 절대 잊히지 않게 하기 위해 내가 한 일은 무엇인가? 나는 아마씨를 뿌렸고, 그것으로 새끼를 꼬아 그물을 만들었다. 그 그물로 나는 사슴을 잡아 고기는 고아들에게 주고 그 껍질로는 두루마리를 준비했다. 그리고 그 두루마리에 모세의 다섯 권을 기록했다. 그런 다음 선생이 없는 마을로 가서 다섯 명의 아이들에게 모세의 다섯 권을 가르쳤고, 여섯 명의 아이들에겐 미슈나의 여섯 계율을 가르쳤다. 나는 아이들 개개인에게 토라와 미슈나 모두를 가르칠 때까지 아이들을 가르쳤다. 이것이 이스라엘에서 토라가 잊히지 않게 하기 위해 내가 한 일이다(바빌로니아 탈무드, 바바 메지아 85b)."

랍비 히야의 업적에 대해 탈무드는 후에 다음과 같이 기록한다. "토라가 이스라엘에서 잊혔을 때, 바빌로니아에서 에즈라가 와 그것을 복구했다.

토라의 일부분이 다시 잊혔을 때, 바빌로니아에서 힐렐이 와 그것을 복구했다. 토라의 일부분이 또다시 잊혔을 때 히야와 그의 아들이 와서 그것을 복구했다(바빌로니아 탈무드, 수카 20a)."

공부의 중요성

랍비 타르폰과 다른 랍비들이 리다에 머물고 있을 때 누군가가 물었다. "공부가 더 중요합니까, 아니면 실행이 더 중요합니까?" 타르폰이 말했다. "실행이 더 중요합니다." 아키바가 말했다. "공부가 더 중요합니다." 그러자 다른 랍비들 모두가 대답했다. "공부가 실행으로 이어지기에 공부가 더 중요합니다(바빌로니아 탈무드, 키두쉰 40b)."

탈무드의 이 이야기는 "아이에게 물고기를 주면 하루의 식량이 될 뿐이지만, 물고기를 잡는 법을 가르쳐주면 평생의 식량이 된다."라는 가르침과 맥을 같이한다. 하나의 선행은 선한 삶으로 이어지지 않는다고 랍비들은 말하고 있다. 적절하게 행동하려면 그에 필요한 지식이 있어야 하기 때문에 이러한 지식이 부족한 사람은 적절한 행동을 할 수 없다. 따라서 공부가 행동에 선행되어야 하는데, 이는 공부가 행동보다 중요해서가 아니라 공부 없이는 적절한 행동이 오랫동안 유지될 수 없기 때문이라고 랍비들은 이야기한다.

누가 토라를 공부해야 할까?

모든 유대인, 즉 가난한 사람이나 부유한 사람, 건강한 사람이나 병약한 사람, 젊은이나 노인 모두 토라를 공부해야 한다. 심지어 다른 이의 자선에 기대거나 집집마다 구걸을 다니는 사람, 또는 봉양할 아내와 자식들이 있는 사람도 낮과 밤 동안 토라를 공부할 시간을 별도로 마련해둘 의무가 있다. …… 그럼 인생의 어느 시기까지 토라를 공부해야 할까? 죽는 날까지 해야 한다(미슈네 토라, '토라 공부에 관한 율법' 1:8, 10). 부모는 자신의 토라 공부를 등한시 하지 말아야 한다. 부모가 자녀를 교육시키는 것도 계율이지만, 부모 자신이 배우는 것도 계율이기 때문이다(모세 마이모니데스, ibid., 1:4).

랍비 아키바는 언제 토라 공부를 시작했을까? 그는 마흔 살이 되기 전까지 아무것도 배우지 않았다고 전해진다. 어느 날 그는 어느 샘 옆에 서 있다가 사람들에게 물었다. "누가 이 암석에 구멍을 냈습니까?"

사람들은 그에게 말했다. "매일 거기로 떨어지는 물이 암석에 구멍을 냈습니다."

아키바는 그 즉시 이렇게 추론하기 시작했다. "부드러운 것이 단단한 것을 마모시킬 수 있다면 강철같이 단단한 토라의 말씀은 단지 살과 피로 된 부드러운 나의 심장에 그대로 새겨질 수 있을 것이다."

결국 아키바와 그의 아들은 어린아이들을 가르치는 선생님을 찾아갔다. 아키바가 말했다. "선생님, 제게 토라를 가르쳐 주십시오!"

아키바는 석판의 한쪽 끝을 잡았고, 그의 아들은 다른 쪽 끝을 잡았다. 선생님이 그를 위해 석판에다 'Aleph, Bet[A, B]'이라는 문자를 썼고, 그는 그것을 배웠다. 선생님이 그를 위해 석판에다 "Aleph, Taf[알파벳 전체]"를 썼고, 그는 그것을 배웠다. 선생님은 그에게 전통적으로 토라 공부를 시작할 때 배우는 레위기를 가르쳤고, 그는 그것을 배웠다. 그는 토라 전체를 모두 배울 때까지 계속해서 공부하고, 또 공부했다. …… 이렇게 아키바는 마흔 살에 토라 공부를 시작해 그로부터 13년 후에는 많은 사람들이 모인 곳에서 토라를 가르쳤다(《랍비 나단이 말하는 아버지The Fathers According to Rabbi Nathan》 6:1).

랍비들은 유대인이 토라 공부의 의무를 이행해야 하는 이유로서 다음 이야기를 전한다.

가난한 사람과 부유한 사람, 잘생긴 사람, 각각 한 명씩이 천상의 법정에 섰다.

이들이 가난한 사람에게 물었다. "왜 토라 공부를 하지 않았느냐?"

가난한 사람이 대답했다. "전 너무 가난해 돈벌이에만 전념해야 했습니다." 이들이 가난한 사람에게 반문했다. "네가 힐렐보다도 더 가난했느냐?"

힐렐은 적은 돈을 벌기 위해 매일 일해야 했음에도 불구하고 그 돈의 절반을 '교육원House of Learning'의 문지기에게 지불하는 수업료로 썼고, 나머지 절반은 가족의 생계비로 썼다고 전해진다. 한번은 힐렐이 수업료를 낼 수 없어 교육원의 문지기가 힐렐을 교육원으로 들여보내주지 않았다. 그래서 그는 랍비 슈마야와 랍비 아브탈리온의 입으로 전해지는 '살아 있는 하나님'의 말씀을 듣기 위해 교육원의 지붕으로 올라가 거기에 있는 창문 위에 앉았다. 그날은 눈 내리는 한겨울의 금요일이었다. 하늘에서 내려오는 눈이 힐렐의 몸으로 떨어지고 있었다.

동이 텄을 때, 슈마야가 아브탈리온에게 말했다. "아브탈리온 형제, 이 교육원은 이때쯤 매일 환했는데, 오늘은 어둡군요." 위를 올려다본 두 사람은 창문에서 한 남자의 모습을 보았다. 곧장 지붕으로 올라간 둘은 4피트 두께의 눈에 덮인 힐렐을 발견했다. 둘은 그를 밑으로 데려와 목욕을 시키고 성유를 발라준 다음 불 앞으로 데리고 왔다.

랍비는 다시 부유한 사람에게 물었다. "왜 토라 공부를 하지 않았느냐?" 부유한 사람이 대답했다. "전 부유해서 제가 가진 것에 전념해야 했습니다." 이들이 반문했다. "네가 랍비 엘리자르보다도 더 부유했다고 말하려 하느냐?"

랍비 엘리자르에 대해 기록된 것을 보면, 그의 아버지는 그에게 육지에 천 개의 도시와 바다에 천 척의 배를 유산으로 남겼다. 하지만 그는 매일 토라 공부라는 유일한 목적을 위해 어깨에 밀가루 자루를 메고 이 도시에서 저 도시로, 이 지방에서 저 지방으로 다녔다.

랍비들은 마지막으로 잘생긴 사람에게 물었다. "왜 토라 공부를 하지 않았느냐?"

잘생긴 사람이 대답했다. "제가 너무 잘생겨서 저의 정열을 억누르느라 여념이 없었습니다." 이들이 반문했다. "네가 조셉보다 더 잘생겼다고 말하려 하느냐?"

포티파르의 아내는 매일 말과 행동으로 덕망 높은 조셉을 유혹하려 했다고 전해진다. 그녀는 조셉을 유혹하기 위해 아침에 입은 드레스를 저녁에는 입지 않고 그날 저녁에 입은 드레스를 다음 날 아침에는 입지 않았다. 그녀가 조셉에게 말했다. "제 사랑을 받아주세요!" 그러자 그가 말했다. "안 됩니다." 이에 그녀가 말했다. "그렇다면 당신을 감옥으로 보내겠어요." 급기야 그녀는 자신과 동침만 해준다면 천 개의 은을 주겠다는 제안까지 했지만 그는 이 제안마저 거절했다.

이로써 토라를 공부하지 않는 가난한 사람은 힐렐이 보여준 사례로 비난받아야 하고, 토라를 공부하지 않는 부유한 사람은 랍비 엘리자르가 보여준 사례로 비난받아야 하며, 토라를 공부하지 않는 잘생긴 사람은 조셉의 사례로 비난받아야 한다(바빌로니아 탈무드, 요마Yoma 35b).

생산적인 공부를 위한 지침

토라 공부를 규칙적이고 습관적인 행동으로 만들라(아버지의 윤리 1:15).
동유럽에선 토라 공부에 몰두하는 학생을 '마스미드masmid'라 부른다. 일반적으로 토라 공부를 하루에 열 시간 이상씩 하는 사람을 그렇게 불렀는데, 랍비 이스라엘 살란터는 이 같은 발상은 잘못된 것이라고 주장했다. "마스미드는 오랜 시간 연속적으로 공부하는 사람이 아니라 매일 공부하는 사람이다. 이것은 설령 하루에 두 번밖에 이루어지지 않더라도 하루도 빠짐없이 매일같이 반복되는 희생을 의미하는 타미드(이 단어에서 마스미드란 단어가 생겨났다; 타미드는 '되풀이해서'란 뜻이다.)라는 단어의 쓰임새로 증명된다."
나의 아버지가 회계 업무로 상당히 바빠졌을 때, 자신의 아들이 유대인의 배움에 소홀해질 수 있다는 것을 염려한 나의 할아버지는 아버지에게 매일 아침 미슈나의 두 가지 계율을 익히도록 했다. 그때부터 그 일과를 습관화한 나의 아버지는 미슈나 전체를 몇 번씩이나 공부할 수 있었다.
어리석은 학생은 말한다. "과연 누가 전체 토라를 모두 공부할 수 있겠는가?" 지혜로운 학생은 말한다. "전체 토라를 익힐 때가지 오늘 두 가지 계율을 공부하고, 내일 또 두 가지 계율을 공부할 것이다(아가 라바, 5:11)." 자신이 배운 것을 100번 반복하는 사람은 자신이 배운 것을 101번 반복하는 사람과 비교될 수 없다(바빌로니아 탈무드, 하기가Hagigah 9b). 반복적인 공부의 중요성에 대해 내 친구 데이비드 스조니David Szonyi는 다음과 같이 기술했다. "어떤 것을 단순히 반복하는 것이 아니라 여러 번 다시 배우는 것은 아마 지겨운 지적 경험이 될 수 있을지는 몰라도 우리를 더 깊고 새로운 이해로 인도할 수 있다는 걸 암시한다."

"수줍어하는 사람은 결코 배우지 못할 것이다(아버지의 윤리 2:5)."라는 랍비들의 가르침은 수줍음을 타는 사람을 나무라는 뜻이 아니라 지나치게 소심해서 질문을 하지 못하는 사람들은 한 주제에 대해 결코 깊이 있게 이해할 수 없음을 강조한 지침이다. "배움을 구하는 사람은 동료 학생들이 한두 번 만에 이해한 것을 자신은 몇 번을 반복해도 이해하지 못했다고 해서 부끄러워해선 안 된다. 만일 이러한 것 때문에 부끄러워한다면 그는 결국 아무것도 배우는 것 없이 그저 '랍비 연수원'만 다니는 꼴이 될 것이다(슐크한 아루크, 요레 데아 246:11)."

"성미가 급한 사람은 가르침을 베풀 수 없다(아버지의 윤리 2:5)."라는 것도 배움에 관한 랍비의 중요한 교훈이다.

학생들은 성미가 급한 선생님에게 질문하기를 꺼린다. 마이모니데스는 불같은 성격을 지닌 스승에게 자신을 삼가고 제자들이 자신을 두려워하지 않게 해야 한다고 경고한다. "스승은 자신이 가르치는 것을 제자들이 이해하지 못한다고 해서 제자들에게 화를 내거나 낙담해선 안 된다. 그 대신 제자들이 계율의 깊은 뜻을 이해할 때까지 몇 번이고 그것을 가르치고 또 가르쳐야 한다. 마찬가지로 제자들 또한 이해하지 못한 것을 '이해했습니다.'라고 말하지 말아야 한다. 필요하다면 묻고 또 물어야 한다. 그랬는데 만일 스승이 화를 내거나 귀찮아한다면 제자는 이렇게 말해야 한다. '스승님, 이것은 토라입니다. 전 이것을 배워야만 합니다. 하지만 제 능력에 한계가 있습니다(미슈네 토라, '토라 공부에 관한 율법' 4:4).'"

"무지한 사람은 신앙심이 깊은 사람이 될 수 없다(아버지의 윤리 2:5)." 랍비들은 무지한 사람의 불충분한 신앙심이 반드시 좋은 의도가 부족하기 때문만은 아니라고 생각한다. 진정한 신앙심은 적절한 의도뿐만 아니라 적절한 행동을 필요로 하며, 그렇게 되려면 공부와 지식이 선행되어야 한다는 것이 그들의 지론이다. 다음 창세기 구절을 보자.

아브라함의 조카 롯은 선한 마음을 가졌다. 소돔 사람들이 자신의 집에 온 방문객들을 강간하려 하자 롯은 가능한 모든 방법을 동원해 이들을 설득해 단념시키려 했다. 하지만 결국 롯의 이러한 노력이 실패로 돌아가자 그는 소돔 사람들의 희생자로서 방문객 대신 자신의 두 딸을 내보내겠다고 제안했다(창세기 19:8). "신앙심이 깊다."는 말에 치명적인 손상을 끼치지 않는다면 도덕적으로 이토록 무지한 사람을 신앙심이 깊다고 말할 순 없을 것이다.

마지막 조언

진정으로 네 자녀들이 토라를 공부하길 바란다면 자녀들이 보는 앞에서 네 자신이 토라를 공부하라. 자녀들은 너를 본보기로 삼아 토라를 공부할 것이다. 그렇지 않으면, 네 자녀들은 토라를 공부하지 않을 것이고, 단지 네 자녀들의 자녀들에게만 토라를 공부하라고 지시할 것이다(코츠크Kotzk의 랍비 메나헴 멘델Menahem Mendel).

51. 모든 죄는 용서받을 수 있는가

누가 회개를 할 필요가 있는가? 모두. 어떤 것이 회개의 동기가 될 수 있는가? 어떤 것이라도. 언제 회개를 해야 하는가? 항상.

누가 회개를 할 필요가 있는가? 선한 일만 하고 절대로 죄짓지 않는 의인은 세상에 없다(전도서 7:20)."

무엇이 회개의 동기가 될 수 있는가?

아하수에로 왕이 인장 반지를 빼 하만에게 준 것은 하나님이 이스라엘에 보내신 마흔여덟 명의 예언자와 일곱 명의 여성 예언자들에게보다 유대민족에게 더 큰 영향을 주었다. 이 모든 것이 유대민족을 더 나은 길로 인도할 수 없었기 때문이다. 인장 반지를 뺀 것은 유대인들로 하여금 회개하도록 만들었을 뿐이다(바빌로니아 탈무드, 메길라 14a).

구약의 에스더는 다음과 같이 기록하고 있다.

하만이 아하수에로 왕에게 아하수에로 왕국(페르시아) 전역에 있는 유대인 모두를 학살하겠다는 제안을 했을 때, 아하수에로 왕은 "손가락에서 자기의 인장 반지를 빼 유다 사람의 원수인 아각 사람 함므다다의 아들 하만에게 주며 말했다. '그 돈은 네가 가져라. 또한 그 민족도 네가 하고 싶은 대로 처리하여라.' …… 이 칙령은 아하수에로 왕의 이름으로 쓰였고 그 인장 반지로 봉인되었다(에스더 3:10-12)." 몇 구절 뒤에 성경은 다음과 같이 기록하고 있다. "모르드개는 이 모든 일에 대해 알게 되자 자기 옷을 찢고 베옷을 입고 재를 뒤집어쓴 채 괴로워 큰 소리로 울며불며 성안으로 들어갔다(에스더 4:1)."

랍비 사울 바이스Saul Weics는 탈무드의 언급을 다음과 같이 간명하게 요약했다. "모든 예언자들의 권고는 이스라엘 사람들을 회개하도록 만들지 못한 반면, '인장 반지의 제거'로 상징되는 임박한 재앙은 이스라엘 사람들을 회개하도록 만들었다(《통찰: 탈무드의 보고Insights: Talmudic Treasury》)."

반유대주의는 유대인들의 회개에 기폭제 역할을 하는 경우가 많다. 한편, 전체 탈무드에서 가장 우아하지 않다고 할 만한 다음 이야기는 "창녀의 방귀 같은 아주 사소한 것조차도 한 사람을 회개의 길로 인도할 수 있다는 사실을 보여준다(하이얌 맥코비, 《하나님이 웃으신 날: 유대 현자들의 격언, 우화 그리고 오락》)."

랍비 엘리자르 벤 도르다이Eleazar ben Dordai는 창녀와의 성관계에 대한 집착이 몹시 강했다고 전해진다. 어느 날, 어느 해안 도시에 데나리denarii(가치 있는 동전) 지갑을 화대로 받는 창녀가 있다는 소식을 들은 랍비 엘리자르는 그녀를 만나기 위해 데나리 지갑을 들고 일곱 개의 강을 건넜다.

그가 그 창녀와 함께 있을 때, 그녀는 방귀를 뀌고는 이렇게 말했다. "이

방귀가 절대로 다시 제자리를 찾아갈 수 없는 것처럼 엘리자르 벤 도르다이의 회개도 결코 받아들여지지 않을 것입니다."

그곳을 떠난 그는 두 개의 언덕과 산들 사이에 앉아서 말했다. "산과 언덕이여, 제게 자비를 베풀어주시라고 하나님께 간청드려주십시오."

그러자 이들은 다음과 같이 대답했다. "우리가 당신을 위해 기도드리기 전에 우리는 우리 자신을 위해 먼저 기도드려야만 합니다. 왜냐하면, 성경에 '산들이 옮겨지고 언덕이 흔들려도(이사야 54:10)'라고 기록되어 있기 때문입니다."

그는 말했다. "하늘과 땅이시여, 제게 자비를 베풀어주시라고 하나님께 간청드려주십시오."

그러자 하늘과 땅이 말했다. "우리가 당신을 위해 기도드리기 전에 우리는 우리 자신을 위해 먼저 기도드려야만 합니다. 왜냐하면, 성경에 '하늘은 연기처럼 사라지고 땅은 옷처럼 해어져서(이사야 51:6)'라고 기록되어 있기 때문입니다."

그는 말했다. "태양과 달이시여, 제게 자비를 베풀어주시라고 하나님께 간청드려주십시오."

그러자 태양과 달이 말했다. "우리가 당신을 위해 기도드리기 전에 우리는 우리 자신을 위해 먼저 기도드려야만 합니다. 왜냐하면, 성경에 '달이 얼굴을 들지 못하고 해가 부끄러워할 것이다(이사야 24:23).'라고 기록되어 있기 때문입니다."

그는 말했다. "별과 성운들이여, 제게 자비를 베풀어주시라고 하나님께 간청드려주십시오."

그러자 별과 성운이 말했다. "우리가 당신을 위해 기도드리기 전에 우리는 우리 자신을 위해 먼저 기도드려야만 합니다. 왜냐하면, 성경에 '하늘의 모든 별들은 사라지고 하늘이 두루마리처럼 말려 올라갈 것이다. 포도나무에서 시든 잎사귀가 떨어지듯, 무화과나무에서 마른 무화과가 떨어지듯, 모든 별들이 떨어질 것이다(이사야 34:4).' 라고 기록되어 있기 때문입니다. 그는 말했다. "그렇다면 이 문제는 전적으로 나 홀로 해결해야 할 문제이다." 그는 자신의 무릎 사이에 얼굴을 묻고 그의 영혼이 그의 육체를 떠날 때까지 흐느끼며 눈물을 흘렸다. 바로 그때, 어디선가 천상의 목소리가 들려왔다. "랍비 엘리자르 벤 도르다이는 '도래할 세상'에서의 삶을 허락받았다."

이 소식을 들은 랍비 주다 더 프린스가 눈물을 흘리며 말했다. "어떤 사람은 여러 해에 걸친 노고로 도래할 세상에서의 삶을 얻고, 어떤 사람은 단 한 시간만에 그것을 얻는구나." 그러고는 덧붙였다. "회개하는 사람들이 받아들여지는 것만으로는 충분하지 않다. 이들을 또한 '랍비'라고도 불러야 한다!(바빌로니아 탈무드, 아보다 자라 Avodah Zara 17a)."

"언제 회개를 해야 합니까?"라는 제자들의 질문에 랍비 엘리에제르가 답했다. "죽기 하루 전날에 회개해야 한다."
제자들이 그에게 물었다. "하지만 사람들이 자신이 언제 죽는지 어떻게 알 수 있습니까?"
"그렇기 때문에 오늘 회개해야 하는 것이다. 내일 죽을 수도 있다는 걸 염두에 두어야 하니까 말이다. 이러한 마음가짐으로 모든 인생을 회개하며 보내야 할 것이다(바빌로니아 탈무드, 샤밧 153a)."
인간은 죽음의 사자에게 "제가 마음을 정할 때까지 기다려주십시오."라고 말할 수 없다(전도서 라바 8장 8절에 대한 주해).

비길 데 없는 회개의 힘

회개하고 있는 죄인이 서 있는 자리엔 완벽한 의인이 서 있을 수 없다(바빌로니아 탈무드, 베라크홋 34b).

랍비들은 그동안 해오던 잘못된 행동을 회개하고 더 이상 반복하지 않는 것이 늘 올바른 행동을 해온 것보다 훨씬 더 훌륭한 것이라고 믿는다. 예를 들면, 한 명의 아내와 결혼 생활을 하는 걸 고집하면서도 다른 여자들과 성관계를 갖는 것에 중독된 사람은 한 번도 외도를 해보지 않은 사람보다 외도에 대해 훨씬 더 강하고 지속적인 충동을 느낀다. 따라서 외도에 중독된 사람의 회개를 더 높이 평가해야 한다는 것이다. 완벽하게 의로워 보이는 사람도 일면에는 그다지 합당하지 못한 부분이 있기 마련이다. 이들은 이러한 부분에서 죄 짓는 걸 삼가면 그만큼 더 덕을 쌓는 것이다.

진정한 회개

어떤 사람이 진실로 회개했다는 것은 어떻게 증명될 수 있을까? 똑같은 죄를 저지를 수 있는 기회가 두 번 있었는데, 두 번 다 죄를 짓지 않았다면 그 사람은 진실로 회개한 사람이다(바빌로니아 탈무드, 요마 86b).

완진한 회개는 무엇으로 이루어질까? 어떤 사람이 사신이 이선에 쇠를 지었던 상황과 똑같은 상황을 맞았고 다시 죄를 저지를 수 있는 능력이 있는데도 죄를 짓지 않았다면 그 사람은 완전히 회개한 것이다. 똑같은 죄를 다시 되풀이하는 것에 두려움을 느끼거나 신체적으로 너무 허약해서가 아니라 회개하고 싶은 진심어린 마음에서 그렇게 했기 때문이다. 예를 들면,

그가 이전에 자신에게 허락되지 않은 여자와 성관계를 가졌는데, 그로부터 얼마 후에 그녀와 단둘이서 이전에 성관계를 가졌던 똑같은 장소에 있게 되었을 때, 여전히 그녀에 대한 사랑과 자신의 성욕이 예전 그대로임에도 자제력을 발휘해 그녀를 범하지 않았다면 그는 진정으로 회개한 사람이라는 것이다(모세 마이모니데스, 미슈네 토라, '회개에 관한 율법' 2:1).

마이모니데스가 '완전한 회개'에 대한 하나의 예로 남자의 성욕을 강조한 것을 보면 성聖 아우구스투스의 말이 떠오른다. "남자가 죄를 지을 수 없을 때 죄 짓는 것을 자제하는 것은 죄에게 버림받은 것이지, 자신이 죄를 버린 것은 아니다."

랍비 메이어의 이웃에는 그에게 해를 많이 끼치는 범죄자들이 살고 있었다. 그래서 메이어는 이들이 죽게 해달라고 기도했다. 그러자 그의 아내 베루리아가 말했다. "무슨 생각을 하시는 겁니까? 당신은 '죄인들은 땅에서 사라지게 하시고 악인들은 더 이상 존재하지 않게 하소서.'라는 성경 구절(시편 104:35)로 당신의 기도를 정당화하시는 겁니까? 하지만 여기서 '죄인들'은 '죄들'로도 해석할 수 있습니다. 다시 말해, '죄들은 땅에서 사라지게 하시고'로 해석할 수 있지요. 게다가 마지막 문구를 보면, '악인들은 더 이상 존재하지 않게 하소서.'라고 되어 있지 않습니까. 죄들이 사라지면, 더 이상 악인들이 존재하지 않는 거죠! 따라서 당신은 '이들이 회개하게 하시어 주위에 악인들이 더 이상 존재하지 않게 하소서.'라고 기도해야 합니다." 메이어는 이들을 위해 다시 기도했고, 이들은 회개했다(바빌로니아 탈무드, 베라크홋 10a).

이것은 탈무드에서 가장 향기로운 이야기 중 하나일 뿐만 아니라 종교적인 논쟁에서 여성이 지혜로써 남성의 우위에 선 흔치 않은 이야기이기도 하다. 하지만 안타깝게도 현실에서는 베루리아의 순수한 바람과는 달리 다른 사람의 회개를 바라는 기도가 통하지 않는 경우가 많다. 그렇더라도 이 이야기는 자신에게 상처를 주는 사람을 벌받게 해달라고 기도하는 인간의 보편적인 본능을 반성할 필요가 있다는 걸 일깨워준다는 점에서 의미심장하다. 자신에게 해를 끼친 사람이 벌받지 않도록, 자신이나 다른 사람에게 더 이상 상처를 입히지 않게 해주십사 기도하는 것이 더 바람직할 것이다.

회개가 무의미한 경우

속죄의 날에는 인간에게 지은 죄가 아니라 하나님에게 지은 죄를 속죄한다. 상처받은 사람이 치유되지 않았다면 말이다(미슈나 요마 8:9).

1960년대 중반에 20세기가 낳은 유대인의 위대한 스승 랍비 아브라함 조슈아 헤셸Abraham Joshua Heschel이 미국의 한 비즈니스맨 단체의 초청을 받아 현안에 대한 유대인의 관점을 설명하는 연설을 하게 되었다. 그의 연설이 끝나자 유대인이 아닌 한 참석자가 그에게 질문을 던졌다. "이제 그만 당신과 유대민족들이 유대인 대학살에 대한 용서를 베풀어야 한다고 생각하지 않으십니까?"

헤셸은 이에 대한 답변으로 다음의 이야기를 들려주었다.

50여 년 전 널리 알려진 학자이자 관대함으로 존경받던 브리스크 출신의 하임 솔로베이치크Hayyim Soloveitchik가 자신의 고향으로 가기 위해 바르샤바에서 기차를 탔다. 왜소한 체구에 평범한 외모의 랍비 하임은 열차의 한 객실에서 좌석을 발견하고 거기에 앉았다. 그의 주위엔 여행 중인 상인들이 있었는데, 이들은 열차가 출발하자마자 카드놀이를 시작했다. 게임이 무르익어가면서 이들의 흥분도 점점 더 고조되었다. 하지만 하임은 여전히 주위에 관심을 뺏기지 않고 독서에 몰입했다. 이러한 그의 초연함은 주위 사람들의 심기를 건드렸고, 결국 이들 중 한 명이 하임에게 카드놀이를 함께 하자고 제안했다. 이에 하임은 자신은 한 번도 카드놀이를 해본 적이 없다고 대답했다. 시간이 지날수록 하임의 초연함은 이들을 더욱 화나게 만들었고, 마침내 한 남자가 그에게 말했다. "함께 카드놀이를 하든지, 이 객실을 떠나든지 둘 중 하나를 택하시오." 그러고는 하임의 목덜미를 잡아 그를 객실 밖으로 밀어냈다. 하임은 목적지인 브리스크 시市에 도착할 때까지 몇 시간 동안 객실 밖에 서 있어야 했다.

브리스크는 하임을 객실 밖으로 쫓아낸 상인의 목적지이기도 했다. 하임이 기차에서 내리자마자 그를 흠모하는 환영 인파가 그를 에워싸며 그에게 악수를 청했다. "저 남자가 누구입니까?" 그 상인이 물었다. "저분을 모르신단 말씀입니까? 저분은 브리스크에서 가장 유명한 랍비입니다."

상인은 가슴이 내려앉았다. 그는 자신이 모욕을 준 사람이 누구인지를 몰랐던 것이다. 상인은 재빨리 하임에게로 가 용서를 구했다.

그러나 하임은 이를 거부했다. "당신을 용서하고 싶지만, 그렇게 할 수가 없군요."

객실에 들어가서도 평온을 찾을 수 없었던 상인은 하임의 집으로 찾아갔고, 그의 서재로 들어가게 되었다. 상인이 말했다. "랍비님, 전 부자가 아닙니다. 하지만 랍비님이 저의 잘못을 용서해주신다면 제가 지금까지 모은 3백 루블 전부를 자선기금으로 당신께 드리겠습니다."

하임의 대답은 간결했다. "아닙니다!"

견딜 수 없을 정도로 불안해진 상인은 위안을 얻기 위해 시나고그를 찾았다. 시나고그에 있는 사람들에게 그가 심경을 토로하자 이들은 크게 놀랐다. 관대하기로 유명한 자신들의 랍비가 용서에 그토록 인색할 수 있냐는 것이었다. 이들은 상인에게 하임의 장남을 찾아가 아버지의 이례적인 태도에 대해 이야기해보라고 조언했다.

상인의 이야기를 들은 랍비 하임의 장남 역시 아버지의 완고함을 이해하지 못했다. 그는 근심에 휩싸인 상인에게 이 문제에 대해 아버지와 상의해보겠다고 약속했다. 유대 율법에 따르면, 아들이 직접적으로 아버지를 비난하는 것은 바람직하지 않다. 그래서 장남은 아버지의 서재로 들어가 일반적인 유대 율법에 관한 토론으로 대화를 시작해 얼마 후에 용서에 관한 율법으로 대화의 주제를 바꾸었다. '상대방이 용서를 세 번 구하면 용서해주어야 한다'는 원칙이 거론되었을 때, 장남은 근심에 휩싸인 그 상인의 이름을 언급했다. 이에 하임은 이렇게 대답했다.

"그는 내게 모욕을 주지 않았는데 어떻게 내가 그를 용서할 수 있겠느냐? 그가 만일 내가 누구인지를 알았다면 절대 그런 행동을 하지 않았을 것이다. 그가 만일 진정으로 용서받길 원한다면 기차에 앉아 책을 읽고 있는 어느 가난한 유대인을 찾아서 그에게 용서를 구해야 할 것이다."

이야기를 모두 마친 뒤 랍비 헤셸은 이렇게 덧붙였다. "다른 사람에게 저질러진 범죄를 대신 용서해줄 수 있는 사람은 아무도 없습니다. 따라서 현재 살아 있는 유대인이 대학살로 생명을 잃은 6백만 명의 유대인을 대신해 이들의 생명을 앗아갔거나, 이들의 죽음을 방관한 사람들을 용서한다는 건 상식에서 크게 벗어난 일일 것입니다. 유대 전통에 따르면 하나님조차도 다른 인간에게 죄를 지은 사람이 아닌 자신에게 죄를 지은 사람만 용서할 수 있을 뿐입니다."

히셀의 답변에서 분명히 알 수 있듯, 모든 행위가 용서의 대상이 될 수 있는 것은 아니다. 다만, 살인 행위가 돌이킬 수 없고 용서될 수 없는 것에 반해, 살인자는 또 다른 방식으로 자신의 남은 생애를 가치 있게 만들기 위해 노력할 수 있다. 내가 알고 있는 회개에 관한 가장 강력한 이야기는 1922년에 유대인인 독일의 외무장관 발터 라테나우Walter Rathenau를 암살한 독일 우익 테러리스트 세 명 중 한 명인 에른스트 베르너 테호브Ernst Werner Techow에 관한 이야기다. 이들의 암살 동기는 정치적인 극단주의와 반유대주의였다. 경찰이 암살범들을 체포했을 때 나머지 두 명은 자살했고, 테호브 혼자만 살아남았다. 그로부터 3일 후, 희생자의 어머니인 마틸드 라테나우가 테호브의 어머니에게 편지를 썼다. "말할 수 없는 슬픔에 잠겨 이 세상 모든 여성 중 가장 가련한 당신께 편지를 씁니다. 당신의 아들이 암살한 내 아들의 이름과 영혼으로, 지상의 재판관 앞에서 당신의 아들이 자신의 죄를 숨김없이 솔직히 고백하고 천상의 재판관 앞에서 회개한다면, 하나님이 용서하실지는 몰라도 나는 당신의 아들을 용서한다고 그에게 전해주십시오. 당신의 아들이 이 지구가 품고 있는 가장 고귀한 영혼인 나의 아들을 알았더라면, 그는 차라리 자기 자신에게 총부리를 돌렸을 겁니다. 이 편지가 당신의 영혼에 평안을 가져다주길 기원드리며. 마틸드 라테나우로부터."

이후 테호브는 모범수로 5년 만에 석방되었다. 1940년 프랑스가 나치 독일에 항복했을 때, 그는 마르세유로 밀입국해 7백 명의 유대인이 모로코인의 허가증으로 스페인으로 탈출할 수 있도록 도왔다. 이들 중 몇몇은 돈이 있었지만, 대다수는 무일푼이었는데 타호브는 아무런 대가를 받지 않고 이들의 탈출을 도왔다. 이 일이 있은 지 얼마 되지 않아 테호브는 라테나우의 조카에게 자신이 회개하고 변모할 수 있었던 것은 마틸드 라테나우의 편지이었다고 털어놓았다. "용서의 편지를 썼을 때 그녀가 자신을 이겨낸 것처럼, 저도 제 자신을 극복하려고 노력했습니다. 전 제가 저지른 잘못을 바로잡을 수 있는 기회를 얻을 수 있기만을 바랐습니다(조지 헤럴드George Herald 《하퍼즈Harper's》)."

'살인자는 용서될 수 있는가?' 라는 질문에 탈무드는 다음과 같은 입장을 취한다. "비난받아 마땅한 살인자가 처형대에서 10큐빗 떨어진 지점에 도달했을 때, 간수는 그로 하여금 다음의 말을 하게 한다. '저의 죽음이 저의 모든 죄를 사할 수 있게 해주소서(미슈나 산헤드린 6:2).' 다시 말해, 현세에서는 완전한 용서를 받을 수 없지만, 내세에서는 용서받을 수도 있다는 말이다."

회개를 위한 세 가지 가이드

회개하는 죄인은 죄를 지을 때와 똑같은 능력으로 선행을 실천하려고 노력해야 한다. 그가 신체의 어떤 부분으로 죄를 지었든지 간에 그는 이제 신체의 그 부분으로 선행을 실천해야 한다. 만일 그의 발이 죄를 짓기 위해 존재했다면, 이제 그 발이 선행을 실천하기 위해 존재해야 한다. 만일 그의 입이 거짓말을 했다면, 이제 그의 입이 지혜를 바탕으로 열려야 한다. 폭력적이었던 손은 이제 자선을 베풀기 위해 펴져야 한다. …… 문제를 일삼은 사람은 이제 평화를 조성하는 사람이 되어야 한다(랍비 조나 게론디 Jonah Gerondi, 《회개의 문The Gates of Repentance》).

온갖 종류의 죄를 저지른 사악한 남자가 살고 있었다. 어느 날 그는 한 현자에게 회개할 수 있는 쉬운 방법을 가르쳐달라고 부탁했다. 그러자 현자는 그에게 이렇게 말했다. "거짓말하는 것을 삼가십시오." 그는 현자의 조언을 지킬 수 있다고 생각하며 기쁜 마음으로 돌아갔다. 그리고 여전히 예전 방식대로 살려고 했다. 그가 과거의 습관대로 도둑질을 하기로 결심했을 때, 그는 생각했다. '누가 나에게 어디에 가냐고 물어보면 어떻게 하지? 사실대로 도둑질을 하러 간다고 하면 잡힐 테고, 그렇다고 거짓말을 하면 현자의 지시를 따르지 않는 것인데.' 그는 이러한 방식으로 다른 모든 죄에 대해 생각했고, 마침내 완전한 회개를 했다(랍비 주다 벤 아서 Judah ben Asher). "세 가지에 대해 생각하라. 그러면 너희는 죄의 욕구를 극복할 수 있을 것이다. 너희 위에 무엇이 있는지를 알아. 보는 눈과 듣는 귀가 있다. 그리고 너희의 모든 행동은 한 권의 책에 기록된다(아버지의 윤리 2:1)." 사람들은 주위에 경찰차가 있는 것을 발견하면 더 조심스럽게 운전한다. 이와 같이 항상 주위에서 인간을 지켜보는 하나님의 눈을 의식하라고 랍비들은 가르친다.

회개에 대한 최종적인 생각

어느 날 지샤Pzysha의 랍비 심하 부남Simha Bunam이 제자들에게 물었다. "우리가 저지른 죄가 언제 용서받는지를 어떻게 알 수 있겠느냐?"
제자들은 다양한 대답을 했지만, 그 어떤 대답도 심하의 마음에 들지 않았다.
제자들의 대답을 모두 들은 뒤 심하는 말했다. "우리가 더 이상 그 죄를 저지르지 않는다는 확실한 사실로 알 수 있다(마틴 부버, 《하시디즘 이야기: 후기 스승들Tales of

the Hasidim: Later Masters》)."

탈무드에는 회개와 용서에 대하여 위의 이야기와 같은 맥락의 접근 방식이 자주 등장한다. 만일 훔친 대들보를 집을 짓는 데 사용한 사람이 회개하고자 한다면 그는 그 대들보를 주인에게 돌려주기 위해 지은 집을 다시 허물 필요는 없다. 주인에게 그에 상당하는 돈이나 그와 똑같은 다른 대들보로 배상하는 것으로 충분하다. 비록 이론적으로는 주인이 도둑맞은 바로 그 대들보를 돌려받겠다고 주장할 수 있지만, 주인은 금전적인 보상이나 다른 대들보로 만족해야 한다고 랍비들은 규정한다. 회개하려는 자가 불공평한 부담으로 의해 회개를 단념하기를 바라지 않기 때문이다(바빌로니아 탈무드, 기틴 55a).

나는 회개에 관한 수많은 말들 중 유대인이 아닌 19세기 미국 유머 작가 조시 빌링즈Josh Billings의 말을 특히 좋아한다.

"우리가 이미 저지른 죄에 대해 회개하는 것이 저지르려고 하는 죄에 대해 회개하는 것보다 훨씬 더 쉽다."

52. 기도에도 법칙이 있는가

"하나님이여, 미리암을 고쳐주십시오!(민수기 12:13)"
성경에서 가장 짧은 기도로 알려진 모세의 이 기도는 사람들이 자발적으로 기도할 때 가장 흔히 볼 수 있는 간청조의 기도다. 하나님께 간청하는 것이 대부분의 사람들이 하는 기도 형태일지 모른다. 한편, 랍비 하임 도닌Hayim Donin은 이러한 기도에 덧붙여 세 가지 추가적인 기도 형태, 즉 감사와 찬양 그리고 고백의 기도를 언급한다. 감사 기도는 위기를 넘겼을 때 "하나님 감사합니다."란 말을 포함하는 기도이고, 찬양 기도는 시편 104장 24절의 "오 여호와여, 주께서 하시는 일이 얼마나 다양하신지요!"와 같이 하나님을 찬양하는 기도이며, 고백과 자기반성의 기도는 유대인들이 속죄일에 자신의 반복적인 죄를 고백하는 기도와 같이 자신의 죄를 고백하고 이를 반성하기 위한 기도이다.

하나님께 어떻게 다가갈까?

랍비 엘라자르는 먼저 가난한 사람에게 동전부터 주고 기도를 드린다(바빌로니아 탈무드, 바바 바스라 10a).

유대 율법에 따르면 당신이 하나님의 자비를 구하려 한다면 먼저 다른 사람에게 자비를 베풀어야 한다. 랍비 엘라자르의 행동에 영감을 받아 대부분의 시나고그에서는 매일 아침예배 때 헌금함을 돌린다. 시나고그는 유대 율법이 돈을 만지는 것을 금하는 안식일 및 대부분의 축제일을 제외하고는 회중 사람들이 매일 헌금함에 무언가를 넣길 기대한다.

고대의 종교인은 자신들 마음을 하늘에 계신 하나님 아버지를 향하도록 하기 위해 기도하기 전에 한 시간 동안 명상을 했다(바빌로니아 탈무드, 베라크홋 30b). 오늘날 기도에 오랜 시간을 기꺼이 할애하려는 사람은 거의 없다. 하지만 유대 전통은 모든 사람에게 슈마Sh'ma를 암송하기 전에 짧게나마 명상을 하길 권한다. 기도문을 암송하기 전에 눈을 감거나 손으로 눈을 가린 뒤 하나님의 유일성과 자신의 의무, 하나님에 대한 감사함 등에 대해 명상을 하는 것이다.

서로 다른 형태의 유대 기도문 모음

하나님에 대한 찬양

"아인 케이로하이누Ain kei'loheinu.
우리 하나님 같으신 분은 없다.
우리 주 같으신 분은 없다.

우리 왕 같으신 분은 없고,

우리 구세주 같으신 분은 없다."

유대 예배 시 영창되는 가장 잘 알려진 성가 중 하나인 아인 케이로하이누 Ain kei'lohinu의 주제는 간명하다. 즉, 하나님은 유일무이하고 훌륭한 존재라는 것이다.

"슈마 이스라엘Sh'ma Yisra'el, 아도나이 엘로헤이누Adonai Eloheinu, 아도나이 에크하드Adonai Ekhad, 이스라엘아, 들으라. 우리 하나님 여호와는 오직 한 분인 여호와시다(신명기 6:4)."

이 기도문은 유대주의의 기본 신조와 가장 가깝다. 기독교에서 이러한 가치를 지니는 문구는 "예수님은 인간의 죄를 사하기 위해 돌아가신 하나님의 아들이다."이고, 이슬람교에서 이에 상응하는 선언은 "하나님 외에 다른 하나님은 없고, 모하마드는 그의 선지자이시다."이다.

전통을 고수하는 유대인은 하루에 네 차례 슈마를 암송한다. 즉, 아침 예배에서 두 번, 저녁 예배와 잠자리에 들기 전 각각 한 번씩 암송한다.

유대 역사에서 가장 유명한 순교자인 랍비 아키바는 슈마를 암송하면서 숨을 거두었다. 유대 역사 전체에 걸쳐 순교자뿐 아니라 모든 유대인이 그의 사례를 본보기로 삼도록 장려되어왔다.

언젠가 랍비 그린버그는 내게 자신의 자동차 백미러에 조그만 방울을 달아놓은 그의 지기에 대해 얘기한 적이 있다. 그는 그린버그에게 이렇게 말했다고 한다. "도로에서 운전을 하다 범퍼를 부딪치면 방울 소리가 들리죠. 그러면 전 '네 하나님 여호와를 사랑하라.'와 같이 그저 그것에 대해 생각만 해도 지킬 수 있는 계율이 있다는 걸 떠올립니다. 그리고 만일 갑자기 차가 말을 듣지 않아 도롯가로 차를 몰기 시작하면 제가 듣게 될 마지막 소리가 그 방울 소리죠. 그러면 전 '슈마 이스라엘, 아도나이 엘로헤이누, 아도나이 에크하드' 라고 암송하는 것을 떠올리게 될 것입니다. 이렇게 하면 최소한 저는 저주가 아닌 축복 속에서 이 세상을 떠나게 되는 것이죠."

토라에서 슈마는 다음의 구절도 아우른다. 이 구절은 예배 시 매일 두 차례 암송된다.

"너는 네 온 마음을 다하고 영혼을 다하고 힘을 다해서 네 하나님 여호와를 사랑하라. 내가 오늘 너희에게 주는 이 명령들을 네 마음에 새겨 너희 자녀들에게 잘 가르치되 너희가 집에 앉아 있을 때나 길을 걸을 때나 누울 때나 일어날 때 그들에게 말해주라. 또 너는 그것들을 네 손목에 매고 네 이마에 두르고, 너희 집 문설주와 대문에 적어두라(신명기 6:5-9)."

위의 구절에 613개 계율 중 여섯 개의 계율이 들어 있다. 바빌로니아 탈무드는 "네 하나님 여호와를 사랑하라."는 계율은 "자신을 통해 하나님이 사랑받아 마땅하신 분이 되도록 해야 한다(요마 86a)."는 것을 뜻한다고 설명한다. '영혼을 다하고'는 필요하다면 유대인은 하나님을 위해 자신의 영혼을 기꺼이 포기해야 한다는 뜻으로 이해할 수 있다. 한편, '힘을 다해서'는 하나님이 주신 모든 것에 감사하고 하나님이 원하신다면 자신이 가진 모든 것을 기꺼이 버릴 수 있어야 한다는 뜻으로 이해할 수 있다. 위의 구절은 또한 부모는 자녀들에게 하나님과 토라에 대해 가르칠 의무가 있음을 규정하기도 한다. 이러한 교육은 전통을 자랑하는 유대 교육의 궁극적인 원천이기도 하다. 이미 2천 년에 탈무드는 부모들에게 자녀들을 교육시킬 선생님이 부족한 도시로 이사하는 것을 금했다. "이 명령들을 누울 때나 일어날 때 그들에게 말해주라."는 모든 유대인들이 아침저녁으로 하루에 적어도 두 차례는 암송해야 하는 슈마 계율의 토대이다. "너는 그것들을 네 손목에 매고 네 이마에 둘러라."는 유대 남자는 주중 아침마다 성구상을 하나는 손목에 매고 하나는 이마에 두르는 것을 의무화해야 한다는 뜻으로 해석될 수 있다. 또 "그것들을 너희 집 문설주와 대문에 적어두라."는 유대인이 자신의 집 문설주에 적어두어야 하는 메주자mezuzah를 언급하는 것이다.

약간의 간청이 가미된 내면적 기도

"나의 하나님, 제 혀를 사악함으로부터 지켜주시고, 제 입술이 거짓을 말하지 않도록 하소서. 저를 저주하는 사람들을 무시하도록 도와주시고, 모든 사람 앞에서 겸손할 수 있도록 하소서. …… 저를 모함하려는 자들의 음모를 헛되게 하시어 이들의 계획이 무산되도록 하소서. …… 제 입에서 흘러나오는 말과 제 심장의 명상이 저의 반석이며 구세주이신 당신의 시야에서 받아들여지도록 하소서(모든 일일 예배에서 암송되는 아미다 기도문에 추가되는 마지막 문단)."
내가 아는 한 하나님께 안식일을 지키고, 자선을 베풀며, 부모를 공경할 수 있도록 도와주십사 간청하는 기도문은 없다. 반면, 이 기도문을 만든 4세기 랍비 라비나의 아들 마르는 입으로 짓는 죄를 자제하는 것이 인간에게 얼마나 힘든 일인지를 이해했다. 마르는 다른 사람에 대해 잘못되거나 불공평한 말을 하는 것을 피하기 위해서는 하나님의 도움이 절대적으로 필요하다는 것을 깨달았다.

간청 기도

"하나님, 저희의 아들들이 에브라임과 메나세와 같이 되도록 하소서.

하나님, 저희의 딸들이 사라와 리브가, 라헬, 레아와 같이 되도록 하소서(안식일 아침 부모가 하는 아들과 딸들에 대한 축복 기도)."

에브라임과 메나셰는 요셉의 두 아이들이고, 사라와 리브가, 라헬, 레아는 성경에 등장하는 유대민족의 여성 리더다. 자녀가 이들처럼 되게 해달라고 기도하는 것은 결과적으로 자녀가 훌륭한 유대인이자 인간으로 성장할 수 있게 해달라고 기도하는 것이다. 전통적으로 이 기도문을 암송하는 동안에는 부모가 자녀를 안은 상태에서 자기 입술을 자녀의 이마에 가져간다. 미국의 개혁주의 랍비 허버트 바이너Herbert Weiner는 이스라엘 사페드에 위치한 어느 자그마한 시나고그에서 연세가 지긋한 북아프리카 유대인이 이 기도문을 암송하는 모습을 지켜보고 크게 감동받아 다음과 같이 기술했다. "나는 자녀에게 안락한 미래를 열어주었지만 기도만 할 수 있는 그 연로하신 북아프리카 유대인의 운명에 떨어진 명예와 존경은 결코 수락하지 않는 교외의 성공한 아버지들을 떠올리지 않을 수 없었다."

이례적인 기도

기원전 12세기의 기도

"주 여호와여, 부디 저를 기억해주십시오. 하나님이여, 부디 이번 한 번만 제게 힘을 주십시오. 제 두 눈을 뺀 블레셋 사람들에게 단숨에 복수하게 해주십시오(사사기 16:28, 삼손의 기도)."

초인적인 힘을 가진 삼손은 이스라엘을 통치하고 억압하는 블레셋을 계속해서 공격했다. 하지만 그는 블레셋 여성인 애인 들릴라에게 배신당하게 된다. 삼손의 힘은 그의 자르지 않은 긴 머리에서 나온다는 사실을 블레셋 권력자들에게 밀고했던 것이다. 이에 블레셋 사람들은 삼손이 들릴라의 허벅지를 베고 잠을 자는 동안 삼손의 타래진 머리카락을 잘라버렸다. 그리고 곧바로 삼손의 두 눈을 뽑아버리고 그를 감옥으로 보내 맷돌을 돌리게 했다.

그로부터 얼마 후, 수천 명의 블레셋 사람들이 그들의 신 다곤Dagon께 제물을 바치기 위해 스타디움에 모였다. 이때 삼손은 그에게 야유를 퍼붓는 군중들 앞에 끌려나와 춤을 출 것을 강요당했다. 그 후의 일을 사사기는 다음과 같이 기록하고 있다. "그들은 삼손을 두 기둥 사이에 세웠다. 그때 삼손이 자기 손을 잡고 있는 소년에게 말했다. '이 신전을 떠받치고 있는 기둥을 내가 만질 수 있게 해주시오. 그곳에 좀 기대야겠소.' 신전은 남자들과 여자들로 가득 찼고 블레셋 군주들도 모두 그곳에 있었다. 또 지붕 위에도 남녀 3천 명 정도가 삼손을 조롱하며 바라보고 있었다. 그때 삼손이 여호와께 부르짖으며 말했다. '주 여호와여, 부디 저를 기억해주십시오. 하나님이여, 부디 이번 한 번만 제게 힘을 주십시오. 제 두 눈을 뺀 블레셋 사람들에게 단숨에 복수하게 해주십시오.' 그러고는 신전을 받치고 있는 중앙의 두 기둥을 한쪽은 오른손으로, 다른 한쪽은 왼손으로 붙잡고 그곳에 몸을 기댔다. 이어서 그는 '내가 블레셋 사람들과 함께 죽을 것이다!' 라고 말하며 있는 힘껏 기둥을 밀어냈다. 그러자 신전이 블레셋 군주들과 그 안에 있던 모든 백성들 위에 무너져 내렸다. 그리하여 그가 죽을 때 죽인 사람의 수가 그가 살아 있을 때 죽인 사람의 수보다 많았다(사사기 16:25-30)."

기원전 11세기의 기도

사무엘상의 첫 장은 실로에 있는 사원을 찾아 아들을 갖게 해달라고 하나님께 기도드리는 한나의 이야기를 전한다. "전능하신 여호와여, 만약 주께서 주의 종의 비참함을 굽어보시어 저를 기억하시고 주의 종을 잊지 않고 제게 아들을 주신다면 제가 그 평생을 여호와께 바치고 결코 그 머리에 칼을 대지 않겠습니다(사무엘상 1:11)." 이렇게 해서 태어난 한나의 아들 사무엘은 이스라엘 최고의 예언자이자 리더 중 한 명이 되었다.

한편, 성경에 기록된 한나의 간결한 기도에 만족하지 못한 탈무드의 랍비들은 한나가 하나님께 드렸을 법한 다른 기도문을 상상했다.

"우주의 주인이신 하나님, 당신이 여자 안에 창조하신 모든 것들 중 그 목적이 없는 것이 단 하나도 없습니다. 눈은 보기 위해, 귀는 듣기 위해, 코는 냄새를 맡기 위해, 입은 말을 하기 위해, 손은 일하기 위해, 다리는 걷기 위해 창조하셨고, 젖가슴은 아이에게 젖을 주기 위해 창조하셨습니다. 당신이 저의 심장 위에 창조하신 젖가슴은 무엇을 위함입니까? 그것은 아이에게 젖을 먹이기 위함이 아니었습니까? 제가 그 젖가슴으로 젖을 줄 수 있는 아들을 제게 허락하소서(바빌로니아 탈무드, 베라크홋 31b)."

13세기의 기도

목동인 어떤 남자가 있었는데, 그는 기도하는 방법을 알지 못했다. 하지만 그는 매일 다음과 같이 말하는 습관이 있었다. "이 세상의 주여! 당신은 알고 계십니다. 만일 하나님께 소들이 있다면 그 소들을 제게 주시어 제가 돌볼 수 있도록 하십시오. 저는 다른 이들에게선 임금을 받지만 하나님에겐 아무것도 받지 않겠습니다. 전 하나님을 사랑하기 때문입니다."

그러던 어느 날 한 학자가 길을 가다 그 목동이 위와 같이 기도하는 것을 들었다. 학자가 목동에게 말했다. "어리석은 자여, 그렇게 기도하지 말게." 목동이 물었다. "그럼 어떻게 기도해야 합니까?"

이에 학자는 목동이 앞으로는 그러한 기도를 하지 않도록 목동에게 슈마와 기도 예배를 가르쳐주었다.

하지만 학자가 떠난 뒤 목동은 그가 배운 모든 것을 잊어버려 더 이상 기도를 하지 않았다. 학자가 남긴 말 때문에 그는 자신에게 익숙한 방식으로 기도하는 것도 두려웠다.

한편, 학자는 꿈에서 이렇게 말하는 목소리를 들었다. "네가 그를 만나기 전 그가 했던 기도를 다시 하라고 그에게 말하지 않는다면 네게 불행이 닥치리란 걸 알라. 넌 '도래할 세상'에 들어갈 사람을 나에게서 앗아갔기 때문이다."

그 즉시 학자는 목동을 찾아가 이렇게 말했다. "자네는 지금 어떤 기도를 하고 있는가?"

목동이 대답했다. "아무런 기도도 하지 않습니다. 당신이 가르쳐주신 건 모두 잊었고 제가 하던 기도는 당신이 하지 말라고 하셨기 때문입니다."

그러자 학자는 목동에게 자신의 꿈 얘기를 들려주며 이렇게 덧붙였다. "예전에 하던 기도를 계속 하게(세퍼 하시디즘Sefer Hasidim)."

중세 목동의 이 기도는 순박한 사람들이 하는 기도의 특별한 성스러움이라는 유대 민간 문화의 보편적인 주제를 반영한다. 이로부터 5~6세기 후의 또 다른 하시디즘 이야기에는 히브리 알파벳을 암송할 수 있지만 읽지는 못하는 젊은 양치기가 시나고그에 앉아 알파벳을 계속해서 암송한 뒤 하나님께 다음과 같은 기도를 올리는 대목이 있다. "저는 단지 글자만을 알고 있을 뿐입니다. 부디 그 글자들을 제대로 된 단어로 배열할 수 있도록 해주소서."

또 다른 하시디즘 이야기에서는 안식일에 하시디즘 운동의 창시자인 바알 셈 토브의 시나고그를 찾은 문맹인 한 양치기 소년이 등장한다. 기도를 하지 못하는 그 양치기는 자신이 멋지게 할 수 있다고 자부하는 휘파람을 불기 시작한다. 그는 하나님께 드리는 선물로서 자신의 휘파람을 바친 것이다. 그의 휘파람 소리에 기겁을 한 다른 예배자들은 양치기 소년을 시나고그에서 쫓아내려 했다. 이때 바알 셈 토브가 이들을 저지했다. "지금까지 저는 우리의 기도가 천상의 왕국에 도달하지 못하고 차단되고 있다는 것을 느낄 수 있었습니다. 그런데 이 양치기 소년의 휘파람은 너무나 순수해 막힌 것을 뚫어주어 우리 모두의 기도가 하나님께 바로 전해질 수 있게 해 주었습니다."

15세기 후반의 기도

우주의 주 하나님이시여, 당신은 저의 믿음을 버리게 만드는 일을 많이 하고 계십니다. 하지만 저는 당신께 확실히 말씀드릴 수 있습니다. 설혹 하늘의 뜻에 반한다 할지라도 저는 유대인이며 유대인으로 남으리란 걸 말입니다. 당신이 제게 초래한 고통도, 당신이 아직 제게 초래하지 않은 그 어떠한 고통도 저의 결심을 바꾸진 못할 것입니다.(1492년 스페인으로부터 망명길을 나선 어느 유대인의 기도. 그가 어느 인적 없는 해변에 떨어졌을 때 그는 아내와 두 명의 자녀가 죽은 것을 목격했다.)

믿음에 대한 도전적인 위의 진술이 남겨진 후 약 4-5백 년이 지나 작가인 즈비 콜리츠Zvi Kolitz는 이와 비슷한 생각을 바르샤바 게토 봉기에서 죽은 한 유대인의 입을 통해 피력했다. 콜리츠는 이 기도의 제목을 '하나님을 향한 요셀 라코버의 호소Yossel Racover's Appeal to God'로 정했다. 요셀 라코버는 나치의 유대인 대학살로 죽은 어느 히시디즘 유대인의 실제 이름이다. 라코버 가족 전체가 학살되었다는 소식을 접한 콜리츠는 제2차 세계대전 동안 '하나님이 저지른 명백한 직무유기'에 대해 어떻게 반응할까에 대해 상상해보려 했다. 콜리츠는 자문했다. '베르디체프의 레비 이츠하크Levi Yitzhak와 같은 사람의 영혼으로 충만한 동유럽의 신실한 유대인인 하시디즘 유대인은 죽음을 맞이할 각오가 되었을 때 하나님께 어떤 말을 할까?

이스라엘의 하나님이시여. 당신은 제가 더 이상 당신을 믿을 수 없도록 만드는 모든 일을 하셨습니다. 하지만 이런 시련으로 저를 옳은 길에서 몰아내는 데 성공하시리라 여기셨다면 나의 하나님, 내 아버지의 하나님, 당신께 알려드립니다. 그러한 시련은 저를 조금도 바꾸시지 못하리란 것을. 당신은 저를 벌하실 수도, 모욕하실 수도, 제가 이 세상에서 소유한 가장 값지고 소중한 것을 앗아가실 수도, 저를 죽을 때까지 고문하실 수도 있습니다. 그래도 저는 당신을 믿습니다. 당신이 저를 어떤 시험에 들게 하시더라도 저는 당신을 사랑할 것입니다.

이제 노여움의 하나님이신 당신께 저의 마지막 말을 남기려 합니다. 어떠한 것으로도 당신은 조금도 바뀌지 않을 것입니다. 당신은 제가 당신을 단념하게 하는 모든 일을 하셨습니다. 제가 당신에 대한 믿음을 잃어버리도록 하는 모든 일을 하셨습니다. 하지만 저는 이제껏 살아온 것과 똑같이 죽을 것입니다. 당신을 믿는 신자로서……

오, 이스라엘이여, 경청하라. 주는 우리의 하나님이시며, 주는 한 분이시다. 오, 주여, 저의 영혼을 당신의 손에 의탁합니다.(즈비 콜리츠, '하나님을 향한 요셀 바코버의 호소').

18세기의 기도

안녕하세요, 이 세상의 주, 하나님! 베르디체프의 사라의 아들인 저, 레비 이츠하크는 당신의 이스라엘 백성과 관련해 적법한 방식으로 당신께 다가갑니다. 당신께선 이스라엘로부터 무엇을 원하십니까? 그것은 항상 "이스라엘의 자녀들에게 명하노니."였고, "이스라엘의 자녀들에게 이르노니."

3부 종교는 필요한가 | 413

였습니다.

자비로우신 하나님! 이 세상에는 얼마나 많은 민족들이 있습니까? 페르시아인, 바빌로니아인, 에돔 사람! 러시아인들은 무슨 말을 합니까? '우리의 황제가 황제이시다.' 독일민족은 무슨 말을 합니까? '우리의 제국이 제국이다.' 영국인들은 무슨 말을 합니까? '우리의 왕국이 왕국이다.'

하지만 베르디체프의 사라의 아들인 저 레비 이츠하크는 이렇게 말합니다. '당신의 위대한 이름이 영광되고 성스러울지어다.' 그리고 베르디체프의 사라의 아들인 저 레비 이츠하크는 이렇게도 말합니다. '저는 죽지도 않을 것이며, 저의 자리에서 조금도 움직이지 않을 것입니다. 최후의 순간이 오기 전까지는. 이 유배 생활이 끝나기 전까지는.' 당신의 위대한 이름이 영광되고 성스러울지어다(나훔 그라처, 《어느 유대인 독자》).

그가 유대인을 대표해 하나님께 불만을 토로한 몇몇 사례와 함께 레비 이츠하크는 대단한 낙천주의자로도 알려져 있다. 그 예로 그가 아들의 결혼 발표하면서 다음과 같은 초대의 말을 했다. "몇 월 며칠 몇 시에 예루살렘에서 제 아들의 결혼식이 거행될 것입니다. 하지만 그때까지 메시아가 오시지 않을 경우 결혼식은 몇 월 며칠 몇 시에 이곳 베르디체프에서 거행될 것입니다."

20세기의 기도

"제 어머니와 아버지가 하늘에서 당신들이 아들이 오늘 바르미츠바(유대교 성인식)를 하는 것을 지켜볼 수 있게 하옵고, 제 누이와 제가 훌륭한 유대인으로 살았고, 앞으로도 그렇게 살리라는 것을 아시도록 하옵소서(소년 슈무엘의 기도, 대학살 직후 독일에 있는 텅 빈 강제수용소에서 즉흥적인 바르미츠바를 하면서)."

공공의 기도

재난을 당한 남자나 여자는 많은 사람들이 자신을 위해 하나님께 자비를 간청할 수 있도록 자신이 당한 재난을 사람들에게 알려야 한다(바빌로니아 탈무드, 훌린Hullin 78a).

한동안 서로 연락이 뜸했던 친구와 오랜만에 얘기를 나누다 보면 이런 말을 듣게 되는 경우가 종종 있다. "개인적인 문제 때문에 너무 힘든 시간을 보냈다네. 누구와도 얘기하고 싶은 심정이 아니었지." 유대 율법은 고통을 겪고 있는 사람이 이런 식으로 반응해 다른 사람들과 연락을 끊는 것을 원치 않는다. 그것은 아마 유대 율법이 죽은 사람에게 올리는 카디쉬와 같은 특정 기도에서 열 명의 유대인 성인이 참석했을 때에만 암송할 수 있도록 규정한 이유 중 하나일 수도 있을 것이다. 만일 이러한 율법이 없다면 부모나 배우자 또는 자식을 잃은 많은 사람들이 자기들끼리만 모여 사적으로 카디쉬를 암송하게 될 수도 있기 때문이다. 다시 말해, 이러한 율법 때문에 가까운 사람을 잃은 이들이 하루에 세 차례 유대인 공동체의 기도 의식에 참여하게 될 수도 있는 것이다. 유대의 이 율법은 또한 타인과의 지속적인 상호작용을 보장해주는 역할을 한다. 이와 비슷한 맥락에서 유대 율법은 가까운 사람이 죽은 후 7일간 조문객을 받도록 한다. 이것 역시 상을 당한 가족이 자신들끼리만 힘든 시간을 보내지 않도록 보장해준다.

기도 시 이스라엘 밖에 서 있는 사람은 자신의 마음을 이스라엘 땅으로 향하게 해야 한다(바빌로니아 탈무드, 베라크홋 30a). 유대인은 기도를 할 때 예루살렘이 있는 방향인 동쪽을 향해 기도하는 전통을 가지고 있다. 이들은 시나고그에서 기도할 때 '토라의 궤Torah Ark'를 향해 기도를 하는데, 이 토라의 궤가 동쪽 벽에 위치한 것도 같은 이유 때문이다.

"오직 훌륭한 사람만이 당신을 축복하도록 하소서."라고 말하는 사람은 이단의 말을 하는 것으로 간주한다(미슈나 메길라 4:9). 미슈나에 대한 표준적인 주해를 남긴 15세기 저술가 오바디아 바르테누라Ovadiah Bartenura는 이러한 기도는 교회가 오로지 의로운 사람들로만 구성되어야 한다는 걸 강요하기 때문에 삼가야 한다고 설명한다. 바빌로니아 탈무드 크리톳Kritot을 근거로 바르테누라는 이러한 관점을 다음과 같이 은유적으로 설명한다. "예루살렘 사원에서 사용되는 신성한 향의 재료로 첼바나chelbana(갈바눔galbanum)라는 고약한 냄새가 나는 화학약품도 쓰인다."

비슷한 맥락으로 '회중'이란 뜻의 히브리어 '치부르tzibbur'는 두문자어인데, 'tz'는 '차디크tzaddik'로 '의로운 사람'을, 'b'는 '베이노니beinoni'로 '보통 사람'을, 'r'은 '라샤rasha'로 '사악한 사람'을 뜻한다.

부적절한 기도

그때 여호와께서 모세에게 말씀하셨다. "네가 왜 내게 부르짖느냐? 이스라엘 백성들에게 계속 가라고 하라(출애굽기 14:15)."

랍비 엘리에제르에 따르면, 하나님은 모세에게 다음과 같이 말했다고 한다. "짧게 해야 할 때가 있고 길게 해야 할 때가 있다. 내 백성들은 심각한 곤란에 처해 있다. 바다가 에워싸고 있고 적들이 추격하고 있는데 넌 여기서 기도만 하고 서 있다니! 대신 이스라엘 백성들에게 계속 가라고 하라(출애굽기 라바 21:8)."

이스라엘 백성들이 이집트에서 도망치기 시작한 지 얼마 되지 않아 이들은 한편엔 홍해와 반대편엔 빠른 속도로 거리를 좁혀오고 있는 파라오 군대 사이에 놓이게 되었다. 공포에 사로잡힌 이들은 자신들을 사막의 죽음으로 인도한 모세를 저주했다. 그러자 모세는 위의 구절처럼 하나님께 호소했던 것이다. 이에 하나님은 성경에서 가장 잘 알려진 기적인 홍해를 가르는 기적을 일으킨다. 그 결과 이스라엘 백성들은 무사히 홍해를 건넜지만 이스라엘 백성을 쫓던 이집트 군대는 바닷물이 다시 제자리로 돌아오는 바람에 모두 익사했다.

이 이야기는 긴박한 상황에서 우리가 선택할 수 있는 것이 기도하는 것과 무언가를 하는 것, 이 두 가지 밖에 없다면, 설령 그 무언가가 이루어질 가능성이 희박하다 하더라도 그것을 해야 한다는 교훈을 설파한다. 이와 같은 교훈이 담긴 나폴레옹의 충고를 소개한다. "싸울 땐 모든 것이 당신에게 달린 것처럼 싸워라. 기도할 땐 모든 것이 하나님께 달린 것처럼 기도하라."

이미 일어난 일에 대해 하나님께 간청하는 것은 헛된 기도를 드리는 것이다. 가령 아내가 임신을 했는데, "제 아내가 아들을 낳는 것이 하나님의 뜻이길 빕니다."라고 말하는 것은 헛된 기도다. 여행에서 돌아오면서 마을에서 누군가가 고통스럽게 울부짖는 소리를 듣고 "저의 집엔 아무 일도 없는 것이 하나님의 뜻이길 빕니다."라고 말하는 것 또한 헛된 기도다.(바빌로니아 탈무드, 베라크홋 54a).

랍비들은 헛되이 하나님의 이름을 취하는 것은 잘못된 것이라 믿었다. 돌이킬 수 없는 과거를 거스르기 위한 기도로 하나님께 호소하는 것은 무가치하기 때문이다. 이미 하나의 재앙이 일어났는데, 그 재앙이 자신의 가족에게 일어나지 않았기를 기도하는 것이 무슨 소용이 있겠는가. 게다가 이러한 기도는 자신의 가족이 아닌 이웃에게 재앙이 일어났길 기도하는 꼴이 된다는 이유에서도 부적절하다 할 수 있다. 이러한 권고는 지혜롭고 논리적인 사고를 가졌다 한들 항상 따르긴 쉽지 않은 것이 사실이다. 가까운 친지가 타기로 예정되어 있는 비행기가 상공에서 폭발했다는 소식을 듣고 "그가 그 비행기를 타지 않았기를." 또는 "제발 그녀가 살아 돌아오기를." 이라고 기도하지 않을 수는 없는 노릇이니 말이다. 이러한 기도는 거의 자동적이고 무의식적으로 우리의 마음속에 떠오르고, 우리의 입술을 움직이게 한다. 물론 랍비들이 이러한 기도를 금하는 것이 바로 그 비논리성 때문이란 것을 앎에도 말이다.

"나는 늙은이 쿤이 베레모를 쓴 머리를 격렬하게 앞뒤로 흔들면서 큰 소리로 기도하는 것을 보고 듣는다. 쿤은 가스실로 가게 될 다음 그룹에 끼지 않은 것에 대해 하나님께 감사하고 있었던 것이다.

쿤은 제정신이 아니다. 그는 자신 옆의 침상에 누워 있는 그리스인 베포를 보지 못한단 말인가? 이제 겨우 스무 살인 베포는 모레 가스실로 가게 되는데, 본인도 그 사실을 알고 있다. 베포는 아무런 말도 하지 않고 심지어 더 이상 어떤 생각도 하지 않으며 침상에 누워 그저 멍하니 전등불만 응시하고 있다. 다음에 자기 차례가 돌아올 것이란 걸 어떻게 모를 수 있을까? 오늘 자신이 한 일이 인간의 힘으론 도저히 돌이킬 수 없는 일에 대한 일종의 혐오스러운 행위일 뿐, 결코 속죄나 용서를 구하는 기도가 아니라는 것을 이해하지 못한단 말인가? 만일 내가 하나님이라면, 나는 쿤의 기도에 침을 뱉을 것이다(프리모 레비Primo Levi, 《아우슈비츠에서의 생존Survival in Auschwitz》)."

하나님은 어떤 기도를 할까?

랍비 요카난이 랍비 요시의 이름으로 말했다. …… 하나님, 성스러우신

분, 축복받으신 분인 하나님도 기도를 한다. 그럼 하나님의 기도는 어떤 것일까? 랍비 주트라가 라브의 이름으로 말한다. 하나님께서는 다음과 같이 기도하신다. "나의 자비가 나의 분노를 압도하게 하시고, 나의 자애로운 면이 나의 엄격한 면을 덮도록 하시며, 내가 나의 자녀들을 자비로써 대하게 하시고, 항상 이들을 율법 이상으로 다룰 수 있도록 하소서(바빌로니아 탈무드, 베라크홋 7a)."

랍비들의 놀라운 상상력에 의해 탄생한 하나님의 이러한 기도는 보편적인 간청의 기도와는 대조적이다. 랍비 그린버그는 여기에 대해 다음과 같이 언급한다. "우리 대다수는 약해졌을 때나 무언가를 필요로 할 때 기도를 한다. 우리는 곤란에 처했을 때 하나님께 의지하는 것이다." 인간은 이러한 하나님의 기도로부터 적절한 기도 방식을 배워야 한다고 그린버그는 덧붙인다. "유명 인사는 이렇게 기도해야 한다. '나의 성실함과 창조성이 부와 명성에 대한 나의 욕망을 능가하게 하소서.' 사업가는 이렇게 기도해야 한다. '부와 성공에 대한 나의 욕구가 나의 윤리 및 사람에 대한 나의 관심과 염려로써 인도되게 하소서.' 우리 모두가 다음과 같이 기도할 필요가 있다. '나의 관대함이 나의 자기중심적 사고를 능가하게 하소서. 다른 사람에 대한 나의 관심과 염려, 베풂이 내 소비 욕구를 압도하게 하소서.'(《노인들의 지혜Wisdom of the Ages》)"

끝으로 유대 경구 두 개를 소개한다. 첫 번째 경구는 고전하고 있는 어느 사업가의 기도이고, 두 번째 경구는 불행을 조명하는 유대인의 경향을 엿볼 수 있는 문구다.

"하나님, 당신은 전혀 모르는 낯선 사람도 도와주셨습니다. 그러니 저도 좀 도와주십시오."

"유대인은 다리 하나가 부러지면 두 다리가 부러지지 않은 것에 대해 하나님께 감사하고, 두 다리가 부러지면 목이 부러지지 않은 것에 대해 하나님께 감사한다!"

53. 랍비의 삶에는 어떤 고행이 따르는가

차를 몰고 마을 밖으로 나가기 싫어하는 랍비는 진정한 랍비가 아니다. 그리고 다른 사람이 모는 차를 타고 밖으로 나가지 않으려는 랍비는 사람이 아니다.(랍비 이스라엘 살란터).

살란터는 랍비로서 봉사하는 삶에 회의를 느낀다는 제자에게 다음과 같이 말했다. "정직한 사업가가 되려면 정직한 랍비가 되는 데 필요한 영적인 힘의 두 배가 필요하다. 하지만 그토록 강력한 영적인 힘을 사업에 허비할 이유가 있을까?"

살란터는 또 말했다. "랍비가 의식에 필요한 도살을 하는 마을 도살업자의 칼에 결함이 없는지를 확인하기 위해(결함이 있으면 정결하지 못한 고기를 바치게 되므로) 그 칼을 정기적으로 검사해야 하듯, 마을의 모든 정육점을 돌아다니며 정기적으로 도살업자의 저울도 검사해야 한다."

20세기의 위대한 탈무드 학자 중 한 명인 랍비 하임 솔로베이치크Hayyim

Soloveitchik가 랍비의 역할이 무엇인지에 대한 질문을 받았을 때, 그는 이렇게 대답했다. "버림받고 소외된 사람들의 고통을 덜어주고, 가난한 자들의 존엄성을 보호해주며, 억압하는 사람의 손에서 억압당하는 사람을 구해주는 것이다(랍비 조셉 솔로베이치크Joseph Soloveitchik, 《율법을 따르는 사람Halakhic Man》)."
랍비 조셉 솔로베이치크는 자신의 할아버지인 랍비 하임이 브리스크의 랍비로 재직하던 동안에 일어났던 특징적인 사건을 언급한다.

언젠가 브리스크에 살던 두 명의 유대인이 같은 날 사망했다. 그날 아침엔 궁색한 삶을 산 제화공이 죽었고, 정오쯤엔 지역사회에서 꽤 큰 영향력을 발휘했던 부자가 죽었다. 유대 율법은 이러한 경우 먼저 죽은 사람을 먼저 매장하도록 규정한다. 하지만 그 부자의 상속인들에게서 큰돈을 받은 베리얼 소사이어티burial society■ 사람들은 부자의 장례식을 먼저 치르기로 결정했다. …… 누가 가난한 제화공의 뜻을 기리려고 했겠는가? 이 소식을 접한 랍비 하임은 사자使者를 보내 베리얼 소사이어티 사람들에게 그들의 수치스러운 행동을 그만둘 것을 권고했다. 하지만 베리얼 소사이어티 사람들은 하임의 권고를 무시하고 부자의 장례식 준비에 들어갔다. 이에 하임은 지팡이를 짚고 부자의 집으로 무거운 발걸음을 옮겼다. 부자의 집에 도착한 하임은 장례식에 참석한 모든 사람들을 밖으로 쫓아냈다. 결국 하임의 고집을 꺾지 못하고 사람들은 가난한 제화공의 장례식을 먼저 치렀다. 그 후, 하임은 더 많은 적을 갖게 되었다(랍비 조셉 솔로베이치크, 《율법을 따르는 사람》).

■ **베리얼 소사이어티** 이 단체는 역사적으로 영국에 존재했는데, 기부금으로 그 구성원들의 장례식 비용을 부담해주었다. 지금도 비영리 베리얼 소사이어티가 있고, 영리적인 베리얼 소사이어티 회사는 장례 보험을 제공한다. 유대인 공동체에선 흔히 체브라 카디샤chevra Kadisha로 알려진 베리얼 소사이어티가 있다.

랍비가 되는 것이 왜 어려울까?

설교단에서 수십 년을 보낸 베테랑 랍비인 헤럴드 쿠슈너가 어느 랍비 학교의 졸업식에 초대를 받아 연설을 했다. 그는 젊은 랍비들에게 그들의 직분을 수행하는 데 따르는 힘든 점을 미리 경고했다. "여러분은 안식일에 대한 설교를 하려고 예배 시간에 맞춰 시나고그로 가기 위해, 저녁 식사를 서둘러 마치도록 여러분의 가족들을 재촉하게 될 그런 금요일 저녁들을 보내게 될 것입니다. 여러분은 집에 아픈 자녀나 시험공부를 하는 자녀를 남겨두고 시나고그의 청소년들에게 종교적인 가치에 대해 가르치게 될 그런 날들을 보내게 될 것입니다. 여러분은 고인을 칭송하게 될 장례식을 집행하기 위해 가족 나들이를 취소해야 하는 그런 일요일들을 보내게 될 것입니다. 그리고 무엇보다 좋지 않은 것은 자신의 직분을 수행하면서도 자신이 무엇을 하고 있는지도 깨닫지 못하리란 것입니다.(랍비 헤럴드 쿠슈너, 《당신이 이제껏 원했던 모든 것이 충분치 않을 때When All You've Ever Wanted Isn't Enough》)"

54. 개종은 무엇을 의미하는가

어머니(당신)의 민족이 제 민족이며 어머니(당신)의 하나님이 제 하나님이십니다(룻기 1:16).

유대 남편을 잃은 모압 여자 룻이 유대인이 되기로 결심하고 자신의 시어머니인 나오미에게 위와 같이 선언했다. 그 이후로 이 말은 유대주의의 본질을 규정하는 말이 되었다. "당신의 민족이 제 민족입니다."는 곧 "저는 유대민족이 되고 싶습니다."라는 말이며 "당신의 하나님이 제 하나님이십니다."는 곧 "저는 유대인의 종교를 받아들이고 싶습니다."라는 뜻이다. 이 두 가지 원칙 중 하나만 수용하는 것으로 비유대교도가 유대교도가 되기엔 불충분하다. 왜냐하면, 유대주의는 종교와 민족의식이 융화된 것이기 때문이다.

랍비 엘라자르 벤 페다트Elazar ben Pedat는 이렇게 가르쳤다. "성스러우시고 축복받으신 하나님이 여러 민족들 중에서 이스라엘 백성들을 유배 생활시키신 유일한 목적은 개종자를 만드시기 위함이었다(바빌로니아 탈무드, 페사침 87b)."
로마인들이 유대인들을 이스라엘에서 추방시킨 것이 유대 역사상 최악의
사건이었음을 고려한다면, 탁월한 랍비인 엘라자르가 이 사건에서 좋은
면을 찾을 수 있었다는 건 놀라운 일이라 할 수 있다. 하지만 이 보다 더
놀라운 것은 탈무드의 이러한 가르침에도 불구하고 현대 유대인 대다수가
유대인은 이방인이 유대인이 되는 것에 관심이 없거나 심지어는 싫어한다
고 믿고 있다는 것이다.

오랫동안 기독교는 구원을 받기 위해서는 기독교의 교리를 믿어야만 한다
고 주장했고, 근본주의 기독교는 지금도 그렇게 주장하고 있다. 하지만 유
대교는 한 번도 그런 주장을 한 적이 없다. 유대교의 가르침에 따르면, 윤
리적인 비유대교도 역시 하나님의 눈에는 의인이기에 하나님에게서 보상
을 받는다.

그렇다면 왜 유대인은 굳이 사람들을 유대주의로 개종시킬까? 그것은 오
늘날의 정치에서 이상주의적인 보수주의자와 진보주의자들이 자신들이
믿는 바를 보다 적극적으로 고수하면 개인이나 사회가 더 이로워진다는
믿음 때문에 '전향자'가 자신들의 관점을 따르길 바라는 이유와 같다.

만일 유대주의로 개종하고 싶어 하는 사람이 "전 나이가 너무 많아 개종하
기 힘들 것 같습니다."라고 말한다면 그는 99세에 하나님과 성약을 한 아
브라함에게서 배워야 할 것이다(탄후마 B, 레크 레카 40b).

유대 남성은 할례를 통해 하나님과 성약을 맺는다. 창세기 17장 24절에 따
르면 아브라함은 99세에 할례를 받았다. 이러한 사례 역시 개종자에 대한
유대주의의 개방성을 반영해준다. 랍비 문헌에서 이 주제에 관해 언급된
것은 서른 건이 넘는데, 그 중 네 건이 부정적이고 나머지는 모두 긍정적
이다. "다른 민족들은 오랫동안 우리의 공정한 계율을 받아들이는 데 지대

한 관심을 보였다. 그리스든지 야만적인 도시든지 어느 한 도시, 어느 한 나라에 이르기까지 일곱 번째 날에 일을 하지 않는 우리의 관습이 퍼지지 않은 곳이 없고, 축제와 촛불을 밝히는 것 등을 비롯해 음식과 관련된 우리의 금기 사항이 지켜지지 않은 곳이 없다(플라비우스 조세푸스, 1세기 유대 역사가, 《콘트라 아피온Contra Apion》)." 유대주의로의 개종에 대해 유대인 조세푸스가 과장되게 평가하고 있다고 의심하는 사람도 있겠지만, 다른 여러 출처도 그의 말에 힘을 실어준다. 명성 높은 로마 저술가 주비널Juvenal로 하여금 안식일을 지키고 돼지고기를 먹지 않으며 할례를 받고 로마법을 경멸하며 유대인의 토라를 공부하는 이들에 대한 분노에 찬 풍자 글을 쓰도록 만들었을 만큼, 숱한 비유대교도가 1세기에 대거 유대교로 개종했다.

같은 세기 스토아학파의 철학자인 세네카는 로마가 유대를 군사적으로는 정복했지만 수십 년 후 "정복된 자들이 자신들의 율법을 정복한 자들에게 물려주었다."는 아이러니에 대해 통탄했다. 마찬가지로 마태복음 23장 15절은 유대인은 "개종자 한 사람을 만들려고 육지와 바다를 두루 다닌다."고 기록하고 있다.

다른 사람이 부재일 때 그 사람에게 보탬이 되는 일을 할 수도 있다(바빌로니아 탈무드, 케투봇 11a). 이 율법적인 원칙은 개종과는 관련이 없어 보이지만, 양부모가 입양한 미성년 자녀를 유대주의로 개종시키는 것이 허용되는가에 대해 논의할 때 탈무드 랍비들은 이 구절을 소개했다. 이러한 쟁점의 해답은 유대인이 되는 것이 유익한지 그렇지 않은지에 대한 근본적인 물음에 달려 있다. 만일 유대인이 되는 것이 유익하다고 한다면 부재중인 사람에게 이득이 되는 일을 하는 것은 허용되기에 미성년자를 유대교로 개종시키는 것도 허용된다(가령 친지에게 복권 선물을 하는 것은 만일 그 복권이 당첨되면 친지에게 이득이 되므로 허용되는 일이다.). 하지만 만일 유대인이 되는 것이 유익하지 못한 것이라면 미성년자를 개종시키는 일은 허용되지 않는다. 당사자의 동의를 구하지 않고 그에게 불이익을 초래하는 책임을 부과하는 것은 잘못된 것이기 때문이다(가령 당사자에게 물어보지도 않고 어떤 사람을 채무 보증인으로 거론하는 것은 잘못된 일이다.).

그러면 유대인으로의 개종은 어떤 범주에 속할까? 어떤 면에서 보면 유대인이 되는 것에는 몇몇 뚜렷한 단점이 있다. 비유대인은 단지 일곱 가지 기본적인 도덕관념인 노아의 율법만을 지키면 되지만, 유대인은 토라의 613가지 율법 및 이와 관련된 탈무드의 수천 가지 율법을 따라야 한다. 또한 유대인은 오랫동안 박해를 받아온 민족이기에 아이를 유대인으로 개종시킨다는 것은 그 아이를 압제의 희생양이나 심지어는 죽음으로까지 몰고 갈 수도 있다.

반면, 전통적인 유대 신학은 유대주의가 인류에게 알려진 삶의 방식들 중 최상의 삶의 방식을 제공한다고 믿기에, 아이에게 유대주의라는 선물을 주는 것보다 더 큰 선물은 없다고 말한다. 이러한 이유로 결국 랍비들은 아이를 유대주의로 개종시키는 것은 유익한 점이 훨씬 더 많으며 "지혜가 부족한 사람에게 보탬이 되는 일을 할 수도 있다."는 명제에도 들어맞기 때문에 양부모는 입양한 아이를 유대주의로 개종시켜야 한다고 결론 내린다. 하지만 탈무드는 아이의 개종에 관하여 이례적인 조건을 추가한다. 즉, 어렸을 때 타의에 의해 유대주의로 개종한 사람은 성인식을 하는 나이(남자는 13세, 여자는 12세)에 개종을 번복하고 유대주의를 거부할 수 있다는 조건이다. 성인식 때 유대주의로의 개종을 받아들이기로 결정한다면 그 사람은 영원한 유대인이 된다. 실제로 유대 율법은 타의에 의해 유대주의로 개종한 미성년자만을 유대주의를 거부할 수 있는 유일한 유대인으로 인정한다.

한편, 유대인이 됨으로써 정치적·사회적으로 다가오는 큰 부담 때문에 랍비들은 여전히 잠재적인 개종자에게 개종의 위험성을 경고한다. 랍비들은 만일 현시대에 어떤 사람이 유대주의로 개종하길 원한다면 그 사람에게 다음과 같이 물어보아야 한다고 가르친다. "유대주의로 개종하려는 이유가 무엇입니까? 지금 유대인은 박해와 억압을 받고 있고, 경멸의 대상이 되고 있으며, 여기저기로 쫓겨 다니고, 고난을 극복해야 하는 처지라는 점을 모르십니까?" 만일 그 사람이 "잘 알고 있습니다. 그래도 전 유대인이 되는 특권을 누리고 싶습니다만, 그 정도로 가치 있는 사람은 아닙니다."라는 식으로 대답한다면 그 사람은 즉시 유대인으로 인정되며 몇몇 사소한 계율과 중대한 율법을 배우게 된다(바빌로니아 탈무드, 예바못 47a). 질문자의 사뭇 진지하고 현실적인 언급은 유대인이 되는 영광을 말한 응답자의 대답과는 대조된다. 그런 다음, 탈무드는 바로 다음 페이지에서 잠재 개종자에 대한 유대주의의 태도를 설정하는 데 정확히 균형을 이루는 입장을 취한다. "하지만 잠재적인 개종자를 개종시키려는 방향으로도, 개종을 단념케 하는 방향으로도 설득하지 말아야 한다." 유대주의로 개종한다는 것은 고생과 위험성을 감수해야 한다는 의미이기에 랍비들은 개종자에 대해 특별한 애정을 표현했다. 이들은 또한 이러한 애정을 하나님의 것으로 돌리기도 했다. "레쉬 라키쉬가 말했다. 개종자는 시내 산 앞에 서 있었던 유대인들보다도 더 소중하다. 왜 그럴까? 왜냐하면 유대인들이 천둥과 번개, 산의 흔들림, 뿔피리 소리 등을 경험하지 않았다면 이들은 토라를 받아들이지 않았을 것이다. 하지만 이러한 것들 중 어느 하나도 경험하지 않은 이 사람은 스스로 찾아와 성스러우신 하나님의 종이 되려 하고 천상의 왕국을 받아들이려 한다. 그러니 어떤 사람이 이 사람보다 더 소중하겠는가?(탄후마 B, 레크 레카 6)"

랍비들은 개종자를 다음 이야기의 수사슴에 비유한다.

어느 날 수사슴 한 마리가 염소 떼와 함께 집으로 돌아왔다. 수사슴은 염소 떼와 함께 들판으로 나가 풀을 뜯어 먹었고 왕이 이 소식을 들었다. "수사슴 한 마리가 염소 떼에 끼여 매일 염소 떼와 함께 들판에서 풀을 뜯어먹습니다."

왕은 이 수사슴에게 큰 애정을 느껴 수사슴이 들판에 나가는 것을 보고 신하들에게 다음과 같이 명령했다. "저 수사슴이 원하는 어떤 들판에서라도 풀을 뜯어먹을 수 있게 하라. 그리고 어느 누구도 저 수사슴을 때리지 못하게 하고, 모든 이들이 저 수사슴을 매우 조심스럽게 다루도록 하라." 수사슴이 염소 떼와 함께 들판에서 돌아왔을 때, 왕은 "수사슴에게 마실 물을 주어라."라고 명령했다.

왕의 하인이 왕에게 말했다. "왕이시여, 당신은 아주 많은 양과 염소를 갖고 계시지만 이제껏 그것들에 대해 특별한 명령을 내리신 적이 없으셨습니다. 그런데 유독 수사슴에 대해서만은 매일 특별한 명령을 내리십니다. 그 이유가 무엇이옵니까?"

이에 왕이 대답했다. "다른 가축 떼들이 들판에서 하루 종일 풀을 뜯어먹고 밤에 울타리 안에서 잠을 자는 것은 그들에게 자연스러운 일이다. 하지만 수사슴은 야생지에서 잠을 잔다. 즉, 사람이 만든 곳에 들어와 사는 것은 이들의 본능이 아니다. 넓디넓은 황야를 뒤로하고 저 울타리 안에 들어가 머물러 있는 수사슴을 보며 우리가 어찌 흐뭇해하지 않을 수 있겠느냐?

마찬가지로 자신의 가족과 나라, 그리고 이 세상의 다른 모든 민족들을 뒤로하고 우리에게 오기로 선택한 개종자들에게 우리가 어찌 고마워하지 않을 수 있겠는가? 그래서 하나님은 개종자를 특별히 지켜주시는 것이다(민수기 라바 8:2)."

개종자를 상당히 높이 평가한 유대 전통은 마침내 이들 중 한 명에게 가장 높은 영예를 안겨준다. 즉, 메시아는 개종자인 룻(다윗 왕의 중조모)의 직계 자손이 될 것이라고 탈무드가 기록했던 것이다. 또한 룻의 이름을 따서 토라의 한 책인 룻기를 탄생시키기도 했다.

개종자에 대한 유대주의의 지나치리만큼 우호적인 이러한 경향에도 불구하고, 왜 대부분의 현대 유대인들은 유대주의가 개종자를 구하는 것을 달가워하지 않는다고 생각할까? 이에 대한 열쇠 하나는 신학이 아니라 유대 역사에서 찾을 수 있다. 로마제국이 기독교를 국교로 받아들인 직후인 4세기에 로마 황제는 유대주의로의 개종을 사형죄에 해당하는 죄로 규정했다. 그런데 이러한 사형죄는 개종을 한 사람뿐만 아니라 개종에 관계한 유대인에게도 적용되었다. 이러한 규정은 기독교 국가 전반에 걸쳐, 그리고 후에는 이슬람 국가에서까지 주기적으로 부활되었다. 그 결과, 종종 박해와 추방을 피하려고 애쓰던 중세 유대인들은 잠재적인 개종자를 '불안한 자신들의 상황을 더욱 위태롭게 만드는 존재'로 보게 되었다. 16세기의 선도적인 한 유럽 탈무드 학자는 다음과 같이 규정했다.

"마치 주인의 회초리에 조종되는 노예처럼 우리의 나라가 아닌 나라에 살고 있는 현재 상황에서 유대인이 다른 사람을 유대주의로 개종시키려 한다면 그 유대인은 정부의 뜻을 거스르는 반역자로 사형에 처해질 수 있다. …… 따라서 국법이 이러한 행동을 금할 때는 이러한 행동을 하지 말 것을 나는 당부한다. 이러한 행동으로 생명을 잃을 수도 있기 때문이다(랍비 솔로몬 루리아Solomon Luria, 바빌로니아 탈무드, 예바못 49a에 대한 견해)."

그럼 유대인은 훨씬 더 관대한 풍토의 미국에서도 왜 일관되게 비유대인의 개종을 꺼렸을까? 그 한 가지 이유는 타성에 젖었기 때문일 가능성이 높다. 즉, 천 년 동안 젖어온 유대인의 전반적인 태도는 쉽사리 바뀌지 않기 때문이다. 보다 중요한 이유일 가능성이 높은 두 번째 이유는 대부분이 아니라 해도 최소한 많은 미국 유대인들이 종교적이기보다 세속적이고 민족적이라는 것이다. 따라서 이들이 자신들도 열정적으로 따르지 않는 종교를 타인에게 소개할 가능성은 희박해 보인다. 《미국 유대 동료들에게 보내는 편지: 시온주의 논객Letters to an American Jewish Friend: A Zionist Polemic》으로 큰 인기를 얻은 유대인 저술가 힐렐 할킨은 이 책에서 다음과 같이 기술했다. "내가 아는 젊은 유대 여성은 자신의 비유대인 애인과 결혼해 그를 유대인으로 개종시키고 싶어 했다. 그녀는 내게 자신의 애인과 대화를 해볼 수 있겠냐고 물었고, 나는 그렇게 하겠다고 했다. …… 그녀의 애인의 첫 번째 질문은 이랬다. '저의 장래 장모님의 생각을 배제한다면 제가 유대인이 되어야만 하는 다른 이유가 있습니까?' …… 난 그가 그렇게 해야만 하는 단 한 가지 이유도 떠올릴 수 없었다. …… 이것은 비유대인과의 만남에서 일어난 일이다. 그런데 만일 내가 왜 유대주의에 지금보다 더 헌신적이어야 하는지를 알고 싶어 하는 유대인을 만났다 해도 나는 똑같은 반응을 할 수밖에 없었을 것이다. 나는 우리가 왜 유대인이 되어야 하는지를 알지 못한다."

랍비들이 가장 바라는 것은 비유대인이 한 유대인과 감정적인 결속으로 인해 유대주의로의 개종을 결심하는 것보다 유대주의 자체에 매력을 느껴 개종을 선택하는 것이다. 그렇지만 이들은 비유대인이 개종을 결심하는 데 이 두 가지 이유가 종종 서로 뒤얽혀 작용한다는 것도 이해하고 있었다. 랍비들의 이러한 현실 인식은 어린 시절 내가 다녔던 유대 학교에서는 단 한 번도 언급된 적이 없는, 탈무드에서 가장 로맨틱한 이야기의 배경이 되었다.

치치트(유대인 남성이 입는 전통 의복의 네 귀퉁이에 여호와의 계명을 다짐하기 위해 다는 술)의 계율을 양심적으로 지키는 어떤 남자가 화대로 4백 개의 금화를 요구하는 어느 매춘부에 대한 이야기를 들었다. 남자는 그녀에게 4백 개의 금화를 보냈고, 그녀를 만날 날짜를 잡았다.

결국 그날이 되어 남자는 매춘부의 집 문 앞에 당도했고, 매춘부의 하녀가 매춘부에게 전했다. "4백 개의 금화를 보내신 분이 문 앞에서 기다리고 계십니다." 이에 매춘부가 "들어오시도록 하여라."라고 대답했다.

남자가 들어갔을 때 매춘부는 자신의 침대로 가서 옷을 벗고 거기에 누웠다. 남자 역시 그녀의 침대를 향해 가고 있을 때 갑자기 그의 의복에 있던 네 개의 술이 날아와 그의 얼굴을 때렸다. 그러자 그는 그녀에게서 물러나 바닥에 앉았다.

이에 매춘부가 침대에서 내려와 남자를 마주 보고 바닥에 앉았다. 그녀가 맹세했다. "당신이 저에게서 어떤 결점을 보고 제 침대를 떠나셨는지 말씀해주시기 전까진 로마 황제의 목을 걸고 당신을 결코 홀로 남겨두지 않을 것입니다."

남자가 대답했다. "당신처럼 아름다운 여자는 내 평생 한 번도 본 적이 없소. 그런데 우리의 주 하나님께서 우리에게 주신 치치트라는 율법이 있다오." 그는 계속해서 설명했다. "이 술들은 사람들에게 하나님의 계명을 지킬 것을 상기시키기 위함이라오. 실제로 하나님께선 이 율법을 지키는 자에겐 상을 주시고, 이 율법을 어기는 자는 벌하신다오. 그런데 방금 이 네 개의 술이 내가 당신과 함께 지으려 했던 죄에 대해 하나님 앞에서 증언할 네 명의 증인이 되어 내 앞에 나타났던 것이오."

이에 매춘부가 말했다. "당신의 성함과 당신이 사는 곳의 이름, 당신 스승님의 성함, 그리고 당신이 토라를 공부하는 학교의 이름을 제게 말해주시기 전까지 당신을 떠나보내지 않을 것입니다."

남자는 그 모두를 적어서 그녀의 손에 건네주고는 자신의 집으로 떠났다. 그가 떠난 후 매춘부는 자신의 재산을 삼등분해 삼 분의 일은 로마 정부에 바쳤고, 또 다른 삼 분의 일은 가난한 자들에게 나누어주었으며, 나머지 삼 분의 일은 보석과 현금으로 바꾸어 자신이 가졌다. 그녀는 또한 침대 위 린네르 시트도 챙겼다. 그런 다음 랍비 히야의 담당 하에 있는 예쉬바를 향해 떠났다.

히야를 만난 그녀가 그에게 말했다. "제가 유대주의로 개종할 수 있도록 가르침을 주십시오."

그가 대답했다. "당신은 아마 내 제자들 중 한 명에게 마음을 준 것 같군요."

이에 그녀는 그 청년이 자신에게 준 종이를 꺼내 히야에게 건넸다.

히야가 말했다. "가서 당신의 남자를 쟁취하세요."

여자는 급히 유대주의로 개종하고, 즉시 그 청년과 결혼했다. 그리고 탈무드는 다음과 같이 결말지었다. "그녀가 부정한 목적으로 그를 위해 펼쳤던 바로 그 린네르 시트를 그녀는 이제 합법적으로 그를 위해 펼친다(바빌로니아 탈무드, 메나크홋 44a)."

55. 유대교에는 어떤 축제일이 있는가

너는 안식일을 기억하여 거룩하게 지켜라(출애굽기 20:8, 십계명 중 네 번째 계명).
일반적으로 사람들은 안식일을 주로 휴식을 취하는 날이라 잘못 생각한다. 이러한 이유로 계율을 지키는 데 엄격하지 않은 많은 유대인들이 안식일을 단순히 여가를 즐기는 날로 여긴다. 하지만 안식일의 궁극적인 목적은 성스러움임을 성경은 분명히 밝히고 있다. 촛불을 밝히는 것과 와인을 두고 키두쉬를 암송하는 것, 자녀를 축복하는 것, 일주일 분량의 토라를 읽는 것 등을 비롯해 유대 율법이 안식일을 위해 정해놓은 활동들 모두가 안식일에 성스러운 의식을 고양하기 위함이다.
유대인이 안식일을 지킨 것 이상으로 안식일이 유대인을 지켰다(아하드 하암 Ahad Ha'am, 초기 시온주의 리더이자 이론가). 유대인은 십계명에 언급된 유일한 축제일인 안식일을 3천 년 넘게 지켜왔다. 실제 역사상으로도 안식일을 지키지 않은 유대인 공동체가 있었다는 기록은 없다(만일 그런 공동체가 발생했다면 이내 그 자취를 감추었을 것이다). 몇몇 19세기와 20세기 초기의 독일 및 미국의 개혁주의 랍비들이 안식일의 의식을 토요일에서 일요일로 옮기려 했을 때 독일의 랍비 레오폴드 스타인은 다음과 같이 경고했다. "만일 안식일을 일요일로 바꾼다면 우리는 유대주의를 다른 종교로서 일요일에 부활시키기 위해 금요일 저녁에 유대주의를 매장하는 것이다(데이비드 필립손David Philipson, 《유대주의의 개혁운동The Reform Movement in Judaism》)."

안식일은 종교에서 가장 큰 경이로움이다. 어떤 것도 이러한 제도보다 더 간단해 보이지 않는다. …… 이 세상의 어떤 입법자도 이러한 생각을 떠올리지 못했다! 한편, 그리스인과 로마인은 안식일을 미신의 산물이라며 조롱의 대상으로 삼았다. 하지만 안식일은 끊임없이 일해야 하는 노예와 계속해서 축제를 하는 주인 간의 극명한 대조를 한 방에 날려버렸다(베노 제이콥 Benno Jacob, '십계명The Decalogue'). 제이콥이 주지했듯 1세기의 스토아학파 철학자인 세네카를 포함한 몇몇 걸출한 로마 저술가들은 안식일을 인간의 삶을 허비하는 일곱 번째 날이라며 조롱했고, 로마의 역사가 타키투스는 안식일을 빌미로 유대인을 게으른 민족으로 몰았다. 사실 안식일의 저변에 깔린 신학적 의미는 인간은 일하지 않을 때 혹은 생산적이지 않을 때조차도 가치가 있다는 급진적인 개념을 내포하고 있다.

토라가 규정한 세 가지 순례 축제일

장막절을 기뻐하되 너와 네 아들딸들과 네 남종들과 네 여종들과 네 성안에 사는 레위 사람들과 이방 사람들과 고아들 그리고 과부들과 함께 기뻐하라(신명기 16:14).

이 성경 계율은 구체적으로 장막절을 꼬집어 규정한 것이지만, 유대 율법은 이 계율을 토라의 세 가지 순례 축제일(유대인이 예루살렘으로 성지 순례를 가야하는 축제일로, 유월절·칠칠절Shavuot·장막절을 말한다.) 모두에 적용시킨다. 탈무드 및 중세 유대법전 모두 어떤 노력 없이 '기뻐하라'는 계율은 허용하지 않는 것이 특징이다. 그렇다면 사람들은 활짝 웃으며 돌아다님으로써 계율을 확실히 이행했을까? 거리에서 춤을 추면서? 깊은 내면의 평화를 느끼면서? 아님 세 가지 모두를? 마이모니데스는 탈무드 및 인간 본성에 대한 자신의 지식을 근거로 어떻게 축제일을 기뻐하는지에 관해 다음과 같은 사례를 제시한다. "아이들에게는 볶은 옥수수와 견과류 및 기타 맛있는 먹거리를 주고, 여자들에게는 각자 형편에 맞게 옷과 예쁜 보석을 사주고, 남자는 고기와 와인이 없으면 진정한 기쁨이 있을 수 없기에 고기를 먹고 와인을 마셔야 한다……. 가난한 자들이나 영혼의 상처를 입은 자들에게 아무것도 베풀지 않으며 자신의 마당 문을 걸어 잠그고 자신의 아내와 자녀들끼리만 먹고 마시는 사람의 음식은 '계율의 기쁨'이 아니라 자신의 '위장의 기쁨'이다. …… 이러한 종류의 기쁨은 불명예스러운 것이다(미슈네 토라, '축제일에 관한 율법' 6:18)." 탈무드가 편찬되었을 때엔 오직 부자만이 매일 고기를 먹을 수 있었다. 따라서 축제일에 고기를 먹는 것은 호사 및 안락의 기분을 모든 사람이 균등하게 느낄 수 있도록 해주었다. 이는 한때 미국에서 유행했던 식사 후에 시가를 피우면서 편안한 휴식을 취하는 전통에 비견될 만하다. 한편, 고기를 먹는 것이 자신의 축제일을 망친다고 느끼는 유대 채식주의자는 고기를 먹을 필요가 없다. 마찬가지로 알코올 중독을 치유하고 있는 사람 역시 와인을 마실 필요가 없다.

각 세대의 모든 사람이 마치 자신이 이집트에서 탈출하는 것처럼 느껴야 한다(미슈나 페사침 10:5, 유월절 밤 축제에 사용되는 전례서의 일부분).

왜 오늘 밤은 다른 날들의 밤과 다른가? 다른 모든 날들의 밤엔 우리가 누룩을 넣은 빵이나 누룩을 넣지 않은 빵 중 하나를 먹게 될 수 있지만, 오늘 밤엔 오직 누룩을 넣지 않은 빵(무교병)만을 먹기 때문이다……(미슈나 페사힘 10:4, 유월절 밤 축제에 사용되는 전례서의 일부분).

유월절 밤 축제의 목적은 부모가 자녀에게 하나님이 어떻게 자신의 선조들을 노예 생활에서 해방시켜 선조들이 한 나라를 이루게 하셨는지를 가르치는 것으로 자녀에게 유대민족의 연속성을 확신시켜주기 위한 것이다. 이러한 이유로 밤 축제의 많은 부분에서 아이들을 참여시킨다. 이들이 유대주의를 다음 세대로 가져갈 것이기 때문이다. 밤 축제 동안 아이들이 잠들지 않게 하기 위해 아이들로 하여금 아피코멘afikomen(한 조각의 무교병, 이것 없이는 밤 축제를 끝낼 수 없다.)을 '훔쳐' 숨긴 다음 그것을 선물과 교환하도록 한다. 하지만 가장 중요한 것은 참석한 아이들 중 가장 어린 아이가 마 '니슈타나Mah Nishtana(왜 오늘 밤은 다른 날들의 밤과 다른가?)'로 시작하는 네 가지 질문을 영창할 때 이집트의 탈출 이야기를 시작하는 것이다. 대부분의 유대 아이들에게는 이것이 대중 앞에 서는 첫 경험이라 쉽게 잊히지 않는 기억으로 남게 되기 때문이다.

아홉 째 달의 여섯 째 날에 이스라엘에 십계명이 내려졌다(바빌로니아 탈무드, 샤밧 86b). 유대인이 시내 산에서 토라와 십계명을 받은 것을 기념하는 축제일이 바로 칠칠절이다. 이날과 관련해 탈무드는 십계명의 계시에 대해서만 말하지만, 유대교는 모세가 시내 산에서 토라 전체를 받은 것으로 가르친다고 믿는 유대인이 많다. 물론 이것은 불가능한 일이다. 시내 산에서의 계시는 이집트 탈출 후 겨우 7주 만에 있었다. 그런데 토라의 다섯 권 중 마지막 세 권 반은 시내 산 계시 후 40년 동안 사막에서 방랑한 것을 묘사한다. 예를 들면, 모세에 대한 고라의 반역 이야기는 그로부터 수년 후의 것이다. 바빌로니아 탈무드가 기록하고 있듯이 나머지 토라는 사막 방랑 동안 모세에게 한 두루마리씩 차례로 계시되었다(기틴 60a). 모세는 십계명이 새겨진 돌판을 들고 시내 산을 내려왔다고 토라는 전한다. 칠칠절은 토라의 바로 이러한 계시의 시작을 기념하는 날이다. 오랫동안 사랑받아온 축제 방식은 티쿤tikkun과 함께하는 것이다. 즉, 사람들이 모여 밤새도록 각종 거룩한 유대 문헌(토라와 그 외 성경 및 미슈나, 탈무드 미드라시 등등)에서 뽑은 글들을 공부하는 것이다.

"너희는 7일 동안 초막(장막)에서 지내야 한다(레위기 23:42)." 이 구절은 이날 동안은 장막을 영구 가옥으로 생각해야 함을 뜻한다. 이에 랍비들은 장막절 7일 동안은 장막을 영구 가옥으로, 원래 집을 임시 가옥으로 여겨야 한다고 말했다. 즉, 원래 집에 있는 가장 좋은 가구와 침대를 장막으로 옮겨야 하고, 장막에서 먹고 마셔야 하며, 장막에서 공부해야 한다(바빌로니아 탈무드, 수콧 28b).

탈무드는 장막절 7일 동안은 장막에서 자야 한다고 분명히 규정하고 있지만, 이스라엘 이외의 나라에 거주하고 있는 유대인은 혹독한 환경에서 살 경우 이러한 의무에서 면제된다. 이것은 앞서 인용한 "장막절을 기뻐하라."라는 구절과도 조화를 이룬다. 장막절의 경험에서 핵심적인 정서는 즐거움이므로 고통이나 심각한 불편을 느끼면서까지 계율을 지키진 말아야 한다는 것이 유대교의 원칙이다. 그것은 장막절의 정신에 어긋나기 때문이다." 하지만 장막절의 첫날밤에 아무리 거세게 비가 내린다 해도 장막에서 최소한 음식은 먹을 수 있으리란 희망으로 자정까지는 장막에서 지내는 걸 포기하지 말고 기다려보는 것이 전통이다.

신년제와 속죄일

일곱째 달 1일은 나팔을 불어 기념하는 날이며 거룩한 모임을 갖는 날이다. 아무 일도 하지 말고 다만 여호와께 화제를 드리라(레위기 23:24-25). 여기서 나팔은 신년제 때 정확히 100번을 불게 되는 숫양의 뿌리로 만든 나팔을 가리킨다. 마이모니데스는 이 의식이 행해지는 이유에 대해 다음과 같이 설명한다. "신년제에 나팔을 부는 이유는 그것이 토라의 율법이기 때문이다. 하지만 여기에는 깊은 의미가 담겨 있다. 나팔 소리는 마치 다음과 같이 말하는 것처럼 들린다. '곤히 잠든 이들이여, 깊은 잠에서 깨어나…… 너희의 행동과 회개를 구하라. 즉, 너희의 창조주를 기억하고…… 너희의 영혼을 정비하며, 너희의 방식과 행동을 수정하라. 모든 사람들은 자신의 사악한 방식과 나쁜 계획을 포기해야 한다(미슈네 토라 '회개에 관한 율법' 3:4)."

> 신년제에는 다음과 같이 기록되고 속죄일에는 그것이 봉인된다. 얼마나 많은 사람들이 이 세상을 떠났고 얼마나 많은 사람들이 이 세상에 태어났으며, 누가 살 것이고 누가 죽을 것이며, 누가 천수를 누리고 누가 그렇지 못할 것이며, 누가 불로 사라지고 누가 물로 사라질 것이며, 누가 검으로 죽고 누가 맹수에게 잡아먹힐 것이며, 누가 굶주림으로 죽고 누가 목마름으로 죽을 것이며, 누가 지진으로 죽고 누가 전염병으로 죽을 것이며, 누가 목이 졸려 죽고 누가 돌에 맞아 죽을 것이며, 누가 안식을 취하고 누가 방랑을 할 것이며, 누가 평화롭고 누가 고통받을 것이며, 누가 가난하고 누가 부유할 것이며, 누가 겸손하고 누가 거만할 것인가? 하지만 속죄와 기도, 선행은 이러한 것들의 가혹함을 없애줄 것이다(우-네-타네 토케프U-ne-taneh Tokef, 가장 유명한 신년제 기도).

"여호와, 그분이 하나님이시다(열왕기상 18:19, 이 기도 구절은 회중 사람 모두가 속죄일 예배 마지막에 일곱 번 제창한다. 이것은 세상을 향한 유대인의 기본적인 선언을 뒷받침한다.)."

속죄일에는 금식을 해야 할 뿐 아니라 성적인 즐거움과 목욕도 삼가야 하기 때문에 대부분의 사람들은 이날을 슬픈 날이나 '무거운' 날로 여긴다. 하지만 탈무드는 이날을 행복한 날이라 주장하는데, 이는 속죄일의 정신에 중요성을 두기 때문이다. 즉, 속죄일은 인간과 하나님 간에, 한 사람과 다른 사람 간에 화해를 하는 날이므로 이를 제대로 지키면 참가자는 벅찬 기쁨과 갱생의 감흥을 느낄 수 있다.

오늘날 탈무드가 높이 평가하는 또 다른 축제일인 '피프틴스 오브 아브the fifteenth of Av'를 알고 있는 유대인은 거의 없다. 이것은 일종의 '유대판 사디 호킨스 데이Sadie Hawkins Day*'라 할 수 있는데, 이날 동안엔 미혼 여성이 미혼 남성에게 먼저 구애할 수 있다. 과거엔 이날 처녀가 총각에게 청혼까지 하기도 했다.

'동등한 놀이터'를 제공하기 위해, 즉 가난한 여성들이 위축되는 걸 막기 위해 랍비들은 부유한 집안의 처녀를 포함해 모든 처녀들이 흰색의 단출한 의복만을 입도록 규정했다. 탈무드에 따르면, 미혼 남성들이 포도밭에서 춤을 추고 있는 미혼 여성들에게로 갔다.

"나는 죄를 짓고 회개할 것이고, 죄를 짓고 또 회개할 것이다."라고 말하는 자에겐 회개의 기회가 주어지지 않는다. "나는 죄를 짓고 속죄일은 내 죄를 사하여줄 것이다."라고 말하는 사람은 속죄일에 속죄할 수 없다. 속죄일은 하나님께 죄를 지은 사람에게 속죄를 하는 날이지, 인간에게 죄를 지은 사람에게 그 피해자가 진정되지 않았는데도 속죄를 할 수 있는 날이 아

■ **사디 호킨스 데이** 미국에서 여자가 남자의 초대를 기다리지 않고 먼저 남자를 초대할 수 있는 날.

니기 때문이다(미슈나 요마 8:9).

하나님은 누구의 죄를 사하여주실까? 자기 자신에게 지은 죄를 속죄하는 사람의 죄를 사하여주신다(바빌로니아 탈무드, 신년제Rosh Hashana 17a).

- 4부 -

왜 더불어 살아야 하는가

: 유대적인 가치와 현대적인 가치 :

법이 산을 자르도록 하라

— 바빌로니아 탈무드, 산헤드린 6b

56. 정부는 왜 필요한가

너희 하나님 여호와께서 너희에게 주시는 모든 성에서 너희 각 지파마다 재판관과 관리들을 세우라. 그러면 그들이 백성들을 공평하게 판결할 것이다 (신명기 16:18). 정부의 안녕을 위해 기도하라. 정부가 없으면 사람들은 산 채로 서로를 집어삼키려 한다(아버지의 윤리Ethics of the Fathers 3:2).

분명한 예외를 떠올릴 수 있긴 하겠지만, 랍비들의 이 같은 권고는 유대 사상의 두드러진 경향을 반영한다. 즉, 그것은 인간 본성에 대한 유대주의의 적지 않은 회의에 뿌리를 두고 있다. 무정부주의로 알려진 19세기와 20세기 초반의 철학적·정치적 이데올로기의 추종자들은 사람들의 선한 본성을 믿었고, 정부가 세상에서 가장 사악한 악을 양산한다고 보았는데, 정확히 그 이유 때문에 이들은 정부를 없애야 한다고 주장했다. 한편 유대주의는 이들과 견해를 달리한다. 유대주의는 인간의 본성이 선하지도 악하지도 않은 그 중간이지만 부분적으로는 악해질 수 있는 경향이 아주 강하다고 보았다. 따라서 문제는 인간은 선하고 정부는 악하다는 것이 아니라, 정부를 운영하는 인간이 도덕적이지 않기 때문에 정부가 부도덕하게 행동한다는 것이다. 바로 이러한 이유로 유대교는 정부 관리를 상대하는 데 신중을 기해야 한다고 주장한다. "정부를 상대하는 데 주의를 기울여라. 이들은 자신들의 이익을 위해서가 아니라면 사람들에게 다가오지 않는다. 이들은 자신들에게 유익한 것이 있을 때엔 친구처럼 보이지만, 우리가 곤경에 처했을 때엔 우리 곁에 있어주지 않는다(아버지의 윤리 2:3)."

분명한 것은 권력이 전혀 없다면 상황은 더 악화될 가능성이 높다는 사실이다. 많은 사람들이 경찰의 잔인함과 부패에 대해 불평하지만, 만일 이들 마을이나 도시에서 경찰이 파업을 한다면 한밤중에 마음 놓고 거리를 활보할 사람은 그리 많지 않을 것이다.

인간 본성에 대한 유대주의의 회의는 하바쿡 1장 14절 "당신은 인류를 바다의 물고기처럼 만드셨습니다."라는 말에서도 잘 나타나 있다. "바다의 물고기처럼 이들보다 더 큰 것도 다른 것을 집어삼킨다. 인간도 이와 마찬가지다. 정부에 대한 두려움이 없다면 상대적으로 힘이 센 모든 사람이 상대적으로 힘이 약한 사람을 집어삼킬 것이다(바빌로니아 탈무드, 아보다 자라 4a)."

탈무드가 편찬되기 수백 년 전에 바빌로니아 제국은 유대에서의 한 반란을 진압한 뒤 솔로몬의 대사원을 파괴하고 수만 명의 유대인을 예루살렘에서 바빌로니아로 쫓아 보냈다. 따라서 당시 유대인의 '안녕'을 바라지 않는 정부가 있었다면 그건 아마 바빌로니아 정부였을 것이다. 하지만 당시의 한 걸출한 예언자는 바빌로니아로 쫓겨난 동료 유대인들에게 다음과 같은 조언을 했다. 또한 내가 너희를 포로로 가게 한 성읍의 평안을 간구하라. 그 성읍을 위해 여호와께 기도하라. 이는 그 성읍이 평안해야 너희도 평안할 것이기 때문이다(예레미야 29:7)." 예레미야의 마지막 말은 교훈적이다. 그는 아마 바빌로니아의 경제적인 곤궁을 염려했으며, 바빌로니아가 경제적인 풍요를 누리지 못하면 반유대주의는 더욱더 기승을 부릴 것이라는 사실을 직관적으로 깨달은 듯하다.

유대인에 대한 반감이 비교적 크지 않은 사회인 미국에서조차도 유대인 공동체는 경기 침체 동안 반유대주의가 만연할 가능성을 우려했다. 그래서 1974-1975년 아랍 국가들의 오일 불매로 인해 심각한 경제 불황이 닥치자, 유대인들은 자신들에게 경기침체에 대한 화살이 돌아오리라는 불안감을 표출했다('오일이 아니라 유대인을 불태워라.'라고 쓰인 범퍼 스티커를 봤다고 주장하는 사람들이 있다는 소문이 떠돌기도 했다.).

1990년대 초, 루이지애나주州는 경기 침체의 늪에 빠졌다. 이곳 유대인들 대다수는 주지사 후보로 나선 전前 미국 나치 리더인 데이비드 듀크David Duke가 백인 표의 절반이 넘는 지지를 받고 있다는 사실에 가장 큰 두려움을 느끼고 있었다.

국가의 법칙은 법률이다(바빌로니아 탈무드, 바바 카마 113a). 유대사회에서는 국가의 법률이 비도덕적이고 반유대적이지 않다면 국민은 그것을 지킬 의무가 있다. 오랫동안 유대인에게 상당히 차별적인 법률이 시행되었던 유럽 및 아랍 사회에서의 법률 자체가 비윤리적이라면 이러한 법률을 이행해야 할 도덕적·유대 율법적 의무가 유대인에겐 없다. 유대인에게 동등한 권리를 부여하는 미국과 같은 사회에서는 유대 율법이 유대인에게 그 나라의 법률을 따라야 할 의무를 지운다.

그 당시 이스라엘에는 왕이 없어서 모두가 자기 맘대로 행동했다(사사기 21:25; 고대 이스라엘에 만연했던 무정부 상태를 묘사한 글).

이 구절 바로 앞의 장들을 살펴보면 성경은 "왕이 없어서 모두가 자기 맘대로 행동했다."에 해당되는 사회에 강한 반감을 드러내고 있다는 것을 알 수 있다. 사사기 19-20장은 베냐민 지파와 그 외 이스라엘의 다른 지파들 간의 길고 쓰라린 투쟁을 묘사한다. 이러한 분쟁에 대해 판결을 내릴 중앙집권화된 리더십의 결여로 인해 이스라엘의 다른 지파들이 베냐민 지파를 압도했고 베냐민 지파의 거의 모든 여성들을 비롯해 대다수를 살해했다. 그런 다음 베냐민 자손들을 완전히 몰살할 목적으로 이스라엘의 다른 지파들은 "우리 가운데 어느 누구도 베냐민 사람에게는 딸을 시집보내지 않을 것이다."라고 미스바에서 맹세했다(사사기 21장 1절). 이와 동시에 이스라엘 사람들은 베냐민 지파를 몰살하려는 전쟁에 군대를 보내지 않은 죄로 아이를 포함해 야베스 길르앗 성읍의 모든 사람들을 살해하기로 결정했다.

하지만 이스라엘 사람들은 얼마 후 마음을 바꿔 한 지파를 몰살하는 것은 잘못된 처사라 생각하고 야베스 길르앗 성읍에서 4백 명의 처녀들을 살려주기로 결정했다. 그 후 이스라엘 사람들은 자신들의 맹세도 저버리지 않으면서 베냐민 남성들이 아내를 얻을 수 있도록 이들 4백 명의 처녀들을 베냐민 남성들에게 보냈고, 베냐민 사람들은 이내 4백 명의 여성은 충분치 않다며 불평했다. 이에 이스라엘의 다른 지파 사람들은 실로에서 해마다 열리는 축제에 가서 이들에게 "포도밭에 숨어서 살펴보다가 실로의 딸들이 춤을 추기 위해서 나오면 달려 나가 실로의 딸들 가운데 하나를 당신들 아내로 붙잡아 베냐민 땅으로 데리고 가시오(사사기 21:21)."라고 충고한다. 이로써 다른 지파들이 베냐민 지파에게 딸들을 주지 않겠다는 맹세를 깨지 않으면서 베냐민 지파는 다시 아내를 얻을 수 있었다.

"그 당시 이스라엘에는 왕이 없어서 모두가 자기 맘대로 행동했다."는 성경 구절은 바로 이러한 비도덕적 행위를 차례로 묘사하고 난 직후에 이어진다. 문학적인 차원에서 성경은 이 구절을 신명기 12장 8절 "너희는 우리가 여기서 우리 마음에 맞는 대로 행하는 그 모든 것들을 따라 거기서는 행하지 말라."와 대비시키고자 했을 수도 있으리라.

노아의 일곱 계율

1. 하나님을 부인하지 말 것(즉, 우상숭배를 금할 것).
2. 하나님을 모독하지 말 것.
3. 살인하지 말 것.
4. 금지된 성적 행위에 가담하지 말 것.
5. 도둑질하지 말 것.
6. 살아 있는 동물에서 뜯어낸 사지를 먹지 말 것.
7. 다른 여섯 가지 계율을 확실히 지킬 수 있도록 법정을 만들 것(바빌로니아 탈무드, 산헤드린 56a).

비유대교도에게 역점을 둔 이 일곱 가지 계율들 중 유일하게 긍정문으로 끝맺는 계율이 다른 계율들을 확실히 지킬 수 있도록 하는 법정의 설립이라는 점은 의미심장하다. 이것이 일곱 계율 중 단 하나의 '하지 말라'는 계율이 아닌 '하라'는 계율이라는 점은 유대주의가 무정부 상태를 얼마나 두려워하는지를 여실히 보여주는 징표라 할 수 있다.

■ **노아의 일곱 계율** 유대교에서는, 완전한 유대교도는 될 수 없더라도 유대교의 신앙에 동화하는 자, 즉 우상을 버리고 노아의 일곱 계율을 지킬 것을 서약하는 자에게는 동무, 이웃, 친구로서의 지위를 주었다. 이것은 아브라함의 계약보다도 이전의 계약으로서 이방인을 수용, 포섭하는 길을 연 것이었다. 민족종교에서 세계종교로 방향을 전환하는 일면을 보여준다.

57. 정의로운 재판의 원칙은 무엇인가

재판관들을 바른 길로 인도하는 원칙들

법이 산을 자르도록 하라(바빌로니아 탈무드, 산헤드린 6b).
위의 구절은 법정에서 정의가 모든 것에, 심지어 자비보다 우선해야 한다는 탈무드의 믿음을 시적으로 표현한 것이다. 따라서 유대사회는 재판이 시작될 때엔 조정과 중재, 타협을 위해 재판관이 소송 관계자를 격려하는 것이 바람직하지만 일단 판결이 내려지면 "재판관은 더 이상 조정하는 것이 허용되지 않으며, 법이 산을 자르도록 해야 한다(미슈네 토라, '산헤드린에 관한 율법' 22:4)."는 규정을 따른다.

너희는 재판할 때 의롭지 못한 일을 하지 말라. 곧 너희는 가난한 사람이라고 두둔해서는 안 되고 힘 있는 사람이라고 옹호하지도 말라. 다만 네 이웃을 공평하게 재판하라(레위기 19:15).

11세기 성경 주석자 라쉬는 보다 이전의 유대 출처에 근거를 두면서 다음과 같이 설명했다. "'가난한 사람이라고 두둔하지 말라.'는 말은 무슨 의미인가? '이 사람은 가난한 사람이고 어떤 경우에도 부자들은 그를 도울 의무가 있다. 따라서 나는 가난한 사람이 유리한 쪽으로 판결을 내릴 것이고, 그 결과 그는 구차하지 않은 방식으로 도움을 받게 될 것이다.'라고 판단해선 안 된다는 의미다. 또한 힘 있는 사람이라고 옹호하지 말라.'는 말은 '이 사람은 부자인 데다 점잖고 품격 있는 사람이다. 그런데 어찌 내가 그를 수치스럽게 하거나 그의 치부를 드러내는 증인이 될 수 있단 말인가?'라고 판단해선 안 된다는 의미다. 토라가 "부자에게도 차별 대우를 하지 말아야 한다."고 기록한 것도 이러한 이유 때문이다.

이 이야기는 나로 하여금 뉴욕 시 시장인 피오렐로 라 구아르디아Fiorello La Guardia에 대한 일화를 떠오르게 한다. 그는 대공황 시기에 즉결 사건을 다루는 야간 법정의 판사로 일했는데, 하루는 자식들을 위해 음식을 훔친 한 여인이 그의 법정에 섰다. 정의와 자비, 둘 모두를 충족시키고 싶었던 라 구아르디아는 그 여인에게 다음과 같은 판결을 내렸다. "절도죄에 대해 이 여인에게 10달러의 벌금을 과한다. 그리고 나를 포함한 이 법정의 모든 사람에겐 이 여인이 자식들을 위해 절도를 할 수밖에 없게 만든 이 도시에 살고 있는 죄로 각각 50센트씩의 벌금을 과하도록 한다." 그 즉시 돈이 모여 벌금은 지불되었고, 남은 돈은 여인에게 주어졌다.

거짓된 일에 휘말리지 말라(출애굽기 23:7).
탄원이 거짓임을 아는 재판관이 "증인들이 증언했기 때문에 난 이들의 증언에 따라 판결을 내릴 것이고, 죄의 사슬은 이들의 목을 죌 것이다."라고 말해선 안 된다는 것을 우리는 어떻게 알 수 있는가? [스스로는 증인들의 증언을 논박할 수 없음에도 불구하고 증인들이 거짓을 말하거나 잘못된 진술을 하고 있다는 것이 재판관에게 명백해 보이는 경우] "거짓된 일에 휘말리지 말라."는 토라의 기록을 보면 알 수 있다(바빌로니아 탈무드, 셰부옷Shevuot 30b-31a). 성경의 이 권고는 유대 율법에 깊은 영향을 끼쳤다. 그것은 가끔씩 제자가 스승에게 보여야 하는 존경을 뛰어넘는 힘을 발휘하기도 했고, 재판관이 들어야 하는 증언과 듣지 말아야 하는 증언을 결정하기도 했으며, 심지어는 소송 관계자들이 법정에서 입어야 하는 의복에 영향을 끼치기도 했다.

가난한 사람이 옳고 부자가 그르다는 것을 알고 있는 자가 스승과 반대되는 결론에 도달했다면 침묵을 지켜선 안 된다는 사실을 우리는 어떻게 알 수 있는가? "거짓된 일에 휘말리지 말라."는 토라의 기록을 보면 알 수 있다(바빌로니아 탈무드, 셰부옷 31a).

재판관이 다른 쪽의 소송 관계자가 법정에 도착하기 전까진 한쪽의 소송 관계자의 말을 들어선 안 된다는 것을 우리는 어떻게 알 수 있는가? "거짓된 일에 휘말리지 말라."는 토라의 기록을 보면 알 수 있다(바빌로니아 탈무드 셰부옷 31a). 이 권고는 우리 모두에게 적용된다. 사건에 관계된 한쪽의 이야기만 듣고 결론에 도달하는 것이 얼마나 어리석은 일인가를 우리는 무수한 경험을 통해 알 수 있다.

나는 어렸을 때 어머니가 구독하는 《여성들의 가정 저널Ladie's Home Journal》에서 '이 결혼은 유지될 수 있을까?' 란 섹션을 가장 좋아했던 기억이 난다. 이 월간지는 매호마다 문제가 있는 부부 각자의 입장과 카운슬러의 조언을 실었다. 독자는 남편이나 아내 중 한쪽의 이야기를 먼저 읽게 되는데, 그러면 나는 어김없이 먼저 접한 이야기를 한 쪽이 전적으로 옳고 그 배우자는 잘못 행동했다고 확신하곤 했다. 그러나 이내 다른 배우자의 이야기를 읽으면 상황은 달라졌다. 또다시 완전히 다른 결론에 도달하곤 했던 것이다.

한쪽만의 이야기를 들으면 객관성을 잃고 그 이야기에 동조하게 되는 일이 너무 잦기 때문에 탈무드는 소송 당사자 양측이 서로의 증언을 논박할 수 있도록 양측 모두가 법정에 참석했을 때에만 재판관이 이들의 진술을 들을 수 있도록 허용하고 있다.

두 사람이 법정에 출두했는데, 한 사람은 누더기 옷을 걸치고 있고 다른 사람은 100마네maneh나 하는 멋진 의복을 입고 있다면 옷을 잘 차려입은 사람에게 "상대와 같이 옷을 입든지, 그에게 당신과 같이 옷을 입혀라."고 말해야 한다는 것을 우리는 어떻게 알 수 있는가? "거짓된 일에 휘말리지 말라."는 토라의 기록을 보면 알 수 있다(바빌로니아 탈무드, 세부옷 31a). 재판관도 인간이기에 다른 사람들과 마찬가지로 그 역시 누추한 옷을 입은 사람을 평가절하할 수 있다는 점을 랍비들은 알고 있었다.

이웃 소유의 어떤 것을 자기 것이라 주장하는 사람은 이를 증명해 보여야 하는 책임이 있다(바빌로니아 탈무드, 바바 카마 35a).

이것은 유대사회에서 잘 알려진 금언인 "손에 넣으면 10분의 9는 자기 것이다."에 해당하는 탈무드 율법이다. 하지만 다음의 사례가 분명히 말해주듯 랍비들은 이 율법이 부정을 야기할 경우에는 적용을 보류했다.

> 자신이 마리 벤 이삭의 형제라고 주장하는 사람이 페르시아의 베 호자이 시에서 왔다. 그가 마리 벤 이삭에게 말했다. "아버지의 재산을 제게 나누어주십시오."
>
> "전 당신을 모릅니다." 여러 해 동안 그의 형제를 보지 못한 마리가 대답했다.
>
> 이들은 결국 랍비 히스다를 찾아갔다. 랍비 히스다가 말했다. "토라에

다음과 같이 기록되어 있기 때문에 마리가 진실을 말하고 있을지도 모릅니다. '요셉은 자기 형들을 알아보았지만 그들은 요셉을 알아보지 못했다(창세기 42:8).' 요셉이 형들을 떠났을 땐 턱수염이 없었지만, 형들 앞에 다시 나타났을 땐 턱수염을 길렀기 때문입니다. 마찬가지로 당신이 마리의 진짜 형제이더라도 마리 역시 당신을 몰라볼 수 있을 것입니다. 가서 당신이 마리의 형제라는 걸 증명할 수 있는 사람을 데리고 오도록 하십시오."

마리의 형제가 말했다. "제겐 증인들이 있습니다. 하지만 마리가 폭력적인 사람이라 이들이 증언을 하는 것을 두려워합니다."

랍비 히스다가 마리에게 말했다. "그렇다면 당신이 그가 당신의 형제가 아니라는 걸 증명할 수 있는 사람을 데려오도록 하십시오."

"그것이 율법입니까?" 마리가 계속 말했다. "율법은 이웃 소유의 것을 자기 것이라 주장하는 사람이 그 증거를 가져와야 한다고 규정하는 것으로 알고 있습니다만."

랍비 히스다가 대답했다. "이 경우 저의 판결은 율법을 따르지 않습니다. 그리고 당신과 같이 폭력적인 모든 사람에 대해서도 그렇습니다(바빌로니아 탈무드, 바바 메지아 39가)."

랍비 히스다는 그의 판결이 기본적인 정의 규범을 침해하고 있다는 마리의 반론을 무시했다. 랍비 히스다가 생각하는 정의는 추상적인 율법의 원칙을 맹목적으로 따르는 것이 아니라 공평함을 의미하는 것이기 때문이었다. 이 구절에 대해 아론 컬셴바움 교수가 다음과 같이 기술한 것처럼 말이다. "기본적인 정의를 구현하기 위해서는 폭력적인 사람이 자신의 이익을 위해 기존의 법절차를 침해하는 것을 허용하지 말아야 한다." 그는 계속해서 다음과 같이 피력한다. "마리의 사례는 여러 세기에 걸쳐 유대 재판관으로 하여금 폭력적인 사람이 정의를 왜곡하기 위해 법적인 전문성을 활용하는 것을 허용하지 않도록 해준 좋은 선례 역할을 했다(《유대 율법의 정당성》 61ff페이지)."
재판관은 자신의 눈이 실제로 보는 것만으로 판단해야 한다(바빌로니아 탈무드, 산헤드린 6b).

'눈에는 눈으로(출애굽기 21:24).' 이지 '눈에는 눈과 목숨으로'가 아니다(바빌로니아 탈무드, 케투봇 38a). 토라는 '눈에는 눈으로'라고 규정하고 있지만, 유대 전통은 이 구절을 가해자는 자신의 눈을 뽑아야 한다는 것이 아니라 벌금을 내야 한다는 의미로 이해했다. 그 이유는 뭘까? 그건 바로 정의의 실현 때문이다. "만일 실제 그대로의 보복이 의도된 것이라 가정한다면 가끔 가해자의 두 눈과 생명을 앗아가는 결과가 초래될 수도 있다. 예를 들어, 가해자가 눈이 멀어 죽게 되는 경우가 생길 수 있기 때문이다(바빌로니아 탈무드, 바바 카마 84a)." 따라서 윤리적으로는 다른 사람의 눈을 의도적으로 멀게 한 사람의 눈도 멀게 해야 하지만 실제로 법정이 그 사람의 눈을 멀게 할 뿐만 아니라 목숨까지 앗아가는 더 큰 불의를 행할 수도 있기에 현실적으로는 가해자가 피해자에게 보상금을 지불하게 한다는 것이다.

"정의의 구현이 지연되고 정의가 왜곡되었기 때문에 검이 이 세상에 나타났다(아버지의 윤리 5:8)." 정의 구현이 지연된다는 말은 바꿔 말하면 정의가 거부당한다는 말이며, 이는 유혈 참사를 야기할 수 있다.

재판관으로 임명되는 사람들에게 요구되는 자질

성경으로부터 도마뱀이 순결하다고 증명할 수 있을 정도로 명민한 사람만이 산헤드린에 임명될 수 있다(바빌로니아 탈무드, 산헤드린 17a).

성경의 계율에 따르면, 도마뱀의 시체를 만지는 사람은 그날 저녁까지 부정하다(레위기 11:29-38). 산헤드린의 법정에 서는 여러 피고인과 소송 관계자가 난해하고 약삭빠르며 교활한 주장을 펼칠 것이라는 점을 인식한 랍비들은 재판관으로 순진한 사람을 앉히려는 마음이 조금도 없었다. 이들은 성경의 가르침에 반대되는 것도 '증명'할 수 있을 정도로 영리하며 자신들의 이러한 '증명'이 진실이 아니라는 것을 인정할 정도로 정직한 재판관을 원했다.

이러한 조건에 부합하는 현대 인물로 오랫동안 미국에서 유능한 형법 변호사 중 한 명으로 인정받은 사무엘 라이보비츠Samuel Leibowitz를 꼽을 수 있다. 라이보비츠는 억지스럽긴 하지만 설득력 있는 변론을 통해 배심원들이 살인자에게 무죄 판결을 내리도록 하는 데 큰 영향력을 행사했다. 벅시 시겔을 포함한 미국의 여러 거물급 갱들의 석방을 보장해주었던 라이보비츠는 후에 브루클린의 형사 법원 판사로 임명되었고, 이내 '교수형 판사'로 알려졌다. 그 후, 공직에서 은퇴한 그는 이렇게 말했다. "강경함이 비정한 범죄자들이 이해할 수 있는 전부이기 때문에 전 이들에게 강경할 수밖에 없었습니다." 그 자신이 범죄자들을 위한 변론을 하는 데 여러 해를 보냈기에(즉, 도마뱀의 시체가 순결하다는 것을 증명할 정도로 영리하고 설득력 있는 변론을 펼쳐왔기에), 판사가 된 그는 여러 변론과 알리바이의 책략과 속임수를 다른 판사들보다 더 잘 간파할 수 있었다.

우리는 유능하고 지혜로우며 인상적이고 경험이 풍부한 사람만을 산헤드린에 임명한다. 이들은 주술에 대한 지식을 가지고 있어야 하고 법정에서 통역사를 고용할 필요가 없도록 세계의 70가지 언어에 능통해야 한다(바빌로니아 탈무드, 산헤드린 17a). 토라는 주술을 엄격하게 금지하고 있음에도 불구하고 재판관은 이러한 믿음 체계를 이해하고 있어야만 한다. 여기에 관련된 죄에 대해 공정한 판결을 내릴 수 있어야 하기 때문이다. 이러한 요건이 재판관의 요건으로서 너무 억지스럽게 느껴진다면 1692년의 세일럼 마녀재판▪을 떠올려보자. 만일 이 재판의 재판관들이 실제 마녀들에 대한 지식이 풍부했다면 열아홉 명의 무고한 사람에게 지워진 혐의가 잘못된 것임을 깨닫고 이들에게 사형을 선고하진 않았을 것이다.

글자 그대로 해석한다면 "세계의 70가지 언어에 능통해야 한다."는 말은 신빙성이 떨어져 보인다. 70가지 언어엔 여러 가지 사투리를 포함시켰을 것으로 추정해볼 수도 있다. 또 70가지란 수는 모국어뿐만 아니라 여러 언어를 알아야 한다는 점을 강조하기 위한 단지 상징적인 숫자에 불과할 뿐이라고도 추정해볼 수 있으리라.

재판관을 통역사에 의존하지 않도록 하는 것은 이들이 여러 문화에 대한 폭넓은 지식을 갖춘 세계인임을 말해준다.

우리는 노인이나 성불구자 또는 아이를 갖지 못하는 사람을 산헤드린의 구성원으로 임명하지 않는다. 랍비 주다는 여기에 잔인한 사람도 추가시킨다 (바빌로니아 탈무드, 산헤드린 36b). 일반적으로 유대 전통은 나이를 지혜와 연관시키기 때문에 이 경구에서 "노인"은 아주 연로한 사람을 가리킨다고 볼 수 있다. 성불구자와 아이를 갖지 못하는 사람은 부모의 부드러움이 부족할 수 있고, 연로한 사람은 자녀 양육의 고충을 잊어버려 그 결과 지나치게 가혹할 수 있다는 판단에서 율법은 이들을 제외시켰다.

랍비 주다가 잔인한 사람을 제외시킨 것은 너무나도 마땅한 일이지만 안타깝게도 역사적으로 제대로 이루어지지는 않았다. 인류 역사는 법복을 입은 사디스트가 저지른 악의 증거를 충분히 제시하고 있기 때문이다. 최근의 예

▪ **세일럼 마녀재판** 1692년 미국 매사추세츠주 세일럼 빌리지Salem Villages에서 일어난 마녀 재판 사건으로 5월부터 10월까지 185명을 체포해 열아홉 명을 처형하는 등 스물다섯 명이 목숨을 잃었다. 인간의 집단적 광기를 상징하는 사건으로 문학 작품과 영화 등의 소재로 널리 쓰였다.

로 수많은 사람에게 사형을 선고한 나치의 판사들을 들 수 있을 것이다.

정의롭지 못함에 대한 랍비들의 풍자

마케도니아의 알렉산더가 신화 속의 인물인 카츠야 왕을 방문했는데, 카츠야 왕은 알렉산더에게 엄청난 양의 금과 은을 보여주었다.

알렉산더가 그에게 말했다. "전 당신의 금과 은이 필요해서가 아니라 당신이 어떻게 정의를 실현하는지, 즉 당신 나라의 관행을 살펴보기 위해 이곳에 왔습니다."

두 사람이 대화를 나누고 있는 동안 한 남자가 이웃과의 사건으로 왕을 찾아왔다. 그 남자는 이웃에게서 땅을 샀는데 그 땅에서 한 꾸러미의 금화를 발견했다고 말했다. 이웃에게 땅을 산 그 남자가 주장했다. "전 대지만을 샀지 그곳에 묻힌 보물은 사지 않았습니다." 그러자 그 남자에게 땅을 판 남자가 반박했다. "제가 땅을 팔았을 땐 그 땅에 포함된 모든 것을 판 것입니다."

이들이 논쟁을 벌이고 있는 동안 왕이 그중 한 명을 보며 물었다. "너에게 아들이 있느냐?"

그가 대답했다. "네, 그렇습니다."

왕은 다른 사람에게 물었다. "너에게 딸이 있느냐?"

그가 대답했다. "네, 그렇습니다."

이에 왕은 다음과 같이 판결했다. "너희의 아들과 딸을 결혼시켜 그들에게 보물을 주도록 하라."

알렉산더가 소리 내어 웃기 시작했다. 그러자 카츠야 왕이 그에게 물었다. "왜 웃으시오? 내가 적절한 판결을 하지 않았소? 그럼 이 경우 당신 같으면 어떠한 판결을 내리시겠소?"

알렉산더가 대답했다. "전 두 사람을 사형시키고 그 보물을 빼앗겠습니다."

"당신은 금을 그토록 좋아하시오?" 카츠야 왕이 물었다.

그 후, 이내 카츠야 왕은 알렉산더를 위해 만찬을 열고는 그에게 금으로 만든 각종 고기를 내놓았다.

이에 알렉산더가 소리쳤다. "전 금을 먹지 않습니다."

왕이 알렉산더의 말에 반박했다. "금을 먹지 않는다면 당신은 왜 그토록 금을 좋아하시오?" 왕은 계속해서 물었다. "당신 나라에도 해가 환하게 뜹니까?"

"물론입니다."

"당신 나라에도 비가 옵니까?"

"물론입니다."

"당신 나라에도 작은 동물들이 있습니까?" 왕이 또 물었다.

"물론입니다." 알렉산더가 다시 똑같은 답을 했다.

"······당신은 그 동물들 덕분에 삶을 허락받았을 뿐입니다(팔레스타인 탈무드, 바바 메지아 2:5)."

루이스 제이콥은 이 이야기가 주는 교훈은 "정의롭지 못한 사람은 짐승보다 못하다."는 것이라고 기술했다.

58. 살인자는 사형 받아 마땅한가

하나님께서 자기의 형상대로 사람을 만드셨기 때문에 누구든지 사람의 피를 흘리면 사람에게 피 흘림을 당할 것이다(창세기 9:6).
인간은 하나님의 형상으로 창조되었기 때문에 인간을 살해하는 것은 하나님에 대한 죄악이기도 하다는 것이 유대인의 관점이다.
누구든 사람을 쳐 죽이는 사람은 반드시 죽여야 한다. 다만 의도적으로 일부러 죽인 것이 아니고 하나님께서 그의 손에 넘겨주신 일이면 그는 내가 정해놓은 곳으로 도망치게 해야 한다(출애굽기 21:12-13). 죽을죄를 진 살인자에게서 목숨을 대신할 몸값을 받아서는 안 된다. 그는 반드시 죽임을 당해야만 한다(민수기 35:31). 고대 이스라엘의 주변 사회는 살인을 당한 사람의 가족이 살인자를 처벌하지 않고 그에게 앙갚음을 하지 않는다는 조건으로 돈을 받는 것을 허용했다. 하지만 마이모니데스가 설명하듯 성경은 이러한 관습을 금했는데, 이는 "희생자의 영혼은 그의 가족의 재산이 아니라 하나님의 재산이기 때문이다(미슈네 토라, '살인과 생명 보존에 관한 율법Laws of Murder and Preservation of Life' 1:4)."
성경은 살인자 및 그 외 특별히 사악한 죄(가령 다른 사람이 죽을죄를 지었다며 거짓 증언을 하는 죄와 다른 사람을 납치해 그를 노예로 삼거나 노예로 팔아넘기는 죄 등등)를 저지른 자를 처형하는 두 가지 이론적 근거를 제시한다.

나머지 백성들이 이것을 듣고 두려워해 다시는 그런 악한 일이 너희 가운데서 일어나지 않도록 말이다(신명기 19:20). 간단히 말해, 성경은 사형이 범죄를 예방하는 역할을 한다는 주장을 펼친다. 최근 들어 사형을 반대하는 사람들은 사형이 이러한 기능을 한다고 믿을 아무런 근거가 없다고 주장한다. 전 미국 법무차관인 로버트 보르크 판사는 이러한 주장을 비꼬며 말했다. "처벌이 범죄를 예방하지 못한다는 주장은 상식적인 사람의 상식에 반하는 주장이다. 따라서 이러한 주장은 다수의 사회 과학자 집단이 고집스럽게 신봉하는 하나의 교의처럼 보인다."

그가 자기 형제에게 하려고 했던 대로 그에게 해 그런 악한 사람들을 너희 가운데서 제거하라(신명기 19:19, 24:7). 성경은 악을 증오하고(반드시 악을 행한 사람을 증오해야 하는 것은 아니지만), 흉포한 죄를 짓는 사람을 멸해야 한다고 가르친다. 최종적인 분석을 해보면 연합군이 뉘른베르크에서 나치 리더들을 교수형에 처하고 이스라엘에서 아돌프 에이크만Adolf Eichmann을 처형한 것은 미래 살인자들에게 경종을 울리려는 목적도 아니었고, 이들이 석방되면 다시 살인을 저지를 수 있다는 두려움 때문도 아니었다. 이들은 단지 나치의 죄악은 실로 극악무도한 것이어서 마땅히 이에 상응하는 처벌이 가해져야 한다고 믿었다. 즉 '눈에는 눈으로'를 실천한 것뿐이다.

한편, '성경은 오로지 집단적인 대학살에 한해서만 사형벌을 인정했다.'고 주장하는 사람들에 대해, 유대 가르침은 무고한 인간 생명 하나하나에 무한한 가치가 있음을 강조하며 무고한 생명을 살해하는 것은 가장 큰 악이라고 단언한다. 다시 말해, 무고한 생명 하나를 앗아간 사람의 죄가 무고한 생명 열을 앗아간 사람의 죄보다 그 규모는 작을지는 몰라도 결코 가볍지는 않다는 것이다.

실제 랍비들은 창세기 4장 10절을 토대로, 한 생명을 살해하는 것이 결과적으로 일종의 대량 학살이 되는 경우가 많다고 믿기도 한다. 가인이 자신의 동생 아벨을 살해했을 때, 하나님은 그에게 "네 동생의 피가 땅에서 내게 울부짖고 있다."고 큰 소리로 외쳤다. 그런데 여기서 하나님이 사용한 단어인 '드마이d'mai'는 글자 그대로는 '피들'이란 의미다. 이에 랍비들은 "왜 '네 동생의 피'가 아니라 '네 동생의 피들'이라고 기록했을까?"라는 물음을 제기하고 "그의 피뿐만 아니라 영원히 태어나지 못할 그의 모든 자손들의 피까지 일컬었기 때문이다."라는 결론을 내놓았다(미슈나 산헤드린 4:5). 따라서 살인자는 이 세상이 끝날 때까지 희생자의 태어나지 않은 자녀 및 이들의 자손들 모두에게 죄를 지니고 있는 것이다.

한편, 성경은 사형선고에 대해 상당히 엄격한 제한을 두고 있다. "두세 사람의 증언으로 그 사람을 죽이고 한 사람의 증언으로는 그 사람을 죽일 수 없다(신명기 17:6)."고 성경은 단정한다.

사형선고에 대한 탈무드의 관점

사형에 대한 문제만큼 성경과 탈무드의 관점이 극명하게 상충되는 영역은 거의 없다. 광범위한 주장은 아니지만 탈무드에서 제시하는 일종의 지배적인 주장은 심지어 계획된 살인의 경우에도 사형선고를 반대한다는 것이다. 이러한 관점은 법적인 권위에 상당히 많은 제한을 두기에 만일 이러한 제한

이 시행된다면 사형선고를 받는 살인자가 한 명도 없을 정도이다. 이러한 제한에는 다음과 같은 것들이 있다.

1. 중죄 사건의 경우 자백을 금한다

죄인은 자신에게 불리한 증언을 할 수 없다(원전을 직역하면 '죄인은 자신을 사악한 사람으로 묘사할 수 없다.' 이다.)(바빌로니아 탈무드, 산헤드린 9ㄴ).

탈무드의 이러한 규정으로 인해 유대 법정은 중죄인의 자백을 인정하지 않았다. 자신의 의학적 지식 및 랍비로서의 지식을 바탕으로 마이모니데스는 중죄인들이 감정적인 질병으로 자백을 할 수 있는 위험성이 있기 때문에 자백은 금지될 수 있다고 판단했다. "그는 죽음을 갈망하는 격심한 슬픔에 빠진 영혼의 소유자일 수 있다. 이러한 이유로 그는 자신을 죽음으로 몰고 가기 위해 자신이 저지르지 않은 죄를 자백할 수도 있다(미슈네 토라, '산헤드린에 관한 율법' 18:6)."

자백에 대한 탈무드의 이러한 거부는 당시 유대사회를 고문이 금지된 유일한 국가로 만들었다. (반면, 금전과 관련된 사건의 경우 유대 율법은 자백을 인정했다. 이는 자신의 생명은 자신의 것이 아니기에 자기 마음대로 멸할 수 없지만, 자신의 돈은 마음대로 할 수 있는 권리가 있다고 여겼기 때문이다.) 로마 및 가톨릭 법정을 비롯해 거의 모든 고대사회의 법정이 자백에 의한 증거를 가장 신뢰할 만한 것으로 여겼기에 죄인으로 판단되는 사람에 대한 고문을 인정했다. 하지만 유대 법정은 자백을 법적 가치가 없는 것으로 간주했기에 고문에 대한 유혹을 전혀 받지 않았다.

탈무드의 이러한 규정은 오랫동안 유대 법정의 도덕적 위상을 떨치게 했다. 하지만 오늘날 고문을 금지하는 사회에서 자백도 금지하는 것이 여전히 필요한지는 의문이다. 나에게서 탈무드의 이러한 규정을 전해 들은 경찰관들은 만일 자백을 금지한다면 해결할 수 있는 살인 사건의 수가 급격하게 줄어들 것이라고 말했다.

2. 정황적인 증거는 절대적으로 금한다

정황적인 증거를 토대로 유죄를 선고하지 않는다는 것은 무슨 의미일까? 재판관이 목격자에게 말한다. "당신은 피고인이 피살자를 쫓아 구석진 곳으로 가는 것을 보고 그를 쫓아갔습니다. 그리고 핏방울이 떨어지고 있는 칼을 거머쥔 피고인과 고통으로 몸부림치는 피살자를 발견했습니다. 그것이 당신이 본 전부라면 당신은 아무것도 목격하지 못한 것이나 마찬가지입니다(바빌로니아 탈무드, 산헤드린 37b)."

랍비들에 따르면 살인죄를 선고할 수 있는 유일한 증거는 실제 살인이 행해진 상황을 처음부터 끝까지 동시에 목격한 두 명 이상의 목격자의 증언이다.

현대 정통파 법학자인 랍비 데이비드 블라이크David Bleich는 다음과 같은 견해를 피력한다. "유대 율법의 관점에서 보면, 지문과 법의학적인 증거 그리고 이와 유사한 기타 증거들 역시 정황적인 증거의 범주로 분류해야 한다." 그의 말에 따르면 이러한 증거들은 법적인 효력을 발휘하지 못한다.

2천 년 전에도 각 개인은 서로 다른 자기만의 지문과 유전자 각인을 갖고 있다는 사실이 알려졌다면 랍비들은 어떤 식의 판단을 했을까?

3. 목격자는 잠재 살인자에게 모습을 드러내 그가 받게 될 형벌에 대해 경고해야 한다

탈무드는 또한 두 명의 목격자가 잠재 살인자에게 살인을 하면 사형에 처해질 것이라는 점을 주지시키고 잠재 살인자는 이를 인식해야 한다고 주장한다. 법학 교수인 헬레네 슈왈츠Helene Schwartz는 랍비들이 사형선고에 동의할 수 있는 가상의 사건을 제시했다.

> 즈비와 사무엘이 거리에서 서로 나란히 서 있다. 이들은 모세가 라반에게 다가가는 것을 본다. 즈비도 사무엘도 라반과 관계가 없으며 목격자로서 자격이 없지도 않다. 모세와 라반이 즈비와 사무엘을 향해 걸어오고 있을 때 라반이 칼을 꺼내 모세를 찌를 태세를 하고 있다.
> "잠깐," 즈비가 사무엘이 들을 수 있는 거리에서 계속 말한다. "의도적으로 살인을 하는 것은 법에 위배되며 참수형에 처해질 수도 있습니다." 이에 라반은 그의 경고를 이해했음을 암시하는 대답을 한다. "난 살인이 죄라는 것도, 죄에 대한 대가가 참수형이라는 것도 알고 있어."
> 그런 다음 라반은 칼을 들어 즈비와 사무엘이 보는 데서 그것을 모세의 심장에 깊숙이 찌른다.(헬레네 슈왈츠, 《책에 나온 정의 Justice by the Book》)

슈왈츠는 다음과 같이 결론짓는다. "즈비와 사무엘이 재판의 엄격한 심문을 감당할 수 있다고 가정한다면 그때서야 라반의 살인죄가 인정되어 사형선고를 받을 수 있다. 하지만 이것은 가능성이 없는 시나리오다."
사실 이 사건에서 살인자는 마이모니데스가 정의한 "죽음을 갈망하는 비참한 신세의 격심한 슬픔에 빠진 영혼"이란 조건을 수반하는 건강하지 못한 정신의 소유자임이 너무나도 명백하기 때문에 사형에 대한 정의에 의문을 가질 수 있다. 만일 그가 '건강하지 못한 정신의 소유자'가 아니라면 단순히 보다 나은 시간을 기다리는 것만으로 사형을 면할 수 있는데 왜 굳이 두 명의 목격자가 보는 앞에서 살인을 저질렀겠는가?
살인자라는 확실한 증거가 없거나 [즉, 두 명의 목격자가 없거나] 목격자의 경고를 받지 않고 살인을 저지른 사람에 대해서는 왕이 그를 처형하고 시대의 요구에 따라 세상을 완전하게 할 수 있는 권한을 가진다. …… 왕은 두려움을 고취시키고 세상의 사악한 사람의 손을 부러뜨리기 위해 필요한 조처를 취할 권한을 가진다(미슈네 토라, '왕에 관한 율법Laws of Kings' 3:10). 또한 미슈나는 법정이 피고인의 살인 행위는 확신하지만 '살인죄 성립 기준들' 중 하나가 충족되지 못한다 해도 자의로 사형을 선고할 수 있는 권한을 가진다."고 규정한다.

랍비 헤럴드 쿠슈너는 탈무드가 광범위하게 사형을 반대한 또 다른 이유를 제시했다. 그에 따르면 랍비들은 하나님께서 처벌받지 않은 이 세상의 살인자들은 하나도 남김없이 징벌하시리라는 믿음을 가졌다. 때문에 그들은 살인자들이 자유의 몸으로 법정을 걸어 나가는 것을 보면서도 크게 개의치 않았다. 실제로 탈무드는 까다로운 기준으로 인해 자유의 몸은 되었지만 결국 하나님의 사형선고는 피하지 못한 몇몇 살인자들의 이야기를 전하고 있다.

랍비 시메온 벤 셰타크Simeon ben Shetach가 말했다. "하나님, 한때 저는 한 남자가 그의 동료를 쫓아 폐허로 가는 것을 보고 그를 쫓아갔습니다. 그리고 핏방울이 흐르는 칼을 거머쥔 그 남자와 고통으로 몸부림치며 살해당한 그의 동료를 보았습니다. 저는 그에게 소리쳤습니다. '사악한 인간, 누가 이 남자를 살해했느냐? 너와 나 둘 중 하나일 것이다. 하지만 네 피가 나의 손에 떨어지지 않았는데 내가 무엇을 할 수 있겠느냐? 토라에 "두세 사람의 증언으로 그 사람을 죽이고 한 사람의 증언으로는 그 사람을 죽일 수 없다(신명기 17:6)."고 쓰여 있기 때문이다.' 하나님, 제가 이러한 광경을 보지 않았다면 저로 하여금 살아생전 궁극적인 구원의 안락함을 보지 못하게 하셔도 됩니다.'"

그런 다음 랍비 시메온은 그 남자에게 저주를 퍼부었다. "사람의 생각을 아시는 하나님이 동료를 살해한 이 사람에게 복수를 내려주소서!" 이 말이 끝나자마자 이들은 그곳을 벗어나 걷기 시작했고, 갑자기 뱀 한 마리가 나타나 그 남자를 물어 죽였다(바빌로니아 탈무드, 산헤드린 37a).

탈무드는 계속해서 여기에 대해 논한다. "이제 유대 율법은 더 이상 네 가지 방식의 사형을 집행하도록 허용하지 않기에 하나님 자신이 직접 사형을 집행하신다. 예를 들면, 사람들이 던지는 돌에 맞아 죽어 마땅한 사람은 지붕에서 떨어지거나 야수에 짓밟혀 죽을 것이고, 목이 졸려 죽어야 마땅한 사람은 강에 빠져 익사하거나 질식해서 죽을 것이다." 따라서 쿠슈너가 주장하는 바처럼 이렇듯 하나님이 직접 살인자에게 징벌을 내리실 것이라 랍비들이 확신한다면 법정의 사형선고에 대한 이들의 무관심은 더 잘 이해될 수 있을 것이다.

안타깝게도 오늘날에는 이러한 사고방식이 도움을 주지 못한다. 실제로 아돌프 에이크만은 이스라엘 첩보원이 그를 납치해 1960년 이스라엘 법정에 세우기 전까지는 부에노스아이레스에서 비교적 평탄한 삶을 살고 있었다. 이스라엘이 나서지 않았다면 하나님이 이 세상에서 에이크만을 징벌하셨으리라 믿어야 할 아무런 이유가 없었던 것이다.

사형과 살인자의 영혼에 대한 마지막 생각

의도적으로 한 생명을 앗아간 살인자의 죽음만이 살인자 자신뿐만 아니라 사회를 위한 유일한 속죄의 길이다(데이비드 노바크David Novak, 《유대인의 사회 윤리Jewish Social Ethics》).

노바크는 미슈나에서 사형집행 직전의 과정에 대해 묘사된 것을 토대로 위의 글을 남겼다. "사람들은 그에게 말한다. '참회하라. 사형선고를 받은 사람들은 그렇게 해야 하기 때문이다. 누구라도 참회한 다음 처형당한 사람은 도래할 세상에 머무를 수 있다.'(산헤드린 6:2)" 노바크는 다음과 같이 결론짓는다. "다시 말해, 이 세상에서 정의를 실현함으로써 우리는 또한 사형선고를 받은 죄인에게 저세상에서 하나님의 자비를 받을 수 있는 자격을 부여한다."

59. 전쟁은 불가피한가

징병 유예에 대한 성경의 관점

너희가 원수들과 싸우러 나갈 때, 장교들은 군대에 말하라. '새 집을 짓고 봉헌하지 않은 사람이 있느냐? 그런 사람은 집으로 가게 하라. 그가 싸움터에서 죽어 다른 사람이 새 집을 봉헌하지 못하게 하기 위함이다. 포도원을 만들고도 즐기지 못한 사람이 있느냐? 그런 사람은 집으로 가게 하라. 그가 싸움터에서 죽게 돼 다른 사람이 그 열매를 먹지 않도록 하기 위함이다. 여자와 약혼하고 결혼하지 못한 사람이 있느냐? 그런 사람은 집으로 돌아가게 하라. 그가 싸움터에서 죽게 돼 다른 사람이 그 여인과 결혼하지 못하게 하기 위함이다.' 더 나아가 장교들은 백성에게 말하라. '두려워하거나 마음이 약해진 사람이 있느냐? 그런 사람은 집으로 돌아가게 해 그 형제들마저 낙담시키지 않게 하라(신명기 20:1, 5-8).'

성경의 율법은 상식과 자비의 조합이다. 갓 결혼한 사람이나 장사를 시작한 지 얼마 되지 않은 사람을 징집하는 것은 가혹한 일이기에 신명기는 또한 결혼한 지 1년이 지나지 않은 남자는 징집하지 말아야 한다고도 규정한다(신명기 24:5). 징집에서 제외되는 마지막 경우도 자비와 상식이 적용된 사례로 볼 수 있다. 소심함은 대개 전염성이 있기 때문에 지나치게 겁이 많은 군인은 군대로 보아서도 해가 되기 때문이다. 하지만 전쟁을 앞두고 어느 정도의 두려움을 느끼는 것은 자연스러운 것이기에 탈무드는 어떤 사람이 징병 유예의 대상이 되는 "두려워하거나 마음이 약해진 사람"인지를 묘사하고 있다.

나팔소리를 듣고 놀라거나 방패가 부딪히는 소리를 듣고 겁에 질리는 사람, 혹은 번쩍이는 검을 보고 무릎 사이로 물을 흘리는 사람[즉, 공포에 질려 오줌을 싸는 사람] 등은 집으로 돌려보내야 한다. "그 형제들마저 낙담시키지 않게 하라."고 쓰여 있기 때문이다(바빌로니아 탈무드, 소타 44b).

한편 이스라엘(또는 유대인이 동등한 권리를 갖는 나라)이 습격당했을 때는 '겁에 질린' 사람을 제외하곤 모든 종류의 징병 유예가 일시 중지된다. "자기 방어를 위한 전쟁에는(원문을 직역하면, '의무적인 전쟁에는'이다.) 모든 사람이 전쟁에 참여해야 한다. 심지어 방에 있던 신랑과 웨딩 캐노피 아래에 있던 신부조차도 전쟁에 참여해야 한다(미슈나, 소타 8:7)." "웨딩 캐노피 아래에 있던 신부조차도 전쟁에 참여해야 한다."는 말이 여성들까지도 전쟁에서 싸워야 한다는 의미는 아니라고 주석들은 설명한다. 즉, 여성들은 군대에 음식을 공급했던 것이다.

반전 성명

다윗이 솔로몬에게 말했다. "내 아들아, 나는 내 하나님 여호와의 이름을 위해 집을 지으리라고 마음을 먹었다. 그러나 여호와께서는 내게 이렇게 말씀하셨다. '너는 많은 피를 흘렸고 많은 싸움을 치렀다. 내 이름을 위해 집을 지을 사람은 네가 아니다. 네가 내 앞에서 이 땅에 많은 피를 흘렸기 때문이다'(역대상 22:7-8)."

다윗의 인생 이야기가 실린 사무엘의 두 책에선 다윗의 출정에 대한 하나님의 견해를 찾아볼 수 없기에 역대기의 이 구절은 심지어 명분이 있는 전쟁까지 포함해 '모든 전쟁은 인간의 영혼에 유해하다.'는 것을 시사한다. 다윗을 향한 하나님의 말씀은 내게 러시아의 시인 예브게니 옙투셴코가 한 다음의 말을 떠올리게 한다. "자주 폭력을 일삼은 거친 손은 부드러운 감촉에 대한 기능을 잃어버린다."

창세기 32장 8절의 "야곱은 너무 두렵고 마음이 괴로웠다."에 대한 미드라시의 주석은 우리들에게 비슷한 생각을 전한다. 야곱이 한때 자신을 살해하겠다고 협박한 에서 형이 그의 군대를 이끌고 자신에게 오고 있다는 이야기를 들었을 때 야곱은 두려움과 괴로움을 느꼈던 것이다. 여기에 대해 랍비들은 덧붙인다. "두려움과 괴로움은 서로 똑같은 감정이 아닌가? 그럼에도 토라는 왜 이 둘을 구체적으로 언급했을까? 그것은 자신이 살해당할까 봐 '두려웠고', 살해해야 할까 봐 '괴로웠다.'는 뜻이다. 야곱은 '만일 그가 나보다 우세하다면 그는 나를 살해하지 않을까? 반면 내가 그보다 강하다면 내가 그를 살해하지 않을까?' 라고 생각했던 것이다(창세기 라바 76:2)."

"그들이 자기 칼을 쳐서 쟁기를 만들고 창을 쳐서 낫을 만들 것이다. 민족이 민족에 대항해 칼을 들지 않으며 군사훈련도 다시는 하지 않을 것이다(이사야 2:4)." 이 구절은 아마 성경의 여러 구절들 가운데 가장 유명한 구절일 것이다. 이 구절의 마지막 문장은 뉴욕의 유엔 건물 앞의 거리를 가로지르는 이사야의 벽에 새겨져 있다. 전 인류의 평화를 메시아 시대의 본질적인 요소로 여기는 유대 전통은 유혈의 종말로 인도하지 못한 예수의 무력함을 그가 메시아가 아닌 증거로 보았다.

예언자들이 평화를 갈구하긴 했지만 모든 전쟁을 잘못된 것으로 보지는 않았다. 그 예로 유대인이 그들의 적과 무력으로 맞서야 했을 때 예언자 요엘이 이사야의 말을 거꾸로 바꾸어놓은, 이사야의 구절에 비해 훨씬 더 적게 알려진 성경 구절을 꼽을 수 있다. "너희 쟁기를 두들겨 펴서 칼을 만들고 너희 낫으로 창을 만들라. 약한 사람들도 '나는 용사다!'라고 말하게 하라(요엘 3:10)."

"생화학전을 하지 않는 것과 전쟁 포로를 인도적으로 다루는 것은 분명 문명화된 사람들의 특징이다. 하지만 보다 근본적인 차원에서 보면 이러한 것들은 식인종이 포크와 나이프로 먹는 것과 거의 차이가 없다. '문명화된 전투'라는 것은 본질적으로 자기모순적일 수밖에 없다(랍비 데이비드 블라이크,《현대 할라카의 문제점Contemporary Halakhic Problems》)."

투쟁과 유혈이 불가피한 경우

아마 자기방어가 강하고 사악한 사람에 대한 대응의 쟁점만큼 유대주의와 신약의 차이점이 분명하게 표현되는 쟁점은 없을 것이다. 예수(산상설교에서)와 탈무드 모두 자신의 입장을 분명히 밝힌다. "누가 네 오른뺨을 치거든 왼뺨마저 돌려 대어라(마태복음 5:39)." 이에 대해 초기 시온주의 평론가인 아하드 하암Ahad Ha'am은 이렇게 말한다. "만일 내가 당신이 내 오른뺨을 쳤는데 왼뺨마저 돌려 대는 정도의 사랑을 실천한다면 나는 불의를 부추기는 격이 된다. 그러면 난 당신과 마찬가지로 불의의 죄를 범하게 되는 것이다." 평화주의자 작가인 레오 톨스토이Leo Tolstoy와의 논쟁에서 위대한 휴머니스트이자 체코슬로바키아의 초대 대통령인 토마스 마사리크Thomas Masaryk는 이와 비슷한 생각을 피력했다. "누군가 나를 살해할 목적으로 나를 공격한다면 나는 내 자신을 방어할 것이다. 또한 내가 그를 죽이는 것이 불가피하다면 나는 그렇게 할 것이다. 우리 둘 중 한 명이 죽어야 한다면 나쁜 의도를 품은 사람이 죽어야 한다." 마사리크의 이 말은 실로 탈무드의 다음 구절과 매우 흡사하게 들린다. "누군가가 당신을 죽이려고 왔다면 당신이 그를 먼저 죽여라(산헤드린 72a)."

탈무드가 탄생되기 1천 년 전에 토라 역시 상대가 폭력적인 공격을 하기 전까지 기다릴 필요가 없다는 율법을 제정했다. 살해 의도가 있다는 강력한 정황적 증거는 이에 대응할 충분한 근거가 되었다. 그래서 다음 성경 구절 역시 타당한 것이었다. "만약 도둑이 [굴뚝을 통해] 어느 집에 들어가다가 잡혀서 맞아 죽었으면 피 흘린 것이 아니다(출애굽기 22:2)."

하지만 성경은 이 구절에 대한 이론적 근거는 제시하지 않는다. 반면, 탈무드는 이러한 상황에서 도둑을 죽이는 것이 정당하다는 이론적 근거를 제시하고 있다. 불확실하다고 인정할 수밖에 없는 앞의 성경 구절에서 탈무드는 사람이 있는 집에(도둑이 빈집이란 걸 알았다면 문이나 창문을 통해 침입하는 것과 같은 보다 손쉬운 방법을 택했을 것이기에.) 굴뚝을 통해 침입한 도둑의 마음속으로 들어가 보려 한다. 이러한 종류의 도둑은 자신이 집주인의 저항을 받을 수 있다는 가능성을 충분히 인식하기에 다음과 같은 계산을 하게 된다고 탈무드는 추론한다. "만일 주인이 자신의 물건을 빼앗기지 않으려고 나를 제압하려 한다면 나는 그에게 반격할 것이고, 필요하다면 그를 죽일 것이다(바빌로니아 탈무드, 산헤드린 72a)."

토라가 주인에게 선제공격을 허용한 이유는 바로 여기에 있다고 탈무드는 결론짓는다. "히브리 성경(토라)과 신약은 폭력적인 공격에 대처하는 것에 관해 어떤 추가적인 지침을 제공할까? 예수의 가르침은 또 한 번 직설적이고 간명하다. "악에 맞서지 말라(마태복음 5:39)."

이와는 대조적으로 히브리 성경은 악인에게 거센 저항을 해야 한다고 재차 강조한다. "너희는 너희 하나님 여호와께서 너희에게 넘겨주시는 모든 민족들을 멸망시켜야 할 것이다(신명기 7:16)." 토라는 또한 유대 노예를 때리고 있던 이집트 십장을 모세가 살해한 것도 묘사하고 있다(출애굽기 2:12).

여호와의 증인을 비롯해 몇 안 되는 기독교 종파들은 아직도 예수의 평화주의를 지향하지만 기독교 인구가 많은 거의 모든 나라가 예수의 이러한 말들을 무시하거나 재해석했다. 실제로 이 쟁점에 관한 예수의 20세기 최고 제자는 신앙심이 깊은 기독교인이 아니라 독실한 힌두교도인 마하트마 간디Mahatma Gandhi였다. 제2차 세계대전 동안 나치 독일이 영국을 정복할 것처럼 보였을 때, 간디는 영국인에게 다음과 같은 조언을 들려주었다. "저는 여러분들이 가지고 있는 무기들을 내려놓길 바랍니다. 그것들은 여러분이나 인간애를 구하는 데 아무런 쓸모가 없기 때문입니다. 히틀러와 무솔리니가 자신들이 원하는 것을 가져가도록 여러분은 이들을 초대하는 것입니다. …… 만일 이들이 여러분들의 집을 점령하고자 한다면 여러분은 집을 비워줄 것입니다. 만일 이들이 여러분에게 자유를 부여하지 않는다면 여러분은 여러분 자신이 살해되도록 내버려둘 것입니다. 하지만 여러분은 결코 이들에게 충성을 맹세하진 않을 것입니다(《평화와 전쟁에서 비폭력주의Non-Violence in Peace and War》)."

제2차 세계대전 직전의 몇 달 동안 간디는 독일 유대인들에게 나치의 반유대주의 극복을 위한 비슷한 지혜를 전했다. "유대인들이 적극적인 비폭력 운동을 채택한다면 저는 냉혹하기 그지없는 독일인의 마음도 녹아내릴 것이라 확신합니다. 인간 본성은 반드시 사랑에 반응하기 때문입니다. 히틀러 자신이 유발시킨 것이라 하더라도 그가 인간의 고통에 반응할 것이라는 데 대해 저는 절망하지 않습니다. 유대인은 간디의 이 말에 비탄과 경멸, 불신으로 반응했다. 철학자 마틴 부버Martin Buber는 예수의 가르침과 간디의 가르침을 결부시키며 공개서한을 통해 간디에게 답했다. "우리는 우리 민족의 아들인 예수나 당신이 그랬던 것처럼 비폭력의 가르침을 펼치지 않았습니다. 인간은 경우에 따라 자신 및 더 나아가 자신의 아이들을 지키기 위해 무력을 사용해야만 한다는 것이 우리의 믿음이기 때문입니다."
6백만 명의 유대인이 학살된 지 6년이 지나 간디는 죽은 유대인들에게 일종의 '사후 지혜'를 전달했다. 다음은 1946년 6월에 간디의 전기작가인 루이스 피셔Louis Fischer와 간디가 나누었던 대화다.
"히틀러가 유대인 5백만 명을 학살한 것은 이 시대의 가장 큰 범죄입니다. 하지만 유대인들은 학살자의 칼에 자신들을 내놓았어야 했습니다. 그들은 절벽에서 바다로 몸을 던졌어야 했습니다."
피셔가 물었다. "유대인들이 집단 자살을 했어야 했다는 뜻입니까?"
"그래요, 그것이 장렬한 죽음이었죠."

궁지에 몰린 사람을 위한 싸움에 대해

모든 유대인은 생명의 위협을 느끼며 쫓기는 사람을 구해야 할 의무를 지닌다. 설령 그를 살해하기 위해 쫓는 사람을 죽이게 되거나 쫓는 사람이 미성년자라 하더라도 말이다. 따라서 경고를 했는데도 그가 계속 쫓는다면 설령 쫓는 사람이 그 경고를 알아차리지 못했다 하더라도 그를 죽일 수 있다. 또 화살이나 돌 또는 칼 등을 이용해 쫓는 사람의 신체 일부를 못쓰게 함으로써 그를 제지할 수 있다면 그렇게 해야 한다. 즉, 무고한 사람을 쫓아 살해하려는 사람의 생명에게는 자비를 베풀지 말아야 한다(미슈네 토라, '살인 및 생명 보호에 관한 율법' 1:6-7, 9).

마이모니데스의 진술은 다른 사람을 위협하는 사람에게 취할 행위에 국한되지만, 똑같은 논리를 침략적인 국가에 대항해 조국을 지키려는 행위에 적용할 수도 있다. 전쟁은 끔찍한 일임에 틀림없지만, 전쟁을 하지 않으면 더 끔찍한 일을 당하는 경우가 많은 것도 사실이다. 간디가 영국을 설득해 무기를 들지 않도록 만들었다면 나치 정권은 세계까지는 아니더라도 최소한 유럽은 정복했을 것이고, 민주주의는 종말을 맞이했을 것이며, 오늘날 단 한 명의 유대인도 살아남지 못했을 수도 있다. 마찬가지로 이스라엘이 침략으로부터 조국을 지키기 위한 전쟁을 치르려 하지 않았다면 이스라엘 민족은 오래전에 멸망했을 것이다. 따라서 전쟁은 항상 불행한 사건이지만, 항상 악한 것만은 아니다. 때로는 전쟁에서 싸우는 것이 가장 도덕적인 행위가 되기도 한다.

60. 공상적 이상주의의 맹점은 무엇인가

세상을 완전하게 만드는 일을 완수하는 것은 너희의 의무가 아니다. 하지만 그렇다고 해서 너희가 할 수 있는 일을 그만두어서도 안 된다(아버지의 윤리 2:16).
내가 가장 좋아하는 탈무드 구절 중 하나인 랍비 타르폰의 이 말은 악과 싸우지 않는 구실로 세상의 불완전함을 들먹이는 일을 금한다. 위대한 프랑스 소설가이자 휴머니스트인 알베르 카뮈Albert Camus는 보다 구체적인 언어로 이와 비슷한 생각을 표현했다. "아마도 우리는 이 세상을 아이들이 고통받지 않는 세상으로 만들 순 없을 것이다. 하지만 우리는 고통받는 아이들의 수를 줄일 순 있다(〈신앙이 없는 사람과 기독교인The Unbeliever and Christians〉)."
랍비 요카난은 다음과 같이 말하곤 했다. "사람들이 당신에게 '보라, 메시아가 왔도다!' 라고 말할 때 당신의 손에 묘목이 있다면 먼저 묘목을 심고, 그다음에 메시아를 환영하러 가십시오(《랍비 나단이 말하는 아버지》)." 1세기의 랍비 요카난은 사람들과 역사를 새롭게 만들어준다고 주장하는 '메시아 운동'에 강한 불신을 피력했다.

이스라엘을 다른 나라는 감히 흉내 낼 수 없는 도덕의 표본인 국가로 여기는 사람들에 대해 현대의 미국 랍비 그린버그는 다음과 같은 재기 넘치는 말을 남겼다. "만일 우리 유대인들이 세상의 다른 모든 나라들보다 5%가 더 낫다면 우리는 '다른 나라들의 빛'이 될 수 있다. 만일 우리가 세상의 다른 모든 나라들보다 25%가 더 낫다면 우리는 메시아를 불러올 수 있다. 만일 우리가 다른 모든 나라들보다 50%가 더 낫다면 우리 모두는 이미 이 세상 사람이 아닐 것이다."

61. 가난은 인간을 어떻게 속박하는가

칼에 맞아 죽은 사람들이 굶주림으로 죽은 사람들보다 낫다(예레미야애가 4:9).
위의 구절은 오랫동안 성경 주석가들로 하여금 골머리를 앓게 했다. 예레미야는 단순히 "칼에 맞아 죽는 것이 굶주림으로 죽는 것보다 더 낫다(아마 짧은 고통이 긴 고통보다 낫다는 생각에서 비롯된 번역일 것이다.)."는 뜻으로 말하지 않았고, 전자가 후자보다 낫다는 것을 말하려고 한 것이다.

하시디즘 랍비이자 나치의 유대인 대학살 생존자인 블루조프Bluzhov의 그랜드 랍비 이스라엘 스피라Israel Spira는 자신이 야노프스카 강제 노동 수용소에 있었을 때 비로소 이 구절을 이해하게 되었다고 말한다. 수천 명의 유대인들과 더불어 어느 어린 쌍둥이 형제도 그와 함께 수용되어 있었다. 이들 가족은 스피라의 신도이기도 했다. 스피라와 쌍둥이 형제 둘은 상황이 허락될 때마다 서로를 도왔다.

어느 날, 다른 수감자들은 일을 하러 끌려갔고 스피라와 쌍둥이 형제 중 한 명, 그리고 또 다른 수감자 한 명이 막사를 청소하라는 지시를 받고 막사에 남게 되었다. 그날 낮 한 독일 간수가 사디스트적으로 그 쌍둥이 소년의 다리 하나를 총으로 쏘고는 소년에게 일어서라는 명령을 내렸다. 소년이 힘겹게 일어서자 그 간수는 소년의 다른 쪽 다리도 총으로 쏘고는 또다시 일어서라는 명령을 내렸고, 소년이 일어나지 못하자 권총의 모든 총알을 소년을 상대로 모두 소진했다. 스피라와 다른 수감자는 죽은 소년의 시신을 들고 수용소의 시체 더미로 운반하라는 지시를 받았다. 소년을 운반하는 동안 스피라는 뜨거운 눈물을 흘렸다. 그는 후에 당시 자신을 지배한 한 가지 생각에 대해 회상했다.

'다른 쌍둥이 소년에게 동생의 죽음에 대해 어떻게 말해야 할까? 그렇게도 사이가 좋던 형제에게 어떻게 이 끔찍한 소식을 전한단 말인가? 고민에 빠진 내게 한 유대인이 조언했다. "동생이 매우 아프다고 말하세요."

저녁이 되어 일을 하러 간 수감자들이 수용소로 돌아왔다.

"차이밀, 네 동생이 몹시 아프단다. 생명이 위독해 보였어. 어쩌면 지금쯤 이미 이 세상 사람이 아닐 수도 있을 거야." 난 소년의 눈을 피하며 말했다.

쌍둥이 형이 소리 내어 울기 시작했다. "이런 일이 내게 일어나다니! 이제 나 어떻게 해야 하나?"

나는 소년을 위로하려 했지만, 그는 위로를 받으려 하지 않았다. "오늘은 동생이 빵을 지키는 날이었어요. 내가 가진 빵 전부를 맡겼단 말이에요. 이제 내겐 빵 한 조각도 남아 있지 않아요."

나는 충격에 휩싸였지만 동생이 그의 몫의 빵을 내게 보내왔다고 계속해서 거짓말을 했다. 그러고는 코트 아래서 그날 배급받은 작은 조각의 빵을 떨리는 손으로 꺼내 소년에게 건네주었다. 차이밀은 그 빵을 힐끗 쳐다보며 말했다. "빵이 줄어들었네요. 동생에게 맡긴 빵은 이보다 훨씬 큰 것이었는데."

나는 대답했다. "배가 너무 고파 내가 좀 먹었단다. 내일 네게 나머지 빵을 주도록 하마."

스피라는 이야기를 끝내고 이렇게 말했다. "그날에야 비로소 전 '칼에 맞아 죽은 사람들이 굶주림으로 죽은 사람들보다 낫다.'는 성경 구절을 이해할 수 있었습니다(야파 엘리아크, 《대학살에 대한 하시디즘 유대인 이야기》Hasdic Tales of the Holocaust)."

가난보다 더 비통한 것은 이 세상에 없다. …… 가난에 찌든 사람은 마치 세상의 모든 문제들을 안고 있는 것과 같고, 신명기의 모든 저주(신명기 28:15-68)를 받은 것과 같기 때문이다. 랍비들은 말했다. "만일 세상의 모든 괴로움과 고통을 모아서 저울 한쪽에 올려놓고 가난을 다른 한쪽에 올려놓는다면, 가난이 그 모든 것보다도 더 무겁다(출애굽기 라바 31:12, 31:14)."

다른 동물들과 마찬가지로 인간에게도 기본적인 신체적 욕구가 있지만, 동물들과는 달리 인간은 '하나님의 형상'으로 창조되었으며 이것이 인간의 영예라고 랍비들은 말한다. 그런데 가난은 인간을 전적으로 육체적 욕구에만 집중하도록 몰아가므로 다른 어떤 종류의 고통보다도 더 비인간적으로 만든다. "빵 바구니가 비면(원전을 직역하면, '항아리에서 보리가 사라지면'이다.) 싸움이 문을 두드리며 찾아온다(고대 유대 속담)." 2천 년 전의 이 속담은 오늘날에도 여전히 적용된다. 여러 연구 결과는 금전적인 문제가 부부 싸움의 주요 원인이라는 것을 계속해서 증명해 보였다.

가난하면 무시만 당하고 말이 먹혀들지 않는구나(전도서 9:16).

흔히 가난한 사람이 잘사는 사람에 비해 똑똑하지 못하다고 여겨지는 경우가 많다. 미국의 유명한 경구는 다음과 같이 말하고 있다. "당신이 똑똑하다면 왜 부자가 아니죠?" 영화 《지붕 위의 바이올린》에서 테비에Tevye가 부를 추구하는 이유는 부의 다른 이점 중에서도 사람들이 부자에게 조언을 구한다는 데 있다. "네가 부자가 되면 사람들은 네가 정말 많은 것을 알고 있다고 생각하지."

유대주의는 특출하게 지혜로운 가난한 랍비들의 이야기를 들려줌으로써 가난한 사람을 깔보는 본능적인 경향을 타파하려 했다. 또한 가난한 아이들에게 무료로 고급 교육을 제공할 것을 공공기관에 종용하기도 했다. "가난한 집안의 아이들을 소홀히 하지 말라. 이들이 토라를 전할 것이기 때문이다(바빌로니아 탈무드, 네다림Nedarim 81a)."

가난한 사람 한 명이 닭고기를 먹을 때, 이들 중 한 명은 아프다(유대 격언). 하나님은 가난한 사람을 싫어함에 틀림없다. 그렇지 않다면 왜 그들을 가난하게 만들었겠는가?(숄렘 알레이헴, 《우유장수 테비에Tevye the Dairyman》) 숄렘 알레이헴의 이러한 냉소적인 생각과는 달리 이보다 2천년 앞선 탈무드는 고통받는 사람들에게 자신들이 하나님께 저주받았다고 생각하지 말기를 간청했다. 자주 인용되진 않지만 주목할 만한 다음 구절에서 라바는 '이 세상에 어떤 일이 일어나더라도 그것은 하나님의 뜻'이라는 종교적인 감상을 부인한다.

> 수명과 자녀, 생활 등은 사람의 우수함에 좌우되는 것이 아니니 운에 좌우된다. 3세기의 학자인 라바와 랍비 히스다에 대해 생각해보자. 두 사람 모두 성스러운 현자였다. 두 사람 모두 비를 내리게 해달라고 기도했을 때 비가 내렸기 때문이다. 그러나 히스다는 92세까지 살았고, 라바는 불과 40세까지밖에 살지 못했다. 또 히스다의 집에서는 60건의 결혼

식이 열렸지만, 라바의 집에서는 60건의 장례식이 치러졌다. 게다가 히스다의 집에는 심지어 개들에게도 먹이고 남을 만큼의 최고급 밀가루로 만든 빵이 있었지만, 라바의 식구들은 보통 가축의 사료로 쓰이는 보리로 만든 빵을 먹었는데 그것조차 상당히 부족했다(바빌로니아 탈무드, 모에드 카탄 28).

가난을 주제로 한 현대 유대인의 시 두 편

여덟 식구의 가족

여덟 명을 위한
단 두 개의 침대.
늦은 시간이 되면
이들은 어디에서 잠을 잘까?

세 아이는 아버지와,
그리고 세 아이는 어머니와
작은 발들과 손가락들이
서로 얽힌 채.

그리고 밤을 준비해야 할
시간이 오면,
그때 엄마는 자신의 죽음이 눈앞에 보이기를

소망하기 시작한다.

그녀가 죽기를 바란다고 해서
무엇이 놀라울까?
무덤 역시 좁기는 마찬가지지만,
그곳엔 혼자 눕는다(아브라함 라이신Abraham Reisin).

끝으로 미국의 동유럽 출신 유대인 1세대의 삶을 황폐화시킨 가난에 대한 또 다른 시인의 쓰라린 기억을 담은 시를 소개한다.

내 귀여운 아들

내겐 착하고 귀여운 어린 아들이 있다.
그 아이를 볼 때면 난 마치 온 세상을 가진 듯하다.
그러나 난 아들이 깨어 있을 땐 거의 그 아이를 보지 못한다.
내 귀여운 아들을.
난 아들이 자고 있을 때 항상 아들을 만난다.
난 오직 밤에만 그 아이를 본다.
아침 일찍 집을 나가 일하고 밤늦게 집으로 돌아오기 때문이다.

나에게는 나의 혈육이 낯설다.
나에게는 내 아이의 모습이 낯설다.

깜깜한 밤에 지친 몸을 이끌고 소리 없이 집으로 들어오면,

창백한 나의 아내는 우리의 아이가 얼마나 재미있게 노는지,
얼마나 예쁘게 말하는지, 얼마나 똑똑하게 묻는지를 나에게 말해준다.
"엄마, 우리 예쁜 엄마, 언제 우리 멋진 아버지가 내게 1페니를 줄까요?"
얘기를 들은 나는 "그래, 줘야지"라고 말한다. 그래, 그래, 물론이지!
아버지의 사랑이 내 안에서 불꽃처럼 솟아오른다.
내 귀여운 아들, 난 그 아이가 보고 싶어 참을 수 없다.
아이의 침대 옆에 서서 나는 보고 듣고 바라본다.
아이의 꿈이 아이의 입술을 꿈틀거리게 한다. "아, 아빠는 어디에 있죠?"
난 작고 파란 눈에 뽀뽀를 한다.
눈이 뜨였다. 오, 아가야! 아이의 눈은 나를 잠깐 보고는 이내 감긴다.
여기에 너의 멋진 아빠가 서 있다.
세상에서 제일 사랑스러운 나의 아가, 자, 여기 1페니!
꿈이 아이의 입술을 또 한 번 움직인다. "아, 아빠는 어디에 있죠?"
난 슬프고 가슴이 답답해져서 안타까운 마음으로 생각한다.
아들아, 네가 마침내 잠에서 깨면,
넌 나를 볼 수 없단다 (모리스 로센펠드 Morris Rosenfeld).

62. 어떤 의사가 지혜로운 의사인가

싸우다가 돌이나 주먹으로 쳤는데 상대방이 죽지 않고 드러눕게 됐다가 다시 일어나 지팡이를 짚고 다니면 친 사람이 책임질 필요는 없지만 다친 사람의 시간에 대해 손해를 보상하고 그가 완전히 낫도록 해야 한다(출애굽기 21:18-19). 이 구절을 통해 우리는 의사가 다친 사람을 치료할 권리를 허가받는다는 것을 배운다(바빌로니아 탈무드, 바바 카마 85a).

3천 년 전 토라가 의료적인 치료를 의무화했다는 사실은 의술에 대한 유대인의 오래되고 자주 언급되는 전통과 관심을 설명하는 데 도움이 될 수도 있다. 현대사회 훨씬 이전부터 유대인은 유럽 및 중동 전역의 법정에서 의사로 일했다. 실제로 마이모니데스와 기타 유대주의의 일류 철학자들, 그리고 탈무드 현자들이 의사였다.

의술에 대한 성경의 지지 부재로 유대인은 크리스천 사이언스와 여호와 증인이 흔히 가지는 믿음, 즉 '물질세계는 실재가 아니며 병과 육체적인 고통은 인간의 개입 없이 하나님에 의해 치유되어야 한다'는 믿음에 이끌렸을 수도 있었을 것이다. 그러나 유대주의는 인간을 괴롭히는 모든 종류의 질병은 하나님이 예정하신 것이라고 가르친 적이 결코 없다. 예를 들어, 앞의 구절에서도 남자가 드러누운 원인은 다른 사람과의 싸움이었다. 여기서 하나님이 상대방을 조종해 그 사람을 다치게 만들었다고 생각하는 것은 유대주의의 가장 기본적인 교리인 자유의지를 부정하는 격이 된다. 유대 율법은 이러한 생각에 의존하는 것을 금한다.

"기적에 의지하지 말아야 한다(바빌로니아 탈무드, 페사힘 64b)." 따라서 탈무드는 상식을 따른다. 즉, 다른 치료법을 이용할 수 있을 때는 하나님께 의존하지 말아야 한다는 것이다. 의사에 대한 탈무드의 다음 금언도 이와 똑같은 상식적인 접근에 따른 말이다.

"대가 없이 치료하는 의사는 가치가 없다(바빌로니아 탈무드, 바바 카마 85a)." 랍비들은 돈을 받지 않고 가난한 사람을 치료해주는 의사에겐 특별한 찬사를 보내지만, 이 금언은 의사의 자격 문제를 따진다. 마이모니데스가 다음과 같이 규정한 것처럼 말이다. "당신을 다치게 한 사람이 당신에게 '내가 당신을 치료해주겠소.' 또는 '무료로 당신을 치료해줄 의사를 알고 있소.'라고 말한다면 그의 말에 귀 기울이지 말아야 한다. 그는 돈을 받고 당신을 치료해줄 유능한 의사를 데려와야 하기 때문이다(미슈네 토라, '상해와 손해에 관한 율법' 2:18)."

사려 깊은 의사

외과 의사인 아바는 천상의 학술원으로부터 매일 인사를 받았다. 하지만 위대한 학자인 아바예는 이러한 인사를 매주 금요일에만 받았다. 그리고 역시 위대한 학자 라바는 1년에 한 번 속죄일 전날에만 이러한 인사를 받았다. 아바예는 외과 의사인 아바가 더 자주 인사를 받았기에 자신이 무시당한다고 느꼈다. 하지만 아바예는 천상에서 다음과 같은 목소리를 들었다. "넌 그가 하고 있는 것과 같은 일을 할 수 없기 때문이다."

외과 의사 아바가 하고 있는 일은 어떤 종류의 일이었을까? 그는 두 개의 수술실을 마련해 하나는 남자 환자를, 다른 하나는 여자 환자를 수술할 때 사용했다……. 여성 환자가 찾아오면 그는 그녀로 하여금 여러 개의 구멍이 뚫린 수술복을 입도록 했다. 이는 그가 여성 환자의 벗은 몸을 볼 수 없게 하기 위함이었다. 또한 그는 수술실 밖에 상자 하나를 놓아두고, 여기에다 환자가 자신의 수술비를 넣게 했다. 이는 돈이 없는 환자들이 난처함을 느끼지 않고 집으로 갈 수 있도록 하기 위함이었다.(바빌로니아 탈무드, 타아닛 21b).

의사에 대한 냉소

이제까지 의사에 관한 과다한 찬사를 접한 독자는 다음의 인용문에 깜짝 놀랄 것이다. "심지어 가장 훌륭한 의사조차도 지옥으로 갈 운명이 예정되어 있다(미슈나, 키두쉰 4:14)." 자칫 의사들의 사기를 저하시킬 수 있는 탈무드 식의 과장된 표현은 의사들이 삶과 죽음의 중대한 문제를 다룬다는 걸 강조하기 위함이다. 만일 지금까지 모범적인 삶을 산 사람이 어느 날 밤 부주의하게 차를 몰다 사람을 치어 죽였다면 이 한 번의 실수로 비롯된 그의 악행은 순식간에 지금까지의 선행을 무색하게 만들어버릴 것이다. 희생자나 희생자 가족의 관점에서 보면 그는 단순히 '부주의한 운전자'에 지나지 않기 때문이다. 의사의 경우도 이와 마찬가지다. 어떤 훌륭한 의사라 하더라도 실수를 하기 마련이고, 가끔씩은 생사가 달린 수술에서나 치료를 받지 않으면 죽을 수도 있는 사람을 금전적인 문제로 방치함으로써 치명적인 실수를 저지르기도 하기 때문이다.

전前 이스라엘 최고 랍비 아이작 헤르조그Issac Herzog는 탈무드의 이러한 진술을 과장된 것으로 본다. "이러한 진술은 다소 과장되었다. 아니, 지나치게 과장되었다고 볼 수 있다. …… 랍비들의 다른 금언을 살펴보면 우리는 법조인이나 교사 역시 이러한 종류의 악담의 대상이 된다는 것을 알 수 있다. 따라서 의사에겐 지옥으로 가는 훌륭한 동반자가 있는 셈이다! …… 실제로 이러한 진술은 현대 의사들에게 가혹한 비난이 아닐 수 없다. 이들 중 다수가 높은 수준의 헌신을 하지 못하는 것은 그들에게 지워진 과도한 책임 때문이다(《유대주의: 법과 윤리[Judaism: Law and Ethics]》)." 헤르조그의 설득력 있는 설명에도 불구하고 의사는 적지 않은 비난의 대상이 되어왔다. 그중 일부는 유머를 통한 극단적인 비난을 시도하기도 한다. "죽음의 천사가 이 세상의 모든 사람을 죽이기는 어렵다. 그래서 그는 의사로 하여금 자신을 돕도록 했다(브라츠라프Bratslav의 랍비 나만Nahman)."

의사를 위한 조언

어떤 의사가 지혜로운가? 환자에게 아프지 않는 법을 미리 알려줄 줄 아는 의사이다. 따라서 치료는 할 수 있을지 몰라도 환자에게 미리 권고할 줄 모르는 의사는 지혜로운 의사가 아니다(중세 《세뻐 하시디즘》).

당신의 의료 행위에 대해 더 많은 것을 요구할수록 사람들의 눈에는 더 위대한 것으로 보인다. 대가를 지불하지 않고 당신의 치료를 받는 사람은 당신의 의술을 하찮은 것으로 여길 것이다(아이작 이스라엘리Isaac Israeli, 10세기 이집트 의사이자 철학자, 《의사의 지침Doctor's Guide》).

치유를 자신할 수 없을 때조차도 치유를 보장함으로써 환자에게 위안을 주어라. 그러면 환자가 본능적인 힘을 발휘하도록 유도할 수 있기 때문이다(아이작 이스라엘리, 《의사의 지침Doctor's Guide》). 조지 버나드 쇼George Bernard Shaw는 그의 희곡 《부적당한 결혼Misalliance》에서 이와 비슷한 생각을 보다 유머러스하게 표현했다. "긍정적인 거짓말은 실로 놀라운 치유 효과가 있기에 이러한 거짓말을 능청스럽게 할 수 없는 의사는 자신의 직업이 무엇인지 모르는 사람이다."

63. 자연은 누구의 것인가

하나님이 아담을 창조했을 때, 하나님은 아담을 데리고 에덴동산 주위를 돌아다니시며 아담에게 말했다. "내가 만든 것들을 보라! 얼마나 아름답고, 얼마나 훌륭한가! 내가 창조한 모든 것은 너를 위해 창조한 것이다. 너는 나의 세상을 해치지 말고 파괴하지 않도록 조심하라. 만약 네가 그렇게 한다면 네 뒤에 그것을 바로잡을 사람은 아무도 없기 때문이다(전도서 라바 7:13)."

불필요한 파괴를 금하는 성경 율법

너희가 오랫동안 성을 에워싸고 쳐서 그것을 취하려 할 때도 너희는 도끼를 사용해 그곳에 있는 나무를 베어버리지 말라. 이는 네가 그 열매를 먹을 수 있기 때문이니, 너는 그것들을 포위하는 데 쓰기 위해서 베어내지 말라(신명기

20:19).

환경적인 문제를 떠나서라도 사람들은 전시戰時에 도덕적인 문제를 무시하는 경향이 있다. 하지만 전쟁도 환경의 불필요한 파괴를 정당화하지 못한다.

그러나 나무를 베어내야 할 타당한 이유(예를 들면 환경적인 동기)가 있다면 유대 율법은 이를 허용한다. 가령 과실수가 더 가치 있는 나무를 해치거나 다른 사람의 자산에 손해를 입히는 경우, 또는 그 목재가 그 열매보다 더 가치 있는 것이라면 이를 베어내는 것이 허용된다고 마이모니데스는 규정한다. 토라는 단지 무의미한 파괴만을 금하기에 먹을 수 있는 과일이나 열매가 열리지 않는 나무를 자르는 것 또한 허용된다(미슈네 토라, '왕에 관한 율법Laws of Kings' 6:8-9).

다음은 성막의 벽을 싯딤나무로 만들라고 명하는 출애굽기 36장 20절에 대한 설명이다. "하나님은 항상 본보기를 보여주셨다. 과일이 열리는 나무로 자신의 집을 지으려고 하는 사람은 다음의 사실을 떠올려야 한다. 왕 중의 왕이신 하나님이 사원을 세울 것을 명하셨을 때 그분은 오직 과일이 열리지 않는 나무만을 사용할 것을 명하셨다. 모든 것이 그분의 것일 진대도. 하물며 하나님도 이러하신데 너희의 경우엔 얼마나 더 이러해야 하겠느냐?(출애굽기 라바 35:2)"

발 타슈킷의 원칙은 시편 24장 1절의 "땅과 그 안에 있는 모든 것, 세상과 그 안에 사는 모든 것들이 여호와의 것입니다."라는 구절에 뿌리를 둔다. 유대 율법은 이 개념을 확대해 모든 불필요한 파괴 행위까지 금한다.

과실수를 베는 사람뿐만 아니라 의도적이거나 충동적으로 집 안의 물건을 파괴하거나 건물을 무너뜨리거나 우물을 막거나 음식을 훼손하는 사람 또한 "파괴하지 말라."는 율법을 어기는 것이다(미슈네 토라, '왕에 관한 율법Laws of Kings' 6:10).

무엇보다 마이모니데스는 음식으로 싸움을 하는 아이들에게 제재를 가하는 뿌리 깊은 부모들의 생각을 정당화시켜준다.

신앙심 깊은 유대인, 특히 신비적인 색채가 강한 유대인 사이에선 모든 창조물이 하나님의 의지를 반영하기에 모든 창조물을 경건하게 여겨야만 한다고 생각한다. 초대 이스라엘 최고 랍비인 아브라함 아이작 쿡Abraham Isaac Kook의 오랜 친구인 랍비 아르예 레빈Aryeh Levin은 랍비 쿡을 처음 만난 날의 에피소드를 회상한다.

> 하나님의 은총으로 5665년(서기 1904~1905년)에 나는 야포Jaffa를 방문했다. ……그리고 그곳의 최고 랍비에게 경의를 표하러 갔다. 그는 나를 따뜻하게 맞이해주었다. …… 오후 기도가 끝나면 정신을 집중하기 위해 매일 들판으로 나가는 것이 그의 일과였는데, 그날은 나도 그의 산책에 동행했다. 우리가 함께 걷고 있을 때, 난 이름 모를 어떤 꽃(또는 묘목)을 꺾었다. 그는 조용하고 떨리는 목소리로 특별한 목적이 있지 않다면 자신은 자라고 있는 그 어떤 것이라도 훼손하지 않으려고 항상 세심한 주의를 기울인다고 내게 말했다. 하늘 아래 식물들 중에는 하늘 위에 자신의 마잘Mazal(히브리어를 직역하면 별자리이지만 '수호천사'로 이해되기도 한다.)을 갖고 있지 않는 것이 없고, 성장하는 모든 것이 무언가를 말하고 있으며, 모든 돌이 어떤 비밀을 속삭이고, 모든 피조물이 노래를 부른다는 것이었다(아르예 레빈, 《라하이 로이Lahai Roi》).

랍비 쿡처럼 모든 피조물에 경이감을 갖지는 못하는 사람에게도 해당되는 발 타슈킷의 또 다른 계율은 '다른 사람에게 유용할 수 있는 것을 폐기해선 안 된다'는 것이다. "우리는 파괴적이지 않도록 훈련되어져야 한다. 사람을 묻을 때 그의 의복도 함께 묻음으로써 의복을 낭비하지 말라. 의복을 벌레나 유충에게 던지는 것보다 가난한 사람에게 주는 것이 더 바람직하다. 망자에게 값비싼 의복을 입혀 망자를 매장하는 것은 발 타슈킷의 계율을 어기는 것이다(미슈네 토라, '애도에 관한 율법Laws of Mourning' 14:24)." 이와 마찬가지로 입지 않는 옷을 필요한 사람의 손에 주려는 노력도 하지 않고 버리는 사람은 사려 깊지 못할 뿐만 아니라 성경의 특정한 지시를 따르지 않는 것이기도 하다.

소돔 사람들의 방식을 따라선 안 된다는 탈무드의 선언(바빌로니아 탈무드, 케투봇 103a) 또한 다른 사람에게 혜택을 줄 수 있는 것을 폐기해선 안 된다는 계율을 강조하는 것이다. 랍비들에 따르면 소돔 사람들의 악덕 중 하나는 손해 볼 일이 없는 경우에도 다른 사람을 도우려 하지 않았다는 것이다.

랍비 아론 리히텐슈타인Aaron Lichtenstein은 주로 게으름으로 인해 남을 돕지 않는 현대인의 사례를 제시한다. 즉, 연극이나 콘서트 티켓을 갖고 있지만 갈 형편이 되지 못하는 사람이 그 티켓을 쓸 수도 있는 친구를 찾아보려고도 하지 않고 버리는 경우, 또는 살던 아파트에서 이사가는 사람이 그곳에 입주할 사람에게 아파트 열쇠를 전해주지 않고 그냥 버리는 경우 등이 이에 해당한다.

환경에 대한 존중

고약한 냄새를 풍기는 포도밭과 무두질 공장은 도시 끝에서부터 최소한 50큐빗(75피트)은 떨어져 있어야 한다. 무두질 공장은 거주 지역으로부터 고약한 냄새를 몰아내는 도시의 동쪽에 위치해야 한다(미슈나 바바 바스라 2:9). 예전에는 신앙심이 깊은 사람들이 자신의 체모나 부서진 유리를 자기 밭 한 가운데 세

뼘(약 11인치) 깊이로 묻곤 했는데, 그것은 쟁기를 갈 때도 방해가 되지 않았다. 랍비 셰셋은 그것들을 불에 던지곤 했고, 라바는 그것들을 티그리스 강에 던지곤 했다(바빌로니아 탈무드, 바바 카마 30a).

유대인은 오래전부터 특성에 따라 지역을 나누는 것(상업지구와 거주 지역을 분리하는 것)이 바람직하다는 것을 알고 있었다. "이웃들은 안마당에 가게를 열려는 사람을 막을 수 있다. 사람들이 가게에 들락날락거리는 소리 때문에 잠을 자지 못할 것이기 때문이다(바빌로니아 탈무드, 바바 바스라 20b). 랍비 마이모니데스는 약 8백 년 전 도시와 시골 공기의 극명한 차이에 주목했다.

도시의 공기를 황무지나 숲의 공기에 비교하는 것은 혼탁하고 거센 물을 맑고 가벼운 물에 비교하는 것과 같다. 이것은 높은 빌딩과 좁은 도로가 있는 도시의 주민들과 쓰레기, 시체, 가축의 분비물, 질 나쁜 음식의 악취 등이 만들어내는 오염이 도시 전체의 공기를 악취 나고 텁텁하고 불쾌하고 걸쭉하게 만들기 때문이다. 비록 아무도 이를 의식하지 못하지만(모세 마이모니데스, 《젊음의 유지: 건강에 관한 에세이The Preservation of Youth: Essays on Health》).

무엇이 유대 생태학을 특별하게 만드는가?

우상숭배주의 그리고 일부 급진적인 환경주의자와는 대조적으로 유대주의는 자연과 자연적인 물질을 성스러운 것으로 여기지 않는다. 성경의 하나님은 자연 안에 있는 것이 아니라 자연 너머에 있기 때문이다. "하나님께서 태초에 하늘과 땅을 창조하셨습니다(노만 람Norman Lamm, '유대 율법과 신학에서의 생태학Ecology in Jewish Law and Theology')."

유대주의의 가치 체계에 따르면 인간이 동식물보다 높은 위치에 있다. 따라서 유대 율법은 동식물 실험의 결과가 인류의 질병과 천연자원의 고갈을 감소시키는 데 도움을 줄 수 있다면 동식물 실험을 인정한다. "유대 생태학은 인간이 다른 생명체와 다르지 않다는 가정에 토대를 두고 있지 않다. 오히려 그것은 정반대의 시각에서 출발한다. 우리에겐 특별한 책임이 있는데, 그 이유는 정확히, 우리는 우리가 무슨 일을 하고 있는지를 알기 때문이다(랍비 헤럴드 쿠슈너, 《삶에게(To Life!)》)."

끝으로 유대 생태학의 핵심이 담긴 이야기 하나를 소개한다.

> 두 사람이 어떤 땅을 두고 싸움을 하고 있었다. 이들은 서로 그 땅의 소유권을 주장했고, 분명한 증거를 제시하며 각자의 주장을 뒷받침했다. 오랫동안 논쟁을 벌이던 두 사람은 마침내 이 문제를 랍비에게 가져가 자신들의 분쟁을 해결하자는 데 합의했다.
>
> 랍비는 두 사람의 말을 주의 깊게 들었지만 결론에 도달할 수 없었다. 양쪽 모두가 옳은 것처럼 들렸던 것이다. 얼마 후 마침내 랍비가 말했다. "저로선 그 땅의 주인이 누구인지 결론 내릴 수가 없군요. 그러니 땅에게 직접 물어보도록 합시다."
>
> 랍비는 땅에다 귀를 갖다 댔다. 그리고 얼마 후 일어나서 이렇게 말하는 것이었다. "땅이 자신은 두 사람 중 어느 누구의 소유도 아니라고 말하는군요. 반대로 자신이 당신들을 소유하고 있다고 말합니다(유대 민간설화)."

64. 인간과 동물의 관계는 어떻게 변해왔는가

일곱째 날은 네 하나님 여호와의 안식일이니 너나 네 아들딸이나 네 남녀 종들이나 네 가축들이나 네 문 안에 있는 나그네나 할 것 없이 아무 일도 하지 말라(출애굽기 20:10).

19세기 말까지 이 나라 고용인들이 일주일에 7일 일을 해야 했던 것을 고려해보면, 3천 년 전의 동물에 대한 이러한 배려는 실로 놀랄 만한 것이다. 토라의 613개 계율 중에서 동물에 대한 세심한 배려를 권고하는 몇 가지 다른 계율들도 살펴보기로 하자.

소와 나귀를 한 멍에에 매어 밭을 갈지 마라. 왜냐하면 이 둘은 몸집과 힘이 같지 않아 둘 모두 고통받을 것이기 때문이다(신명기 22:10). 만약 네가 길가나 나무 위나 땅바닥에 있는 새 둥지에서 어미가 새끼나 알을 품고 있는 것을 보면 그 어미나 새끼를 가져가지 마라. 너는 새끼를 가져가되 반드시 그 어미를 [먼저] 놓아주라. 그러면 네가 잘되고 오래 살 수 있을 것이다(신명기 22:6-7).

그 어미인 암소나 암양을 그 새끼와 같은 날에 잡지 마라(레위기 22:28).
위의 마지막 두 구절에 대해 마이모니데스는 이렇게 덧붙인다.

> 어미가 보는 앞에서 새끼를 죽이는 것은 금지된다. 이러한 상황에 놓인 동물들의 고통은 매우 크기 때문이다. 이 같은 경우 겪는 어미 동물들의 고통은 인간의 고통과 다르지 않다. 새끼에 대한 어미의 모성애는 인간뿐만 아니라 대부분의 동물들에게도 존재하기 때문이다.
>
> 새끼를 가져갈 때 반드시 그 어미를 먼저 놓아주는 것을 의무화하는 계율에도 이와 똑같은 이유가 적용된다. 소나 새에게조차 이러한 슬픔을 안겨주는 것을 금지한다면, 우리는 같은 인간에게 이러한 슬픔을 안겨주지 않도록 훨씬 더 세심한 주의를 기울여야 할 것이다(《혼란에 빠진 사람들을 위한 지침The Guide to the Perplexed》 3:48).

동물의 고통에 대한 마이모니데스의 염려는 그의 율법에도 반영되어 있다. "가축 두 마리를 보았는데, 한 마리는 짐에 눌려 엎드려 있고, 다른 한 마리는 짐을 지고 있지 않다면, 먼저 주인을 도와 엎드려 있는 가축의 짐부터 내려놓아야 한다. 이는 동물에게 고통을 주지 않아야 한다는 계율 때문이다(미슈네 토라, '살인과 생명 보존에 관한 율법' 13:13)." 탈무드는 굶주림에 있어선 동물이 인간보다 더 큰 고통을 받는다고 여긴다. 이는 아마 동물은 먹이가 주어지지 않으면 언제 자신이 먹을 수 있을지 알 수 없다고 여겼기 때문일 것이다. "자신의 가축에게 먼저 먹이를 주기 전에 식사를 하는 것은 금지된다(바빌로니아 탈무드, 베라크홋 40a)." 이러한 가르침에 따라 유대인은 아침을 먹기 위해 식탁에 앉기 전 자신의 애완동물에게 먼저 먹이를 주도록 되어 있다. 또 적당한 먹이로 동물을 키울 충분한 능력이 없는 사람은 가축이나 새를 키우려 해선 안 된다고 우대사회는 규정하고 있다.

애완동물이나 가축들, 특히 비교적 작고 공격적이지 않은 동물들은 대개 인간에게 의존적이다. 즉, 주인이 자신의 동물을 어떻게 다루느냐에 따라 그 동물들의 상태가 크게 좌우되는 것이다. 하나님이 이집트로부터 유대인을 인도할 리더로서 모세를 지목한 동기가 바로 동물을 애정으로 대하는 모세의 태도 때문이라고 미드라시는 주장한다.

> 어느 날, 모세가 장인 이드로의 양 떼를 지키고 있을 때 어린 양 한 마리가 달아났다. 이에 모세는 어느 그늘진 곳까지 어린 양을 쫓아갔다. 어린 양은 그곳에서 물웅덩이를 발견하고 물을 마시기 시작했다. 모세는 어린 양에게 다가가며 이렇게 말했다. "난 네가 목이 말라 달아난 것인지 몰랐구나. 이제 여기까지 달려오느라 지쳤을 테지." 모세는 어린 양을 어깨에 메고 양떼가 있는 곳까지 다시 걸어갔다. 하나님이 말씀하셨다. "인간의 소유인 어린 양을 자비로 보살피기에 네가 나의 양인 이스라엘 백성들의 목자가 될 것이다. 이것이 나의 맹세이니라(출애굽기 라바 2:2)."

선한 자는 자신의 짐승을 잔인한 사람에게 팔지 않는다(중세 《세퍼 하시디즘》). 비록 유대 율법이 도살과 육식을 허용하긴 하지만, 랍비들은 짐승에 대한 자비가 부족한 사람에게 매우 비판적이다. 랍비 주다에 대한 다음 이야기가 그러한 인식을 잘 보여준다.

> 송아지 한 마리가 도살되기 위해 끌려갔다. 그런데 그 송아지는 거기서 도망쳐 랍비 주다에게 달려왔다. 송아지는 주다의 외투 아래로 머리를

묻고는 울었다. 하지만 주다는 송아지를 밀쳐내며 말했다. "가거라. 네가 창조된 이유가 바로 그것이기 때문이다." 바로 그때, 하늘에서 어떤 목소리가 들려왔다. "그는 연민을 갖고 있지 않기에 그에게 고통을 주도록 하자." 그 후 13년 동안 주다는 각종 심각한 병으로 고통의 나날을 보냈다.

그러면 그의 고통은 어떻게 끝났을까? 하루는 집을 청소하고 있던 그의 하녀가 생쥐 몇 마리를 발견하곤 그것들을 집 밖으로 쓸어버리려 했다. 그때 주다가 하녀를 막으며 말했다. "생쥐들을 그냥 놔두어라. 시편에 다음과 같이 기록되어 있으니 말이다. '여호와께서는 모두에게 선하십니다. 그분이 지으신 모든 것에 자비를 베푸십니다.'(시편 145:9)" 얼마 뒤 하늘에서 어떤 목소리가 들려왔다. "그는 자비롭기 때문에 그에게도 자비를 베풀도록 하자." 그로써 그는 곧 고통으로부터 벗어났다(바빌로니아 탈무드, 바바 메지아 85a).

일반적으로 랍비들은 지적인 성취에 지나치게 역점을 둔 까닭에 동물을 존중하는 것에는 소홀했다. 하지만 이례적으로 탈무드의 다음 구절은 동물들 각각의 도덕적 미덕을 제시한다. "시내 산에서 토라가 주어지지 않았다면 우리는 고양이에게서 조심성을, 개미에게서 정직함을, 비둘기에게서 순결함을, 암탉의 마음을 산 다음 짝짓기를 하는 수탉에게서 예절을 배울 수 있었을 것이다(바빌로니아 탈무드, 에루빈 100b)." 11세기 탈무드 주석가인 라쉬는 고양이는 사람이 있는 곳에서 배변을 하지 않고 자신의 배설물을 가리며, 개미는 자기들끼리 도둑질을 하지 않고, 비둘기는 항상 일부일처제를 지킨다고 설명한다.

사냥

유대 율법은 오직 즉사를 일으키는 빠른 일격으로 도살된 동물만을 음식으로 허용했다. 죽음의 고통을 연장시키면 어떠한 경우에도 그 동물의 고기를 먹는 것이 금지되었다. 따라서 의례(儀禮)적인 도살에는 그 죽음을 순간적인 것으로 만들 경제적인 이유와 더불어 도덕적인 이유도 있었다. 사냥으로 죽인 짐승은 모두 정결하지 못하다. 즉, 유대인의 율법에 맞지 않다. 이러한 율법은 유대인의 영혼을 감화시켜 오늘날에도 사냥은 [심지어 식사 계율을 따르지 않는 유대인들도 포함해] 유대인들 사이에서 특별히 인기 없는 스포츠로 통한다.

2백 년 전, 비유대교도와 넓은 인간관계를 맺고 있는 어느 유대인이 프라하의 랍비인 에제키엘 란다우Ezekiel Landau에게 사냥한 짐승의 고기를 먹지 않는다면 비유대교도 친구들과 사냥을 해도 괜찮은지 물었다. 이에 대한 랍비 에제키엘 란다우의 간명한 답변은 사냥에 대한 유대 율법의 입장을 표명할 때 자주 인용된다.

"하지만 어떻게 유대인이 살아 있는 짐승을 죽이고, 단지 즐거운 시간을 보내기 위해 사냥을 할 수 있겠습니까?

탈무드에 따르면 야생동물을 죽일 수 있는 경우는 오로지 이들이 인간의 거주지를 침입했을 때뿐입니다. 야생동물이 인간의 거주지를 침입하지 않았는데도 그들의 서식지인 숲 속에서 그들을 쫓아 살해하는 것은 금지됩니다. 반면 사냥으로 생계를 유지할 수밖에 없는 사람의 경우, 우리는 그러한 사냥을 무조건 잔인하다고는 말하지 않습니다. 그것은 생존을 위한 활동이기 때문입니다. 하지만 생계와 전혀 상관이 없는 사냥은 잔인함 그 자체일 뿐입니다(회답서 노데 브 예후아, 요레 데아 2:10에 대해)."

어떤 유대인이 기분을 풀기 위해 사냥을 갈 것이라고 말한다면 그는 거짓말을 하는 것이다(발터 라데나우, 바이마르 공화국 외무부 장관, 앨버트 아인슈타인과의 대화에서). 사냥을 반대하는 이의 도덕적·심리적 이유는 유대 태생 독일 작가인 하인리히 하이네Heinrich Heine에 의해 명확히 표현되었다. "우리의 선조는 사냥을 당하는 사람에게도, 사냥을 하는 사람에게도 속해 있지 않았다. 힘들 때 우리의 동지였던 사람들의 후손을 공격한다는 생각은 내 성미에 맞지 않다."

채식주의

성경은 두 개의 낙원, 즉 먼 옛날의 낙원인 에덴동산과 이사야가 예언한 미래 메시아 시대의 낙원을 묘사한 바 성경에서는 이 중 어떤 것에 대해서도 많은 정보를 제공하고 있진 않지만 세상은 한때 인간을 포함한 모든 동물이 초식성이었고, 또 언젠가 다시 그렇게 되리란 것을 알려주고 있다. "내가 땅 위의 씨 맺는 온갖 식물과 씨가 든 열매를 맺는 온갖 나무를 너희에게 주었으니 이것들이 너희의 먹을 양식이 될 것이다(창세기 1:29, 30)." 또한 성경은 하나님이 동물들에게도 육식을 제한했다고 기록한다. "생명 있는 모든 것들에게는 내가 온갖 푸른 풀을 먹이로 주었다(창세기 1:30)."
늑대가 어린 양과 함께 살고 표범이 새끼 염소와 함께 누우며 송아지와 어린 사자와 살진 짐승이 함께 있는데 어린아이가 그들을 이끌고 다닐 것이다. 암소와 곰이 함께 풀을 뜯고 그 새끼들이 함께 뒹굴며 사자가 소처럼 짚을 먹을 것이다(이사야 11:6,7, 메시아 시대의 삶에 대한 예언).
중세의 어느 유대 철학자는 하나님이 처음에 육식을 금지한 동기에 대해 언급했다. "짐승을 죽이는 것에는 잔인함이 있다. 그리고 순결한 피를 흘리게 하는 것은 잔인한 습관이다(조셉 알보Joseph Albo)."

철저한 채식주의자인 아이작 싱어Isaac Singer의 보조자로 여러 해 일한 나의 아내는 싱어가 종종 언급했던 말을 기억한다. "사람들이 동물을 살육하는 것을 그만두기 전에는 이 세상의 전쟁도 끝나지 않을 겁니다. 살육과 정의는 함께 공존할 수 없지요."

성경에 따르면 처음으로 인간에게 육식을 금한 것도 하나님이지만, 후에 이를 허용한 것도 하나님이다. 에덴동산 이후 세상은 사악하게 변했고, 하나님은 노아와 그의 가족들을 제외하고 모든 인류를 멸하였다. 그리고 그 후에 이들과 이들 자손들에게 육식을 허용한다. "살아 있어 움직이는 모든 것들이 너희의 양식이 될 것이다. 푸른 채소와 같이 이 모든 것을 너희에게 주었다. 그러나 고기를 피가 있는 채로 먹어서는 안 된다. 피에는 생명이 있다(창세기 9:3-4)." 하나님의 변심을 어떻게 설명할 수 있을까? 성경은 그것에 대해서는 설명하지 않는다. 하지만 그 결과 인간과 동물 관계의 본질이 바뀐 것은 분명히 명시하고 있다. "땅의 모든 짐승들과 공중의 모든 새들과 땅에 기는 모든 것들과 바다의 모든 물고기들이 너희를 두려워하고 무서워할 것이다."

성경은 이제 육식을 허용하긴 했지만 피를 먹는 것은 절대적으로 금한다. 성경학자인 제이콥 밀그롬Jacob Milgrom은 말한다. "이스라엘의 이웃들 중 이렇듯 절대적이고 포괄적으로 피를 금지한 나라는 없었다. 피는 다른 모든 곳에서는 음식으로 섭취된다. …… 인간은 영양분을 섭취할 권리는 있지만 생명을 섭취할 권리는 없다. 따라서 생명의 상징인 피는 빼서 우주와 하나님께 돌려주어야 한다(《해석Interpretation》, '윤리적 체계로서의 성경적인 식사')."

이러한 규범을 토대로 정결한 도살에 관한 유대 율법은 짐승을 살해한 후 그것의 피는 완전히 뺄 것을 요구한다. 결국 (고기를 소금에 절여 피를 완전히 제거함으로 씨) 어떤 동물의 피라도 먹지 않는 유대인의 고집은 살육에 대한 유대인의 보편적인 혐오감을 형성하는 데 도움을 주었다. 그 결과 우리가 아는 모든 사회에서 유대사회는 비유대인 집단에 비해 폭력 범죄가 드물게 일어난다.

카슈룻과 채식주의자의 이상

특별히 육식을 즐기지 않는다면 육식을 하지 말아야 한다(바빌로니아 탈무드, 훌린 Hullin 84a).

카슈룻 율법은 유대인이 선호해야 하는 것은 채식이라는 것을 가르쳐준다. 하지만 육식에 대한 욕구를 주체하지 못하는 경우에는 육식은 하되 정결한 고기를 먹어야 한다. 정결한 고기는 다음의 사항을 상기시켜준다. 즉, 우리가 섭취하는 동물은 하나님의 창조물이기에 그것의 죽음을 가볍게 여기지 말아야 하고, 스포츠로 사냥하는 것을 금해야 하며, 우리는 어떤 동물이라도 무감각하게 대하지 말아야 하고, 직접적인 접촉을 갖지 않더라도 우리는 [인간을 포함한] 다른 생명체에게 일어나는 일에 책임이 있다(핀카스 펠리, 《토라 투데이Torah Today》).

식사 계율의 목적은 우리에게 연민을 가르치고 우리를 부드럽게 채식주의자로 바꾸는 것이다(랍비 슈로모 리스킨, 《주이시 위크The Jewish Week》).

유대 학자들이 카슈룻의 중요한 역할 중 하나가 도살되는 동물에게 이유 없는 고통을 주지 않는 것이라고 유대 학자들은 생각해왔다. 하지만 철저한 채식주의 유대인인 리차드 슈왈츠Richard Schwartz는 오늘날 카슈룻 계율이 동물들을 잔인하게 대하는 것을 허용하는 잘못된 결과를 가져오는 경우가 가끔 있다고 주장한다.

> 식용 송아지는 고작 하루 이틀 어미의 보살핌을 받은 후 어미의 품을 떠나야 한다. 그리고 돌아다니거나 몸을 뻗거나 심지어 드러누울 공간도 없는, 갸름한 구멍이 난 협소한 외양간에 갇힌다. 사육자는 소비자가 찾는 아주 연한 육질을 얻기 위해 철분이 없는 고칼로리의 특별한 다이어트로 식용 송아지를 의도적으로 빈혈에 시달리게 한다. 철분 섭취를 간절히 원하는 송아지는 외양간의 철 구조물이나 [허용된다면] 자신의 소변을 핥곤 한다. 하지만 송아지의 머리를 외양간에 매어둠으로써 송아지는 머리를 돌리지도 못한다. …… 송아지가 축사를 떠나는 유일한 순간은 도살장으로 끌려갈 때이다(리차드 슈왈츠, 《유대주의와 채식주의》).

송아지 고기를 먹는 것을 변호하는 사람들은 송아지를 이 같이 잔인한 방식으로 양육하지 않는 농가도 있다고 주장한다. 당신이 다음에 송아지 고기를 대접받으면 슈왈츠의 묘사를 떠올려보고 요리사에게 그 고기가 잔인한 사육 방식을 이용하지 않는 농가에서 생산한 것이 확실한지를 물어보라.

'어리석은 피조물' 들에게 지나친 동정심을 드러낸다고 믿는 사람들에게는 영국 철학자 제러미 벤담Jeremy Bentham이 제기한 윤리적인 검증을 제안해보는 것도 가치 있는 일일 것이다. 동물에 대한 우리의 태도나 행위를 검증하는 질문은 '동물들은 이성적일 수 있는가?' 혹은 '동물들은 말을 할 수 있는가?' 가 아니라 '동물들은 고통받을 수 있는가?' 이어야만 한다.

채식주의에 대한 20세기의 두 가지 생각

이제야 난 너를 제대로 바라볼 수 있어. 난 더 이상 너를 먹지 않거든(프란츠 카프카, 수족관의 물고기들을 보며 생각에 잠겨).

채식주의자가 된 것이 건강상의 이유 때문이었는지를 묻자 아이작 싱어는 이렇게 대답했다. "그래요, 닭들의 건강을 위해서였죠."

- 5부 -

유대인의 사명은 무엇인가

: 유대주의와 반유대주의 :

유대교는 시궁창과 같은 종교입니다

— 루이스 패러컨, 이슬람교 목사이사 유대인 학살주의자

65. 반유대주의는 왜 존재해왔는가

가장 따뜻한 심장 안에 유대인에 대한 차가운 지점이 있다(어빙 하우Irving Howe). 유대인에게 세상은 '살 수 없는 곳'과 '들어갈 수 없는 곳'으로 나뉜다(하임 바이츠만Chaim Weizmann).

후에 이스라엘의 초대 대통령이 된, 밸푸어 선언■의 '아버지' 바이츠만은 히틀러가 권좌에 오른 3년 뒤에 이 말을 했다. 독일을 벗어나길 갈망하는 유대인들에게 실제로 피난처를 제공하지 않으려 했던 다른 국가들의 태도는 독일 지도자로 하여금 자신의 반유대주의 행위가 국제적인 지지를 받고 있다고 확신하도록 했다.

유대계 영국 소설가인 이스라엘 장월Israel Zangwill도 이와 비슷한 좌절감을

■ 밸푸어 선언 1917년 11월 2일 영국 외무장관 밸푸어가 유대인이 팔레스타인에서 민족적 고향을 건설하겠다는 것을 지지한 선언.

토로했다. "루마니아 유대인이 전 세계에서 찾을 수 있는 피난처보다 살인자들이 고대 팔레스타인에서 피신할 수 있었던 도시가 더 많았다." 장월은 민수기 35장에 나오는 이례적인 규정, 즉 여섯 개의 도피성을 두어 실수로 사람을 죽인 자들(고의적으로 살인을 저지른 살인범은 해당되지 않는다.)이 그곳에 피신할 수 있도록 한 규정을 언급했던 것이다. 그곳에서 우발적으로 사람을 죽인 자들은 자신에게 복수하려는 사람(희생자 가족)으로부터 피할 수 있었다.

"만일 나의 상대성 이론이 성공적으로 입증된다면 독일은 나를 독일인이라 주장할 것이고, 프랑스는 나를 세계인이라 선언할 것입니다. 만일 나의 이론이 거짓으로 입증된다면 프랑스는 나를 독일인이라 말할 것이고, 독일은 나를 유대인이라 말할 것입니다.(앨버트 아인슈타인, 〈뉴욕 타임스The New York Times〉)."
유대계 독일인 정치 평론가이자 유대 해방의 선봉장인 루드윅 보에르네 역시 침울한 리얼리즘과 신랄한 풍자가 뒤섞인 다음과 같은 말을 남겼다.

> 유대인은 일요일에 게토를 떠나는 것이 금지되었는데, 이는 술주정꾼들에게서 구타당하는 것으로부터 유대인을 구하기 위해서다. …… 국경일에는 지나친 자외선 노출이 유대인의 피부를 망치지 않도록 정확히 6시까지 게토로 돌아와야 했다. …… 그리고 울퉁불퉁하게 포장된 바닥이 유대인의 발 건강에 해롭다는 이유로 아주 많은 거리들 또한 이들에게 폐쇄되었다.(루드윅 보에르네Ludwig Boeme).

"내 어린 아들은 유대인의 피가 반만 섞였으니 수영장에서 허리까지만 몸을 담그는 것은 괜찮지 않을까요?(그라우초 막스Groucho Marx)"

세계 최초의 반유대주의자: 파라오와 하만

요셉을 알지 못하는 새로운 왕이 일어나 이집트를 다스렸다. 새 왕은 자기 백성에게 말했다. "보라! 이스라엘 민족이 우리보다 많고 강대하다. 자, 그러니 우리가 그들을 대할 때 지혜롭게 행동하자. 그렇지 않으면 그들이 더 많아져서 만약 전쟁이라도 일어난다면 우리의 적들과 연합해 우리를 대적해 싸우고 이 땅에서 떠날 것이다."

그 후, 파라오는 이스라엘 민족을 노예로 삼았다. 하지만 그 수는 여전히 늘었다. 이에 파라오는 자신의 백성들에게 말했다. "그들이 아들을 낳으면 다 나일강에 던져버리고 딸이면 살려두라(출애굽기 1:8-10, 22)."

그 후 하만이 아하수에로 왕에게 말했다. "왕의 왕국 모든 지방에 있는 여러 민족들 사이에 흩어져 살고 있는 한 민족이 있는데, 그들의 관습은 다른 모든 민족들과 다르고 또 그들은 왕의 법률을 따르지 않고 있습니다. 그들을 그냥 내버려두는 것은 왕께 좋을 것이 없습니다. 왕께서 원하신다면 그들을 멸망시키라는 칙령을 내리십시오. 그러면 제가 은 1만 달란트를 왕궁의 창고에 헌납해 왕의 업무를 맡은 사람에게 주겠습니다(에스더 3:8-9)."

최초로 기록된 이 두 반유대주의자의 말은 그때 이후로 이들의 영적 자손들 사이에서 메아리쳤다. "유대인은 너무 많고 강대하며, 반역적인 다섯 번째 기둥이고, 이들의 종교는 국가의 이익에 반한다. 따라서 궁극적으로 '유대인의 문제'는 이들을 죽이는 것으로 해결해야 한다."

왜 유대인인가?

보편적으로 반유대주의가 '왜?' 생겨났는지에 대해 두 가지 상반된 견해가 제시된다. 첫 번째 견해는 '이유가 없다'는 것이다. 즉, 유대인은 특별한 이유 없이 증오의 대상이 되고 있고, 유대인을 증오하는 사람들은 자신의 감정을 정당화하기 위해 이유를 조작할 뿐이라는 의견이다. 반유대주의에 대한 글 중 가장 널리 읽히는 《반유대주의자와 유대인Aniti-Semite and Jew》의 저자이자 프랑스 철학자인 장 폴 사르트르Jean-Paul Sartre가 이러한 견해를 지지하는 대표적인 인물이다. "반유대주의자들은 유대인들을 일종의 핑계 거리로 삼을 뿐이다. 이들과 비슷한 부류들은 다른 곳에서 흑인과 황인종을 이러한 일의 희생양으로 삼을 것이다(《반유대주의자와 유대인》)." 사르트르에 따르면 유대주의와 유대민족이 존재하는 유일한 이유가 반유대주의다. "유대인은 다른 사람들이 유대인이라 여기는 사람이다. 유대인을 만든 사람들은 반유대주의자들인 것이다. …… 이스라엘의 백성들을 결속시킨 것은 이들의 과거도, 종교도, 토양도 아니다. …… 이들을 결속시킨 유일한 끈은 이들을 둘러싼 사회들의 적의와 경멸인 것이다(《반유대주의자와 유대인》)." 유대인을 증오하는 사람들에 대해 사르트르는 이렇게 결론짓는다. "비유대인이 유대인을 속죄양으로 삼을 의도 외에는 다른 아무 이유가 없다." 따라서 사르트르에 따르면 반유대주의는 유대인의 '유대인다움'과는 아무런 상관이 없다.

최근 폴란드의 시인이자 문학 평론가인 콘스탄틴 젤렌스키Konstantyn Jelenski는 유대인에 대한 조국의 오랜 증오를 논하면서 이러한 증오는 터무니없이 순진한 발상에서 비롯되었음을 풍자적으로 지적했다.

폴란드인은 결코 '그들이 유대인이기 때문에' 적대적인 것이 아니다. 폴란드인이 유대인에게 적대적인 이유는 그들이 더럽고 탐욕스럽기 때문이고, 귀 앞까지 늘어진 머리와 뜻 모를 언어에 동화되지 않으려는 고집 때문이다. 또한 자신들의 언어를 사용하지 않으며, 말쑥하게 옷을 차려입고, 폴란드인으로 여겨지길 원하기 때문이기도 하다. 그들이 자신들의 전통을 등한시하기 때문이기도 하고, 자신들의 전통을 지나치게 따르기 때문이기도 하다. 그들이 미신적이고 과거 지향적이며 무지하기 때문이기도 하고, 그들이 놀랍도록 능력이 있고 진취적이며 야심적이기 때문이기도 하다. 그들의 긴 매부리코 때문이기도 하고, 가끔 그들과 '순수 폴란드인'을 구별하기 힘들기 때문이기도 하다. 그들이 예수를 십자가에 못 박았고, 의식적인 살인을 저지르며, 탈무드를 열심히 공부하기 때문이기도 하고, 자신들의 종교를 무시하는 무신론자이기 때문이기도 하다. …… 또한 그들이 은행가거나 자본가이기 때문이기도 하고, 공산주의자이거나 정치 운동가이기 때문이기도 하다. 하지만 그들이 유대인이기 때문에 그들을 경멸하는 경우는 없다(콘스탄틴 제렌스키, 《쿨투라Kultura》).

헤르츨Herzl이 시온주의 운동을 창시할 때 가장 가까이서 도운 막스 노르다우Max Nordau는 반유대주의에 대한 사르트르의 이해보다 더 온건한 견해를 제시했다. '개를 물에 빠트려 죽이려면 먼저 그 개가 광견이라고 말해야 한다.'는 속담이 있습니다. 사람들은 자신들이 유대인을 경멸할 타당한 이유가 있다는 걸 스스로에게 증명하기 위해, 유대인에게 악덕의 원흉이라는 누명을 씌웁니다. 하지만 유대인에 대한 혐오가 사람들의 주된 정서입니다(막스 노르다우, 첫 시온주의 회합에서의 연설).

반유대주의의 원인에 대한 또 다른 견해를 제시한 사람들로는 정신분석학자인 지그문트 프로이트Sigmund Freud, 유대인 작가인 모리스 사무엘Maurice Samuel과 데니스 프레이저Dennis Prager, 가톨릭 신학자인 자끄 마리타인Jacques

Maritain 등이 있다.

현재 반유대주의 활동에서 두각을 나타내는 모든 사람들이 비교적 최근에 기독교인이 되었다는 사실을 우리는 잊지 말아야 한다. 가끔은 피비린내 나는 강요에 의해 기독교인이 된 이들도 있다. 이들 모두가 제대로 된 기독교인이 아니라고 말할 수도 있으리라. 즉, 기독교라는 겉치장은 했지만 이들은 여전히 자기 조상처럼 야만적인 다신교도로 남아 있는 것이다. 이들은 아직 자신들에게 강요된 새로운 종교에 대한 반감을 극복하지 못했다. …… 즉, 이들의 유대주의에 대한 증오는 밑바닥에 깔린 기독교에 대한 증오이다(지그문트 프로이트, 《모세와 일신교Moses and Monotheism》). 배고플 때 헛것을 본다는 것은 말이 된다. 하지만 배고플 때 유대인에 대해서만 헛것을 본다는 것은 말이 되지 않는다(모리스 사무엘, 《극도의 증오The Great Hatred》). 자명종 시계를 좋아하는 사람은 아무도 없다(모리스 사무엘). 유대인은 광부의 카나리아이다. 광부는 카나리아를 갱 아래로 데리고 가는데, 이는 카나리아가 유해가스에 노출되면 금방 죽기 때문이다. 카나리아가 죽는 것을 보고 광부는 그곳에 유해가스가 있어 자신도 죽을 수 있다는 사실을 인식한다. 유대인도 카나리아와 똑같은 신세다. 종종 도덕적으로 유해한 세력은 먼저 유대인에게 초점을 맞춘다. 하지만 이들의 궁극적인 타깃은 유대인의 도덕적 가치들이다. 유대인의 가치를 공유하는 비유대교인은 반유대주의를 유대인의 문제로 여겨 대수롭지 않게 생각할 때 치명적인 실수를 범한다(데니스 프레이저, 《얼티미트 이슈즈Ultimate Issues》).

반유대주의에 적절하게 대응하지 못한 도덕적인 비유대인은 종종 그로 인해 고통받는다. 예를 들어, 1930년대 미국 고립주의자들은 나치의 반유대주의를 불쾌하게 여겼다. 그것만 없으면 미국은 고도로 문명화된 나라가 될 수 있다고 여겼다. 하지만 이들은 1930년대와 1940년대 초에 걸쳐 히틀러와 나치를 상당히 위험한 악으로 보려 하지 않았고, 미국이 히틀러와 대항해 싸우지 않도록 유도했다. 급기야 고립주의자의 리더인 찰스 린드베르그Charles Lindbergh는 미국 유대인들에게 미국에서 반나치 감정을 조장하지 말 것을 경고하기도 했다. 그런데 만일 이전에 미리, 그러니까 처음에 히틀러가 강력한 반유대주의를 표명하며 그의 마각을 드러냈을 때 히틀러에게 적절한 대응을 했다면 어땠을까? 아마 6백만 명의 유대인의 생명뿐만 아니라 5백만 명의 비유대인 생명도 구할 수 있었을 것이다.

1970년대 우간다의 독재자 이디 아민Idi Amin은 유엔에 아돌프 히틀러의 "궁극적인 해결책"을 찬사하는 메시지를 보냈다. 하지만 당시 유대인과 유엔의 미국 대사만이 이에 항의했을 뿐이다. 다행히 이디 아민은 유대인에 대한 그의 사악한 음모를 현실로 옮길 능력이 없었다. 대신 수만 명에 이르는 우간다 기독교인들이 이디 아민의 심한 박해에 시달리다 결국 살육의 희생양이 되어야 했다. 이는 그가 반유대적인 발언을 했을 때 세계가 미연에 방지했어야 한다는 것을 뜻한다.

아야톨라 루홀라 호메이니Ayatollah Ruhollah Khomeini는 이란의 정권을 장악한 후 맨 처음으로 테헤란에 있는 이스라엘 대사관을 점령했다. 그리고 그 즉시 그는 이스라엘 대사관을 팔레스타인 해방기구PLO에 예속시켰다. 세계는 이를 유대인의 문제로 여기고 외면했다. 하지만 이란 정부는 그로부터 1년이 채 지나지 않아 미국 대사관을 점령했고 100여 명의 미국인을 인질로 잡았다.

아랍 국가들에 대해 거의 아무런 감정도 드러내지 않는 유대인에 대한 아랍권 국가들의 증오는 전적으로 유대인의 문제로 치부되어 외면당하는 경우가 다반사다. 하지만 유대 국민에 대한 아랍 세계의 증오는 단순한 변덕이 아니다. 오히려 이것은 이슬람 국가들로부터 이스라엘의 유대인보다 훨씬 더 심한 증오와 박해의 대상인 레바논 기독교인들의 사례로 증명되는 꽤 정확한 도덕적 지표이다. 데니스 프레이저와 내가 기술한 바 있듯이 "유대인에 대한 이슬람 국가 지도자들의 광포한 증오와 민주주의 및 서구 사회의 가치들에 대한 이들의 증오 사이에는 종종 직접적인 상관관계가 있다. 이러한 사례에 해당되는 인물로 이란의 호메이니와 리비아의 카다피, 이라크의 후세인을 꼽을 수 있다. 반대로 투니지아와 터키 같은 비교적 독재주의와 잔인함의 특징이 미약한 아랍 및 다른 중동 이슬람 국가들은 유대인에 대해 보다 더 관대하다《왜 하필 유대인인가?Why the Jews?》." 따라서 반유대주의가 암시하는 것에 주의를 기울이지 않는 도덕적인 비유대인은 그들과 그들의 가치 또한 반유대주의의 희생양이 될 수 있다는 사실을 깨달아야 할 것이다.

"이스라엘은 세상에 하나님이 없으면 세상은 불만족스럽고 안정적이지 못한 곳이라는 걸 가르치는 세계의 구조 한복판에서 발견된다. …… 이것이 세계가 증오하는 이스라엘의 사명이다(자끄 마리타인, 《유대인의 물음을 들여다보는 기독교인A Christian Looks at the Jewish Question》)."

반유대주의: 억누를 수 없는 증오

어느 유대인이 2세기 로마 황제인 하드리아누스 황제 앞을 지나가며 그에게 인사를 건넸다. 이에 황제가 물었다. "너는 누구냐?" 그가 대답했다. "저는 유대인이옵니다." 그러자 하드리아누스 황제가 소리쳤다. "유대인이 감히 로마 황제 앞을 지나가며 인사를 건네다니!" 황제는 당장 "그의 목을 쳐라!" 하고 명령했다.

이 광경을 지켜본 또 다른 유대인이 황제 앞을 지나가며 황제에게 인사를 건네지 않았다. 하드리아누스 황제가 물었다. "너는 누구냐?" 그가 대답했다. "저는 유대인이옵니다." 그러자 황제가 외쳤다. "유대인이 감히 로마 황제 앞을 지나가며 인사조차 건네지 않다니!" 황제는 또다시 "그의 목을 쳐라!" 하고 명령했다.

나라의 원로들이 그에게 말했다. "저희는 황제를 이해하지 못하겠습니다. 황제께 인사를 건넨 사람도 죽이고, 인사를 건네지 않은 사람도 죽이다니 말입니다." 하드리아누스 황제가 대답했다. "내가 증오하는 사람들을 어떻게 대할 것인지에 대해 감히 내게 충고를 하는 것인가?(예레미야애가 3:58에 대한 예레미야애가 라바 3:9의 주석)"

하드리아누스 황제는 반유대주의자 대부분이 부인하는 것을 인정했다. 즉, 유대인에 대한 이들의 증오는 유대인의 어떠한 행동으로도 누그러지지 않았던 것이다.

반유대주의자는 종종 가장 그럴듯하게 들리는 주장을 펼친다. 그래서 구소련의 반유대주의자들은 오랫동안 유대인이 '공산주의를 전복시키는 자본주의자'라는 데 초점을 맞추었고, 미국의 반유대주의자들은 반대로 유대인을 '자본주의를 전복시키는 공산주의자'로 몰아갔다. 이들 하드리아누스의 분신들에게 이성의 잣대를 들이대는 것은 부질없는 짓이다. 19세기 독일 철학자인 시어도어 몸센Theodore Mommsen이 다음과 같이 지적했던 것처럼 말이다. "어떤 것이라도 이성적으로 접근할 수 있다고 믿는 것은 당신의 착각이다. 지난 몇 해 동안 나 자신도 그렇게 믿고 반유대주의라는 터무니없이 파렴치한 행위에 대항해 계속해서 이성의 힘을 빌려 이의를 제기해왔다. 하지만 소용없는 짓이었다(데보라 립스타트, 《홀로코스트의 부인Denying the Holocaust》)."

반유대주의: 이중적 기준

"나는 유대인에게 더 많은 것을 기대한다."고 당신에게 말하는 사람을 믿지 말라. 이들은 유대인에게 더 적은 것을 기대한다. 이들의 말 속에는 이런 뜻이 담겨 있다. "그래, 너희는 기회가 반만 찾아와도 세상의 절반을 집어삼킬 탐욕스런 무리라는 걸 우리는 알고 있어. 가련한 팔레스타인의 경우만 봐도 알 수 있지. 우리는 너희 족속에 대한 모든 것들을 간파하고 있어. 그러니 이제 우리가 너희를 잡을 거야. 어떻게 잡느냐고? 너희가 어떤 행동을 할 때마다 우리는 이렇게 말할 거야. '우리는 유대인으로부터 더 많은 것을 기대했지. 유대인은 더 나은 행동을 했어야 했어.'"

유대인은 더 나은 행동을 해야 한다고? 그 모든 일들이 일어난 후에도? 나는 조금 더 나은 행동을 해야 할 이들은 비유대인이라고 생각한다. 왜 우리들만이 나쁘게 행동하는 이러한 멋진 윤리 단체에 소속되어야 할까?(필립

로스Philip Roth, 《반항하는 인생The Counterlife》)

반유대주의 기독교인

그러자 모든 백성들이 일제히 대답했다. "그 피에 대한 책임은 우리와 우리 자손들에게 돌리시오!(마태복음 27:25)"

마태복음에 따르면 매년 유월절에 로마 행정관(여기선 본디오 빌라도Pontius Pilate)은 예루살렘 광장에 모인 유대인들에게 한 사형수의 생명을 살릴 수 있는 기회를 주었다. 그해에는 산적이자 반로마 민란을 주동한 바라바Barabbas와 예수, 두 사람 중 한 사람을 석방시킬 수 있었다. 이에 유대인은 바라바를

선택하고 위의 구절을 외쳤다(후손들 모두가 자기 조상들의 죄에 연루되기 위해서는 모든 유대인이 이 구절을 외쳐야 했다.)고 마태복음은 기록한다.

하지만 군중의 울음을 포함해 이 이야기의 모든 요소(마태복음 27:11-26)는 역사적으로 부정확하고 모순적인 기록으로 보인다.

첫째, 빌라도는 유대인에게 예수와 바바라 중 한 명을 선택할 수 있는 기회를 주긴 했지만 그 자신은 예수를 구할 수 있길 바랐다고 마태복음은 단언한다. 전前 이스라엘 대법원 판사인 하임 콘Haim Cohn이 《예수의 시련과 죽음The Trial and Death of Jesus》에서 제기한 질문처럼 왜 빌라도는 예수를 용서하지 않았을까? 빌라도는 유대에서 절대 권력자로 군림했고, 그의 이러한 권력은 오직 로마 황제에 의해서만 제한될 수 있었는데 말이다. 유대인들이 빌라도에게 한 명의 죄수를 석방시켜줄 것을 요구할 수 있는 권한을 가졌다 하더라도 이들은 빌라도가 구하고 싶었던 사람을 십자가에 못 박을 것을 강요할 수 있는 권한은 없었다.

둘째, 우리가 로마 제국에 대해 알고 있는 모든 지식으로 미루어 로마 행정관이 자신의 피지배자들에게 사형수를 구할 수 있는 특권을 부여했다고 믿기는 어렵다. 당시의 로마나 유대 문헌 어디에서도 이러한 특권을 언급한 기록은 없다. 이러한 특권이 실제로 존재했다면 그 이전이나 이후에라도 이에 대한 기록을 찾아볼 수 있지 않을까? 게다가 로마제국을 더 추종하는 지역에서도 백성들에게 이러한 기회가 부여되었다는 기록은 전혀 없다. 결론적으로 말해, 특히 잦은 반란을 고려한다면 분란을 일으킨 죄로 사형선고를 받은 사람의 석방을 피지배 백성들이 결정할 수 있다는 발상 자체가 억지스러운 것이다. 더군다나 콘 판사가 제기한 질문처럼 그러한 특권이 존재했다 하더라도 당시 예루살렘 광장에 모이게 된 군중들이 왜 하필 그곳의 거주자였겠는가?

콘 판사는 또한 세 번째 의문도 제기한다. 설령 이러한 특권이 존재했더라도 "왜 하필 구제할 수 있는 사람이 바라바와 예수로 제한되었을까?" 선택의 여지를 두 사람으로 제한한 것은 극적 긴장감을 고조시키기 위한 효과적인 문학적 장치이며, 유대인의 사악함을 더욱 부각시키기 위한 것이었다. 신약은 바라바를 "성안에서 일어난 폭동과 살인으로 감옥에 갇혀 있는 사람(누가복음 23:19)"으로 묘사했기에 유대인이 덕망 높은 예수 대신 그를 선택한 것은 유대인이 얼마나 사악한지를 입증하는 것이 된다.

바라바 이야기를 오랫동안 연구한 초기 기독교 역사학자인 브랜든 교수는 이러한 일은 절대 일어나지 않았다고 결론지었다. 그에게 이 이야기가 허구라는 걸 확신시켜준 모순점들 중 하나만을 인용하면 "빌라도는 그가 결백하다고 여기는 사람은 사형에 처했고, 얼마나 위험한 인물인지 막 입증된 악명 높은 반항 운동 단체인 젤로트당* 리더는 석방했다는 것이다《예수와 젤로트당 Jesus and the Zealots》)."

바라바의 이야기가 실제 역사적 사실과 다르다면 이 이야기의 목적은 무엇일까?

그것은 크게 두 가지로 나뉜다. 첫째, 이후의 로마 지도자들에게 그들의 정부가 예수를 십자가에 못 박긴 했지만 예수는 로마의 적이 아니었음을 증명하기 위한 것으로 보인다. 즉, 빌라도 자신은 예수의 결백이 증명되길 원했기에, 그에게 예수를 십자가에 못 박도록 '강요' 한 것은 유대인들이었다는 것, 따라서 로마인들이 예수를 적으로 삼고 그의 가르침 때문에 그의 종교를 금지(복음서가 집필될 무렵 로마 제국에 실제 존재했던 금지령)시킨 실질적인 이유가 없었음을 주장하려 했던 것이다.

■ 젤로트당 1-2세기 중반경 로마의 지배에 항거하여 조직된 유대인 당파로 '열심당' 이라고도 불린다.

바라바의 이야기를 만들어낸 또 하나의 목적은 유대인들이 예수를 배신했다는 것을 보여줌으로써, 유대인들이 '선민'으로서의 위치를 상실했고 기독교가 유대교를 대신한다는 점을 초기 교회가 보다 정당하게 주장하기 위해서였던 것으로 보인다. 이런 이유 때문에 이 이야기는 모든 유대인들이 큰 소리로 예수의 피를 요구했다고 묘사하고 있다. 또한 유대인이 잘못되었음을 전적으로 입증하기 위해선 예수의 처형에 신분 높은 성직자와 장로들만 연루시키는 것으론 부족했다. 즉, 유대인 군중들 모두가 예수의 죽음을 요구하는 것이 자신들의 의도에 훨씬 부합했던 것이다. 그렇게 해야만 이들의 저주가 하나님을 살해한 죄와 관련해 '생물학적으로' 그들의 자손들까지 끌어들일 수 있을 것이었다.

따라서 이 이야기를 읽고 유대인을 증오하는 걸 배운 사람들에게 학살당한, 수만 명의 유대인에 대해 복음서 작가들은 간접적이긴 하지만 큰 책임이 있다. 물론 가장 큰 책임은 살인을 저지른 당사자들에게 있겠지만 말이다.

유대교의 딸과 같은 종교의 역사는 어머니를 죽이려는 시도의 연속이었다
(모리츠 스타인슈나이더Moritz Steinschneider).

이들의 조상들이 파라오 밑에서 비참했던 것보다 이들이 기독교의 왕자 밑에서 더 비참할 수밖에 없었다는 것이 얼마나 유감스러운 일인가!(교황 이노센트 4세, 《유대인 변호를 위한 서한Letter in Defense of the Jews》) 교황 이노센트 4세의 이 같은 고상한 선언은 1208년에 다음과 같은 글을 쓴 그의 선임자 교황 이노센트 3세를 대신한 사과일 수 있으리라. "예수를 피 흘리게 한 유대인들은 그들의 얼굴이 부끄러움으로 덮이고 그들이 주 예수 그리스도의 이름을 찾기 전까진 지구상에서 영원한 부랑자로 남아 있어야만 한다."

그것은 그들 자신의 엄청난 잘못이었다. 그들은 하나님을 그냥 내버려두었어야만 했다(힐레오 벨록Hilaire Bolloc, 영국의 시인 겸 평론가이자 역사가. 영국 하원의원으로 활약하기도 한 벨록은 후에 로마 가톨릭의 열띤 옹호자로 알려졌다.). 예수 그리스도가 하나님이며 유대인이 그를 죽였다는 믿음은 반유대주의를 부채질했다. 그리고 이러한 증오의 중심에는 두려움이 자리 잡고 있었는데, 이는 만일 유대인이 하나님을 죽였다면 그들은 초인적이고 악마적인 힘을 가졌음에 틀림없을 것이라는 이유 때문이었다.

이것이 많은 반유대주의의 심리적인 토대가 되었겠지만 유대인이 예수를 죽였다는 비난은 당연히 역사적으로 잘못된 것이다. 반역자에 대한 로마의 처벌인 십자가형은 유대 율법으로도 명백히 금지되어 있다. 예수는 1세기 경 로마에 대한 반역으로 십자가에 못 박힌 5천 명에서 만 명 사이의 유대인들 중 한 명이었을 뿐이다.

역사가인 히암 맥코비Hyam Maccoby는 다음과 기술했다. "오늘날 가스실이 독일 나치 압제의 상징인 것처럼 십자가는 로마 압제의 상징이었다. …… 십자가의 범죄 행위를 로마인이 아니라 유대인과 연관시키는 것은 홀로코스트 희생자를 가스실로 고통받은 사람이 아니라 가스실을 사용한 죄인으로 낙인찍는 것과 마찬가지다(《유대에서의 혁명: 예수와 유대인의 저항Revolution in Judaea: Jesus and the Jewish Resistance》)."

한때 나는 공개 강좌에서 다음과 같은 질문을 받았다. "떠돌이 생활과 사회직인 하층민으로서의 삶으로 짐칠된 유대인의 역사는 이들이 예수를 부정했기 때문에 받게 된 저주가 아닐까요?"

이 질문에 나는 다음과 같이 대답했다. "아닙니다. 전혀 그렇지 않습니다. 유대인은 고난의 삶을 살 것이라 예언했던 사람들과 유대인을 박해한 사람들은 같은 사람들이기 때문입니다. 그것은 내가 저 유리창은 깨질 것이라 예언한 다음 그 유리창에 돌을 던지는 것과 마찬가지입니다. 이것은 나의 예언 능력이 아니라 나의 폭력성을 부각시킬 것입니다(헤럴드 쿠슈너, 《삶에게》)."
중세 시대에 유행한 주장과 그 맥을 같이하는, 유대인의 고난과 역경은 그들이 예수를 배척했기 때문이라는 반유대주의 기독교인들의 주장은 예수 자신도 지독하게 힘든 삶을 살았다는 점을 고려해보면 특히 더 억측으로 들린다.

얼마 전에 나는 어느 랍비와 함께 산상설교를 읽고 있었다. 그는 산상설교의 거의 모든 구절과 매우 흡사한 히브리 성경 및 탈무드 구절들을 내게 보여주었다. 잠시 뒤 "누가 네 오른뺨을 치거든 왼뺨마저 돌려 대어라."라는 구절에 이르자 그는 이와 비슷한 구절이 탈무드에도 있다는 말을 하지 않았다. 대신 그는 웃으면서 나에게 물었다. "기독교인들은 이 계율을 지킵니까?" 나는 아무런 대답도 할 수 없었다. 특히 왼뺨마저 돌려 대는 것과는 거리가 먼 기독교인들이 유대인의 양쪽 뺨을 세차게 때리던 당시로선 더더욱 그럴 수밖에 없었다(레오 톨스토이, 《나의 종교My religion》). 또 다른 러시아 종교 사상가인 니콜라이 베르쟈예프Nikolai Berdyaev는 이와 놀랍도록 비슷한 정서의 글을 썼다. "아마 인정해야 할 가장 슬픈 것은 십자가를 거부한 사람은 그것을 짊어지고 걸어가고 있고, 십자가를 환영한 사람은 종종 다른 이들을 십자가에 못 박고 있다는 것일 테다(《기독교와 반유대주의Christianity and Anti-Semitism》)."

그들은 다음과 같은 아주 간단한 말을 들고 나왔어야 했다. "저희는 지난 2천 년 동안 반유대주의라는 죄를 지었습니다. 저희를 용서해주십시오(에드워드 키팅Edward Keating)."
위의 구절은 가톨릭 저술가인 키팅이 1965년 제2차 바티칸 공의회의 선언에 대해 언급한 것이다. "열정적인 예수님에게 일어난 일에 대해 당시 두각을 나타내지 않고 살았던 모든 유대인을 탓할 수도, 오늘날 유대인을 탓할 수도 없습니다." 이 선언은 유대인 공동체를 화나게 하기도(사과하는 자세가 부족했기 때문에), 기쁘게 하기도 했지만, 기쁨이 더 우세한 정서였다. 제2차 바티칸 공의회를 움직이는 힘인 교황 요한 13세는 분명 유대인에게 사과하고 싶어 했다. 그는 죽기 바로 직전에 다음과 같은 기도문을 만들었다.

"여러 세기 동안의 맹목이 저희의 눈을 흐리게 해 저희로 하여금 더 이상 당신 선민의 아름다움을 보지 못하고, 그들의 얼굴에서 더 이상 맨 먼저 태어난 저희 형제의 특징을 인식하지 못하게 만들었다는 것을 저희는 이제야 깨닫습니다. 저희의 이마는 가인의 징표로 낙인찍혔다는 걸 저희는 깨닫습니다. 저희가 당신의 사랑을 잊어버렸기에 수세기 동안 아벨은 피와 눈물을 흘리며 누워 있었습니다. 유대인의 이름에 부당하게 저주를 한 저희를 용서하여주십시오. 저희의 저주로 당신을 두 차례나 십자가에 못 박은 저희를 용서하여주십시오.(교황 요한 23세)"

가끔 극도로 친유대주의적인 발언과 반유대주의적인 발언이 한 사람의 입을 통해 나온 경우도 있다. 마틴 루터Martin Luther는 유대인이 가톨릭교회에 대항한 그의 종교개혁에 동참하고 자신의 기독교로 개종해주길 바랐다. 이 시기 동안 그는 '예수 그리스도는 유대인으로 태어나셨다That Jesus Christ Was Born A Jew' 라는 제목으로 다음과 같은 글을 썼다.

"우리 어리석은 자들과 우리의 사제와 주교, 철학자, 수사 등은 유대인을 그러한 식으로 대해왔다. 진정한 기독교인이 되고자 하는 사람은 먼저 유대인이 되는 것이 좋을 것이다."

그로부터 20년이 채 지나지 않아 유대인을 기독교로 개종시키기 위해 유대인 공동체에 팔을 뻗친 자신의 시도가 무산되자, 분노에 찬 마틴 루터는 유대인 공동체의 멸망을 주장하면서 유대인에게 극도의 적의를 드러냈다. "유대인을 어떻게 대해야 할 것인지에 대해 당신께 나의 진심어린 조언을 말씀드립니다. 이들의 시나고그와 학교에 불을 질러야 할 것입니다. 이들의 집들도 파괴해 이들이 지붕 밑이나 헛간에서 자도록 해야 할 것입니다. 우상숭배와 거짓, 저주, 신성모독의 원흉인 이들의 모든 기도서와 탈무드 문헌을 빼앗아야 할 것입니다. 이들의 랍비로 하여금 가르치는 것을 금지시켜 생명과 사지를 잃어버리는 고통을 당하도록 해야 할 것이며, 도로의 안전한 통행을 완전히 철폐해야 할 것입니다. 이들의 고리대금업을 금지시키고, 모든 현찰과 금과 은을 이들에게서 빼앗아야 할 것입니다. 만일 이들이 우리에게 해를 끼칠까 두렵다면 이들을 우리나라에서 영원히 추방해야 할 것입니다(마틴 루터, '유대인과 그들의 거짓에 대해On the Jews and Their Lies' 유대인 처우에 대해 독일 통치자들에게 조언하는 글)."

만일 이들이 하나님은 단순한 단일체가 아닌 삼위일체라는 기독교의 증거를 받아들이지 않는다면 난 이들의 목에서 혀를 자르겠다고 협박할 것이다(마틴 루터, 《하임 그린버그 선집Hayim Greenberg Anthology》). 그로부터 약 4백년 후에 아돌프 히틀러는 이렇게 주장했다. "루터는 오늘날 우리가 보기 시작한 유대인을 이미 보았다(프리드리히 헤르Friedrich Heer, 《하나님의 첫사랑God's First Love》)."

유대인에 관한 악의적인 현대 인용문

유대 성직자는 항상 자신의 성스러운 손으로 인간을 제물로 바친다(볼테르, 《철학 사전Dictionnaire Philosophique》).

프랑스 계몽주의의 가장 두드러진 사상가이자 스스로를 세속주의자라고 칭한 볼테르는 고대 이교도 및 중세 반유대주의 기독교인들의 주된 주장인, '유대인은 인간을 제물로 바치고 이들의 피를 마신다'는 비방에 새로운 생명을 불어넣었다. 유대인에 대한 볼테르의 계속된 적의는 현대 반유대주의에 박차를 가하는 데 지대한 역할을 했다. 예를 들면 그는 유대인을 "세상에서 가장 혐오스러운 사람들"이라 묘사하고는 이렇게 덧붙였다. "그럼에도 불구하고 계몽주의의 특징적인 '관용'으로 이들을 말뚝에 매달아 불태우진 말아야 한다."

유감스럽게도 유대인은 볼테르가 가진 망상의 한 희생자였다. 프랑스 유대인 역사가인 레온 폴리아코브Leon Poliakov는 이렇게 기술했다. "유럽에서 히틀러가 권세를 떨치는 동안 헨리 레브로우Henri Lebrou라는 어느 역사 교사는 어렵지 않게 볼테르의 반유대적 글들을 모아 250페이지의 책을 만들었다(《반유대주의 역사: 볼테르에서 바그너에 이르기까지The History of Anti-Semitism: From Voltaire to Wagner》)."

현대 미국 유대인 역사가인 아서 헤르츠베르그Arthur Hertzberg는 《프랑스 계몽주의와 유대인The French Enlightenment and the Jews》에서 볼테르가 어떻게 고대 이교도와 현대 반유대주의자 사이의 주요한 지적 연결 고리가 되었는지를 설명했다. 즉, 볼테르의 글들은 개화된 유럽인 다수[유대인 해방의 가장 적극적인 옹호자가 되었어야 할 바로 그 사람들]로 하여금 서방 사회로 들어오려는 유대인이 자신의 종교를 포기해야 한다는 생각을 갖도록 만들었다는 것이다.

영향력 있는 초기 시온주의 저술가인 아하드 하암Ahad Ha'am은 피에 대한 악의적인 모욕이 유대인에게 뜻밖의 심리적인 혜택을 주었다고 주장했다. 자신들에 대한 세계의 적대적인 묘사를 내면화하는 데 면역력을 키워주었다는 것이다. "피에 대한 이러한 비난은 다른 모든 세계가 잘못될 수 있고 우리가 옳을 수 있다는 사실을 보여주는 하나의 사례다. 인류 역사와 지구 전역에 걸쳐 종교적인 목적으로 인간의 피를 마신 유대인은 지금까지 단 한 명도 없었다는 것을 유대인들 사이에서 성장한 모든 유대인들은 명백한 사실로 인식하고 있기 때문이다. …… "하지만, 유대인이 옳고 모든 사람이 그를 수 있다는 것이 가능할까?"라는 질문을 받는다면……. 그렇다, 그것은 가능하다. 피에 대한 비난이 그것이 가능하다는 걸 증명해준다."

이들에게 시민의 권리를 부여한다고? 나는 밤에 이들 모두의 머리를 잘라 유대적인 생각이 조금도 들어 있지 않은 다른 머리로 대체하는 방법 외에는 그렇게 할 수 있는 방법을 알지 못한다(조안 피히테Johann Fichte, 독일 계몽주의 선구자이자 베를린 대학의 초대 총장). 돈은 그 앞에 다른 어떤 신도 서 있도록 허용하지 않는 이스라엘의 질투심 많은 신이다(칼 마르크스Karl Marx, '유대인의 질문들에 관해On the Jewish Question'). 마르크스는 유대 가정에서 태어났다. 게다가 그의 조부 모두 랍비였다. 하지만 그의 아버지는 그가 여섯 살 때 세례를 베풀었다. 초기에 출판된 그의 글에서도 마르크스는 유대인들에게 강한 적의를 드러냈다. 아돌프 히틀러에 결코 뒤지지 않는 반유대주의자인 마르크스는 자기 스스로를 스승이라 칭했다. "유대주의의 위험성에 대한 과학적 지식은 점점 깊어지고, 이런 지식을 바탕으로 개개인 모두가 자신에게 내재해 있는 유대인을 제거하기 시작한다는 사실은 꽤 만족스럽다. 그리고 나는 이런 아름다운 생각이 다른 사람이 아닌 유대인에게서 비롯된다는 사실이 아주 많이 두렵다(줄리어스 칼레바흐Julius Carlebach, 《칼 마르크스와 유대주의에 대한 급진적인 비평Karl Marx and the Radical Critique of Judaism》).

마르크스에 대한 히틀러의 언급은 그가 오랫동안 유대인에게 일으킨 하나의 문제를 요약해준다. "대부분의 비유대인은 공산주의의 창시자를 유대인이라 여기는데, 이는 그가 유대인으로 태어났기 때문이다. 극소수의 사람만이 그가 어렸을 때 개종했고, 그 이후 유대인과 유대주의를 증오했다는 사실을 알고 있을 뿐이다. 마르크스는 '실질적인 유대주의의 참모습'은 '흥정'과 '돈'에 대한 지나친 집착이라 규정한다. 그리고 인류는 '유대주의의 정신'에서 해방될 때 완전한 자유를 얻을 것이라는 놀라운 주장을 한다." 이후의 글들에서 마르크스는 가난한 폴란드 유대인 난민을 "인류의 가장 불결한 족속"이라 비하하며 인간 취급을 하지 않았다. 그는 이들과 이들의 부유한 독일 유대 형제를 결속시켜주는 것은 "탐욕스런 획득에 대한 열정"이 전부라고 주장했는데, 이는 마르크스가 성인이 되어서도 줄곧 다른 사람의 재정적 지원에 의존했던 사람이었기에 특히 더 사악하고 아이러니한 비난이 아닐 수 없다.(폴 존슨Paul Johnson, 《지식인들Intellectuals》).

1850년대에 마르크스는 바론 로스차일드Baron Rothschild와 영국의 '시민 자유의지론자'들이 재선거에서 승리한 로스차일드의 하원직 보장을 위해 투쟁하는 것을 비웃었다. 로스차일드는 기독교 서약을 하지 않아 선거에서 승리하고도 하원직을 박탈당했던 것이다. "영국 국민이 유대인 고리업자에게 당선권을 보장해주고도 만족스러워할 수 있을지 의심스럽다."

마르크스와 동시대 인물인 피에르 조제프 프루동Pierre Joseph Proudhon은 프랑스 전역에 걸쳐 혁신적인 정치적·경제적 메시지를 퍼뜨렸다. 그는 사회주의자와 무정부주의자(국민들이 정치적으로 성숙되면 정부와 법률은 더 이상 필요치 않다고 믿었다.)의 강력한 웅변술에 유대인을 향한 증오를 담았다. "유대인은 인류의 적이다. 누군가 이 종족을 아시아로 돌려보내거나 몰살시켜야 한다. …… 무력이나 융화, 추방을 통해 그들을 사라지게 해야 한다. …… 더 이상 자손을 생산할 수 없는 노인들에겐 관대함을 베풀어도 좋다."

결백한 드레퓌스를 구하는 것이 프랑스에 오점을 남긴다면 프랑스에 오점이 남지 않도록 드레퓌스에게 유죄를 선고할 수 있는 어떤 일이라도 해야 한다(1898년 "드레퓌스 사건"과 관련해 친구에게 보낸 앙드레 지드André Gide의 서한). 프랑스의 위대한 작가 앙드레 지드는 당시 초국가주의자였다. 이것이 아마 그가 프랑스의 명성에 오점을 남기는 것은 결백한 사람을 박해하는 것임을 이해하지 못한 이유였을 것이다. 다시 말해, 그는 드레퓌스의 결백이 입증되는 것엔 관심이 없었다. 지드가 끔찍한 환경을 자랑하는 '악마의 섬'에 드레퓌스가 평생 감금되는 것을 받아들일 의향이 있었던 것은 극단적인 국가주의가 초래할 수 있는 도덕적 깊이를 드러낸다.

오늘날, 심지어 교육을 가장 많이 받은 집단에서조차…… 이구동성으로 외치는 듯한 소리를 듣는다. "유대인은 우리의 불운이다(하인리히 폰 트라이트슈케 Heinrich von Treitschke, '우리 유대민족에 대한 말A Word About Our Jewry')." 19세기 말 독일의 대표적인 역사학자 폰 트라이트슈케에게는 학계 및 정치계에 상당히 많은 옹호자가 있었다. 때문에 "유대인은 우리의 불운이다."라는 '경구'는 순식간에 널리 알려졌고, 50년 후 나치의 슬로건이 되었다.

오늘날 폰 트라이트슈케의 옹호자들은 그가 유대인에게 신체적인 폭력을 행사하는 것은 반대했으며, 따라서 나치의 유대인 대학살 역시 결코 용납하지 않았을 거라고 지적한다. 이 같은 변호는 나로 하여금 어떻게 헤겔파의 정치적 철학이 큰 악을 정당화하는 데 사용될 수 있는지를 설명해주는 19세기의 비판적인 비유담을 떠올리게 한다.

■ **드레퓌스 사건** 1894년 10월 참모본부에 근무하던 포병대위 드레퓌스가 독일 대사관에 군사정보를 팔았다는 혐의로 체포되어 비공개 군법회의에 의해 종신 유형의 판결을 받았다. 파리의 독일 대사관에서 몰래 빼내 온 정보 서류의 필적이 드레퓌스의 필적과 비슷하다는 것 이외에는 별다른 증거가 없었으나 그가 유대인이라는 사실이 혐의를 굳힌 것이다. 1899년 9월에 열린 재심 군법회의는 드레퓌스에게 재차 유죄를 선고했으나, 대통령의 특사로 석방되었다. 무죄 확인을 위한 법정 투쟁을 계속한 끝에 그는 1906년 최고재판소로부터 무죄판결을 받고 복직 후 승진도 하였다.

어느 날 한 남자가 "여기서 바지를 다려줍니다."라고 쓰인 가게 진열창 안의 큰 간판을 보고 자신의 바지를 다리러 가게에 갔다. 그러자 주인이 말했다. "저희 가게에선 바지를 다리지 않습니다. 저희는 간판만 제작할 뿐입니다."

"우리는 인류 스스로가 불러들인 가장 오래된 저주에 맞서 싸우고 있다. 우리는 소위 말하는 십계명에 맞서 싸우고 있는 것이다(아돌프 히틀러)."《십계명The Ten Commandments》에서 히틀러는 자신의 평생 숙원 사업은 '유대인의 전제적인 하나님'과 그의 '삶을 부정하는 십계명'을 멸망시키는 것이라고 말했다.

히틀러가 이러한 말을 했다는 것을 15세 소녀 안네 프랑크가 알 길이 없음에도 불구하고 이 소녀는 직관적으로 나치 반유대주의의 근본적인 이유를 이해했다. 안네는 1944년 4월 11일자 일기 첫 대목에서 다음과 같이 썼다. "세상과 모든 민족들이 좋은 것을 배운 것도 우리의 종교에서다. 그런데 바로 그 이유, 단지 그 이유 때문에 우리가 고통받고 있는 건 아닐까?"

20세기 문학에서의 반유대주의

모카 브라운 커피색의 옷을 입은 조용한 사내가
창문턱에 손발을 뻗고는 입을 헤 벌리고 있다.
웨이터가 오렌지와 바나나, 무화과 열매와 온실포도를 가져온다.
브라운색의 그 조용한 거세된 척추동물은 웅크리고 오그리고, 움츠린다.
혼전의 성姓이 라비노비치인 레이첼이
그 포도를 살인적인 앞발로 움켜 뜯는다(T. S. 엘리엇, 《나이팅게일 속의 스위니Sweeney Among

the Nightingales〉〉.

후에 엘리엇은 자신의 반유대주의를 누그러뜨리긴 했지만 1920년대의 이 시는 가난한 사람이 있는 곳에서 공공연하게 금식을 하는 부유한 유대인의 추악한 모습을 지적한다. 자선을 잘 베푼다고 알려진 유대인의 경향을 고려해볼 때 엘리엇이 가난한 사람을 조롱하는 사람으로서 유대인을 선택한 것은 뿌리 깊은 반유대주의의 한 단면을 보여주는 듯하다. 실제로 엘리엇은 유대인을 정상적인 인간으로 보지 않고, 그래서 유대인은 손이 아니라 "살인적인 앞발"을 가졌다로 묘사했다.

이 시인은 유대인의 손에 특별히 매료되었던 것으로 보인다. 특히 반유대주의적인 색채가 강한 1919년의 시 〈베데커를 가진 버뱅크, 시가를 가진 블라이스타인〉에서 블라이스타인은 "처지고 구부러진 무릎, 그리고 손이 비틀려 손바닥이 보이는 팔꿈치를 가진 시카고에 사는 빈 유대인"으로 묘사된다. 같은 시에서 엘리엇은 홀로코스트 이후였다면 그가 의도했던 것보다 더 악의적으로 들렸을 다음의 행을 선보인다. "쥐는 장작더미에 숨어 있다. 유대인은 지하에 숨어 있다. 모피 코트에 돈을 넣은 채."

"인종적인 문제를 토대로 하지 않고 미국에서 일어나는 사건들을 논의하는 것이 점점 더 어려워지고 있다. …… 유대인 공동체가 독일이나 비유대계 국가들이 전쟁에서 승리할 수도 있기 때문에 이들을 전쟁으로 내몰지 않는다는 것을 앵글로색슨족이 알게 되는 날이 올 수도 있다. 하지만 지금 비유대계 국가들은 자신을 파괴하고, 자기 나라의 구조를 와해하며, 자국민을 파괴하기 위해 전쟁에 내몰리고 있다(에즈라 파운드Ezra Pound)."

수십 년에 걸쳐 출판된 연작 장편시 《캔토스The Cantos》를 쓴 미국 태생 시인 파운드는 일반적으로 20세기의 가장 위대한 시인들 중 한 명으로 꼽힌다. 파시즘에 매료당한 그는 결국 1925년에 무솔리니가 통치하는 이탈리아로 이주했고, 1939년에는 '유대인, 질병의 화신'이란 제목의 글을 거리낌 없이 이탈리아 신문을 통해 발표했다. 또 그는 전시 동안 이탈리아에 체류하며 추축국▪을 선전하는 이탈리아 라디오 방송을 진행했다. 그는 이 방송에서 '유대인은 오로지 돈만 밝히고 비유대인을 매우 증오하기에 비유대인을 대량으로 죽이려고 이들 나라들을 전쟁으로 몰아넣는다'는 나치의 견해를 선전했다.

추축국이 전쟁에서 패배했기 때문에 그 후의 반유대주의에 대한 파운드의 영향력은 제한적이었으나, 만일 이들이 전쟁에서 승리했다면 나치는 틀림없이 세계적인 명성을 얻은 이 시인의 능력을 이용해 악의적인 반유대주의를 지적으로 인정받을 수 있도록 했을 것이다.

1945년, 미국군은 파운드를 체포해 반역죄로 재판하기 위해 미국으로 호송했다. 하지만 판사는 그가 법정에 설 만큼 정신적으로 건강하지 않다고 판단하고 그를 워싱턴 D. C.에 있는 한 정신병원에 수용시켰다. 거기서 그는 12년의 세월을 보냈는데, 다수의 유명한 시인 및 다른 문인들이 그를 위해 "위대한 시인을 정신병원에 가두는 것은 부당한 일"이라고 주장했고 1958년에 그는 정신병원을 나왔다. 이러한 열정적인 항의는 조지 오웰 George Orwell의 말을 떠올리게 한다. "시인에게도 일반적으로 용인되는 도덕규범을 기대할 권리가 있다."

유대인을 지금까지 가장 불쾌한 종족으로 낙인찍을 이유는 충분해 보인다. 흔히 마주칠 수 있듯이 이들에겐 문명화된 사람의 여러 특징들, 즉 용기, 품위, 청렴, 여유, 자신감 등이 결여되어 있다. 이들은 자긍심 없는 허세를

▪ **추축국** 제2차 세계대전 때에 일본·독일·이탈리아 삼국 및 그 동맹의 편에 속했던 나라.

부리고, 무분별한 육욕에 탐닉하며, 지혜 없는 교육을 받는다. 이들의 용기와 침착성, 인내 등은 유치한 대상에 낭비되고, 이들의 자선은 주로 보여주기 위한 연극에 불과하다(헨리 루이스 멘켄Henry Louis Mencken, 《하나님에 대한 보고서Treatise on the Gods》).

1926년, 왈터 리프만Watter Lippmann은 저널리스트이자 언어학자인 멘켄을 "모든 세대의 지식인들에게 가장 강력한 영향력을 행사한 사람"이었다고 기술했다. 따라서 위의 구절과 같은 반유대적인 비방은 유대인에게 큰 손상을 입힐 수 있었다. 그런데 다행히 멘켄은 자신의 반유대주의적 감정을 자신의 일기에서만 피력했다. 실제로 사후 그의 일기가 출판되었을 때 독자들은 일기가 담고 있는 그의 반유대주의적 감정의 강도에 충격을 받았다. 생전 멘켄의 유대인에 대한 공개적인 선언은 훨씬 더 긍정적이었으며, 심지어 가끔씩은 친유대적이기도 했다. 예를 들어, 1939년 새해에 〈볼티모어 선Baltimore Sun〉에 실린 자신의 마지막 칼럼에서 멘켄은 미국이 유럽 유대인 난민을 수용해줄 것을 호소하기도 했다.

"독일 유대인들에게 피난처를 제공할 것인지 말 것인지에 대해 투표한다면, 나는 사용 가능한 첫 배로 이들을 이곳으로 실어 와서 이들에게 자립할 수 있는 충분한 여건을 마련해주자는 데에 한 표를 던질 것이다. 그것만이 우리가 이들을 진정으로 도울 수 있는 길이고, 우리가 영국과 같은 위선자와 흡사한 모습으로 역사에 기록되는 것을 피할 수 있는 길이다. 지금은 위안과 아첨의 교활한 말을 너무나도 자유롭게 사용하고, 실질적인 도움을 주는 데는 놀랍도록 인색한 소위 기독교인들이 이 문제에 대해 먼저 모범을 보여야 한다. 또한 히틀러에 대한 공허한 탄핵만을 일삼고 실제 유대인에게는 한 번도 도움의 손길을 내밀지 않은 정치판의 협잡꾼들은 특히 더 모범을 보여야 한다(멘켄, 조지프 엡스타인, 《적절한 선수Pertinent Players》)."

집세를 받으러 오거나 장부를 요구하거나 법정에 앉아 판결을 내리는 유대인 놈들아, 너희에게 줄 것이 또 있다. …… 언젠가 심지어 가발을 쓴 우리 어머니까지 포함해 우리 모두가 동시에 너희 모두에게 그것(단도)을 꽂을 것이다.(아미리 바라카Amiri Baraka, 《블랙 매직: 시선詩選 Black Magic: Collected Poetry》).

최근 작고한 문학 학자이자 평론가인 어빙 하우Irving Howe는 이 글 및 바라카의 다른 글들에 대해 다음과 같이 언급했다. "내가 '유대인 주인의 기름진 배에 꽂힐 단도의 시'를 기대하며 바라카의 시를 읽을 때, 난 사람들에게 피를 선동하는 인종차별주의 범죄자와 함께하고 있다는 걸 안다. 이러한 나의 인식은 시의 운율이나 은유, 시어 등에 대해 이야기하는 것으로도 결코 사라지지 않는다."

바라카는 이제 자신은 더 이상 반유대주의자가 아니라고 주장하지만 여전히 이스라엘은 존재할 권리가 없다고 우긴다. 웨인 주립대학의 문학 교수인 가이 스턴Guy Stern은 바라카의 이러한 태도에 대해 다음과 같이 언급한다. "두 가지 공포증, 즉 반유대주의와 반시온주의 간의 차이점을 수용한다 하더라도 바라카의 반유대주의 철회가 그의 살인적인 시의 효과를 떨어뜨릴 수 있을지는 의심스럽다."

영국의 시인 위스턴 휴 오든Wystan Hugh Auden은 반유대주의에 대한 유감을 표하며 다음과 같이 말했다. "유감스럽게도 반유대주의는 가끔 모든 비유대인들이 가지는 감정일 뿐만 아니라 이들 대다수가 부끄러워하지 않는 감정인데, 바로 이것이 더 문제다."

66. 반유대주의의 비난은 정당한가

율리시스 그랜트와 법령 11조

재무부 및 국방부가 정한 상법의 어떠한 법규라도 어기는 유대인들은 이 명령장을 수령한 시점으로부터 24시간 이내에 테네시 주州를 떠나야 한다

(율리시스 그랜트 장군, 법령 11조).

그랜트의 법령은 미국 역사에서 유일한 유대인 추방 정책이었다. 그랜트 장군의 분노는 다수의 유대 상인이 북부군Union Army이 점령한 영토에서 불법적인 판매를 했다는 보고를 받은 데서 비롯되었다. 추방 명령은 비단 이들에게만 국한된 것이 아니었다. 여성과 아이들, 그리고 합법적인 일에 종사하는 사람들을 포함한 모든 유대인에게 적용되었던 것이다. 그리하여 이 법령의 대상자는 약 2천 5백 명에 달했다.

그로부터 며칠이 지나 켄터키 주州 퍼두카 시市의 유대인 공동체 리더인 케

사르 카스켈Cesar Kaskel은 오하이오 주州 걸리의 한 국회의원을 대동해 백악관을 찾아가 링컨 대통령을 만났다. 그때까지 그랜트 법령에 대해 듣지 못했던 링컨은 즉시 그 법령을 철폐하고 그랜트에게 이를 알리는 전보를 보냈다.

그랜트는 자신이 한 일에 대해 사과하지 않았다. 1868년 그가 제18대 미국 대통령으로 선출되었을 때, 많은 유대인들이 신변에 위험을 느꼈다. 하지만 그랜트의 유대인 추방 법령은 그에게 상당히 이례적인 행동이었음이 입증되었다. 왜냐하면 그랜트 대통령은 어떠한 반유대주의적 행동도 취하지 않았기 때문이다. 그는 당시 유명한 은행가였던 조셉 셀리그만Joseph Seligman에게 재무부 장관 자리를 제안했는데, 이는 유대인이 각료 자리를 제안받은 최초의 일이었다(셀리그만은 이 제안을 거절했다.). 또한 그랜트 대통령은 시몬 울프라는 자신의 친구 아들의 할례에서 대부가 되기도 했고, 루마니아 정부가 부추긴 유대인들에 대한 반유대주의자 공격이 일어났을 때 유대인인 벤저민 프랭클린 뻬쏘또Benjamin Franklin Peixotto를 미국 영사로 임명해 루마니아 수도인 부쿠레슈티Bucharest로 보내기도 했다. 그랜트 대통령은 뻬쏘또로 하여금 종교 차별을 비난하는 자신의 서한을 루마니아 정부에 전달하도록 했다. 루마니아 정부는 미국 대통령의 이러한 행동에 당혹감을 느꼈고, 그랬던 만큼 뻬쏘또가 재임한 5년 동안 유대인에 대한 루마니아 반유대주의자들의 신체적인 공격은 극적으로 줄었다.

조셉 셀리그만과 그랜드 유니온 호텔

"셀리그만 씨, 저지 힐튼(그랜드 유니온 호텔의 경영자) 씨께서 앞으로 이 호텔에 이스라엘 사람은 머물지 못하도록 하라는 지시를 내리셨다는 걸 저로선 당신께 알려드릴 수밖에 없군요(호텔 접수 직원이 당시 결혼한 미국 유대인이었던 조셉 셀리그만에게 한 말)."

뉴욕 시市의 부패한 시장 보스 트위드Boss Tweed와 정경유착 관계에 있었던 반유대주의자 힐튼은 뉴욕 사라토가Saratoga에 위치한 고급 호텔 그랜드 유니온 호텔에서 일반 고객들이 유대인 고객들을 못마땅하게 생각하는 탓에 사업이 점점 쇠퇴하고 있다고 주장했다.

셀리그만은 이 일을 사건화시켰고, 이 사건은 각종 신문의 전면을 장식했다. 그래도 힐튼(힐튼 호텔 설립자인 콘라드 힐튼Conrad Hilton과는 전혀 관계가 없다.)은 전혀 개의치 않았다. "법률은 자산 소유자가 해당 자산을 원하는 대로 사용하는 것을 허용하기에 난 모세와 그의 모든 자손들이 반대하더라도 이 은혜로운 권리를 행사할 것입니다."

역사가 하워드 몰리 새커Howard Morley Sachar에 의하면 처음 대중들의 반응은 셀리그만에게 호의적이었지만, 얼마 후 "유대인을 제한하고 게토로 보내야 한다는 사악한 집단이 대두되면서 그랜드 유니온 사건은 새로운 국면으로 전개되었다고 한다." 일단 새로운 국면으로 접어들자 유대인에 대한 차별은 사회적인 영역에서 직업적인 영역으로까지 순식간에 확대되었다. 신문들도 "유대인들은 지원하지 않길 바람." 혹은 "특별한 자격이 있다 하더라도 유대인은 제외됨" 등등과 같은 차별적인 광고를 싣기 시작했다.

레오 프랑크 사건

"2천 년 전 어느 통치자는 어떤 사건에서 손을 떼고 한 유대인을 성난 군중에게 넘겨주었습니다. 그리고 지난 2천 년 동안 그 통치자의 이름은 저주받아왔습니다. 오늘 내가 나의 임무를 제대로 수행하지 못해 또 다른 유대인이 그의 무덤 옆에 눕게 된다면 난 평생에 걸쳐 나의 손에서 그의 피를 찾으려 할 것이고, 나 자신을 비겁한 암살자로 여길 것입니다(조지아 주州 주지사 존 슬라톤John Slaton, 레오 프랑크Leo Frank를 사형에서 무기징역으로 바꾸는 판결)."

1913년 애틀랜타 시市에서 꽤나 유명한 유대인인 레오 프랑크는 자신의 연필 공장에서 일하는 14세 소녀 메리 파간Mary Phagan을 살해한 죄로 체포되었다. 그가 범인이라는 증거가 매우 빈약함에도 불구하고 검찰은 그의 결백을 말해주는 증거들을 교묘하게 은폐하면서 끝까지 프랑크를 법정에 세우려 했다.

프랑크의 체포로 애틀랜타에서는 반유대주의 물결이 거세게 일어났다. 그가 재판을 받는 동안 배심원들은 법정의 열린 창문 밖에서 "저 유대인을 교수형에 처하라! 저 유대인을 교수형에 처하라!"라고 외치는 소리를 들어야 했다. 그가 유죄 판결을 받은 후, 배심원 중 한 명은 "프랑크가 유죄로 판명되지 않으면 배심원들은 결코 살아서 집으로 돌아가지 못할 것이라는 것 이외엔 어떤 것도 확신할 수 없었다."고 어느 신문기자에게 고백했다.

분명 정의가 실현되지 않았음에도 불구하고 미국 대법원은 이 사건에 개입하길 거부했고, 그 결과 프랑크를 교수형에 처할 것인지 말 것인지에 대한 판결은 주지사인 슬래톤의 손에 맡겨졌다. 만일 그가 프랑크를 교수형에 처한다면 강력한 프랑크 반대 세력으로부터 상원 자리를 확실히 보장받음에도 불구하고 슬래톤은 이 사건을 세심하게 조사했고, 결국 프랑크의 결백을 확신하기에 이르렀다. 전반적으로 몹시 불안한 정치적 분위기로 인해 그는 프랑크를 무죄로 석방시키기가 두려웠다. 그래서 몇 년 뒤 프랑크가 반드시 석방되리라는 바람만을 가진 채 프랑크의 사형선고를 무기징역으로 감면했다. 이러한 판결로 그의 정치 생명은 영원히 끝나게 되었다.

그로부터 몇 달 후 프랑크는 한 무리의 사람들에 의해 감방에서 끌려나왔는데, 거기에는 은퇴한 상급 판사 두 명과 전직 행정관, 기독교 목사 각각 한 명씩이 포함되어 있었다. 이들은 프랑크를 교수형에 처했다. 그로부터 수십 년 동안 프랑크가 교수형에 처해지는 장면의 그림이 인쇄된 엽서가 미국 남부 지방 전역에 걸쳐 널리 팔렸다.

프랑크가 죽은 지 69년 후인 1982년 당시 프랑크 공장의 사환이었던 83세의 알론쪼 만Alonzo Mann은 당시 공장의 흑인 직원이었던 짐 콘리Jim Conley가 소녀가 살해된 날에 소녀의 사체를 끌고 공장 지하로 내려가는 모습을 목격했다고 증언했다. 당시 알론쪼 만의 어머니는 아들이 정치적인 음모가 있는 재판에 연루되지 않게 하기 위해 아들이 함구하도록 했다. 1986년, 조지아 주는 프랑크에게 사후 무죄선고를 하고 용서를 구했다.

내가 다른 곳에서 지적했듯이 프랑크 사건은 두 개의 정반대되는 조직, 즉 브나이 브리스의 반비방 연맹Anti-Defamation League of B'nai B'rith(프랑크는 브나이 브리스 애틀란타 지구의 회장이었다.)과 새로 부활된 KKK단의 발전을 야기했다.

하버드 대학엔 지나치게 많은 유대인이 있는가?

주입식 공부로 필기시험에 통과할 수 있는 약삭빠른 소년이 곧바로 대학에 입학할 수 있다는 생각은 반미국적인 사고다(브라운 대학Brown University의 파운스 Faunce 총장).

파운스 총장이 말한 "약삭빠른"은 반유대주의가 유대인을 지칭하기 위해 오랫동안 사용해온 암호와 같은 단어다. 파운스는 자신이 유대인 인종차별주의자라는 것을 부인했다. 자신은 단지 탐욕스럽고 건방지며 경솔하고 불성실한 학생을 원치 않을 뿐이라는 것이었다.

1920년대 초까지 미국 주요 대학에서 유대인 학생회가 크게 성장했다. 예를 들면 1922년 하버드에 입학한 유대인 학생 비율이 22%였는데, 이는 1909년의 6%에 비하면 세 배 이상이나 증가한 것이다. 하버드 대학 총장인 로렌스 로웰Lawrence Lowell은 유대인 학생이 계속 증가하는 것을 우려해 유대인 학생의 입학을 제한하기 위해 비례제를 추진했다.

비례제는 하버드뿐만 아니라 유대인 학생에게도 긍정적인 작용을 할 것이라고 로웰은 주장했다. 그의 주장에 따르면 캠퍼스에 유대인이 너무 많으면 필연적으로 반유대주의를 부추기게 된다는 것이었다. 그렇다면 유대인의 수를 제한하면 반유대주의는 줄어들까? "만일 미국의 모든 대학이 유대인 입학자 수를 일정 비율로 제한한다면…… 우리는 학생들 사이에서 인종차별 의식이 없는 대학이라는 이상을 향해 멀고도 험한 길을 가야만 할 것이다(하워드 몰리 새커, 《미국에서의 유대인 역사A History of the Jews in America》)."

한편, 로웰의 지시로 하버드 입학 원서엔 새로운 질문이 추가되었다. "출생 후 당신 또는 당신의 아버지의 원래 이름에 어떤 변화가 있었는가?" 이 것은 유대인 및 기타 앵글로색슨족이 아닌 이민자와 그 후손을 감별할 수 있는 꽤 좋은 방법이다.

두말할 나위 없이 미국 유대인은 비례제가 자신들에게도 이롭다는 로웰의 주장을 달가워하지 않는다. 그들은 비례제가 미국에 사는 자신들의 복지에 끼칠 수 있는 위협을 너무나도 잘 인식하고 있기 때문이다.

"만일 유대인이 대학 입학을 허가받는 투쟁에서 패배한다면 그들은 소위 더 나은 직장과 사업의 세계로 들어가는 권리를 획득하는 훨씬 더 중요한 투쟁에서 패배한 것이나 다름없다(랍비 루이스 뉴먼Rabbi Louis Newman)."

유대인은 대학 입학이 학생의 출신 지역이나 조상에 의해서가 아니라 학생의 우수성을 토대로 결정되길 원한다. 미국 유대인 협회American Jewish Committee 회장인 루이스 마샬Louis Marshall이 다음과 같이 표현한 것처럼 말이다. "우리가 인정할 수 있는 것은 오직 성격 테스트와 학업적인 테스트뿐이다."

유감스럽게도 유대인은 '비례제 투쟁'에서 패배했다. 비례제는 하버드 및 다른 아이비리그 대학에서 시행되었기 때문이다(일부 대학에선 공식적으로, 나머지 대학에선 묵시적으로). 또한 약 7백 개의 다른 문과 대학에서도 곧 하버드의 뒤를 따를 것이다.

공적 자금의 지원을 받는 ('유대인의 하버드'로 알려진 뉴욕 시립대학City College of New York과 같은) 여러 대학들이 차별 정책을 펴지 않아야 미국 유대인이 구제될 수 있다. 대학에서 공부할 수 있는 능력과 자격을 갖춘 유대인이 자신을 받아주는 대학을 찾을 수 있어야 하기 때문이다. 하지만 유대인의 명문대 입학은 점점 더 어려워졌다. 비례제가 시행되기 전인 1923년엔 콜롬비아 대학 의대에 입학한 유대인 비중이 과반수를 넘어섰지만, 1928년엔 20% 이하로, 1940년엔 6.4%로 점점 그 비율이 낮아졌다. 콜롬비아 의과대학 학장인 윌리엄 라펠레예William Rappleye 박사는 여기에 대해 다음과 같이 설명했다. "의료계에서의 인종·종교적 구성비는 전체 인구의 구성비에 꽤 근접해야 합니다." 같은 시기에 코넬 대학 의과대학 역시 엄격한 비례제를 실시한 결과 1920년에는 약 40% 차지했던 유대인 학생 비율이 1940년에 이르러 5%로 현저하게 줄었다.

유대인 학생의 입학을 탐탁지 않게 여긴 대학들은 교직원 채용에서도 유대인을 꺼렸다. 여기에 대해 역사가 하워드 몰리 새커Howard Morley Sachar는 다음과 같이 기술했다. "1920년대 전체에 걸쳐 미국 대학의 인문 및 공학 분야의 유대인 교수 수는 100명 미만에 불과했다. 오랜 세월의 연구는 백지화되었고, 우수한 인재는 낭비되었으며, 이들의 경력은 황폐화되었다." 전후 시대, 특히 1960년대에 평가제가 비례제에 우선되면서 미국 명문 학교에서의 유대인(학생 및 교직원 모두) 수도 크게 늘었다. 미국에서 1920년대에 비례제를 추진한 사람들은 정치적 우파였지만, 최근에 비례제를 옹호하는 사람들은 대개 정치적 좌파에 해당한다.

"세계의 자본가들은 모든 전쟁의 배후에 있다. 이들은 소위 말하는 세계의 유대인, 즉 독일 유대인, 프랑스 유대인, 영국 유대인, 미국 유대인 등등이다. 미국을 제외한 이러한 나라들 모두에서 나는 유대인 자본가가 최고라고 믿는다. …… 이 점에서 유대인은 위협적이다(헨리 포드, 《뉴욕월드New York World》)." 포드 모터 사社 설립자이자 '조립 라인' 대량 생산 기술의 개발자인 포드는 당시 가장 유명한 미국인 중 한 명이었다. 〈콜리어Collier〉 지誌가 실시한 '대통령으로 뽑고 싶은 사람' 투표에서 이 '자동차 왕'은 후보 명단에 없었는데도 불구하고 많은 사람들이 그를 대통령감으로 지목했다. 그런데 이것이 그의 뿌리 깊은 반유대주의로 인해 유대인들에게는 특별한 걱정거리로 대두되었다.

포드는 〈디어본 인디펜던트Dearborn Independent〉라는 주간신문도 출간했는데, 이 신문은 자신의 자동차 대리점을 통해 전국적으로 널리 배포되었다. 1920년대를 기점으로 포드는 자신의 신문을 이용해 미국 역사상 가장 광범위한 반유대주의 캠페인을 벌였다. 그는 91번이나 연달아서 '세계 각국의 유대인: 세계의 골칫거리'라는 제목으로 일종의 연대기를 실었다. 또한 매주 '시온주의 장로의 의정서The Protocols of Elders of Zion'라는 악의적으로 날조한 섹션을 반복적으로 게재하기도 했다. 그는 이러한 악의적인 글을 실은 신문을 대량 발행했다. 그의 신문에 실린 유대인에 대한 혹평은 다음과 같다.

- 전 세계에 걸쳐 유대인들은 세계 경제와 정치를 조종하기 위한 음모를 통해 결속된다.
- 유대인은 자본주의와 공산주의, 둘 모두에 내재한 악의 배후에 있다.
- 유대인은 유대주의를 제외한 세상의 모든 종교를 말살할 계략을 갖고 있다.
- 유대인은 자신들이 살고 있는 사회에는 신의를 보이지 않고 오로지 자기들끼리만 신의를 지킬 뿐이다.

포드가 〈디어본 인디펜던트〉 신문사를 인수했을 당시 7만 부였던 발행 부수가 1925년엔 그 열 배에 이르렀다. 수백만 명의 미국 독자가 〈디어본 인디펜던트〉의 반유대주의적인 글을 접할 수 있도록 하기 위해 포드는 이러한 글을 모아 《세계의 유대인The International Jew》이란 제목으로 네 권의 책을 출판했다.

윌슨 대통령과 전 대통령 태프트를 비롯해 미국의 여러 저명한 인사들은 포드의 반유대주의적인 중상모략을 비난했지만 다른 사람들, 특히 도시 외곽 지역 사람들은 포드의 반유대주의적 색채에 비교적 호의적이었다.

한편 유대인은 수년 동안 포드의 비방에 어떻게 대처할지 갈피를 잡지 못했다. 미국 헌법은 개인에 대한 명예훼손은 인정하지만 단체에 대한 명예훼손은 인정하지 않는다는 것이 가장 큰 걸림돌로 작용했다. 만일 반유대주의 저널이 '중세 때 유대인은 비유대인을 살해했고 유월절 밤 축제 때 이들의 피를 마셨다.'는 허위 사실을 썼다 해도 유대인 공동체는 어떠한 법적 조치도 취할 수 없었다. 그러나 특정 유대인이 이러한 의식을 거행한다는 거짓 기사를 썼을 때는 그 기사의 피해자가 법적으로 명예회복을 요구할 수 있었다. 그래서 〈디어본 인디펜던트〉가 미국의 모든 농업 자원과 생산물을 빼돌릴 음모를 꾸몄다고 유대인 변호사인 아론 사피로를 비난했을 때 사피로가 고소할 수 있었던 것이다. 길어진 재판은 포드에게 불리한 여론을 조성했고, 심지어 포드의 아들인 에드셀도 포드에게 반유대주의적 앙갚음은 자제하고 화해의 길을 모색할 것을 간청했다. 결국 포드는 그렇게 했다. 심지어 그는 유대인들에게 사과하는 공개서한을 공개하기도 했다. 실제로 아래의 사과문을 쓴 사람은 당시 미국 유대인의 삶에 주요한 역할을 한 인물인 루이스 마샬이었다.

"저는 명예로운 사람으로서 동료이자 형제인 유대인들에게 본의 아니게 끼친 해에 대해 용서를 구함으로써, 또 앞으로 우정과 선의로 유대인들을 대할 것이라 맹세함으로써 제가 잘못한 것을 바로잡는 것이 제 의무라고 생각합니다."

하지만 〈디어본 인디펜던트〉 캠페인이 입힌 치명적인 손상은 돌이킬 수 없는 것임이 증명되었다. 히틀러는 '하인리히■ 포드'를 미국에 있는 자신의 협력자로 여겼고, 《세계의 유대인The International Jew》을 독일어로 번역해 출판했다. 그로부터 몇 년 후 포드 자신도 언젠가 《세계의 유대인》을 재출판할 것이라고 미국의 반유대주의자 제럴드 스미스Gerald Smith에게 털어놓았다. 게다가 포드의 출판물은 1924년 미국 정부가 제정한 미국으로의 이민제한 정책의 발판이 되었다.

제1차 세계대전 이후 미국에서 퍼진 반유대주의가 미국 유대인보다 유럽

■ **하인리히** 헨리에 상당하는 독일식 이름, 히틀러는 포드를 이렇게 불렀다.

유대인에게 더 큰 손상을 입혔다는 것은 유대 역사의 패러독스다. 각 나라별로 일정 비율의 이민자만을 받아들이는 이민 정책으로 인해 그 후 수년에 걸쳐 생사의 갈림길에 있던 유대인들이 미국으로 이주해올 수 없었다(루시 다비도윅스, 《동등한 조건: 1881~1981년의 미국 유대인On Equal Terms: Jews in America》).

1927년 세계 최초로 대서양을 무착륙 단독 비행한 린드버그는 당시 가장 인기 있는 미국인의 한 사람이었다. 제2차 세계대전이 발발한 후 린드버그는 독일과 영국 간의 전쟁에서 미국의 중립을 주장하는 단체인 '미국우선위원회America First Committee'에서 가장 두각을 나타냈다. 린드버그의 옹호자들은 그가 친나치 경향 때문이 아니라 오로지 독일의 위력에 대한 두려움 때문에 행동한다는 미심쩍은 주장을 했다. 하지만 린드버그가 나치를 흠모했다고 의심할 만한 충분한 이유가 있었다. 그는 나치와 싸우고자 하는 사람들을 맹렬히 비난하기도 했고 나치 리더인 헤르만 괴링Hermann Göring에게서 받은 메달도 반환하지 않았다. 또한 그는 영국이 나치 포로를 잡아두었던 전쟁 포로수용소를 '강제수용소'라 부른 반면, 아우슈비츠나 기타 나치의 죽음의 수용소는 그냥 '나치 포로수용소'라 불렀다. 그는 히틀러 군대에 맞서 싸우는 영국을 원조하는 루즈벨트 대통령의 노력에 대해 "미국 정부가 똑똑한 전쟁의 바른 편에 설 수 있다면"이라고 한탄하기도 했다.

역사가인 윌리엄 오닐William O'Neill은 다음과 같이 결론짓는다. "린드버그는 유화정책을 주장하고 전쟁 준비를 하지 않음으로써 근대 미국의 다른 어떤 시민보다도 국가에 큰 손실을 끼쳤다."

린드버그는 미국이 연합군에 합세하거나 최소한 도움이라도 주길 원하는 사람들이 대다수의 유대인들을 특히 더 격노케 했다. 미국이 전쟁에 참여하면 "유대인이 전쟁의 결과를 가장 먼저 통감하게 될 것"이라는 그의 위협으로 많은 유대인들이 두려움을 느낀 것이다. 그것은 후에 미국 유대인이 나치의 죽음의 수용소로 향하는 철도를 폭파하도록 연합군에게 보다 적극적으로 압력을 가하지 못한 명백한 이유들 중 하나이기도 했다. 유대인들은 제2차 세계대전이 '유대인의 전쟁'으로 말해지길 원치 않았던 것이다. 린드버그의 정치적 입장에 대해 상당 부분 동감하는 유명한 시인인 그의 아내 안네 모로우Anne Morrow가 그에게 데스 모이네스Des Moines 연설을 하지 말라고 당부한 것도 의미심장한 일이다. 그녀의 일기에 따르면 그녀는 린드버그에게 이렇게 말했다. "저는 이 나라가 폭력적인 반유대주의자들에 의해 흔들리는 것보다 차라리 참전하는 걸 보는 편이 나아요." 평소 아내의 조언을 잘 받아들이던 그였지만, 그때만은 그녀의 말을 무시했다고 한다.

린드버그는 데스 모이네스 연설에서 미국에 가장 위험한 존재로 유대인을 지목했다.

"이 나라의 가장 큰 위험은 미국 영화와 라디오 산업을 광범위하게 소유하고 미국 정부에 지대한 영향을 끼치는 사람들, 즉 유대인들에게 있다."

유대인 세력에 대한 린드버그의 지나친 비난은 그의 친구이자 후에 고용주가 되는 헨리 포드가 그 선전을 도운 반유대주의자들의 위조품인 '시온주의 장로의 의정서' 탄생에 [아마 의도적으로] 영향을 끼쳤다.

그로부터 세 달 뒤 일본이 진주만을 공격하자 미국도 전쟁에 가담했고, 이에 미국우선위원회는 문을 닫았다(이것으로 린드버그는 인기가 없어졌고, 헨리포드가 제안한 기술 고문직을 맡았다.). 그 후 미국우선위원회 회원 중에 나치 간첩과 파시스트가 있다는 것이 드러났다. 하지만 그땐 벌써 유대인이 미국을 전쟁으로 내몰고 있다는 린드버그의 비난이 수백만 사람들의 마음을 오염시킨 후였다.

뷰캐넌과 패러컨: 극우파 및 극좌파의 반유대주의

"오직 두 집단만이, 즉 이스라엘 국방부와 이를 지지하는 미국 내 집단만이 중동 전쟁을 위한 북을 울리고 있었다(패트릭 뷰캐넌, TV 프로그램인 〈맥러플린 그룹 McLaughlin Group〉에서)."

닉슨 및 레이건 정부에서 고위직을 맡았고 1992년 공화당 대통령 후보이기도 했던 뷰캐넌은 그 유명한 비행기 조종사 찰스 린드버그를 모방했던 것처럼 보인다. 린드버그처럼 뷰캐넌 역시 자신을 미국우선위원회 지지자로 알리고 싶어 했고, 유대인이 미국을 전쟁으로 내몰려는 집단이라는 데 초점을 맞추었다(이 경우엔 1990년 8월에 쿠웨이트를 점령한 이라크를 상대로 한 전쟁). 위의 말이 공격을 받자 뷰캐넌은 그 말이 반유대주의적이라는 걸 극구 부인했다. 하지만 그 후 얼마 지나지 않아 그는 어느 신문에 미국을 '불필요한 전쟁'으로 내몰려는 주요 세력으로 네 명의 인물을 분명하게 거론한 칼럼을 기고했다. 그가 꼽은 이 네 명의 인물은 〈뉴욕 타임스〉 전前 편집국장이자 칼럼니스트 로센달Rosenthal과 전 국방부 차관 리처드 펄Richard Perle, 칼럼니스트 찰스 크라우새머Charles Krauthammer, 전 국무장관 헨리 키신저Henry Kissinger였다. 그는 또한 이후의 한 칼럼에서 이러한 인물에 버금가는 인물을 꼽으며 "전쟁이라면 죽음도 불사할 친구들의 이름은 맥알리스터McAllister와 머피Murphy, 곤잘레스Gonzales, 레로이 브라운Leroy Brown이다."라고 쓰기도 했다.

정치적으로 보수파에 속하는 윌리엄 버클리William Buckley에게 뷰캐넌의 이 언급들은 그의 강한 반유대주의적 성향을 입증해주는 것으로 보였다. 그 이유 외에 그가 왜 미국 전체가 지지하는 반이라크전을 굳이 유대 이름을 가진 네 명의 구체적인 인물을 예로 들어가면서까지 또 지지했겠는가? 버클리는 다음과 같이 기술한다. "칼럼니스트 로센달은 또 다른 칼럼니스트 잭슨 킬패트릭Jackson Kilpatrick보다, 리처드 펄은 그의 전前 동료인 프랑크 가프니Frank Gaffney보다, 찰스 크라우새머는 조지 윌George Will보다, 헨리 키신저는 국무장관 후임자인 알렉산더 헤이그Alexander Haig보다 후세인에 대해 결코 더 호전적이지 않았다. 비교 대상이 된 이 네 명은 기독교인이었다."
뷰캐넌은 이라크전쟁을 지지하는 인물로 미국 유대인만을 언급함으로써 '생략의 거짓말'을 한 것처럼 걸프전을 지지하는 나라로 이스라엘만을 언급함으로써 또 '생략의 거짓말'을 했다. 적어도 사우디 아라비아와 이집트만큼은 이스라엘보다 사담 후세인의 쿠웨이트 침공에 대해 더 강한 불만을 표명했다는 것이 널리 알려진 사실이다. 그렇다면 그는 왜 하필 '이스라엘의 국무장관 및 미국에서의 그의 지지자'만을 언급했을까? 분명 전쟁을 지지하는 집단이 이들뿐이었기 때문만은 아니었을 것이다.
뷰캐넌의 공격을 지지하는 사람들은 대개 극좌파 및 극우파로 제한되는데, 이 둘은 일반적으로는 서로 상극이다. 그럼에도 불구하고 이 둘은 이스라엘과 유대인을 싫어한다는 면에선 입장이 같았던 것이다.
1990년대 동안, 이스라엘에 대한 증오는 이를 지지하는 유대인을 끌어들임으로써 극좌파와 극우파를 이어준 보기 드문 주제로 남았다. 칼럼니스트이자 이스라엘 증오자인 극우파 조셉 소브란Joseph Sobran(이스라엘에 대한 그의 적의는 너무나도 극단적이어서 윌리엄 버클리는 〈내셔널 리뷰National Review〉에 그가 이 주제로 글을 쓰는 걸 허용하지 않았다.)이 자신이 존경할 수 있는 미국 유대인을 찾았다고 말했는데 그 사람은 극좌파 M. I. T. 교수인 노암 촘스키Noam Chomsky였다. 노암 촘스키는 한때 미국 국방성을 '지구상에서 가장 비열한 기관'이라 불렀고, 홀로코스트는 시온주의자들이 날조한 것이라고 주장한 신나치주의자 로버트 파우리손Robert Faurisson의 책이 출판되는 것을 옹호했던 인물이기도 하다.

소브란은 촘스키가 이라크전쟁을 반대하고 이스라엘을 증오하는 데 자신과 같은 입장을 취했기에 그에 대해 다음과 같이 기술했다. "난 그가 유대 애국자들에 비해 더 심오하고 존경할 만한 유대인의 특성을 대변한다고 생각합니다. 그는 속임수를 쓰지 않는 진실한 이스라엘인입니다." 현재 반유대주의와 관련해 미국 유대인에게 끼칠 수 있는 주된 위험성은 민주당 극좌파 및 공화당 극우파에서 비롯될 것으로 보인다.

"유대교는 시궁창과 같은 종교입니다(루이스 패러컨, 이슬람교 목사이사 '이슬람국가회the Nation of Islam' 리더)." 패러컨은 라디오 방송에서 이스라엘과 이스라엘 지지자들은 "범죄 음모를 꾸민다."고 비난했다. "당신들은 미국 흑인 공동체의 피를 빨아 먹고 있음에도 불구하고 우리가 거기에 대해 말할 권리는 없다고 느끼고 있습니다(1990년 2월 미시간 대학에서 유대인 청중을 상대로 한 패러컨의 연설)."
패러컨은 현재 대학 캠퍼스의 흑인 학생들에게 가장 인기 있는 연사이다. 그는 또한 1993년에 다른 흑인 지도자들과 함께 '국회흑인간부회Congressional Black Caucus'의 입회 '서약'에 초대받기도 했다.
현대 미국의 반유대주의자들 중에서 패러컨과 그의 추종자들이 가장 치명적인 반유대주의적 중상모략을 부흥시키려 애쓰고 있다.
"우리는 유대인이 미국에서뿐만 아니라 전 세계에서 가장 조직적이고 부유하며 힘이 있는 사람들이라는 것을 알고 있습니다. …… 이들은 우리가 말하고 있는 동안에도 음모를 꾸미고 있습니다(패러컨, 1994년 1월 24일 할렘에서의 연설)." "에이즈는 의사들, 그중에서도 특히 유대인 의사들의 결과물입니다. 이들이 흑인들에게 에이즈를 주사했던 것입니다(시카고 시장 유진 소여Eugene Sawyer의 보좌관 스티브 코클리Steve Cokely, '이슬람국가회the Nation of Islam'의 회합에서의 연설)."
"여러분들은 모든 사람들이 히틀러가 6백만 명의 유대인을 학살한 것에 대해 이야기하는 것을 듣지만, 아무도 유대인들이 히틀러에게 어떻게 했는지는 묻지 않습니다. …… 그들은 모든 곳에서도 그렇게 했듯이 독일로 가서 독일인을 공격하고 이들의 지위를 강탈해 이들을 밀어냈습니다. 독일인은 자기 나라에서조차 돈을 벌기 위해 거의 대부분 유대인을 찾아가야 했죠. 유대인들은 독일의 사회조직을 완전히 뒤엎었습니다(이슬람국가회' 대변인인 칼리드 압둘 모하마드Khalid Abdul Mohammad)." 같은 연설에서 모하마드는 "유대인이 각종 '미국연방준비' 협회를 장악했다."고 비난했다. 콜롬비아 대학의 흑인들을 상대로 한 이전 연설에서 모하마드는 다음과 같은 말로 연설을 시작했다. "저의 리더이자 스승이며 안내자는 존경하는 루이스 패러컨입니다. 저는 콜롬비학 대학은 콜롬비아 유대인대학Jewniversity으로 불려야 한다고 생각했습니다." 패트릭의 이 같은 반유대주의적 주장은 한때 정치적인 자살행위로 여겨질 수도 있었지만, 유대교는 '시궁창과 같은 종교'라거나 '유대인은 흑인 노예제도에 책임이 있다' 거나 '유대인 의사가 흑인들에게 에이즈를 주사했다' 거나, 또는 '홀로코스트 희생자들은 자신의 운명을 자초한 것이다' 등등과 같은 비난이 쏟아진 이후엔 이러한 견해가 일리가 있는 소리로 들리기 시작했다. 그 결과 패러컨과 그의 지지자들은 정치적인 힘을 얻거나 반유대주의적 정책을 실행하는 데는 실패했을지 몰라도 자신들의 웅변을 통해 언젠가 유대인에게 치명적인 손상을 입힐 수도 있는 세력들의 고삐를 풀어주는 데 성공을 거두었다.

그렇다면 현재 미국의 유대인들은 위험에 처해 있을까? 여기에 대한 일반적인 의견은 그렇지 않다는 것이다. 현재 반유대주의로 낙인찍히는 것은 여전히 앞날의 정치적 행보에 걸림돌로 여겨진다. 그래서 반유대주의자라는 평가를 받는 거의 대부분의 공인들이 이를 부인한다. 하지만 미래의 어느 시점에 이르러 반유대주의적 비난이 더 이상 그 사람의 정치 인생에 걸림돌로 작용하지 않게 된다면 그때는 미국 유대인의 안전에 적신호가 될 것이다.

67. 친유대주의는 어떤 말을 남겼는가

반유대주의에 대한 책은 수천 권이 있지만 친유대주의에 대한 책은 상당히 드물다. 실제로 '유대인에 대한 사랑'이라는 뜻의 친유대주의Philosemitism란 용어가 존재하는지조차 모르는 유대인들도 많다.

그러나 유대인들은 심한 증오의 대상이 되는 것과 마찬가지로 강한 애정 표현의 대상이 되기도 한다. 그리고 가끔씩은 기대하지 않았던 곳에서 이러한 사랑을 받게 되기도 한다. 예를 들어, 1930년대 덴마크 시민이 유대인들이 학살당하는 걸 막기 위해 뭉치리라고 얼마나 많은 유대인이 기대했을까? 1943년에 이들은 실제로 유대인을 대학살로부터 구했다.

"난 유대인들이 위험부담 없이 말하고 논쟁할 수 있는 무료 공립학교 및 대학교를 갖기 전까지진 이들의 주장을 진지하게 들을 기회가 생기리라 생각지 않는다. 그때가 되어야만 비로소 우리는 이들이 진정으로 말하고자 하는 것이 무엇인지 알게 될 것이다.(장자크루소)"

유대인은 자신의 진실한 의견을 말하는 데 두려움을 느꼈다고 루소는 주장했다. "이 불행한 민족은 그들이 우리의 권력 내에 있다고 느꼈다. 그들이 감당해야 했던 폭정은 그들을 겁에 질리게 만들었다."

"유대인에 대한 증오가 진정한 기독교인을 만든다면 우리 모두는 우수한 기독교인일 것이다(데시데리위스 에라스뮈스Desiderius Erasmus)."

"지난 세기(19세기) 50년 동안 슬로바키아의 괴딩 근처에 사는 모든 아이들은 학교와 교회, 크게는 사회 전체의 반유대주의적 분위기에서 성장했다. 어머니는 우리가 레치너즈 가까이 가는 것을 금지시켰다. 어머니의 말에 따르면 유대인들은 기독교 아이들의 피를 사용한다는 것이었다. 그래서 나는 이들의 집 주위를 지나가는 것을 피하기 위해 크게 돌아야만 했다. 학교 친구들도 마찬가지로 그렇게 했다. 유월절 케이크에 기독교인들의 피를 첨가한다는 미신은 내 존재의 큰 부분으로 자리 잡아 내가 유대인을 가까이에서 볼 기회가 있을 때마다 무의식적으로 유대인의 손가락을 보며 거기에 피가 묻었는지를 살피곤 했다. 난 오랫동안 이러한 습관을 버리지 못했다. …… 어린 시절의 내게 이러한 습관을 자리 잡게 만든 그 모든 반유대주의를 내가 극복할 수 있을까?(토마스 마사리크Thomas Masaryk, 체코슬로바키아 초대 대통령)"

"드레퓌스가 결백하지 않다면 나의 모든 말이 사라지게 하소서. …… 나는 내 조국이 거짓과 불의에 머물러 있길 원치 않는다. 언젠가 프랑스는 내가 프랑스의 명예를 회복하는 데 도움을 준 것에 대해 고마워할 것이다(에밀 졸라 Emile Zola, 《석양L' Aurore》)." 1894년 프랑스 정보국이 프랑스 군인 하나가 군사기밀을 독일에 빼돌린다는 사실을 알게 되었을 때, 프랑스 군부는 즉시 유대인 장교 알프레드 드레퓌스를 스파이로 지목했고 군사법부는 그에게 '악마의 섬'에서의 종신형을 선고했다. 진짜 스파이는 에스터하지 대령임을 알려주는 유력한 증거에도 불구하고 드레퓌스가 유대인이라는 이유만으로 그에게 스파이 혐의를 뒤집어씌웠던 것이다.

다수의 용기 있는 프랑스 지식인과 운동가는 군부가 이 사건을 그냥 덮어버리도록 내버려두지 않았는데, 이들 중 가장 두드러진 인물이 바로 소설가 에밀 졸라였다. 그는 '나는 고발한다.' 라는 제목의 신문 사설에서 위의 글을 썼고, 드레퓌스 석방을 위한 범국가적 캠페인을 시작했다. 그 결과 프랑스 군부와 정부, 가톨릭교회의 강력한 반대에도 불구하고 드레퓌스 사건은 마침내 다시 법정에 올랐다. 그리고 수감 후 12년 만에 그는 무죄를 선고받고 프랑스 군대에 복직되었다. 그가 복직된 지 얼마 되지 않아 프랑스 소설가 마르셀 프루스트Marcel Proust는 그의 친구에게 보낸 편지에서 다음과 같이 썼다. "일단 한 번만 관습을 거스르면 인생은 마치 소설과 같다."

미국 친유대주의자

"나는 유대인들이 다른 어떤 국가의 국민보다도 더 인류를 문명화시켰다고 주장한다. 만일 내가 무신론자이고 운명을 믿는다 해도 난 여전히 유대인이 세계 문명화에 가장 중요한 도구가 될 운명을 타고났다고 믿을 수밖에 없다. …… 또한 나는 우연의 산물이라 하더라도 유대인은 우주의 궁극적이고 지적이며 지혜롭고 전지전능한 통치의 원리를 보존하고 인류에게 전파할 것이라 믿을 수밖에 없다. 이러한 우주의 통치 원리가 모든 윤리, 더 나아가 모든 문명의 결정적인 원리라고 나는 믿는다(존 아담스John Adams)."

"유대인은 불과 인류의 1%만을 차지할 뿐이다. …… 우리가 유대인에 대해 제대로 들은 적은 거의 없지만, 어쨌든 유대인에 대해 듣고 있고, 항상 들어왔다. 유대인은 지구상의 다른 민족만큼 탁월하다. …… 그들은 이 세상에서 놀라운 싸움을 했다. 그것도 손이 뒤로 묶인 채. …… 이집트인과 바빌로니아인, 페르시아인이 일어나 지구를 커다란 울림과 빛으로 채운 뒤 꿈처럼 희미해지다 사라졌다. 이들의 뒤를 이어 그리스와 로마가 거대한 소리를 내다 사라졌다. 다른 민족들도 이와 마찬가지로 자리에서 일어나 얼마동안 그들의 횃불을 높이 들었지만 결국 횃불은 꺼지고 말았다. 이들은 이제 황혼에 앉아 있거나 사라졌다. 유대인은 이들 모두를 보았고, 이들 모두를 무찔렀고, 지금 이 순간 항상 그랬던 것처럼 옛 모습 그대로 남아 있다. …… 모든 것이 사라질 수밖에 없는 운명이지만 유대인만은 그렇지 않다. 다른 모든 세력들이 스쳐지나갔지만 유대인은 여전히 남아 있다. 유대인이 불멸하는 비밀은 무엇일까?(마크 트웨인Mark Twain)."

"내가 1895년 뉴욕 시의 경찰 부장이었을 때 베를린에서 온 반유대주의자 목사인 알와르드트 목사가 뉴욕 시에서 유대인을 척결해야 한다는 내용의 설교를 했다. 이에 뉴욕 시의 유대인 다수가 격분해서 그의 설교를 막든지, 그를 경호하는 경찰을 철수하든지 해달라고 내게 요청했다. 나는 이들에게 그렇게 하는 것은 불가능하다고 말했다. 그리고 만일 가능하다 하더라도 그렇게 하는 것은 좋은 방법이 아닌데, 그 이유는 그건 그를 순교자로 만들 뿐이기 때문이며, 가장 좋은 방법은 그를 우스꽝스럽게 만드는 것이라고 말해주었다.

그래서 나는 한 명의 유대인 경사와 마흔 명의 유대인 경찰들이 그를 경호하도록 만들었다. 그는 단 한 명도 빠짐없이 모두 유대인인 마흔 명의 경찰들의 철통같은 경호를 받으며 반유대주의적인 열변을 토했다(테오도어 루즈벨트Theodore Roosevelt)."

친유대적인 세 명의 영국 수상

유대 인종에 대한 학대는 기독교계의 불명예로 계속 남았다. 그것은 지금 이 순간까지 기독교의 명성에 오점을 남기고 있으며, 중세 시대에는 당시 저지른 살인의 흔적이 조금이라도 살인자의 후손에게 남겨지지 않을까 하는 오싹함과 두려움으로 누구라도 느낄 수 있는 공포심을 불러일으킨 불명예인 것이다.(아서 제임스 밸푸어Arthur James Balfour, 영국 수상).

밸푸어가 유대인에 대한 기독교인의 학대를 부끄럽게 여긴 것은 그가 1917년에 있었던 밸푸어 선언의 주요 배후 세력으로 자리 잡는 데 중요한 요인으로 작용했다. 밸푸어 선언은 "유대인이 팔레스타인에서 민족의 고향을 건설하겠다."는 계획에 영국이 지지하겠다는 것을 다짐한 선언이었다.

"인간성을 짓밟는 모든 편협함 중에서 반유대주의자들의 편협함만큼 어리석은 것은 없다. 이들 광신자의 눈으로 보면 유대인은 절대 옳은 일을 할 수 없다. 유대인은 부유하면 먹잇감인 새이고, 가난하면 해충이다. 만일 유대인이 전쟁을 지지하면 그것은 그들이 자신들의 이익을 위해 비유대인들을 피비린내 나는 전쟁으로 내몰길 원하기 때문이다. 만일 유대인이 평화를 갈망한다면 그들은 타고난 겁쟁이이거나 반역자다. 만일 유대인이 자선을 베푼다면 [유대인만큼 베풂에 관대한 민족은 없다] 자신의 이기적인 목적을 위해 그렇게 하는 것이다. 그리고 만일 그들이 자선을 베풀지 않는다면 반유대주의 광신자들은 유대인에 대해 어떻게 생각할까?"(데이비드 로이드 조지David Lloyd George, 영국 수상)"

"그를 존중하고 그를 의심하라."고 경고하는 유대 속담은 유대인에 대한 윈스턴 처칠Winston Churchill의 초창기 태도를 특징짓는 듯하다. 초창기에 그는 유대인의 어떤 특징들은 매우 높이 산 반면, 다른 특징들은 두려워하고 비난했기 때문이다. 하지만 그의 후반기엔 유대인에 대한 존경이 절대적으로 우세했다. "이 놀라운 인종이 현재 윤리 및 철학의 또 다른 체계를 실제로 만들고 있는 과정에 있다는 것은 당연해 보인다. 그것은 기독교가 가능하게 했던 모든 것을 돌이킬 수 없도록 산산이 부술 것이다. 그것은 마치 그리스도의 복음과 반그리스도의 복음이 같은 민족에게서 시작되도록 예정되었던 것과 거의 흡사해 보인다. 그리고 이 신비롭고 불가사의한 인종은 신성함과 악마주의, 둘 다를 가장 잘 보여주도록 선택된 것처럼 보인다(윈스턴 처칠)." 처칠이 유대인을 인종으로 칭한 것은 오늘날에는 이상하게 들릴지 몰라도 당시에는 인종차별적인 용어가 아니었다. 그는 평생 동안 시온주의를 지지하고 반유대주의를 반대했다. 홀로코스트 이전 유대인은 보통 인종으로 지칭되었고, 가끔씩은 스스로도 그렇게 불렀다.

처칠은 유대인이 어울리지 않게 공산주의와 관련을 맺은 것을 못마땅하게 생각했다. 1917년 새로운 소련 정부에서 정권을 쥔 최고 리더 다섯 명 중 트로츠키와 지노비예프, 카메네프, 이렇게 세 명이 유대인이었다. 나머지 비유대인 두 명은 레닌과 스탈린이다.

처칠 및 대부분의 비유대인은 유대인 공산주의자들을 유대인으로 보았지만 실제로 이들은 태생만 유대인일 뿐이었다. 다시 말해, 유대인 공산주의자들은 유대주의의 세 가지 기둥, 즉 하나님과 토라, 민족 모두를 부정하거나 멀리했던 것이다. 이들의 마르크스주의는 무신론에 근거했기에 당연히 이들은 하나님과 토라의 율법을 부정할 수밖에 없었다. 보편주의 및 노동자 계층에 대한 강조는 이들로 하여금 유대인의 민족의식을 부정하게 만들었다. 따라서 이들은 거의 항상 시온주의를 강력하게 반대했다.

유대인 공산주의자들은 유대인 공동체를 완전히 전복시키고자 했다. 이들은 비유대인으로 하여금 유대인과 공산주의를 연관짓게 함으로써 반유대주의를 유도했고, 유대주의와 유대민족에 대한 유대인의 깊은 애정을 파괴하기 위해선 수단과 방법을 가리지 않았다.

훨씬 더 적대적이긴 하지만 처칠의 말과 놀랍도록 유사한 말을 19세기 프랑스 역사가 에르네스트 르낭Ernest Renan의 글에서 찾아볼 수 있다. "모든 방식의 대조를 제시하도록 창조된 실로 특이한 민족! 이 민족은 하나님에게 세상을 주고는 거의 그의 존재를 믿지 않는다. 이들은 종교를 만들었지만 가장 종교적이지 않은 민족이다. 이들은 천상의 왕국에서 인간성에 대한 희망을 찾았지만, 이들의 모든 현자들은 '우리는 지상의 것에만 전념해야 한다.'고 되풀이해서 가르친다."

세속적이기만 한 유대인과의 만남에서 판단한 것이 분명한 유대인과 유대인의 모순에 대한 르낭의 열거는 노벨문학상 수상자인 아이작 싱어가 들려주는 내가 좋아하는 우스개 이야기 하나를 떠올리게 한다.

> 1920년대, 폴란드의 조그마한 유대인촌에 살던 어느 유대인이 바르샤바로 여행을 다녀왔다. 그는 여행에서 돌아와 놀랍고 신기한 것을 보았다며 그것에 대해 친구에게 이야기하기 시작했다.
>
> "난 예시바에서 정통 교육을 받고 자랐고 탈무드의 많은 부분을 외우는 유대인을 만났어. 난 무신론자인 유대인도 만났어. 난 100명의 직원을 데리고 대형 옷가게를 경영하는 유대인을 만났고, 열렬한 공산주의자인 유대인도 만났어."
>
> "그런데 그것이 뭐가 그리 신기하단 말이야?" 친구가 말을 이었다. "바르샤바에 유대인들이 백만 명 정도 있나 보지?"
>
> "아직 이해를 못하는군." 남자는 이렇게 대답하고 말을 이었다. "그 모두가 한 명의 유대인이었거든."

친유대주의의 한계

"30년대에 제가 쓴 모든 구절과 제가 내세운 모든 주장이 아우슈비치에서 단 한명의 유대인도 구하지 못했다는 걸 저는 잘 알고 있습니다(위스턴 오든 Wystan Auden)."

68. 유대인은 비유대인과 결혼할 수 있는가

유대 율법은 다른 문화에 동화된 유대인을 어떻게 보는가?

죄를 지었을지라도 유대인은 유대인으로 남는다(바빌로니아 탈무드, 산헤드린 44a).
유대 율법에 따르면 모든 유대인은 어떠한 행위를 하더라도 유대인으로서의 자격이 박탈되지 않는다. 따라서 다른 종교를 믿다가 유대교로 다시 돌아오려는 유대인은 개종할 필요가 없다. 단, 다른 믿음을 실천하고 있는 동안 유대 율법을 어긴다면 그 사람은 그때마다 죄를 범하는 것이라고 유대 율법은 규정한다.

이러한 탈무드 규정과는 별개로 실제 역사적으로 유대인 공동체를 떠나 주변 사회에 완전히 동화된 유대인들이 많이 있다.

동화에 대한 옹호

일부 유대인은 단지 반유대주의 때문에 유대인의 정체성을 고집한다. 이들은 유대교를 믿지 않음에도 불구하고 유대인에 대한 증오가 존재하는 한 유대민족을 떠나는 것은 불명예스러운 일이라 여긴다. 물론 이는 순전히 감정적인 생각이다. 논리를 바탕으로 하면 이러한 사람은 쉽게 그 반대의 상황을 만들 수 있다. 즉, 유대교를 믿지 않는 유대인은 자신과 자기 자손들을 증오와 차별의 희생양으로 만들 이유가 없다는 것이다. 이러한 생각은 노벨문학상 수상자 보리스 파스테르나크Boris Pasternak의 유명한 소설 《닥터 지바고Dr. Zhivago》의 등장인물인 미샤 고르돈Mischa Gordon이 제기한 주장과 정확히 일치한다.

"이러한 자발적인 순교는 누구를 위해서인가? 계속 그렇게 한다고 누가 혜택을 볼 수 있을까? 이 모든 죄 없는 노인과 여성, 아이들이, 또 이 모든 영리하고 친절하며 인간적인 사람들이 몇 세기에 걸쳐 계속 조롱과 멸시, 폭력의 희생양이 되어야 할까? …… 왜 유대민족의 뛰어난 리더들이 아무도 무엇을 위한 것인지 모른 채 학살당하는 이 조직체를 해산시키지 않을까? 왜 그들은 이들에게 '이걸로 충분합니다. 이제 그만합시다. 여러분들의 정체성을 고집하지 말고 함께 모이지도 마십시오. 해산하십시오. 이제 우리를 떠나 나머지 모든 사람들과 함께하십시오.'라고 일러주지 않을까?(보리스 파스테르나크Boris Pasternak)."

미국 유대인의 저명한 저널 중 하나인 〈논평Commentary〉의 오랜 편집인이 말하는 것처럼 심지어 유대인이라는 정체성이 강한 사람조차도 가끔 위와 같은 생각을 품었다.

"유대인에 대해 생각하면 난 종종 그들이 특별한 집단으로 생존하는 것이

머리카락 하나의 가치라도 있는 것인지 알고 싶어진다. 하루에 아우슈비츠 오븐에서 6백만 명의 무고한 사람들이 재가 되면서까지 유대인으로서 생존해야 했는가?(노먼 포도레츠Norman Podhoretz)." 첨언하면, 포도레츠의 마지막 문장은 아우슈비츠가 전체 홀로코스트의 상징이라는 것을 강조한 것이다. 6백만 명은 폴란드의 여러 수용소 및 러시아에서의 대규모 소집 시 학살된 유대인 전부를 합산한 수치다. 그중에서 아우슈비츠가 가장 큰 수용소였고 약 150만 명의 유대인이 그곳에서 살해되었다.

민주주주의 국가에서 유대인의 높은 동화율

유대인은 그들이 심한 차별대우를 받는 사회에서보다 프랑스와 독일, 미국 등과 같이 그들이 동등한 권리를 보장받을 수 있는 사회에서 동화율이 더 높다는 사실을 언급하면서 시온주의 운동가이자 철학자인 하임 그린버그는 다음과 같이 기술했다.
"외국에서 그들의 나라를 대표하는 대사나 영사는 소수단체를 결성하지도 않으며 그 나라에 동화되지도 않는다. 고전적인 의미에서 이산한 유대인 역시 유대교 왕국의 대사나 영사처럼 느낀다(하임 그린버그Hayim Greenberg)."

비유대인과의 결혼

그들과 결혼하지 말며 너희 딸들을 그들의 아들들에게 주지 말고 그들의 딸들을 너희 아들들에게 주지 말라. 그들은 너희 아들들이 나를 따르지 못하게 하고 다른 신들을 섬기게 할 것이니 그러면 여호와의 진노가 너희를 향해 타올라 갑자기 너희를 멸망시키실 것이다(신명기 7:3-4).

정확히 말하면 유대인이 결혼해선 안 된다고 토라가 규정한 민족은 신명기 7장 1절에 언급된 당시 이스라엘에 살던 일곱 민족들(헷 사람들, 기르가스 사람들, 아모리 사람들, 가나안 사람들, 브리스 사람들, 히위 사람들, 여부스 사람들)뿐이다. 실제로 성경의 여러 주요 인물들이 비유대인과 결혼했다. 삼손은 블레셋 여자를 아내로 맞이했고(사사기 14:2-3), 솔로몬 왕은 비유대인 여성 수십 명과 결혼했다. 안타깝게도 "그들은 너희 아들들이 나를 따르지 못하게 하고 다른 신들을 섬기게 할 것이다."라는 성경 구절은 솔로몬의 몇몇 자손들뿐만 아니라 솔로몬 자신에게도 그대로 적용되었다. 예루살렘의 대사원을 건축한 솔로몬 왕에 대해 성경은 다음과 같이 기록하고 있다. "그에게는 7백 명의 후비가 있었고 3백 명의 첩이 있었는데 그 후비들이 솔로몬의 마음을 돌려놓았다. 솔로몬이 나이가 들자 왕비들이 그의 마음을 다른 신들에게로 돌려놓았고 솔로몬은 그 아버지 다윗의 마음과 달리 그의 마음을 하나님 여호와께 다 드리지 않았다. 그는 시돈 사람의 여신 아스다롯과 암몬 사람의 가증스러운 신 밀곰을 따랐다. 솔로몬은 여호와가 보시기에 악을 행했다. 그는 자기 아버지 다윗과는 달리 여호와를 온전히 따르지 않았다. 솔로몬은 예루살렘 동쪽 언덕에 모압의 가증스러운 신 그모스를 위해, 또 암몬 사람의 가증스런 신 몰록을 위해 산당을 지었다(열왕기상 11:3-10)." 솔로몬이 일신교에서 멀어져가는 과정은 그가 비유대인 아내를 위해 산당을 지었을 때 시작되었다.

유대 역사 초기부터 유대 율법은 어떤 민족을 막론하고 비유대인과의 결혼을 금했고, 그때 이후로 이 율법은 지금까지도 존속되고 있다. 한편, 비유대인 배우자가 유대교로 개종하기로 결심했다면 이 결혼은 당연히 비유대인과의 결혼으로 간주되지 않는다.

현대 유대 역사 대부분의 경우에서 비유대인과 결혼한 유대인은 유대 공동체와의 끈을 잃어버렸다. 유대인 배우자가 유대인의 정체성을 버리지 않는 경우에도 부부의 자녀들은 대개 자신들의 정체성을 그 사회의 지배적인 종교(가령 유럽에서의 기독교)에 두는 경향이 강하다. 따라서 현재 미국과 같이 비유대인과의 결혼률이 높은 사회에서 비유대인 배우자가 유대인이 되지 않거나 비유대인 아내가 자녀를 유대인으로 개종하는 걸 허용하지 않는다면 유대인 공동체는 그 구성원의 수가 급격하게 줄어들 수밖에 없을 것이다(유대주의의 전통적인 모계 원칙에 따르면 유대인 어머니의 자녀는 자동적으로 유대인이 된다. 하지만 아버지가 유대인이고 어머니가 비유대인인 아이는 개종을 해야만 한다. 한편, 유대 개혁주의는 '부계 혈통'을 인정해 아버지가 유대인이고 어머니가 비유대인인 아이 또한 만일 그 아이가 유대인으로서 양육된다면 유대인으로 인정한다.). 상식이기도 하지만, 통계적으로도 밝혀진 사실은 부모 중 한 명이 비유대인으로 남는다면 그 가정은 부모 모두가 유대인인 가정보다 유대적인 색채가 현저하게 약하다는 것이다.

정치·사회 분야의 현대 유대인 비평가가 만든 한 수수께끼는 유대인과 비유대인 사이에서 성장한 대부분의 자녀들이 유대인 공동체를 떠나고 있다는 사실을 반영한다.

"비유대인과 결혼한 유대인의 손자를 뭐라 부를까? 기독교인이다."

69. 현대 유대인의 사명은 무엇인가

스포츠

아일랜드 사람들은 행크 그린버그Hank Greenberg(전 미국 프로야구 선수)의 명성을 듣는 것을 좋아하지 않았다. 그들은 우수한 1루수는 아일랜드 이름을 갖고 있어야 한다고 생각했기 때문이다. 그리고 머피와 멀루니는 케시가 있던 자리에 브롱스빌 출신의 유대 청년이 있는 걸 보게 되리라고는 꿈도 꾸지 못했다고 말했다.■

그런데 쉰일곱 번의 2루타와 스무 번의 홈런으로 이들이 그린버그에게 갖게 된 존경심은 이루 말할 수가 없었다. 유대 새해에 그린버그가 투수 로

■ **머피와 … 말했다** 머피와 멀루니, 케시 모두 아일랜드 성이며 머피와 멀루니는 특정 인물이 아닌 일반적인 아일랜드 사람을 지칭한다. 즉, 대유법이 사용된 경우다.

데를 상대로 야구 방망이를 잡아 두 개의 홈런을 날렸을 때 이들은 미친 듯이 환호했다.

그러던 어느 날, 전 세계 유대인들의 성스러운 금식일인 속죄일이 찾아왔고, 그린버그는 가족들과 함께 하루를 보내며 경기에 출전하지 않았다. 그에겐 옛 전통을 지키는 것이 중요했기 때문이다. 머피가 멀루니에게 말했다. "오늘 경기는 이기지 못할 거야! 우린 내야에 있는 그가 보고 싶고, 방망이를 든 그가 보고 싶어. 하지만 그에겐 자신의 종교가 더 중요하지. 그리고 난 그런 그도 존경해(에드가 게스트Edgar Guest)."

이 시를 중요한 유대 인용문으로 보긴 힘들지만, 두 명의 유명한 유대인 야구 선수가 선택한 가장 중요한 결정을 하고 있다. 메이저 리그에서 활약한 가장 유명한 유대인 야구 선수였던 행크 그린버그와 샌디 코팩스Sandy Koufax는 속죄일에 있을 중요한 경기에 출장하지 않기로 결정했다. 1934년의 일이었다. 그는 9일 전 유대교 신년제 때는 보스턴 레드 삭스와의 경기에 출전해 두 개의 홈런을 날려 2대 1로 자신의 팀 디트로이트 타이거즈를 승리로 이끄는 데 결정적인 역할을 했다. 하지만 그로부터 9일 후 유대교의 가장 성스러운 날인 속죄일엔 야구장 대신 시나고그를 찾았다.

그로부터 31년 뒤, 뛰어난 투수인 샌디 코팩스 또한 1965년 월드 시리즈 개막전에 출전하는 대신 시나고그에서 속죄일을 보내는 것을 선택했다. 이 경기에서 그의 팀 LA 다저스는 미네아폴리스 트윈스를 상대로 8대 2로 패했다. 이 경기에서 LA 다저스의 선발투수였던 돈 드라이스데일Don Drysdale이 3회까지 6실점을 한 후 마운드에서 내려왔을 때, 그는 당시 LA 다저스 감독이었던 왈트 알스톤Walt Alston에게 이렇게 말했다고 한다. "감독님은 지금 저도 유대인이길 바라시겠죠."

이에 대해 스포츠 역사가 피터 레빈은 이렇게 덧붙였다. "농담에서조차 유대인이란 사실이 긍정적인 의미로 사용된다는 것은 1965년에 미국에서 유대인의 위치가 크게 향상되었다는 걸 말해준다."

유대 종파와 그에 대한 불평

난 당신이 유대교의 어떤 종파에 속하든지 관심이 없다. 당신이 그것을 부끄럽게 생각하는 한은 말이다.(랍비 어빙 그린버그Irving Greenberg).

말장난처럼 들릴지 모르지만 그린버그가 말하고자 하는 바는 심오하다. 종파 간의 신랄함은 대체적으로 자기 종파의 강점과 다른 종파의 약점을 부각시키려는 유대인의 다양한 경향에서 비롯된다. 따라서 개혁주의 유대인들은 대체로 정통파 유대인들을 광신도로 여기며 자신들의 운동만이 진정으로 포용력 있고 개방적인 것이라 생각한다. 반면 정통파 유대인들은 자신들만이 진심으로 하나님의 율법을 지키려는 사람들이라 생각하며, 종종 비정통파 유대인들을 자기 편의에 따라 토라의 뜻을 왜곡하는 비종교적인 사람으로 여긴다.

하지만 "하나님의 통치 아래 세상을 완벽하게 만든다."는 유대주의의 사명에 충실하려면 이들 모두가 다른 종파에 대해선 보다 관대하게, 자기 종파에 대해선 보다 겸손하게 말해야 하지 않을까?

데니스 프레이저Dennis Prager는 정통파·보수주의·근대주의·개혁주의와 같은 분류 이외에 유대인을 분류하는 보다 의미심장한 두 가지 기준을 추가로 제시했다. 그중 하나는 '진지함' 이었다. 즉, 유대인을 '진지한 유대인' 과 '진지하지 못한 유대인' 으로 분류하는 것이다. 프레이저는 주장한다. "진정한 종파는 없다. 다만 진정한 유대인만이 있을 뿐이다."

소외된 유대인이 좌익 정치 세력에 이끌린 것에 관해

모든 유대인들은 레닌이 유대인이 아닌 것에 감사하는 뜻으로 레닌의 조상을 세워주어야 한다(이스라엘 장윌Israel Zangwill).

장윌은 소외된 유대인들이 공산주의에 매력을 느끼고 공산주의자가 된 한때의 유행과 같은 풍조에 대해 언급하고 있는데, 이것은 비유대인들의 반유대주의를 조장하기도 했다. 한편, 여기서 장윌은 20세기의 가장 유명한 공산주의자인 레닌이 유대인이 아니라는 사실에 안도하며 이를 강조하고 있다. 비록 레닌에게 가장 중요한 협력자들은 유대인이었지만 말이다.

"카임, 왜 소련을 떠나려 하는가?" 유대인 작가인 데이비드 베르겔손David Bergelson이 카임 그라데Chaim Grade에게 물었다. "더 이상 우리가 원하는 방식으로 쓸 수 없을 거라 느꼈기 때문인가?"
"아니네." 그라데가 대답했다. "그보다 훨씬 더 좋지 않은 이유 때문일세. 난 사람들이 원하는 방식으로 글을 쓰는 것을 너무 쉽게 배울 수 있을 것이라는 두려움 때문에 떠나는 것이라네."

20세기 대표적인 유대인 작가 그라데는 나치에 앞서 먼저 빌나Vilna를 떠나 소련에서 제2차 세계대전을 보냈다. 그곳에서 그는 러시아의 대표적인 유대인 작가 여러 명과 사귀었는데, 베르겔손도 이들 중 한 명이었다. 이들은 그라데에게 소련에 남아달라고 부탁했지만 그는 친구들의 만류에도 불구하고 최대한 빨리 소련을 떠났고, 후에 미국으로 이주했다.
베르겔손과의 이 대화가 오간 7년 뒤인 1952년 8월 12일, 베르겔손을 비롯해 스물세 명의 러시아 유대인 지식인이 모스크바의 악명 높은 루비안카 감옥Lubianka으로 끌려가 스탈린의 명령으로 살해되었다.

러시아 유대인 소설 선집인 《희망에서 재로Ashes Out of Hope》에서 어빙 하우Irving Howe와 엘리에제르 그린버그Eliezer Greenberg는 이들 러시아 유대인 지식인들의 억울한 죽음이 시사하는 아이러니에 대해 썼다. "유럽의 다른 곳에선 수십 명의 유대인 작가들이 홀로코스트 동안 공언된 적들에 의해 파괴되었다. 이곳 소련에선 이 시대의 재능 있는 유대인 소설가 및 시인들이 때로는 순진한 열정으로, 때로는 불길한 예감으로 충성을 맹세한 바로 그 나라의 감방이나 강제 노동 수용소에서 종말을 맞았다."

이들이 죽은 뒤, 그라데는 베르겔손과 다른 유대 작가들에 대해 다음과 같은 글을 썼다. "전 이 편지의 모든 글자와 함께 당신들을 생각하며 눈물을 흘립니다."

- 6부 -

유대인은 역경을 어떻게 극복했는가

: 홀로코스트의 역사와 남겨진 과제 :

물론 유대인도 인간이다. 마찬가지로 유익하지 않을 뿐 벼룩도 살아 있는 동물이다.

벼룩은 유익하지 않기에 그것이 번식하도록 내버려둘 의무가 우리에겐 없다.

유대인 역시 이와 마찬가지다

— 요제프 괴벨스 Joseph Goebbels, 괴벨스는 후에 나치의 선전 장관으로 일했다.

70. 유대인은 홀로코스트를 어떻게 회상하는가

홀로코스트에 대해 듣는 것이 지겹다며 불평을 늘어놓는 클레어 부스 루스Claire Boothe Luce■에 대한 이야기가 있다. 그녀의 말에 한 유대인 친구는 그 심정을 충분히 이해한다고 말했다. 실제로 그 역시 십자가에 못 박힌 예수 이야기를 너무나도 많이 들어 그녀와 똑같은 지루함과 피곤함을 느꼈던 것이다(허버트 골드Herbert Gold, 《나처럼 이기적인Selfish Like Me》).

이에 비해 강도는 약하지만 엘리 위젤Elie Wiesel 또한 이와 비슷한 정서를 표현했다.

"2천 년 전에 예루살렘에서 한 유대인이 처형당했고, 비유대인 세상에선 지금까지 줄곧 그의 죽음에 대해 이야기한다. 그렇다면 우리 유대인들은 6백만 명의 죽음에 대한 기억을 되살릴 권리와 의무가 있지 않을까?"

■ **클레어 부스 루스** 미국의 극작가.

오, 그 굴뚝이여

이스라엘인의 몸이 대기에서 연기처럼 떠다닐 때,

오, 기발하게 고안된 죽음의 거주지여(넬리 자크스, 〈오, 그 굴뚝이여O the Chimmeys〉).

71. 나치는 홀로코스트를 어떻게 회상하는가

"저는 제 인생에서 종종 예언자였고, 대개 비웃음의 대상이었습니다. 제가 권력을 쥐기 위해 투쟁하는 동안 유대인들은 '내가 언젠가는 독일의 리더가 될 것이고, …… 그렇게 되면 우선적으로 유대인의 문제를 해결한다.'는 저의 예언을 비웃음으로 받아들였습니다. 한때 독일에서 울려 퍼지던 그 웃음이 이제 이들의 숨통을 막고 있습니다.

저는 오늘 다시 한 번 예언자가 될 것입니다. 만일 유럽 안팎에서 세계 금융을 쥐고 있는 유대인들이 다시 한 번 여러 국가들을 또 다른 세계대전으로 내몬다면 그 결과는 세계의 볼셰비즘화가 아니고, 따라서 유대인의 승리가 아니며, 유럽에서의 유대 인종의 파멸이 될 것입니다(아돌프 히틀러)."

제2차 세계대전 동안 히틀러는 최소 다섯 번은 이 '예언'을 언급했다. 1942년 연설에서 그는 이 연설의 마지막 문장을 인용한 뒤 다음과 같이 덧붙였다. "한때 독일의 유대인들은 저의 예언을 비웃었습니다. 저는 이들이 여전히 비웃음을 던질지, 아니면 이미 비웃을 열정을 모두 잃어버렸는지 모릅니다. 하지만 지금 이 순간 저는 또다시 말할 수 있습니다. 이들은 어느 곳에서고 웃음을 멈출 것이고, 저의 예언은 또다시 실현될 것입니다." (이 두 연설 모두에서 눈에 띄는 점은 자신을 비웃었다고 생각하는 유대인에 대한 히틀러의 편집증적인 분노이다.)

현대 홀로코스트 학자들은 히틀러가 그의 정치 인생 시작부터 유대인 학살을 의도했는지, 아니면 제2차 세계대전이 시작되자 유대 대학살을 결심했는지를 놓고 논쟁을 벌이고 있다. 하지만 히틀러가 오래전부터 유대인을 가스실에서 대량 학살할 생각을 가지고 있었다는 것은 그의 저서 《나의 투쟁》 마지막 장을 통해 분명히 알 수 있다.

"전쟁(제1차 세계대전) 시작과 전쟁 동안 이 나라의 부패한 유대인들 1만 2천 명이나 1만 5천 명을 독가스로 학살한다면 …… 최전선에서 싸우는 수백만 명의 희생이 헛되지 않을 것이다(아돌프 히틀러, 《나의 투쟁》)."

"무엇보다 나는 이 나라의 지도자들과 그들을 따르는 독일 국민들에게 우리 민족의 법을 철저히 따르고, 모든 민족들을 독살하려는 공공의 적인 세계의 유대인에게 무자비하게 대적할 것을 명령한다(1945년 4월 29일 히틀러가 자살하기 전날 독일 국민들에게 남긴 그의 마지막 유언)."

반유대주의나 나치에 대해 잘 모르는 사람들은 히틀러가 정치적 힘을 얻으려고 독일의 모든 문제들에 대한 책임을 유대인에게 전가하려 했다고 생각한다. 하지만 《유대인을 상대로 한 전쟁 The War Against the Jews》의 저자이자 역사가 루시 다비도비츠 Lucy Davidowicz는 완강하게 그 반대의 견해를 주장한다. "인종제국주의(인종우월주의)와 유대인을 말살시키려는 광적인 계획이 그가 권력을 쥐려 했던 지배적인 열정이었다." 다비도비츠의 말대로 히틀러는 권력을 얻기 위해 유대인을 비난한 것이 아니라 유대인을 대규모로 학살하기 위해 권좌에 오르려 했다. 다시 말해, 유대인에 대한 증오는 그의 정치적 전략이 아니라 그의 본질이었다. 독일 민족에게 '무엇보다' 계속 유대인과 싸우라고 명한 그의 마지막 유언보다 이를 더 잘 입증해주는 것은 없을 것이다.

요제프 괴벨스

"물론 유대인도 인간이다. 마찬가지로 유익하지 않을 뿐 벼룩도 살아 있는 동물이다. 벼룩은 유익하지 않기에 그것이 번식하도록 내버려둘 의무가 우리에겐 없다. 유대인 역시 이와 마찬가지다(요제프 괴벨스Joseph Goebbels, 후에 나치의 선전 장관으로 일했다.)."

괴벨스가 위와 같이 유대인의 '박멸'을 주장한 것은 나치가 권력을 장악하기 4년 전의 일이라는 데 주목할 필요가 있다. 또 다른 언급에서 그는 민주주의를 전복하겠다는 나치의 의지를 숨김없이 표명했다. "우리는 바이마르 공화국의 동의를 얻어 바이마르의 질서를 마비시키기 위해 국회의원이 될 것이다. …… 우리는 적으로서 오게 될 것이다." 민주주의에 대한 나치의 경멸을 드러내는 이 직설적인 선언은 민주주의를 파괴하기 위해 민주주의적인 수단을 이용하는 이들에게 사회가 정치적인 권력을 부여해야 하는지에 대한 물음을 다시 제기한다. 미국시민자유연맹American Civil Liberties Union과 같은 단체들은 "민주주의 정부는 적들의 정치적 자유조차 축소할 권리가 없다"고 주장한다. 반면, 이러한 주장에 동의하지 않는 사람들은 민주주의의 적들에게 민주주의적인 선거를 이용하도록 허용하는 것은 은행을 털겠다고 말하는 사람에게 총기 소지를 허용하는 것과 다를 바 없다고 주장한다. 실제로 나치들은 쿠데타가 아니라 광범위한 민주주의 선거를 통해 권력을 쟁취했다.

"경박스러운 유대인 주지주의intellectualism의 시대는 죽었다. …… 과거는 화염 속으로 사라졌다(괴벨스, 1933년 5월, 베를린 대학 맞은편에 위치한 오페라 하우스에서 서적을 불태우는 군중들에게)." "책을 불태우는 사람은 결국 그곳에서 사람들도 불태울 것이다(하인리히 하이네Heinrich Heine, 19세기 독일 유대인 시인)." "나치 독일의 경우 책을 불태우는 것과 사람을 불태우는 것 사이의 거리는 8년이었다(미카엘 베렌바움Michael Berenbaum, 《세계는 알아야만 한다The World Must Know》)." 수천 명의 독일 대학생과 교수들이 도서관과 서점에서 수만 권의 책을 가져와 그것들을 커다란 불더미 속으로 내던졌을 때를 떠올리며 많은 사람들이 하이네의 말을 상기했다. 이때 불태워진 책들은 주로 유대인이 집필한 책이거나 토마스 만Thomas Mann과 같이 비유대인이지만 반나치주의자들이 집필한 책이었다. 프랑크푸르트에선 분서焚書가 일종의 사악한 축제로 거듭났다. 악단이 쇼팽의 '장송 행진곡'을 연주하는 동안 수천 권의 책들을 황소가 끄는 수레에 실어 날라 거대한 불더미 속으로 집어던졌던 것이다.

하인리히 힘러의 '최종 해결책'

"또한 저는 매우 중대한 문제에 대해 여러분에게 솔직하게 말하고 싶습니다. 우리끼리는 그 문제에 대해 솔직하게 언급해야 하지만, 우리는 절대 공개적으로 언급해선 안 됩니다. 전 지금 유대인의 처단, 즉 유대 인종의 박멸에 대해 말하고 있는 것입니다. …… 여러분 대부분은 1백 구 또는 5백 구나 1천 구의 시체가 나란히 누워 있는 것을 보며 그것이 무슨 의미인지를 알고 있을 것입니다. [인간의 나약함으로 비롯된 예외도 있었겠지만]

계속 그 일을 추진하면서 품위 있는 인간으로 남았다는 것, 바로 그것이 우리를 힘들게 했던 것입니다. 그것은 전무후무한 우리 역사의 한 페이지를 장식하게 될 것입니다(하인리히 힘러, 나치 무장친위대 대장)."

"계속 그 일을 추진하면서 품위 있는 인간으로 남았다는 것"은 그가 의도하진 않았겠지만 힘러의 연설에서 가장 놀랍고도 아이러니한 문장이다.

《대량 학살 기술자: 힘러와 최종 해결책The Architect of Genocide: Himmler and the Final Solution》의 저자이자 역사가인 리처드 브라이트만Richard Breitman은 힘러가 습관적으로 홀로코스트의 증거를 인멸했으나 이 연설은 녹음되어 있었다는 것에 주목한다. 세 시간 10분에 걸친 연설에서 힘러는 '최종 해결책'을 자기방어적인 행동이라며 옹호한다. "우리는 우리를 죽이길 원하는 이 종족을 죽여야 하는 도덕적인 권리와 우리 민족에 대한 의무가 있습니다." 그러나 홀로코스트가 정당화될 수 있다는 것에 설득되지 않은 독일 리더들도 있었다. 1942년 9월 18일, 나치 장교 쿠르트 프라이헤르 본 기난스Kurt Freiherr von Gienanth는 독일 인력 동원의 난점을 개괄하고 유대인 강제 노동이 그에 필요한 많은 일을 수행한다는 걸 지적하는 메모를 정부 고관들에게 보냈다. 그는 유대인들의 학살을 늦출 것을 요청했다. "전쟁에 필요한 필수적인 노동에는 손상을 주지 않는 범위 내에서 유대인을 제거해야 합니다."

그로부터 12일 후에 힘러는 기난스를 해임하면서 다음과 같이 말했다. "전쟁 산업의 잠재적 이익에 개입하는 것이 자신의 일이라 생각할지 모르지만 그런 사람들의 뜻과는 상관없이 유대인에 대한 제거는 가차 없이 이루어져야 한다(루시 다비도비츠, 《홀로코스트 조사자A Holocaust Reader》)."

어느 나치 리더의 전쟁 전과 후

"난 유대인들이 사라져야만 한다는 것 외엔 이들에게 어떤 것도 바라지 않는다. …… 우리는 이들을 만나는 곳마다, 또 기회가 찾아올 때마다 이들을 말살시켜야 한다(한스 프랑크Hans Frank, 폴란드인 나치 사령관)."

"천 년이 지난다 해도 독일의 죄는 지워지지 않을 것이다(한스 프랑크, 1946년 뉘른베르크 전범 재판에서)."

72. 나치의 무분별한 증오는 무엇을 남겼나

정거장에서 내가 본 또 다른 여자아이는 다섯 살 정도였다. 여자아이는 자신의 남동생에게 먹을 것을 주고 있었고, 어린 동생은 울고 있었다. 어린 동생은 아팠다. 소녀는 아주 작은 빵조각을 조금밖에 남지 않은 묽은 잼에 찍어서 능숙하게 동생의 입에 넣어주었다. 내 눈은 동생을 먹이고 있는 다섯 살 소녀에게서 어머니를 보게 되는 특권을 누렸다. 내 귀는 어린 동생을 달래는 소녀의 말을 들었다. 이 세상에서 최고인 우리 엄마는 그런 속임수를 고안하지 않았지만, 이스라엘의 이 어린 소녀는 웃음으로 동생의 가슴에 기쁨을 불어넣으며 동생의 눈물을 닦아주었다.

아이들 대부분이 아버지와 어머니가 없었다. 아이들은 추위와 굶주림으로 탈진되었다. 아이들은 고통으로써 신성을 얻은 거룩한 메시아다. 파멸의 날들에 아이들은 왜 사악함의 첫 번째 희생자가 되어야 하고, 악마의 덫에 맨 먼저 걸려들어야 하며, 맨 먼저 죽음을 기다려야 하고, 맨 먼저 학살의 짐차에 던져져야 할까? 이들은 마치 한 무더기의 쓰레기처럼, 대지의 유골처럼 짐차에, 커다란 짐차에 던져졌다. 그리고 그들은 이들을 실어 날랐고, 이들을 살해했고, 아무런 유품이나 기억의 흔적도 없이 이들을 지구상에서 영원히 사라지게 했다.
내 최고의 아이들은 그렇게 모두 사라졌다. 내게 슬픔과 황량함과 숙명적인 재앙을 남긴 채(이츠차크 카츠넬슨Yitzchak Katznelson, 《학살당한 내 민족의 노래Song of My Slaughtered People》).

카츠넬슨이 비탄 속에서 분명히 밝히고 있듯 독일 나치는 일반적으로 유대 아이들을 첫 번째 희생자로 삼았다. 이는 아이들이 강제 노동을 하기엔 너무 작고 연약하기 때문이기도 했고, 이들이 성장해 이 세상에 또 다른 유대인을 탄생시키지 않도록 하기 위해서이기도 했다.
6백만 명의 학살된 유대인들 중엔 100만에서 150만 명의 아이들이 있었다. 죽음의 수용소에서 독일 나치는 "효율성"을 위해 가스실로 들어갈 부모들로부터 먼저 아이들을 떼어놓았다. 그런 다음 일단 어른들로 가스실이 꽉 차면 그때 아이들을 어른들의 머리 위로 던져 넣어 한 번에 학살할 수 있는 유대인의 수를 최대화했다. 후에 나치들이 아이들에게까지 가스를 "낭비"할 가치가 없다고 판단했을 때(희생자 한 명당 평균 1센트도 들지 않았음에도 불구하고), 그들은 이따금씩 살아 있는 유대인 아이들을 곧바로 화장로에 집어넣곤 했다.

리투아니아 켈미의 유대인들은 강요에 의해 자신들이 파놓고 자신들이 들어가게 될 구덩이 옆에 이미 서 있었다. '하나님의 이름을 거룩하게 하기 위해(알 키두쉬 하-솀al Kiddush ha-Shem)' 학살될 준비를 하고 서 있는 것이다. 이들의 영적 리더인 랍비 다니엘이 사람들에게 작별의 말을 하게 해달라고 담당 독일 장교에게 부탁했다. 그 독일 장교는 이를 허락했지만 랍비 다니엘에게 짧게 끝낼 것을 명령했다. 랍비 다니엘은 사람들에게 적절한 방식으로 '키두쉬 하-셈'을 이행할 수 있는 용기를 주기 위해 마치 시나고그에서 평소 안식일 설교를 하듯 평화롭게 천천히 말하면서 지상에서의 마지막 순간을 보내고 있었다. 그런데 갑자기 독일 장교가 그의 말을 막고는 총질을 할 수 있도록 말을 빨리 끝내라며 소리쳤다. 하지만 랍비는 여전히 평온하게 말을 하면서 다음과 같이 끝맺었다. "나의 친애하는 유대인이여! 제가 방금 언급한 키두쉬 하-셈의 가르침을 실천할 순간이 다가왔습니다. 실제로 그것을 실천하는 거죠! 그전에 여러분께 한 가지만 당부드리겠습니다. 흥분하거나 혼란스러워하지 하지 말고 이 심판을 평온하고 가치 있는 방식으로 받아들이도록 하십시오!" 그런 다음 그는 독일 장교를 돌아보며 이렇게 말했다. "이제 할 말을 다했습니다. 시작해도 좋습니다(요세프 고트파르스타인Yosef Gottfarstein, 홀로코스트 기록자)."

이 이야기를 책에 실은 현대 신학자 에밀 파켄하임Emil Fackenheim은 이렇게 말했다. "우리는 순결하고 거룩한 선과 결코 구원받을 수 없는 근원적인 악 사이의 이보다 더 극명한 대조를 역사의 어디에서도 찾아보기 힘들다. 독일 장교는 그가 본 것을 보았다. 그는 그가 들은 것도 들었다. 그의 부하들 역시 그가 본 것과 들은 것을 보고, 또 들었다. 그런데도 어떻게 이들에게 총을 쏠 수 있었을까? 하지만 그들 모두는 이들 모두에게 총알을 퍼부었다."

물론 홀로코스트의 모든 희생자들이 영웅적으로 행동한 것은 아니었다. 그렇지만 홀로코스트 동안 나치의 극악무도한 잔인함이 없었다면 많은 사람들이 내면에 숨어 있던 천박함과 비겁함을 표출하지 않은 채 자신의 삶을 살아갔을 것이다. 폴란드 작가 타데우시 보로프스키Tadeusz Borowski는 그가 아우슈비츠에서 보냈던 나날들에서 한 장면을 떠올렸다.

그들은 갔고, 그들은 사라졌다. 남자와 여자, 그리고 아이들. 그들 중 몇몇은 자신들을 가스실로 데리고 갈 트럭을 향해 걸어가고 있다는 사실을 알고 있었다.

여기, 한 여자가 있다. 그녀는 서둘러 걷고 있지만 침착해 보이려고 애쓰고 있었다. 선홍빛 천사의 얼굴을 한 조그만 사내아이 하나가 그녀를 따라가려고 뛰어가고 있지만 좀처럼 거리를 좁히지 못하자 자신의 작은 팔을 뻗으며 소리친다. "엄마! 엄마!"

"아이를 챙겨, 이 여자야!" 호위병이 외쳤다.

"제 아이가 아닙니다. 제 아이가 아니라고요!" 그녀는 히스테릭하게 외치며 뛰어갔다. …… 그녀는 트럭을 타지 않고 걸어가게 될 무리로 가고 싶었던 것이다. 이들은 가스실로 가지 않고 살아남아 나치를 위해 강제 노동을 할 것이었다. 그녀는 젊고 건강했으며 아름다웠다. 그리고 그녀는 살고 싶었다.

하지만 아이는 그녀의 뒤를 쫓아가며 큰 소리로 외쳤다. "엄마, 엄마, 절 버리지 마세요!"

"내 아이가 아니라고, 아니야!"

세바스토폴 출신의 선원인 안드레이가 그녀를 붙잡았다. 그의 눈은 보드카와 열기로 흐리멍덩했다. 그는 그녀에게 주먹을 날렸고 그의 강력한 주먹은 그녀를 바닥에 고꾸라지게 했다. 그는 그녀의 머리채를 잡고 그녀를 다시 일으켰다. 그의 얼굴은 분노로 실룩거렸다.

"이 몹쓸 유대인 여자야! 네 자식을 버리고 도망가다니. 내가 본때를 보여주지. 이 창녀야!" 그는 자신의 큼직한 손으로 그녀의 목을 조른 후 마치 무거운 곡식 자루를 들듯 그녀를 번쩍 들어 올려 트럭 안으로 던졌다. "자, 여기 네 아이도 받아라. 이 더러운 계집아!" 그는 아이도 그녀의 발아래로 던졌다.

"잘했어. 되먹지 못한 엄마는 그런 식으로 처리하는 거야." 나치 무장 친위대원이 트럭 옆에 서서 말했다(타데우시 보로프스키,《신사 숙녀 여러분, 이리로 가면 가스실입니다This Way for the Gas, Ladies and Gentlemen》).

1942년 9월 23일 폴란드 스톨프스의 한 게토가 독일 병사들에게 포위되었다. 그리고 여러 구덩이들이 근처 마을 밖에 준비되어 있었다. 독일 병사들은 총을 쏘고 수색을 하며 게토로 들어갔다. 엘리에제르 멜라메드Eliezer Melamed는 당시 자신과 자신의 여자 친구가 어떤 집을 발견하고 거기에 쌓여 있던 밀가루 부대들 뒤에 숨었던 것을 회상한다. 그때 한 엄마와 세 아이들도 그들 뒤를 따라 집으로 들어왔다. 엄마는 방의 한쪽 구석에 몸을 숨겼고, 세 아이들은 함께 방의 다른 쪽 구석에 숨었다.

마침내 방으로 들이닥친 독일 병사들은 세 아이들을 찾아냈다. 독일 병사들이 아이들을 끌고 가자 이 중 가장 어린 아이가 날카로운 목소리로 소리치기 시작했다. "엄마! 엄마!" 그러자 네 살인 그의 형이 동생에게 이디시 말로 소리 질렀다. "엄마를 부르지 마. 그럼 엄마도 끌려가신단 말이야!" 동생은 더 이상 소리 지르지 않았다. 엄마는 침묵을 지켰고, 그녀의 세 아이들은 끌려갔다. 엄마는 목숨을 건졌다. 멜라메드는 회상한다. "전 지금도 그 소리를 듣습니다. 특히 밤만 되면 어김없이 그 말이 들려오죠. '엄마를 부르지 마.' 또한 아이들이 독일 병사에게 끌려간 뒤에 그 엄마의 모습도 늘 기억하고 있습니다. 그녀는 벽에다 자신의 머리를 마구 내리쳤죠. 마치 살고 싶어 침묵을 지킨 자신에게 벌을 주기라도 하는 것처럼 말입니다(마틴 길버트, 《홀로코스트The Holocaust》)."

미국 랍비인 베렐 바인Berel Wein이 이스라엘을 방문했을 때 그곳에 있던 미국 목사를 만나게 되었다. 그는 바인에게 결코 호의적이지 않은 질문들을 줄곧 던지며 이스라엘에 대한 자신의 생각을 피력했다. 그가 끝으로 바인에게 질문했다. "대체 당신 유대인들이 진정으로 원하는 것이 무엇입니까?" 그때 바인이 미국 목사에게 위의 이야기를 들려준 다음 이렇게 덧붙였다고 한다. "우리 유대인들이 진정으로 원하는 것이 무엇이냐고요? 글쎄요, 제가 원하는 것부터 말씀드리죠. 저는 단지 저의 손자, 손녀들이 '엄마'라고 부를 수 있길 바랄 뿐입니다. 그리고 우리 유대인들은 세상이 우리를 그냥 내버려두기만을 바랄 뿐이죠(제임스 데이비드 바이스 박사Dr. James David Weiss, 《고령의 바인 Vintage Wein》)."

여느 때와 다름없는 어느 일상적인 날에 대한 이야기를 하고자 한다. 그날 나는 창고를 청소하고 있었다. …… 우산 하나가 지붕 들보에 끼어 떨어지지 않았고, 나치 무장친위대원인 폴 그로스Paul Groth가 한 소년에게 그것을 내려오라고 명령했다. 소년은 지붕을 기어올랐지만 떨어졌고, 결국 부상을 입었다. 그로스는 스물다섯 대의 채찍질로 소년을 벌했다. 그로스는 방금 일어난 일이 재미있어 다른 독일 병사를 불러 자신이 유대인들에게서 '낙하산'을 찾아냈다고 말했다. 우리는 한 명씩 차례차례로 지붕을 기어올라야 했다. …… 우리 대부분이 성공하지 못하고 바닥에 떨어져 다리가 부러졌고, 채찍질을 당했으며, 독일 양치기인 배리에게 두들겨 맞았다. 그리고 총을 맞았다.

이 놀이는 그로스에게 충분하지 않았다. 주변에는 생쥐들이 많았는데, 우리 모두가 각자 생쥐 두 마리를 잡으라는 명령을 받았다. 그로스는 다섯 명의 수감자를 선택해 이들에게 바지를 벌리게 했고, 우리들에게는 잡은 생쥐를 그 안에 넣게 했다. 이들은 움직이지 말고 차려 자세 그대로 있으라는 명령을 받았지만 그렇게 하지 못했고, 모두가 채찍질을 당했다.

하지만 그로스에겐 이것도 충분하지 않았다. 그는 한 유대인을 불러 그가 죽을 때까지 술을 먹였다. …… 우리는 그의 시체를 판자 위에 눕혀 들고는 장송행진곡을 부르며 천천히 걸어 나가라는 명령을 받았다. 이것은 어느 평범한 날의 이야기다. 그리고 이보다 훨씬 더 심한 날들도 많았다.(도브 프라이부르그가 소비보르 강제수용소의 생활을 묘사한 것).

"부헨발트 강제수용소에서 석방된 지 3일 후에 나는 식중독으로 몹시 아팠다. 나는 병원으로 옮겨졌고 거기서 생사를 넘나들며 2주일을 보냈다. 그러던 어느 날 드디어 전력을 다해 자리에서 일어날 수 있었다. 나는 맞은편 벽에 걸려 있던 거울에 내 자신을 비춰보고 싶었다. 게토에서 강제수용소로 끌려갔기 때문에 그동안 나는 내 모습을 볼 수 없었다.

거울 속 깊은 곳에서 시체 하나가 나를 응시하고 있었다. 그의 두 눈에 비친 그 모습은 한 번도 나를 떠나지 않았다(엘리 위젤, 《밤》)."

73. 미국은 홀로코스트에 어떻게 반응하는가

스탬프가 찍힌 종이 한 장이 수천, 수만 명의 사람들의 삶과 죽음을 결정한다는 사실은 우리 시대의 인간성 결여를 여실히 보여준다(도로시 톰슨Dorothy Thomson).

톰슨의 이 말은 14세 미만의 독일 유대인 아이들 20만 명에게 미국 입국을 허가하는 특별 허가서를 발급하자는 와그너-로저스 법안Wagner-Rogers bill을 통과시키기 위해 국회에 제출한 탄원서의 일부분이다. 이 법안은 공적 자금이 지출되지 않고 사적 자금(각종 유대인 단체)으로 충당한다는 조건을 달았다.

상원의원 와그너와 여성 하원의원 로저스가 크리스탈나흐트 대학살이 있은 지 3개월 후에 자신들의 법안을 제안했음에도 불구하고 단지 소수의 미국인만이 아이들을 받아주길 원했다. 규모가 큰 단체인 아메리칸리전 American Legion 은 부모에게서 아이를 떼놓는 것은 옳지 않다는 '도덕적인'

이유를 내세우며 공개적으로 이 법안을 반대했다. "아메리칸리전은 제안된 법안이 초래하게 될 가족 붕괴를 강력하게 반대한다." 이것은 자신의 아이들의 생명을 구하려는 부모들의 간절한 바람에 대한 잔인한 조소였다. 엘리에제르 베르코비츠Eliezer Berkovits가 기술한 바와 같이 아메리칸리전의 지도자들은 자신들의 윤리가 "강제수용소에서 가족이 하나가 되는 축복 아래 아이들과 함께 죽느니 아이들과 영원히 이별하길 원하는 비정한 유대 부모들의 윤리"보다 훨씬 더 우수하다고 여겼다 《홀로코스트 이후의 믿음》.

프랭클린 루스벨트Franklin Delano Roosevelt 대통령은 유대인들의 필요에 상당히 호의적이라는 유대인 대부분의 생각과는 달리 이 법안을 지지하는 아무런 말도 하지 않았다. 그의 아내 엘리노어는 이 법안을 강력하게 지지했음에도 불구하고 말이다. 고립주의자들의 적극적인 반대와 더불어 루스벨트 대통령의 침묵은 결국 와그너-로저스 법안의 부결로 이어졌고, 그 결과 2만 명의 유대 아이들 거의 대부분이 가스실에서 죽어갔다. 모르긴 몰라도 아메리칸리전의 리더들은 아이들이 그들의 부모들과 '함께' 죽었다는 소식을 접하고 안도감을 느꼈으리라.

루스벨트 대통령은 유대인들이 학살되리란 걸 확실히 알았을 때로부터 몇 년 뒤에 자신의 친한 친구인 유대인 대법원 판사에게 '이송된 유대인들은 소련 전선의 방어 공사에 동원되었기에 유대인들이 학살당하리라는 걱정은 조금도 하지 말라'고 말했다고 역사가인 월터 래커Walter Laqueur는 기록하고 있다. 루스벨트는 이러한 속임수가 연합군들에게 나치의 대학살에 보다 공격적으로 행동할 것을 요구하는 유대인들의 압박을 누그러뜨리길

■ **아메리칸리전** 미국의 재향군인회. 제1차 세계대전에 참전한 전역 장병들에 의해서 1919년 3월에 프랑스 파리에서 결성된 미국의 전국적인 재향군인 조직이다.

바랐을 것이다(《끔찍한 비밀The Terrible Secret》).

"유대인이냐?" 보초병들 중 하나가 물었다.
"네." 검문소에 있던 한 어린아이가 대답했다.
"유대인은 통과할 수 없다." 보초병이 날카롭게 말했다.
"제발 절 통과시켜주세요. 전 아주 어리잖아요(루이스 호에 승선한 유대 아이들의 역할 놀이)."

1939년 5월 27일, 937명의 독일 유대인 모두가 쿠바 입국비자를 손에 쥐고 루이스 호를 타고 독일을 떠났다. 그런데 항해 도중 쿠바 정권이 교체되었고, 새로운 지도자는 이들의 비자를 인정하지 않았다. 할 수 없이 쿠바에서 뱃머리를 돌린 배는 플로리다에 인접한 미국 영해로 진입하려 하고 있었다. 미국 영해에서 100마일 정도 떨어진 지점까지 왔을 때 영해로 진입한 배는 해안 경비대의 경고 총성을 들었다.

배가 몇 주 바다에 떠 있는 동안 유대인연합배분위원회와 유럽 4개국(영국, 벨기에, 네덜란드, 프랑스) 간의 열띤 협상이 결실을 맺어 마침내 이들 국가들은 루이스 호에 탄 유대 난민들을 자기 나라에 받아들이는 데 동의했다. 하지만 후에 영국을 제외한 3개국이 독일 나치에 점령당해 "저주받은 루이스 호 항해"를 했던 유대인들 중 절반 이상이 가스실에서 생을 마감한 것으로 추정된다.

"저의 말로 저를 벌하지 말도록 하소서. 최근 몇 달 동안 정신착란을 일으킨 유대인이 그리 많지 않았다는 사실을 건강의 징후로 보긴 힘들 것입니다(하임 그린버그, 《파산Bankrupt》)."

나치의 대학살이 최고조에 달했을 때 집필한 《파산》에서 '노동 시온주의

Labor Zionism'의 리더인 그린버그는 2백만 유대인들이 학살당했다는 소식이 미국 유대인들에게 전해졌음에도 불구하고 이들이 평상시와 다름없이 안정된 사업과 태도를 유지하는 것에 분노와 비탄을 표현했다. 그는 통렬한 풍자로 유럽 유대인들이 아니라 미국의 유대인들에게 금식과 기도의 날을 요구했다. 이들은 유럽에 수용되어 가혹한 운명에 처해 있는 수백만 명의 유대인에 대한 근본적인 의무도 행하지 않았고, 행하려고도 하지 않았기 때문이다.

그는 미국의 각종 유대인 단체가 최소한 고통의 범위라도 줄일 수 있도록 공권력을 동원해달라고 미국 정부에 압력을 가하는 데 함께 힘을 모으는 대신 쓸데없는 싸움과 권력놀음에 빠진 것을 비난하지 않을 수 없었다. 유대노동위원회의Jewish Labor Committee의 한 모임에서 폴란드를 탈출한 어느 회원이, 다른 회원들의 방관자적인 태도를 비난했지만 도리어 "히스테릭한 사람"이란 야유를 들으며 자리에 앉아야 했던 때를 그린버그는 기억한다. 그린버그가 미국 유대인에 대한 비난에 박차를 가했던 것도 바로 이 사건 때문이었다.

오늘날 그린버그의 글은 당시 서구 사회와 서구 유대인들이 홀로코스트가 진행되는 순간에도 그 끔찍한 참상을 인식하고 있었다는 증거로 인용되고 있다.

74. 유대인은 왜 더 강력하게 반격하지 못했는가

고개를 돌릴 때마다 사람들은 내게 질문을 던진다. "유대인들은 왜 반항하지 않나요? 그들은 왜 마치 도살장에 끌려가는 양같이 행동합니까?" 나는 갑자기 고문당하고 총살당하고 불태워지는 사람들을 우리가 부끄럽게 생각한다는 것을 깨달았다. 우리는 무의식적으로 '유대인은 인간 이하의 민족'이라는 나치의 관점을 받아들였다. …… 역사는 우리를 두고 쓰라린 농담을 일삼는다. "유대인 자신들이 6백만 명을 심판한 것이 아닌가?(요엘 팔지)."

"마치 도살장에 끌려가는 양같이"란 표현은 시편 44장 22절에 등장하는 구절이다(이사야 53:7 참조). 여기서 시편 저자는 하나님을 위해 죽어가면서 하나님께 자신들의 고통을 외면하지 말아달라고 간청하는 유대인을 묘사했다. 바로 이 구절은 몇 년 전 시인 아바 코브너Abba Kovner가 그의 빌나 유대인 동포들에게 반란할 것을 호소했을 때도 인용되었다. "우리는 마치 도살장에 끌려가는 양처럼 끌려가진 않을 것입니다. …… 형제들이여! 살인자들의 자비를 바라며 목숨을 부지하는 것보다 자유인으로서 적들과 싸우는 것이 더 낫습니다. 일어나십시오! 마지막 숨이 다할 때까지 일어나 싸우십시오!"

꽤 많은 수의 유대인들이 나치를 상대로 반란을 일으키긴 했지만 유대인 대다수가 그렇게 하진 못했는데, 여기에는 그럴 만한 몇 가지 이유가 있었다. 이 중 가장 두드러진 이유는 거의 대부분의 유대인들에게 무기가 없었다는 점이다. 이는 실제로 대부분의 미국 유대인들이 총기 통제법을 지지했기 때문인데, 이를 반대한 유대인들은 예외 없이 만일 유럽 유대인들이 무장할 수 있었다면 훨씬 더 많은 유대인들이 생존할 수 있었을 것이라 주장한다. 팔과 다리는 기관총을 든 조직적인 군대를 상대하기엔 거의 무용지물에 가까웠다. 나치 강제수용소에서 목숨을 잃은 수백만 명의 러시아 군인과 더불어 독일군에게 끌려간 수백만 명의 유대인들이 무기가 없어 반격하지 못했다는 사실을 인식하고 있는 사람은 거의 없다.

"한 명의 나치 무장친위대 장교를 죽이는 것으로 수백 명, 심지어 수천 명의 남자와 여자, 아이들이 그 즉시 목숨을 잃게 된다고 하더라도 그렇게 하는 것이 도덕적으로 정당한 일일까?" (엘리에제르 베르코비츠, 《홀로코스트 이후의 믿음》)

"유대인 투사들이 암스테르담의 예전 유대인 거주 지역에 소재한 독일 파견대를 습격한 주목할 만한 사건이 있었는데, 그 후 유대인에 대한 독일의 앙갚음은 실로 참혹한 것이었다.

이 사건에 대한 독일의 보복 행위로 430명의 유대인들이 체포되었는데, 이들은 말 그대로 고문을 당하면서 죽어갔다. 처음에는 부헨발트 수용소에서, 그 다음엔 오스트리아의 마우트하우젠 강제수용소에서, 몇 개월 동안 계속된 이 대학살에서 1천 명의 무고한 유대인들이 목숨을 잃었다. 아마 이들은 한 명도 빠짐없이 모두가 아우슈비츠나 심지어 리가Riga와 민스크Minsk에 수용된 동포들을 부러워했을 것이다. 죽음보다 훨씬 더 끔찍한 것은 얼마든지 존재했기 때문이다(K. 샤베타이K. Shabbetai, 《마치 도살장에 끌려가는 양같이?: 비겁함에 대한 허상As Sheep to the Slaughter?: The Myth of Cowardice》)."

그래도 유대인 반란 사건은 여전히 많이 발생했는데, 이 중 바르샤바 게토에서 일어난 사건이 가장 유명하다. "제 인생의 꿈이 실현되었습니다. 바르샤바 게토에서 유대인이 스스로를 방어하게 되었기 때문입니다. 유대인들의 무장 저항 및 복수가 현실로 다가온 것이죠. 난 유대 투사들의 웅장한 영웅적 투쟁을 줄곧 목격했습니다"(모르데차이 아니엘레위츠Mordechai Anielewicz, 바르샤바 게토 봉기가 일어난 지 4일 후 반란군 부대장 이츠차크 주케르만Yitzchak Zuckerman에게 보낸 메모)."

바르샤바 게토 봉기를 조직화하는 일을 도왔을 때 불과 스물네 살이었던 아니엘레위츠는 바르샤바에 남아 있는 모든 유대인들을 이송해 학살하는 것이 당시 독일의 계획이라는 것을 알고 있었다. 또 다른 나치의 유대인 이송이 임박했다는 말에 봉기의 방아쇠가 당겨졌다.

바르샤바 게토 반란군은 약 한 달 동안 저항했는데, 이는 1939년 나치가 폴란드를 공격했을 때 폴란드 군이 저항한 기간보다 긴 기간이었다.

아니엘레위츠의 메모를 받은 영웅적인 부대장 이츠차크 주케르만은 이 투쟁에서 살아남은 몇 안 되는 바르샤바 게토 반란군 중 한 명이었다.

약 40년 후 홀로코스트를 다룬 다큐멘터리 영화인 〈쇼아Shoah〉 제작을 위해 이 영화의 감독인 클로드 란즈만Claude Lanzmann이 그와 인터뷰를 했을 때 그는 이렇게 말했다. "전쟁 후 술을 마시기 시작했습니다. 너무 힘들었거든요. …… 내게 전쟁에 대해 어떻게 느끼는지를 물었죠. 만일 당신이 제 심장을 핥는다면 곧바로 당신 몸에 독이 퍼질 겁니다."

바르샤바 게토 봉기 및 기타 저항운동에도 불구하고 1961년에 있었던 아이히만 재판Eichmann Trial 동안 '저항을 하지 못한' 유대인들에 대한 충격과 어느 정도의 경멸을 표현하는 것은 일부 유대인 및 비유대인 사이에서 유행처럼 번졌다. 엘리 위젤Elie Wiesel은 여기에 대해 다음과 같이 반응했다. "탈무드는 친구가 그에 어울리는 자리에 얼마 동안 있기 전까지는 절대 친구를 평가하지 말라고 가르친다. 그런데 이들 유대인과는 친구가 아니고 친구였던 적도 없다. 그리고 이들 유대인들은 이미 죽었다는 이유 때문에도 아무런 친구가 없다. 그러니 당신들은 침묵을 지키는 것을 배우도록 하라(엘리 위젤, '망자를 위한 탄원A Plea for the Dead')."

75. 그들은 무엇을 위해 저항했는가

종교적인 반응

처음에 그들은 사회주의자들을 추궁하러 왔지만 난 사회주의자들을 옹호하는 말을 하지 않았다. 나는 사회주의자가 아니었기 때문이다. 그 후 그들은 노동조합원들을 추궁하러 왔지만 난 노동조합원들을 옹호하는 말도 하지 않았다. 나는 노동조합원이 아니었기 때문이다. 그 후 그들은 나를 추궁하러 왔지만 나를 위해 말해줄 사람은 아무도 남아 있지 않았다.(마틴 니묄르Matin Niemoller).

니묄르 목사는 체포되어 투옥된 다음 다카우 강제수용소로 이송되기 4일 전에 마지막 설교를 했다. 그는 이 설교에서 다음과 같이 선언했.
"하나님이 우리에게 말하라고 명하셨을 때 우리는 인간의 명령에 더 이상 침묵으로 일관할 수 없습니다. …… 우리는 인간에 앞서 하나님께 복종해야만 합니다." 그리고 이와 똑같은 말이 6년 후 다른 나라에서 되풀이되었다. "우리는 인간에게 복종하기 전에 먼저 하나님께 복종해야 합니다(H. 푸글산드-담가드H. Fuglsand-Damguard, 코펜하겐의 루터교 목사)." "우리나라의 파렴치한 행위는 반드시 신의 처벌을 불러올 것이다(J. 본 잔J. von Jan 목사)." "본 잔 목사가 용기 있게 크리스탈나흐트 대학살을 비난했을 때 한 무리의 나치가 성경 수업을 하던 그를 끌어내 무자비하게 구타했고 그의 목사관도 때려 부셨다. 그 후 그는 투옥되었다(마틴 길버트Martin Gilbert, 《홀로코스트Holocaust》)." "우리는 하나님 앞에 서서 그분에게 복종의 의미로 고개를 숙입니다. 하지만 우리는 사람 앞에선 가슴을 펴고 똑바로 섭니다(랍비 레오 바에크)."

"과거에 우리의 적들은 우리의 영혼을 요구했고 우리 유대인들은 하나님의 이름을 거룩하게 하기 위해 우리의 몸을 희생시켰다. 하지만 지금 우리의 적들은 우리의 몸을 요구한다. 그래서 우리 유대인들은 그것을 방어하고 지키지 않을 수 없다(랍비 이츠차크 니센바움Yitzchak Nissenbaum)."

니센바움은 과거, 특히 종교개혁 시기에 기독교로 개종했다면 목숨을 구할 수 있었는데도 개종을 거부한 유대인들이 하나님의 이름을 거룩하게 하기 위해 목숨을 바친 역사적 사실을 암시하고 있다. 지금 필요한 것은 생명을 거룩하게 여기는 것이라고 그는 주장한다. 모든 유대인을 학살하려는 전례 없는 시도는 유대인들로 하여금 생존을 위해 모든 힘을 총동원하지 않을 수 없게 만들었다.

몇 달 후 니센바움이 바르샤바 게토에서 마지막까지 생존한 세 명의 랍비들 중 한 명이었을 때 자신과 다른 두 랍비를 구해주겠다는 가톨릭교회의 제안을 거절해야 한다고 느꼈다는 것은 얼마나 아이러니한 일인가.

"자랑스럽게 노란색 휘장을 달아라(로버트 벨츄)." 이것은 히틀러가 권력을 거머쥔 뒤 시행했던 유대 상점에 대한 보이콧에 대해 독일 시온주의 리더인 로버트 벨츄Robert Weltsch가 쓴 논설의 제목이다. 당시 나치는 대부분의 유대인 소유 상점의 창문에 다윗의 커다란 노란색 별을 그렸지만 유대인들이 노란색 휘장까지 달 필요는 없었다. 그러나 1941년에 나치는 의복에 노란색 휘장을 달지 않는 유대인을 사형에 처했다.

벨츄의 논설은 동포들에게 나치의 처형에 기죽지 말고 유대인이란 사실을 자랑스럽게 드러낼 것을 강조했다. 당시 그의 논설은 독일 유대인의 사기를 크게 진작시켰다고 한다.

전쟁에서 살아남은 벨츄는 후에 그의 친구에게 이 유명한 문구를 쓴 것을 후회한다고 고백했다. 그는 유대인의 긍지를 강조하는 대신 동포들에게 독일을 떠날 것을 권했어야 했다고 말했다. 물론 1933년 4월이 되기 전까진 벨츄를 포함한 어떤 유대인들도 나치가 유럽의 '유대인 문제'에 대해 '최후의 해결책'을 시행하리라곤 생각지 못했다.

"나치 무장친위대는 내가 내 손으로 아이들을 죽이길 원한다(아담 체르니아코프 Adam Czerniakow, 나치가 임명한 바르샤바 게토의 유대인 공동체 회장)."

바르샤바 유대인들 다수가 체르니아코프는 나치의 협력자라며 근거 있는 비난을 했다. 1942년 여름 30만 명의 바르샤바 유대인들이 체포되었을 때 게토 경찰은 체르니아코프의 지시 아래 이 임무를 수행했다. 후에 체르니아코프는 만일 자신이 그렇게 하지 않았다면 유대인 전부가 학살당했을 것이라고 변명했다. 1942년 7월 체르니아코프는 나치가 고아원에 있는 유대인 아이들은 이송에서 제외시켜달라는 자신의 요청을 받아들이지 않았다는 것을 알고 같은 달 23일 티샤 베아브Tisha Be'Av 날에 청산가리를 삼키고 자살했다.

바르샤바의 히브리어 교사이자 저술가인 카임 카플란Chaim Kaplan도 그를 오랫동안 비난한 사람들 중 한 명이었다(바르샤바 게토가 파괴되고 1년 후에 그의 일기장이 기름 깡통 안에서 발견되었다.). 하지만 그가 체르니아코프의 자살 소식과 그 이유를 접했을 때 그는 다음과 같이 기술했다. "그는 훌륭한 삶을 살지 못했다. 하지만 그의 죽음은 아름다웠다. 그는 죽음으로 유대민족에게 저지른 자신의 죄를 씻었다. …… 단 한 시간 만에 영원한 생명을 얻는 사람들이 있다. 그런데 아담 체르니아코프는 단 한순간에 영원한 생명을 얻었다."

나치의 무자비한 명령에 대해 체르니아코프가 죽음으로써 거부한 것은 우지 게토의 유대인 회장인 카임 룸코프스키Chaim Rumkowski의 태도와 대조적이다. 룸코프스키는 부정적인 의미의 '유대인의 왕King of Jews'이란 별칭으로 알려졌다. 나치로부터 10세 미만의 유대인 아이들 및 65세 이상의 유대인 노인들 전부를 이송하라는 명령을 받은 그는 다음과 같이 주장하면서 동포들의 협조를 강권했다. "저는 여러분만큼 아이들을 사랑합니다. 그래도 전 이 피비린내 나는 임무를 수행해야만 합니다. 제가 다른 사람들이 끌려가지 않도록 아이들을 데리고 갈 수밖에 없는 것입니다. 이런 저를 하나님은 용서하실 것입니다. …… 아버지들과 어머니들이여, 당신의 아이들을 제게 주십시오(마틴 길버트, 《홀로코스트》)."

결국에는 룸코프스키를 포함해 우지 게토의 거의 모든 유대인들이 이송되었다. 소련 군대가 1945년 1월 마침내 우지 게토를 해방시켰을 때 게토의 16만 거주민들 중 870명의 굶주린 사람들만이 게토에 남아 있었다. 브라이언 맥아더Brian MacArther는 자신의 저서 《펭귄 북 20세기 연설Penguin Book of Twentieth-Century》에 룸코프스키의 연설도 실었는데, 그는 이 연설이 자신의 연설 선집에서 가장 "소름끼치는" 연설이라고 말했다.

끝으로 그녀가 처형되었을 때 스물세 살에 불과했던 탁월한 젊은 유대 시인이 쓴 가장 유명한 시의 첫 행을 소개한다.

"촛불을 밝히기 위해 희생되는 성냥에게 축복이 깃들지어다(한나 세네슈Hannah Senesh)."

헝가리 태생의 유대인 시인이자 하가나Haganah(영국 통치 기간 동안 팔레스타인에서 조직된 유대인 군대)의 투사인 세네슈는 1944년 3월에 연합군 전쟁 포로를 구출하고 유대인 저항운동을 조직화하기 위해 나치 치하의 유고슬라비아로 낙하산을 타고 침투했다. 같은 해 6월 수만 명의 헝가리 유대인들이 죽음의 수용소로 이송될 때 그녀는 헝가리 유대인들에게 그들이 처한 운명을 환기시키기 위해 헝가리로 잠입하기로 결심했다. 자살 임무를 수행할 수도 있다는 걸 충분히 인식했던 그녀는 자신의 동료에게 이 시가 적힌 구깃구깃한 종이 한 장을 건넸다.

헝가리로 잠입한 세네슈는 곧 체포되었지만 이들 파시스트 심문자들에게 아무런 정보도 누설하지 않았다. 한나 세네슈는 1944년 11월 7일에 총살로 처형되었고, 1950년 그녀의 유해는 이스라엘로 운반되어 시온주의 창시자 테오도르 헤르츨Theodor Herzl이 묻힌 마운트 헤르츨Mount Herzl에 매장되었다.

76. 유대인의 분노는 어디로 흐르는가

오, 하나님이시여! 당신은 어째서 이 세상에 그런 쓰레기를 창조하셨습니까!(이츠하크 카츠넬슨Yitzhak Katznelson, 아우슈비츠에서 살해된 유대인 시인)

엘리에제르 베르코비츠Eliezer Berkovits에 따르면 하나님에 대한 카츠넬슨의 비통한 푸념은 종교적인 홀로코스트 희생자들 대다수의 심적 경향을 반영한다. "홀로코스트 왕국은 그들에게서 전혀 열등감을 유발하지 못한 채 나치화된 인간의 오염된 영혼을 드러냈다. 그것으로 인해 그들의 영혼은 순식간에 경멸로 채워졌다."

베르코비츠의 관찰에 따르면 독일의 행위는 종종 유대인들의 동화된 자아상에 상당한 악영향을 끼쳤다. 예를 들면 강제 수용소에 수용되었던 정신과 의사 빅토르 프랭클Viktor Frankl은 독일 간수가 자신을 꾸짖는 대신 자신에게 돌을 던짐으로써 자신은 단순히 "집에서 기르는 짐승"에 불과할 뿐임을 상기시킨 것이 얼마나 가슴 아픈 일이었는지를 회상한다. 베르코비츠는 다음과 같이 생각한다. "이츠하크 카츠넬슨은 이 같은 종류의 사건엔 크게 신경 쓰지 않았을 것이다. 그의 눈엔 게토 및 강제수용소 간수는 우리와 공통점이 거의 없는 완전히 다른 종류의 생명체로 비춰졌다. 따라서 그들은 절대로 우리를 모욕할 수 없다는 것이다《지옥에서 하나님과 함께With God in Hell》."

어느 유대 노인이 바르샤바 게토의 트와르다 가街를 지나가다 나치 간수와 마주쳤다. 그런데 노인은 나치 간수의 경고를 받았음에도 불구하고 모자를 벗고 그에게 경례를 하지 않았고, 나치는 그를 오랜 시간 고문했다. 하지만 한 시간 후 노인은 전과 똑같이 행동했다. 노인은 "그들은 이제 충분히 지옥에 갈 수 있다."라고 말했다에마뉴엘 린게블룸Emanuel Ringelbulm). 이 유대 노인의 행동은 하만에게 "무릎을 꿇지도, 경의를 표하지도" 않은 모르드개의 행동을 떠올리게 한다에스더 3:2). 유대 율법은 모르드개 및 노인이 자신들의 생명을 구하기 위해 복종하는 척하는 것을 허용하지만 이들은 적들에게 자신의 행동을 통제당하지 않겠다는 확고한 신념으로 이를 거부했다.
"반유대주의자들이 당신을 증오하고 싶어 한다면 그렇게 하도록 내버려두자. 그리고 그들이 지옥에 가도록 내버려두자데이비드 벤 구리온David Ben Gurion, 이스라엘이 아돌프 아이히만을 납치해 재판을 받게 하면 반유대주의를 자극할 수 있다고 우려하는 지인에게 보낸 편지)."
"하나님 아버지, 그들을 용서하지 마십시오. 그들은 자신들이 무슨 짓을 한 것인지 알고 있기 때문입니다로센달Rosenthal)."
단지 소수의 독일인만이 "최후의 해결책"에 대한 모든 것을 알았다는 것은 맞는 말이다. 하지만 여기에 대해 전혀 모르는 사람들도 거의 없었다월터 래커,《끔찍한 비밀》). 탁월한 역사가인 래커는 다수의 가담자와 목격자, 그리고 이들 중 다수에게서 이야기를 들은 친척이나 친구들 없이는 그토록 많은 사람들이 학살될 수 없다고 지적했다.

"독일 민족이 베토벤은 자랑스러워하면서 반인류적인 히틀러의 범죄는 잊는다는 건 있을 수 없는 일이다(아서 번즈Arthur Burns, 전前 독일 주재 미국 대사)."
끝으로 다소 기묘하게 느껴질 수도 있는 유머러스한 이야기 하나를 소개한다.

독일 기차역에 있던 한 유대인에 대한 일화다. 이 가난한 유대인은 자신이 가진 모든 것을 넣은 닳아빠진 낡은 여행 가방을 들고 독일의 어느 역에 도착한다. 기차 시간표를 유심히 보고 있는 한 노신사를 보고 이 유대인은 그에게 다가가 이렇게 묻는다. "저, 실례합니다만, 당신은 반유대주의자이신가요?"
노신사는 그의 말에 놀라며 화난 목소리로 대답한다. "그런 무례한 질문이 어디 있소?"
"기분 상하게 해드릴 의도는 아니었습니다." 유대인은 이렇게 말하고 근처에 서 있는 한 여성에게로 옮겨간다. "실례합니다만, 부인은 반유대주의자이신가요?" 그녀의 반응도 노신사와 똑같았다.
한동안 이와 똑같은 상황이 몇 번 되풀이된 후, 이 유대인은 깔끔하고 품격 있어 보이는 한 부부를 만나게 되었고, 그는 이 부부에게도 똑같은 질문을 던졌다. "실례합니다만, 혹시 반유대주의자이신가요?"
"당연히 그렇습니다." 남자가 계속 대답했다. "우리는 악취를 풍기는 유대인 모두를 몹시 싫어하죠."
"그래요." 유대인이 말했다. "이렇게 정직한 분들을 만나 뵙게 되어 무척 반갑습니다. 잠시 저의 여행 가방을 좀 맡아주시겠습니까?(헨리 브로더 Henry Broder, 일라 레프코프Ilya Levkov, 《비트부르크 앤 비욘드Bitburg and Beyond》)"

77. 그들은 왜 독일의 보상을 반대했는가

이스라엘이 서독의 보상을 받아야 할지에 대한 1952년의 논쟁은 감정적으로 비틀리고 쓰라린 경험으로 나타났다. 이 문제에 대해 서로 대립된 관점을 주도한 두 사람은 당시 이스라엘 수상인 데이비드 벤 구리온 David Ben-Gurion과 후에 이스라엘 수상이 된 메나헴 베긴 Menachem Begin이었다. 벤 구리온은 서독의 보상을 받아야 한다는 보상 수용의 열렬한 지지자였던 반면, 메나헴 베긴은 서독으로부터 돈을 받는 것은 6백만 명의 희생자들을 배신하는 행위라고 주장했다.

"우리나라의 살인자들이 우리나라의 상속자도 되게 해선 안 된다(데이비드 벤 구리온)." 1952년 1월 7일 이스라엘 국회에서 있었던 벤 구리온의 '보상 찬성' 연설의 마지막 문장을 장식했던 위의 말은 아합 왕이 나봇을 살해하게 하고 그의 포도원을 차지한 후에 엘리야가 아합 왕에게 던진 웅변적인 비통한 질문을 떠올리게 한다. "당신은 사람을 죽이고 그 재산도 차지하지 않았습니까?(열왕기상 21:19)" 벤 구리온의 이러한 입장은 홀로코스트에 대한 독일의 죄를 용서하겠다는 생각에서 비롯된 것은 절대 아니었다. "만일 내가 그들과 단 1분도 마주 앉아 있지 않고 독일의 재산을 취할 수 있다면, 하지만 그러기 위해선 기관총을 들고 지프를 타고 이들의 창고로 직접 가야 한다면, 내가 그렇게 할 것이다. …… 하지만 우리는 그렇게 할 수 없다." 벤 구리온은 독일의 초대 수상인 콘라드 아데나워Konrad Adenauer와 재정적인 보상을 협상하려고 했다. 독일은 유대인에게서 강탈한 재산으로 이윤을 얻을 권리가 없으며 이스라엘(1948년과 1951년 사이 인구는 배로 증가했다.)을 발전시키기 위해선 재정적인 원조가 절실히 필요했기 때문이다.

벤 구리온의 이러한 이성적인 분석에도 불구하고 '보상 반대자'들 사이에서는 보다 감성에 치우친 강력한 주장이 제기되었다.

"조그만 나의 아들이 내게 다가와서 이렇게 물었다. '우리 할아버지와 할머니에 대한 보상으로 얼마를 받아야 하나요?'(이스라엘 국회의원 엘리멜레크 리말트 Elimelekh Rimalt)"

"영하 39도까지 내려가는 혹한의 겨울에 빌나 게토에서 유대인들이 추위와 굶주림으로 거리에서 죽어갈 때 독일인들이 우리에게 수만 명의 학살당한 유대인들의 의복을 가져다주며 이렇게 말했다. '이 옷들을 받으시오.' 유대인 대표자는 우리 형제의 피로 얼룩진 그 옷들을 받는 것을 거절했다. …… 우리 모두는 그 옷들을 받지 않을 것이라고 말했다. …… 우리가 그 옷들을 받아서 입으면 그들은 우리를 이용할 것이기 때문이었다. …… 그들은 학살당한 우리 형제자매의 옷을 입은 우리의 모습을 사진기로 찍기를 원했다.

그렇다. 그건 분명 불합리한 일이었다. 전쟁이 끝난 후, 또 다른 불합리한 사건이 있었다. 트레블링카 들판에서 금 사냥꾼들이 금반지를 얻기 위해 잘려나간 손가락을 찾기 시작했다. 폴란드 유대인들은 폴란드 정부를 찾아가 이러한 행위를 금해줄 것을 요청했다. 그리고 이들은 트레블링카 들판 주위에 울타리를 치고 땅속에 묻힌 금에 손대지 않았다. 이것은 불합리의 정점에 이르는 일인 동시에, 도덕적으로나 역사적으로 바람직한 일이다(이스라엘 국회의원이자 홀로코스트 생존자, 아리에 쉐프텔Arieh Sheftel)."

"우리의 아버지들이 가스실로 끌려가는 것을 본 우리가, 죽음으로 향하는 열차의 덜커덕거리는 소리를 들은 우리가, 연로한 아버지가 강에 던져지는 것을 눈앞에서 지켜본 우리가, …… 연로한 어머니가 병원에서 살해되는 것을 눈앞에서 지켜본 우리가, 역사에서 찾아볼 수 없는 이러한 모든 사건들을 눈앞에서 목격한 우리가 우리 부모님들을 죽인 살인자들과 협상하는 것을 막으려고 우리의 생명을 거는 것에 두려움을 느껴야 할까? …… 우리는 이스라엘이 이러한 치욕을 모면할 수 있다면 무엇이든, 그 어떤 일이든 할 준비가 되어 있다(메나헴 베긴Menachem Begin, 벤 구리온의 입장에 대한 반박)."

독일인에 대한 그의 심한 반감(그는 이스라엘 수상 시절 초기에 독일 저널리스트와는 사적인 인터뷰를 하지 않았다.)은 일시적으로 그의 정신을 흩뜨려놓았던 듯하다. 어느 순간 그는 당시 이스라엘 수상인 벤 구리온이 마치 나치와 흡사한 방식으로 국가를 경영하고 있는 것처럼 말했기 때문이다. "당신이 저를 강제수용소로 끌고 가리란 것을 압니다. 당신은 오늘 '보상 반대 시위자' 수백 명을 체포하고, 내일 수천 명을 체포할 수도 있습니다. 하지만 이들은 감옥에 앉아서도 주장을 굽히지 않을 것입니다. 우리는 이들 곁에 앉아 있을 것입니다. 불가피하다면 우리는 이들과 함께 죽을 것입니다."

같은 날 베긴은 보상 반대를 시위하는 대규모의 군중에게 이와 비슷한 편집증적인 연설을 했다. 그는 극단적인 반유대주의자들이 유대인에 대해 말하는 것과 똑같은 방식으로 독일인에 대해 말했던 것이다. "우리 아버지들을 살해하지 않은 독일인은 단 한 명도 없습니다. 독일인 모두가 나치고 살인자입니다. …… 그리고 독일인의 협력자들도 모두 살인자입니다."
베긴은 계속해서 이미 흥분이 고조된 자신의 군중에게 현재 이스라엘 경찰들이 "우리 부모님들을 질식시킨 가스와 똑같은 가스"를 내뿜는 독일제 최루탄을 갖고 다닌다는 잘못된 정보를 제공하기도 했다. 그리고 얼마 후, 다수의 시위자들이 이스라엘 국회를 향해 행진하면서 이스라엘 국회 창문으로 돌을 던지기 시작했다. 일부는 국회 건물로 돌진하면서 폭력을 행사하기도 했다. 시위가 끝났을 때 2백여 명의 시위자들과 경찰들이 부상당했다.

결국 이스라엘 국회는 3달 동안 베긴을 정직시켰고, 벤 구리온은 '이스라엘의 민주주의를 파괴하려는 첫 시도'를 성공적으로 진압했다는 내용의 대국민 연설을 했다.

독일의 보상에 대해 서로 대립되는 마지막 두 가지 견해

설령 살인자가 세상의 모든 돈을 준다 하더라도, 또 설령 "피의 복수자■"가 그 살인자를 용서하고 자유의 몸으로 풀어주길 원한다 하더라도 살인자로부터 그 어떠한 보상금을 받지 않도록 주의해야 한다. 이는 희생자의 영혼은 "피의 복수자"의 소유가 아니라 하나님의 소유이기 때문이다(미슈네 토라, '살인 및 생명 보호에 관한 율법' 1:4).

보상 문제를 두고 국회에서 논쟁이 벌어지고 있던 어느 날 베긴 측의 신문

■ **피의 복수자** 피해자의 복수를 대신할 권리가 있는 가장 근친인 사람.

은 전면에 마이모니데스의 이 인용문을 실었다. 마이모니데스가 언급한 "피의 복수자"는 살해된 자의 근친으로 하여금 복수를 명하는 성경 계율에서 비롯된 말이다. "피의 복수자가 그 살인자를 죽이도록 하라(민수기 35:19)."

고대 이스라엘 주변 사회에서 행해진 관습과는 대조적으로 성경 계율은 "피의 복수자"나 다른 가족 구성원들이 살인자와 금전적인 협상을 하는 것을 금한다. 히타이트Hittite의 하투쉴리스Hattushilis 왕이 바빌로니아 왕에게 보낸 기원전 14세기의 서한을 보면 이러한 관습이 얼마나 널리 인정되었는지를 알 수 있다. "히타이트 땅에서 살인 사건이 일어났을 때 사람들이 살인자를 잡아 그를 살해당한 이의 형제들에게 넘기고, 형제들이 살해당한 형제에 대한 금전적인 보상을 받는다면 그들은 살인이 행해진 도시에서 살인자를 위한 속죄 의식을 행하는 것이다(데이비드 스펠링David Sperling, '성경에서의 살인죄 및 이스라엘 주변 사회에서의 살인죄Bloodguilt in the Bible and in Ancient Near East Sources')."

마이모니데스가 근거한 성경 구절은 전체적으로 이러한 종류의 관습과는 정반대의 대처를 요구한다. "죽을죄를 진 살인자에게서 목숨을 대신할 몸값을 받아서는 안 된다. 그는 반드시 죽임을 당해야만 한다(민수기 35:31)."

하지만 성경의 이러한 계율을 근거로 '보상 반대'를 주장하는 사람들에게 반론을 제기하는 이들은 한 개인의 살인자에게서 '보상금'을 받는 것은 한때 살인을 저지른 나라의 정부로부터 보상을 받는 것과는 상당히 다른 것이기에 마이모니데스의 계율은 독일의 보상 문제에는 적용시킬 수 없는 것이라고 주장한다.

■ **히타이트** 소아시아 시리아 북부를 무대로 하여 기원전 2000년경에 활약했던 인도 유럽계 민족의 언어 및 국가의 명칭.

"역사를 만들려는 사람은 누구라도 필히 역사를 잊어버려야 한다(어네스트 르낭, 19세기 프랑스 역사가)." 르낭의 이 말은 벨기에 주재 이스라엘 영사인 미카엘 아미르Michael Amir가 이스라엘 리더에게 보낸 서한에서 인용되었다. 아미르는 독일과 보상 문제를 협상하지 않는 것은 근시안적이고 자멸적인 발상이라고 믿었다. "독일을 원수 국가로 여겨 독일에 대해 보이콧 정책을 고집하는 것은 낭만적이고 도덕적인 돈키호테 식의 정책을 고집하는 것과 같습니다. 하지만 그것은 풍차와 마상 창시합을 하는 것을 의미하기도 하지요. 그러한 정책은 도덕적이고 일관성이 있습니다. 하지만 우리에게 혜택은 주지 않고 해만 끼칠 뿐입니다." 그런 다음 그는 다음과 같이 약간 수정하긴 했지만 르낭의 문구를 인용했다. "이스라엘은 필히 현실적인 정치 행로를 선택해야만 한다는 것을 저는 잊지 않고 있습니다(톰 세게프Tom Segev, 《7번째 100만The Seventh Million》)."

78. 아이히만 재판의 쟁점은 무엇이었나

1960년 이스라엘의 모사드Mossad▪ 요원은 아르헨티나에서 나치의 최고 책임자인 아돌프 아이히만Adolf Eichmann을 체포해 예루살렘으로 호송했다. 1961년, 세계 각국의 저널리스트들이 취재하는 가운데 이루어진 그의 재판은 이스라엘 역사의 전환점이 되었다. 4개월에 걸친 재판에서 아이히만은 사형선고를 받고 1962년 5월 31일 교수형에 처해졌다.

"아돌프 아이히만을 기소하기 위해 이스라엘의 판사님들 앞에 서 있는 저는 지금 홀로 서 있는 것이 아닙니다. 저는 지금 6백만 명의 고소인들과 함께 서 있습니다. …… 비록 이들의 목소리는 들리지 않지만 이들의 피는 울부짖고 있습니다(기데온 하우스너Gideon Hausner, 아이히만 재판의 이스라엘 측 검사)."

네 칼이 여인들에게서 자식을 빼앗았으니 네 어미도 그렇게 자식을 빼앗

▪ 모사드 이스라엘의 비밀 정보 기관.

기리라(사무엘상 15:33).

이스라엘의 이츠하크 벤 즈비Yitzhak ben Zvi 대통령은 예언자 사무엘이 살인을 일삼은 아말렉의 왕 아각을 죽이기 전에 한 이 말을 인용하면서 자신에게 자비를 베풀어달라는 아이히만의 탄원을 받아들이지 않았다.

여러 이스라엘 리더들도 아이히만을 사형시키지는 말 것을 호소했다. 철학자 마틴 부버Martin Buber를 필두로 한 일련의 저명한 이스라엘 지식인들은 아이히만의 처형을 강력하게 반대했다. 이들의 이러한 주장이 단순히 사형 자체에 대한 고집스런 반대에 근거했다면 더 큰 지지를 얻을 수도 있었을 것이다(이스라엘은 홀로코스트 관련 범죄자들을 제외한 모든 범죄자들의 사형을 법으로 금지했다.). 하지만 이들이 아이히만의 사형을 반대한 이유는 아이히만이 저지른 범죄의 극악함 자체에 있었다. 이런 애매한 이유는 많은 유대인들이 받아들이기 어려워했다. 예를 들면 벤 즈비 대통령에게 보낸 부버의 서한은 다음과 같은 주장을 펼쳤다. "아이히만의 재판을 사형으로 결론짓는 것은 홀로코스트의 이미지를 축소하고 재판의 역사적·도덕적 중요성을 저버린다는 것이 저희들의 믿음입니다."

철학자 슈무엘 휴고 베르그만Shmuel Hugo Bergmann은 놀랄 만큼 낙관적인 생각으로 다음과 같이 기술했다. "이 남자에 대한 관대함은 증오의 사슬을 끊어주고 세상에 약간의 구원을 불러올 것이라고 나는 확신한다. 또한 나는 사형이 이 세상의 악마가 크게 승리하도록 도울 뿐이라는 것에도 확고한 믿음을 갖는다."

벤 구리온 수상은 아이히만의 사형 여부를 논의하기 위해 특별 각료 회의를 소집했다. 이날 재판의 최종 승리자는 다음과 같은 말을 남긴 기데온 하우스너Gideon Hausner였다. "우리는 홀로코스트 생존자들의 빚을 갚기 위해 이 남자를 처형해야만 합니다."

79. 레이건의 비트부르크 방문은 무엇을 야기했나

"거긴 당신이 가야 할 곳이 아닙니다. 당신은 나치 무장친위대의 희생자들과 함께해야 합니다(엘리 위젤, 로널드 레이건이 자리한 백악관에서의 연설)."

1985년 4월, 역사상 미국 유대인 공동체와 미국 대통령 간의 가장 뚜렷한 대립이 일어났다. 당시의 대통령 로널드 레이건Ronald Reagan은 나치 독일 패전 40주년을 기리기 위해 비트부르크 군인 묘지에 직접 화환을 바칠 것이라고 선언했다. 비트부르크 군인 묘지에는 수천 개의 독일군 무덤이 있었는데, 그중엔 마흔일곱 명의 나치 무장친위대(홀로코스트를 주도한 부대) 장교들의 무덤도 있었다. 레이건 대통령의 이러한 계획은 그의 발상이 아니라 독일 수상 헬무트 콜Helmut Kohl의 의견에 따른 것이었다. 그는 미국 대통령의 독일군 묘지 방문이 사람들에게 나치 병사들도 일반 군인들처럼 여겨져야 한다는 믿음을 심어주길 바랐던 것이다.

그곳에 전범들의 무덤(독일 수상 헬무트 콜이 나치 무장친위대 장교들의 무덤을 이장하는 것을 한 번도 제안하지 않았다는 것은 국제적인 망신거리일 것이다.)도 있다는 사실을 알게 된 후에도 방문 계획을 포기하지 않는 것에 대해 비난을 받았음에도 레이건은 4월 18일 기자회견에서 비트부르크에 안장된 군인들 또한 "강제 수용소의 희생자들과 똑같은 희생자"였다고 말했다.

다음 날 그는 엘리 위젤에게 '국회 금메달Congressional Gold Medal'을 수여하게 되었는데, 이때 엘리 위젤이 위의 날카로운 말을 포함한 짤막한 연설로 레이건의 비트부르크 독일군 묘지 방문 계획을 꼬집었다.

외견상으론 비젤의 말에 심적 변화를 일으킨 것으로 비춰졌지만, 레이건은 끝끝내 비트부르크 행을 포기하지 않았다. 비록 그날 일정에 베르겐벨젠Bergen-Belsen 강제수용소 방문을 추가하긴 했지만 말이다. 그날 오후 레이건은 비트부르크 주둔 미공군 기지에서 다음과 같이 말했다. "저는 어떤 세상에선 유대인입니다. 거기서도 여전히 반유대주의자들의 위협을 받아야 하죠."

"하늘을 위해서라도 그로 하여금 다른 묘지를 방문하도록 하라. 독일 전체에 나치 무장친위대원을 안장시키지 않은 공동묘지가 최소한 하나는 있을 테니까(메나헴 로센사프트Menachem Rosensaft, '홀로코스트 생존자 자녀 국제 네트워크the International Network of Children of Jewish Holocaust Survivors' 초대 회장)."

"친구가 실수를 했을 때 그 친구도 여전히 친구로 남고, 그 실수도 여전히 실수로 남는다(레이건의 비츠부르크 방문에 대한 이스라엘 수상 시몬 페레스Shimon Peres의 반응)."

80. 홀로코스트 부정에는 어떤 맹점이 있는가

작은 거짓말보다 큰 거짓말에 대규모의 집단은 더 쉽게 희생될 것이다(아돌프 히틀러, 《나의 투쟁》).

"굶주림과 잔인함, 비인간적 행위의 시각적 증거는 너무나도 강렬해서 난 메스꺼움을 느꼈다네. 굶주림으로 죽은 이삼십 명 나체 남자들의 시신이 쌓인 방에 조지 패튼 장군은 들어가려고도 하지 않더군. 그는 들어가면 구토를 하게 될 것이라고 말했지. 장차 이러한 주장들을 단순히 '선전 활동'으로 몰아붙이는 경향을 우려한 나는 최초의 현장 증거를 제시할 수 있는 입장에 서기 위해 그 방에 들어갔다네(드와이트 아이젠하워Dwight Eisenhower, 연합군 최고 사령관, 독일의 오르트루프Ohrdruf 나치 강제 수용소를 방문한 후 인사 책임자 조지 마샬George Marshall에게 보낸 서한에서)."

1945년, 홀로코스트를 부정하는 세력이 나타날 것이라고 이미 직감한 아이젠하워의 선견지명과 노암 촘스키Noam Chomsky의 행적을 비교해보자. 아낌없는 찬사를 받고 있는 M. I. T. 언어학자이자 좌익 논객인 노암 촘스키는 프랑스의 대학 교수 로버트 포리송Robert Faurisson이 제기한 권리를 공격적으로 옹호했다. 즉, 그가 학생들에게 '홀로코스트는 일어난 적이 없고 아우슈비츠에는 가스실이 없었다.'고 가르칠 권리가 있다고 주장했던 것이다. 그렇다면 'M. I. T. 교수는 학생들에게 미국의 노예제도는 존재한 적이 없다고 가르칠 권리가 있다.'고 주장하는 사람이 있다면 촘스키는 그의 주장도 옹호할까? 버나드 바루크Bernard Baruch의 다음 주장은 촘스키가 저지른 모순의 정곡을 찌른다. "모든 사람은 자신의 견해를 가질 권리가 있다. 하지만 사실을 왜곡할 권리는 그 누구에게도 없다."

"홀로코스트를 부정하는 너무나도 괴이한 사람들이 '홀로코스트는 무시될 수 있다'고 생각하는 것은 분명히 위험한 발상이다. 홀로코스트 부정자들의 세계관은 유대 최상주의 세계를 건설하려는 계획이 담긴 비밀문서가 있다고 주장하는 보고서인 《시온 장로들의 의정서The Protocols of the Elders of Zion》를 믿는 사람들의 세계관만큼이나 기이하다(데보라 립스타트Deborah Lipstadt, 《홀로코스트를 부인하며Denying the Holocaust》)."

입증된 위조문서인 《시온 장로들의 의정서》는 나치가 유럽의 유대인들을 짓밟는 근거들 중 하나로 이용했다. 역사가인 립스타트는 홀로코스트를 부인하는 사람들의 주장을 점점 더 많은 사람들이 인정하는 상황에 대해 고찰했다. 홀로코스트를 부인하는 사람들의 저서가 여러 권 출판된 이탈리아에서 실시된 여론 조사 결과, 이탈리아 국민 10%가 홀로코스트를 날조된 조작극으로 믿고 있었다. 또한 '나치는 유대인을 결코 몰살하려 했던 적이 없었다는 말이 당신에게 신빙성이 있게 들립니까?'라는 질문으로 실시된 1993년 미국 로퍼Roper 여론조사에서 미국인 22%가 '홀로코스트는 날조일 가능성이 있다.'고 믿고 있다는 결론이 나왔다. 미국의 보편적인 음모 및 수정의 역사를 고려해볼 때, 만일 여론조사의 질문이 보다 직접적인 질문, 즉 '당신은 나치의 유대인 대학살이 실제로 일어났다고 믿습니까?' 였다면 미국인의 입장을 더 정확히 파악할 수 있지 않았을까?

홀로코스트를 부인하는 사람들의 '방법론'

그것은 전적으로 미국의 익숙한 사회과학 저널리즘 방식을 따른다. X 교수가 나치는 실제로 유대인을 학살한 적이 없다거나 카니발리즘은 존재하지 않았다는 것과 같은 어떤 터무니없는 이론을 제기한다. 실제 사실은 엄연히 그의 이론과 상반되기에 X 교수의 주장은 최고의 도덕적 어조로 자신의 주장과 상반되는 모든 증거를 묵살하는 표현 방식으로 이루어진다. …… 이 모든 것이 Y 교수와 Z 교수를 자극해 항변하도록 만든다. …… X 교수는 이제 '논쟁의 중심 인물'이 되고, 〈타임〉, 〈뉴스위크〉, 〈뉴요커〉 등의 잡지에서 비전문가들이 그의 책에 대해 조심스럽게 서평을 남긴다(마샬 살린스Marshall Sahlins).

미국 인류학자인 살린스는 '식인풍습은 결코 존재한 적이 없음을 증명한다.'고 주장하는 아렌스의 《식인의 신화 The Man-Eating Myth》에 대한 그의 에세이 리뷰에서 위와 같은 신랄한 글을 남겼다. 아렌스의 논조는 홀로코스트를 부인하는 사람들의 논조와 흡사하다. 이들은 유일하게 효력을 발휘하는 증거, 즉 희생자들의 증언이 부족하다는 점을 공략한다. 이처럼 식인과 홀로코스트를 부인하는 사람들 양측 모두 '얻을 수 없는 증거'를 수립함으로써 '입증'된 가설 혹은 최소한 널리 받아들여지는 사실에 강한 의심을 제기할 수 있다고 주장한다. 이에 대해 살린스는 "명성 있는 옥스퍼드 출판사가 그러한 책을 출판했다는 것은 매우 불명예스러운 사건"이라고 결론짓는다.

81. 기독교인의 침묵은 무엇을 의미하는가

기독교인의 양심을 달래기 위해 나치는 기독교인이 아니었다고 말한다. 하지만 이들 모두가 기독교인의 아들딸들이었다(엘리에제르 베르코비츠Eliezer Berkovits, 《홀로코스트 이후의 믿음》).

홀로코스트라는 극단적의 시련의 장을 경험한 엘리 위젤은 유대인과 기독교인을 차별화하는 중요한 질문, 즉 메시아가 이미 왔는지에 대한 물음과 관련해 다음과 같이 썼다. "만일 내가 당신에게 난 하나님을 믿는다고 말한다면 그것은 거짓말일 것이다. 만일 내가 당신에게 난 하나님을 믿지 않는다고 말한다면 그것 역시 거짓말일 것이다. 만일 내가 당신에게 난 사람을 믿는다고 말한다면 그것은 거짓말일 것이다. 만일 내가 당신에게 난 사람을 믿지 않는다고 말한다면 그것 역시 거짓말일 것이다. 하지만 난 이 한 가지만은 확실히 알고 있다. 메시아는 아직 오지 않았다(엘리 위젤, 해리 제임스 카르가스, 《아우슈비츠의 그림자Shadows of Auschwitz》)."

"그것은 단지 이송의 문제만이 아닙니다. 당신들은 거기서 굶주림과 질병으로 죽지 않습니다. 그들은 거기서 늙은이나 젊은이 할 것 없이 당신들 모두를 한순간에 학살할 것입니다. 그것은 우리의 구세주 예수 그리스도의 죽음에 대해 당신들이 마땅히 받아야 할 처벌인 것이죠. 당신들에겐 오직 한 가지 해결책만이 있습니다. 우리 종교로 개종하십시오. 그러면 제가 이러한 선고를 취소하기 위해 힘쓰도록 하겠습니다(슬로바키아 대주교인 카메트코 Kametko가 랍비 도브 바에르 바이스만들Dov Weissmandl에게)."

슬로바키아 대주교의 차갑고 잔인한 언급이 있기 전에 랍비 바이스만들은 가스실의 존재를 알지 못했다. 그래서 그는 이송이 아이들과 여성들, 노인들에게 끼칠 악영향에 대한 우려만을 피력했다.

1944년 가을 바이스만들은 그의 가족 및 수백 명의 유대인들과 함께 임시수용소로 보내졌고, 그 후 아우슈비츠로 이송되었다. 그는 아우슈비츠에서 탈출해 슬로바키아 대주교의 집을 찾아갔고, 거기서 그에게 티소를 설득해줄 것을 간청했다. 그의 이러한 간청은 다음의 말로 단번에 거절당했다. "오늘은 일요일입니다. 저희에겐 성스러운 날이죠. 그래서 오늘은 저도 티소 신부도 그러한 세속적인 문제에 신경 쓸 시간이 없습니다."

바이스만들이 어떻게 갓난아이들과 어린아이들의 생명이 달린 문제를 세속적인 문제로 여길 수 있는지를 묻자 대주교는 이렇게 대답했다. "이 세상에 순결한 피를 가진 유대인 아이들은 없습니다. 당신들은 죽을 수밖에 없습니다. 당신들이 신을 죽였기 때문에 그것은 당신들을 기다리고 있는 징벌인 것이죠."

"그 피[예수의 피]에 대한 책임은 우리와 우리 자손들에게 돌리시오!(마태복음 27:25)"라는 잘못된 인용문으로 1세기 유대인이 신을 죽인 민족이란 누명을 쓴 지 약 2천 년 후에 몇몇 교회 고관들은 '하나님이 신약의 이러한 저주를 실행하기 위해 이 세상에 아돌프 히틀러를 보내셨다.'고 결론 내렸다. "교황청의 관점으론 이런 조치에 이의를 제기할 이유가 없다(유대인을 고립시키고 이들에게서 국민의 권리와 일자리를 박탈한다는 법령에 대한 프랑스 비시Vichy 정부의 문의에 로마 교황청이 응답한 말).

몇몇 고무적인 예외가 있었지만 로마 교황청은 전반적으로 유대인의 운명에 개입하지 않았다. 이와 더불어 과거 자료에 따르면 로마 교황청은 강제수용소로 이송된 반나치 가톨릭 신부들을 위해서도 필요한 조처를 거의 취하지 않았다.

반면, 전쟁이 끝났을 때 몇몇 로마 교황청 고관들은 상당수의 나치들이 남아프리카를 비롯한 다른 나라들로 탈출하는 것을 도왔다. 그들의 탈출을 도운 사람들 중에는 백만 명의 유대인 가스실 대학살을 지휘한 트레블링카 죽음의 수용소 사령관 프란츠 슈탄글Franz Stangl도 포함되어 있었다.

나는 위의 사례를 1974년 뉴욕의 세인트 존 더 디바인 대성당Cathedral of St. John the Divine에서 있었던 홀로코스트에 대한 심포지엄에서 랍비 어빙 그린버그가 한 훌륭한 연설을 통해 접했다. 그린버그의 연설이 있은 후 '캐나다 연합교회The United Church of Canada'의 목사인 앨런 데이비스Alan Davies 교수는 다음과 같이 말했다.

"저는 뛰어난 재능을 가진 기독교 화가가 십자가에 못 박히신 예수님의 초상화를 죽음의 수용소의 철조망과 함께 몸에 휘장을 달고 있는 아우슈비츠의 유대인의 형상으로 그렸으면 합니다. …… 홀로코스트 동안 기독교인의 반응에 대한 가슴 아픈 진실은 과연 기독교인으로 남아 있는 것이 도덕적으로 합당한지에 관한 물음을 제기할 수도 있을 것입니다."

같은 심포지엄에서의 후반 연설 동안 엘리 위젤은 홀로코스트가 있기 한참 전 자신의 고향 시겟투Sighet(당시엔 헝가리에 속했지만 현재는 루마니아에 속함)에 대한 자전적인 회상담을 공유했다.

아이였던 나는 교회 근처를 지나려면 두려움을 느껴 맞은편 인도로 옮겨 가곤했죠. 우리 마을에선 이러한 두려움이 정당화되었습니다. 비단 내가 유대인이라는 이유뿐만 아니라 우리 모두의 기억으론 1년에 두 번, 즉 부활절과 크리스마스 때 유대인 아이들이 기독교 이웃들에게 구타를 당한 것이 엄연한 사실이었기 때문입니다. 그렇습니다. 전 어렸을 때 두려움을 느끼며 살았습니다. 기독교인에겐 동정과 사랑의 상징인 십자가가 우리에겐 고통과 공포를 야기하는 일종의 도구였습니다. 저는 증오와 분노를 느끼며 이 이야기를 하고 있는 것이 아닙니다. 단지 진실을 이야기하는 것입니다. 고난으로 탄생한 기독교는 다른 사람들에게 고난의 원천이자 그 고난을 야기하는 구실이 되었습니다(엘리 위젤, 《아우슈비츠: 새로운 시대의 시작》).

세심한 기독교인들은 많은 유대인이 십자가에 본능적인 두려움을 느낀다는 사실에 오랫동안 가슴 아파했다. 그중 한 명이 기독교와 반유대주의의 역사를 새롭게 조명한 《유대인의 번민The Anguish of the Jews》의 저자인 에드워드 플래네리Edward Flannery 신부이다. 그는 크리스마스에 유대인 친구와 함께 뉴욕 시의 그랜드 센트럴 빌딩 앞에 설치된 대형 십자가를 지나갈 때 친구가 두려워하는 것을 보고 이 저서를 쓰게 됐다고 밝혔다. 플래네리 신부는 다음과 같이 기술했다.
"그녀의 반응은 나로 하여금 많은 의문을 품게 만들었다. 보편적인 사랑의 최고 상징인 십자가가 어떻게 이 젊은 유대 여성에겐 공포와 악의 상징이 되었을까? …… 그것은 나에게 반유대주의의 심각성을 깨닫게 해준 최초의 사건이었다."
1980년 나와 내 친구 데니스 프레이저는 내빈으로서 로마 교황청을 방문했다. 〈바티칸 라디오Vatican Radio〉와의 인터뷰에서 우리의 방문 목적을 묻는 질문에 데니스는 이렇게 대답했다. "거의 2천 년 동안 십자가는 기독교인들에겐 사랑의 상징이었고, 유대인들에겐 두려움의 상징이었습니다. 우리는 교황께서 유대인에게도 십자가가 사랑의 상징이라는 걸 보여주길 바랍니다."

82. 홀로코스트 희생자를 어떻게 기릴 것인가

"나치가 독일에서 권력을 거머쥐었을 때 그곳에 두 부류의 유대인들, 즉 낙관주의자들과 비관주의자들이 살고 있었다. 비관주의자들은 망명을 갔고, 낙관주의자들은 가스실로 갔다(독일 유대인의 씁쓸한 재담)."

독일 유대인은 오랫동안 독일에 대한 사랑이 남다르기로 유명했다. 이들은 독일이 오랫동안 나치로 남은 걸 믿을 수 없었다. 최근 작고한 독일 태생 개혁주의 랍비이자 학자인 자콥 페투초우스키Jakob Petuchowski는 나치가 권력을 잡은 지 3년이 된 1936년에 팔레스타인을 방문한 자신의 고모에 대한 이야기를 내게 들려주었다. 그녀는 독일로 돌아와서 다음과 같이 말했다고 한다. "개척자들이 그곳을 정말 아름답게 만들어놨단다. 하지만 우리를 위해 그렇게 한 것은 아니지." 몇 년 후, 그녀와 그녀의 가족들은 죽음의 수용소에서 학살당했다고 한다.

'카포Kapo'는 수용소 수감자들 중에서 나치가 임명한 사람들로서 다른 수감자들을 감독하는 임무를 맡았는데, 이들 중 대다수가 잔인하고 난폭했다. 카포의 직책을 맡은 부류의 사람들과 관련해 엘리 위젤은 다음과 같이 기술했다.

강제 수용소의 카포들 중에는 독일인도 있었고, 헝가리인, 체코인, 슬로바키아인, 조지인, 우크라이나인, 프랑스인, 리투아니아인도 있었다. 또한 이들 중에는 기독교인도 있었고, 유대인과 무신론자도 있었다. 또한 전직 교수도 있었고, 실업가, 영적 탐구가, 마르크스주의자, 예술가, 상인, 노동자, 좌익 정치인 및 우익 정치인, 심지어 고지식한 인본주의자도 있었다. 물론 이들 중 몇몇은 범죄자 출신이기도 했다. 하지만 랍비였던 사람은 단 한 명도 없었다(엘리 위젤, 《한 세대 후에One Generation After》).

"순교자의 이름을 가진 내 아내와 내 딸. 이들은 독일인에게 학살당했다. 이들은 단순히 아이작이라 불린 이유만으로 학살당했던 것이다(쥘 아이작Jules Isaac, 《이스라엘의 예수Jesus et Israel》 헌정의 글)."

"당신이 유대인 변호사라고 들었습니다. 당신이 젊은 분이신지 연세가 많은 분이신지는 모르겠지만 당신께 이 한 가지는 말씀드릴 수 있습니다. 유대인은 어리석을 수 있지만 그래야 할 의무는 없다는 것입니다. 당신은 이 말을 적어서 침대 위에 걸어놓아도 좋을 것입니다(시몬 비젠탈Simon Wiesenthal, 수천 명의 홀로코스트 생존자들이 살고 있는 시카고 교외의 스코키Skokie를 지나는 나치의 행진 권리를 옹호하는 미국 자유인권협회 유대인 변호사와의 통화에서)."

몇 해 전 폴란드 유대인을 시나고그에 소집시켜 가둬둔 채 그곳에 불을 지르는 것을 주도했지만 지금은 진정으로 자신의 죄를 뉘우치는 것같이 보이는 나치 무장친위대 장교를 용서할 수 있겠냐는 질문을 받고 소설가이자 평론가인 신시아 오지크Cynthia Ozick는 다음과 같이 기술했다.

우리는 진흙으로 카펫을 더럽힌 아이에게 "이번엔 용서하지만 다음부턴 그러지 마라."라고 말한다. 그러면 그 아이는 다음부터 진흙을 묻힌 장화를 문밖에서 벗고 집 안으로 들어온다. 용서가 그 아이를 가르친 것이다. 용서는 유능한 선생님이기 때문이다. 그러는 동안 진흙으로 더럽혀진 바닥은 원래의 깨끗한 모습을 되찾는다.

하지만 살인은 돌이킬 수 없다. 설령 용서가 새로운 시체 더미를 만드는 것은 막을 수 있을지 모르겠지만 기존의 시체 더미에 다시 생명을 불어넣을 수 있을까?

이러한 경우, 용서는 몰인정한 것이 될 수밖에 없다. 그로써 희생자는 잊히기 때문이다. …… 그것은 희생자에 대해 무감각해지는 대가를 지불하고 살인자에 대한 감수성을 발달시킨다. …… 그 나치 무장친위대원을 용서받지 못한 채 죽도록 하라. 그가 지옥에 갈 수 있도록.

오지크의 관점은 홀로코스트 희생자들 하나하나가 유일무이한 존재이기 때문에 결코 다른 사람으로 대치될 수 없다는 자각에서 비롯된다. 홀로코스트를 기억하고 기리는 방식이 국가에 따라 어떻게 다른지를 관찰하는 어느 현대인이 다음과 같이 말했듯이.

"우리는 홀로코스트의 희생자는 결코 6백만 명이 아니라는 사실을 명심해야 한다. 그것은 한 사람 더하기 한 사람 더하기 한 사람 …… 인 것이다.(주)
디스 밀러Judith Miller, 《한 사람씩 한 사람씩 한 사람씩One by One by One》."

- 7부 -

유대의 정신은 무엇인가

: 시온주의와 반시온주의 :

방랑 생활을 끝내지 않으면 방랑 생활이 당신을 끝낼 것이다

— 제2차 세계대전 이전에 야보틴스키가 말한 유명한 문구

83. 왜 이스라엘이어야 하는가

땅에 대한 신의 약속

네가 지금 나그네로 있는 이 가나안 온 땅을 너와 네 자손에게 주어 영원한 소유물이 되게 하고 나는 그들의 하나님이 될 것이다(창세기 17:8).

성격에서 하나님은 이 서약을 이삭에게도 하고(창세기 26:3), 야곱에게도 한다. "내가 아브라함과 이삭에게 준 땅을 네게 주고 또한 네 자손에게 이 땅을 주겠다(창세기 35:12)." 성경학자인 해리 오린스키Harry Orlinsky는 하나님과 유대인 간의 관계에서 이스라엘이 중심임을 적절하게 강조했다. "하나님이 아브라함과 이삭, 야곱, 그리고 그 자손에게 약속하신 땅이 없었다면 하나님과 인간 사이의 성약은 없었을 것이다. 모든 것, 모든 축복, 즉 경제, 영토, 인구 증가 및 그와 유사한 모든 축복이 성약에 의해 보장된다. 그리고 이 모든 것들은 하나님이 이스라엘 민족에게 예정하셨다. 메소포타미아에 있는 아브라함의 고향도 아니고 이집트도 아니라 약속의 땅에 있는 이스라엘 민족에게 예정하신 것이다(해리 오린스키, '이스라엘 땅에 대한 성경의 개념The Biblical Concept of the Land of Israel').

심지어 십계명 중 다섯 번째 계명도 그 땅과 관련이 있다. "네 부모를 공경하라. 그러면 네 하나님 여호와가 네게 준 땅에서 네가 오래 살 것이다(출애굽기 20:12)." 고대 이스라엘 민족이 두려워한 가장 극단적인 징벌은 그 땅으로부터 쫓겨난 뒤 속박되는 것이었다. "그들이 여호와의 땅에서 살지 못하고 에브라임이 이집트로 돌아가고 앗시리아에서 정결하지 못한 것을 먹게 될 것이다(호세아 9:3).", "네 땅은 줄자로 재어 다른 사람에게 나눠줄 것이고 너는 사로잡혀 가서 낯선 땅에서 죽게 될 것이다. 그리고 이스라엘은 분명코 자기 땅에서 사로잡혀 포로로 끌려가게 될 것이다(아모스 7:17)."라는 성경 구절이 이를 예시한다. 여기서 주목할 만한 점은 유대인에게 이러한 운명을 경고한 바로 그 예언자가 하나님께서 유대인에게 이스라엘을 복구시켜주실 것이란 언약도 했다는 것이다(호세아 11:11, 아모스 9:11:15). 이 세상의 어떤 다른 민족도 고향에서 집단으로 추방당했다가 다시 복귀한 적이 없다는 사실을 고려해보면 이러한 예언은 상당히 이례적인 것이다. 실제로 2천 8백 년 전 아모스는 19세기 말과 20세기에 유대인이 시온▪으로 돌아오는 것을 예언한 듯하다. 이스라엘 농업의 재활성화까지 구체적으로 묘사하면서.

"내가 내 백성 이스라엘을 포로 생활에서 돌이키고 그들은 무너진 성읍들을 다시 세우고 거기 살 것이다. 그들이 포도원을 가꾸고 거기서 나는 포도주를 마시며 과수원을 가꾸고 열매를 먹을 것이다. 내가 이스라엘을 그들의 땅에 심고 그들은 내가 그들에게 준 땅에서 다시는 뿌리째 뽑히지 않

▪ **시온** 유대교의 상징으로서의 이스라엘, 즉 유대인의 고국.

을 것이다(아모스 9:14-15)."

"오, 예루살렘아, 만약 내가 너를 잊는다면 내 오른손이 그 재주를 잃게 될 것이다. 내가 너를 기억하지 못한다면, 내가 예루살렘을 내 가장 큰 기쁨으로 여기지 않는다면 내 혀가 내 입천장에 붙어버릴 것이다(시편 137:5-6)."

시편의 이 맹세는 유대인이 바빌로니아에서 최초의 망명 생활을 한 시기인 기원전 6세기에 쓰였고, "바벨론 강가에 앉아 우리가 시온을 기억하면서 울었습니다."로 시작하는 시편 137장에 등장한다. 다수의 유대인들이 매일 식사 후 기도의 처음에 이 시편 구절을 암송한다(안식일 및 기타 성일聖日은 제외하고). "오, 예루살렘아, 만약 내가 너를 잊는다면,"이라고 암송하면서 유대인들은 이스라엘과 이스라엘 민족에 대한 변함없는 충절을 맹세한다. 1903년에 있었던 6차 시온주의자 회합에서 테오도르 헤르츨Theodor Herzl이 우간다를 영국으로부터 양도받아 유대인의 임시 고국으로 확보하는 가능성을 제기했을 때, 다수의 의원들이 이스라엘의 땅을 배신하는 일이라며 그를 비난했다. 헤르츨은 의원들의 이러한 반응에 크게 자극받았고, 회합을 마무리 지을 때 선서를 하는 방식으로 손을 들어서 히브리어로 "오, 예루살렘아, 만약 내가 너를 잊는다면……"이라고 맹세했다.

이 맹세는 너무나도 유명한 것이어서 가끔 자신에게 주어진 책임의 성스러움을 표현하려는 사람들이 이 맹세를 다소 변형해 선언하기도 한다. 1952년 헤루트당Herut의 당수인 메나헴 베긴은 독일과의 보상 협상을 반대하는 연설에서 시위 군중에게 손을 들 것을 요청한 후 다음과 같이 맹세했다. "예루살렘의 이름으로 맹세하노니. 만약 내가 유대인의 대학살을 잊는다면 내 오른손이 그 재주를 잃게 될 것이다. 내가 그들에 대해 기억하지 못한다면, 심지어 내가 가장 행복한 순간에조차도 유대인 대학살의 기억을 간직하지 못한다면 내 혀가 내 입천장에 붙어버릴 것이다(톰 세게프Tom Segev,

《7번째 100만The Seventh Million》)."

"온 가족에게 자신과 함께 이스라엘 땅으로 갈 것을 강요할 수는 있지만 이스라엘 땅을 떠날 것을 강요할 수는 없다. 또 온 가족에게 이스라엘의 다른 지역에서 예루살렘으로 가자고 강요할 수는 있지만 예루살렘을 떠나 다른 지역으로 가자고 강요할 수는 없다."라고 미슈나는 가르친다. 한편 탈무드는 이렇게 가르친다. "남편은 이스라엘로 가서 살자고 하는데 아내가 이를 거절한다면 남편이 아내에게 압력을 가할 수 있다. 그런데도 아내가 이스라엘로 가지 않으려 한다면 남편은 아내에게 케투바(결혼 서약서)에서 약속한 위자료를 줄 필요 없이 아내와 이혼할 수 있다. 아내가 이스라엘로 가서 살자고 하는데 남편이 동의하지 않는다면 아내는 이스라엘로 갈 것을 남편에게 강요할 수 있다. 그런데도 남편이 이스라엘로 가지 않으려 한다면 남편은 아내에게 케투바에서 약속한 위자료를 주고 이혼할 수밖에 없다(바빌로니아 탈무드, 케투봇 110b)."

랍비들이 이스라엘에서 사는 문제를 놓고 이혼을 허용하는 것은 결혼의 신성함을 경시해서가 아니라(실제로 유대인은 가족생활을 매우 중요하게 여기는 것으로 정평이 나 있다.), 이스라엘 땅에 정착하는 것을 더 중요한 문제로 여기기 때문이다. 유대주의와 끈을 놓지 않은 디아스포라Diaspora(이산한 유대인), 특히 종교적인 디아스포라는 대개 유대인들이 많이 모여 사는 곳에서 살고 싶어 한다. 하지만 탈무드는 다음과 같이 규정한다.

언제나 이스라엘 땅에서 살아야 한다. 설령 대다수의 주민이 유대인이 아닌 이스라엘의 도시라 하더라도 이스라엘 땅 밖에서 사는 것보다 그곳에서 사는 것이 낫다. 설령 이스라엘 땅 밖의 도시에 사는 주민들 대다수가 유대인이라 하더라도(바빌로니아 탈무드, 케투봇 110b).

11세기 프랑스의 성서 석의釋義학자인 라쉬(전통적인 유대학교에서는 지금도 그의 토라 주석을 공부한다.) 또한 이스라엘이 중심임을 강조한다. 유대인이 이스라엘에서 추방된 후 천 년 동안의 역사를 기술하는 글의 첫 부분, 즉 창세기 1장 1절(하나님께서 태초에 하늘과 땅을 창조하셨습니다.)의 해석에서 그는 곧바로 이스라엘에 대해서 언급하고 유대인은 언젠가 그곳으로 돌아가리란 것을 암시한다.

> 엄밀하게 말하면 토라는 이스라엘에 주어진 최초의 계율인 "이 달이 너희에게 첫 달, 곧 한 해의 첫 달이 될 것이다(출애굽기 12:2)."라는 구절로 시작해야 했다(이 계율은 각각의 달을 신성하게 해야 한다는 의무를 지운다.). 그럼 토라는 왜 창조에 대한 설명으로 시작했을까? 그건 창조주이신 하나님이 온 세상을 소유한다는 사실을 설명하기 위해서다. 그래야지 만약 이스라엘 사람들에게 이 세상 사람들로부터 "일곱 개의 가나안 나라의 영토를 정복한 당신들은 약탈자요."라는 말을 들었을 때 다음과 같이 말할 수 있기 때문이다. "세상 전부가 하나님께 속해 있습니다. 하나님이 세상을 창조하셨기 때문이지요. 따라서 하나님이 원하시는 누구에게라도 그것을 주실 수가 있습니다. 처음에 하나님은 그 땅을 그들에게 주시길 원하셨고, 그 다음에 하나님은 그 땅을 그들에게서 빼앗아 우리에게 주시길 원하셨습니다(창세기 1:1에 대한 라쉬의 주석)."

시온주의에 대한 중세의 기대와 현대의 고찰

나의 가슴은 동쪽에 있고 난 지금 서쪽 맨 끝에 머물러 있다. 그러니 어찌 내가 음식 맛을 느낄 수 있겠는가? 시온은 속박되어 있고 난 아랍의 사슬에 매여 있는 동안 어찌 음식이 맛있을 수 있겠는가?(에후다 할레비Yehuda Halevi, 유대 시인이자 종교 사상가)

제2차 세계대전 이전에 정통파 유대주의의 많은 리더들은 팔레스타인에 건실하고 자급자족 가능한 유대인 공동체를 재건설하겠다는 시온주의자들의 노력을 못마땅하게 생각했다. 그들은 이스라엘에 완전한 유대인 공동체로 복구되는 것은 메시아의 도래를 통해 초자연적으로 이루어져야 한다고 여겼다. 반면, 정통파 유대주의자인 랍비 사무엘 모힐레베르Samuel Mohilever의 생각은 이와 달랐다. 최초의 시온주의 회합의 서두에서 그는 유대인을 수동적이고 반역사적으로 만들려는 모든 의견에 단호하게 반대했다. "우리 나라에 다시 정착하는 것, 즉 대지를 구입하고 집을 지으며 과수원을 만들고 땅을 경작하는 것은 토라의 기본 계율 중 하나입니다. 고대의 우리 현자들 중 몇몇은 그것이 우리 민족 존재의 토대이기 때문에 전체 계율과 맞먹는다고까지 말했습니다.(사무엘 모힐레베르, '1차 시온주의자 회합에 전하는 메시지Message to the First Zionist Congress')."

84. 헤르츨은 왜 시온주의를 창시했는가

얼마 동안 매우 중대한 작품에 대해 생각하며 나는 가슴이 마구 뛰었다. 지금도 나는 내가 그 작품을 완수할 수 있을지조차 모른다. 몇 날 며칠 동안 그것으로 인해 내 양심까지 흠뻑 적셨다. 그것은 내가 어디를 가든 따라다니고, 나의 일상 대화 주위에서도 맴돌며, 신문에 글을 쓰는 나의 우스꽝스럽고 사소한 작업의 어깨너머로 나를 쳐다보기도 하면서 나를 완전히 압도하고 취하게 한다(테오도르 헤르츨Theodor Herzl).

헤르츨이 암시한 그 작품은 후에 《유대인의 상황The Jewish State》이라는 제목으로 출판되었는데, 그것은 시온주의 운동의 성명서가 되었다. 그는 책의 초반부에 쓴 도전을 암시하는 말을 약간만 변형해 책의 끝부분에서도 반복한다. "그러한 의지가 있는 유대인들은 자신의 지위에 도달할 것이다." 후에 헤르츨은 자신의 두 번째 소설 《오래된 신천지Altneuland》를 집필했다. 그는 이 소설에서 미래의 어느 시점에 팔레스타인을 방문하고 그 사회의 화려한 모습에 놀라는 두 명의 친구를 그린다. 이 나라로 들어오는 항구인 하이파Haifa는 '지중해에서 가장 안전하고 편안한 항구'이자 항구도시였다. 국가 전체는 번창하는 또 다른 도시를 비롯해 성공적인 산업 단지와 농장으로 구성되어 있었다. 여성에게도 동등한 권리가 있었고, 모든 이들이 무료 교육의 혜택을 누렸으며, 유대인과 아랍인들이 서로 사이좋게 살고 있었고, 모든 거주자들이 현대적인 의료 시설의 혜택을 누릴 수 있었다. 이 소설의 주인공인 비엔나의 유대인 변호사 프리드리히 로벤베르그 Friedrich Lowenberg는 자신이 보고 있는 것이 현실인지 환상인지 의아해한다. 소설은 다음과 같은 문장으로 끝을 맺는다.

"하지만 당신에게 그러한 의지가 있다면 그것은 결코 환상이 아니다." 이 말의 히브리어인 '임 티르주, 에인 조 아가다Im tirzu, ein zoh aggadah'는 이내 시온주의자들의 슬로건이 되어 최소 두 세대까지는 시온주 운동가들의 활기를 북돋웠다. 행동을 유발한 이 슬로건은 경작되지 않은 습지에 정착해 그곳을 비옥한 목초지로 바꾼 초기 시온주의자들의 식지 않은 열정을 설명하는 데 도움을 준다. 히브리어를 현대 구어로서 새롭게 자리매김하려고 노력한 시온주 운동가들 또한 헤르츨의 말을 인용했다. 히브리어 학자들의 "하지만 당신에게 그러한 의지가 있다면 그것은 결코 환상이 아니다."란 말에 대한 열정적인 헌신은 히브리어를 부활시키는 놀라운 성과에 견인차 역할을 했다. 마찬가지로 1900년대에서 1940년대까지 이 다섯 단어의 히브리어는 다수의 유대인 정치가들이 팔레스타인에 영토를 확보하고 조국을 재건하는 것을 인정받도록 비유대인 정치가들과 지속적인 교섭을 하는 데 동기를 부여해주기도 했다.

"만일 당신이 제정신이 아니라면 나 역시 제정신이 아닙니다. 난 당신 뒤에 있을 것이고 당신은 날 의지해도 좋습니다(막스 노르다우Max Nordau가 헤르츨에게)."

헤르츨의 많은 친구들은 그의 시온주의에 대한 집착이 정상적인 수위를 넘어서 있다고 확신했다. 그래서 한 친구는 그에게 탁월한 작가이자 사회 비평가일 뿐만 아니라 감정적인 장애 치료가 전문인 정신과 의사이기도 한 막스 노르다우Max Nordau를 찾아가 상담을 받아볼 것을 제안했다. 헤르츨의 정신 건강을 위와 같이 진단한 노르다우는 이후 헤르츨의 가장 중요한 동료이자 제자가 되었다. 여러 방면에서 두각을 나타내는 그의 등장은 프랑스 유대인 사회주의 사상가인 버나드 라자레Bernard Lazare와 영국 유대인 작가이자 시인인 이스라엘 장윌Israel Zangwill과 같은 보다 젊은 지식인들을 헤르츨의 세계로 끌어들였다.

"난 자네들 중 어느 누구보다도 더 낫거나 영리하지 않다네. 하지만 난 불굴의 의지를 갖고 있지. 그것이 바로 내가 리더가 된 이유라네(가까운 친구들과의 대화에서 헤르츨이 한 말)."

《시온주의의 역사A History of Zionism》를 쓴 월터 래커Walter Laqueur는 시온주의자들의 운명이 썰물과 같았던 시기에 헤르츨이 위의 말을 했다는 사실에 주목한다. 시온주의의 가장 암울한 시기에조차도 그가 자신의 절망적인 심정을 오직 일기에만 토로했다는 것은 리더로서의 그의 천재성의 일면을 드러낸다. 래커는 여기에 대해 이렇게 기술한다. "그는 외부 세상엔 확신과 자신감만을 발산했다."

최초의 시온주의자 회합

1897년 8월 29일에 헤르츨은 19개국에서 204명의 시온주의 운동가들이 참석한 가운데 최초의 시온주의자 회합을 스위스 바젤Basel에서 개최했다. 그때까지만 해도 원활한 상호 연결이 이루어지지 않았던 소규모의 조직이 바젤의 회합으로 인해 통일된 정치 세력으로 발돋움했다.

시온주의 깃발이 회합장 입구에 걸렸다. 헤르츨은 개회사에서 자신의 비전의 중대함을 명확히 했다. "우리는 유대 국가를 보호할 집의 초석을 놓기 위해 여기에 있습니다." 회합은 3일간 이루어졌다. 회합을 마무리하면서 각국 대표들은 나프탈리 헤르츠 임베르Naphtali Hertz Imber가 쓴 시온주의 시를 노랫말로 한 '하티크바Hatikvah(희망)'를 함께 불렀다. 이 노래는 후에 이스라엘의 애국가가 되었다. 노래가 끝나자 몇몇 젊은 대표들이 헤르츨을 목말을 태워 회합장 주위를 돌아다녔다.

그로부터 4일 후, 헤르츨은 자신의 일기에 다음과 같이 기록했다.

"우리의 회합을 한마디로 요약한다면 '바젤에서 난 유대 국가를 발견했다.'가 될 것이다(난 이것이 공개되지 않도록 주의할 것이다.). 내가 오늘 이 말을 떠벌린다면 많은 사람들이 날 비웃을 테지만, 아마 5년 후나 확실히 앞으로 15년 이내엔 모든 사람들이 내가 오늘 본 것을 보게 될 것이다." 헤르츨이 이 일기를 쓴 지 정확히 50년 9개월이 지난 1948년 5월 15일, 실제로 유대인의 이스라엘 국가가 탄생했다.

키시네프 대학살과 헤르츨의 우간다 계획

"밧줄이 목 주변에 있는데도 여전히 반대한다고 말하는 분이 있다는 것을 전 이해하지 못하겠습니다(키시네프에서 온 두 명의 대표가 우간다 계획에 반대표를 던진 것에 대한 헤르츨의 반응)."

1903년 4월 6-7일, 러시아 도시 키시네프 주민들과 제정 러시아 경찰이 합세해 그 지역의 유대인들을 학살하는 매우 사악한 일이 벌어졌다. 이 사건으로 유대인 마흔아홉 명이 살해되었고 수백 명이 심하게 구타당했으며, 수십 명의 유대인 여성이 강간당했고, 유대인의 집과 가게 여러 채가 약탈당하거나 파손되었다. 이러한 끔찍한 사건으로 인한 모멸감은 러시아 전역에 걸친 유대인 자위 부대 조직 및 세계 각국의 유대사회 전반에 걸친 시온주의 지지의 확대로 이어졌다.

당장 팔레스타인을 차지할 가망성이 없음을 인식하고 러시아에서의 이러한 사건(키시네프 대학살 이전에도 이와 유사한 사건이 있었다.)이 반복될 것을 두려워한 헤르츨은 당시 영국령이었던 우간다의 한 지역을 할양받기 위해 영국 정부와의 협상에 들어갔다.

1903년, 6차 시온주의자 회합에서 헤르츨이 유대인의 우간다 정착 가능성을 제기하고 대표들에게 영국과 협상에 들어가는 것을 찬성하는지 묻자 상당히 적은 수의 대표만이 분노를 드러냈다. 동유럽의 보다 전통적인 유대사회에서 온 사람들이 대부분인 이 집단은 단순히 우간다 할양을 놓고 협상에 들어가는 것은 장래 유대인 조국으로서의 팔레스타인을 포기하는 결과를 초래한다고 주장했다. 결국 이 안건은 투표에 부쳐졌고 투표 결과 우간다 이주가 가장 절실했던 키시네프에서 온 대표 두 명만이 그의 안건에 반대한 것을 보고 헤르츨은 충격을 받았다. 하임 바이츠만Chaim Weizmann에 따르면 헤르츨은 반드시 팔레스타인이 아니더라도 어딘가에 유대인 고국을 건설해야 한다는 견해를 오랫동안 주장한 사람이었음에도 불구하고 키시네프 대표들이 우간다 안건에 반대 의사를 표명한 순간 팔레스타인 시온주의자가 되었다고 한다.

계속해서 자신의 '프랑스 국적'을 강조한 젊은 프랑스 유대인에게 헤르츨은 이와 같이 말했다고 한다. "당신과 저는 같은 나라에 속해 있지 않습니까? 그렇지 않다면 왜 칼 뤼거Karl Lueger가 선출되었을 때 당신은 얼굴을 찌푸렸겠습니까? 그렇지 않다면 왜 트레퓌스 대위가 반역죄로 기소되었을 때 제가 고통받아야 했겠습니까?"

칼 뤼거Karl Lueger는 프랑스군의 대위 알프레드 드레퓌스Alfred Dreyfus가 반역죄의 누명을 쓰고 기소된 직후인 1895년에 비엔나 시장으로 당선된 반유대주의 오스트리아 정치가였다. 선거에서 뤼거의 압승은 비엔나에 민주주의를 정착시키기 위해 상당한 노력을 아끼지 않은 다수의 오스트리아 유대인 진보주의자들에겐 특히나 더 위협적인 결과였다. 후에 히틀러는 칼 뤼거를 "역대 최고의 시장"이라고 묘사하기도 했다(코너 크루저 오브라이언Conor Cruise O' Brien, 《포위 공격The Siege》).

"만약 당신이 팔레스타인에 당신의 민족을 정착시킨다면 당신의 민족 모두에게 세례를 베풀 수 있도록 교회와 신부들을 준비해놓겠습니다(1904년 교황 비오Pope Pius 5세가 헤르츨에게 한 말)." 헤르츨은 시온주의에 대한 로마 교황청의 지지를 얻기 위해 교황을 만났지만, 냉담한 태도의 교황은 통명한 어조로 이렇게 말했다. "유대인은 우리 주 예수 그리스도를 인정하지 않았습니다. 따라서 우리 또한 유대민족을 인정할 수 없습니다."

헤르츨에 관해

만일 헤르츨이 유대 종교 학교 출신이었다면 유대인은 결코 그를 따르지 않았을 것이다. 그는 유럽 문화를 배경으로 유대인에게 다가갔기 때문에 그들을 매료시킬 수 있었다(하임 바이츠만).

벨푸어 선언의 주요 배후 인물이자 이스라엘 초대 대통령이었던 바이츠만은 헤르츨의 폭넓은 유대주의 배경에 관해 이같이 언급했다.

역사가들과 전기 작가들은 종종 헤르츨과 모세의 삶의 유사성을 거론했다. 모세 시대의 유대인들은 이집트에서 노예 생활을 한 반면 모세는 파라오 궁전에서 성장했다. 모세가 이스라엘 사람의 속박을 그토록 강하게 반대할 수 있었던 것은 아마 그의 자유분방하고 유복한 성장 환경 덕분일 것이다. 그에 비해 다른 유대인들은 '노예적인 사고방식'에 사로잡혀 자유의 몸이 되는 것을 상상할 수 없었던 것 같다. 이와 마찬가지로 중상류층 자제로서 비교적 유복하고 자유분방한 가정환경에서 성장한 헤르츨 또한 유럽 대부분에서 유대인이 하층민이라는 사실에 심한 거부감을 느낀 것이 자연스러웠던 것 같다. 대부분의 유대인들이 이를 당연하게 받아들인 것과는 대조적으로 말이다.

"그에게 온 사람들도 팔레스타인의 이상을 가슴에 품었지만 단지 시나고그에서만 그것을 속삭였다. …… 헤르츨은 이러한 이상을 세계의 모든 비유대인 국가에 알릴 수 있도록 이러한 사람들에게 용기를 주고 가르침을 베풀었다(시온주의 리더 메나헴 우시슈킨Menachem Ussishkin)."

"다른 결점을 덮어버리는 헤르츨의 위대함은 그가 박애라는 대기실로부터 유대인의 문제를 끄집어내어 유럽 외교를 통해 그것을 각국 수상의 집무실로 옮겨놓았다는 것이다(하워드 새커, 《이스라엘의 역사A History of Israel》)." 새커는 계속해서 다음과 같이 기록한다. "헤르츨로 인해 얼마 지나지 않아 '시온주의'라는 단어가 세계 지도자의 입에서 자연스럽게 흘러나오게 되었고 수상과 황태자의 안건 목록에 포함되었다."

"모든 것 중 가장 놀라운 것은 포기하지 않을 때다(마빈 로웬달Marvin Lowenthal)."

오스트리아 유대인 작가인 스테판 츠바이크Stefan Zweig는 1904년에 있었던 헤르츨의 장례식에 참석했는데, 그로부터 수십 년이 후 그날의 경험을 자신의 회고록에 다음과 같이 기술했다.

> 끝없는 조문 행렬이 이어졌다. 갑자기 비엔나는 세상을 등진 이 인물이 단순한 작가나 평범한 시인이 아니라 국가와 민족의 역사에서 가장 절실한 순간에만 등장하는 그런 사상들의 창시자들 중 한 사람임을 인식했다. 공동묘지에서 내가 이제껏 한 번도 본적이 없는 그런 본질적이고 열광적인 애도에 의해 형식적인 모든 절차가 압도당했다. 민족 전체의 깊은 곳에서부터 비롯된 이 막대한 고통을 목격하며, 나는 처음으로 이 특별하고 외로운 남자가 자신의 사상으로써 세상에 얼마나 많은 열정과 희망을 주었는지를 깨달았다 (스테판 츠바이크, 《Die Welt von Gestern》).

유언장에서 헤르츨은 "유대민족이 나의 유해를 팔레스타인으로 이장해주기 전까지는" 비엔나에 묻힌 자신의 아버지 곁에 머물게 해달라고 남겼다. 훗날 이스라엘이 그 존재를 드러낸 이듬해인 1949년 8월 17일, 드디어 헤르츨의 유해는 그의 부모와 누이의 유해와 함께 새로운 유대 국가로 공수되어 예루살렘의 헤르츨 산Mount Herzl에 이장되었다.

85. 벨푸어 선언은 어떻게 이루어졌나

하임 바이츠만은 헤르츨 이후 가장 두각을 나타낸 시온주의자이자 이스라엘의 초대 대통령이었다.

근대 이스라엘의 초대 대통령이 된 화학자 하임 바이츠만이 유대 고국을 되찾기 위한 시온주의자들의 노력에 대한 지지를 얻기 위해 영국 정치가들을 상대로 로비 활동을 할 때의 이야기이다. 어느 상원의원이 그에게 물었다. "왜 유대인들은 보다 쉽게 정착할 수 있는 미개발 국가들이 많은데도 불구하고 굳이 팔레스타인만을 고집합니까?" 그의 질문에 바이츠만은 다음과 같이 대답했다. "그렇게 물으시는 건 제가 의원님께 왜 의원님은 주위에 노인분들이 많은데도 불구하고 지난 일요일에 굳이 20마일을 운전하는 수고를 하시며 의원님의 어머님을 찾아뵙는지를 여쭙는 것과 마찬가지일 것입니다(해럴드 쿠슈너, 《삶에게》)."

우리는 헤르츨의 말에 영국 정치인이 어떤 반응을 보였는지는 알지 못한다. 하지만 1906년 그가 아서 밸푸어에게 이와 유사한 말을 했을 때 바이츠만의 일련의 생각은 그 효력을 발휘해 11년 후에 영국 리더가 벨푸어 선언을 하는 데 적지 않은 기여를 했다.

"벨푸어 씨, 제가 당신에게 파리 대신 런던을 드리겠다고 제안한다면 어떠시겠습니까? 저의 제안을 받아들이시겠습니까?"
그는 자세를 고쳐 앉고는 나를 바라보며 이렇게 대답했다. "하지만 우린 이미 런던을 갖고 있지 않소?"
내가 말했다. "맞습니다. 하지만 런던이 습지에 불과했을 때 저희는 이미 예루살렘을 갖고 있었죠."
그는 뒤로 기대어 앉아 계속해서 날 응시하며 내가 지금도 생생하게 기억하는 두 가지 말을 했다. 그 첫 번째 말은 "당신처럼 생각하는 유대인들이 많이 있습니까?"였다.
그의 물음에 난 이렇게 대답했다. "전 지금 당신이 결코 보지 못하고 당신에게 말할 수도 없는 수백만 유대인의 심정을 말하고 있다고 확신합니다. ……"
이 말에 그는 다음과 같이 대꾸했다. "그렇다면 당신들은 언젠가 힘을 얻게 될 것이오.(하임 바이츠만, 《시험과 성취Trial and Achievement》)."

벨푸어 선언

"로스차일드 경에게.
영국 국왕의 정부는 팔레스타인에 유대민족의 고국을 건설하는 것을 우호적으로 생각하며 현재 팔레스타인에 살고 있는 비유대인 공동체의 민권과 종교권 및 다른 나라의 유대인이 향유하는 권리와 정치적 지위를 침해하지 않아야 한다는 걸 분명히 숙지하면서 이러한 목적을 달성하는 데 도움을 줄 수 있는 최선의 노력을 할 것입니다."

당시 영국 외무장관이었던 벨푸어는 이 서한을 라이오넬 로스차일드 경에게 보냈지만, 그와 영국 정부가 이러한 역사적 문서를 작성하는 데 결정적인 영향을 끼친 사람이 바이츠만이었다는 것은 오늘날까지 널리 인정되는 사실이다.

"유대인에게 세상은 살 수 없는 곳과 들어갈 수 없는 곳으로 나뉜다(1936년 11월 25일 영국이 '필 위원회Peel Commission'를 구성하기 전에 한 바이츠만의 선언)." 나치가 독일 유대인의 시민권을 박탈하고 유럽 전역에 걸쳐 유대인의 정치적 상황이 점점 더 악화되어갈 때 바이츠만은 이와 같이 개탄했다. 나치 반유대주의의 이러한 악랄함에도 불구하고 미국과 영국을 비롯한 여러 나라들은 유대인들을 더 많이 받아들이길 꺼렸는데 이 같은 정책은 극도로 절박한 상황에 처한 유대인들에게도 예외가 아니었다. 일례로 한 캐나다 고위 관직자에게 캐나다는 어느 정도의 유대인 난민들을 받아들일 수 있는지를 묻자 그는 "한 명도 너무 많습니다."라고 대답했다.

바이츠만의 위의 말은 어느 위대한 히브리어 시인의 냉소적이고 솔직한 말을 떠올리게 한다. "각각의 민족은 발아래 땅의 넓이만큼 머리 위의 하늘을 가지고 있다(하임 나만 비아리크Hayim Nahman Bialik)."

바이츠만의 선언은 더 많은 유대인이 팔레스타인으로 이민할 수 있도록 이민 정책을 개방하는 것에 관해 영국을 설득하지 못했다. 그로부터 3년 후 독일 유대인의 상황이 새로운 악화 국면으로 치닫고 있던 바로 그때 영국은 팔레스타인으로의 유대인 이민을 한층 더 제한한 그 악명 높은

'백서'■를 공표했다. 그 '백서'는 홀로코스트 시기 동안에도 그 효력을 발휘했다. 이러한 상황을 통탄한 바이츠만은 1946년에 '앵글로 아메리칸 난민 캠프 홀로코스트 생존자 실태 조사 위원회Anglo-American Commission of Inquiry on the situation of Holocaust survivors in DP(displaced persons) camps'에서 다음과 같이 선언했다.

"저는 얼마나 많은 아인슈타인과 얼마나 많은 프로이트가 아우슈비츠와 마이데네크Maidenek의 용광로에서 죽어갔는지 알지 못합니다. 하지만 이 한 가지만은 알고 있습니다. 우리가 그것을 막을 수 있다면 다시는 그러한 일이 일어나지 않을 것입니다."

만일 이스라엘이 하나의 국가로 세워진다면 주변의 아랍권 군대들이 이스라엘을 침략할 것이라는 유대인 다수의 우려에도 불구하고 1948년 4월 바이츠만은 과감하게 이스라엘을 하나의 국가로 선언할 뜻을 비쳤다. 미국 주재 이스라엘 대사로 임명된 아바 에반Abba Eban 앞에서 그의 이러한 뜻을 내비쳤을 때 아랍 군대의 위협도 그를 막지 못했다. "이집트 군대의 문제점은 장교들은 너무 뚱뚱하고 병사들은 너무 말랐다는 것입니다(에반, 《사적인 증언Personal Witness》)."

유대인이 국가를 얻기 위해 감수해야 하는 희생을 정의하는 그의 말은 훨씬 더 통렬하다. "한 민족은 은쟁반 위■에서 나라를 얻지는 못한다." 바이츠만의 이 말은 히브리어 시인인 나탄 알터만Natan Alterman에게 영감을 주어 이스라엘에서 가장 유명한 시 중 한 편인 《은쟁반The Silver Platter》을 쓰도록 했다. 이 시에서 알터만은 1948년 이스라엘 독립전쟁에서 전사한 남녀 군

■ **백서** 영국 정부의 공식 보고서 명칭.
■ **은쟁반 위** 영어로 'on a silver platter', 즉 '별로 힘들이지 않고'란 숙어적 의미가 있다.

인들을 유대민족에게 주권을 회복시켜준 "은쟁반"으로 묘사했다.

그로부터 약 40년 후 자신의 인생 초년기를 홀로코스트를 피해 은닉하면서 보낸 이스라엘 장군 요시 펠레드Yossi Peled가 바이츠만의 말을 다시 사용했다. "사실 이 나라는 6백만 명이 만든 은쟁반을 토대로 건립되었습니다〈톰 세게프, 〈7번째 100만〉〉."

끝으로, 바이츠만이 초기에 한 말을 회상해보는 것도 흥미로울 것이다. 자신을 '점진주의자'라며 비난한 사람들에게 바이츠만은 다음과 같이 응대했다.

"유대 집행 기구Jewish Agency 사람들이 나를 비난한다는 얘기를 들었다. 이들은 나를 '또 한 두남dunam■ 대지와 또 한 두남의 대지, 또 한 명의 유대인과 또 한 명의 유대인, 또 한 마리의 소와 또 한 마리의 염소 그리고 게데라에 새로 지은 집 달랑 두 채와 같은 식의 낡아빠진 시온주의 정책의 애호가'라며 조롱한다고 한다. 난 벽돌 한 장 한 장씩 쌓아올리며 집을 짓는 방식 외에 다른 방식이 있다는 걸 모른다. 마찬가지로 난 한 두남씩, 그리고 한 사람씩, 한 농장씩의 방식 외에 국가를 건설하는 다른 방식이 있다는 것도 모른다."

■ **두남** 토지 측량 단위. 팔레스타인에선 9백 평방미터, 이라크에선 2천 5백 평방미터에 해당함.

86. 팔레스타인은 누구의 땅인가

블라디미르 야보틴스키Vladimir Jabotinsky는 시온주의의 '과격주의자'들을 대표하는 정치 단체인 수정론자당Revisionist Party을 만든 인물이다. 수정론자들은 영국에게 요르단 강 양쪽 모두에서 유대인의 주권을 허가할 것을 요구했다. 장차 이스라엘 수상이 될 메나헴 베긴Menachem Begin과 이츠하크 샤미르Yitzhak Shamir는 야보틴스키를 이데올로기와 정치에 한하여 자신들의 대부로 여겼다.

"우리 모두가 국가 부흥에 필요한 모든 조건들을 인식하고 있다. 그러나 유감스럽게도 어떻게 발사해야 하는지를 아는 능력이 가장 중요하다(블라디미르 야보틴스키, 《크타빔Ktavim》)."

1937년 야보틴스키는 당시 팔레스타인을 개별적인 유대 국가와 아랍 국가로 분리하는 가능성에 대해 조사 중이던 영국의 '필 위원회'에서 그의 의사를 표명하도록 초청받았다. 그것은 독일 유대인들이 나치 치하에서 4년을 보냈고 350만 폴란드 유대인들은 만연한 반유대주의로 인해 고통받던 시기의 일이었다. 이 두 국가로부터 많은 수의 유대인들을 이민시켜야 하는 긴박한 필요성을 인식하고 있던 야보틴스키는 왜 팔레스타인의 영토 협상을 할 수 없는지를 '필 위원회'에 설명했다.

"여러분께 올리버 트위스트가 고아원에 처음으로 와서 "조금 더 주세요."라고 요구했을 때 벌어진 소란을 상기시켜드리고 싶습니다. 올리버는 적절하게 표현하는 방법을 몰랐기에 "조금 더 주세요."라고 말했습니다. 올리버가 실제로 말하고자 했던 바는 "제 나이의 아이가 생존하는 데 필요한 최소한의 음식은 주셔야죠."였습니다. 전 여러분도 오늘 여기서 안타깝게도 아직 승낙받지 못한 올리버 트위스트의 요구에 직면하고 있다고 확신합니다. …… 우리는 수백만 명의 생명을 구해야만 합니다. …… 올리버를 위해 어떤 승낙이 내려져야 하겠습니까? 그 아이는 어떠한 음식도 자기 마음대로 먹을 수 있는 처지가 아니었습니다. 고아원 사람들이 그 아이에게 한 접시의 수프를 주어야만 했던 거죠(아서 헤르츠베르그, 《시온주의자의 사상》)."

그는 또한 팔레스타인은 유대인의 것이 아니라 아랍인의 것이 되어야 한다는 아랍 대표의 주장에도 논리적으로 맞섰다. "팔레스타인의 아랍 사람들 또한 팔레스타인이 아랍의 네 번째나 다섯 번째 혹은 여섯 번째 국가가 되길 원한다는 것은 충분히 이해할 만합니다. 당연히 이해할 수 있는 일이죠. 하지만 아랍인의 주장이 생존권을 보장받으려는 우리 유대인의 절박한 요구와 맞닥뜨려진다면 그것은 더 맛있는 것을 원하는 것과 굶주림을 호소하는 것의 차이일 것입니다."

현재 세계에서 아랍 국가는 21개국이나 되고 유대인 국가는 오직 이스라엘 한 국가뿐이다. 그리고 아랍 국가의 총면적은 5,414,000평방마일인 데 비해 이스라엘의 총면적은 8,290평방마일에 불과하다(웨스트 뱅크West Bank와 가자

Gaza를 포함하면 10,420평방마일). 즉, 아랍 국가의 국토 총 면적은 이스라엘 국토의 540배나 된다.

야보틴스키와 홀로코스트

방랑 생활을 끝내지 않으면 방랑 생활이 당신을 끝낼 것이다(제2차 세계대전 이전에 야보틴스키가 말한 유명한 문구).

주요 유대 인물 중 어느 누구도 실제로 홀로코스트가 일어나리라고 예측하지 못했지만, 야보틴스키는 현재 긴박한 위험에 처해 있으며, 특히 유럽에서 전쟁이 발발한다면 더더욱 위험한 상황에 빠지게 될 것이라며 동유럽 유대인들에게 반복적으로 경고했다. 1938년 8월 10일 히틀러가 폴란드를 침공하기 1년 남짓 이전인 유대인의 티샤 베아브Tisha Be'Av■ 단식일에 야보틴스키는 바르샤바에서 유대인 군중에게 다음과 같이 말했다.

"저는 지난 3년간 세계 유대인들의 자랑인 폴란드 유대인 여러분께 끊임없이 애원했습니다. 대재앙이 임박했다고 되풀이해 여러분께 호소도 하고 경고도 했습니다. 이 3년 동안 저의 머리는 하얗게 변했고 전 많이 늙었습니다. 얼마 지나지 않아 파괴의 불덩이를 뿜어낼 화산을 여러분이 보지 않았으면 하는 간절한 열망으로 나의 심장이 피를 흘렸기 때문입니다. …… 여러분의 생명을 구할 수 있는 시간은 점점 더 줄어들고 있습니다. …… 이 정오에 저의 말을 귀담아들으십시오. 하나님을 위해 아직 시간이 남아 있을 때 여러분 모두가 자신의 생명을 구해야 합니다. 시간은 점점 더 촉

■ **티샤 베아브** 예루살렘 성전이 파괴된 것을 기리는 날. '나인스 오브 아브Ninth of Av'라고도 한다.

박해지고 있습니다(블라디미르 야보틴스키, 베냐민 나탄야후Benjamin Natanyahu, 《여러 국가 사이의 한 장소: 이스라엘과 세계A Place Among the Nation: Israel and the World》)."

야보틴스키의 열성적인 추종자들은 이 연설을 포함해 이와 유사한 선언들을 나치와 관련한 그의 예언자적인 통찰을 입증해주는 증거로서 인용했다. 하지만 야보틴스키조차도 곧 유럽 유대인들을 덮칠 재앙이 그렇게 엄청날지는 몰랐던 것으로 추정된다. 그 예로 폴란드 유대인들을 구하기 위한 그의 계획은 향후 10년에 걸쳐 350만 폴란드 유대인들 중 150만 명을 팔레스타인으로 이주시키는 것이었는데, 이 계획은 분명 그로부터 7년 안에 폴란드 유대인 인구 90% 이상을 쓸어버린 "비극의 급박함과 규모"를 예견하지 못한 것이었다(제이콥 카츠Jacob Katz, '홀로코스트를 예언할 수 있었을까?Was the Holocaust Predictable?').

사실 재앙에 대한 야보틴스키의 예감은 제한적일 수밖에 없었다. 왜냐하면 그는 나치 조직의 기반이 약하다고 믿었기에 외부 세력과 충돌하자마자 내부적인 난점으로 인해 순식간에 붕괴되리라고 생각했다.

이후 나치 독일이 성공적으로 폴란드 침공을 착수하자 그제야 야보틴스키는 폴란드 유대인들에게 닥친 끔찍한 현실을 직시했다. 베어마흐트Wehmacht(제2차 세계대전 시기의 독일군)가 침략에 성공했다는 소식이 사방에 퍼지자 그는 비통한 심정으로 그와 이데올로기적인 대립 관계에 있던 '노동 시온주의Labor Zionist' 리더인 베를 카츠넬슨Berl Katznelson에게 다음과 같이 고백했다. "당신이 이겼소. 당신에겐 미국과 부유한 유대인들이 있고, 저에겐 오로지 가련한 폴란드 유대인들만 남아 있을 뿐이오. 하지만 이제 이들조차도 떠나갈 것이오(코너 크루저 오브라이언, 《세 명의 시온주의자: 바이츠만, 벤 구리온, 카츠넬슨Three Zionists: Weizmann, Ben-Gurion, Katznelson》)."

예언자로서의 야보틴스키

바르샤바에서의 연설에서 야보틴스키는 보다 낙관적인 동시에 놀랍도록 정확한 예언을 했다.

"오늘 전 여러분께 다음의 말을 전하고 싶습니다. 앞으로 닥칠 재앙으로부터 피신하는 데 성공하는 사람들은 유대인의 최고의 기쁨이 될 축제의 순간을 직접 경험하게 될 것입니다. 다시 말해 유대인 국가의 재탄생과 설립을 직접 목격할 것입니다. 제 자신은 이러한 순간을 맞이할 때까지 살 수 있을지 모르겠습니다만, 저의 아들은 틀림없이 그렇게 될 것이라 장담합니다. 내일 아침 해가 뜬다는 것을 확신하는 것과 똑같이 확신합니다."

그로부터 2년도 채 되지 않아 야보틴스키는 미국에서 사망했고, 그가 죽은 지 8년 만에 이스라엘이 건국되었다. 그리고 야보틴스키의 아들인 에리Eri는 이스라엘 최초 국회의 국회의원이 되었다.

87. 벤 구리온의 개척 정신이 시사하는 바는 무엇인가

오늘날 '건국의 아버지'라 불리는 다비드 벤 구리온David Ben Gurion은 이스라엘 초대 수상이었다.

"당신과 저의 차이점은 당신은 평화를 위해 이민을 희생시킬 준비가 되어 있는데 반해 전 그렇지 않다는 것입니다. 평화가 저에게도 역시 소중한 것임에 틀림없지만 말입니다. 설령 제가 한 발 양보한다 하더라도 폴란드와 독일의 유대인들은 양보하지 않을 것입니다. 이들은 다른 선택의 여지가 없기 때문입니다. 이들에겐 평화보다 이민이 우선입니다(데이비드 벤 구리온이 히브리 대학 총장인 주다 마그네스에게 한 말)."

폴란드 및 독일 유대인들을 팔레스타인으로 이주시켜야 한다는 벤 구리온의 강력한 주장은 유대 국가 건국에 대한 그의 강철 같은 의지와 이들의 복지에 대한 인도주의적 우려에서 기인했다. 1942년 12월 6일 '유대 집행위원회Jewish Agency Executive' 모임에서 그는 다음과 같이 선언했다. "유럽 유대인들의 몰살은 시온주의의 대재앙입니다. 이스라엘을 건국할 사람이 아무도 남지 않을 것이기 때문입니다(톰 세게프, 《7번째 100만》)."

우리는 '백서'가 없는 것처럼 히틀러에 대항해 싸울 것이고, 히틀러가 없는 것처럼 '백서'에 대항해 싸울 것이다(제2차 세계대전이 발발했을 때 데이비드 벤 구리온이 한 말).

1939년 5월 17일 영국은 1년에 팔레스타인으로 이민하는 유대인 수를 1만 5천 명으로 제한하고 그 이상의 유대인 이민은 아랍의 동의를 받아야 한다는 '백서'를 공표했다. 이전에 놀라울 정도의 선의로 유대인 세계에 '벨푸어 선언'이라는 희소식을 전한 영국은 '백서'라는 악의적인 결정으로 거의 모든 유대인들의 반감을 샀다.

당시 독일에 거주하던 30만 명 이상의 유대인들은 역사상 가장 혹독한 반유대주의 체재의 통치를 받았기에 '백서'는 팔레스타인 유대사회를 '불가능한 상황'으로 몰고 갔다. 즉, 영국은 독일 유대인들에게 피난처를 제공하는 걸 거부했던 것이다. 그로부터 몇 달 후 히틀러는 폴란드를 침공해 추가적으로 350만 명의 유대인들을 나치 치하에 두었다. 히틀러를 상대로 한 "싸움"에서 결국 승리했음에도 불구하고 유감스럽게도 '백서'에 대적한 "투쟁은" 전반적인 실패로 돌아갔다. 수천 명의 유대인 난민들이 팔레스타인에 성공적으로 밀입국하긴 했지만, 그 수는 팔레스타인의 문호가 열렸다면 생존할 수 있었던 유대인의 수에 비하면 극히 적은 수에 불과했다. 유감스럽게도 영국은 유대인들이 나치 수용소 가스실에서 죽어가고 있다는 소식을 들었음에도 끝끝내 '백서'를 철회하지 않았다.

이러한 급진적인 제한 정책의 이론적 근거로 영국은 아랍권에서 연합군 지원군을 요청했으나 아주 드문 예외를 제외하곤 이 또한 실패로 돌아갔다(유대인은 차선책이 히틀러밖에 없었기에 어떠한 경우라도 영국을 지원할 수밖에 없었다.). 아이러니

하게도 아랍의 지도층은 히틀러를 지지했던 것이다. 이들 중 단연 두각을 나타낸 팔레스타인 리더인 하지 아민 알-후세이니Hajj Amin al-Husseini(리더가 되기 직전 직위 해제된 예루살렘 군인)는 전쟁 내내 독일에 협력했다. 그는 이슬람 지원병을 모집해 훈련을 시킨 후 나치 군대에 투입했다.

한편, 벨푸어 선언 후 몇 년이 지나 고개를 든 영국의 적대적인 태도에도 불구하고 벤 구리온은 이전에 유대민족에게 많은 혜택을 주었던 영국에 대해 비이성적인 판단을 하지 않았다. '백서'가 공표되기 이전에 쓴 1936년 논설 '영국과의 대차대조표'에서 그는 영국이 팔레스타인의 유대 공동체를 위해 해온 업적에 대해 놀랍도록 분석적이고 정확한 평가를 제시했다. "영국은 35만 명의 유대인을 이 나라로 이주할 수 있도록 해주었다. 또한 하이파에 항구를 건설해주어 하이파는 유대인의 도시로 성장했다. 게다가 영국은 유대인 거주 지역을 연결하는 도로도 건설해주었고, 충분하지 않긴 하지만 유대인들의 산업도 부흥시켜주었다. 영국은 천사의 나라는 아니며 아일랜드와 다른 지역에서 좋지 않은 일을 했다는 것도 나는 잘 알고 있다. 하지만 영국은 또한 자신이 통치하는 나라에 긍정적인 일도 많이 했다. 영국은 훌륭한 문화를 가진 위대한 나라며 영국인은 착취자나 강도가 아니다. 그리고 우리에게 영국은 완전한 악의 존재와는 거리가 멀다. 그들은 이 나라에서 우리의 역사적 권리를 인정했는데, 그렇게 한 것은 그들이 처음이었다. 그들은 우리의 언어를 공식 언어로 선언했고 대규모의 이민을 허용했다. 영국을 평가한다면 공정하게 평가해야 할 것이다《미슈나토 셸 데이비드 벤 구리온Mishnato shel David Ben-Gurion》."

"우리는 진정한 평화를 위해 예루살렘과 골란 고원Golan Heights을 제외한 모든 영토를 포기해야 한다(1967년 6월, 전쟁의 여파가 있던 시기에 데이비드 벤 구리온이 한 말)."

6일 전쟁 후 이스라엘은 대체적으로 강경 정책을 폈음에도 불구하고 벤 구리온은 온건 정책으로 돌아섰다. 전쟁 기간 동안 그는 자신의 일기에 훨씬 더 온건한 견해를 피력하기도 했다. "우리는 골란 고원도 필요치 않다. 그곳에 정착하지 않을 것이기 때문이다(단 쿠르츠만Dan Kurzman, 《불의 예언자Prophet of Fire》)."

한편 이스라엘에는 국회의 120의석 중 대부분의 의석을 차지한 당이 하나도 없었다. 그래서 당은 자체적으로 운영되었고 이스라엘의 모든 정부가 둘 이상의 당으로 구성된 연립정부였다.

벤 구리온은 이스라엘의 수상으로서 가능한 한 많은 당으로 구성된 연립 정부를 수립하려고 노력했다. 하지만 1949년 최초의 국회의원 선거에서 그는 여러 당을 두루 연합시키되 두 당, 즉 이스라엘 공산당과 메나헴 베긴의 헤룻 당■은 항상 제외시킨다는 노선을 분명히 했다. 헤룻당은 후에 베긴을 리더로 한 리쿠드 당의 핵심이었다.

일평생 사회주의자였던 벤 구리온은 전체주의를 따르고 시온주의를 반대한다는 점에서 공산주의자들을 경멸했다. 그는 또한 이들이 자신의 내각으로 들어오면 비밀이 보장되어야 하는 내각 회의의 내용이 소련의 공산당 간부들에게 전해지고, 거기서 다시 이스라엘의 아랍권 적들에게 전달되리란 것도 잘 알고 있었다.

헤룻 당에 대해 이야기하자면 벤 구리온은 헤룻 당의 리더(후에 이스라엘 수상이 된다.)인 메나헴 베긴을 민주주의의 적으로 여겼다. 또한 그의 멘토인 블라디미르를 종종 '블라디미르 히틀러'라 칭하기도 했다.

1950년대 초의 불꽃 튀는 국회 토론에서 벤 구리온은 만약 베긴이 정권을

■ **헤룻 당** 주요 우익 정치 세력.

잡는다면 그는 나치가 독일을 통치하는 방식으로 이스라엘을 통치할 것이라고 주장했는데, 이러한 독설은 베긴의 수상 재임 기간(1977-1983) 동안 잘못된 주장임이 입증되었다.

벤 구리온과 베긴의 적대 관계는 벤 구리온의 말년에 이르러서야 해소되었다. 그는 1967년 6일 전쟁이 있기 전 긴박한 나날이 계속되던 시기에 정계에 복귀해 수상 직을 맡아달라고 부탁한 베긴의 말에 놀라지 않을 수 없었다. 여러 해에 걸친 둘 사이의 적대 관계에도 불구하고 벤 구리온의 아내인 파울라는 항상 베긴을 존경했다. 벤 구리온은 죽기 직전 자신의 오랜 정적인 베긴에게 다음과 같은 서한을 보냈다. "제 아내 파울라는 …… 몇 가지 이유로 당신의 팬이었습니다. 비록 저는 당신의 노선을 반대했지만 말입니다. …… 하지만 전 개인적으로는 당신에게 악의를 가진 적이 한 번도 없었고, 당신에 대한 저의 존경심이 커지고 있을 때 제 아내 파울라는 흡족해했습니다."

벤 구리온은 초기에 자신이 베긴에 대해 언급했던 몇 가지 말을 잊어버린 것이 아닐까 의심스럽다. 그의 두 가지 말이 생각난다. "당신이 역사를 바꿀 수 없다고 믿은 사람들은 결코 자신의 회고록을 쓰려고 하지 않았다." "80세가 넘어가면 적은 없고 생존자만 남아 있을 뿐이다."

유대인의 힘을 역설한 벤 구리온

우리 유대인은 여러 가지 죄를 저질렀다고 비난받았다. 하지만 역사에서 진정으로 비난받아야 할 우리의 죄는 약함이다. 우리는 다시는 이 죄를 짓지 않도록 만전을 기해야 할 것이다(하워드 M. 새커, 《뉴욕 타임스 북 리뷰The New York Times

Book Review》).

"중요한 것은 이방인들의 말이 아니라 유대인들의 행동이다."라는 말은 벤 구리온의 중심 철학을 내포한 대표적인 말이라 할 수 있다. 그는 이방인의 선의가 아니라 유대인의 행동, 즉 유대인의 국가와 군대와 만들고 네게브 사막＊을 개발하는 것 등등이 유대인의 미래를 결정짓는다고 믿었다.

＊ **네게브 사막** 이스라엘 남부, 베에르세바에서 엘라트까지 이르는 사막.

88. 골다 메이어는 왜 나세르를 혐오했는가

골다 메이어Golda Meir는 1969년부터 1974년까지 이스라엘 수상을 지낸 인물이다.

"자신의 조국으로 하여금 전쟁을 치르게 하는 데 주저하지 않는 리더는 리더로서 적합하지 않다(골다 메이어, 1967년 6일 전쟁 직전에 레비 에슈콜이 했던 무능한 연설에 대해 언급하면서)."

6일 전쟁 직전의 시기 동안 이스라엘과 이웃한 아랍권 국가들은 계속해서 이스라엘을 붕괴시키겠다는 위협을 가했다. 당시 이스라엘 수상이었던 레비 에슈콜Levi Eshkol은 이미 겁에 질린 국민에게 자신은 지치고 의기소침해 있으며 거의 탈진 상태에 이르렀다는 인상을 풍기면서 연설했다. 그는 또한 이 연설에서 갈피를 잡지 못하고 말을 더듬기도 했다. 자포자기의 파도가 온 나라를 덮쳤고 에슈콜은 혹독한 비난을 받아야 했다. 바로 이러한 상황에서 골다는 위의 말을 한 것이다.

그로부터 몇 년 후 아바 에반Abba Eban은 당시 에슈콜이 과도하게 긴장했기 때문에 말을 더듬고 머뭇거린 것은 절대 아니라고 말했다. 연설문은 준비된 것이었고 그가 사전에 그것을 읽어볼 시간이 없었는데 연설문을 쓴 사람이 '철회하다.'란 뜻을 가진 거의 사용하지 않는 단어를 연설문에 써놓은 것을 미리 숙지하지 못했고, 그 단어로 인해 그가 말을 더듬게 되었다는 것이었다. 후에 에반은 이렇게 기술했다. "전국을 휩쓸고 간 불안과 의기소침함은 묘사하기 힘든 것이었다. 그것은 역사상 말더듬이 전 세계에 울려 퍼진 유일한 사건이었다《사적인 증언》."

"왕과 대통령은 군대를 동원해 다른 민족을 공격해서 패배한 뒤에 무력으로 남의 것을 빼앗는 것은 옳지 못하다고 말해선 안 된다(자신들이 일으킨 전쟁에서 패배함으로써 잃어버린 영토를 반환해줄 것을 요구한 아랍 리더들의 위선에 대해 골다 메이어가 한 말)."

1967년 5–6월 두 달에 걸쳐 이집트와 시리아는 반복적으로 "시온주의자의 국가"를 멸망시키겠다는 의지를 표명하면서 이스라엘을 상대로 6일 전쟁을 일으켰다. 이집트 대통령 가말 아브델 나세르Gamal Abdel Nasser는 이스라엘 선박들에 한해 티란 게이트Gates of Tiran를 봉쇄함으로써 국제조약을 어겼다. 이라크의 아브델 라만 아리프Abdel Rahman Arif 대통령은 다음과 같이 선언했다. "이스라엘을 세계지도에서 볼 수 없게 만들겠다는 우리의 목표는 분명합니다." 이스라엘 동쪽에 있는 이웃 국가인 요르단은 이집트와의 군사동맹을 체결했다.

6월 5일에 이스라엘은 이집트와 시리아를 상대로 반격을 감행했고, 후에 예루살렘과 텔 아비브Tel Aviv 및 이스라엘의 비행장에 발포를 개시한 요르단을 공격했다. 6일 전쟁 동안 이스라엘은 요르단의 웨스트 뱅크와 시리아의 골란 고원, 이집트의 시나이 사막을 정복했다.

그때 이후로 줄곧 이 세 아랍 국가 및 아랍권의 나머지 국가들은 "이스라엘은 전쟁으로 쟁취한 영토를 소유할 권리가 없다."고 주장해왔던 것이다.

나세르에 대한 골다 메이어의 비판

골다 메이어는 이스라엘에 대한 증오를 가장 많이 선동한 이집트 대통령 나세르를 혐오했다. 수년에 걸쳐 그녀는 여러 면에서 나세르를 공격했다. "러시아 제정의 한 마을에, 어느 날 밤 말을 도둑맞을 것이라는 사실을 항상 알고 있던 남자가 있었다. 그가 말 도둑이었기 때문이다. 나세르가 이스라엘을 상대로 한 전쟁이 일어날 것이라고 경고했을 때 그는 그것을 어떻게 알고 있을까? 그가 바로 전쟁을 일으킬 장본인이었기 때문이다."

나세르는 민족애가 없다는 결코 비이성적이지 않은 골다의 확신은 1968년과 1970년 사이 이스라엘과 이집트 간의 유혈 '소모전War of Attrition'이 장기화되던 시기에 이집트와의 평화가 찾아올 것인지에 대한 질문을 받았을 때 강력하게 표명되었다. "저는 우리 군인들 중 한 명이라도 전사하면 그때마다 제게 통보해달라는 지시를 내렸습니다. 심지어 그때가 한밤중이라고 해도 말이죠. 만일 나세르 대통령이 한밤중에라도 이집트 군인이 전사하면 자신을 깨워서 전사 소식을 통보하라는 지시를 한다면 이집트와의 평화가 찾아올 것입니다." "우리가 나세르를 적대시하는 것은 비단 이스라엘의 아들들을 죽이기 때문만은 아닙니다. 이스라엘의 생존을 위해 이들로 하여금 아랍의 아들들도 죽이게 만들기 때문이기도 합니다."

한편 유대사회의 내부적인 일에 관해 골다는 유대인 특유의 풍자적인 현실 감각을 드러냈다. "우리 이스라엘 민족이 모세에 대해 싫어하는 점을 말씀드리겠습니다. 그는 40년 동안이나 사막에서 방랑 생활을 하게 한 뒤에야 우리들을 데리고 왔는데, 기껏 데려온 곳이 중동에서 석유가 나지 않는 지역이었습니다!"

89. 베긴의 정책은 환영받았는가

메나헴 베긴Menachem Begin은 1977년에서 1983년까지 이스라엘의 수상이었다. 수상이 되기 전에 그는 반영국 지하 단체인 이르군Irgun의 리더였다.

"우리는 공격하지 않을 것이다. 적들이 문을 지키고 있는 동안 형제들끼리 피를 흘리는 일은 없어야 한다(메나헴 베긴)."

1948년 6월 유럽과 미국의 이르군 후원자들은 무기를 적재한 선박인 알탈레나Atalena 호를 이스라엘로 보냈다. 이스라엘이 이웃 아랍 국가 모두로부터 공격을 받고 있는 데다 거의 전 세계적으로 지켜지는 무기 보이콧의 희생자였기에 무기가 절실하게 필요했기 때문이다. 하지만 베긴이 아르군 투사들의 무기 보유율을 20%로 늘릴 것을 고집하자 벤 구리온은 그가 무력으로 쿠데타를 일으킬 계획(베긴은 당시와 그 후에도 이를 부인했다.)을 하고 있다고 확신하고 이스라엘군에게 배를 침몰시킬 것을 명령했다. 결국 알탈레나 호는 침몰되었고 배에 탄 열두 명의 지원병들이 사망했으며 배에 적재된 모든 무기들이 소실되었다.

베긴은 마지막으로 배에서 탈출한 사람들 중 한 명이었다. 그는 자신을 체포하려는 이스라엘군을 피해 달아났고 그날 밤에 지하 라디오 방송국을 통해 자신의 추종자들에게 보복 행위를 하지 말 것을 강력히 권고하는 선언을 했다. 이로써 파멸을 초래할 수도 있었던 내전이 일어나지 않았다.

"'이 영토는 점령된 영토가 아니다.' 당신들은 10년 동안이나 이 표현을 사용했습니다. 1977년 5월부터는 해방된 영토라는 말을 사용하기 바랍니다. 유대인은 유대인의 땅인 이 해방된 영토에 정착할 수 있는 모든 권리를 가집니다(수상으로 당선된 지 이틀 후에 베긴이 한 말)."

이스라엘 전체 국토의 통치권이 유대인에게 있다는 가슴 깊이 간직한 믿음의 선상에서, 이스라엘의 수상으로서 베긴은 자신의 국민들에게 1967년 6일 전쟁에서 요르단으로부터 쟁취한 성경에 등장하는 역사적인 땅인 주디아Judea와 사마리아Samaria 전역에 걸쳐 정착할 것을 적극적으로 권장했다. 웨스트 뱅크West Bank에 백만 명의 아랍인들이 살고 있다는 사실도 그의 이러한 정책을 꺾지 못했다. 베긴의 이러한 정착 권장 정책은 정치적으로 우익인 사람들에게는 강한 지지를 얻었고 정치적으로 좌익인 사람들에게는 신랄한 비판을 받았다. 이러한 정책은 이스라엘·팔레스타인 분쟁의 평화적 해결 가능성을 원천 봉쇄하는 행위라는 것이 좌익의 주장이었던 것이다.

미국 대통령 지미 카터Jimmy Catter가 베긴에게 웨스트 뱅크의 유대인 정착을 중지할 것을 강권하자 베긴은 성경에 등장하는 이름을 가진 미국의 여러 도시들(헤브론, 베들레헴, 세일럼, 예루살렘 등등)을 나열하며 카터에게 다음과 같은 질문을 던졌다. "주지사가 이러한 도시에는 유대인이 살 수 없다고 한다면 어떻게 하시겠습니까?(에릭 실버Eric Silver, 《베긴: 수심에 찬 예언자Begin: The Haunted Prophet》)."

그럼에도 불구하고 베긴은 어떠한 국가의 정치적 리더들도 주디아와 사마리아를 '해방된 영토'라 칭하는 것을 원치 않았다.

"일주일전 이스라엘 국회는 골란 법안을 채택했고 당신들은 이스라엘을 '벌하겠다.'고 재차 선언했습니다. 이스라엘을 '벌하겠다.'는 것은 도대체 무슨 말입니까? 이스라엘이 미국의 속국이라도 된단 말입니까? 이스라엘이 바나나 공화국*입니까? 우리가 말을 듣지 않으면 손바닥을 맞아야 하는 열네 살 소년입니까? 우리 정부가 어떤 사람들로 구성되어 있는지 알려드리겠습니다. 우리 정부는 목숨을 걸고 투쟁하며 고난을 겪었던 의젓한 성인들로 구성되어 있습니다. 벌이나 위협으로 겁을 줄 수 있는 사람들이 아니죠. …… 이스라엘 민족은 미국과의 이해 각서 없이도 3천 7백 년을 살았고, 앞으로 3천 7백 년 동안도 이해 각서 없이 계속 살아갈 것입니다(베긴 수상이 미국 대통령 레이건과 미국무장관 조지 슐츠에 전달하라며 보낸 메시지)."

이스라엘이 실제로 골란 고원(6일 전쟁에서 시리아로부터 쟁취했다.)을 합병했을 때 레이건 행정부는 최근 합의한 미국-이스라엘의 이해 각서를 일시적으로 무효화하고 이스라엘에게 약속한 재정적인 원조도 보류하겠다고 선언했다. 이것은 지난 6개월 동안 미국이 이스라엘을 '벌했던' 세 번째 일이었다(첫 번째는 6월에 이라크의 원자로를 파괴한 것에 대해서고 두 번째는 베긴 수상이 지시한 베이루트에 위치한 테러리스트 전초 기지 폭격에 대해서다.).

베긴의 강력한 반응은 그가 자신의 멘토인 블라디미르 야보틴스키에게서 배운, 유대인은 항상 긍지를 갖고 행동해야 한다는 교훈을 떠올리게 한다. 유대인은 자존심을 손상시키는 언행에 항상 똑같이 대응해야 한다는 것이

---

* **바나나 공화국** 해외 원조로 살아가는 가난한 나라.

그의 확고한 믿음이었다. 베긴이 아르군의 리더로 있을 동안 영국이 포로로 잡은 몇몇 아르군 병사를 태형에 처했던 적이 있었다. 이에 베긴은 그 즉시 팔레스타인에 있던 영국군 몇 명을 붙잡아서 이들을 똑같이 태형에 처했고, 그 후로 영국은 더 이상 유대인을 태형에 처하지 않았다.

"비유대인이 비유대인을 살해했는데 유대인이 비난받는다(1982년 9월, 사브라-샤틸라 대학살에 대한 베긴의 반응)."

시리아 테러리스트가 레바논의 후임 대통령인 바쉬르 게마얄Bashir Gemayal(이스라엘과 평화조약을 맺기로 약속했다.)을 살해하자 게마얄의 추종자들인 팔랑헤당원Phalangist■들은 사브라Sabra와 샤틸라Shatilla에 있는 팔레스타인 난민 캠프를 습격해 약 1천 명을 살인했다. 이들은 PLO 테러리스트의 무기를 뺏으려고 이곳을 습격했던 것으로 추정되는데, 사상자 중 PLO 테러리스트들은 거의 없었다. 그 당시 웨스트 베이루트의 통제권을 쥐고 있던 이스라엘은 팔랑헤당원들을 캠프로 들어올 수 있도록 허용한 것에 대해 맹렬한 비난을 받았다.

이에 베긴은 기독교인들이 이슬람교도들을 살해했는데 왜 유대인이 비난을 받아야만 하는지에 대해 의문을 제기했다. 하지만 이스라엘에게 웨스트 베이루트의 통제권이 있었고 팔랑헤당원들을 캠프로 들어올 수 있도록 허용한 것을 고려해본다면 그의 말은 책임 회피를 위한 다소 전략적인 언사로 여겨진다. 실제로 사브라-샤틸라 대학살의 진상 조사를 위임받은 카한 위원회Kahan Commission는 "이러한 행위에 대한 책임은 그 행위자에게만 있는 것이 아니라 안전과 공공질서에 대한 책임이 있는 사람들에게도 있다는 것이 유대인 대중의 변함없는 입장이다."라고 결론지었다.

■ **팔랑헤당원** 레바논의 기독교도 우파 무장 그룹.

"베긴을 페이긴▪과 운율을 맞출 수 있다〈〈타임Time〉〉."

베긴이 이스라엘 수상으로 당선되자 〈타임〉 지誌는 베긴의 이름을 문학작품에서 가장 치졸한 반유대주의적 고정관념의 소산물 중 하나인 찰스 디킨스Charles Dickens의 《올리버 트위스트Oliver Twist》에 등장하는 유대인 악한 페이긴과 연관시킴으로써 새로운 지도자에 대한 경멸을 표명했다. 이에 격분한 많은 유대인들에게 〈타임〉 지 편집자들은 '페이긴이란 이름을 사용했다고 해서 그것이 반유대주의를 표명한 것이라고 단정짓지는 못한다'고 변명했다. 하지만 이들이 로날드 레이건이란 이름의 발음을 똑같은 방식으로 설명했을 수도 있다고 믿을 사람은 거의 없을 것이다.

"수상님, 안타까운 일이긴 하지만 이 땅의 두 민족 사이엔 타협이 아니면 계속되는 전쟁만이 있을 뿐입니다. 이외 다른 대안은 존재하지 않죠〈〈이스라엘의 소설가이자 평론가 아모스 오즈Amos Oz, 베긴 수상에게 보낸 공개서한〉〉."

레바논 전쟁 초기에 쓴 오즈의 서한은 베긴에게 웨스트 뱅크와 PLO에 대한 협상을 고려해볼 것을 호소하는 내용이었다. 오즈는 이 서한의 제목을 베긴이 야세르 아라파트Yasir Arafat와 PLO를 계속해서 히틀러와 나치에 비유한 것에 대한 대답인 "히틀러는 죽었습니다. 수상님."라고 붙였다. 이에 베긴은 이스라엘의 베이루트 폭격을 정당화하기 위해 이렇게 반문했다. "만일 아돌프 히틀러가 스무 명의 무고한 시민과 함께 어느 빌딩에 숨어 있다면 그 빌딩을 폭격할 것입니까?" 여기에 대해 오즈는 다음과 같이 대답했다. "아돌프 히틀러는 유대민족의 3분의 1을 학살했습니다. 이들 중엔 당신의 부모님과 친지들도 있을 것이고 저의 가족들도 있을 것입니다. 많은 유대인들과 마찬가지로 저 또한 히틀러를 내 손으로 죽이지 못한 것이

▪ 페이긴 '늙은 악한' 이란 뜻의 영어 단어 'fagin'.

안타까울 때가 있었습니다. 뚫린 상처는 치유되지 않았고 앞으로도 결코 치유되지 않을 것입니다. …… 하지만, 베긴 수상님, 아돌프 히틀러는 37년 전에 죽었습니다. 유감스러운 일인지 몰라도 히틀러는 나바티야^{Nabatiyah}나 시돈, 또는 베이루트에 숨어 있지 않다는 것이 엄연한 사실입니다. 그는 죽어서 재가 되어 묻혔습니다."

90. 시온주의자들은 무엇을 위해 싸웠는가

"조국을 위해 죽는 것은 좋은 일이다(노련한 외팔이 군인인 트럼펠더Trumpeldor의 마지막 유언)."
"마사다Masada 는 또다시 함락되지 않을 것이다(이츠하크 람단Yitzhak Lamdan, '마사다')."
마사다는 로마를 상대로 실패한 유대인 봉기에서 마지막까지 남아 있던 전초 기지였다. 마사다가 서기 73년에 예루살렘이 정복당하고 대사원이 파괴된 후에 함락되었을 때 960명의 수비군은 로마군의 손에 자신들의 운명을 맡기지 않고 스스로 목숨을 끊었다.
히브리어 시인인 이츠하크 람단Yitzhak Lamdan은 유대인들이 적대적인 세상에서 피신할 수 있는 마지막 은신처로서의 팔레스타인을 마사다에 비유했다. 그에게 "마사다"는 어떠한 일이 있어도 반드시 수호해야 하는 곳이다. 람단이 다음과 같이 쓴 것처럼 말이다. "이곳이 최후의 전선이다. 여기서부턴 더 이상 물러설 곳이 없다."
오늘날까지 마사다 요새는 이스라엘을 찾는 유대인 관광객들에게 가장 인기 있는 관광지 중 하나로 꼽힌다. 이따금씩 "마사다는 또다시 함락되지 않을 것이다."란 맹세를 하도록 이스라엘 관료들을 이곳으로 데리고 오기도 한다.

"만일 '메시아'가 거기에 속한다면 제가 살아 있을 동안엔 그가 오지 않게 하소서(아하드 하암Ahad Ha' am)."

초기 시온주의 사상가이자 '문화 시온주의Cultural Zionism'로 알려진 단체의 리더인 아하드 하암은 아랍인이 유대인들을 살해한 것에 대한 복수로 유대인들이 어느 무고한 아랍 소년을 살해했다는 소식을 듣고 위와 같이 말했다. 그에게는 유대인들이 이스라엘로 돌아와서 "무고한 피를 흘리게 함으로써 이스라엘의 영혼을 더럽히는 것(아니타 샤피라Anita Shapira, 《대지와 권력Land and Power》)"은 상상할 수 없는 일이었다. 만일 이러한 곳이 시온주의가 인도하는 메시아적인 꿈이 있는 곳이라면 그는 거기에 속하지 않길 원했다.

아랍 테러리스트들이 살해한 유대인의 수가 유대인 테러리스트들이 살해한 아랍인의 수보다 훨씬 더 많긴 하지만(유대인의 테러에 대해 아랍 정부나 리더로부터 거의 비난을 받은 적이 없다.), 아랍인에 대한 유대인 테러도 적지는 않았다.

이 중 가장 충격적인 사건은 1992년에 암살당한 메이어 카하네Meir Kahane의 추종자인 바루흐 골드슈타인 박사Dr. Baruch Goldstein■가 헤브론 사원에서 기도 중이던 스물아홉 명의 아랍인들을 살해한 사건이다. 소수의 이스라엘 극단주의자들은 골드슈타인을 지지했다. 랍비 야코브 페린Yaakov Perin은 심지어 "1백만 명의 아랍인들은 유대인 한 명의 손톱만큼도 가치가 없다."고 선언하면서 그의 추도 연설에서 그를 칭송하기까지 했다. 하지만 이스라

■ 바루흐 골드슈타인 박사 미국 브루클린 출신의 유대계 의사. 사건 후 즉시 아랍인들에게 구타당해 죽었다.

엘 유대인 및 세계 유대인들의 지배적인 반응은 공포와 수치였다. 이스라엘 수상인 이츠하크 라빈Yitzhak Rabin은 국회에서 다음과 같이 선언했다. "유대인이자 이스라엘 국민으로서, 그리고 한 남자이자 한 인간으로서 전무모한 살인자로 인해 우리에게 씌워진 불명예를 부끄럽게 생각합니다. …… 우리는 그 사람 및 그와 같은 사람들에게 말합니다. 당신은 이스라엘 공동체의 일원이 아닙니다. …… 당신은 시온주의자의 원대한 계획을 함께 이루어나갈 사람이 아닙니다. …… 유대주의는 당신에게 침을 뱉습니다. …… 당신은 시온주의의 수치이자 유대주의의 걸림돌입니다." 스스로 종교적이라 주장하는 일부 유대인 테러리스트들은 유대주의의 가치보다 아랍 테러리스트의 가치에 더 부합하는 삶을 산다는 아이러니에 대해 언급하는 유대인들이 많다. 그래서 라빈은 그 살인자를 '유대인 하마스 단원Jewish Hamas member(하마스는 가장 완고하고 반유대주의적인 팔레스타인 테러 단체다.)'이라 칭했다. 한편, 이스라엘 소설가이자 평론가인 아모스 오즈Amos Oz는 이러한 유대인을 두고 "두개골 안은 헤브볼라Hezbollah■일 뿐"이라며 비난했다.

"자신의 기도서를 벨벳 가방에 넣어 시나고그로 들고 가는 랍비와 마찬가지로 난 성스러운 총을 사원으로 들고 간다(아브라함 스턴Avraham Stern)."
히브리어 시인인 스턴은 반영국 테러리스트 단체인 레크히Lekhi, 즉 '자유를 위한 이스라엘 투사Freedom Fighters of Israel('준엄한 갱the Stern Gang'으로 잘 알려져 있기도 하다.)'를 조직했다. 그의 야망은 팔레스타인에서 영국을 내쫓고 그 즉시 유대인 국가를 건국해 나치로부터 탈출한 유대인들에게 안식처를 제공하

■ 헤브볼라 주로 미국인과 미국 자산, 이스라엘과 이스라엘 사람을 대상으로 테러를 자행하는 이슬람교 시아파의 과격파 조직.

는 것이었다. 그래서 그는 제2차 세계대전이 발발해 영국이 나치와 싸우고 있을 때조차 영국을 상대로 한 싸움을 중단하지 않았다(스턴은 1942년 영국군에 의해 살해되었다.).

"성스러운 총"으로 상징되는 스턴의 시적인 광휘와 이보다 훨씬 더 온건하고 사려 깊은 팔레스타인의 초대 아슈케나지■ 최고 랍비 아브라함 아이작 쿡Abraham Isaac Kook의 글은 뚜렷한 차이를 보여준다. "나라가 피를 부르는 잔인함과 사악함의 재능을 요구하는 시기에 정치적인 삶에 몸담는 것은 야곱, 즉 이스라엘 민족에게 어울리지 않다(랍비 아브라함 아이작 쿡, 《시온주의자의 사상》)."

유대인의 이스라엘 복귀를 열정적으로 지지한 랍비 쿡은 여러 정통파 리더들이 시온주의를 반대하는 것을 결코 이해하지 못했다. 그는 생의 마지막 금요일 밤에 "여호와 하나님이 시온 산을 선택하신 걸 보면서" '어떻게 시온주의자가 되지 않을 수 있을까?' 하고 자문했다(제이콥 아구스Jacob Agus, 《부활의 고매한 성직자High Priest of Rebirth》).

"이스라엘은 외교정책이 없다. 단지 방어 정책만 있을 뿐이다(모세 다얀 장군 General Moshe Dayan)."

이스라엘의 국내 토론이 유난히 신랄하다는 사실을 알고 있던 미국 국무장관 헨리 키신저Henry Kissinger는 후에 다얀의 말을 다음과 같이 냉소적으로 바꿔 말했다. "이스라엘은 외교정책이 없다. 다만 국내 정치 시스템만 있을 뿐이다."

"평화보다 이스라엘 땅을 선호하는 정부는 우리로 하여금 무거운 양심의 가책을 받게 합니다. 역사적인 분쟁의 종말보다 그린 라인 너머, 즉 주디

■ **아슈케나지** 중부 동부 유럽 유대인 후손.

아와 사마리아에 있는 웨스트 뱅크에 정착하는 것을 선호하는 정부는 우리로 하여금 우리 대의의 정당성에 대해 의문을 제기하도록 합니다(약 350명의 이스라엘 예비군 장교들이 서명하여 베긴 수상에게 보낸 공개서한)."

이들은 이 서한에서 베긴 수상에게 이집트 대통령 안와르 사다트Anwar Sadat와의 영토 협상에서 타협할 것을 촉구했다. 이 공개서한은 이스라엘 온건파의 평화 로비 '이제 평화를Peace Now'의 토대를 마련하는 기폭제가 되었다.

두 명의 미국 대통령과 이스라엘의 탄생

"루스벨트가 살아 있다면 이스라엘이 탄생할 수 있었을지 매우 의심스럽다(트루먼의 전임 대통령인 프랭클린 델라노 루스벨트 대통령의 보좌관을 지낸 데이비드 나일스David Niles)."
시온주의자들 및 다른 유대인들에 의해 헌신적인 친구로 널리 알려졌음에도 불구하고 루스벨트는 유대인 국가를 지지하는 것에 관해 계속해서 마음이 흔들렸다. 루스벨트가 사망하기 일주일 전인 1945년 4월 5일에 그는 강력한 반유대주의자인 사우디아라비아 왕 이븐 사우트Ibn Saud에게 자신은 아랍인들에게 적대적인 입장을 취하지 않을 것이라고 확언했다. 그는 또한 '미국 유대인 협회' 회장인 조셉 프로스카우어Joseph Proskauer에게 "아랍의 상황으로 인해 팔레스타인에서 아무것도 행해질 수 없습니다."라고 통보하기도 했다.

1948년 해리 트루먼Harry Truman 대통령은 이스라엘의 건국을 강력히 지지했다. 그는 이스라엘을 인정하는 미국 최초의 대통령이었다. 이듬해 이스라엘 최고 랍비는 그에게 이렇게 말했다. "하나님은 2천 년이 지나 당신이 이스라엘의 부활을 야기하는 도구가 될 수 있도록 당신을 당신의 어머니의 자궁에 넣어주셨습니다."《진솔한 말》의 저자 멀 밀러Merle Miller는 그로부터 11년이 지나 트루먼이 이 얘기를 자신에게 했을 때 "그의 두 볼에서 굵은 눈물이 흘러내리기 시작했다."고 전한다.

교전 중인 예루살렘

영국 시인 위스턴 휴 오든Wystan Hugh Auden은 1970년에 진보적인 예루살렘 시장 테디 콜렉Teddy Kollek과 함께 유서 깊은 도시와 그 너머의 붉은 민둥 언덕을 바라보며 테라스에 서 있던 때를 이렇게 회상한다.

"조금 전 팔레스타인 테러리스트들이 예루살렘 시가지의 번화한 교차로에 수류탄을 터뜨렸고, 정통파 폭도들은 예루살렘 북쪽의 교외에서 경찰과 충돌했다. 무심코 던지는 말투로 시장은 전쟁과 정통파 유대인들의 믿음, 이들의 언쟁과 폭동이 없다면 예루살렘은 아름다운 도시일 거라고 말했다. 그는 '마치 런던은 날씨만 아니면 정말 아름다운 도시일 거라고 말하듯이' 이 말을 했다(아모스 엘론Amos Elon,《예루살렘: 거울의 도시Jerusalem: City of Mirrors》)."

91. 반시온주의는 반유대주의인가

"아랍 세계에서 이스라엘은 마치 인간에게 암과 같은 존재이다. 따라서 유일한 해결책은 암과 마찬가지로 이스라엘을 완전히 제거하는 것이다. …… 우리 아랍인의 전체 인구는 약 5천만이다. 인구의 천만을 희생하더라도 긍지와 자존감을 갖고 살아가야 하지 않을까?(사우디아라비아 왕 사우트Saud)."

사우트 왕의 이 말에는 몇 가지 주목할 만한 점들이 있는데 그중 가장 두드러지는 것이 이스라엘에 대한 그의 극단적인 증오일 것이다. 그가 자기 민족을 천만 명이나 희생시킬 수 있다고 스스럼없이 말하는 것으로 미루어 그가 이스라엘에 대한 증오에 얼마나 비정상적으로 사로잡혀 있는지를 알 수 있다. 게다가 당시 이스라엘의 전체 인구가 1백만을 조금 넘었을 뿐임을 고려해본다면 이스라엘을 멸망시키는 데 천만의 아랍 군인이 필요할 것이란 그의 추정은 그가 유대인을 초인적인 신체적 조건을 가진 존재로 본다는 걸 짐작할 수 있다. 또한 사우트 왕 자신은 이스라엘을 멸하기 위해 희생되는 천만 아랍인 중 한 명이 될 의향이 있는지도 명확히 드러나 있지 않다. 여러 해에 걸쳐 사우디아라비아 및 기타 아랍 국가들은 아프리카의 여러 국가로 하여금 이스라엘과의 외교 관계를 끊고 UN의 반유대주의 결의를 지지하도록 만들기 위해 뇌물 공세와 압력을 가했지만 코트디부아르Ivory Coast만은 이를 거부했다. 코트디부아르 대사 아르세네 아소우안 어셔Arsene Assouan Usher는 다음과 같은 말로 사우디의 압력에 반응했다. "사우디아라비아는 니그로를 매수하는 데는 익숙할지 몰라도 우리들은 결코 매수할 수 없다(I. L. 케넨, 《이스라엘의 방어선Israel's Defence Line》)."

"생존하는 사람[유대인]은 팔레스타인에 머물게 될 것이다. 하지만 난 아무도 그렇게 되지 못하리라고 생각한다(아흐메드 슈케이리Ahmed Shukeiry, PLO 창시자)."

이스라엘의 적

심판의 날에 독일 독립주의자들이 심판받게 될 가장 큰 죄는 서구의 유대인 대부분을 학살한 죄가 아니라 나머지 유대인 생존자들이 비틀거리는 데 원인을 제공한 죄이다(아놀드 토인비Arnold Toynbee, 《역사의 연구Study of History》).

여러 권으로 구성된 《역사의 연구》의 저자 토인비는 아마 20세기 초반기에서 중반기까지 가장 유명한 역사가일 것이다. 그는 나치의 가장 큰 죄악은 홀로코스트를 감행한 것이 아니라 생존한 유대인의 마음을 움직여 시온주의자가 되도록 한 죄라는 걸 암시하는 위의 구절에서 알 수 있듯이 시온주의를 극도로 증오한 인물이었다.

토인비는 특히 나치와 유대인을 비교하길 좋아했다. "나치의 타락은 유대인 시온주의자들의 타락에 비하면 덜 비극적이다." 또 그는 다음과 같이 나치와 유대인을 비교하기도 했다. "난 유대인 시온주의자들에게서 나치의 제자들을 본다(《재고Reconsiderations》)." 아마 시온주의에 대한 토인비의 글을 가장 잘 평가할 수 있는 저서는 오스카 라비노비츠Oskar Rabinowicz의 《유대주의와 시온주의에 대한 아놀드 토인비의 관점Arnold Toybee on Judaism and Zionism》일 것이다. 《유대 국경Jewish Frontier》의 편집자이기도 한 그에게 보낸 편지에서 토인비는 다음과 같이 언급했다. "최근 유대 역사의 비극은 유대인들이 고난을 통해 배움을 얻는 대신 나치에게 당한 일을 아랍인들에게 되풀이한다는 것이다."

최근 작고한 마리 쉬르킨Marie Syrkin 교수는 토인비의 이런 끔찍한 비유에 대해 다음과 같이 지적했다. "난 6백만의 남자와 여자, 아이들의 조직적인 학살을 80만 아랍인의 재정착과 똑같이 취급하는 도덕적인 완고함이 걱정스럽다(《유대인의 국가The State of the Jews》)."

토인비는 이스라엘을 상대로 한 아랍인들의 투쟁에서 가장 중요한 서양인 지지자 중 한 사람으로 입증되었다. 그에 버금가는 인물 중 어느 누구도 시온주의와 나치를 동일시하는 기록을 남기려 하지 않았기 때문이다(여러 아랍 국가들이 나치가 반유대주의라는 이유로 제2차 세계대전 동안 나치를 지지한 것을 고려해볼 때 이러한 그의 견해는 특히 더 아이러니하다.).

유대주의에 대한 토인비의 견해 또한 시온주의에 대한 그의 견해에 비해 그리 호의적이지 않다. 그는 유대주의를 "시리아 문명의 화석"이라 여겼다. 따라서 그에게 유대주의는 기독교가 생긴 후 더 이상 존재할 이유가 없는 것이었다. 심지어 그는 유일신을 믿는 유대주의는 이 세상에 극심한 편견을 불러일으켰다고도 주장했다. "유대 역사의 아이러니는 유대인들은 자신들이 불을 지핀 정신의 주된 피해자였다는 것이다." 또 다른 글에서 그는 "히틀러의 주된 사상[예언자적인 리더에 복종하면서 질투심 많은 민족의 신을 광적으로 숭배하는 것]은 원래 구약의 주된 테마(궁극적인 목적은 아니지만)이다."라고 주장하기도 했다. 이에 덧붙여 "이러한 놀라운 발상은 어느 유대인 학자가 자신에게 들려준 것"이라 주장했다.

"중동 문제를 솔직함과 목적의식을 가지고 바라보려는 사람은 한 명도 빠짐없이 1940년 서유럽 전역에 걸친 히틀러의 공습 이래 가장 난폭하고 무지비한 공격인 이스라엘의 공습에 소스라치게 놀랄 것이다. 이러한 공격의 목표는 승리가 아니라 상대를 몰살시키는 것이었는데, 이는 나세르 및 이스라엘을 위한 지지를 요청했던 그의 우방이 선언한 바로 그 목표이기도 하다(헨리 반 두센Henry Van Dusen)."

반 두센이 이스라엘과 히틀러를 연결지은 것(전형적인 소련 및 아랍 선전 활동의 특징)은 내가 아는 한 미국 교회의 지도자로선 최초의 일이었다. 하지만 널리 논의된 그의 편지가 출판된 이래 이 몰상식한 비교는 이스라엘에 대한 종교계 및 급진 좌파의 글에서 너무나 보편적인 특징으로 자리 잡았다.

이스라엘과 히틀러의 전투 방식에 대한 반 두센의 비교는 제2차 세계대전과 6일 전쟁의 전투 방식에는 공통점이 전혀 없다는 것을 고려한다면 특히 더 터무니없는 논리라 할 수 있다. 이스라엘은 주변 아랍국들이 이스라엘을 멸망시키겠다고 반복적으로 위협(반 두센은 이러한 위협에 대해선 이에 상당하는 표현을 쓰지 않았다.)한 뒤에야 전투에 돌입했다. 게다가 이스라엘이 아랍의 적들을 몰살시키려 했다는 비난은 6백만 유대인을 몰살한 나치와의 두 번째 동질화를 시도한 것이다. 이스라엘은 전쟁에선 아랍을 무찔렀지만 어떠한 방식으로도 결코 아랍의 민간인을 몰살하려 하지 않았고, 이 점에 있어선 아랍의 군인들도 예외가 아니었다.

역사가 잭 베르트하이머Jack Wertheimer는 반 두센의 공격을 미국 성직자가 이스라엘에 대해 비난한 것 중 "가장 야만적인" 것이라고 규정했다(《분리된 민쪽A People Divided』). 아랍권의 지도자들이 매일같이 섬뜩한 반이스라엘 및 반유대주의적인 위협을 퍼붓던 6일 전쟁 전 한 달 동안 자유주의 기독교 성직자 다수가 취한 중립적인 태도는 많은 미국 유대인들의 신경을 거슬리게 했다. 당시 제이콥 누스너Jacob Neusner 교수는 여기에 대해 다음과 같이 기술했다. "미국 기독교 리더 모두는 아니지만 대부분이 당시엔 임박한 대학살로 보였고, 실제로는 가장 의도적이고 철저히 계획적인 대학살에 직면해 침묵을 지킨 것은 결코 간과될 수 없는 것으로 여겨진다(『유대주의Judaism』)."

"'시온주의는 인종차별주의와 동일하다.'라는 비방은 요즘 흔히 말하는 그리스도의 살인자, 반역자, 고리대금업자, 국제 음모자 등으로 비방하는 것과 대등하다. 이 모두가 '난 반유대주의자는 아니다. 단지 반시온주의자일 뿐이다.'라는 허위 선언의 유행을 따른다. 이것은 '난 반미주의자가 아니다. 난 단지 미국이 존재해서는 안 된다고 생각할 뿐이다.'라고 말하는 것과 같다(베냐민 나탄야후Banjamin Netanyahu, 『여러 국가 사이의 한 장소: 이스라엘과 세계A Place Among the Nation: Israel and the World』)."

이스라엘 증오자와 이스라엘 비평가를 구별하는 4가지 지침

1. 이스라엘 건국의 부당함에 대해 이야기하기 시작하는 사람이 있다면 당신은 이스라엘 증오자의 말을 듣고 있는 것이다. 지구상에 거의 모든 나라들이 유혈을 통해 탄생했음에도 이 사람은 오직 이스라엘 한 나라의 적법성에만 초점을 맞춘다. 이 사람에게 왜 파키스탄 탄생에 대한 의문은 제기하지 않는지를 물어보라. 이스라엘 탄생은 수천 명의 팔레스타인 및 유대인들의 죽음을 수반한 데 비해 파키스탄은 약 백만 명의 이슬람교 및 힌두

교 신자들의 죽음의 결과로 탄생되었다. 그런데 왜 이 사람은 이스라엘 존재의 적법성에 대해서만 의문을 제기할까? 유대인은 그 이유를 알고 있다. 이스라엘은 유대인의 국가이기 때문이다.

2. 이스라엘을 비평하고 있는 사람이 이스라엘 주변 국가들 중에서 이스라엘만이 독립적인 사법권과 언론권, 종교의 자유, 그리고 가장 중요한 자기비판 기구를 가진 유일한 민주주의 국가라는 것을 인정하는지를 보라. 그렇지 않다면 그는 이스라엘 증오자다.

3. 그 사람에게 팔레스타인에서의 국가적 지위에 대해 목소리를 높이는 만큼 중국의 통치를 받고 있는 티베트인의 권리나 수단 정부에 의해 살해된 흑인들에 대해서도 목소리를 높이는지 물어보라. 그렇지 않다면 이유가 뭘까? 유대인은 그 이유를 알고 있다.

4. 만일 그 사람이 50세 이상이라면 1967년 6월 이전 웨스트 뱅크가 요르단의 통치를 받고 있을 때 팔레스타인의 한 나라를 대신해 목소리를 높였는지를 물어보라. 그가 그렇게 하지 않았다면 팔레스타인인이 이스라엘인들의 통치를 받게 되었을 때 왜 갑자기 팔레스타인에서의 국가적 지위에 대해 그토록 관심을 가지게 되었을까? 유대인은 그 이유를 알고 있다. 그리고 그것은 팔레스타인에 대해 새롭게 싹튼 사랑 때문은 결코 아니다(데니스 프레이저, 《얼티미트 이슈즈》, '왜 반시온주의는 반유대주의인가').

"이스라엘이 그 존재의 권리를 위해 투쟁하고 있는 동안 이스라엘 국민들은 유대인들이 20세기 동안 줄곧 유대인을 죽이는 것은 정치적인 힘이고 중세시대에는 유대인을 죽이는 것이 종교적인 힘이라고 느낀 것과 같은 느낌에 사로잡혀 있다(알프레드 카진Alfred Kazin, 《아우슈비츠: 새로운 시대의 시작》, '세계의 마음The Heart of the World)."

중세의 반유대주의와 근대의 반시온주의의 유사성에 대한 카진의 성찰은 매우 예리하다. 개혁주의자들과 같은 유대인 증오자는 예수 그리스도를 인정하는 유대인들은 살려주려 했고, 이스라엘 멸망을 지지하는 반시온주의자들은 반시온주의 유대인들에겐 화살을 겨누지 않았다. 하지만 이들 모두 대다수의 유대인들을 자신들의 적으로 간주했다.

- 8부 -

유대인은
무엇을 위해 사는가

: 현대적인 고찰 :

지식 자체를 위한 지식의 추구, 정의에 대한 거의 광적인 사랑, 자립에 대한 열망,
이것들이 내가 속한 행운의 별들에 감사함을 느끼게 해주는 유대 전통의 특징들이다

— 앨버트 아인슈타인Albert Einstein

92. 유대주의의 목적은 무엇인가

올바로 실천하는 유대주의는 사소한 일로 당신의 인생을 탕진하지 않도록 해주는 힘을 가지고 있다. …… 하지만 유대주의는 그 이상의 것도 선사한다. 유대주의의 목적은 단순히 당신의 삶을 만족스럽게 만드는 것으로 끝나지 않는다. 유대주의의 목적은 유대민족의 생존에도 있지 않다. 그것은 목적 그 자체가 아니라 목적을 위한 하나의 수단이다. 유대주의의 궁극적인 목적은 세상을 하나님이 세상을 창조하실 때 가슴에 품으셨던 그런 종류의 세상으로 변화시키는 것이다(해럴드 쿠슈너, 《삶에게Ⅰ》).

"내가 감사해야만 하는, 내 인생의 험난한 과정에서 필수적인 것으로 입증된 두 가지 특성은 다름 아닌 유대인으로서의 나의 기질이다. 유대인이기 때문에 난 지력을 동원해 다른 사람들을 어지럽히는 많은 편견으로부터 자유로울 수 있었고, 유대인이기 때문에 난 나와 대립되는 사람의 편에 서고 '밀집한 대다수'와의 좋은 관계를 끊을 수 있는 마음의 준비가 되어 있었다(지그문트 프로이트, 1926년 5월 6일 비엔나의 '브네이 브리스 협회Society of B'nai B'rith■'에서의 연설에서)."

"지식 자체를 위한 지식의 추구, 정의에 대한 거의 광적인 사랑, 자립에 대한 열망, 이것들이 내가 속한 행운의 별들에 감사함을 느끼게 해주는 유대 전통의 특징들이다(엘버트 아인슈타인Albert Einstein)."

"1952년 하임 바이츠만이 죽었을 때 이스라엘 수상 다비드 벤 구리온은 시온주의 및 기타 유대주의적 대의에 열렬한 지지자였던 아인슈타인에게 2대 대통령이 되어줄 것을 부탁했다. 정치에 특별한 관심이 없었던 이 위대한 물리학자는 대통령으로 추천받은 영광을 누린 것에 대해선 감사해했지만 그의 제안은 받아들이지 않았다.

"당신의 유대주의를 자랑스럽게 생각하지 않는 동안에만 당신의 유대주의 때문에 억압받고 있다고 느낀다(베르사 파펜하임Bertha Pappenheim)."

파펜하임은 유대 현대사에서 칭송되지 않은 위대한 영웅이었다고 나는 믿는다. 초기 페미니스트이자 '백인 성매매' 및 다른 종류의 매춘과 맞서 싸운 열정적인 투사인 파펜하임(그녀는 또한 프로이트가 '애나 OAnna O'로 묘사한 환자로서 정신분석학 역사에서도 유명하다.)은 유대인의 정체성을 버리는 사람들을 비난한 매우 헌신적인 유대교도였다.

제1차 세계대전 후, 유럽의 많은 유대 여성들이 전쟁에서 실종된 남편의 생사를 확인하지 못한 채 남겨졌다. 유대 율법은 목격자의 증언이 있어야만 한 개인의 죽음을 인정하기 때문에 이러한 여성들에겐 재혼이 금지되었다(히브리어로 이 여성들을 '아구놋Agunot'이라 부른다.). 남편이 살아 있을 가능성이 희박하긴 해도 전혀 없다고 단정할 순 없었기 때문이다. 어느 컨퍼런스에서 이 문제를 놓고 독일 랍비들과 대립하게 된 파펜하임은 이들에게 다음과

■ 브네이 브리스 협회 유대인 문화 교육 촉진 협회.

같이 말했다. "신사 여러분, 이자를 받고 돈을 빌려줄 수 없다는 토라의 명확한 계율을 지키는 것이 더 이상 불가능해질 때까지 자본주의 경제가 성장했을 때 여러분의 선배들은 할라카에서 이 계율을 피해갈 수 있는 타당한 방법을 찾을 수 있었습니다. 지금 그렇게 하지 않는 여러분들을 보면서 전 여러분들이 해석하는 할라카가 이 가련하고 불행한 여인들의 필요와 권리보다 경제적인 문제에 더 높은 가치를 두고 있다고 결론지을 수밖에 없습니다.(마빈 폭스Marvin Fox, 《현대 유대인의 윤리Modern Jewish Ethics》)."

"유대인인 훌륭한 사람이 훌륭한 유대교도가 될 날이 오기를 전 여전히 바라고 있습니다(아브라함 아이작 쿡)."

어렸을 때 난 아버지에게 물었다. "하나님을 믿지 않으시면서 정기적으로 시나고그에 가시는 이유가 뭐예요?"

그러자 아버지가 대답했다. "유대인들은 모든 종류의 이유로 시나고그에 간단다. 정통파 유대교도인 내 친구 가핑클은 하나님과 대화를 나누기 위해서 시나고그에 가지. 난 그와 대화를 나누기 위해 시나고그에 가는 거고 말이야(미국 작가 해리 골든Harry Golden)."

"유충이 그 아름다움 세상에 드러내는 아름다운 나비가 되기 위해선 먼저 고치에서의 시간을 보내야 한다. 유대인이 그 아름다움을 세상에 드러내는 아름다운 유대인이 되기 위해서도 고치에서의 시간을 보내야 한다. 하지만 안타깝게도 대부분의 비정통파 유대주의자들은 고치의 존재를 믿지 않고, 대부분의 정통파 유대인들은 세상에 날아다니는 아름다운 나비의 존재를 믿지 않는다(데니스 프레이저Dennis Prager)." 유대인다운 삶을 사는 소수의 유대인만이 세상에 유대인의 가치를 적극적으로 전파하는 데 이렇게 적은 수의 유대인들만이 그렇게 한다는 것은 유대인과 세상 모두에 위험한 일이라고 프레이저는 믿는다. "만일 유대인이 세상에 도덕적인 일신론을 가르치지 않는다면 그들은 자신들이 영향을 끼치지 않은 세상의 희생자가 될 것이다."

최근 작고한 랍비 조셉 솔로베이트치크Joseph Soloveitchik는 20세기 유대인의 위대한 스승 중 한 명이다. 그는 탈무드에 대한 지식이라면 누구에게도 뒤지지 않는 인물이었다. 예시바 대학에서 학생들을 가르친 40년 동안 솔로베이트치크는 약 2천 명의 학생들을 랍비로 임명했다. 한 강의에서 그는 여러 세기와 세대에 걸쳐 수많은 유대인들이 함께 엮어 짠 유대주의 공부의 역할에 대해 설명했다.

"제가 강의를 시작할 때마다 강의실 문이 열리고 또 다른 노인이 들어와서 앉습니다. 그는 저보다 나이가 많습니다. 그는 제 할아버지이고 그의 이름은 레브 하임 브리스커입니다. 전 그가 없이는 토라를 가르칠 수 없습니다. 그리고 또다시 강의실 문이 조용히 열리고 또 다른 노인이 강의실 안으로 들어옵니다. 그는 레브 하임보다도 나이가 많습니다. 그는 17세기에 살았습니다. 그의 이름은 사베타이 벤 메이어 하-코헨이고 여러분이 탈무드를 공부할 때 참석할지 모르는 유명한 '샤크Shakh'입니다. 그리고 더 많은 방문객들이 강의실로 들어옵니다. 이들 중 몇몇은 11세기에 살았고, 몇몇은 12세기에 살았으며, 몇몇은 13세기에 살았습니다. 이들 중엔 심지어 라쉬나 라베누 탐, 라바, 라슈바 등과 같이 고대에 살았던 사람도 있습니다. 그럼 전 무엇을 할까요? 당연히 전 이들을 저의 학생들에게 소개시킵니다. 그리고 대화가 시작됩니다. 라밤이 뭐라고 말합니다. 라바는 이에 동의하지 않습니다. 한 소년이 일어나 자신의 생각을 말합니다. 그러면 라슈바가 부드럽게 미소 짓습니다. 전 그 젊은 소년이 말하고자 한 것을 분석하려 합니다. 또 다른 소년이 끼어듭니다. 우리는 그의 의견을 들려주기 위해 라베누 탐을 찾아갑니다. 그러면 갑자기 여러 세대에 걸친 심포지움이 실제로 그 모습을 드러내게 됩니다(조엘 그루셰이버Joel Grushaver, 《유대민족을 구원하기 위해 당신이 할 수 있는 40가지40Things You Can Do to Save the Jewish People》)."

인용 문헌

고전 인용문에 대한 설명

히브리 성경의 구절을 인용할 때 나는 주로 '유대인 출판협회(필라델피아, 1985)'가 펴낸 성경의 번역을 따랐다. 단 경우에 따라 직접 번역하거나 특정 구절에 한해 다른 저서의 번역을 따르기도 했다.

탈무드 구절의 인용은 주로 정확하고 어구에 충실하며 탈무드 전권을 펴낸 유일한 출판물인 영어판 탈무드(손시노 사社Soncino Press, 런던, 1935)에 의존했다. 현재 랜덤 하우스Random House는 랍비 아딘 스타인살츠Adin Steinsalz가 히브리어로 번역한 탈무드를 바탕으로 상당 부분 출판하고 있으며 브루클린에 있는 대규모 유대인 출판사 아트 스크롤Art Scroll은 수년 내에 탈무드 전권을 모두 출판할 계획에 있다. 이들의 번역물 또한 상당히 훌륭하며 본서의 유용한 참고 역할을 해주었다. 그 외에 내가 직접 히브리 원문에서 번역한 것도 상당 부분 있으며, 그렇지 않은 경우에는 출처를 밝혔다.

영어판 미슈나도 몇 권 있는데, 이 중 대표적인 것이 허버트 댄비Herbert Danby가 번역한 것(옥스퍼드: 클래런던 프레스Clarendon Press, 1933)과 최근 제이콥 누스너Jacob Neusner 교수가 번역한 것, 그리고 예일대학 프레스가 펴낸 《미슈나》가 있다.

예일대학은 수십 년에 걸쳐 마이모니데스의 《미슈네 토라》 14권 전권을 번역해 《마이모니데스의 율법The Code of Maimonides》이란 제목으로 펴내기도 했다. 하지만 안타깝게도 16세기 유대 율법의 표준 법령인 《슐크한 아루크》는 작은 부분을 제외하곤 체계적인 번역이 이루어지지 않았다. 한편 랍비 솔로모 간츠프리드Shlomo Ganzfried의 19세기 법전은 엘리야후 토우거Eliyahu Touger가 재번역하여 《키추르 슐콘 오루크: 일상생활에서의 유대 율법 준수를 위한 고전의 가르침Kitzur Shulchon Oruch: The Classic Guide to the Everyday Observance of Jewish Law》이란 제목으로 한 번 더 출판되었다.

마지막으로 미드라시 라바에서 인용한 구절은 대부분 손시노 사社의 번역물을 따랐으며, 모든 구절을 원전과 대조해가며 꼼꼼히 살폈고 대개는 약간의 수정을 가미했음을 밝힌다.